中國國家圖書館編

國家圖書館藏敦煌遺書

第五十二册　北敦〇三七一八號——北敦〇三八〇〇號

北京圖書館出版社

圖書在版編目(CIP)數據

國家圖書館藏敦煌遺書·第五十二册/中國國家圖書館編;任繼愈主編. —北京:北京圖書館出版社,2007.1

ISBN 978 -7 -5013 -3204 -5

Ⅰ.國… Ⅱ.①中…②任… Ⅲ.敦煌學—文獻 Ⅳ.K870.6

中國版本圖書館 CIP 數據核字(2007)第 008302 號

ISBN 978-7-5013-3204-5

9 787501 332045 >

書　　名　國家圖書館藏敦煌遺書·第五十二册
著　　者　中國國家圖書館編　任繼愈主編
責任編輯　徐　蜀　孫　彦
封面設計　李　璀

出　　版　北京圖書館出版社　(100034　北京西城區文津街7號)
發　　行　010 -66139745　66151313　66175620　66126153
66174391(傳真)　66126156(門市部)
E-mail　cbs@nlc.gov.cn(投稿)　btsfxb@nlc.gov.cn(郵購)
Website　www.nlcpress.com
經　　銷　新華書店
印　　刷　北京文津閣印務有限責任公司

開　　本　八開
印　　張　56.75
版　　次　2007年3月第1版第1次印刷
印　　數　1 -250册(套)

書　　號　ISBN 978 -7 -5013 -3204 -5/K·1431
定　　價　990.00 圓

編輯委員會

主　編　任繼愈

常務副主編　方廣錩

副 主 編　李際寧　張志清

編委（按姓氏筆畫排列）　王克芬　王姿怡　吴玉梅　胡新英　陳　穎　黄　霞（常務）　劉玉芬

出版委員會

主　任　詹福瑞

副主任　陳　力

委　員（按姓氏筆畫排列）　李　健　姜　紅　郭又陵　徐　蜀　孫　彦

攝製人員（按姓氏筆畫排列）

于向洋　王富生　王遂新　谷韶軍　張　軍　張紅兵　張　陽　曹　宏　郭春紅　楊　勇　嚴　平

原件修整人員（按姓氏筆畫排列）

朱振彬　杜偉生　李　英　胡玉清　胡秀菊　張　平　劉建明

目錄

復次善現諸菩薩摩訶薩大乘者
佛不共法何等十八謂諸如來應正等覺始
從證得无上正等菩提夜乃至入无餘依涅
槃夜於其中間常无誤失无卒暴音无忘失
念无種種想无不定心无不擇捨志欲无退
精進無退念無退定無退慧無退解脫智見
無退一切身業智為前導隨智而轉一切語
業智為前導隨智而轉一切意業智為前
導隨智而轉於過去世所起智見無着無礙於
未來世所起智見无着无礙於現在世所起
智見无着无礙如是十八佛不共法无不皆
以无所得為方便當知是為諸菩薩摩訶薩
行深般若波羅蜜多時大乘之相復次善現
諸菩薩摩訶薩大乘相者謂諸文字陁羅
尼門何等文字陁羅尼門謂字平等性語平
等性入諸字門云何字平等性語平等性入諸
字門善現當知若菩薩摩訶薩行深般若波
羅蜜多時以无所得而為方便入裒字門悟
一切法本不生故入洛字門悟一切法離塵
垢故入跛字門悟一切法勝義教故入者字
門悟一切法遠離死生若死若生皆无所得
為方便故入娜字門悟一切法遠離名相若

字門善現當知若菩薩摩訶薩行深般若波
羅蜜多時以无所得而為方便入裒字門悟
一切法本不生故入洛字門悟一切法離塵
垢故入跛字門悟一切法勝義教故入者字
門悟一切法遠離死生若死若生皆无所得
為方便故入娜字門悟一切法遠離名相若
名若相皆无所得為方便故入砢字門悟一
切法出世間故愛條因緣不現前故入柁字
門悟一切法調伏寂靜真如平等无分別故
入婆字門悟一切法離縛解故入荼字門悟
一切法離熱矯穢得清淨故入沙字門悟一
切法无罣礙故入縛字門悟一切法言音道
斷故入須字門悟一切法真如不動故入也
字門悟一切法如實不生故入瑟吒字門悟
一切法制伏任持相不可得故入迦字門悟
一切法作者不可得故入娑字門悟一切法
時平等性不可得故入磨字門悟一切法我
所執性不可得故入伽字門悟一切法行動
取性不可得故入他字門悟一切法所依處
性不可得故入闍字門悟一切法能所生起
不可得故入濕縛字門悟一切法安隱之性
不可得故入達字門悟一切法能持界性不
可得故入捨字門悟一切法奢摩他性不可
得故入佉字門悟一切法如太虛空平等之
性不可得故入羼字門悟一切法窮盡之性
不可得故入薩須字門悟一切法任持之性
不可得故入若字門悟一切法能所知性不
可得故入剌他字門悟一切法執著義性不
可得故入呵字門悟一切法能為因性不可

性不可得故入羼字門悟一切法窮盡之性
不可得故入薩頌字門悟一切法任持之性
不可得故入若字門悟一切法能所知性不
可得故入剌他字門悟一切法執著義性不
可得故入呵字門悟一切法能為因性不可
得故入薄字門悟一切法可破壞性不可得
故入綽字門悟一切法欲樂覆性不可得故
入颯磨字門悟一切法可憶念性不可得故
入嗑縛字門悟一切法可呼召性不可得故
入蹉字門悟一切法離勇健故入鍵字門悟
一切法厚平等性不可得故入搋字門悟一
切法積集之性不可得故入拏字門悟一切
法離諠雜故入頗字門悟一切法无果報故
入塞迦字門悟一切法離蘊性故入逸娑字
門悟一切法衰老性相不可得故入酌字門
悟一切法无足迹故入吒字門悟一切法相
驅迫性不可得故入擇字門悟一切法究竟
處所不可得故善現當知此擇字門是能悟
入法空邊際除此諸字表諸法空更不可得
所以者何此諸字義不可宣說不可顯示不
可書持不可執取不可觀察離諸相故善現
當知譬如虛空是一切物所歸趣處此諸字
門亦復如是諸法空義皆入此門方得顯了
善現當知入此衆字等名入諸字門諸菩薩
摩訶薩若於如是入諸字門得善巧智是菩
薩摩訶薩於諸言音所詮所表皆无罣礙於
一切法平等空性盡能證持於衆言音咸得
善巧若菩薩摩訶薩能聽如是入諸字門印

摩訶薩若於如是入諸字門得善巧智是菩
薩摩訶薩於諸言音所詮所表皆无罣礙於
一切法平等空性盡能證持於衆言音咸得
善巧若菩薩摩訶薩能聽如是入諸字門印
相印句聞已受持讀誦通利為他解說不取
執著不侚名譽利養恭敬由此因緣得三十
種功德勝利何等三十謂得强憶念得勝
慚愧得堅固力得法旨趣得增上覺得殊勝
慧得无礙辯得總持門得无疑惑得違順語不
生恚愛得无高下平等而住得於有情言音
善巧得蘊善巧得界善巧得處善巧得諦善
巧得緣起善巧得因善巧得緣善巧得法
善巧得根勝劣智善巧得他心智善巧得神境
智善巧得天耳智善巧得宿住隨念智善巧
得死生智善巧得漏盡智善巧得處非處智
善巧得往來智善巧得威儀路智善巧是為
三十功德勝利善現當知若菩薩摩訶薩行
深般若波羅蜜多時以无所得而為方便得
如是文字陁羅尼門當知是為菩薩摩訶薩
行深般若波羅蜜多時大乘之相
復次善現汝次所問齊何當知諸菩薩摩訶
薩發趣大乘者善現當知若菩薩摩訶薩勤
行六種波羅蜜多從一地趣一地齊此當知
諸菩薩摩訶薩發趣大乘具壽善現白佛
言云何菩薩摩訶薩勤行六種波羅蜜多
從一監地佛告善現若菩薩摩訶薩知一
切法无所從來亦无所趣所以者何以一切
法无去无來无從无趣由彼諸法无變壞故
是菩薩摩訶薩於所從地不念不思惟雖

言云何菩薩摩訶薩勤行六種波羅蜜多
從一地趣一地佛告善現若菩薩摩訶薩知一
切法无所從來亦无所趣所以者何以一切
法无去无來无從无趣由彼諸法无變壞故
是菩薩摩訶薩於所從趣不念不思惟雖
脩治地業而不見彼地是為菩薩摩訶薩勤
行六種波羅蜜多從一地趣一地具壽善現
復白佛言云何菩薩摩訶薩脩治地業佛告
善現諸菩薩摩訶薩住初地時應善脩治十
種勝業何等為十一者以无所得而為方便
應善脩治淨勝意樂業利益事相不可得
故二者以无所得而為方便應善脩治一切有
情平等心業一切有情不可得故三者以无
所得而為方便應善脩治一切捨施業施者
受者及所施物不可得故四者以无所得而
為方便應善脩治親近善友業於諸善友无
執著故五者以无所得而為方便應善脩治勤
求正法業諸所求法不可得故六者以无所
得而為方便應善脩治常樂出家業所捨居
家不可得故七者以无所得而為方便應善
脩治愛敬佛身業諸相好因不可得故八者以
无所得而為方便應善脩治開闡法教業所
分別法不可得故九者以无所得而為方便
應善脩治破憍慢業諸興盛法不可得故
十者以无所得而為方便應善脩治常樂諦
語業一切語言不可得故善現當知諸菩薩
摩訶薩住初地時應善脩治此十勝業由斯
初地速得圓滿復次善現諸菩薩摩訶薩住
第二地時應於八法脩習思惟令速圓滿何

十者以无所得而為方便應善脩治常樂諦
語業一切語言不可得故善現當知諸菩薩
摩訶薩住初地時應善脩治此十勝業由斯
初地速得圓滿復次善現諸菩薩摩訶薩住
第二地時應於八法脩習思惟令速圓滿何
等為八一者清淨尸羅二者知恩報恩三者
住安忍力四者受勝歡喜五者不捨有情六
者常起大悲七者於諸師長以敬信心諮承
供養如事諸佛八者勤求脩習波羅蜜多善
現當知諸菩薩摩訶薩住第二地時於此八
法應正思惟應勤脩學令速圓滿復次善現
諸菩薩摩訶薩住第三地時應於五法精進
安住何等為五一者勤求多聞恒无猒足於
所聞法不著文字二者以无染心常行法施
雖廣開化而不自高三者為嚴淨土種種善
根雖用迴向而不自舉四者為化有情雖不
猒倦无邊生死而不憍逸五者雖住慚愧而
无所執善現當知諸菩薩摩訶薩住第三地
時應常安住如是五法无得暫捨復次善現
諸菩薩摩訶薩住第四地時應於十法受持
不捨何等為十一者住阿練若常不捨離二
者常樂少欲三者常樂喜足四者常不捨離
杜多功德五者於諸學處常不棄捨六者
於諸欲樂深生猒離七者常樂發起涅槃俱
心八者於一切物常樂棄捨九者於一切時
心不沉沒十者於一切事常无戀著善現當
知諸菩薩摩訶薩住第四地時於是十法應
受持不捨復次善現諸菩薩摩訶薩住第五

於諸欲樂深生猒離七者常樂發起涅槃俱
心八者於一切物常樂棄捨九者於一切時
心不沉沒十者於一切事常无戀著善現當
知諸菩薩摩訶薩住第四地時於是十法應
受持不捨復次善現諸菩薩摩訶薩住第五
地時應遠離十法何等為十一者應遠離居
家二者應遠離苾芻尼三者應遠離家慳四
者應遠離衆會忿諍五者應遠離自讚毀他
六者應遠離十惡業道七者應遠離增上慢
傲八者應遠離顛倒九者應遠離猶豫十者
應遠離貪瞋癡善現當知諸菩薩摩訶薩
住第五地時於此十法常應遠離復次善現諸
菩薩摩訶薩住第六地時應圓滿六法應遠
離六法云何名為圓滿六法謂應圓滿布施
等六波羅蜜多云何名為遠離六法諸應遠
離六下劣心何等為六一者應遠離聲聞心
二者應遠離獨覺心三者應遠離熱惱心四
者應遠離見乞者來不喜愁惱心五者應遠
離捨所有物追戀憂悔心六者應遠離於來
求者方便矯誑心善現當知諸菩薩摩訶
薩住第六地時常應圓滿前說六法及應遠
離後說六法復次善現諸菩薩摩訶薩住第
七地時於二十法常應遠離於二十法常應圓
滿云何名為於二十法常應遠離一者常應遠
離我執乃至見者執二者常應離斷執三
者常應遠離常執四者常應遠離相執五者
常應遠離見執六者常應遠離名色執七
者常應遠離蘊執八者常應遠離處執九者
常應遠離界執十者常應遠離諦執十一者常

七地時於二十法常應遠離於二十法常應圓
滿云何名為於二十法常應遠離一者常應遠
離我執乃至見者執二者常應離斷執三
者常應遠離常執四者常應遠離相執五者
常應遠離見執六者常應遠離名色執七
者常應遠離蘊執八者常應遠離處執九者
常應遠離界執十者常應遠離諦執十一者常
應遠離緣起執十二者常應遠離住著三界
執十三者常應遠離一切法執十四者常應
遠離於一切法如理不如理執十五者常應
遠離依佛見執十六者常應遠離依法見執
十七者常應遠離依僧見執十八者常應遠
離依戒見執十九者常應遠離依空見執二
十者常應遠離猒怖空性云何名為於二十
法常應圓滿一者常應圓滿通達空二者常
應圓滿證无相三者常應圓滿知无願四者
常應圓滿三輪清淨五者常應圓滿悲愍有
情及於有情无所執著六者常應圓滿於一
切法平等性見及於此中无所執著七者常
應圓滿於諸有情平等性見及於此中无所
執著八者常應圓滿於真理趣究竟通達及
於此中无所執著九者常應圓滿无生忍智
十者常應圓滿說一切法一相理趣十一者常
應圓滿滅除分別十二者常應圓滿遠離諸
想十三者常應圓滿遠離諸見十四者常應圓
滿遠離煩惱十五者常應圓滿善巧止觀十
六者常應圓滿調伏心性十七者常應圓滿
寂靜心性十八者常應圓滿无礙智性十九
者常應圓滿无所愛染二十者常應圓滿隨
心所欲往諸佛土於佛衆會自現其身

滿遠離煩惱十五者常應圓滿善巧正觀十
六者常應圓滿調伏心性十七者常應圓滿
寂靜心性十八者常應圓滿无礙智性十九
者常應圓滿无所愛染二十者常應圓滿隨
心所欲往諸佛土於佛衆會自現其身善現
當知諸菩薩摩訶薩住第七地時於前二十
法常應遠離於後二十法常應圓滿復次善
現諸菩薩摩訶薩住第八地時於四種法常
應圓滿何等爲四一者常應圓滿悟入一切
有情心行二者常應圓滿遊戲神通三者常
應圓滿見諸佛土如其所見而自嚴淨種種
佛土四者常應圓滿承事供養諸佛世尊於
如來身如實觀察善現當知諸菩薩摩訶
薩住第八地時於此四法常應圓滿復次善現
諸菩薩摩訶薩住第九地時於四種法常應
圓滿何等爲四一者常應圓滿根勝劣智二
者常應圓滿嚴淨佛土三者常應圓滿如幻
等持數入諸定四者常應圓滿隨諸有情善
根應熟故入諸有自現化生善現當知諸菩
薩摩訶薩住第九地時於此四法常應圓滿
復次善現諸菩薩摩訶薩住第十地時於十
二法常應圓滿何等十二一者常應圓滿攝
受无邊處所大願隨有所願皆令證得二者
常應圓滿隨諸天龍藥叉健達縛阿素洛揭
路荼緊捺洛莫呼洛伽人非人等異類音智
三者常應圓滿无礙辯說四者常應圓滿入
胎具足五者常應圓滿出生具足六者常應
圓滿家族具足七者常應圓滿種姓具足八
者常應圓滿眷屬具足九者常應圓滿生身

BD03718號　大般若波羅蜜多經卷四九〇　（19–9）

路[illegible]
三者常應圓滿无礙辯說四者常應圓滿入
胎具足五者常應圓滿出生具足六者常應
圓滿家族具足七者常應圓滿種姓具足八
者常應圓滿眷屬具足九者常應圓滿生身
具足十者常應圓滿出家具足十一者常應
圓滿莊嚴菩提樹具足十二者常應圓滿一
切功德成辦具足善現當知諸菩薩摩訶薩
住第十地時常應圓滿此十二法善現當知
若菩薩摩訶薩住第十地已於前所修諸地
勝法皆得圓滿與諸如來應言无異
具壽善現白佛言世尊云何菩薩摩訶薩以
无所得而爲方便應善修治淨勝意樂業佛
告善現若菩薩摩訶薩以一切智智相應作意
修集一切殊勝善根是爲菩薩摩訶薩以无
所得而爲方便應善修治淨勝意樂業世尊
云何菩薩摩訶薩以无所得而爲方便應善
修治一切有情平等心業善現若菩薩摩訶
薩以一切智智相應作意引發慈悲喜捨四
无量心是爲菩薩摩訶薩以无所得而爲方
便應善修持一切有情平等心業世尊云何
菩薩摩訶薩以无所得而爲方便應善修治
一切捨施業善現若菩薩摩訶薩於諸有情
无所分別而行布施是爲菩薩摩訶薩以无
所得而爲方便應善修治一切捨施業世尊
云何菩薩摩訶薩以无所得而爲方便應善
修治親近善友業善現若菩薩摩訶薩見諸
善友勸化有情令其修習一切智智即便親
近恭敬供養尊重讚歎諮受正法晝夜承奉
[illegible]

BD03718號　大般若波羅蜜多經卷四九〇　（19–10）

云何菩薩摩訶薩以无所得而為方便應善
脩治親近善友業善現若菩薩摩訶薩見諸
善友勸化有情令其脩習一切智智即便親
近恭敬供養尊重讚歎諮受正法晝夜承奉
无懈惓心是為菩薩摩訶薩以无所得而為
方便應善脩治親近善友業世尊云何菩薩
摩訶薩以无所得而為方便應善脩治勤求
正法業善現若菩薩摩訶薩以一切智智相
應作意勤求如來无上正法不墮聲聞獨覺
等地是為菩薩摩訶薩以无所得而為方便
應善脩治勤求正法業世尊云何菩薩摩訶
薩以无所得而為方便應善脩治常樂出家
業善現若菩薩摩訶薩一切生處恒厭居家
諠雜迫迮猶如牢獄常欣佛法清淨出家寂
靜无為如空无礙是為菩薩摩訶薩以无所
得而為方便應善脩治常樂出家業世尊云
何菩薩摩訶薩以无所得而為方便應善脩
治愛敬佛身業善現若菩薩摩訶薩纔一
覩見佛形相已乃至證得一切智智終不捨於
念佛作意是為菩薩摩訶薩以无所得而為
方便應善脩治愛敬佛身業世尊云何菩薩
摩訶薩以无所得而為方便應善脩治開闡
法教業善現若菩薩摩訶薩於佛在世及涅槃
後為諸有情開闡法教初中後善文義巧妙
純一圓滿清白梵行所謂契經應頌記別諷
頌自說本事本生緣起譬喻方廣希法及與
論議是為菩薩摩訶薩以无所得而為方便
應善脩治開闡法教業世尊云何菩薩摩訶
薩以无所得而為方便應善脩治破壞憍慢

BD03718號　大般若波羅蜜多經卷四九〇　（19–11）

頌自說本事本生緣起譬喻方廣希法及與
論議是為菩薩摩訶薩以无所得而為方便
應善脩治開闡法教業世尊云何菩薩摩訶
薩以无所得而為方便應善脩治破壞憍慢
業善現若菩薩摩訶薩常懷謙敬伏憍慢心
由此不生下姓卑族是為菩薩摩訶薩以无
所得而為方便應善脩治破壞憍慢業世尊
云何菩薩摩訶薩以无所得而為方便應善
脩治常樂諦語業善現若菩薩摩訶薩稱知
而說言行相符是為菩薩摩訶薩以无所得
而為方便應善脩治常樂諦語業善現當知
諸菩薩摩訶薩初地時應善脩治此十勝
業令速圓滿世尊云何菩薩摩訶薩清淨尸
羅善現若菩薩摩訶薩不起聲聞獨覺等心
及餘破戒障菩提法是為菩薩摩訶薩清淨
尸羅世尊云何菩薩摩訶薩知恩報恩善現
若菩薩摩訶薩行諸菩薩殊勝行時得他少
恩尚能重報況多恩惠而當不酬是為菩薩
摩訶薩知恩報恩世尊云何菩薩摩訶薩住
安忍力善現若菩薩摩訶薩一切有情設皆
侵害而能於彼无恚害心是為菩薩摩訶薩
住安忍力世尊云何菩薩摩訶薩受勝歡喜
善現若菩薩摩訶薩見諸有情於三乘行已
得成熟深心歡喜是為菩薩摩訶薩受勝歡
喜世尊云何菩薩摩訶薩不捨有情善現若
菩薩摩訶薩常普濟拔一切有情令離苦難
是為菩薩摩訶薩不捨有情世尊云何菩薩
摩訶薩常起大悲善現若菩薩摩訶薩行諸
菩薩殊勝行時常作是念我為饒益一一有

BD03718號　大般若波羅蜜多經卷四九〇　（19–12）

菩薩摩訶薩常普濟拔一切有情令離苦難
是為菩薩摩訶薩不捨有情世尊云何菩薩
摩訶薩常起大悲善現若菩薩摩訶薩行諸
菩薩殊勝行時常作是念我為饒益一一有
情假使各如无量无數殑伽沙劫在大地獄
受諸重苦或燒或煮或斫或截若刺若懸若
磨若擣受如是等无量苦事乃至令彼諸有
情類乘如来乘而入圓寂如是一切有情界
盡我大悲心曾无懈廢是為菩薩摩訶薩常
起大悲世尊云何菩薩摩訶薩於諸師長以
敬信心諮承供養如事諸佛善現若菩薩摩
訶薩為求无上正等菩提恭順師長无所顧
戀是為菩薩摩訶薩於諸師長以敬信心諮
承供養如事諸佛世尊云何菩薩摩訶薩勤
求脩習波羅蜜多善現若菩薩摩訶薩善
於一切波羅蜜多專心脩學不顧餘事為欲成
熟一切有情是為菩薩摩訶薩勤求脩習波
羅蜜多善現當知諸菩薩摩訶薩住第二地
時於此八法應思應學令速圓滿世尊云何
菩薩摩訶薩勤求多聞恒无猒足於所聞法
不著文字善現若菩薩摩訶薩發勤精進作
是念言若此佛土若十方界一切如来應正
等覺所說正法我當聽受持讀誦脩學究
竟令无所遺而於其中不著文字是為菩薩
摩訶薩勤求多聞恒无猒足於所聞法不著
文字世尊云何菩薩摩訶薩以无染心常行
法施雖廣開化而不自高善現若菩薩摩訶
薩為諸有情宣說正法尚不自為持此善根
迴向菩提況求餘事雖多化導而不憍逸是

文字世尊云何菩薩摩訶薩以无染心常行
法施雖廣開化而不自高善現若菩薩摩訶
薩為諸有情宣說正法尚不自為持此善根
迴向菩提況求餘事雖多化導而不憍逸是
為菩薩摩訶薩以无染心常行法施雖廣開
化而不自高世尊云何菩薩摩訶薩為嚴淨
土種諸善根雖用迴向而不自舉善現若菩
薩摩訶薩勇猛精進脩諸善根為欲莊嚴
諸佛淨國及為清淨自他心土雖為是事而不
自高是為菩薩摩訶薩為嚴淨土種諸善根
雖用迴向而不自舉世尊云何菩薩摩訶薩
為化有情雖不厭倦无邊生死而不憍逸善
現若菩薩摩訶薩為欲成熟一切有情種諸
善根嚴淨佛土乃至未滿一切智智未捨成
就一切佛法雖受无邊生死勤苦而无厭倦亦
不自高是為菩薩摩訶薩為化有情雖不厭倦
无邊生死而不憍逸世尊云何菩薩摩訶薩
雖住慚愧而无所執善現若菩薩摩訶薩專
求无上正等菩提於諸聲聞獨覺作意具慚
愧故終不暫起而於其中亦无所執不生猒
倦是為菩薩摩訶薩雖住慚愧而无所執善
現當知諸菩薩摩訶薩住第三地時應常安
住如是五法精勤脩習令速圓滿世尊云何
菩薩摩訶薩住阿練若常不捨離善現若菩
薩摩訶薩為求无上正等菩提超諸聲聞獨
覺等地故常不捨阿練若處是為菩薩摩訶
薩住阿練若常不捨離世尊云何菩薩摩訶
薩常樂少欲善現若菩薩摩訶薩尚不自為
希求无上正等菩提況欲世間及三乘事是

薩摩訶薩為求无上正等菩提起諸聲聞獨
覺等地故常不捨阿練若處是為菩薩摩訶
薩住阿練若常不捨離世尊云何菩薩摩訶
薩常樂少欲善現若菩薩摩訶薩尚不自為
希求无上正等菩提況欲世間及三乘事是
為菩薩摩訶薩常樂少欲世尊云何菩薩摩
訶薩常樂喜足善現若菩薩摩訶薩專求无
上正等菩提故於餘事不生執著是為菩薩
摩訶薩常樂喜足世尊云何菩薩摩訶薩常
不捨離杜多功德善現若菩薩摩訶薩常於
深佛法起諦察法忍是為菩薩摩訶薩常不
捨離杜多功德世尊云何菩薩摩訶薩於諸
學處常不棄捨善現若菩薩摩訶薩於所
學戒堅守不移而於其中能不取相是為菩薩
摩訶薩於諸學處常不棄捨世尊云何菩
薩摩訶薩於諸欲樂深生猒離善現若菩薩摩
訶薩於妙欲樂不起欲心是為菩薩摩訶薩
於諸欲樂深生猒離世尊云何菩薩摩訶薩
常樂發起涅槃俱心善現若菩薩摩訶薩達
一切法常无起作是為菩薩摩訶薩常樂
發起涅槃俱心世尊云何菩薩摩訶薩於一
切物常樂棄捨善現若菩薩摩訶薩於
內外法常不執取是為菩薩摩訶薩於一切物常樂
棄捨世尊云何菩薩摩訶薩於一切時心不
沉沒善現若菩薩摩訶薩於諸識住心常不
著是為菩薩摩訶薩於一切時心不沉沒世
尊云何菩薩摩訶薩於一切事常无戀著善
現若菩薩摩訶薩於一切事无所思惟是為
菩薩摩訶薩於一切事常无戀著善現當
知諸菩薩摩訶薩住第四地時於如是十法常

BD03718號　大般若波羅蜜多經卷四九〇　（19–15）

沉沒善現若菩薩摩訶薩於諸識住心常不
著是為菩薩摩訶薩於一切時心不沉沒世
尊云何菩薩摩訶薩於一切事常无戀著善
現若菩薩摩訶薩於一切事无所思惟是為
菩薩摩訶薩於一切事常无戀著善現當
知諸菩薩摩訶薩住第四地時於如是十法常
應受持无得暫捨世尊云何菩薩摩訶薩應遠
離居家善現若菩薩摩訶薩志性好遊諸佛
國土隨所生處常樂出家剃除鬚髮執持應
器被三法服現作沙門是為菩薩摩訶薩應
遠離居家世尊云何菩薩摩訶薩應遠離苾
芻尼善現若菩薩摩訶薩常應遠離諸苾芻
尼不與共居如彈指頃亦復於彼不起異心
是為菩薩摩訶薩應遠離苾芻尼世尊云何
菩薩摩訶薩應遠離家慳善現若菩薩摩訶
薩作是思惟我應長夜利益安樂一切有情
今此有情自由福力感得如是好施主家故
我於中不應慳嫉既思惟已遠離家慳是為
菩薩摩訶薩應遠離家慳世尊云何菩薩摩
訶薩應遠離眾會忿諍善現若菩薩摩訶
薩作是思惟若處眾會其中或有聲聞獨覺或
說二乘相應法要令我退失大菩提心是故定
應遠離眾會復作是念諸忿諍者能使有
情發起瞋害造作種種惡不善業尚違善趣
況大菩提是故定應遠離忿諍是為菩薩摩
訶薩應遠離眾會忿諍世尊云何菩薩摩訶
薩應遠離自讚毀他善現若菩薩摩訶薩於
內外法都无所見故應遠離自讚毀他是為
菩薩摩訶薩應遠離自讚毀他世尊云何菩

BD03718號　大般若波羅蜜多經卷四九〇　（19–16）

況大菩提是故定應遠離忿諍是為菩薩摩
訶薩應遠離衆會忿諍世尊云何菩薩摩訶
薩應遠離自讚毀他善現若菩薩摩訶薩於
内外法都无所見故應遠離自讚毀他是為
菩薩摩訶薩應遠離自讚毀他世尊云何菩
薩摩訶薩應遠離十惡業道善現若菩薩摩
訶薩作是思惟如是十惡尚當能礙人天善
趣況於聖道及大菩提而不為障故我於彼
定應遠離是為菩薩摩訶薩應遠離十惡業
道世尊云何菩薩摩訶薩應遠離增上慢慠
善現若菩薩摩訶薩都不見有内外諸法可
能發起增上慢慠是故定應遠離如是增上
慢慠是為菩薩摩訶薩應遠離增上慢慠世
尊云何菩薩摩訶薩應遠離顛倒善現若菩
薩摩訶薩觀顛倒事都不可得是故定應遠
離顛倒是為菩薩摩訶薩應遠離顛倒世尊
云何菩薩摩訶薩應遠離猶豫善現若菩薩
摩訶薩觀猶豫事都不可得是故定應遠離
猶豫是為菩薩摩訶薩應遠離猶豫世 尊
云何菩薩摩訶薩應遠離貪瞋癡善現若菩
薩摩訶薩都不見有貪瞋癡事故應遠離如是
三毒是為菩薩摩訶薩應遠離貪瞋癡善現
當知諸菩薩摩訶薩住第五地時於此十法
常應遠離不應習近世尊云何菩薩摩訶薩
應圓滿六波羅蜜多善現若菩薩摩訶薩圓
滿六種波羅蜜多超諸聲聞獨覺等地又住
此六波羅蜜多三乘聖衆能度五種所知海
岸何等為五一者過去二者未來三者 現在
四者无為五者不可說是故菩薩定應圓滿

常應遠離不應習近世尊云何菩薩摩訶薩
應圓滿六波羅蜜多善現若菩薩摩訶薩圓
滿六種波羅蜜多超諸聲聞獨覺等地又住
此六波羅蜜多三乘聖衆能度五種所知海
岸何等為五一者過去二者未來三者 現在
四者无為五者不可說是故菩薩定應圓滿
布施等六波羅蜜多是為菩薩摩訶薩應圓
滿六波羅蜜多世尊云何菩薩摩訶薩應遠
離聲聞心善現若菩薩摩訶薩作如是念聲
聞乘心非證无上菩提之道故應遠離 所以
者何猒生死故是為菩薩摩訶薩應遠離聲
聞心世尊云何菩薩摩訶薩應遠離獨覺心
善現若菩薩摩訶薩作如是念獨覺乘心非
證无上菩提之道故應遠離所以者 何樂涅
槃故是為菩薩摩訶薩遠離獨覺心世尊云
何菩薩摩訶薩應遠離熱惱心善現若菩薩
摩訶薩作如是念怖畏生死熱惱之心非證
无上菩提之道故應遠離所以者何畏生死
故是為菩薩摩訶薩應遠離熱惱心世尊云
何菩薩摩訶薩應遠離見乞者來不喜愁惱
心善現若菩薩摩訶薩作是念此不喜愁
惱心非證无上菩提之道故應遠離所以者何
違慈悲故是為菩薩摩訶薩應遠離見乞
者來不喜愁惱心世尊云何菩薩摩訶薩應
遠離捨所有物追戀憂悔心善現若菩薩摩
訶薩作如是念此追悔心非證无上菩提之
道故應遠離所以者何違本願故謂我先發
菩提心時作是願言諸我所有施來求者隨
欲不空云何今時施已追悔是為菩薩摩訶

遠資具故是爲菩薩摩訶薩應遠離見乞
者來不喜愁惱心世尊云何菩薩摩訶薩應
遠離捨所有物退還憂悔心善現若菩薩摩
訶薩作如是念此退悔心非證无上菩提之
道故應遠離所以者何違本願故謂我先發
菩提心時作是願言諸我所有施來求者隨
欲不空云何今時施已退悔是爲菩薩摩訶
薩應遠離捨所有物退還憂悔心世尊云何
菩薩摩訶薩應遠離於來求者方便矯亂心
善現若菩薩摩訶薩作如是念此矯亂心
非證无上菩提之道故應遠離所以者何違
本誓故謂我先發菩提心時作是誓言凡我
所有施來求者隨欲不空云何今時而矯亂
彼是爲菩薩摩訶薩應遠離於來求者方便
矯亂心善現當知諸菩薩摩訶薩住第六地
時應常圓滿前說六法及應遠離後說六法
而於其中无所執取

大般若波羅蜜多卷第四百九十

墨真勘

BD03718 號　大般若波羅蜜多經卷四九〇　　（19–19）

BD03718 號背　勘記、雜寫　　（2–1）

BD03718 號背　題記　（2–2）

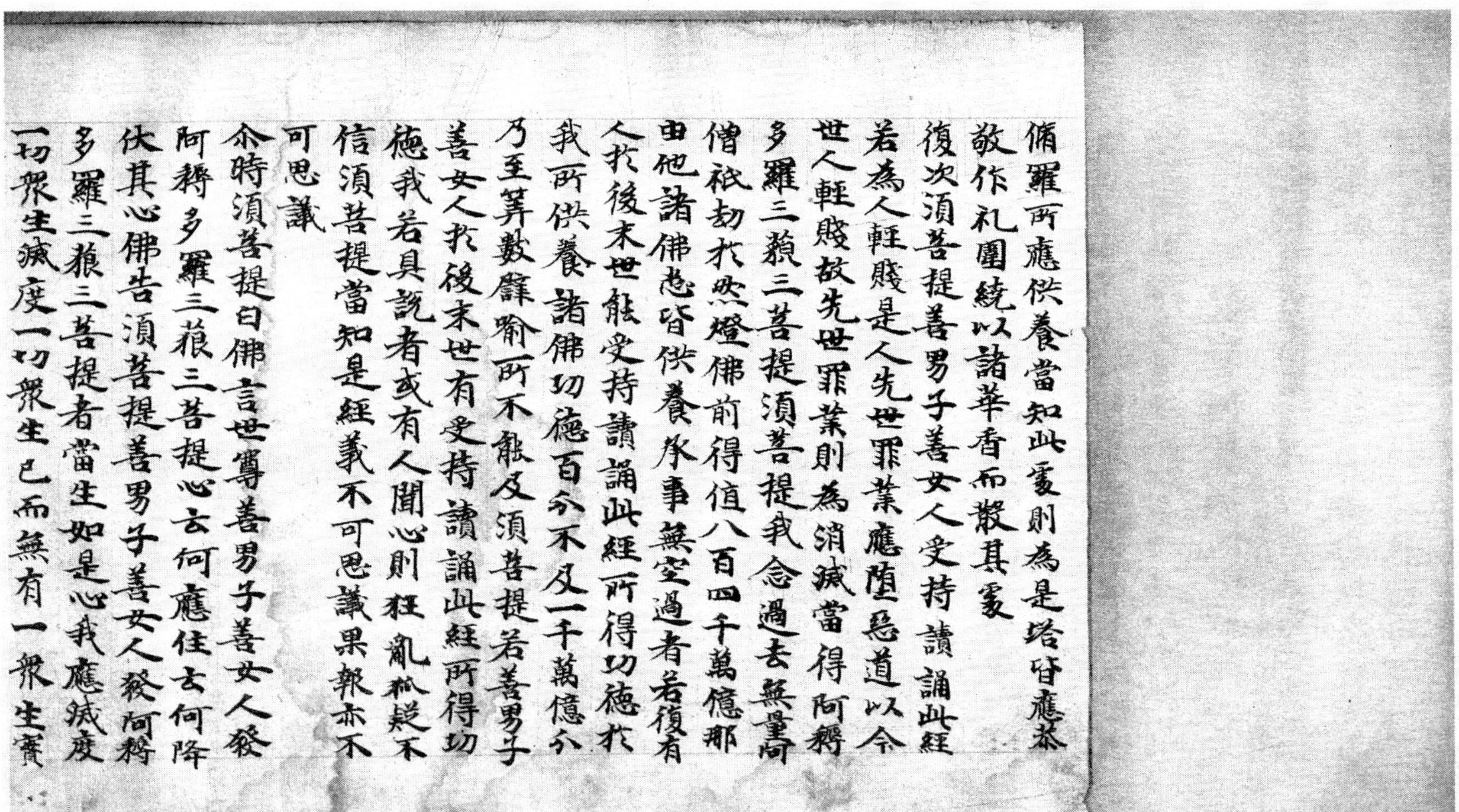

脩羅所應供養當知此處則為是塔皆應恭
敬作礼圍繞以諸華香而散其處
復次須菩提善男子善女人受持讀誦此經
若為人輕賤是人先世罪業應墮惡道以今
世人輕賤故先世罪業則為消滅當得阿耨
多羅三藐三菩提須菩提我念過去無量阿
僧祇劫於然燈佛前得值八百四千萬億那
由他諸佛悉皆供養承事無空過者若復有
人於後末世能受持讀誦此經所得功德於
我所供養諸佛功德百分不及一千萬億分
乃至筭數譬喻所不能及須菩提若善男子
善女人於後末世有受持讀誦此經所得功
德我若具說者或有人聞心則狂亂狐疑不
信須菩提當知是經義不可思議果報亦不
可思議
尒時須菩提白佛言世尊善男子善女人發
阿耨多羅三藐三菩提心云何應住云何降
伏其心佛告須菩提善男子善女人發阿耨
多羅三藐三菩提者當生如是心我應滅度
一切衆生滅度一切衆生已而無有一衆生實

BD03719 號　金剛般若波羅蜜經　（7–1）

德我若具說者或有人聞心則狂亂狐疑不
信須菩提當知是經義不可思議果報亦不
可思議
尒時須菩提白佛言世尊善男子善女人發
阿耨多羅三藐三菩提心云何應住云何降
伏其心佛告須菩提善男子善女人發阿耨
多羅三藐三菩提者當生如是心我應滅度
一切衆生滅度一切衆生已而無有一衆生實
滅度者何以故若菩薩有我相人相衆生
相壽者相則非菩薩所以者何須菩提實
無有法發阿耨多羅三藐三菩提心者須菩
提於意云何如来於然燈佛所有法得阿耨多
羅三藐三菩提不不也世尊如我解佛所說義
佛於然燈佛所無有法得阿耨多羅三藐三
菩提佛言如是如是須菩提實無有法如来
得阿耨多羅三藐三菩提須菩提若有法如
来得阿耨多羅三藐三菩提者然燈佛則不與
我受記汝於来世當得作佛号釋迦牟尼以
實無有法得阿耨多羅三藐三菩提是故然
燈佛與我受記作是言汝於来世當得作佛
号釋迦牟尼何以故如来者即諸法如義若
有人言如来得阿耨多羅三藐三菩提須菩
提實無有法佛得阿耨多羅三藐三菩提
須菩提如来所得阿耨多羅三藐三菩提於
是中無實無虛是故如来說一切法皆是佛法
須菩提所言一切法者即非一切法是故名一
切法須菩提譬如人身長大須菩提言世尊
[illegible]

BD03719號　金剛般若波羅蜜經　（7–2）

有人言如来得阿耨多羅三藐三菩提須菩
提實無有法佛得阿耨多羅三藐三菩提
須菩提如来所得阿耨多羅三藐三菩提於
是中無實無虛是故如来說一切法皆是佛法
須菩提所言一切法者即非一切法是故名一
切法須菩提譬如人身長大須菩提言世尊
如来說人身長大則為非大身是名大身須
菩提菩薩亦如是若作是言我當滅度無
量衆生則不名菩薩何以故須菩提無有法
名為菩薩是故佛說一切法無我無人無衆
生無壽者須菩提若菩薩作是言我當莊嚴
佛土是不名菩薩何以故如来說莊嚴佛土
者即非莊嚴是名莊嚴須菩提若菩薩通達
無我法者如来說名真是菩薩
須菩提於意云何如来有肉眼不如是世尊如
来有肉眼須菩提於意云何如来有天眼不
如是世尊如来有天眼須菩提於意云何如
如来有慧眼不如是世尊如来有慧眼須菩
提於意云何如来有法眼不如是世尊如来
有法眼須菩提於意云何如来有佛眼不如
是世尊如来有佛眼須菩提於意云何恒河
中所有沙佛說是沙不如是世尊如来說是
沙須菩提於意云何如一恒河中所有沙有
如是等恒河是諸恒河所有沙數佛世界如
是寧為多不甚多世尊佛告須菩提尒所國
土中所有衆生若干種心如来悉知何以故
[illegible]

BD03719號　金剛般若波羅蜜經　（7–3）

如是等恒河是諸恒河所有沙數佛世界如
是寧為多不甚多世尊佛告須菩提尒所國
土中所有衆生若干種心如来悉知何以故
如来說諸心皆為非心是名為心所以者何
須菩提過去心不可得現在心不可得未来
心不可得須菩提於意云何若有人滿三千
大千世界七寶以用布施是人以是因緣得
福多不如是世尊此人以是因緣得福甚多
須菩提若福德有實如来不說得福德多
以福德無故如来說得福德多
須菩提於意云何佛可以具足色身見不不
也世尊如来不應以色身見何以故如来說
具足色身即非具足色身是名具足色身須
菩提於意云何如来可以具足諸相見不不
也世尊如来不應以具足諸相見何以故如
来說諸相具足即非具足是名諸相具足須
菩提汝勿謂如来作是念我當有所說法莫
作是念何以故若人言如来有所說法即為
謗佛不能解我所說故須菩提說法者無法
可說是名說法須菩提白佛言世尊佛得
阿耨多羅三藐三菩提為無所得耶如是如
是須菩提我於阿耨多羅三藐三菩提乃至
無有少法可得是名阿耨多羅三藐三菩提
復次須菩提是法平等無有高下是名阿耨
多羅三藐三菩提以無我無人無衆生無壽
者脩一切善法則得阿耨多羅三藐三菩提
菩提所言善法者如来說非善法是名善法

BD03719號　金剛般若波羅蜜經　（7–4）

無有少法可得是名阿耨多羅三藐三菩提
復次須菩提是法平等無有高下是名阿耨
多羅三藐三菩提以無我無人無衆生無壽
者脩一切善法則得阿耨多羅三藐三菩提
菩提所言善法者如来說非善法是名善法
須菩提若三千大千世界中所有諸須弥山
王如是等七寶聚有人持用布施若人以此
般若波羅蜜經乃至四句偈等受持為他人
說於前福德百分不及一百千万億分乃至
筭數譬喻所不能及
須菩提於意云何汝等勿謂如来作是念我
當度衆生須菩提莫作是念何以故實无有
衆生如来度者若有衆生如来度者如来則
有我人衆生壽者須菩提如来說有我者則
非有我而凡夫之人以為有我須菩提凡夫
者如来說則非凡夫
須菩提於意云何可以卅二相觀如来不須
菩提言如是如是以卅二相觀如来佛言須
菩提若以卅二相觀如来者轉輪聖王則是
如来須菩提白佛言世尊如我解佛所說義
不應以卅二相觀如来尒時世尊而說偈言
若以色見我　以音聲求我　是人行邪道　不能見如来
須菩提汝若作是念如来不以具足相故得
阿耨多羅三藐三菩提須菩提莫作是念如
来不以具足相故得阿耨多羅三藐三菩提
須菩提汝若作是念發阿耨多羅三藐三菩
提者說諸法斷滅相莫作是念何以故發阿耨

BD03719號　金剛般若波羅蜜經　（7–5）

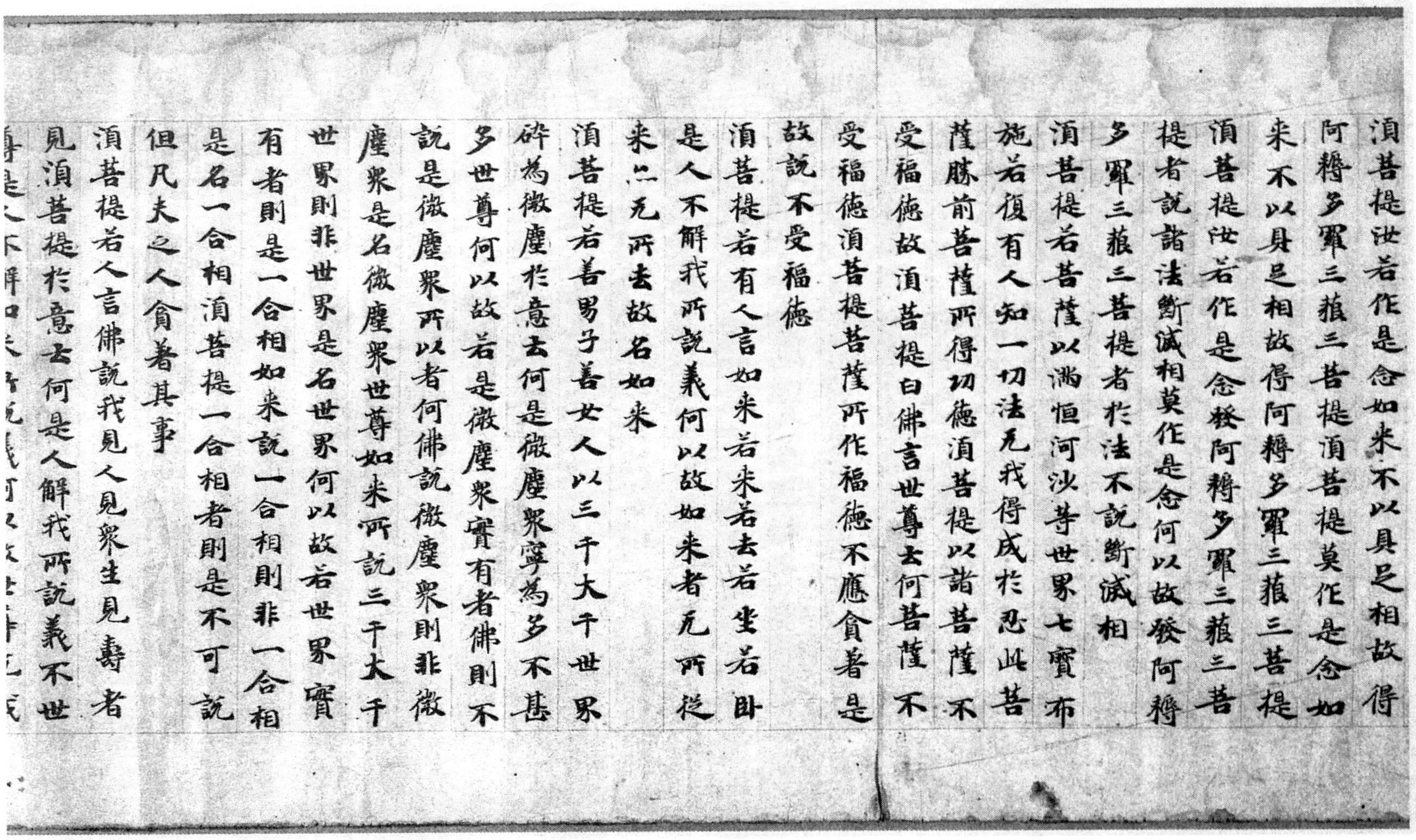
須菩提汝若作是念如来不以具足相故得
阿耨多羅三藐三菩提須菩提莫作是念如
来不以具足相故得阿耨多羅三藐三菩提
須菩提汝若作是念發阿耨多羅三藐三菩
提者說諸法斷滅相莫作是念何以故發阿耨
多羅三藐三菩提者於法不說斷滅相
須菩提若菩薩以滿恒河沙等世界七寶布
施若復有人知一切法无我得成於忍此菩
薩勝前菩薩所得功德須菩提以諸菩薩不
受福德故須菩提白佛言世尊云何菩薩不
受福德須菩提菩薩所作福德不應貪著是
故說不受福德
須菩提若有人言如来若来若去若坐若卧
是人不解我所說義何以故如来者无所從
来亦无所去故名如来
須菩提若善男子善女人以三千大千世界
碎為微塵於意云何是微塵衆寧為多不甚
多世尊何以故若是微塵衆實有者佛則不
說是微塵衆所以者何佛說微塵衆則非微
塵衆是名微塵衆世尊如来所說三千大千
世界則非世界是名世界何以故若世界實
有者則是一合相如来說一合相則非一合相
是名一合相須菩提一合相者則是不可說
但凡夫之人貪著其事
須菩提若人言佛說我見人見衆生見壽者
見須菩提於意云何是人解我所說義不世

BD03719號　金剛般若波羅蜜經　（7-6）

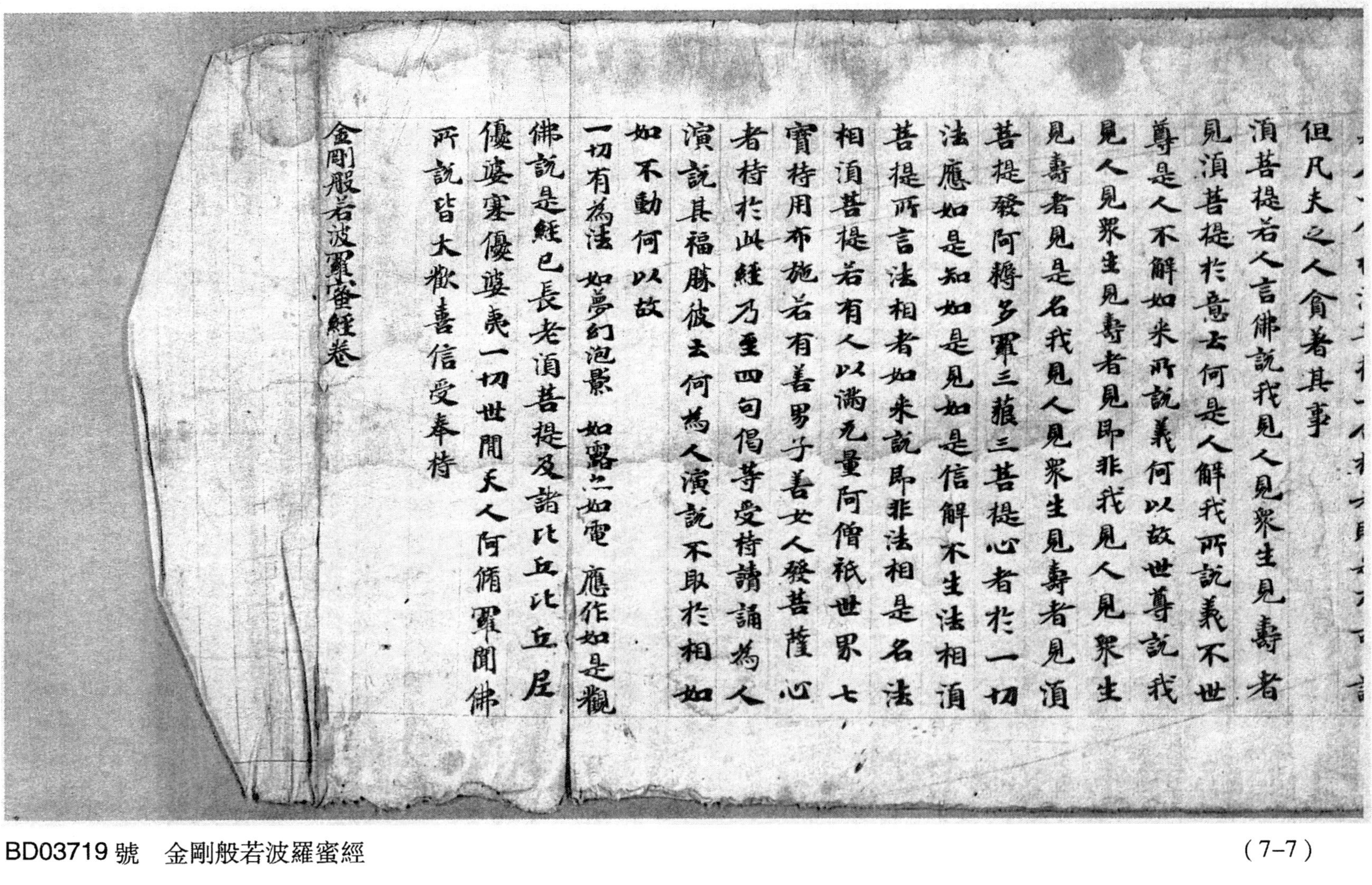
但凡夫之人貪著其事
須菩提若人言佛說我見人見衆生見壽者
見須菩提於意云何是人解我所說義不世
尊是人不解如来所說義何以故世尊說我
見人見衆生見壽者見即非我見人見衆生
見壽者見是名我見人見衆生見壽者見須
菩提發阿耨多羅三藐三菩提心者於一切
法應如是知如是見如是信解不生法相須
菩提所言法相者如来說即非法相是名法
相須菩提若有人以滿无量阿僧祇世界七
寶持用布施若有善男子善女人發菩薩心
者持於此經乃至四句偈等受持讀誦為人
演說其福勝彼云何為人演說不取於相如
如不動何以故
一切有為法　如夢幻泡影　如露亦如電　應作如是觀
佛說是經已長老須菩提及諸比丘比丘尼
優婆塞優婆夷一切世間天人阿脩羅聞佛
所說皆大歡喜信受奉持
金剛般若波羅蜜經卷

BD03719號　金剛般若波羅蜜經　（7-7）

是名莊嚴是故須菩提諸菩薩摩訶薩應如
是生清淨心不應住色生心不應住聲香味
觸法生心應無所住而生其心須菩提譬如
有人身如須弥山王於意云何是身為大不
須菩提言甚大世尊何以故佛說非身是名
大身
須菩提如恒河中所有沙數如是沙等恒河
於意云何是諸恒河沙寧為多不須菩提言
甚多世尊但諸恒河尚多無數何況其沙須
菩提我今實言告汝若有善男子善女人以
七寶滿尒所恒河沙數三千大千世界以用
布施得福多不須菩提言甚多世尊佛告須
菩提若善男子善女人於此經中乃至受持
四句偈等為他人說而此福德勝前福德復
次須菩提隨說是經乃至四句等當知此
處一切世間天人阿脩羅皆應供養如佛塔
廟何況有人盡能受持讀誦須菩提當知是
人成就最上第一希有之法若是經典所在
之處則為有佛若尊重弟子
尒時須菩提白佛言世尊當何名此經我等
云何奉持佛告須菩提是經名為金剛般若

BD03720 號　金剛般若波羅蜜經　（2–1）

於意云何是諸恒河沙寧為多不須菩提言
甚多世尊但諸恒河尚多無數何況其沙須
菩提我今實言告汝若有善男子善女人以
七寶滿尒所恒河沙數三千大千世界以用
布施得福多不須菩提言甚多世尊佛告須
菩提若善男子善女人於此經中乃至受持
四句偈等為他人說而此福德勝前福德復
次須菩提隨說是經乃至四句等當知此
處一切世間天人阿脩羅皆應供養如佛塔
廟何況有人盡能受持讀誦須菩提當知是
人成就最上第一希有之法若是經典所在
之處則為有佛若尊重弟子
尒時須菩提白佛言世尊當何名此經我等
云何奉持佛告須菩提是經名為金剛般若
波羅蜜以是名字汝當奉持所以者何須菩
提佛說般若波羅蜜則非般若波羅蜜須菩
提於意云何如來有所說法不須菩提白佛
言世尊如來無所說須菩提於意云何三千
大千世界所有微塵是為多不須菩提言甚
多世尊須菩提諸微塵如來說非微塵是名
微塵如來說世界非世界是名世界須菩提

BD03720 號　金剛般若波羅蜜經　（2–2）

相是故須菩提菩薩應離一切相發阿耨
多羅三藐三菩提心不應住色生心不應住
聲香味觸法生心應生無所住心若心有住
則為非住是故佛說菩薩心不應住色布施
須菩提菩薩為利益一切衆生應如是布施
如来說一切諸相即是非相又說一切衆生則
非衆生須菩提如来是實語者實語者如
語者不誑語者不異語者須菩提如来所得
法此法無實無虛須菩提若菩薩心住扵法
而行布施如人入闇則無所見若菩薩心不住
法而行布施如人有目日光明照見種種色
色須菩提當来之世若有善男子善女人能
扵此經受持讀誦則為如来以佛智慧悉知
是人悉見是人皆得成就無量無邊功德
須菩提若有善男子善女人初日分以恒河
沙等身布施中日分復以恒河沙等身布施
後日分亦以恒河沙等身布施如是無量百
千萬億劫以身布施若復有人聞此經典信
心不逆其福勝彼何況書寫受持讀誦為人
解說須菩提以要言之是經有不可思議不
可稱量無邊功德如来為發大乘者說為發

BD03721 號　金剛般若波羅蜜經　（2–1）

法此法無實無虛須菩提若菩薩心住扵法
而行布施如人入闇則無所見若菩薩心不住
法而行布施如人有目日光明照見種種色
色須菩提當来之世若有善男子善女人能
扵此經受持讀誦則為如来以佛智慧悉知
是人悉見是人皆得成就無量無邊功德
須菩提若有善男子善女人初日分以恒河
沙等身布施中日分復以恒河沙等身布施
後日分亦以恒河沙等身布施如是無量百
千萬億劫以身布施若復有人聞此經典信
心不逆其福勝彼何況書寫受持讀誦為人
解說須菩提以要言之是經有不可思議不
可稱量無邊功德如来為發大乘者說為發
最上乘者說若有人能受持讀誦為人說
如来悉知是人悉見是人皆得成就不可量
不可稱無有邊不可思議功德如是人等則
為荷擔如来阿耨多羅三藐三菩提何以故
須菩提若樂小法者著我見人見衆生見壽
者見則扵此經不能聽受讀誦為人解說須
菩提在在處處若有此經一切世間天人阿

BD03721 號　金剛般若波羅蜜經　（2–2）

大乘
嚴中諸菩薩衆放斯光已即告如
言仁主雪山之中有一惡獸名爲能
巧以取諸獸煞之而食若見牸麀若
爲子聲悲鳴相呼若見牸麀便現有角與其
相似而往親附彼无驚懼煞而食之見牛馬
等種種諸獸悉同彼形而肆其惡仁主一切
外道於阿頼耶所生我見亦復如是如彼惡
獸變種種形著我之人所執我相各各差別
乃至極小由如微塵仁主是諸我執於何而
住不住於餘但住自識計我之人言我與蘊
根境和合意等和合而有識生本无有我如
衣與花和合而有香氣未和合時无香可得是
故當知但唯有識心及心法无別有我如瓶中
菓如籠中燈如伊尸迦文闍之草而可得者
但以因緣心心法生此中无我亦无有生微
妙一相本来寂静是諸佛菩薩觀行之人内證
境界諸外道等不了唯識生於我見无知法智
而强分別執著有无若一若多我我所論如
彼惡獸多所傷煞此亦如是令諸衆生於生
死中馳騖往来不肯親近佛及菩薩諸善知
識展轉遠離无歸向時違背聖道失於己利於
三乘中乃至不得一乘之法爲取所縛不見真

BD03722 號　大乘密嚴經（地婆訶羅本）卷下　（22–1）

境界諸外道等不了唯識生於我見无知法智
而强分別執著有无若一若多我我所論如
彼惡獸多所傷煞此亦如是令諸衆生於生
死中馳騖往来不肯親近佛及菩薩諸善知
識展轉遠離无歸向時違背聖道失於己利於
三乘中乃至不得一乘之法爲取所縛不見真
諦不得預於密嚴之土乃至名字亦不得聞仁
主諸觀行人咸於此識淨除我見汝及諸菩
薩摩訶薩亦應如是既自勤修復爲人說令
其速入密嚴佛土

大乘密嚴經阿頼耶微密品第八

尒時衆中有菩薩名曰寶手白衆色最勝王
言王應請問金剛三昧藏住三昧者一切世
間所有衆法離諸分別及以名字不相應名
相應之名彼法自性於何而住此諸佛子專心
願聞時衆色最勝王即隨其義而問之曰
名想等境界　一切世間法　爲唯是分別　爲離分別有
如其所立名　是名何所住　金剛自在者　願爲我宣說
尒時金剛藏菩薩摩訶薩以偈荅曰
世間種種法　一切唯有名　但想所安立　離名无別義
四蘊唯名字　是故說爲名　如名摩納婆　但名无有體
佛及諸佛子　說名唯在相　離相而有名　不作是分別
是故依於相　分別種種名　譬如衹吒等　此皆无有實
凡夫所分別　莫不皆依相　是故世間法　離相即皆无
瓶衣車乘等　名言所分別　色相雖可說　體性无所有
世間衆色法　但相无有餘　唯依相立名　是名无實事
王應觀世法　離名无所有　但以分別心　而生於取著

BD03722 號　大乘密嚴經（地婆訶羅本）卷下　（22–2）

凡夫所分別　莫不皆依相　是故世間法　離相即皆无
瓶衣車乘等　名言所分別　色相雖可說　體性无所有
世間衆色法　但相无有餘　唯依相立名　是名无實事
王應觀世法　離名无所有　但以分別心　而生於取著
若離於分別　取著即不生　无生即轉依　證於无盡法
是故大王等　常應觀想事　但是分別心　離此即无有
形相體增長　散壞皆與身　如是等衆名　皆唯色之想
想名及分別　體性本无異　隨於世俗義　建立而不同
若捨離名字　而求於物體　過去及未來　此皆无所得
能知諸識起　无有所知法　所知唯是名　世法悉如是
以名分別法　法不稱於名　諸法性如是　不住於分別
以法唯名故　想即无有體　想无名亦无　何處有分別
若得无分別　身心恒寂靜　如木火燒已　畢竟不復生
譬如人負擔　是人名擔者　隨其擔有殊　擔者相差別
名如所擔物　分別名擔者　以名種種故　分別各不同
如見瓶為人　見人以為瓶　人瓶二分別　但有於名字
諸大和合中　分別以為色　若離於諸大　色性即无有
如得依瓶處　瓶衣名亦然　捨名而取瓶　瓶終不可得
瓶不住瓶體　名豈住於名　二合生分別　名量亦非有
住於如是定　其心不動搖　譬如金石等　本來无水相
與火共和合　若水而流轉　藏識亦如是　體非流轉法
諸識共相應　與法同流轉　如鐵因慈石　周迴而轉移
二俱无有思　狀若有思覺　賴耶與七識　當知亦復然
習繩之所牽　无人而若有　普遍衆生身　周行諸險趣
如鐵與慈石　展轉不相知　或離於險道　而得住諸地
神通自在力　如幻首楞嚴　乃至陀羅尼　莫不皆成滿
讚佛實功德　以之為供養　或現无量身　一身无量手
肩頭口及舌　展轉皆无量　往詣十方國　供養諸如來

如鐵與慈石　展轉不相知　或離於險道　而得住諸地
神通自在力　如幻首楞嚴　乃至陀羅尼　莫不皆成滿
讚佛實功德　以之為供養　或現无量身　一身无量手
肩頭口及舌　展轉皆无量　往詣十方國　供養諸如來
或以衆妙花　寶衣及瓔珞　其積甚高廣　如須彌等山
供養於如來　及以諸菩薩　或作寶宮殿　如雲備衆彩
化現諸天女　遊處於其中　妓樂衆妙音　供養於諸佛
或與諸菩薩　遊止常共俱　一切衆魔惡　自在而降伏
得自證三昧　已轉於所依　闡揚五種法　八識及无我
相續无暫停　一心而供養　或見身為小　其量如微塵
復現為大身　无邊不可測　種種諸色相　以供養如來
或於自身中　普納諸世界　復以諸世界　置之於芥子
大海為牛跡　牛跡海亦然　是中諸衆生　身心无所嬈
一切所資用　平等而饒益　如日月如地　如水及火風
又如大寶洲　亦如良妙藥　諸法不生滅　不斷亦不常
一異及來出　如是悉无有　妄立種種名　是為遍計性
諸法猶如幻　如夢與乾城　陽焰水中月　火龍雲電等
此中妄所取　是為遍計性　種種諸名字　說於種種法
此皆无所有　是為遍計性　一切世間法　不離於名色
斯皆但有名　離名无別義　如是遍計性　我說為世間
眼色等為緣　而起三和合　聲依桴鼓發　牙從地種生
宮殿及瓶衣　无非衆緣起　衆生名諸法　此悉依他性
若法是无漏　其義不可捨　證智所從生　此性名真實
諸法相差別　已說其自性　諸法不明了　如人以衆物
幻作種種形　色相雖不同　性皆无決定　世事悉如是
種種皆非實　妄情之所執　遍計无有餘　譬如摩尼寶
隨色而像現　世間亦復然　但隨分別有　體用无所在

諸法相差別　已説其自性　諸法不明了　如人以癡惑
幻作種種形　色相雖不同　性皆无決定　世事悉如是
種種皆非實　妄情之所執　遍計无有餘　譬如摩尼寶
隨色而像現　世間亦復然　但隨分別有　體用无所在
是為遍計性　如乾闥婆城　非城而似城　亦非无有因
而彼如是見　世間種種物　應知悉亦然　日月及諸山
屋宅煙雲等　體相各差別　未曾有雜亂　自他及與共
體性皆不成　但是所分別　遍計之自性　諸物非因生
亦非无有因　若有若非有　此皆情所執　若依於相起
二從分別生　正智及如如　遠離於分別　心如相顯現
相為意所依　意及五心生　猶如海波浪　習氣无有始
境界亦復然　心因習氣生　境令心惑亂　依止賴耶識
一切諸種子　心如境界現　是説為世間　七識阿賴耶
展轉力相生　如是八種識　不常亦不斷　一切諸世間
似有而安布　有計諸衆生　我等三和合　發生種種識
了別於諸境　或有妄計言　作者業因故　生於梵天等
內外諸世間　世間非作者　業及微塵作　但是阿賴耶
變現似於境　藏識非緣作　藏亦不作緣　諸識雖流轉
无有三和合　賴耶體常住　衆識與之俱　如輪與水精
亦如星共月　從此生習氣　新新自增長　復增長餘識
餘識亦復然　如是常輪轉　悟者心方息　譬如火燒木
漸次而轉移　此木既已燒　復更燒餘木　依止賴耶識
无漏心亦然　漸除諸有漏　永息輪迴法　此是現法樂
三昧之境界　衆聖由斯道　普詣十方國　如金在礦中
无有能見金　智者善陶鍊　真金乃明顯　藏識亦如是
習氣之所纏　三昧淨除已　定者常明見　如酪未攢搖
蘇終不可見　是故諸智者　攢酪而得蘇　藏識亦復然
諸識所纏覆　密嚴諸定者　勤觀乃能得　密嚴是大明

BD03722號　大乘密嚴經（地婆訶羅本）卷下　（22–5）

无漏心亦然　漸除諸有漏　永息輪迴法　此是現法樂
三昧之境界　衆聖由斯道　普詣十方國　如金在礦中
无有能見金　智者善陶鍊　真金乃明顯　藏識亦如是
習氣之所纏　三昧淨除已　定者常明見　如酪未攢搖
蘇終不可見　是故諸智者　攢酪而得蘇　藏識亦復然
諸識所纏覆　密嚴諸定者　勤觀乃能得　密嚴是大明
妙智之殊勝　佛子勤修習　當生此國中　色及无色界
空識非非想　於彼常勤修　而來生此處　此中諸佛子
威光猶日月　住於諸行地　演説相應言　如來所讚法
隨見而依轉　一切佛世尊　灌頂受其位　雖住密嚴土
應物隨所宜　在空而變化　若見或聞法
尒時金剛藏菩薩摩訶薩復告大衆諸仁者
阿賴耶識從无始已來為戲論熏習諸業所計
輪迴不已如海因風起諸識浪恒生恒滅不斷
不常而諸衆生不自覺知隨於自識現衆境
界若目了知如火焚薪即皆息滅入无漏位
名為聖人諸仁者阿賴耶識變似衆境彌於
世間染意攀緣執我我所諸識於境各了別
諸仁者心積集業意亦復然意識了知種種
諸法五識分別現前境界如翳目者見似毛
輪於似色心中非色計色諸仁者如摩尼寶
體性清淨若有置於日月光中隨其所應各
雨其物阿賴耶識亦復如是是諸如來清
淨之藏與習氣合變似衆色周於世間若无
漏相應即雨一切諸功德法如乳變異而成
於酪乃至酪漿阿賴耶識亦復如是變似一
切世間衆色如翳目者以翳病故見似毛輪
一切衆生亦復如是以習氣翳住藏識眼生諸

BD03722號　大乘密嚴經（地婆訶羅本）卷下　（22–6）

涅之蘊與習氣合變似衆色居於世間名无
漏相應即而一切諸衆功德法如乳變異而成
於酪乃至酪漿阿賴耶識亦復如是變似一
切世間衆色如翳目者以翳病故見似毛輪
一切衆生亦復如是以習氣翳住藏識眼生諸
似色此所見色譬如陽焰遠離有无皆阿賴
耶之所變現諸仁者依於眼色有似色識
如幻而生住於眼中其相飄動如熱時焰諸
仁者一切衆色皆阿賴耶與色習相應變似
其相非別有體同於愚夫妄所分別諸仁者
一切衆生若坐若卧若行若立惛醉睡眠乃
至狂走莫不皆是阿賴耶識譬如盛日野光燭
地地蒸飄動猶如水流渴獸迷惑向之奔走
阿賴耶識亦復如是體性非色而似色現分別
之人妄生取著如磁石力令鐵動移雖无有心
似有心者阿賴耶識亦復如是爲生死法之所
攝持往來諸趣非我似我如水中有物雖无思
覺而隨於水流動不住阿賴耶識亦復如是雖
无分別依身運行如有二象相力而鬪若一被
傷退而不復向阿賴耶識應知亦然斷諸染分更
不流轉譬如蓮花出離淤泥皎潔清淨離諸塵
垢諸天貴人見之珍敬阿賴耶識亦復如是出
習氣泥而得明潔爲諸佛菩薩大人所重如
有妙寶世所希絕在愚下人邊常被汙賤智
者得已獻之於王用飾寶冠爲王所戴阿賴耶
識亦復如是是諸如來清淨種性於凡夫位恒
被雜染菩薩證已斷諸習氣乃至成佛常所
寶持如美玉在水龜衣所覆阿賴耶識亦復

BD03722號　大乘密嚴經（地婆訶羅本）卷下　（22–7）

習氣泥而得明潔爲諸佛菩薩大人所重如
有妙寶世所希絕在愚下人邊常被汙賤智
者得已獻之於王用飾寶冠爲王所戴阿賴耶
識亦復如是是諸如來清淨種性於凡夫位恒
被雜染菩薩證已斷諸習氣乃至成佛常所
寶持如美玉在水龜衣所覆阿賴耶識亦復
如是在生死海爲諸惡習覆而不見諸仁者
阿賴耶識有能取所取二種相生如蛇有二
頭所樂同往此亦如是與色相俱世間之人取
之爲色計我我所若有若无能作世間於自
在諸仁者阿賴耶識雖種種變現而性甚深
无智之人不能覺了譬如幻師幻作諸獸
或行或走相似衆生都无定實阿賴耶識亦
復如是幻作種種世間衆生而无實事凡愚
不了妄生取著起微塵勝性自在丈夫有无
等見諸仁者意能分別一切世間是分別見如
畫中質如雲中形如翳夢者所見之物如因
陁羅弓如乾闥婆城如谷響如陽焰水如川影
樹如池像月分別之人於阿賴耶如是妄取著
有於此能正觀察知諸世間皆是自心是分
別見即皆轉滅諸仁者阿賴耶識是意等諸
法習氣所依爲分別心之所擾濁若離分別
即成无漏无漏即常猶如虛空若諸菩薩
於阿賴耶而得三昧則生无漏禪定解脫及
方便力自在神通如是等諸功德法十究竟
願意生之身轉於所依識界常住同虛空性
不壞不盡諸仁者如來普見一切世間无有
[illegible]

BD03722號　大乘密嚴經（地婆訶羅本）卷下　（22–8）

方便力自在神通如是等諸功德法十究竟
願意生之身轉於所依識界常住同虛空性
不壞不盡諸仁者如來普見一切世間无有
增減般涅槃者非是壞滅亦无非衆生而今
始生十方國土同一法性諸佛出世不出世間
一切諸法住於法性不常不斷若解脫者衆
生界滅即壞如來一切智性去來今佛所知
之法不得平等又若涅槃衆生滅者誰離於
苦有餘无餘降魔等事皆是妄說是故當知
諸觀行者證於解脫其身常住離衆有蘊
滅諸習氣辟如熱鐵投之冷水熱勢雖除而
鐵不壞此亦如是諸仁者阿賴耶海為戲論
麁重所繫五法三性諸識波浪相續而生所有
境界其相飄動於无義處中似義而現諸仁
者阿賴耶識行於諸蘊稠林之中意為先導
意識決了色等衆境五識依根了現境界所
取之境莫不皆是阿賴耶識諸仁者阿賴耶
識與壽命煖觸和合而住意住於此識復住
意所餘五識亦住自根諸仁者心意及識住
於諸蘊為業所牽流轉不息諸所有業因愛
而起以業受身身復造業捨此身已更受餘
身如步屈蟲行心及心法生於諸趣復更積
集稠林之蘊諸仁者壽煖及識若捨於身身
无覺知同於木石諸仁者藏識是心執我名
意取諸境界說之為識諸仁者心能持身意
者諸趣意識遍了五現分別諸仁者藏識為
因生於諸識意及意識又從所緣无間而起
五識復待曾上緣生以同時自根為曾上故者

BD03722號　大乘密嚴經（地婆訶羅本）卷下　（22-9）

意取諸境界說之為識諸仁者心能持身意
者諸趣意識遍了五現分別諸仁者藏識為
因生於諸識意及意識又從所緣无間而起
五識復待增上緣生以同時自根為增上故諸
諸仁者身如起尸亦如陽焰隨於諸行因緣
而轉非是虛妄亦非真實為愛所牽性空无
我諸仁者意等諸識與心共生五識復與意
識同生如是恒時大地俱轉諸仁者阿賴耶識
為愛所熏而得增長自增長已復增餘識如
輪不絕以諸識故衆趣得生於諸趣中識復
復增長恒與世間更互為因如河中流前後
不斷如牙與種相續而生各各差別分明顯
現識行亦尒三和合已復更和合差別而生
无有斷絕內外衆法因茲而起一切凡夫不
了自心汝諸佛弟子應勤觀察尒時衆色最
勝王菩薩復白金剛藏菩薩摩訶薩而作是言
金剛三昧藏　得无所畏者　善入於密嚴　能演一切法
佛及諸佛子　三昧正思惟　所觀諸法相　微妙最无比
惟願大智者　為我等宣說　尊者恒安住　摩尼月藏宮
坐於師子座　菩薩衆圍繞　願為諸瑜祇　說密嚴定法
此是月幢佛　為衆所開演　彼衆當來此　願說而无倦
尒時月幢世尊无量分身在於欲色諸天宮殿
有无央數菩薩及諸天等圍遶供養說密嚴
中諸无畏者所修觀行實相之相彼諸菩薩
聞說是已得內證智相應三昧心不樂於正
位之樂不住實際即於定中互相觀察心各
念言其誰已見證於實相觀行之者云何而

BD03722號　大乘密嚴經（地婆訶羅本）卷下　（22-10）

中諸无畏者所修觀行之相亦說諸菩薩
聞說是已得內證智相應三昧心不樂於正
位之樂不住實際即於定中手相觀察心各
念言其誰已見諸於實相觀行之首云何而
得見斯人乎心生渴仰僉然而往彼諸佛子
復更思惟何者是定云何非定於何所定孰
是其定所待之緣作是念已以三昧力見密
嚴土中菩薩之王首戴寶冠三十二相以為
嚴飾彼諸菩薩便從定起著上好衣從於
他方无量佛國而來此會一心瞻仰金剛藏菩
薩摩訶薩周顧四方見諸大衆便生覺念
持欲說法湛怡微笑發和雅音而說偈言
汝等諸佛子　咸應一心聽　定境難可思　非分別所了
定及於定者　定緣亦復然　離諸欲不善　而有於覺觀
寂靜生喜樂　是謂入初禪　如是漸次第　四八至于十
外道著我者　常修此諸定　一切聲聞衆　辟支佛亦然
了知於世間　諸法之自相　蘊處如空宅　此中无有我
无思无動作　如機關起屍　但有三和合　本无能作者
外道脩定人　起於空性見　此人迷法相　壞於一切法
若有能修行　如來微妙定　善知蘊无我　諸見悉除滅
一切唯有識　諸法相皆无　无能相所相　无果亦无蘊
分析至微塵　此皆无所住　地水等衆物　皆從分別生
不知其性者　取於如是相　惡色與好色　似色餘亦然
譬如虛空中　雲蜺等衆彩　思惟如骨鏁　遍滿於世間
及遍處想觀　觀於諸大等　身有色无色　定者常諦思
著於緣一心　即緣說清淨　如其所分別　即彼成所緣
非定非定者　妄計以為定　定者在定中　了世皆藏識
法及諸法相　一切皆除遣　獲於勝定者　善說於諸定

BD03722號　大乘密嚴經（地婆訶羅本）卷下　（22–11）

譬如虛空中　雲蜺等衆彩　思惟如骨鏁　遍滿於世間
及遍處想觀　觀於諸大等　身有色无色　定者常諦思
著於緣一心　即緣說清淨　如其所分別　即彼成所緣
非定非定者　妄計以為定　定者在定中　了世皆藏識
法及諸法相　一切皆除遣　獲於勝定者　善說於諸定
破諸修定人　妄智所智法　若人生小智　取法及於我
自謂成諦言　善巧說諸法　計著諸法相　自壞亦壞他
无能相所相　妄生差別見　甜性能除熱　苦酢醎辛淡
乖物變於冷　醎能止風疾　身中有淡熱　共生於癊病
或復但因風　或三和合起　以病各差別　良醫說衆藥
石蜜并六分　庚沙諸食等　能除衆生身　種種諸瘴病
若法有自性　及以諸相者　藥无除病能　病者不應差
云何世人見　服藥病除愈　定者觀世間　但是賴耶識
變異而流現　譬如衆幻獸　无能相所相　蘊與於蘊者
亦无文分殊　及以有文分　世中无能作　而作於世間
亦非散十方　微塵之所聚　非初最微細　漸次大如指
二指或復三　諸法轉和合　求那各差別　如是義皆无
非持非勝性　及三法所作　亦非无有因　自然而得有
斯由業習氣　擾濁於內心　依心及眼根　種種妄分別
意與於意識　及以阿賴耶　普現於世間　如幻作衆物
瓶等衆境界　悉以心為體　非瓶似瓶現　是故說為空
世間所有色　諸天宮殿等　皆是阿賴耶　變異而可見
衆生身所有　從頭至手足　頓生或漸次　无非阿賴耶
習氣濁於心　凡愚不能了　此性非是有　亦復非是空
如人以諸物　擊破於瓶等　物體若是空　即无能所破
譬如須彌量　我見未為愚　憍慢而著空　此愚過於彼
空性隨應說　不應演非處　若演於非處　甘露即為毒
一切諸衆生　生於種種見　為說於空理　聞空執為實

BD03722號　大乘密嚴經（地婆訶羅本）卷下　（22–12）

世間所有色　諸天宫殿等　皆是阿賴耶　變異而可見
衆生身所有　從頭至手足　頓生或漸次　无非阿賴耶
習氣濁於心　凡愚不能了　此性非是有　亦復非是空
如人以諸物　擊破於瓶等　物體若是空　即无能所破
譬如須彌量　我見未爲愚　憍慢而著空　此愚過於彼
空性隨應說　不應演非處　若演於非處　甘露即爲毒
一切諸衆生　生於種種見　爲說於空理　聞空執爲實
不能斷諸見　此見不可除　如病藥所捨　譬如大燒木
木盡火不留　見木若已燒　空火亦應滅　生於智慧火
諸見得滅時　普燒諸煩惱　一切皆清淨　牢唐以此智
密嚴而解脫　不見以菟角　觸壞於太山　曾无石女兒
執箭射於物　未聞欲鬪戰　而求菟角弓　誰復須宫室
令石女兒造　一切法空性　與法常同體　始於胎藏時
色生便滅壞　離空无有色　離色无有空　如月與光明
始終恒不異　諸法亦如是　空性與之一　展轉无差別
所爲皆得成　是身如死屍　本來无自性　恒爲愛纏縛
境界所牽動　佛説於空理　爲欲斷諸見　汝等有智人
宜應一心學　譬如工幻者　以諸呪術力　隨意之所作
依於眼及愛　作意色與明　如是眼識生　如幻亦如談
是識无來處　去亦无處所　諸識性如是　不應著有无
譬如石女兒　菟角毛輪等　本來无有體　妄立於名字
師子熊羆類　此皆无有角　何故不分別　唯言菟角无
善巧談論者　豈不能宣説　古先諸智人　但説菟无角
惑者妄分別　如瘖及聾瞽　斯人无現智　不能自證法
但隨他語轉　何用分別爲　若離於分別　當生密嚴土
一心正定中　普現十方國　譬如天宫殿　衆星及日月
依止須彌山　風力所持運　七識亦如是　依於阿賴耶

惑者妄分別　如瘖及聾瞽　斯人无現智　不能自證法
但隨他語轉　何用分別爲　若離於分別　當生密嚴土
一心正定中　普現十方國　譬如天宫殿　衆星及日月
依止須彌山　風力所持運　七識亦如是　依於阿賴耶
習氣之所持　處處恒流轉　譬如依大地　發生種種物
一切諸含情　乃至衆珍寶　藏識亦如是　衆識之所依
譬如孔雀鳥　毛羽多光色　雄雌相愛樂　鼓舞共歡遊
定者觀賴耶　應知亦如是　種子及諸法　展轉相依住（譬如百川流　日夜歸大海）
藏識亦如是　甚深无有涯　諸識之習氣　日夜常歸往（川流无有盡　海亦不分別）
如地有衆寶　及餘種種物　給施諸衆生　隨其所資用
藏識亦如是　與諸分別俱　增長於生死　轉依成正覺
善行清淨行　出過於十地　入如來地中　十力皆圓滿
正住於真際　常恒不壞滅　如地无分別　應化无有窮
如春衆花發　人鳥皆欣玩　執持識亦然　定者多迷取
如是諸佛子　无慧離真實　於義不善知　妄言生决定
非法離聞語　誑惑於衆生　諸法別異住　而別起言説
譬如工幻師　善用於呪術　於无花果處　現種種花果
如是佛菩薩　善巧方便智　世間別異住　別異而安立
説種種教門　誘誨无終已　决定真實法　密嚴中顯現
六界與十八　十二處丈夫　意纏之所牽　衆生以流轉
八識諸界處　共起而和合　從於意纏轉　前身復後身
佛説此丈夫　隨世因流轉　是一切身者　續生无斷絶
尒時金剛藏菩薩摩訶薩説諸界處丈夫義
已摩尼寶藏清淨宫中已得无畏諸大菩薩
皆前頂礼　又有无量佛菩薩衆從諸國土來
此會者同聲讚曰善哉善哉衆中復有无量
菩薩諸天及諸天女皆從座起合掌而立
住目瞻顔而説偈言

已摩尼寶藏清淨宮中已得无畏諸大菩薩
皆前頂禮又有无量佛菩薩衆從諸國土來
此會者同聲讚曰善哉善哉衆中復有无量
菩薩諸天及諸天女皆從座起合掌而立
迭相瞻顧而說偈言
一切定中者　惟仁爲上首　今爲諸菩薩　說微妙丈夫
遠離於外道　著我等之論　如仁所宣示　六界淨丈夫
但是諸界合　隨因以流轉　譬如虛空中　有鳥跡明現
亦如離於木　而火得熾然　空中鳥跡現　離木而有火
我及諸世間　未曾見是事　鳥飛以羽翰　空中无有跡
仁者說丈夫　與鳥跡相似　云何於諸有　得有輪迴義
而說界丈夫　常流轉生死　受諸苦樂果　所作業无失
如農夫作業　未曾不得果　此果成熟已　後果當復生
身者亦復然　往身修善行　前生後生處　恒受人天樂
或常修福德　資糧爲佛因　解脫及諸度　速成於正覺
生天自在果　觀行見真義　若離趣丈夫　一切悉无有
有丈夫流轉　在於生死中　下從阿鼻獄　上至諸天處
是業必生果　所作不唐捐　若内外世間　手力而生起
此法似於彼　彼從於此生　雖離趣丈夫　得有輪迴者
如言石女子　威儀而進退　菟角有鋒利　沙中能出油
尒時會中諸菩薩天及天女說是語已皆共
供養所應供者金剛藏尊并諸菩薩供養
畢已復共同心而說偈言
法眼具无缺　因喻皆莊嚴　能伏他人論　顯示自宗德
是故大精進　宜應速開演　此會天人等　一心皆願聞
尒時金剛藏菩薩摩訶薩以偈荅曰
此法深難思　分別不能及　瑜伽清淨理　因喻所開敷

BD03722 號　大乘密嚴經（地婆訶羅本）卷下　（22–15）

畢已復共同心而說偈言
法眼具无缺　因喻皆莊嚴　能伏他人論　顯示自宗德
是故大精進　宜應速開演　此會天人等　一心皆願聞
尒時金剛藏菩薩摩訶薩以偈荅曰
此法深難思　分別不能及　瑜伽清淨理　因喻所開敷
密嚴修定處　於中我宣說　汝等諸天人　咸應一心聽
尒時金剛藏菩薩摩訶薩說是語已復向
大樹緊那羅王而說偈言
大樹緊那羅　汝應知法性　諸法云何住　性空无所有
如是見相應　於定不迷惑　如飯一粒熟　餘粒即可知
諸法亦復然　知一即知彼　譬如積酪者　嘗之以指端
如是諸法性　可以一觀察　法性非是有　亦復非是空
藏識之所變　藏以空爲相
尒時大樹緊那羅王以偈問曰
云何心量中　而有界丈夫　云何生諸界　堅濕及煖動
尒時金剛藏菩薩摩訶薩聞是語已偈荅言
善哉大樹王　汝今作是問　欲令修行者　其心諦真實
我今爲汝說　琴師於善聽　汝昔乘宮殿　并諸眷屬俱
鼓樂從空下　而來詣佛所　汝手所鳴琴　瑠璃以爲飾
撫奏聲和雅　悅動於衆心　无量諸聲聞　在佛所觀聽
不能持本志　各自起而舞　時天冠大士　告迦葉等言
汝等離欲人　云何而舞戲　是時大迦葉　白彼天冠士
菩薩有大力　譬如旋嵐風　聲聞无定智　如黑山搖動
雖離惑分別　尚深習氣泥　彼捨諸習氣　心淨當成佛
汝於微細境　其心已通達　種種世論中　明了而决定
善於諸地相　及佛清淨法　汝在宮殿中　眷屬所圍遶
清淨而嚴好　譬如盛滿月　能於修觀行　自在之衆中

BD03722 號　大乘密嚴經（地婆訶羅本）卷下　（22–16）

雖離惑分別　尚染習氣泥　彼捨諸習氣　心淨當成佛
汝於微細境　其心已通達　種種世論中　明了而決定
善於諸地相　及佛清淨法　汝在宮殿中　眷屬所圍遶
清淨而嚴好　譬如盛滿月　能於修觀行　自在之衆中
問我界丈夫　云何從心起　汝及諸佛子　咸應一心聽
如其諸界內　心名為丈夫　諸界因此生　是義我當說
津潤生於水　炎盛生於火　動搖諸作業　因斯起風界
從於色分齊　有地及虛空　境界與諸習　識生而會衆
眼及於色等　相狀各不同　此為生廣門　諸有恒相續
尒時摩尼寶藏自在宮中持進菩薩與无量
菩薩俱從座而起稽首作禮持諸妙供而以
供養金剛藏尊復張寶網弥覆其上同聲
讚曰　善哉善哉而說頌曰
尊者住法雲　善入於佛地　能為諸菩薩　開示如來境
尒時大樹緊那羅王并諸婇女復持種種妙
好供具以為供養供養畢已偈讚之曰
善哉金剛藏　得无所畏者　為我等開演　如來微妙法
令此摩尼殿　清淨最吉祥
尒時聖者觀自在菩薩慈氏菩薩得大勢菩
薩文殊師利菩薩寶髻菩薩天冠菩薩總
持王菩薩一切義成菩薩如是菩薩摩訶薩
及餘无量修觀行者皆佛子有大威德善
能開示觀行之心悉從座起手相觀察向金
剛藏菩薩摩訶薩而說偈言
惟願金剛尊　顯示於法眼　尊者善地相　一切咸綜知
如來常念持　佛子所宗敬　今此大力衆　同心而勸請
瑜伽自在者　願示於密嚴　普令諸世間　得所未曾有

BD03722 號　大乘密嚴經（地婆訶羅本）卷下　（22–17）

剛藏菩薩摩訶薩而說偈言
惟願金剛尊　顯示於法眼　尊者善地相　一切咸綜知
如來常念持　佛子所宗敬　今此大力衆　同心而勸請
瑜伽自在者　願示於密嚴　普令諸世間　得所未曾有
此法最清淨　遠離於言說　化佛諸菩薩　經中未開演
諸聖現法樂　見真无漏界　自覺智所行　清淨最无比
具足衆三昧　及以陀羅尼　諸自在解脫　常生身十種
嚴淨佛國土　不可思議數　佛及諸菩薩　身量如微塵
乃至如毛端　百分中之一　密嚴佛國土　諸土中最勝
如是觀行者　來生於是間　此皆何所因　佛子願宣說
尒時金剛藏菩薩摩訶薩三十二相八十種
好莊嚴其身為欲宣示无分離分別先佛
法眼如師子王普觀衆會知其智力堪能聽
受即以梵聲迦陵迦聲廣長舌相清美之聲
其聲決定衆所悅可无有麁獷調柔簡暢
鞬羅摩聲為多聲悉利多聲離沙娑聲般
遮摩聲此嵐須儋度略等聲皆悉具足无
量功德而共相應不令聽者其心迷著善能了
達音聲之相一切天人乾闥婆等莫不欣樂金
剛藏菩薩摩訶薩口无言說以本願力於其
身上眉額頂鼻乃至眉睫猶如變化自然而
出如是之音為諸大衆演說法眼群如鵝王
群鵝翼從在沙汀上素潔嚴好金剛藏大精
進者住於自在清淨之宮諸佛子衆所共圍
遶嚴潔亦尒如空中朗月光影衆星金剛藏
菩薩亦復如是處師子座映蔽一切諸修行

BD03722 號　大乘密嚴經（地婆訶羅本）卷下　（22–18）

君我[illegible]
進者住於自在清淨之宮諸佛子衆所共圍
遶嚴潔亦尒如空中朗月光暉衆星金剛藏
菩薩亦復如是處師子座暎蔽一切諸脩行
者如月与光无有差別佛與金剛藏菩薩亦復如
是等无有異尒時如實見菩薩摩訶薩住於
行地衆中上首從座而起合掌恭敬觀諸
菩薩說是偈言
嗚呼大乘法　微妙不思議　如來之境界　佛子應頂礼
无思離垢法　希有甚難遇　一切國土中　諸佛所觀察
大乘真實義　清淨无等倫　遠離諸分別　轉依之妙道
八種識境界　諸自性不同　五法及无我　差別而開示
五種習所纏　生諸惡分別　見此微妙法　清淨如真金
得於清淨者　即住佛種性　如來姓微妙　非外道聲聞
一切國土中　密嚴為最上　種性成就已　而來生此國
尊者金剛藏　已得何三昧　所說清淨法　是何三昧境
尒時會中有无量菩薩衆稽首作礼而說偈言
大智金剛藏　願為我開演　住何三昧中　而能說是法
此諸佛子等　一切皆願聞
尒時金剛藏菩薩大无畏者普觀衆會智慧
之力為任聽受不思議法為不任耶諦觀察
已知諸佛子堪受斯法即說偈言
汝等諸佛子　咸應一心聽　我今為汝說　轉依之妙道
我所得三昧　名大乘威德　菩薩住是中　能演清淨法
亦見拘胝剎　所有諸如來　塵數那由他　在前而讚歎
善哉汝所說　此是瑜伽道　我等諸如來　皆行此三昧

BD03722 號　大乘密嚴經（地婆訶羅本）卷下　（22–19）

汝等諸佛子　咸應一心聽　我今為汝說　轉依之妙道
我所得三昧　名大乘威德　菩薩住是中　能演清淨法
亦見拘胝剎　所有諸如來　塵數那由他　在前而讚歎
善哉汝所說　此是瑜伽道　我等諸如來　皆行此三昧
於斯得自在　清淨成正覺　未曾有一佛　非此三昧生
是故此三昧　思惟不能及　若有諸菩薩　住是三昧中
即住不思議　諸佛之境界　證於自智境　及見於諸佛
變化百千億　乃至如微塵　內證之妙理　諸佛所安住
此法无諸相　遠離於聲色　名從於相生　相從因緣起
此二生分別　諸法性如如　於斯善觀察　是名為正智
名為遍計性　相是依他起　名相二俱遣　是為第一義
藏識住於身　隨處而流轉　習氣如山積　染意之所纏
末那有二門　意識同時起　五境現前轉　諸識身和合
猶如有我人　住在於身內　藏識果流水　境界風所飄
種種識浪生　相續恒无斷　佛及諸佛子　能知法无我
已得成如來　復為人宣說　分析於諸蘊　見人无我性
不知无有法　是說為聲聞　菩薩善能觀　人法二无我
觀已即便捨　不住於真際　若住於真際　便捨大悲心
功業悉不成　不得成正覺　希有難思智　普利諸群生
如蓮出淤泥　色相甚嚴潔　諸天龍人等　見之生愛敬
如是佛菩薩　出於生死泥　成佛體清淨　諸天所欣仰
從初菩薩位　成作轉輪王　天主阿脩羅　乾闥婆王等
了悟大乘者　獲於如是身　漸次而循行　決定得成佛
是故諸佛子　宜應一心學　世間諸衆生　染淨等諸法
皆依於藏識　為因而得生　此因勝无比　證實者宣示

BD03722 號　大乘密嚴經（地婆訶羅本）卷下　（22–20）

如是佛菩薩　出於生死流　成佛體清淨　諸天所欣仰
從初菩薩位　成作轉輪王　天主阿脩羅　乾闥婆王等
了悟大乘者　獲於如是身　漸次而脩行　決定得成佛
是故諸佛子　宜應一心學　世間諸衆生　染淨等諸法
皆依於藏識　為因而得生　此因勝无比　證實者宣示
非與於能作　自在等相似　世尊說此識　為除諸習氣
了知解脫已　此亦无所德　賴耶有可得　解脫非是常
如來清淨藏　亦名无垢智　常住无始終　離四句言說
佛說如來藏　以為阿賴耶　惡慧不能知　藏即賴耶識
如來清淨藏　世間阿賴耶　如金与指環　展轉无差別
譬如巧金師　以淨好真金　造作指環具　欲以莊嚴指
其相異衆物　說名為指環
現樂諸聖人　證於自智境　功德轉增勝　自共无能說
現法諸定者　了境唯是識　得第七地已　轉滅不復生
心識之所行　一切諸境界　所見雖差別　但識无有境
瓶衣等衆物　境界悉皆无　心變似境生　謂能取所取
譬如星月等　依須彌運行　諸識亦復然　恒依賴耶轉
當知賴耶識　即名為密嚴　譬如好真金　光色常充滿
自證清淨境　非分別境界　性與分別離　不可得分別
體實而是常　定者能觀見　意識所行境　但縛於凡夫
聖見悉清淨　譬如陽焰等
爾時世尊說是經已　金剛藏等无量菩薩摩
訶薩及從他方來此會者无央數衆聞佛所
說皆大歡喜信受奉行

BD03722號　大乘密嚴經（地婆訶羅本）卷下　（22–21）

現法諸定者　了境唯是識　得第七地已　轉滅不復生
心識之所行　一切諸境界　所見雖差別　但識无有境
瓶衣等衆物　境界悉皆无　心變似境生　謂能取所取
譬如星月等　依須彌運行　諸識亦復然　恒依賴耶轉
當知賴耶識　即名為密嚴　譬如好真金　光色常充滿
自證清淨境　非分別境界　性與分別離　不可得分別
體實而是常　定者能觀見　意識所行境　但縛於凡夫
聖見悉清淨　譬如陽焰等
爾時世尊說是經已　金剛藏等无量菩薩摩
訶薩及從他方來此會者无央數衆聞佛所
說皆大歡喜信受奉行

大乘密嚴經卷下

BD03722號　大乘密嚴經（地婆訶羅本）卷下　（22–22）

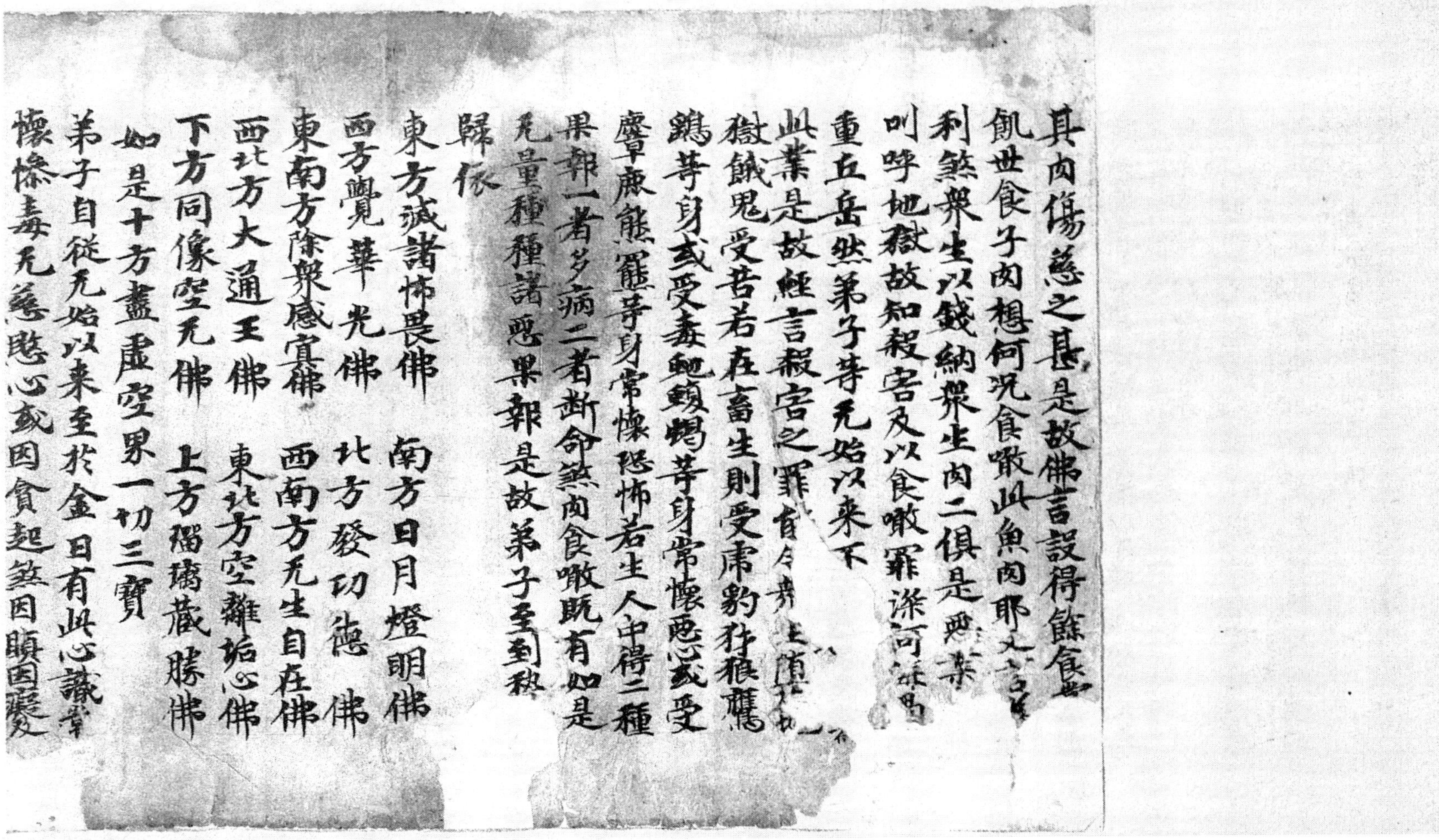
其肉傷慈之甚是故佛言設得餘食當
飢世食子肉想何況食噉此魚肉耶又言[illegible]
利煞衆生以錢納衆生肉二俱是惡業
叫呼地獄故知殺害及以食噉罪深河沙[illegible]
重丘岳然弟子等无始以来下
此業是故經言殺害之罪首令[illegible]
獄餓鬼受苦若在畜生則受虎豹豺狼鷹
鷂等身或受毒蛇蝮蝎等身常懷惡心或受
麞鹿熊羆等身常懷怨怖若生人中得二種
果報一者多病二者斷命煞肉食噉既有如是
无量種種諸惡果報是故弟子至到稽
歸依
東方滅諸怖畏佛　南方日月燈明佛
西方覺華光佛　北方發功德佛
東南方除衆惑冥佛　西南方无生自在佛
西北方大通王佛　東北方空離垢心佛
下方同像空无佛　上方瑠璃藏勝佛
如是十方盡虚空界一切三寶
弟子自從无始以来至於今日有此心識常
懷慘毒无慈愍心或因貪起煞因瞋因癡

BD03723 號　佛名經（十六卷本）卷三　（6–1）

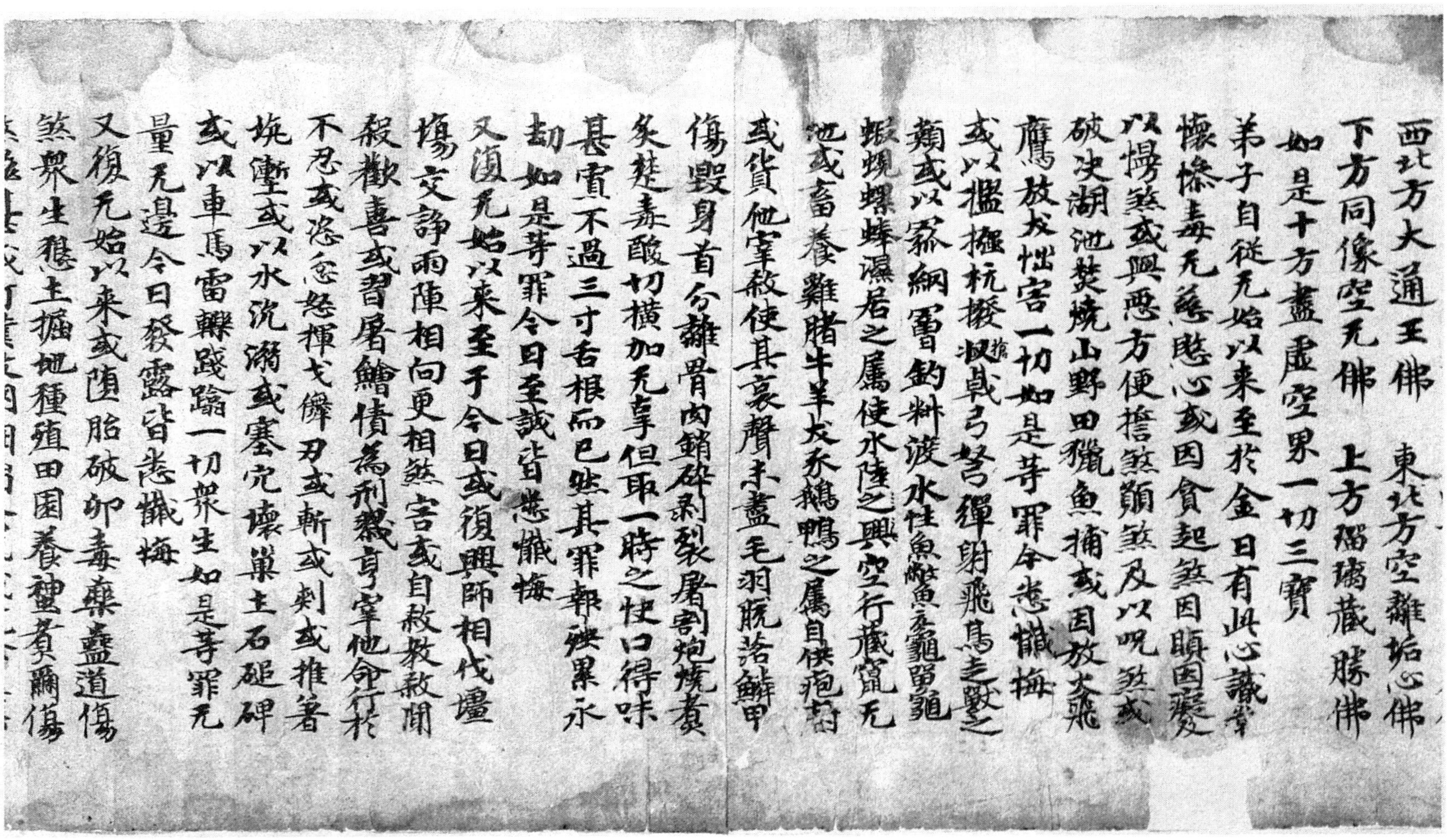
西北方大通王佛　東北方空離垢心佛
下方同像空无佛　上方瑠璃藏勝佛
如是十方盡虚空界一切三寶
弟子自從无始以来至於今日有此心識常
懷慘毒无慈愍心或因貪起煞因瞋因癡
以慢煞或興惡方便誓煞願煞及以呪煞或
破決湖池焚燒山野田獵魚捕或因放大飛
鷹放犬惱害一切如是等罪今悉懺悔
或以檻擸杭撥掘𢾾弓弩彈射飛鳥走獸之
類或以罛網罾釣撈漉水性魚鱉黿鼉
鰕蜆螺蚌濕居之屬使水陸之與空行藏竄无
地或畜養雞豬牛羊犬豕鵝鴨之屬自供庖廚
或貨他宰殺使其哀聲未盡毛羽脫落鱗甲
傷毀身首分離骨肉銷碎剝裂屠割炮燒煮
炙楚毒酸切横加无辜但取一時之快口得味
甚實不過三寸舌根而已然其罪報殃累永
劫如是等罪今日至誠皆悉懺悔
又復无始以来至于今日或復興師相伐疆
場交諍兩陣相向更相煞害或自殺教殺聞
殺歡喜或習屠膾債爲刑戮烹宰他命行於
不忍或恣忿怒揮戈舞刃或斬或刺或推著
坑壍或以水沈溺或塞穴壞巢土石磓碑
或以車馬雷轢踐蹹一切衆生如是等罪无
量无邊今日發露皆悉懺悔
又復无始以来或墮胎破卵毒藥蠱道傷
煞衆生墾土掘地種殖田園養蠶煮繭傷

BD03723 號　佛名經（十六卷本）卷三　（6–2）

或以車馬雷轢踐蹹一切衆生如是等罪无
量无邊今日發露皆悉懺悔
又復无始以来或墮胎破卵毒藥蠱道傷
煞衆生懇土掘地種殖田園養蠶煑繭傷
煞滋甚或打撲蚊蚋掐嚙蚤虱或燒除糞掃
開決溝渠枉害一切或噉菓實或用穀米或
水或菜横煞衆生或然燋薪或露燈燭燋諸
虫類或食醬酢不看搖動或寫湯水澆煞虫
蟻如是乃至行住坐卧四威儀中恒常傷煞
飛空著地細微衆生弟子以凡夫識暗不覺
不知今日發露皆悉懺悔
又復弟子无始以来至于今日或以鞭杖枷
鏁桁械壓立拷掠打擲手脚蹴蹹拘縛籠
繫斷絶水穀如是種種諸惡方便皆悩衆生
今日至誠向十方佛尊法聖衆皆悉懺悔
願弟子等承是懺悔煞害等罪所生功德
生生世世得金剛身壽命无窮永離怨憎
无煞害想於諸衆生得一子地若見危難
危厄之者不惜身命方便救解令得解脱
然後爲説微妙正法使諸衆生覩形見影皆
蒙安樂聞名聽聲恐怖悉除 礼一拜
南无寶世界善住力王佛
南无十方上首世界起月光佛
南无龍王世界上首 佛
南无善住世界善高聚 佛
南无无怖畏世界住稱 佛

BD03723 號　佛名經（十六卷本）卷三　（6–3）

南无十方上首世界起月光佛
南无龍王世界上首 佛
南无善住世界善高聚 佛
南无无怖畏世界住稱 佛
南无受香世界斷諸難 佛
南无成就一切德善住世界稱親佛
南无憂慧世界遠離諸憂 佛
南无成就一切勢善住世界稱堅固佛
南无稱世界起波頭摩功德王佛
南无花俱蘇摩住世界善散花幢佛
南无十方名稱世界放光明普至佛
南无十方上首世界名稱眼佛
南无炎慧世界放炎 佛
從此以上二千佛十二部經一切賢聖
南无吼世界十方稱名 佛
南无光明世界自在弥留佛
南无寶光明世界大光明佛
南无常歡喜世界炎熾 佛
南无有世界三界自在奮迅佛
南无无畏界放光明輪 佛
南无常懸世界衆宿勝佛
南无波頭摩王世界无盡勝佛
南无普吼世界妙鼓聲 佛
南无无畏世界普勝 佛
南无十方名稱世界智稱佛
南无地世界山王 佛

BD03723 號　佛名經（十六卷本）卷三　（6–4）

南无畏界放光明輪佛
南无常懸世界衆寳勝佛
南无波頭摩王世界无盡勝佛
南无普吼世界妙鼓聲佛
南无畏世界普勝佛
南无十方名稱世界智稱佛
南无地世界山王佛
南无地功德世界波頭摩勝王佛
南无然燈輪世界善住佛
南无普莊嚴世界大莊嚴佛
南无倚世界作一切功德佛
南无歡喜世界畢竟成就佛
南无星宿行世界智上勝佛
南无蓋行莊嚴世界智起光明威德王勝佛
南无波頭摩世界波頭摩生王佛
南无法境界自在佛 胡本中自此以下皆有世界略不明矣
南无月中光明佛 南无香烏佛
南无阿弥陀光明佛 南无波頭山佛
南无波頭摩生勝佛 南无栴檀勝佛
南无寶積佛 南无智慧佛
南无无畏作王佛 南无功德成就勝佛
南无光明幢佛 南无无量功德作佛
南无功德成就勝佛
南无一切功德成就勝佛
南无波頭摩成就勝佛
南无炬住持佛 南无寶上勝佛
南无金色花佛 南无上王佛

BD03723號　佛名經（十六卷本）卷三　（6–5）

南无波頭摩世界波頭摩生王佛
南无法境界自在佛 胡本中自此以下皆有世界略不明矣
南无月中光明佛 南无香烏佛
南无阿弥陀光明佛 南无波頭山佛
南无波頭摩生勝佛 南无栴檀勝佛
南无寶積佛 南无智慧佛
南无无畏作王佛 南无功德成就勝佛
南无光明幢佛 南无无量功德作佛
南无功德成就勝佛
南无一切功德成就勝佛
南无波頭摩成就勝佛
南无炬住持佛 南无寶上勝佛
南无金色花佛 南无上王佛
南无星宿王佛 南无无量弥留佛
南无虛空輪清淨王佛 南无无量聲佛
南无寶山佛
南无種種寶俱蘇摩花佛
南无勝衆佛 南无无塵離塵佛
南无不宿發脩行佛
南无金色花佛 南无寶舍佛

BD03723號　佛名經（十六卷本）卷三　（6–6）

万億種衆生來至佛所而聽法如來于時觀
是衆生諸根利鈍精進懈怠隨其所堪而爲
說法種種无量皆令歡喜快得善利是諸衆
生聞是法已現世安隱後生善處以道受樂
亦得聞法既聞法已離諸障礙於諸法中任
力所能漸得入道如彼大雲雨於一切卉木
叢林及諸藥草如其種性具足蒙潤各得生
長如來說法一相一味所謂解脫相離相滅
相究竟至於一切種智其有衆生聞如來法
若持讀誦如說脩行所得功德不自覺知所
以者何唯有如來知此衆生種相體性念何
事思何事脩何事云何念云何思云何脩以
何法念以何法思以何法脩以何法得何法
衆生住於種種之地唯有如來如實見之明
了无礙如彼卉木叢林諸藥草等而不自知
上中下性如來知是一相一味之法所謂解
脫相離相滅相究竟涅槃常寂滅相終歸於
空佛知是已觀衆生心欲而將護之是故不
即爲說一切種智汝等迦葉甚爲希有能知

BD03724 號　妙法蓮華經卷三　（5–1）

了无礙如彼卉木叢林諸藥草等而不自知
上中下性如來知是一相一味之法所謂解
脫相離相滅相究竟涅槃常寂滅相終歸於
空佛知是已觀衆生心欲而將護之是故不
即爲說一切種智汝等迦葉甚爲希有能知
如來隨宜說法能信能受所以者何諸佛
世尊隨宜說法難解難知尒時世尊欲重
宣此義而說偈言
破有法王　出現世間　隨衆生欲　種種說法
如來尊重　智慧深遠　久嘿斯要　不務速說
有智若聞　則能信解　无智疑悔　則爲永失
是故迦葉　隨力爲說　以種種緣　令得正見
迦葉當知　譬如大雲　起於世間　遍覆一切
惠雲含潤　電光晃曜　雷聲遠震　令衆悅豫
日光掩蔽　地上清涼　靉靆垂布　如可承攬
其雨普等　四方俱下　流澍无量　率土充洽
山川險谷　幽邃所生　卉木藥草　大小諸樹
百穀苗稼　甘蔗蒲桃　雨之所潤　无不豐足
乾地普洽　藥木並茂　其雲所出　一味之水
草木叢林　隨分受潤　一切諸樹　上中下等
稱其大小　各得生長　根莖枝葉　華菓光色
一雨所及　皆得鮮澤　如其體相　性分大小
所潤是一　而各滋茂　佛亦如是　出現於世
譬如大雲　普覆一切　既出于世　爲諸衆生
分別演說　諸法之實　大聖世尊　於諸天人

BD03724 號　妙法蓮華經卷三　（5–2）

種其大小　各得生長　根莖枝葉　華菓光色
一雨所及　皆得鮮澤　如其體相　性分大小
所潤是一　而各滋茂　佛亦如是　出現於世
譬如大雲　普覆一切　既出于世　為諸眾生
分別演說　諸法之實　大聖世尊　於諸天人
一切眾中　而宣是言　我為如來　兩足之尊
出于世間　猶如大雲　充潤一切　枯槁眾生
皆令離苦　得安隱樂　世間之樂　及涅槃樂
諸天人眾　一心善聽　皆應到此　覲无上尊
我為世尊　无能及者　安隱眾生　故現於世
為大眾說　甘露淨法　其法一味　解脫涅槃
以一妙音　演暢斯義　常為大乘　而作因緣
我觀一切　普皆平等　无有彼此　愛憎之心
我无貪著　亦无限礙　恒為一切　平等說法
如為一人　眾多亦然　常演說法　曾无他事
去來坐立　終不疲厭　充足世間　如雨普潤
貴賤上下　持戒毀戒　威儀具足　及不具足
正見邪見　利根鈍根　等雨法雨　而无懈惓
一切眾生　聞我法者　隨力所受　住於諸地
或處人天　轉輪聖王　釋梵諸王　是小藥草
知无漏法　能得涅槃　起六神通　及得三明
獨處山林　常行禪定　得緣覺證　是中藥草
求世尊處　我當作佛　行精進定　是上藥草
又諸佛子　專心佛道　常行慈悲　自知作佛
決定无疑　是名小樹　安住神通　轉不退輪
度无量億 [illegible]

BD03724號　妙法蓮華經卷三　（5–3）

獨處山林　常行禪定　得緣覺證　是中藥草
求世尊處　我當作佛　行精進定　是上藥草
又諸佛子　專心佛道　常行慈悲　自知作佛
決定无疑　是名小樹　安住神通　轉不退輪
度无量億　百千眾生　如是菩薩　名為大樹
佛平等說　如一味雨　隨眾生性　所受不同
如彼草木　所稟各異　佛以此喻　方便開示
種種言辭　演說一法　於佛智慧　如海一渧
我雨法雨　充滿世間　一味之法　隨力修行
如彼叢林　藥草諸樹　隨其大小　漸增茂好
諸佛之法　常以一味　令諸世間　普得具足
漸次修行　皆得道果　聲聞緣覺　處於山林
住最後身　聞法得果　是名藥草　各得增長
若諸菩薩　智慧堅固　了達三界　求最上乘
是名小樹　而得增長　復有住禪　得神通力
聞諸法空　心大歡喜　放无數光　度諸眾生
是名大樹　而得增長　如是迦葉　佛所說法
譬如大雲　以一味雨　潤於人華　各得成實
迦葉當知　以諸因緣　種種譬喻　開示佛道
是我方便　諸佛亦然　今為汝等　說最實事
諸聲聞眾　皆非滅度　汝等所行　是菩薩道
漸漸修學　悉當成佛

妙法蓮華經授記品第六

爾時世尊說是偈已告諸大眾唱如是言我
此弟子摩訶迦葉於未來世當得奉覲三百

BD03724號　妙法蓮華經卷三　（5–4）

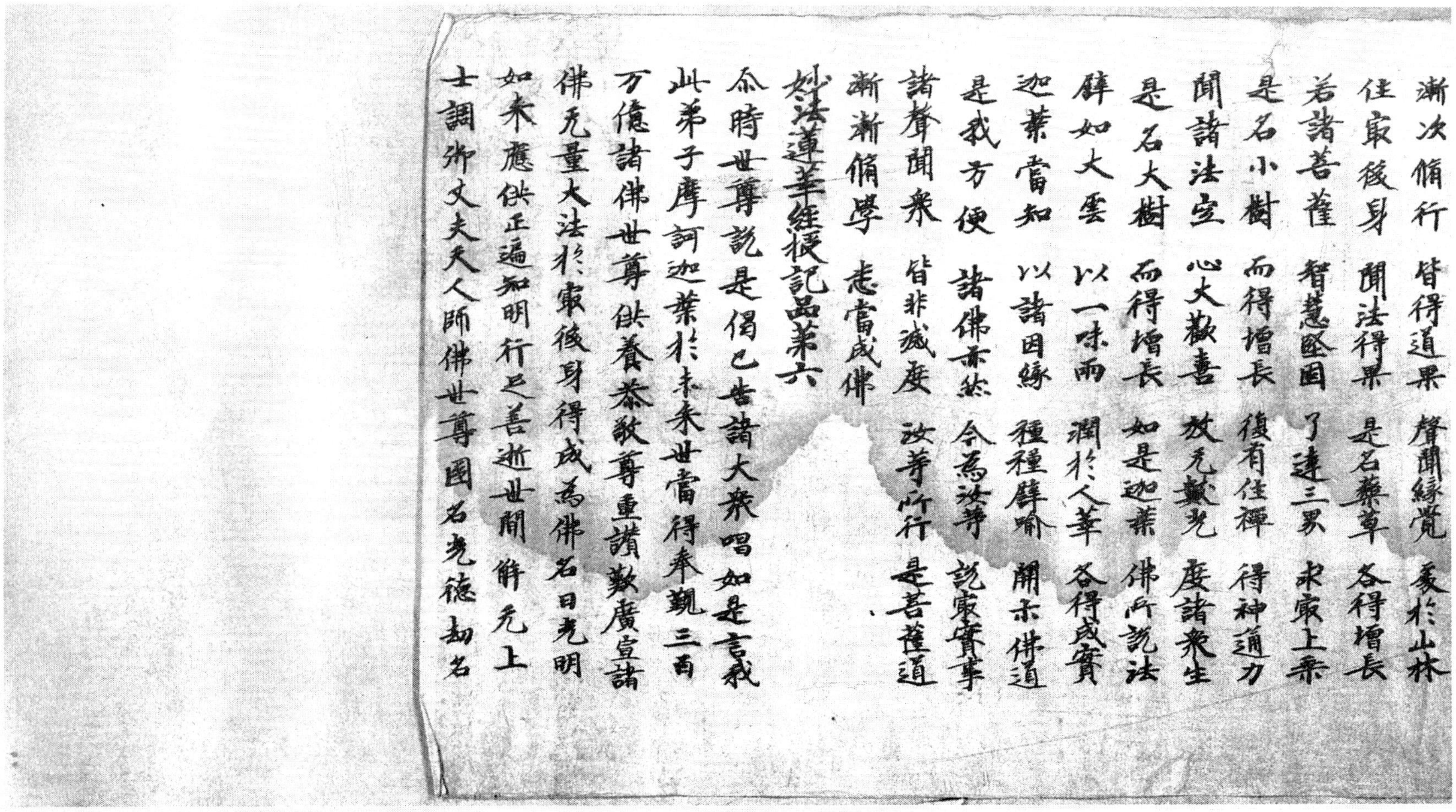
漸次脩行　皆得道果　聲聞緣覺　處於山林
住冣後身　聞法得果　是名藥草　各得增長
若諸菩薩　智慧堅固　了達三界　求冣上乘
是名小樹　而得增長　復有住禪　得神通力
聞諸法空　心大歡喜　放无數光　度諸衆生
是名大樹　而得增長　如是迦葉　佛所說法
譬如大雲　以一味雨　潤於人華　各得成實
迦葉當知　以諸因緣　種種譬喻　開示佛道
是我方便　諸佛亦然　今為汝等　說冣實事
諸聲聞衆　皆非滅度　汝等所行　是菩薩道
漸漸脩學　悉當成佛
妙法蓮華經授記品第六
尒時世尊說是偈已告諸大衆唱如是言我
此弟子摩訶迦葉於未來世當得奉覲三百
万億諸佛世尊供養恭敬尊重讚歎廣宣諸
佛无量大法於冣後身得成為佛名曰光明
如來應供正遍知明行足善逝世間解无上
士調御丈夫天人師佛世尊國名光德劫名

BD03724 號　妙法蓮華經卷三　（5–5）

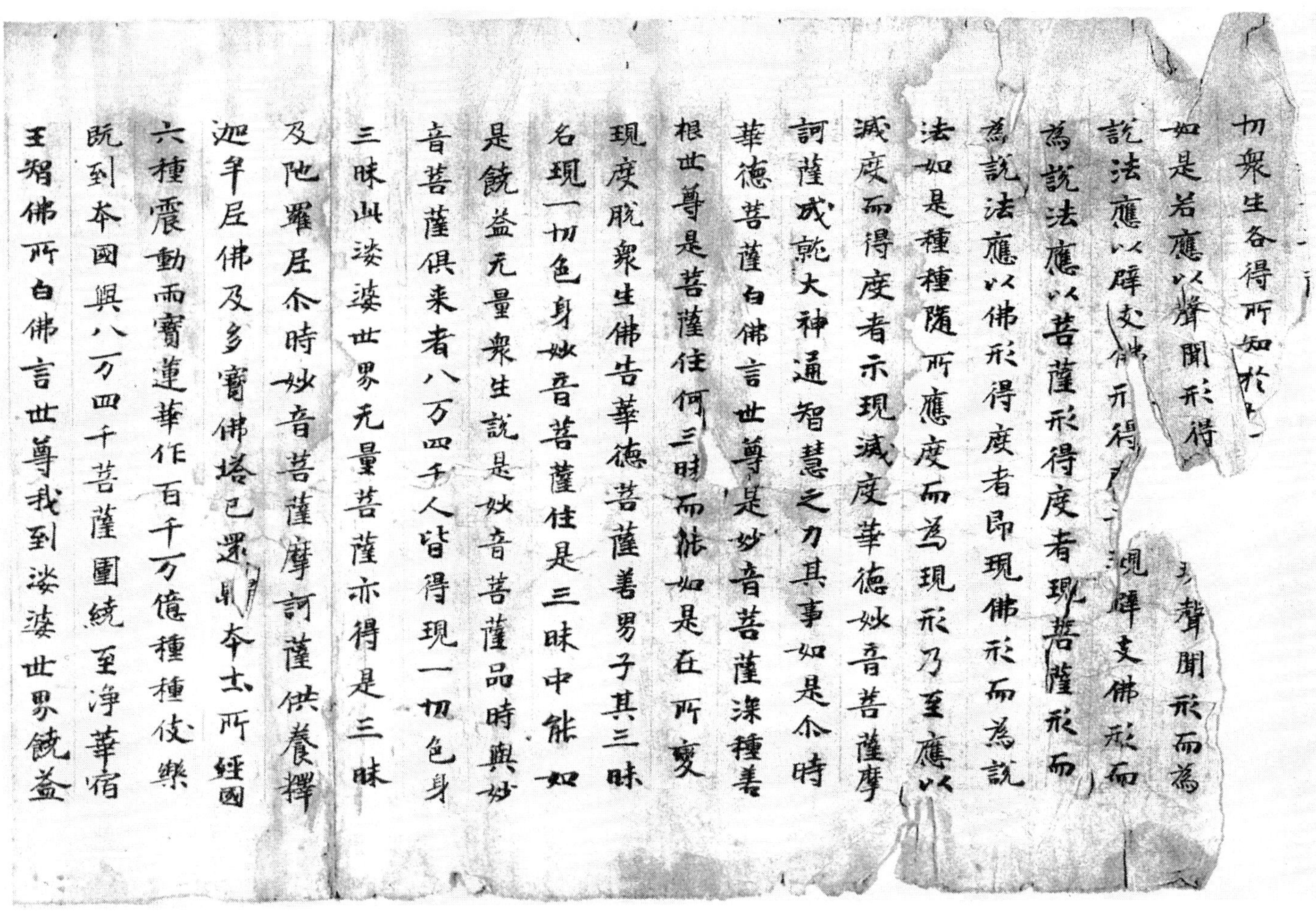
切衆生各得所知於
如是若應以聲聞形得　聲聞形而為
說法應以辟支佛形得　現辟支佛形而
為說法應以菩薩形得度者現菩薩形而
為說法應以佛形得度者即現佛形而為說
法如是種種隨所應度而為現形乃至應以
滅度而得度者示現滅度華德妙音菩薩摩
訶薩成就大神通智慧之力其事如是尒時
華德菩薩白佛言世尊是妙音菩薩深種善
根世尊是菩薩住何三昧而能如是在所變
現度脫衆生佛告華德菩薩善男子其三昧
名現一切色身妙音菩薩住是三昧中能如
是饒益无量衆生說是妙音菩薩品時與妙
音菩薩俱來者八万四千人皆得現一切色身
三昧此娑婆世界无量菩薩亦得是三昧
及陁羅尼尒時妙音菩薩摩訶薩供養釋
迦牟尼佛及多寶佛塔已還歸本土所經國
六種震動雨寶蓮華作百千万億種種伎樂
既到本國與八万四千菩薩圍繞至淨華宿
王智佛所白佛言世尊我到娑婆世界饒益

BD03725 號　妙法蓮華經卷七　（2–1）

[illegible]
法如是種種隨所應度而為現形乃至應以
滅度而得度者示現滅度華德妙音菩薩摩
訶薩成就大神通智慧之力其事如是尒時
華德菩薩白佛言世尊是妙音菩薩深種善
根世尊是菩薩住何三昧而能如是在所變
現度脫衆生佛告華德菩薩善男子其三昧
名現一切色身妙音菩薩住是三昧中能如
是饒益无量衆生說是妙音菩薩品時與妙
音菩薩俱来者八万四千人皆得現一切色身
三昧此娑婆世界无量菩薩亦得是三昧
及陀羅尼尒時妙音菩薩摩訶薩供養釋
迦牟尼佛及多寶佛塔已還歸本土所經國
六種震動雨寶蓮華作百千万億種種伎樂
既到本國與八万四千菩薩圍繞至淨華宿
王智佛所白佛言世尊我到娑婆世界饒益
衆生見釋迦牟尼佛及見多寶佛塔礼拜供
養又見文殊師利法王子菩薩及見藥王菩
薩得勤精進力菩薩勇施菩薩等亦令八万
四千菩薩得現一切色身三昧說是妙音菩
薩来往品時四万二千天子得无生法忍華
德菩薩得法華三昧

BD03725 號　妙法蓮華經卷七　（2–2）

[illegible]一波羅夷[illegible]
[illegible]名雜名　所言篇者輕重相形名之為篇　又云類也　言均等名篇
言均者有其三種　一者名均　二者體均　三者究竟均　言七聚者
一波羅夷聚　二僧伽婆尸沙聚　三偷蘭遮聚　四波夜提聚　五
提舍尼聚　六惡作　七惡說　所言聚者衆聚非一名之為聚
言制仏制戒有三種意　一者為滅未起非法　二者滅已起疑網　三者
招生十利功德　第一婬戒制有三種　一略制　二隨制　三廣制　言略制者
仏在毗舍離時迦蘭陀村須提那子持信出家其母勸令捨道至己後
婦往勸便行不淨故名略制　二隨制者後跋闍比丘不樂梵行即便退
家仏因隨制　廣制者後有乞食比丘林中与畜起過仏因此人廣制
[illegible]滿之戒本　問犯戒具既緣成犯　答論其通緣有其三種　一是
[illegible]並聞非所被　二制廣教後已其初人教未攝故　三元重[illegible]
[illegible]狂等　言別緣者具四　一有境　二有染心　三起方便　四与境合而犯
[illegible]盜戒者仏在羅閱城耆闍崛山檀尼迦比丘在閑靜處住一草庵
[illegible]取薪人析將便成赤色瓦屋仏令析之便詐宣王令取其材

BD03726 號 1　四波羅夷戒通別緣（擬）　（4–1）

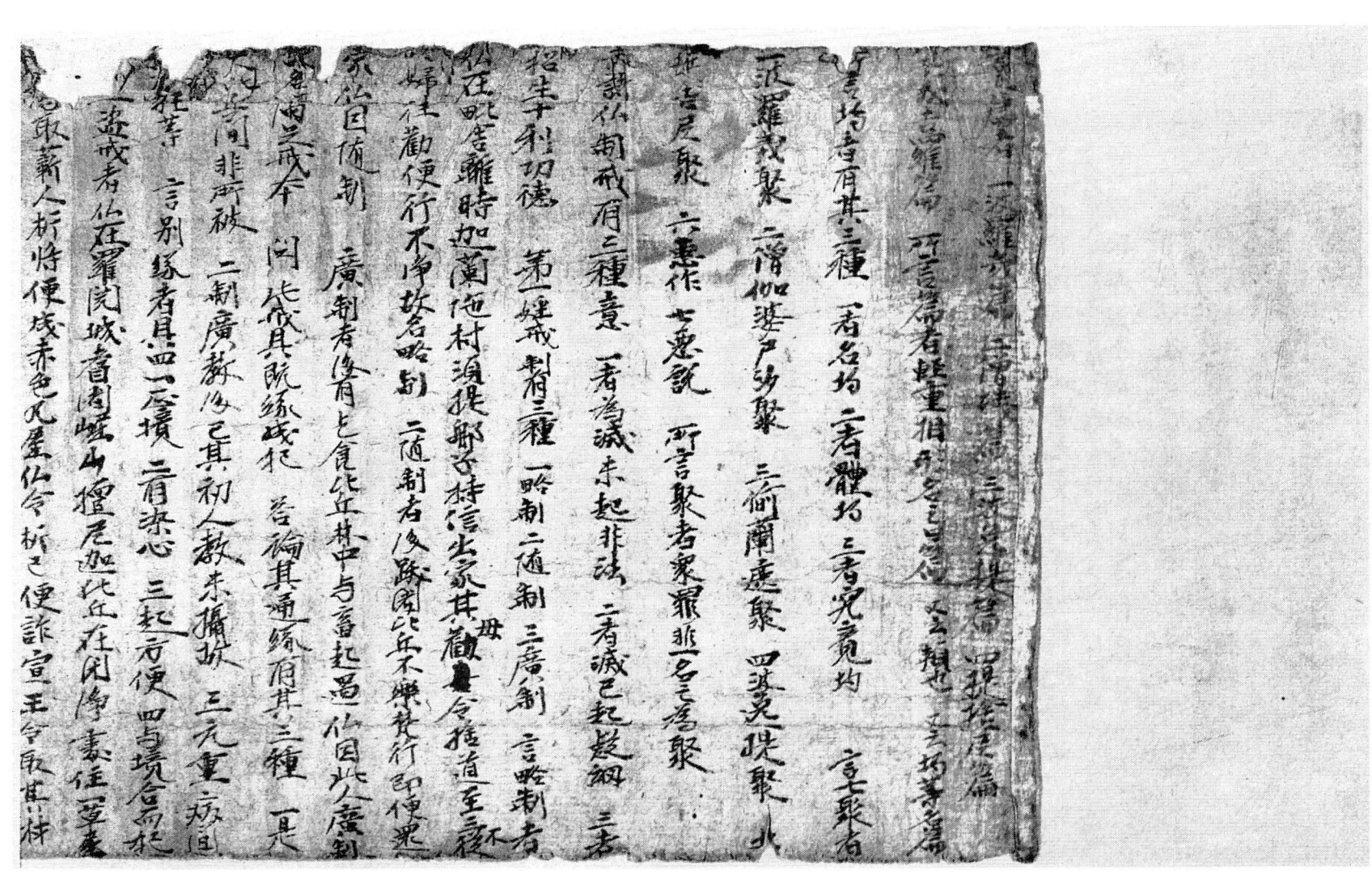

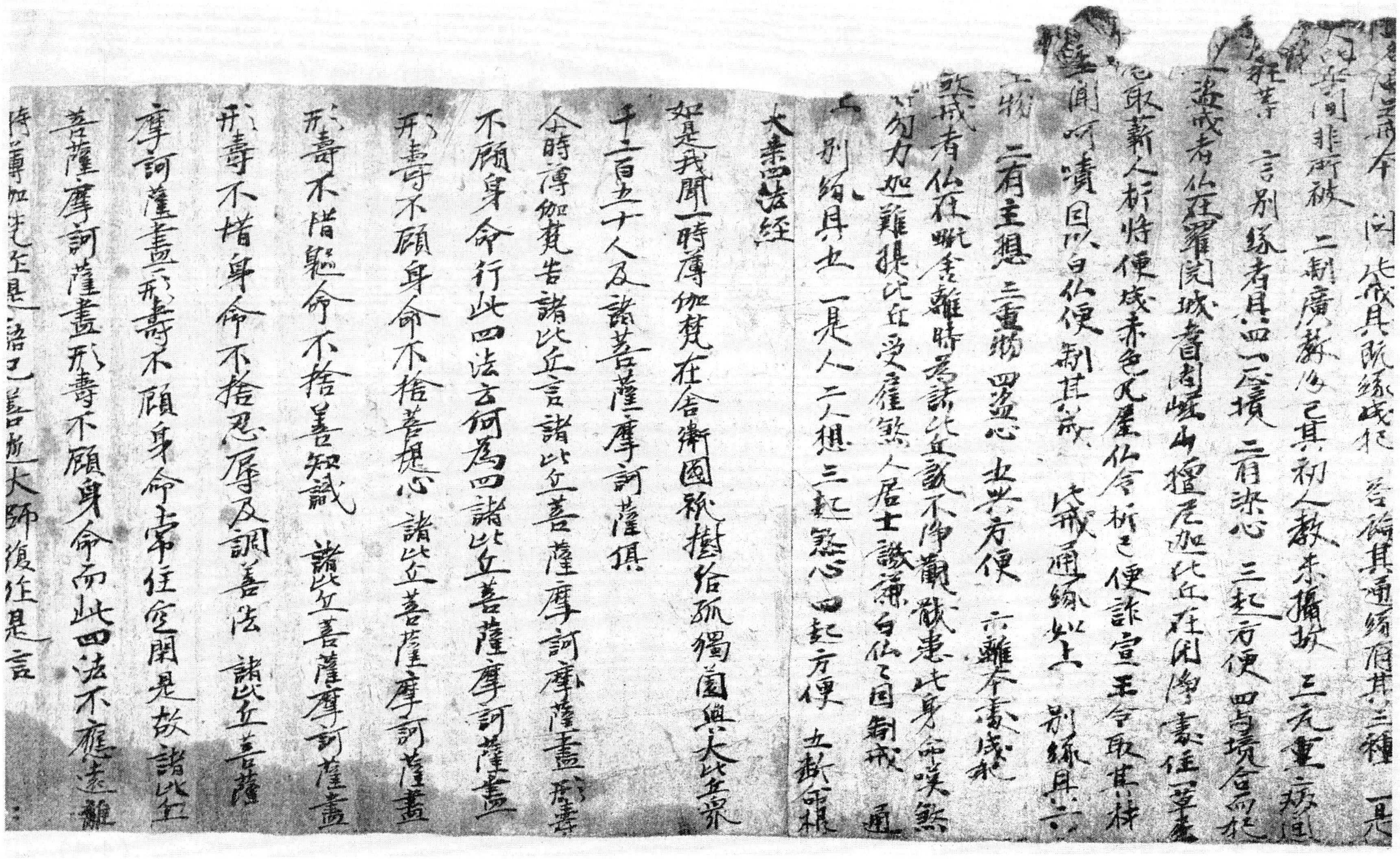

大乘四法經

如是我聞一時薄伽梵在舍衛國祇樹給孤獨園與大比丘衆

千二百五十人及諸菩薩摩訶薩俱

尒時薄伽梵告諸比丘言諸比丘善薩摩訶薩盡形壽

不顧身命行此四法云何爲四諸比丘菩薩摩訶薩盡

形壽不顧身命不捨菩提心 諸比丘菩薩摩訶薩盡

形壽不惜軀命不捨善知識 諸比丘菩薩摩訶薩盡

形壽不惜身命不捨忍辱及調善法 諸比丘菩薩

摩訶薩盡形壽不顧身命常住空閑是故諸比丘

菩薩摩訶薩盡形壽不顧身命而此四法不應遠離

時薄伽梵說是語已善逝大師復住是言

BD03726 號 1　四波羅夷戒通別緣（擬）　（4–2）

BD03726 號 2　大乘四法經（異本）

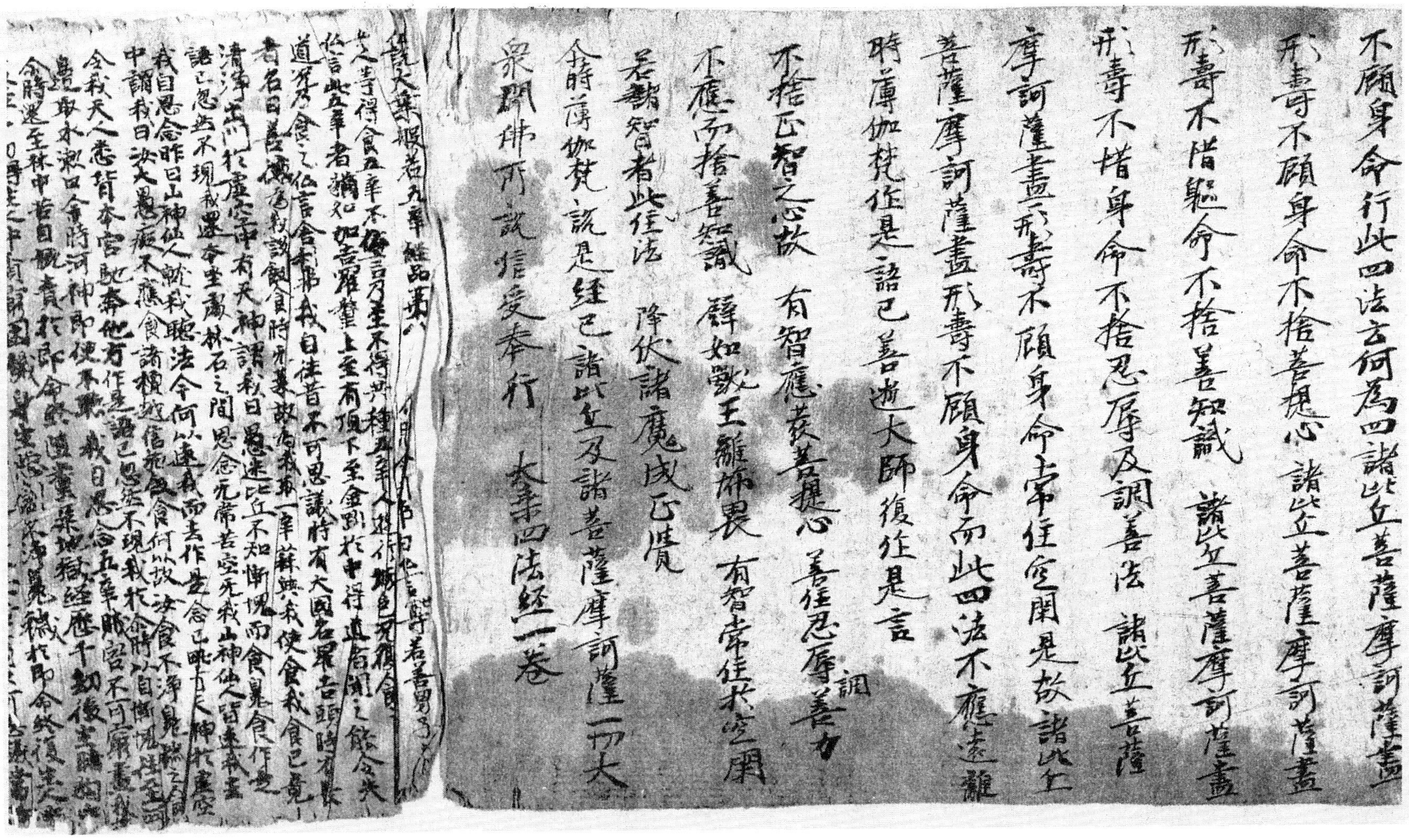

不顧身命行此四法云何爲四諸比丘菩薩摩訶薩盡

形壽不顧身命不捨菩提心 諸比丘菩薩摩訶薩盡

形壽不惜軀命不捨善知識 諸比丘菩薩摩訶薩

形壽不惜身命不捨忍辱及調善法 諸比丘菩薩

摩訶薩盡形壽不顧身命常住空閑是故諸比丘

菩薩摩訶薩盡形壽不顧身命而此四法不應遠離

時薄伽梵說是語已善逝大師復住是言

不捨正智之心故 有智應發菩提心 菩住忍辱調善力

不應而捨善知識 譬如獸王離怖畏 有智常住於空閑

若歡智者此住法 降伏諸魔成正覺

尒時薄伽梵說是經已諸比丘及諸菩薩摩訶薩一切大

衆聞佛所說信受奉行 大乘四法經一卷

BD03726 號 2　大乘四法經（異本）　（4–3）

BD03726 號 3　大乘般若五辛經品第八

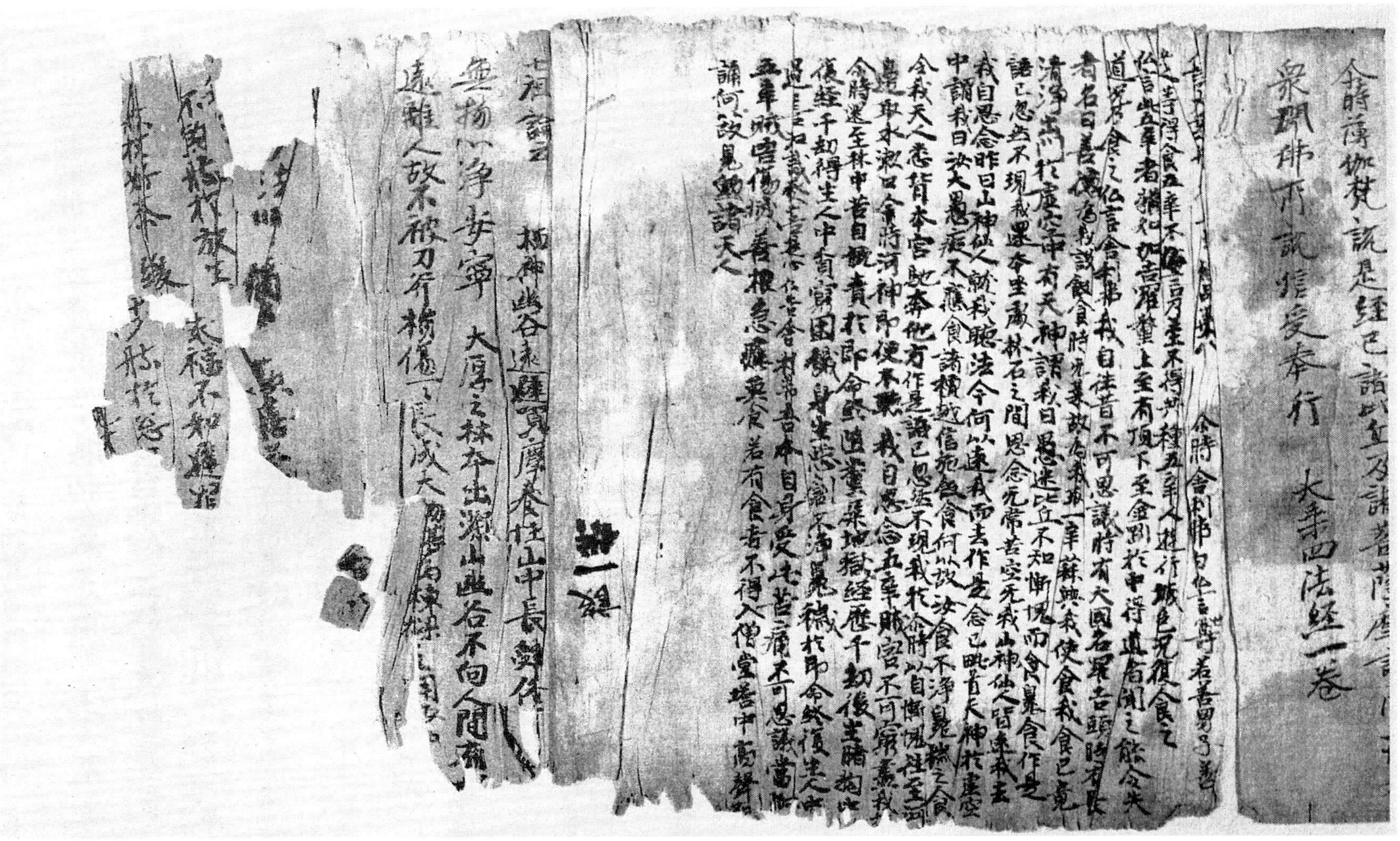

BD03726 號 3　大乘般若五辛經品第八　　（4–4）
BD03726 號 4　七祖論（擬）
BD03726 號 5　利□法師偈（擬）

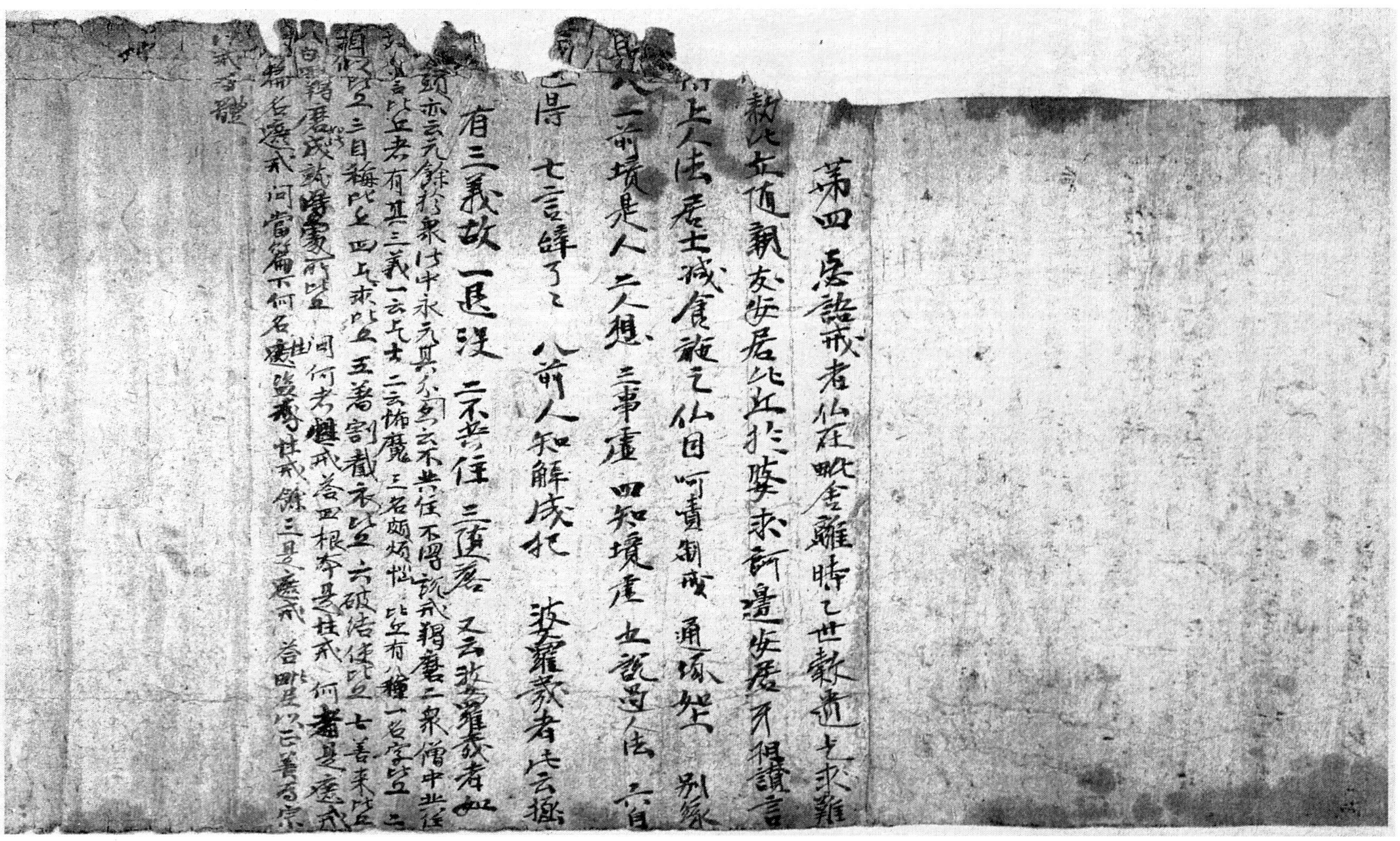

BD03726 號背　四波羅夷戒通別緣（擬）　　（2–1）

BD03726 號背　四波羅夷戒通別緣（擬）　（2–2）

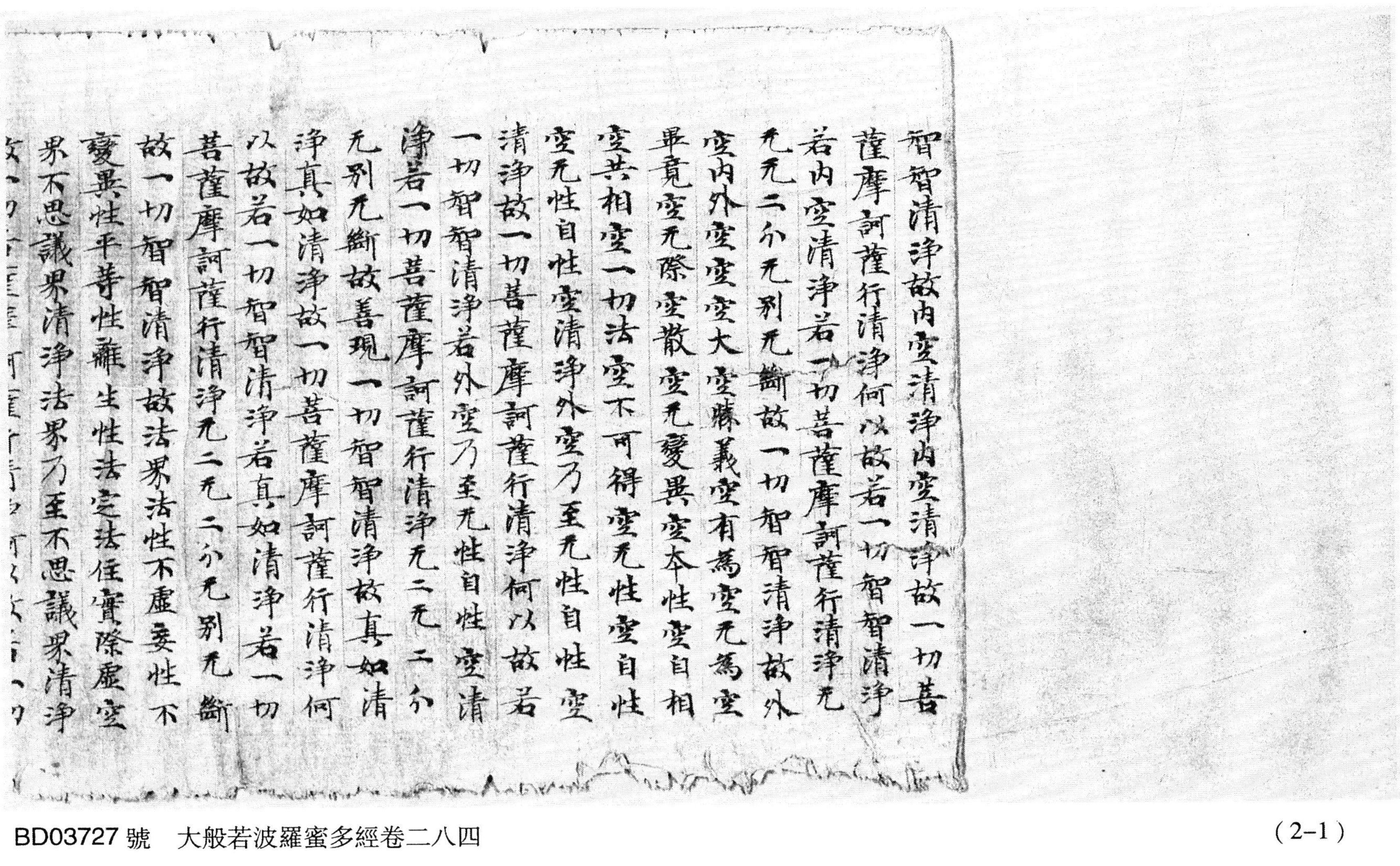

智智清淨故內空清淨內空清淨故一切菩
薩摩訶薩行清淨何以故若一切智智清淨
若內空清淨若一切菩薩摩訶薩行清淨无
无二无二分无別无斷故一切智智清淨故外
空內外空空空大空勝義空有為空无為空
畢竟空无際空散空无變異空本性空自相
空共相空一切法空不可得空无性空自性
空无性自性空清淨外空乃至无性自性空
清淨故一切菩薩摩訶薩行清淨何以故若
一切智智清淨若外空乃至无性自性空清
淨若一切菩薩摩訶薩行清淨无二无二分
无別无斷故善現一切智智清淨故真如清
淨真如清淨故一切菩薩摩訶薩行清淨何
以故若一切智智清淨若真如清淨若一切
菩薩摩訶薩行清淨无二无二分无別无斷
故一切智智清淨故法界法性不虛妄性不
變異性平等性離生性法定法住實際虛空
界不思議界清淨法界乃至不思議界清淨

BD03727 號　大般若波羅蜜多經卷二八四　（2–1）

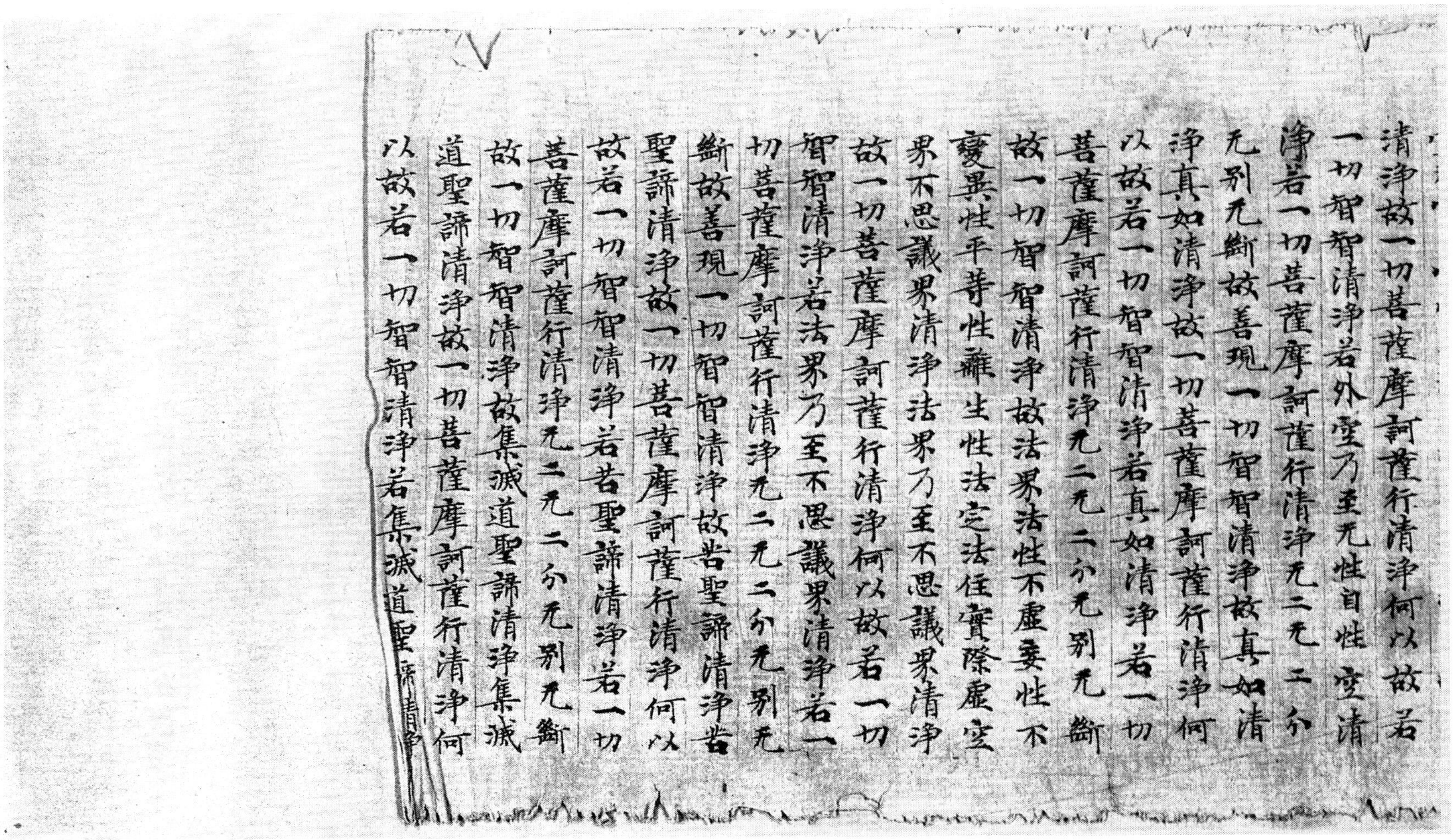
清淨故一切菩薩摩訶薩行清淨何以故若
一切智智清淨若外空乃至无性自性空清
淨若一切菩薩摩訶薩行清淨无二无二分
无別无斷故善現一切智智清淨故真如清
淨真如清淨故一切菩薩摩訶薩行清淨何
以故若一切智智清淨若真如清淨若一切
菩薩摩訶薩行清淨无二无二分无別无斷
故一切智智清淨故法界法性不虛妄性不
變異性平等性離生性法定法住實際虛空
界不思議界清淨法界乃至不思議界清淨
故一切菩薩摩訶薩行清淨何以故若一切
智智清淨若法界乃至不思議界清淨若一
切菩薩摩訶薩行清淨无二无二分无別无
斷故善現一切智智清淨故苦聖諦清淨苦
聖諦清淨故一切菩薩摩訶薩行清淨何以
故若一切智智清淨若苦聖諦清淨若一切
菩薩摩訶薩行清淨无二无二分无別无斷
故一切智智清淨故集滅道聖諦清淨集滅
道聖諦清淨故一切菩薩摩訶薩行清淨何
以故若一切智智清淨若集滅道聖諦清淨

BD03727 號　大般若波羅蜜多經卷二八四　（2–2）

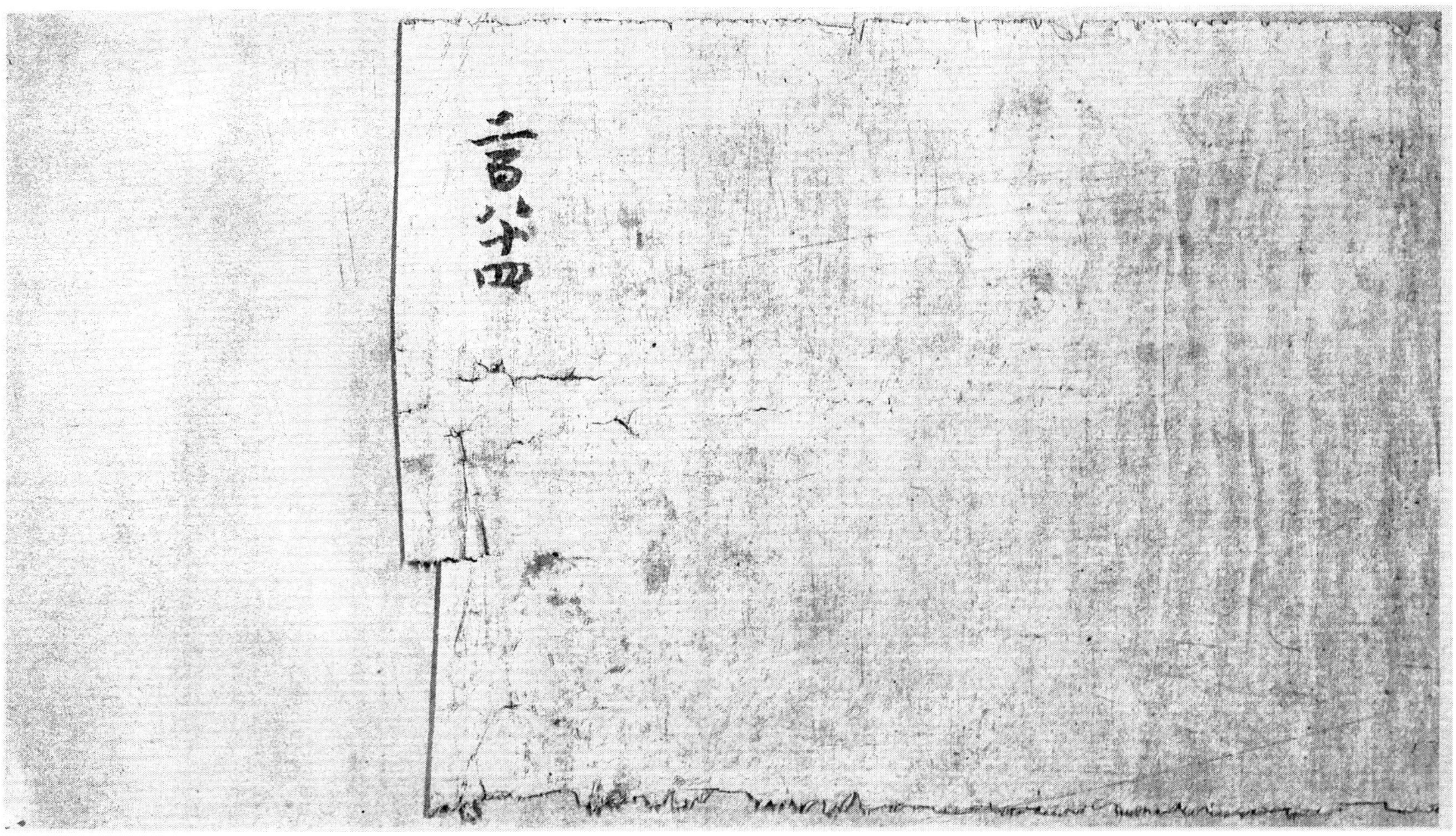
二百八十四

BD03727 號背　勘記　（1–1）

國
諸佛法海　窮深盡
无明欲怒　世尊永无　人雄師子
功勳廣大　智慧深妙　光明威相
願我作佛　齊聖法王　過度生死
布施調意　戒忍精進　如是三昧
吾誓得佛　普行此願　一切恐懼　為作大安
假令有佛　百千億万　无量大聖　數如恒沙
供養一切　斯等諸佛　不如求道　堅意不却
譬如恒沙　諸佛世界　復不可計　无數剎土
光明悉照　遍此諸國　如是精進　威神難量
國如泥洹　而无等雙　我當愍哀　度脫一切
十方來生　心悅清淨　已到我國　快樂安隱
幸佛信明　是我真證　發願於彼　力進所欲
十方世尊　智慧无导　常令此尊　知我心行
假令身止　諸苦毒中　我行精進　忍終不悔
佛告阿難法藏比丘說此頌已而白佛言唯
然世尊我發无上正覺之心願佛為我廣說
經法我當修行攝取佛國清淨莊嚴无量妙
土令我於世速成正覺拔諸生死懃〻
佛語阿難時世饒王佛告法藏〻

BD03728號　無量壽經卷上　（19–1）

假令身心　諸苦毒中　我行精進　忍終不悔
佛告阿難法藏比丘說此頌已而白佛言唯
然世尊我發无上正覺之心願佛為我廣說
經法我當修行攝取佛國清淨莊嚴无量妙
土令我於世速成正覺拔諸生死懃〻
佛語阿難時世饒王佛告法藏〻
行莊嚴佛土汝自當知比丘白佛其[illegible]
非我境界唯願世尊廣為敷演諸佛如來淨
土之行我聞此已當如說修行成滿所願尒
時自在王佛知其高明志願深廣即為法藏
比丘而說經言譬如大海一人斗量逕歷劫
數尚可窮底得其妙寶人有至心精進求
道不止會當剋果何願不得於是自在王佛
即為廣說二百一十億諸佛剎土天人之善
惡國土之精妙應其心願悉現與之時彼比
丘聞佛所說嚴淨國土皆悉覩見超發无上
殊勝之願其心寂靜志无所著一切世間无
能及者具足五劫思惟攝取莊嚴佛國清淨
之行阿難白佛彼佛國土壽量幾何佛言其
佛壽命卌二劫時法藏比丘攝取二百一十
億諸佛妙土清淨之行如是修已詣彼佛所
稽首禮足繞佛三匝合掌而住白言世尊我
已攝取莊嚴佛土清淨之行佛告比丘汝今
可說宜知是時發起悅可一切大眾菩薩聞
已修行此法緣致滿足无量大願比丘白佛
唯垂聽察如我所願當具說之
設我得佛國有地獄餓鬼畜生者不取正覺
設我得佛國中人天壽終之後復更三惡道

BD03728號　無量壽經卷上　（19–2）

可說宜知是時發起悅可一切大衆菩薩聞
已循行此法緣致滿足无量大願比丘白佛
唯垂聽察如我所願當具說之
設我得佛國有地獄餓鬼畜生者不取正覺
設我得佛國中天人壽終之後復更三惡道
者不取正覺
設我得佛國中天人不悉真金色者不取正
覺
設我得佛國中天人形色不同有好醜者不
取正覺
設我得佛國中天人不識宿命下至知百千億
那由他諸劫事者不取正覺
設我得佛國中天人不得天眼下至見百千
億那由他諸佛國者不取正覺
設我得佛國中天人不得天耳下至聞百千
億那由他諸佛所說不悉受持者不取正覺
設我得佛國中天人不得見他心智下至知
百千億那由他諸佛國中衆生心念者不取
正覺
設我得佛國中天人不得神足於一念頃下
至不能超過百千億那由他諸佛國者不取
正覺
設我得佛國中天人若起想念貪計身者不
取正覺
設我得佛國中天人不住定聚必至滅度者
不取正覺
設我得佛光明有能限量下至不照百千億
那由他諸佛國者不取正覺

BD03728號　無量壽經卷上　（19–3）

取覺
設我得佛國中天人不住定聚必至滅度者
不取正覺
設我得佛光明有能限量下至不照百千億
那由他諸佛國者不取正覺
設我得佛壽命有能限量下至百千億那由
他劫者不取正覺
設我得佛國中聲聞有能限量下至三千大
千世界衆生緣覺於百千劫悉共計挍知其
數者不取正覺
設我得佛國中天人壽命无能限量除其本
願脩短自在若不尒者不取正覺
設我得佛國中天人乃至聞有不善名者不
取正覺
設我得佛十方世界无量諸佛不悉諮嗟稱
我名者不取正覺
設我得佛十方衆生至心信樂欲生我國乃
至十念若不生者不取正覺唯除五逆誹謗
正法
設我得佛十方衆生發菩提心脩諸功德至
心發願欲生我國臨壽終時假令不與大衆
圍遶現其人前者不取正覺
設我得佛十方衆生聞我名號係念我國殖
諸德本至心迴向欲生我國不果遂者不取
正覺
設我得佛國中天人不悉成滿三十二大人
相者不取正覺
設我得佛他方佛土諸菩薩衆來生我國

BD03728號　無量壽經卷上　（19–4）

諸德本至心迴向欲生我國不果遂者不取
正覺
設我得佛國中天人不悉成滿三十二大人
相者不取正覺
設我得佛他方佛土諸菩薩衆來生我國究
竟必至一生補處除其本願自在所化爲衆
生故被弘誓鎧積累德本度脫一切遊諸佛
國脩菩薩行供養十方諸佛如來開化恒沙
无量衆生使立无上正真之道超出常倫諸
地之行現前脩習普賢之德若不尒者不取
正覺
設我得佛國中菩薩承佛神力供養諸佛一
食之頃不能遍至无數无量億那由他諸佛
國者不取正覺
設我得佛國中菩薩在諸佛前現其德本諸
所欲求供養之具若不如意不取正覺
設我得佛國中菩薩不能演說一切智者不
取正覺
設我得佛國中菩薩不得金剛那羅延身者
不取正覺
設我得佛國中天人一切万物嚴淨光麗形
色殊特窮微極妙无能稱量其諸衆生乃至
逮得天眼有能明了辨其名數者不取正
覺
設我得佛國中菩薩乃至少功德者不能知
見其道場樹无量光色高四百万里者不取
正覺
設我得佛國中菩薩若受讀經法諷誦持說

覺
設我得佛國中菩薩乃至少功德者不能知
見其道場樹无量光色高四百万里者不取
正覺
設我得佛國中菩薩若受讀經法諷誦持說
而不得辯才智者不取正覺
設我得佛國中菩薩智慧辯才若可限量者
不取正覺
設我得佛國土清淨皆悉照見十方一切无
量无數不可思議諸佛世界猶如明鏡覩其
面像若不尒者不取正覺
設我得佛自地以上至于虛空宮殿樓觀池
流華樹國土所有一切万物皆以无量雜寶
百千種香而共合成嚴飾奇妙超諸天人其
香普薰十方世界菩薩聞者皆脩佛行若不
如是不取正覺
設我得佛十方无量不可思議諸佛世界衆
生之類蒙我光明觸其身者身心柔濡超過
天人若不尒者不取正覺
設我得佛十方无量不可思議諸佛世界衆
生之類聞我名字不得菩薩无生法忍諸深
總持者不取正覺
設我得佛十方无量不可思議諸佛世界其
有女人聞我名字歡喜信樂發菩提心猒惡
女身壽終之後復爲女像者不取正覺
設我得佛十方无量不可思議諸佛世界諸
菩薩衆聞我名字壽終之後常脩梵行至成
佛道若不尒者不取正覺

女身壽終之後復為女像者不取正覺
設我得佛十方无量不可思議諸佛世界諸
菩薩衆聞我名字壽終之後常脩梵行至成
佛道若不尒者不取正覺
設我得佛十方无量不可思議諸佛世界諸
天人民聞我名字五體投地稽首作禮歡喜
信樂脩菩薩行諸天世人莫不致敬若不尒
者不取正覺
設我得佛國中天人欲得衣服隨念即至如
佛讚所應法妙服自然在身有求裁縫擣染治
浣濯者不取正覺
設我得佛國中天人所受快樂不如漏盡比
丘者不取正覺
設我得佛國中菩薩隨意欲見十方无量嚴
淨佛土應時如願於寶樹中皆悉照見猶
如明鏡覩其面像若不尒者不取正覺
設我得佛他方國土諸菩薩衆聞我名字至
于得佛諸根缺陋不具足者不取正覺
設我得佛他方國土諸菩薩衆聞我名字皆
悉逮得清淨解脫三昧住是三昧一發意頃供
養无量不可思議諸佛世尊而不失定意若
不尒者不取正覺
設我得佛他方國土諸菩薩衆聞我名字壽
終之後生尊貴家若不尒者不取正覺
設我得佛他方國土諸菩薩衆聞我名字歡
喜踊躍脩菩薩行具足德本若不尒者不取
正覺
設我得佛他方國土諸菩薩衆聞我名字皆

設我得佛他方國土諸菩薩衆聞我名字壽
終之後生尊貴家若不尒者不取正覺
設我得佛他方國土諸菩薩衆聞我名字歡
喜踊躍脩菩薩行具足德本若不尒者不取
正覺
設我得佛他方國土諸菩薩衆聞我名字皆
悉逮得普等三昧住是三昧至于成佛常見
无量不可思議一切諸佛若不尒者取不正覺
設我得佛國中菩薩隨其志願所欲聞法自
然得聞若不尒者不取正覺
設我得佛他方國土諸菩薩衆聞我名字不
即得至不退轉者不取正覺
設我得佛他方國土諸菩薩衆聞我名字不
即得至第一第二第三法忍於諸佛法不能
即得不退轉者不取正覺
佛告阿難尒時法藏比丘說此願已而說頌曰
我建超世願　必至无上道　斯願不滿足　誓不成等覺
我於无量劫　不為大施主　普濟諸貧苦　誓不成等覺
我至成佛道　名聞超十方　究竟靡所聞　誓不成等覺
離欲深正念　淨慧脩梵行　志求无上尊　為諸天人師
神力演大光　普照无際土　消除三垢冥　明濟衆厄難
開彼智慧眼　滅此昏闇冥　閇塞諸惡道　通達善趣門
功祚成滿足　威曜朗十方　日月戢重暉　天光隱不現
為衆開法藏　廣施功德寶　常於大衆中　說法師子吼
供養一切佛　具足衆德本　願慧悉成滿　得為三界雄
如佛无量智　通達靡不照　願我功慧力　等此最勝尊
斯願若剋果　大千應感動　虛空諸天人　當雨珍妙華
佛語阿難法藏比丘說此頌已應時普地六

爲衆開法藏　廣施功德寶　常於大衆中　說法師子吼
供養一切佛　具足衆德本　願慧悉成滿　得爲三界雄
如佛无㝵智　通達靡不照　願我功慧力　等此最勝尊
斯願若剋果　大千應感動　虛空諸天人　當雨珍妙華
佛語阿難法藏比丘說此頌已應時普地六
種震動天雨妙華以散其上自然音樂空中
讚言決定必成无上正覺於是法藏比丘具
足修滿如是大願誠諦不虛超出世間深樂
寂滅阿難時彼比丘於其佛所諸天魔梵龍
神八部大衆之中發斯弘誓建此願已一向
專志莊嚴妙土所脩佛國開廓廣大超勝獨
妙建立常然无衰无變於不可思議兆載永
劫積殖菩薩无量德行不生欲覺瞋覺害覺
不起欲想瞋想害想不著色聲香味之法忍
力成就不計衆苦少欲知足无染恚癡三昧
常寂智慧无㝵无有虛僞諂曲之心和顏愛
語先意承問勇猛精進志願无惓專求清白
之法以惠利群生恭敬三寶奉事師長以大
莊嚴具足衆行令諸衆生功德成就住空无
相无願之法无作无起觀法如化遠離麤言
自害害彼彼此俱害脩習善語自利利人人
我兼利棄國捐王絕去財色自行六波羅蜜
教人令行无央數劫積功累德隨其生處在
意所欲无量寶藏自然發應教化安立无數
衆生住於无上正真之道或爲長者居士豪
姓尊貴或爲剎利國君轉輪聖帝或爲六欲
天主乃至梵王常以四事供養恭敬一切諸佛
如是功德不可稱說口氣香潔如優鉢羅華

BD03728號　無量壽經卷上　（19–9）

教人令行无央數劫積功累德隨其生處在
意所欲无量寶藏自然發應教化安立无數
衆生住於无上正真之道或爲長者居士豪
姓尊貴或爲剎利國君轉輪聖帝或爲六欲
天主乃至梵王常以四事供養恭敬一切諸佛
如是功德不可稱說口氣香潔如優鉢羅華
身諸毛孔出栴檀香其香普熏无量世界容色
端正相好殊妙其手常出无盡之寶衣服飲
食珍妙華香諸蓋幢幡莊嚴之具如是之等
超諸天人於一切法而得自在阿難白佛法
藏菩薩爲已成佛而取滅度爲未成佛爲今
現在佛告阿難法藏菩薩今已成佛現在西
方去此十万億剎其佛世界名曰安樂阿難
又問其佛成道已來爲逕幾時佛言成佛已
來凡歷十劫其佛國土自然七寶金銀瑠璃
珊瑚虎珀車渠馬瑙合成爲地恢廓曠蕩不
可限極悉相雜廁轉相入間光赫焜耀微妙
奇麗清淨莊嚴超踰十方一切世界衆寶中
精其寶猶如第六天寶又其國土无須弥山
及金剛圍一切諸山亦无大海小海溪渠井
谷佛神力故欲見則見亦无地獄餓鬼畜生
諸難之趣亦无四時春秋冬夏不寒不熱常
和調適尒時阿難白佛言世尊若无須弥其
四天王及忉利天依何而住佛語阿難第三
炎天乃至色究竟天皆依何住阿難白佛行
業果報不可思議佛語阿難行業果報不可
思議諸佛世界亦不可思議其諸衆生功德
善力住行業之地故能尒耳阿難白佛我不

BD03728號　無量壽經卷上　（19–10）

四天王及忉利天依何而住佛語阿難第三
炎天乃至色究竟天皆依何住阿難白佛行
業果報不可思議佛語阿難行業果報不可
思議諸佛世界亦不可思議其諸衆生功德
善力住行業之地故能尒耳阿難白佛我不
疑此法但爲將來衆生欲除其疑惑故問斯
義佛告阿難无量壽佛威神光明最尊第一
諸佛光明所不能及或有佛光照百佛世界
或千佛世界取要言之乃照東方恒沙佛刹
南西北方四維上下亦復如是或有佛光照
于七尺或一由旬二三四五如是轉倍乃至
照一佛刹是故无量壽佛号无量光佛无邊光
佛无导光佛无對光佛炎王佛清淨光佛
歡喜光佛智慧光佛不斷光佛難思光佛无
稱光佛超日月光佛其有衆生遇斯光者三
垢消滅身意柔濡歡喜踊躍善心生焉若在
三塗懃苦之處見此光明无復苦惱壽終之後
皆蒙解脫无量壽佛光明顯赫照耀十方諸
佛國土莫不聞焉不但我今稱其光明一切諸
佛聲聞緣覺諸菩薩衆咸共嘆譽亦復如是
若有衆生聞其光明威神功德日夜稱說至
心不斷隨意所願得生其國爲諸菩薩聲聞
之衆所共嘆譽稱其功德至其然後得佛道
時普爲十方諸佛菩薩嘆其光明亦如今也
佛言我說无量壽佛光明威神巍巍殊妙晝
夜一劫尚未盡能佛語阿難又无量壽佛壽
命長久不可稱計汝寧知乎假使十方世界

BD03728 號　無量壽經卷上　（19–11）

時普爲十方諸佛菩薩嘆其光明亦如今也
佛言我說无量壽佛光明威神巍巍殊妙晝
夜一劫尚未盡能佛語阿難又无量壽佛壽
命長久不可稱計汝寧知乎假使十方世界
无量衆生皆得人身悉令成就聲聞緣覺都
共集會禪思一心竭其智慧於百千劫万悉
共推筭計其壽命長遠之數不能窮盡知其
限極聲聞菩薩天人之衆壽命長短亦復如
是非筭數譬喻所能知也又聲聞菩薩其數
難量不可稱說神智洞達威力自在能於掌
中持一切世界佛語阿難彼初會聲聞不可
稱計菩薩亦然如大目揵連百千万億无量
无數於阿僧祇那由他劫乃至滅度悉共計
挍不能究了多少之數譬如大海深廣无量
假使有人折其一毛以爲百分以一分毛沾
取一渧於意云何其所渧者於彼大海何所
爲多阿難白佛彼所渧水比於大海多少之
量非巧曆筭數言辭譬類所能知也佛語阿
難如目連等於百千万億那由他劫計彼初
會聲聞菩薩所知數者猶如一渧其所不知
如大海水又其國土七寶諸樹周滿世界金
樹銀樹瑠璃樹頗梨樹珊瑚樹碼碯樹車渠
樹或有二寶三寶乃至七寶轉共合成或有
金樹銀葉華菓或有銀樹金葉華菓或瑠璃
樹頗梨爲葉華菓亦然或水精樹瑠璃爲葉
華菓亦然或珊瑚樹碼碯爲葉華菓亦然或
碼碯樹瑠璃爲葉華菓亦然或車渠樹衆寶

BD03728 號　無量壽經卷上　（19–12）

樹或有七寶三寶乃至七寶轉共合成或有
金樹銀葉華菓或有銀樹金葉華菓或瑠璃
樹頗梨為葉華菓亦然或水精樹瑠璃為葉
華菓亦然或珊瑚樹碼碯為葉華菓亦然或
碼碯樹瑠璃為葉華菓亦然或車渠樹衆寶
為葉華菓亦然或有寶樹紫金為本白銀為
茎瑠璃為枝水精為條珊瑚為葉碼碯為華
車渠為實或有寶樹白銀為本瑠璃為茎水
精為枝珊瑚為條碼碯為葉車渠為華紫金
為實或有寶樹瑠璃為本水精為茎珊瑚為
枝碼碯為條車渠為葉紫金為華白銀為實
或有寶樹水精為本珊瑚為茎碼碯為枝車
渠為條紫金為葉白銀為華瑠璃為實或有
寶樹珊瑚為本碼碯為茎車渠為枝紫為金
條白銀為葉瑠璃為華水精為實或有寶樹
碼碯為本車渠為茎紫金為枝白銀為條瑠
璃為華水精為葉珊瑚為實或有寶樹車渠
為本紫金為茎白銀為枝瑠璃為條水精為
葉珊瑚為華碼碯為實行々相值茎々相望
枝々相準葉々相向華々相順實々相當榮
色光耀不可勝視清風時發出五音聲微妙
宮商自然相和又无量壽佛其道場樹高四
百万里其本周圍五千由旬枝葉四布廿万
里一切衆寶自然合成以月光摩尼持海輪
寶衆寶之王而莊嚴之周迊條間垂寶瓔珞
百千万色種々異變无量光炎照耀无極珍
妙寶網羅覆其上一切莊嚴隨應而現微風

BD03728 號　無量壽經卷上　（19–13）

里一切衆寶自然合成以月光摩尼持海輪
寶衆寶之王而莊嚴之周迊條間垂寶瓔珞
百千万色種々異變无量光炎照耀无極珍
妙寶網羅覆其上一切莊嚴隨應而現微風
徐動吹諸樹葉演出无量妙法音聲其聲流
布遍諸佛國其聞音者得深法忍住不退轉
至成佛道不遭苦患目覩其色鼻知其香口
甞其味身觸其光心以法緣皆得甚深法忍
住不退轉至成佛道六根清徹无諸惱患阿
難若彼國天人見此樹者得三法忍一者音
響忍二者柔順忍三者无生法忍此皆无量
壽佛威神力故本願力故滿足願故明了願
故堅固願故究竟願故佛告阿難世間帝王
有百千樂音自轉輪聖王乃至第六天上伎
樂音聲展轉相勝千億万倍第六天上万種
樂音不如无量壽國諸七寶樹一種音聲千
億倍也亦有自然万種伎樂又其樂聲无非
法音清暢哀亮微妙和雅十方世界音聲之
中最為第一又講堂精舍宮殿樓觀皆七寶
莊嚴自然化成復以真珠明月摩尼衆寶以
為交露覆蓋其上內外左右有諸浴池或十
由旬或廿卅乃至百千由旬縱廣深淺各皆
一等八功德水湛然盈滿清淨香潔味如甘
露黃金池者底白銀沙白銀池者底黃金沙
水精池者底瑠璃沙瑠璃池者底水精沙珊
瑚池者底琥珀沙琥珀池者底珊瑚沙車渠
池者底碼碯沙碼碯池者底車渠沙白玉池

BD03728 號　無量壽經卷上　（19–14）

露黃金池者底白銀沙白銀池者底黃金沙
水精池者底瑠璃沙瑠璃池者底水精沙珊
瑚池者底琥珀沙琥珀池者底珊瑚沙車渠
池者底馬瑙沙馬瑙池者底車渠沙白玉池
者底紫金沙紫金池者底白玉沙或二寶三
寶乃至七寶轉共合成其池岸上有栴檀樹
華葉垂布香氣普熏天優鉢羅華鉢曇摩華
拘物頭華分陀利華雜色光茂彌覆水上彼
諸菩薩及聲聞眾若入寶池意欲令水沒足
水即沒足欲令至膝即至于膝欲令至腰水
即至腰欲令至頸水即至頸欲令灌身自然
灌身欲令還復水輒還復調和冷煖自然隨
意開神悅體蕩除心垢清明澄潔淨若无形
寶沙映徹无深不照微瀾迴流轉相灌注安
詳徐逝不遲不疾波揚无量自然妙聲隨其
所應莫不聞者或聞佛聲或聞法聲或聞僧
聲或寂靜聲空无我聲大慈悲聲波羅蜜聲
或十力无畏不共法聲諸通慧聲无所作聲
不起滅聲无生忍聲乃至甘露灌頂眾妙法
聲如是等聲稱其所聞歡喜无量隨順清淨
離欲寂滅真實之義隨順三寶力无所畏不
共之法隨順通慧菩薩聲聞所行之道无有
三塗苦難之名但有自然快樂之音是故其
國名曰安樂阿難彼佛國土諸往生者具足
如是清淨色身諸妙音聲神通功德所處宮
殿衣服飲食眾妙華香莊嚴之具猶如第六
天自然之物若欲食時七鉢寶器自然在前
金銀琉璃車渠馬瑙珊瑚琥珀明月真珠如

國名曰安樂阿難彼佛國土諸往生者具足
如是清淨色身諸妙音聲神通功德所處宮
殿衣服飲食眾妙華香莊嚴之具猶如第六
天自然之物若欲食時七鉢寶器自然在前
金銀琉璃車渠馬瑙珊瑚琥珀明月真珠如
是諸鉢隨意而至百味飲食自然盈滿雖有
此食實无食者但見色聞香意以為食自然
飽足身心柔軟无所味著事已化去時至復
現彼佛國土清淨安隱微妙快樂次於无為
泥洹之道其諸聲聞菩薩天人智慧高明神
通洞達咸同一類形无異狀但因順餘方故
有天人之名顏貌端政超世希有容色微妙非
天非人皆受自然虛无之身无極之體佛告
阿難譬如世間貧窮乞人在帝王邊形貌容
狀寧可類乎阿難白佛假令此人在帝王邊羸
陋醜惡无以為喻百千万億不可計倍所以
然者貧窮乞人底極廝下衣不蔽形食趣支
命飢寒困苦人理殆盡皆坐前世不殖德本
積財不施富有益慳但欲唐得貪求无厭不
信修善犯惡山積如是壽終財寶消散苦身
聚積為之憂惱於己无益徒為他有无善可
怙无德可恃是故死墮惡趣受此長苦罪畢
得出生為下賤愚鄙廝極示同人類所以世
間帝王人中獨尊皆由宿世積德所致慈惠
博施仁愛兼濟履信修善无所違諍是以壽
終福應得昇善道上生天上享茲福樂積善
餘慶今得為人遇生王家自然尊貴儀容端
正眾所敬事妙衣珍饍隨心服御宿福所追
故能致此

聞帝王人中獨尊皆由宿世積德所致慈惠
博施仁愛兼濟履信脩善无所違諍是以壽
終福應得昇善道上生天上享茲福樂積善
餘慶今得為人遇生王家自然尊貴儀容端
正衆所敬事妙衣珍饍隨心服御宿福所追
故能致此
佛告阿難汝言是也計如帝王雖人中尊貴
形色端政比之轉輪聖王甚為鄙陋猶彼乞
人在帝王邊也轉輪聖王威相殊妙天下弟
一比之忉利天王又復醜惡不得相喻万億
倍也假令天帝比弟六天王百千億倍不相
類也設弟六天王比无量壽佛國菩薩聲聞
光顏容色不相及逮百千万億不可計倍
佛告阿難无量壽國其諸天人衣服飲食華
香瓔珞諸蓋幢幡微妙音聲所居舍宅宮殿
樓閣稱其形色高下大小或一寶二寶乃至
无量衆寶隨意所欲應念即至又以衆寶妙
衣遍布其地一切天人踐而之行无量寶網
彌覆佛土皆以金縷真珠百千雜寶奇妙珍
異莊嚴校飾周匝四面垂以寶鈴光色晃耀
盡極嚴麗自然德風徐起微動其風調和不
寒不暑溫涼柔軟不遲不疾吹諸羅網及衆
寶樹演發无量微妙法音流布万種溫雅德
香其有聞者塵勞垢習自然不起風觸其身
皆得快樂譬如比丘得滅盡三昧又風吹散
華遍滿佛土隨色次弟而不雜亂柔軟光澤
馨香芬烈足履其上陷下四寸隨舉足已還
復如故華用已訖地輒開裂以次化沒清淨

寶樹演發无量微妙法音流布万種溫雅德
香其有聞者塵勞垢習自然不起風觸其身
皆得快樂譬如比丘得滅盡三昧又風吹散
華遍滿佛土隨色次弟而不雜亂柔軟光澤
馨香芬烈足履其上陷下四寸隨舉足已還
復如故華用已訖地輒開裂以次化沒清淨
无遺隨其時節風吹散華如是六反又衆寶
蓮華周滿世界一一寶華百千億葉其葉光
明无量種色青色青光白色白光玄黃朱紫
光色亦然暐曄煥爛明曜日月一一華中出
卅六百千億光一一光中出卅六百千億佛
身色紫金相好殊特一一諸佛又放百千光
明普為十方說微妙法如是諸佛各各安立
无量衆生於佛正道

无量壽經卷上

蓋聞安養國者乃是西域之淨土而道殊于斯亦以[illegible]
大士弘誓之妙因忘登圓覺以為極十地玄軌以鏡之
觀音大勢志以弥化受樂汪汪胎刑絕諸痛苦慈與
難九品開鑒羣識善終發心十念雅果甚存解說者
爲以退難冝是以沈立滋高百信光弟敬心迴感神侍食
有之情恩恭臣無鄣之恫極成劉身潰為三[illegible]敬寫

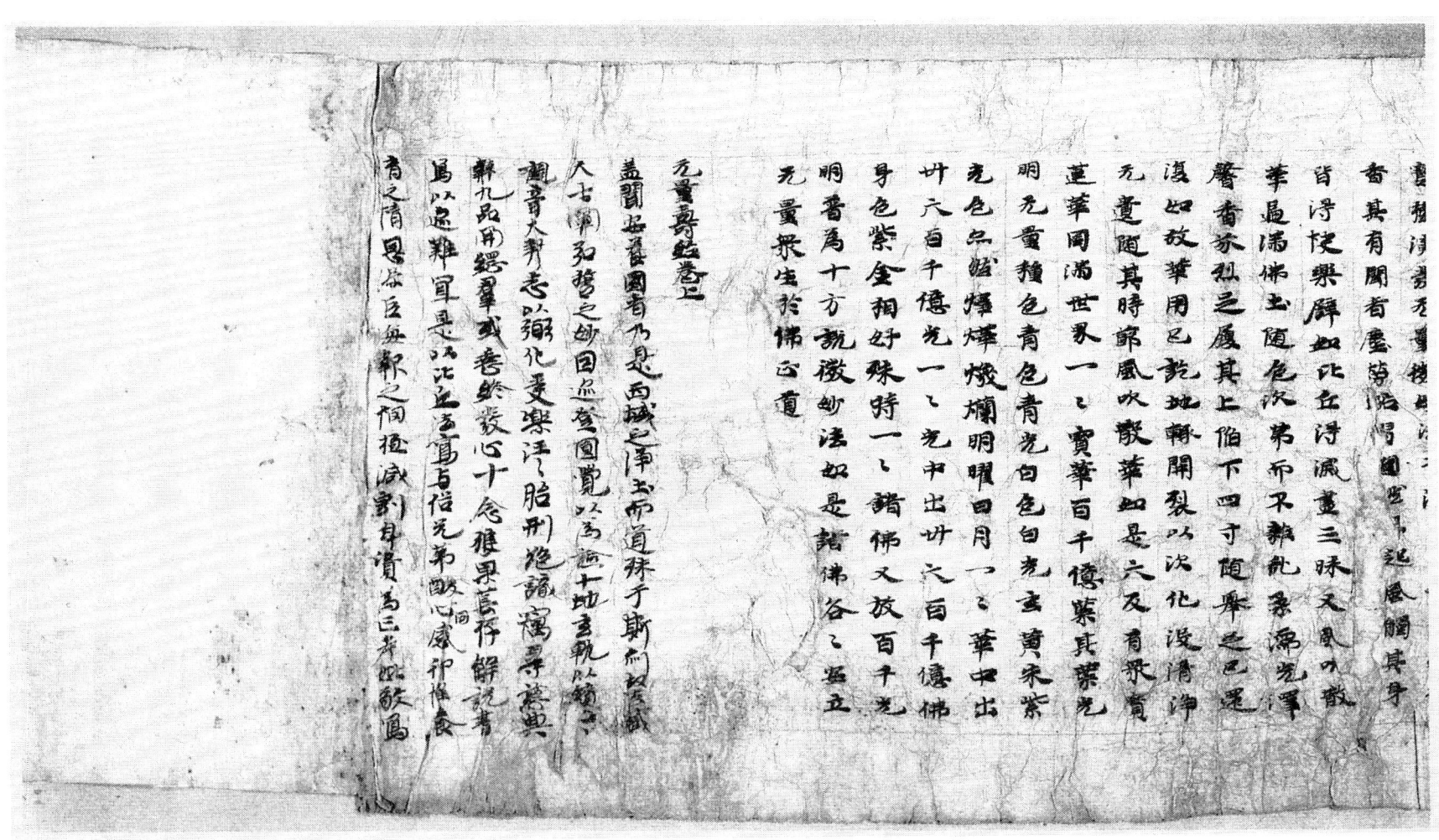

蓋聞安養國
大士淨弘誓之所回返登圓覺以爲德十地玄軌以鏡
觀音大勢志以獨化受樂淨胎刑絶諸穢尋慈與
離九品開繹羣或善終發心十念雅果甚存解說者
爲以息難罪是以比丘爲高与信兄弟同心感神怪食
肯之情恩恭臣無疑之恫极減割身資爲亡考助敬爲

BD03728號　無量壽經卷上　（19–19）

生故說是事復次世間
者菩薩則不然内心既[illegible]
因緣故說此品問曰菩薩以
諸天世人何因緣故喜菩月
四釋四无量故生是諸功德此
故有若佛出世增益諸天衆
若佛不在世阿脩羅種多諸天減少以種[illegible]
福不清淨故若諸佛出世能斷諸天疑網能
成大事如釋提桓因命欲終時心懷怖畏求
佛自被遍不知處雖見出家之人山澤閑處
所供養者皆亦不能斷其疑網尒時毗首羯
摩天白釋提桓因言尸毗王苦行奇特世所
希有諸智人言是人不久當得作佛釋提桓
因言是事難辨何以知之如魚子菴羅樹華
發心菩提是三事因時雖多成果甚少今當
試之帝釋自化爲鷹毗首羯磨作鴿鴿投於
王王自割肉乃至舉身上稱以代鴿命地爲
震動是時釋提桓因等心大歡喜散衆天華
未曾有華如是決定大心成佛不久復次凡人

BD03729號　大智度論（異卷）卷四八　（32–1）

數心喜[illegible]
試之常釋自化為鷹𤔡首鴿磨作鴿鴿投於
王王自割肉乃至舉身上稱以代鴿命地為
震動是時釋提桓因等心大歡喜散衆天華
未曾有華如是决定大心成佛不久復次凡人
肉眼无有智慧苦身求財以自生活聞菩薩
增益六波羅蜜成佛不久猶尚歡喜何況諸
天問曰四天王世三天有阿脩羅難上諸
天等无有此患何以歡喜荅曰上諸天雖无
阿脩羅患若佛不出世生其天上者少設有
生者五欲不妙所以者何但脩不淨福故色
界諸天宮殿光明壽命亦復如是復次諸天
中有智慧者能知禪味五欲悉皆无常唯佛
出世能令得常樂涅槃以世間樂涅槃樂皆
由佛菩薩得是故歡喜譬如甘美菓樹茂盛
成就人大歡喜以樹有種種利益有飛其蔭
者有用其華食其菓實菩薩亦如是能以離
不善法蔭庭三悪苦熱能與人天留樂之華
令諸賢聖得三乘之果是故歡喜問曰諸天
供養事多何以奉鉢荅曰四天王奉鉢餘天
供養諸天供養各有定法如佛初生釋提桓
因以天衣奉承佛身梵天王躬自執蓋四天
王四邊防護淨居諸天欲令菩薩生猒心故
化作老病死人及沙門身又出家時四天王

供養諸[illegible]
因以天衣奉承佛身梵天王躬自執蓋四天
王四邊防護淨居諸天欲令菩薩生猒心故
化作老病死人及沙門身又出家時四天王
勅使者奉馬是自四邊侍護菩薩天帝釋
取髮於其天上城東門外立髮塔又持菩薩
寶衣於城南門外立衣塔佛至樹下時奉上
好草執金剛菩薩常執金剛衛護菩薩梵天王
請佛轉法輪如是等各有常法以是故四天
王奉鉢四鉢義如先說問曰佛一身何以受
四鉢荅曰四王力等不可偏受又令見佛神
力合四鉢為一心喜信淨作是念我等從菩
薩初生至今成佛所脩供養功德不虛問曰
四天王壽命五百歲菩薩過无量阿僧祇刼
然後成佛今之四天非是後天何以故喜荅
曰同一性故譬如貴性胤流百世不以遠故
為累或時行者見菩薩增益六波羅蜜時心
作是願是菩薩成時我當奉鉢是故得生復
次四天王壽五百歲人間五十歲為四天王
處一日一夜亦世日為一月十二月為一歲
以此歲壽五百歲為人間九十万歲菩薩能作
是功德者或近成佛初生四天王是可得值
問曰如摩訶衍經中說有佛以喜為食不食
䊢食如天王佛衣服儀容與白衣无異不須

以此歲壽五百歲為人間九十万歲菩薩能作
是功德者或近成佛初生四天王是可得值
問曰如摩訶衍經中說有佛以喜為食不食
揣食如天王佛衣服儀容與白衣无異不須
鉢食何以言四天王定應奉鉢答曰定者為
用鉢者故不說不用復次用鉢諸佛多不用
鉢者少是故以多為定世三天乃至他化自
在天皆亦歡喜意念言我等當給侍供養菩
薩減損阿脩羅種增益諸天衆三千大千國
土四天王天乃至阿迦尼吒天皆大歡喜意
言我等當請是菩薩轉法輪論者言是諸天
等以華香瓔珞花拜恭敬聽法讚嘆等供養
亦作是念人脩淨福阿脩羅種減增益三十
三天我諸天亦得增益問曰上六種天已說
何以故更說三千大千國土中乃至阿迦貳
吒天歡喜供養答曰先說一須弥山上六天
此說三千大千國土諸天先但說欲界今此
說欲界色界諸天請佛轉法輪上雖淨居諸
天種種供養勸助今請轉法輪事大故問曰
三藏中但說梵天請轉法輪今何以說四天
王乃至阿迦貳吒天答曰欲界天近故前來
色界都名梵為若說梵王請佛已說餘天又
梵為色界初門說初故後亦說復次衆生有

BD03729號　大智度論（異卷）卷四八　（32–4）

王乃至阿迦貳吒天答曰欲界天近故前來
色界都名梵為若說梵王請佛已說餘天又
梵為色界初門說初故後亦說復次衆生有
佛无佛常識梵天以梵天為世間祖父為世
人故說梵天法輪相如先說舍利弗是菩薩
摩訶薩行般若波羅蜜增益六波羅蜜時諸
善男子善女人各各歡喜意合言我等當為
是人作父母妻子親族知識問曰前已說
能作是功德今何以復說增益六波羅蜜答
曰先說總相今說別相復次前所說功德中
（前品中功德也）種種无量聞者歡倦今但略說六波羅
蜜則盡攝諸功德復次為天說故能作諸功
德為人說故增益六波羅蜜何以知之如後
說善男子善女人以是故知問曰四天王天
乃至阿迦貳吒天何以不說善天而但人中
說善男子善女人答曰諸天皆有天眼天耳
他心智知供養菩薩故不別說其善人以肉眼
无知善者能知供養以少故別說善者善
者從佛聞法或從弟子菩薩聞或聞受記當作
佛又聞讚嘆其名者故知脩善問曰何以但
說男子女人善不說二根无根者善答曰无
根所謂无得道相是故不說如毗尼中不得
出家以其失男女相故其心不定以小因緣
故便瞋結使多故著於世事多懷疑網不樂

BD03729號　大智度論（異卷）卷四八　（32–5）

根所謂无得道相是故不說如毗尼中不得
出家以其失男女相故其心不定以小因緣
故便瞋結使多故著於世事多懷疑網不樂
道法雖能少脩福事智慧淺薄不能深入本
性轉易是故不說聲聞法如是說摩訶衍中
譬如大海无所不容是无根人或時脩善但
以少故不說所謂少者於男女中是人寡少
是人脩善者少譬如白人雖復鑷鬂子黑
不名黑人二根人結使多雜亦行男事亦行
女事其心耶曲難可免濟譬如稠林曳木曲
者難出又如阿脩羅其心不端故常疑於佛
謂佛助天佛為說五陰謂有六陰不為說一
若說四諦謂有五諦不說一事二根人亦如
是心多耶曲故不任得道以是故但說男子
女人中善者善相者有慈悲心能忍惡罵如
法句罵品中說能忍惡罵人是名為人中上
法句罵品中說能忍惡罵人是名為人中上
譬如好良馬可中為王乘復次以五種耶語
及鞭杖打害縛繫等不能毀壞其心是名為
善相復次三業无失樂於善人不毀他善不
顯己德隨順衆人不知他過不著世樂不求
名譽但樂道德之樂因業清淨不惱衆生心
貴實法輕賤世事唯好直信不隨他誑為一

BD03729號　大智度論（異卷）卷四八　（32–6）

顯己德隨順衆人不知他過不著世樂不求
名譽但樂道德之樂因業清淨不惱衆生心
貴實法輕賤世事唯好直信不隨他誑為一
切衆生得樂故自捨己樂令一切衆生離苦
故以身代之如是等无量名為善人相是相
名在男女故說善男子善女人問曰善男子
善女人何因緣能作是獨荅曰善男子善女
人自知福薄智慧尠少習近菩薩欲求過度
譬如沉石雖重依舡得度又善男子善女人
聞菩薩不從一世二世而得成就无鞅數世
往来生死便作是念我當與為因緣復次菩
薩積德淳故在所生處衆生皆来敬仰菩薩
以蒙利益重故若見菩薩捨壽則生是願我
當與菩薩作父母妻子眷屬所以者何如習
近善人增益功德故譬如積聚衆香香氣轉
多如菩薩先世為國王太子見閻浮提人貧
窮欲求如意珠入於大海至龍王宮龍見太
子威德殊妙即起迎送近前供養而問言何
能遠来太子荅言我憐閻浮提衆生故欲求
如意寶珠以饒益之龍言能住我宮受供一
月當以相與太子即住一月為龍王讃嘆多
聞龍即與珠是如意珠能雨一由旬龍言太
子有相不久作佛我當作多聞第一弟子時

BD03729號　大智度論（異卷）卷四八　（32–7）

如意寶[illegible]一
月當以相與太子即住一月為龍王讚嘆多
聞龍即與珠是如意珠能雨一由旬龍言太
子有相不久作佛我當作多聞弟一弟子時
太子復至龍宮得珠雨二由旬二月讚嘆神
通力龍言太子作佛不久我當作神足弟一
弟子復至一龍宮得珠雨三由旬三月讚嘆
智慧龍言太子作佛不久我當作智慧弟一
弟子諸龍與珠已言盡汝壽命珠當還我菩
薩許之太子得珠至閻浮提一珠能雨飲食
一珠能雨衣服一珠能雨七寶益利衆生又
如須摩提菩薩見燃燈佛從須羅婆女買五
莖華不肯與之即以五百金錢得五莖華女
猶不與而要之言願我世世常為君妻當以
相與菩薩以供養佛故即便許之又妙光菩
薩長者女見其身有二十八相生愛敬心住
在門下菩薩既到女即解頸流離珠著菩薩
鉢中心作是願我當世世為此人婦此女二百
五十劫中集諸功德後生憙見婬女園蓮
華中憙見養育為女至年十四女功世智皆
悉備足尒時有閻浮提王名為財主太子名
德主有大悲心時出城入園遊觀諸婬女等
導引歌讚德主太子散諸寶物衣服飲食辟
如龍雨无不周遍憙德女見太子自造歌偈
而讚[illegible]

悉備足尒時有閻浮提王名為財主太子名
德主有大悲心時出城入園遊觀諸婬女等
導引歌讚德主太子散諸寶物衣服飲食辟
如龍雨无不周遍憙德女見太子自造歌偈
而讚太子愛眼視之目未曾眴而自發言世
間之事我悉知之以我此身奉給太子太子
問言汝為屬誰若有所屬此非我宜尒時憙
見婬女荅太子言我女生年日月時節皆與
太子同此女非我腹生我日晨朝入園見蓮
華中有此女生我自養育畜以為女无以我
故而輕此女此女六十四能无不悉備女工
妓術經書醫方皆悉了達常懷慙愧內心忠
直无有嫉妬无邪婬想我女德義如是太子
必應納之德主太子荅語女言姊我發阿耨
多羅三藐三菩提心脩菩薩道无所愛惜國
財妻子象馬七珍有所求索不逆人意若汝
生男女及以汝身有人求者當以施之莫生
憂悔或時捨汝出家為佛弟子靜居巖藪汝
亦勿愁憙德女荅言假令地獄火來燒燃我
身終亦不悔我亦不為婬欲戲樂故而以相
好我為勸助阿耨多羅三藐三菩提故奉事
正士女又白太子言我昨夜夢見妙日身佛
坐道樹下可往觀之太子見女端正又聞佛
出以此二因緣故共載一車俱詣佛所佛為
說法太子得无量陀羅尼門女得調伏心志

正士女又白太子言我昨夜夢見妙日身佛
坐道樹下可往觀之太子見女歸正又聞佛
出以此二因緣故共載一車俱詣佛所佛為
說法太子得无量陁羅尼門女得調伏心志
太子尒時以五百寶華供養於佛以求阿耨
多羅三藐三菩提太子白父王言我得見妙
日身佛大慈善利父王聞已捨所愛重之物
以與太子與其宮屬國內人民俱詣佛所佛
為說法王得一切法无闇燈陁羅尼時王思
惟不可以白衣法攝治國土愛於五欲而可
得道作是思惟已立德至太子為王出家求
道是時太子於月十五日六寶來應喜德
妻變為女寶如不可思議經中廣說如是菩
因緣故知善男子善女人世世為菩薩父母妻
子眷屬尒時四天王乃至阿迦膩吒天皆大
歡喜又自念言我等當作方便令是菩薩離
於婬欲從初發意常作童真莫使與色欲共
會若受五欲鄣生梵天何况阿耨多羅三藐
三菩提以是故舍利弗菩薩摩訶薩斷婬欲
出家者應得阿耨多羅三藐三菩提非不斷
欲問曰諸天何以作是願荅曰世間中五欲
第一无不愛樂於五欲中最為第一能繫人
心如人墮於深泥難可拯濟以是諸天方便
令菩薩遠離婬欲復次若受餘欲猶不失
智慧婬欲會時身心荒迷无所省覺

第一无不愛樂於五欲中最為第一能繫人
心如人墮於深泥難可拯濟以是諸天方便
令菩薩遠離婬欲復次若受餘欲猶不失
智慧婬欲會時身心慌迷无所省覺除自
沒以是故諸天令菩薩離之問曰云何令離
荅曰如釋迦文菩薩在淨飯王宮欲出城遊
觀淨居諸天化為老病死人令其心厭又令
夜半見諸宮人彼直惡露不淨涕唾流涎屎
尿塗漫菩薩見已即便穢猒或時諸天令女
人惡心妬忌不識因德惡口欺誑无所省察
菩薩見已即生念言身雖似人其心可惡即
便捨之欲使菩薩從初發心常作童真行不
與色欲共會何以故婬欲為諸結之本能言
寧以利刀割截身體不與女色共會刀截雖
苦不墮惡趣婬欲因緣於无量劫數受地獄
苦人受五欲尚不生梵世何况阿耨多羅三
藐三菩提或有人言菩薩雖受五欲心不著
故不妨於道以是故經言受五欲尚不生梵
世梵世无始衆生皆得生中受五欲者尚所
應得尚不得之何况阿耨多羅三藐三菩提
本所不得而欲得之以是故菩薩應作童真
脩行梵行當得阿耨多羅三藐三菩提梵行
菩薩不著世間故速成菩薩道若婬欲者譬
如膠漆難可得離所以者何身受欲樂婬欲

脩行梵行當得阿耨多羅三藐三菩提梵行
菩薩不著世間故速成菩薩道若婬欲者辟
如膠漆難可得離所以者何身受欲樂婬欲
根深是故出家法中婬欲在初又亦為重舍
利弗白佛言世尊菩薩摩訶薩要當有父母
妻子親族知識耶佛告舍利弗或有父母妻
子親族知識或有菩薩從初發意斷欲脩梵
童真行乃至得阿耨多羅三藐三菩提不犯
色欲或有菩薩方便力故受五欲已出家得
得阿耨多羅三藐三菩提論者言是三種菩
薩初者如世間人受五欲復捨離出家得菩
提道二者大功德牢固初發心時斷於婬欲
乃至成佛是菩薩或法身或肉身或離欲或
未離欲三者清淨法身菩薩得无生法忍住
六神通教化衆生故與衆生同事而攝取之
或作轉輪聖王或作閻浮提王長者剎利隨
其所須而利益之譬如幻師若幻弟子善知
幻法幻作五欲於五欲中共相娛樂於汝意
云何此人於五欲頗有實受不舍利弗言不
也佛告舍利弗菩薩摩訶薩以方便力故化
作五欲於中受樂成就衆生亦復如是是菩
薩摩訶薩不染於欲種種因緣毀呰五欲欲
為熾然欲為穢惡欲為毀壞欲為如怨是故

作五欲於中受樂成就衆生亦復如是是菩
薩摩訶薩不染於欲種種因緣毀呰五欲欲
為熾然欲為穢惡欲為毀壞欲為如怨是故
舍利弗善知菩薩為衆生故受五欲問曰三
種菩薩中何以獨為一種菩薩作譬喻答曰
一者如人法不斷婬欲二者常斷婬欲脩於
淨行三者亦脩淨行現受婬欲以人不了故
為作譬喻問曰何以不以夢化等為喻答曰
夢非五情所知但內心憶想故生人以五情
所見變失无常可以得解化雖五情所知而
見者甚少佛為度可度衆生幻是衆人所信
是故為喻如幻師以幻術故於衆人中現希有
事令人歡喜菩薩幻師之如是以五神通
術故於衆生中化作五欲共相娛樂化度衆
生衆生有二種在家出家為度出家衆生故
現作聲聞辟支佛佛及諸出家外道師在家
衆生或有見出家者得度或有見在家同受
五欲而可化度菩薩常以種種因緣毀呰五
欲欲為熾然者若未失時三毒火然若其失
時无常火燒二火燒故名為熾然都无樂時
欲為穢惡者諸佛菩薩阿羅漢等諸離欲者
皆所穢賤譬如人見狗食糞賤而愍之不得
好食而噉不淨受欲之人亦復如是不得內
心離欲之樂而於色欲不淨求樂欲為毀壞

皆所穢賤譬如人見狗食糞賤而慼之不得
好食而噉不淨受欲之人亦復如是不得内
心離欲之樂而於色欲不淨求樂欲為毀壞
者著五欲因緣故天王人王諸冨貴者王國
危身无不由之欲為惡者失人善利亦如則
審亦如覩善内心懷害五欲如是喪失善心
奪人慧命五欲之生亦為破壞衆善毀敗德
業故出又知五欲如鉤餌魚如擲害燕如燈
焚蛾是故說欲如怨賊家之害不過一世者
五欲因緣墮三惡道无量世受諸苦毒舍利
弗白佛言菩薩摩訶薩云何應行般若波羅
蜜佛告舍利弗菩薩摩訶薩行般若波羅蜜
時不見菩薩不見菩薩字不見般若波羅蜜
亦不見我行般若波羅蜜亦不見我不行般
若波羅蜜何以故菩薩菩薩字性空空中无
色无受想行識離色亦无空離受想行識亦
无空空即是色色即是受空想行識識即是
空空即是識何以故舍利弗但有名字故謂
為菩提但有名字故謂為菩薩但有名字故
謂為空何以故諸法實性无生无滅无垢无
淨菩薩摩訶薩如是行亦不見生亦不見滅
亦不見垢亦不見淨何以故名字因緣和合
作法分別憶想假名說是故菩薩摩訶薩
行般若波羅蜜時不見一切名字不見故不

淨菩薩摩訶薩如是行亦不見生亦不見滅
亦不見垢亦不見淨何以故名字因緣和合
作法分別憶想假名說是故菩薩摩訶薩
行般若波羅蜜時不見一切名字不見故不
著問曰云何直行般若者是事舍利弗上已
問今何以重問答曰先因緣說欲以一切種
智一切法當學般若波羅蜜故問非自憶問今
舍利弗聞上種種讚般若功德心歡喜尊重
般若故問云何應行如病人聞讚良藥便問
云何應服問曰先已聞注不注法行檀施者
受者財物不可得故如是等為行般若今何
以復問行答曰上總問諸波羅蜜此但問般
若上廣讚嘆般若為主此直問行般若復次
上雖廣讚嘆般若波羅蜜時會渴仰欲得是
故舍利弗為衆人故問行般若波羅蜜般若
波羅蜜功德无量无盡佛智慧亦无量无盡
若舍利弗不數問則佛讚嘆无窮已若舍利弗
不問者則无因緣故則不應止問曰般若功德
尊重若佛廣讚有何不可答曰讚嘆般若聞者
歡喜尊重則增其福德若聞說般若則增其
智慧不但以福德因緣故可成佛道要須智
慧得成是故不須但讚嘆人聞讚嘆心清淨
渴仰欲得般若如為渴人廣讚美飲不能於
渴即便應與之如是等因緣故舍利弗今問
行般若問曰如人有眼見方向可趣處故

智慧不但以福德因緣故可成佛道要須智
慧得成是故不須但讚嘆人聞讚嘆心清淨
渴仰欲得般若如為渴人廣讚美飲不能於
渴用便應與之如是等因緣故舍利弗今問
行般若問曰如人有眼見方知所趣處然後
能行菩薩之如是无念佛道知般若見已身
然後應行今何以言不見菩薩及般若若不
見云何得行答曰此中不言常不見但明入
般若觀時不見菩薩及般若波羅蜜般若波
羅蜜為令衆生知實法故出此菩薩名字衆
緣和合假稱如後品中廣說般若波羅蜜名
字亦如是衆法和合故假名為般若波羅蜜
為般若波羅蜜雖是假名而能破諸戲論以
自性无故說言不可見如火從衆緣和合假名
字為火雖无實事而能燒物問曰若入般若中
不見出則便見何者可信答曰上言般若為
實法故出是則可信出般若波羅蜜不實故
不可信問曰若入般若中不見出則見者當
知非是常空以般若力故空答曰世俗法故
言行言入般若波羅蜜諸觀戲論滅故无出
无入若諸賢聖不以名字說則不得以教化
凡夫當所說意莫著語言問曰若般若中
貴一切法空此中何以先說衆生空破我答
曰初闡般若不得便說一切法空我不可以

BD03729號　大智度論（異卷）卷四八　（32–16）

无入若諸賢聖不以名字說則不得以教化
凡夫當所說意莫著語言問曰若般若中
貴一切法空此中何以先說衆生空破我答
曰初闡般若不得便說一切法空我不可以
五情得求但憶想分別生我想无而謂有又
意情中无有空緣但憶想分別顛倒因緣故
於空五衆中而生我想若聞无我則易解色
等諸法現眼所見若初言空无則難可信今
先破我欲破我所法破我我所法故則一切
法盡空如是離欲名為得道復次般若无一
空法故不見我行般若不見不行者如凡夫
不得般若故名不行菩薩則不然但行空般
若故說不見不行復次佛為法王觀餘菩
薩具智甚大離諸結使不名為行譬如國王
雖得少物不名為得佛之如是教諸菩薩雖
有少行不名為行復次行般若波羅蜜者生
憍慢心言我有般若波羅蜜取是相若不行
者心自懈退而懷憂悴是故言不見我行與
不行復次不見我行般若波羅蜜者破著有
見不見我不行般若波羅蜜者破著无見復
次不見我行般若波羅蜜者止諸法戲調不
見我不行者止懈怠心故譬如乘馬疾則制
之遲則鞭之如是等分別行不行復次佛自
說因緣所謂菩薩菩薩字性空是中誰但說

BD03729號　大智度論（異卷）卷四八　（32–17）

見不見我不行般若波羅蜜者破著无見
次不見我行般若波羅蜜者止諸法戲調不
見我不行者止懈怠心故譬如乘馬疾則制
之遲則鞭之如是等分別行不行復次佛自
說因緣所謂菩薩菩薩字性空是中誰但說
菩薩字空而五衆亦空空中无色離色亦无空
者空名法空法空中乃无一豪法何况麁色
空亦不離色所以者何破色故有空云何言
離色受想行識亦如是何以故佛自更說因
緣所謂但有名字謂為菩提但有名字謂為
菩薩但有名字謂為空問曰先已說此事今
何以重說荅曰先說不見菩薩不見菩薩字
不見般若波羅蜜今說不見因緣所謂但有
名謂為菩提但有名謂為菩薩但此名謂為
虗上菩薩義同菩薩字即如菩薩中說般若
波羅蜜分為二分成就者名為菩提未成就
者名為空生相實不可得故名為无生所以
者何若先生後法若先法後生若生法一時皆
不可得如先說无生故无滅若法不生不滅
如虗空云何有垢有淨譬如虗空万歲雨亦
不濕大火燒不熱烟亦不著所以者何本自
无生故菩薩能如是觀不見離是不生不滅
法有生有滅有垢有淨何以故佛自說因緣一
切法皆憶想分別因緣和合故强以名說不
可說者是實義可說者皆是名字菩薩行般
若波羅蜜不見一切名字者先略說名字所謂

法有生有滅有垢有淨何以故佛自說因緣一
切法皆憶想分別因緣和合故强以名說不
可說者是實義可說者皆是名字菩薩行般
若波羅蜜不見一切名字者先略說名字所謂
菩薩菩薩字般若波羅蜜菩提空今廣說一
切名字皆不可見不見故不著不著者不可
得故如諸眼中慧眼第一菩薩以慧眼遍求
乃至不見細微一法是故不著問曰若菩薩
一切法中不著何得不入涅槃荅曰是事處
處已說今此中略說大悲心故十方佛念故
本願未滿故精進波羅蜜力故般若波羅蜜
方便二事和合故所謂不著於不著故如是
等種種因緣故說菩薩雖不著諸法而不入
涅槃

摩訶般若波羅蜜憂波提舍中第三品義第卌八

佛告舍利弗菩薩摩訶薩行般若波羅蜜時
應如是思惟菩薩但有名字佛亦但有字般
若波羅蜜亦但有字色但有字受行想識亦
但有字舍利弗如我但有字一切我常不可
得衆生壽者命者生者養育衆數人使作者
能起者使起者受者使受者知者見者是一切皆
不可得不可得空故但以名字說菩薩摩訶
薩亦如是行般若波羅蜜者不見我不見衆
生乃至知者見者所說名字亦不可見問曰
第二品末已說空今何以重說荅曰上多說法

能起者使起者使受者知者見者是一切皆
不可得不可得空故但以名字說菩薩摩訶
薩〻如是行般若波羅蜜者不見我不見衆
生乃至知者見者所說名字之不可見聞曰
第二品末已說空今何以重說答曰上來說法
空今雜說法空衆生空行者觀外法盡空无
所有所謂能知空者不空也是故復說觀者
之空是衆生空聲聞法中多說一切佛弟子
皆知諸法中无我佛後五百歲分為二分有信
法空有但信衆生空言五陰是空有法但受
五陰者空以是故佛說衆生空以說法空復
次我空易知法空難見所以者何我法以五
情求之不可得但身見力故憶想分別為我
法空者色可眼見聲可耳聞是故難知其空
是二事般若波羅蜜中皆空如十八空義
中說問曰如我乃至知見者為是一事為各
各異答曰皆是一我但以隨事為異於五陰
中我我所心起故名為我五陰和合中生故
名為衆生命根成就故名為壽者命者能起
衆事如父子生名為生者乳餔衣食因緣得
長是名養育五陰十二入十八界等諸法因
是衆法有數故名衆數行人法故名為人手
足能有所作名為作者力能役他故名使作
者能造後世罪福業故名能起者令他起後
世罪福業故名使起者後身受罪福果報故

長是名養育五陰十二入十八界等諸法因
是衆法有數故名衆數行人法故名為人手
足能有所作名為作者力能役他故名使作
者能造後世罪福業故名能起者令他起後
世罪福業故名使起者後身受罪福果報故
名受者令他受苦樂是名使受者目覩色名
為見者五識知名為知復次用眼見色以五
耶見觀五陰用世間出世間正見觀諸法是
名見者所謂眼根五耶見世間正見无漏見
是名見者餘四根所知及意識所知通名為
知者如是諸法皆說是神此神十方三世諸
佛及諸賢聖求之不可得但憶想分別強為
其名諸法之如是皆空无實但假為其名問
曰是神但有十六名字更有餘名答曰略
說則十六廣說則无量隨事起名如官号差
品工智巧出家得道種種諸名皆是因緣和
合生故无自性无自性故畢竟空空生故法
空法空故生〻空菩薩摩訶薩住如是行般
若波羅蜜除佛智慧過一切聲聞辟支佛上
用不可得空故所以者何是菩薩諸名字所
著處〻不可得故舍利弗菩薩摩訶薩能如
是行為行般若波羅蜜辟如滿閻浮提竹麻
稻茅諸比丘其數如是智慧如舍利弗目連
等欲比菩薩智慧百分不及一千分百千分數
筭譬喻所不能及何以故菩薩摩訶薩用智慧

稻等諸比丘其數如是智慧如舍利弗目連
等欲比菩薩智慧百分不及一千分百千分數
等譬喻所不能及何以故菩薩摩訶薩用智慧
度脫一切衆生故論者言有二因緣故菩薩
智慧勝聲聞辟支佛一者以空知一切法
空亦不見是空以不空等一不異二者以
此智慧爲欲度一切衆生令得涅槃聲聞辟
支佛智慧但觀諸法空不能觀世間涅槃爲
一譬如人出獄有穿牆而出但自脫身者有
破獄壞檻身及衆人皆出者復次菩薩智慧
入二法中故勝一者大悲二者般若波羅蜜
復有二法一者般舟三昧二者方便復有二法
一者常住禪定二者能通達法性復有二法
一者能代一切衆生受苦二者自捨一切樂
復有二法一者慈心无惡无恚二者乃至諸
佛功德心亦不著如是等種種功德莊嚴智
慧故勝聲聞辟支佛問曰諸鈍者可以爲喻
舍利弗智慧利根何以爲喻答曰不以鈍
根爲譬喻譬喻爲莊嚴論議令人信著故以
五情所見以喻意識令其得悟譬如登樓得
梯則易上復次一切衆生著世間樂聞道德
涅槃則不信不樂以是故以眼見事喻所不
見譬如苦藥服之甚難假之以蜜服之則易
復次舍利弗於聲聞中智慧第一比諸佛菩
薩未有現爲如閻浮提者閻浮名樹其林茂

涅槃則不信不樂以是故以眼見事喻所不
見譬如苦藥服之甚難假之以蜜服之則易
復次舍利弗於聲聞中智慧第一比諸佛菩
薩未有現爲如閻浮提者閻浮名樹其林茂
盛此樹於林中最大提名爲洲此洲上有此
樹林林中有河底有金沙名爲閻浮檀金以
閻浮樹故名爲閻浮洲此洲有五百小洲圍
遶通名閻浮提問曰諸弟子甚多何以故說
舍利弗目揵連等滿閻浮提中如竹麻稻等
答曰一切佛弟子中智慧第一者舍利弗神
足第一者目揵連此二人於佛法中大於外
法中亦大富樓那迦旃延阿那律等於佛法
中雖大於外法中不如又此二人常有大衆
助佛揚化破諸外道富樓那等比丘无是功
德是故不說復次若說舍利弗則攝一切智
慧人若說目揵連則攝一切禪定人譬喻有
二種一者假以爲喻二者實事爲喻今此名
假喻所以不以餘物爲喻者以此四物叢生
稠緻種類又多舍利弗目連等比次滿閻浮
提如是諸阿羅漢智慧和合不及菩薩智慧
百分之一乃至筭數譬喻所不能及問曰何
以不但說筭數譬喻所不能及而說百分千
分不及一答曰筭數譬喻所不能及者是其
極語譬如人有重罪先以打縛楚毒然後乃
殺如聲聞法中常以十六不及一爲喻大乘
法中則以乃至筭數譬喻所不能及舍利弗

以不但說筭數譬喻所不能及而說百分千
分不及一荅曰筭數譬喻所不能及者是其
極語譬如人有重罪先以打縛楚毒然後乃
煞如聲聞法中常以十六不及一為喻大乘
法中則以乃至筭數譬喻所不能及舍利弗
置閻浮提滿中如舍利弗目連等若滿三千
大千國土如舍利弗目連等復置是事若滿
十方如恒河沙等國土如舍利弗目連等智
慧欲比菩薩行般若波羅蜜智慧百分不及
一千分百千分百千億分筭數譬喻所不能
及論者言此義同上閻浮提但以多為異問
曰舍利弗目連等雖多智慧无異何以以多
為喻荅曰有人謂少以无力多則有力譬如
水少其力亦少又如絕健之人少衆力置不
能制之大軍攻之則伏有人謂一舍利弗智
少則不及菩薩多或能及信佛言雖多不及
故以多為喻如一切草木力不如火一切諸明
勢不如日亦如十方國土諸山不如一金剛
珠所以者何智慧是一切諸佛法本能令一
切衆生離苦得樂如迦陵毗伽鳥子雖未出
鷇其音勝於衆鳥何況出鷇菩薩智慧亦如
是雖未出无明鷇勝一切聲聞辟支佛何況
成佛又如轉輪聖王太子雖未成就福祚威
德勝於一切諸王何況作轉輪聖王菩薩亦
如是雖未成佛无量阿僧祇劫集无量智慧
福德故勝於聲聞辟支佛何況成佛復次舍

是雖未出无明鷇勝一切聲聞辟支佛何況
成佛又如轉輪聖王太子雖未成就福祚威
德勝於一切諸王何況作轉輪聖王菩薩亦
如是雖未成佛无量阿僧祇劫集无量智慧
福德故勝於聲聞辟支佛何況成佛復次舍
利弗菩薩摩訶薩行般若波羅蜜一日脩智
慧出過一切聲聞辟支佛上問曰先已說除
佛智慧過一切聲聞辟支佛上今何以復重
說荅曰非重說也上捴相說今別相說先言
一切聲聞辟支佛不及菩薩智慧今但明及一
日智慧何況千万歲舍利弗白佛言世尊聲
聞所有智慧若須陁洹斯陁含阿那含阿
羅漢辟支佛智慧佛智慧是諸衆知无有
差別不相違背无生性空若法不相違背无
生性空是法无有別異云何世尊言菩薩摩
訶薩行般若波羅蜜一日脩智慧出過聲聞
辟支佛上問曰上佛已說菩薩摩訶薩脩智
慧出過聲聞辟支佛上今舍利弗何以故問
荅曰不問智慧勢力能度衆生今但問佛及
六子智慧體性法中无有差別者以諸賢聖
智慧皆是諸法實相慧皆是四諦及三十七
品慧皆是出三界入三脫成三乘果慧以是
故說无有差別復次如須陁洹以无漏智滅
法得果乃至佛亦如是如須陁洹用二種解
脫果有為解脫无為解脫乃至佛亦如是如
佛入涅槃須陁洹極遲不過七世皆同事同

故說无有差別復次如須陁洹以无漏智滅
法得果乃至佛亦如是如須陁洹用二種解
脫果有為解脫无為解脫乃至佛亦如是如
佛入涅槃須陁洹極遲不過七世皆同事同
緣同行同果報以是故言无相違背所以者
何不生性空故闇日破无明集諸善法故生
智慧是智慧心相應心共生隨心行是中云
何說智慧无生性空无有別異荅曰智慧緣
滅諦是不生因緣和合故无有自性是名性
空无所分別智慧隨緣得名如眼緣色生眼
識或名眼識或名色識智智慧雖因緣和合
作法以緣无生性空故名為无生性空問曰
諸賢聖智慧皆緣四諦生何以但說滅諦荅
曰四諦中滅諦為上所以者何是三諦皆屬
滅諦故譬如人請天子并食群臣亦名供養
天子復次滅諦故說无生三諦故說性空復
次有人言是智慧性自然不生性自空所以
者何一切法因緣和合故无自性无自性故
不生問曰若尒者智慧愚癡无有別異荅曰
諸法如入法性中无有別異如火各各不同
而滅相无異譬如衆川万流各各異色異味入
於大海同為一味一名如是愚癡智慧入於
般若波羅蜜中皆同一味无有差別如五色
近須彌山自失其色皆同金色如是內外諸法
入般若波羅蜜中皆為一味何以故般若波

於大海同為一味一名如是愚癡智慧入於
般若波羅蜜中皆同一味无有差別如五色
近須彌山自失其色皆同金色如是內外諸法
入般若波羅蜜中皆為一味何以故般若波
羅蜜相畢竟清淨故復次愚癡實相即是智
慧若分別著此智慧即是愚癡如是愚癡智
慧有何別異初入佛法是癡是慧轉後深入
癡慧无異以是故是諸衆智无有別異不相
違背不生性空无咎佛告舍利弗於汝意云
何菩薩摩訶薩行般若波羅蜜一日脩智慧
心念我行道慧益一切衆生一切種一切法
度一切衆生聲聞辟支佛智慧為有是事不
舍利弗不言也世尊論者言有四種論一者
必空論二者分別三者反問論四者置論必
空論者如衆生中世尊為第一一切法中无
我世尊不可樂涅槃為安隱寂滅業因緣不
失如是等名為必定論分別論者如无畏太
子問佛佛能說是語令他人瞋不佛言是事
當分別太子言諸反揵子輩子矣佛或時憐
愍故出衆生於罪中而衆生瞋然衆生後當
得利尒時无畏之子坐其膝上佛問无畏汝
子或時吞諸瓦石草木汝聽咽不荅言不聽
先教令吐若不肯吐左手捉耳右手擿口
縱令血出亦不置之佛言汝不愍之耶荅言
愍之深故為出瓦石雖當時痛後得安隱佛

子或時吞諸瓦石草木汝聽咽不荅言不聽
先教令吐若不肯吐左手捉耳右手擿口
縱令血出久不置之佛言汝不隱之耶荅言
隱之隊故為出瓦石雖當時痛後得安隱佛
言我久如是若衆生欲作重罪善教不從以
苦言諫之雖起瞋恚後得安隱又如五比丘
問佛受樂得道耶佛言不也定有受苦得罪
受苦得樂有受樂得罪受樂得福如是等名
為分別論及問論者還以所問荅之如佛告
比丘於汝意云何是色常也无常耶比丘言
无常是苦不荅言苦若法是无常苦聞法聖
弟子著是法言是法
也世尊佛告比丘從今以後所有色若過去
若未來若現在若內若外若好若醜是色非
我所非我此色所如是應以正實智慧知受
想行識亦如是如是等名反問論置論者如
十四難世間有常世間无常世間有邊世間
无邊如是等是名為置論今佛以反問論荅
舍利弗以舍利弗智於事未悟佛反問事端
令其得解菩薩度衆生智慧名為道慧如後
品中說薩婆若慧聲聞辟支佛事一切種智
習是諸佛事道種慧是菩薩事復次八聖道
分為實道令衆生種種因緣入道是名道慧
令衆生住於道中是為利益聲聞辟支佛
種佛種又復一切智慧无所不得是名一切種

品中說薩婆若慧聲聞辟支佛事一切種智
習是諸佛事道種慧是菩薩事復次八聖道
分為實道令衆生種種因緣入道是名道慧
令衆生住於道中是為利益聲聞辟支佛
種佛種又復一切智慧无所不得是名一切種
若有為若无為用一切種智知得佛道以
應度一切衆生利益一切衆生或大乘或聲
聞乘或辟支佛乘若不入三乘道教脩福德
受天上人中富樂若不能脩福以今世益利
之事衣食臥具等若復不得當以慈悲心利
益是名度一切衆生問曰若佛知一切聲聞
辟支佛不能為衆生何以故問荅曰佛意如
是欲令舍利弗口自說諸聲聞辟支佛不如
菩薩是故佛問舍利弗言不也世尊所以者
何聲聞辟支佛雖有慈本不發心願度一切
衆生亦不迴善根向阿耨多羅三藐三菩提
以是故菩薩一日脩智慧過聲聞辟支佛上
舍利弗於汝意云何聲聞辟支佛頗有是念
我等當得阿耨多羅三藐三菩提度脫一切
衆生令得无餘涅槃不舍利弗言不也世尊
佛告舍利弗以是因緣故當知諸聲聞辟支
佛智慧欲比菩薩摩訶薩智慧百分不及一
乃至筭數譬喻所不能及問曰上已反問舍
利弗事已定今何以復問荅曰以舍利弗欲
以須陁洹同得解脫故與諸佛菩薩等而佛
不聽譬如有人欲以毛孔之空與虛空等以

佛智慧比諸菩薩摩訶薩智慧百分不及一
乃至筭數譬喻所不能及問曰上已反問舍
利弗事已定今何以復問荅曰以舍利弗欲
以須陁洹同得解脫故與諸佛菩薩等而佛
不聽譬如有人欲以毛孔之空與虛空等以
是故佛重質其事復次雖同一事義門各異
先言智慧爲一切衆生故今言頗有是念我
等當得阿耨多羅三藐三菩提令一切衆生
得无餘涅槃无餘涅槃者義亦如先說復次一
切聲聞辟支佛尚不作是念何況一切聲聞
辟文佛舍利弗於汝意云何諸聲聞辟支佛
頗有是念我行六波羅蜜成就衆生莊嚴國
土具佛十力四无所畏四无导智十八不共法
度脫无量阿僧祇衆生令得涅槃不舍利弗
言不也世尊先略說我當得阿耨多羅三藐
三菩提今廣說我當得阿耨多羅三藐三菩
提因緣所謂六波羅蜜乃至十八不共法六
波羅蜜義如先說教化衆生淨佛國土後當
說餘十力等如先說佛告舍利弗菩薩摩訶
薩能作是念我當行六波羅蜜乃至十八不
共法成阿耨多羅三藐三菩提度脫无量阿
僧祇衆生令得涅槃譬如螢火虫不作是念
我力能照一閻浮提皆令大明諸阿羅漢辟
文佛亦如是不作是念我等行六波羅蜜乃
至十八不共法得阿耨多羅三藐三菩提度
脫无量阿僧祇衆生令得涅槃所以十方恒

共法成阿耨多羅三藐三菩提度脫无量阿
僧祇衆生令得涅槃譬如螢火虫不作是念
我力能照一閻浮提皆令大明諸阿羅漢辟
文佛亦如是不作是念我等行六波羅蜜乃
至十八不共法得阿耨多羅三藐三菩提度
脫无量阿僧祇衆生令得涅槃所以十方恒
河沙舍利弗目連不如一菩薩者譬如螢火
虫雖衆多各有所照不及於日螢火之不作
念我光明能照一閻浮提諸聲聞辟支佛不
作是念我智慧能照无量无邊衆生如螢火
虫夜能有所照日出則不能諸聲聞辟支佛
亦如是未有大菩薩時能師子吼說法教化
有菩薩出不能有所作舍利弗譬如日出時光
明遍照閻浮提无不蒙明者菩薩摩訶薩亦
如是行六波羅蜜乃至十八不共法得阿耨
多羅三藐三菩提度脫无量阿僧祇衆生令
得涅槃復次如日天子憐愍衆生故與七寶
宮殿俱繞四天下從初至終常不懈息爲衆
生除諸冷濕照諸闇冥令各得所菩薩亦如
是從初發心常行六波羅蜜乃至十八不共
法爲度衆生无有懈息除不善冷乾竭五欲
濕破愚癡无明教導循善業令各得所又日
明普照无憎无愛隨其高下深淺悉照菩薩
亦如是出於世間住五神通處於虛空放智
慧光明諸罪福業及諸果報菩薩以智慧光

有菩薩出不能有所作舍利弗譬如日出時光
明遍照閻浮提无不蒙明者菩薩摩訶薩亦
如是行六波羅蜜乃至十八不共法得阿耨
多羅三藐三菩提度脫无量阿僧祇衆生令
得涅槃復次如日天子憐愍衆生故與七寶
宮殿俱繞四天下從初至終常不懈息為衆
生除諸冷闇照諸闇冥令各得所菩薩之如
是從初發心常行六波羅蜜乃至十八不共
法為度衆生无有懈息除不善冷乾竭五欲
淤泥破愚癡无明教導脩善業令各得所又日
明普照无憎无愛随其高下深淺悉照菩薩
亦如是出於世間住五神通處於虛空放智
慧光明諸罪福業及諸果報菩薩以智慧光
明滅衆生邪見戲論譬如朝露見日則消

大智度經卷第卌八

BD03729號　大智度論（異卷）卷四八　（32–32）

三藐三菩提云何弥勒受
為從如生得受記邪為從如滅得受
從如生得受記者如无有生若以如滅
記者如无有滅一切衆生皆如也一切法亦
如也衆賢聖亦如也至於弥勒亦如也若弥
勒得受記者一切衆生亦應受記所以者何
夫如者不二不異若弥勒得阿耨多羅三藐
三菩提者一切衆生皆亦應得所以者何一
切衆生即菩提相若弥勒得滅度者一切衆
生亦當滅度所以者何諸佛知一切衆生畢
竟寂滅即涅槃相不復更滅是故弥勒无以
此法誘諸天子實无發阿耨多羅三藐三菩
提心者亦无退者弥勒當令此諸天子捨於
分別菩提之見所以者何菩提者不可以身
得不可以心得寂滅是菩提滅諸相故不觀
是菩提離諸緣故不行是菩提无憶念故斷
是菩提捨諸見故離是菩提離諸妄想故鄣
是菩提鄣諸願故不入是菩提无貪著故順
是菩[illegible]

BD03730號　維摩詰所說經卷上　（5–1）

分別菩提之見所以者何菩提者不可以身
得不可以心得寂滅是菩提滅諸相故不觀
是菩提離諸緣故不行是菩提无憶念故斷
是菩提捨諸見故離是菩提離諸妄想故鄣
是菩提鄣諸願故不入是菩提无貪著故順
是菩提順於如故住是菩提住法性故至是
菩是至實際故不二是菩提離意法故等是
菩提等虛空故无為是菩提无生住滅故智
是菩提了眾生心行故不會是菩提諸入不
會故不合是菩提離煩惱習故无處是菩提
故假名是菩提名字空故如化是菩
提无取捨故无亂是菩提常自靜故善寂是
菩提性清淨故无取是菩提離攀緣故无異
是菩提諸法等故无比是菩提无可喻故微
妙是菩提諸法難知故世尊維摩詰說是法
時二百天子得无生法忍故我不任詣彼問
疾佛告光嚴童子汝行詣維摩詰問疾光嚴
白佛言世尊我不堪任詣彼問疾所以者何
憶念我昔出毗耶離大城時維摩詰方入城
我即為作礼而問言居士徒何所來答我言
吾從道場來我問道場者何所是答曰直心
場无虛假故發行是道場能辯事故深心
是道場增益功德故菩提心是道場无錯謬
故布施是道場不望報故持戒是道場得願
具故忍辱是道場於諸眾生心无礙故精進

場无虛假故發行是道場能辯事故深心
是道場增益功德故菩提心是道場无錯謬
故布施是道場不望報故持戒是道場得願
具故忍辱是道場於諸眾生心无礙故精進
是道場不懈退故禪定是道場心調柔故智
慧是道場現見諸法故慈是道場等眾生故
悲是道場忍疲苦故喜是道場悅樂法故捨
是道場憎愛斷故神通是道場成就六通故
解脫是道場能背捨故方便是道場教化眾
生故四攝是道場攝眾生故多聞是道場如
聞行故伏心是道場正觀諸法故卅七品是
道場捨有為法故諦是道場不誑世間故緣
起是道場无明乃至老死皆无盡故諸煩惱
是道場知如實故眾生是道場知无我故一
切法是道場知諸法空故降魔是道場不傾
動故三界是道場无所趣故師子吼是道場
无所畏故力无畏不共法是道場无諸過故
三明是道場无餘礙故一念知一切法是道
場成就一切智故如是善男子菩薩若應諸
波羅蜜教化眾生諸有所作舉足下足當知
皆從道場來住於佛法矣說是法時五百天
人皆發阿耨多羅三藐三菩提心故我不任
詣彼問疾
佛告持世菩薩汝行詣維摩詰問疾持世白
佛言世尊我不堪任詣彼問疾所以者何憶
念我昔住於靜室時魔波旬從万二千天女

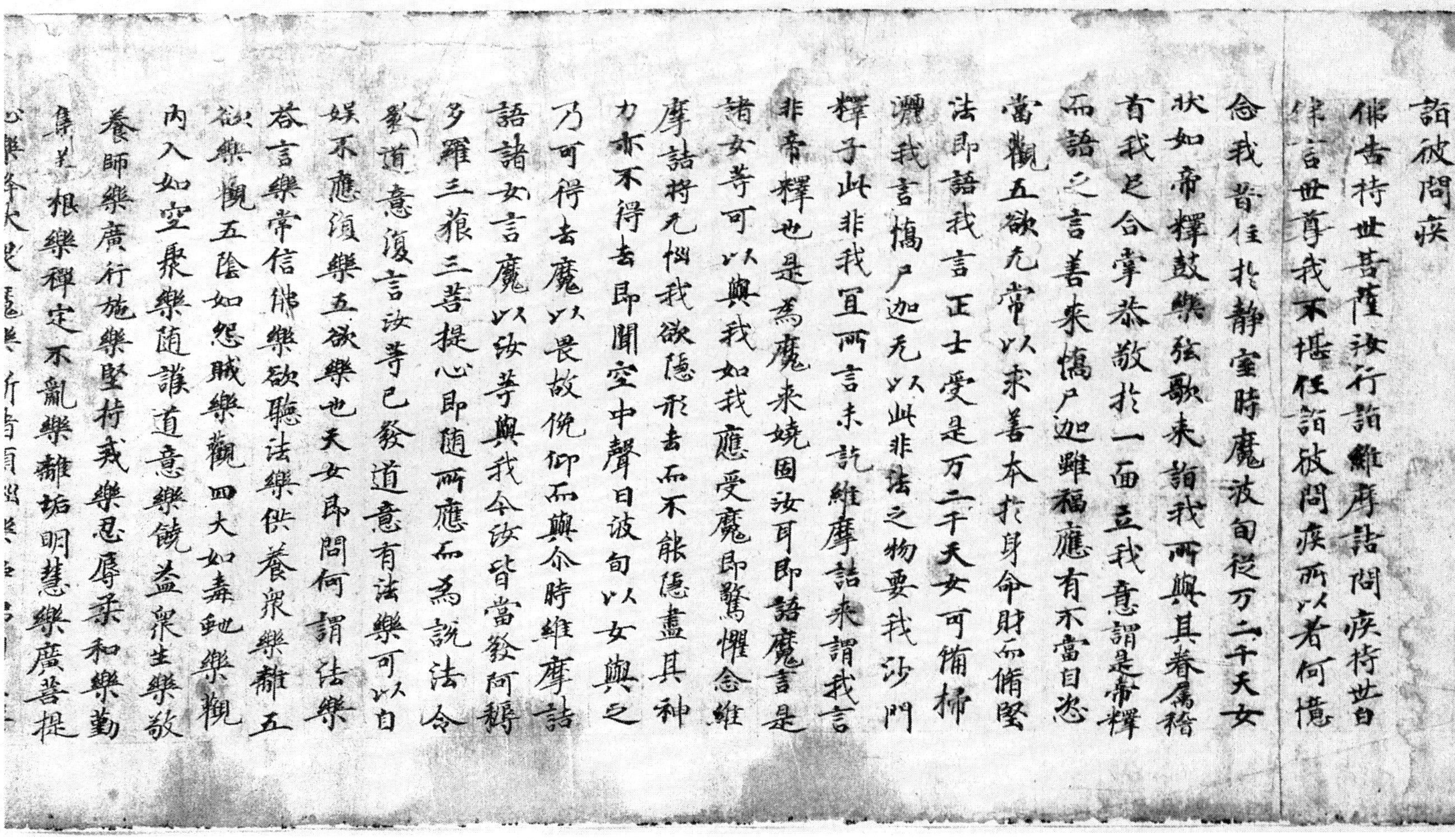
詣彼問疾
佛告持世菩薩汝行詣維摩詰問疾持世
白佛言世尊我不堪任詣彼問疾所以者何憶
念我昔住於靜室時魔波旬從万二千天女
狀如帝釋鼓樂弦歌來詣我所與其眷屬稽
首我足合掌恭敬於一面立我意謂是帝釋
而語之言善來憍尸迦雖福應有不當自恣
當觀五欲无常以求善本於身命財而脩堅
法即語我言正士受是万二千天女可備掃
灑我言憍尸迦无以此非法之物要我沙門
釋子此非我宜所言未訖維摩詰來謂我言
非帝釋也是為魔來嬈固汝耳即語魔言是
諸女等可以與我如我應受魔即驚懼念維
摩詰將无惱我欲隱形去而不能隱盡其神
力亦不得去即聞空中聲曰波旬以女與之
乃可得去魔以畏故俛仰而與尒時維摩詰
語諸女言魔以汝等與我今汝皆當發阿耨
多羅三藐三菩提心即隨所應而為說法令
發道意復言汝等已發道意有法樂可以自
娛不應復樂五欲樂也天女即問何謂法樂
荅言樂常信佛樂欲聽法樂供養衆樂離五
欲樂觀五陰如怨賊樂觀四大如毒虵樂觀
內入如空聚樂隨護道意樂饒益衆生樂敬
養師樂廣行施樂堅持戒樂忍辱柔和樂勤
集善根樂禪定不亂樂離垢明慧樂廣菩提
心樂降伏衆魔樂斷諸[illegible]

BD03730 號　維摩詰所說經卷上　（5–4）

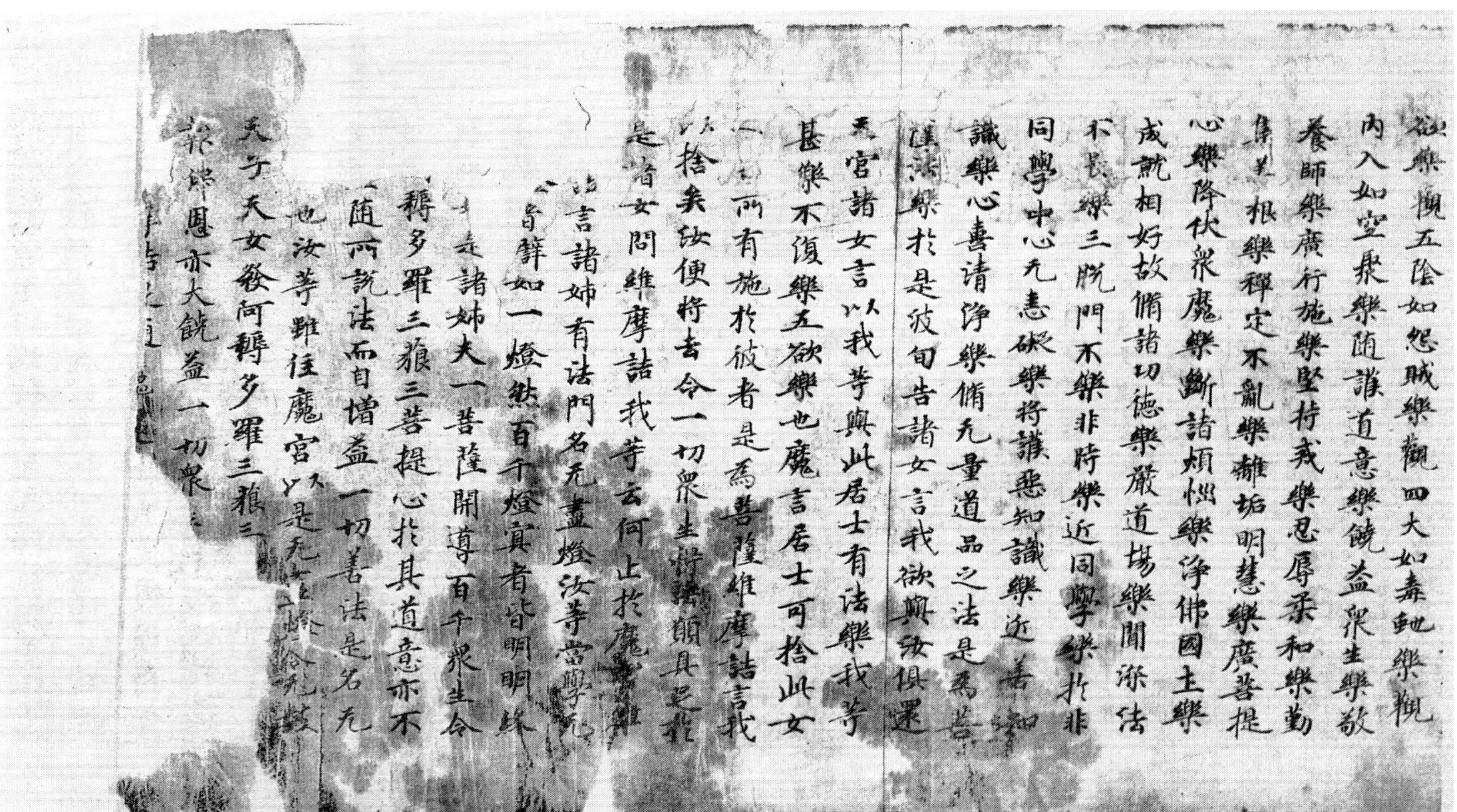
欲樂觀五陰如怨賊樂觀四大如毒虵樂觀
內入如空聚樂隨護道意樂饒益衆生樂敬
養師樂廣行施樂堅持戒樂忍辱柔和樂勤
集善根樂禪定不亂樂離垢明慧樂廣菩提
心樂降伏衆魔樂斷諸煩惱樂淨佛國土樂
成就相好故脩諸功德樂嚴道場樂聞深法
不畏樂三脫門不樂非時樂近同學樂於非
同學中心无恚礙樂將護惡知識樂近善知
識樂心喜清淨樂脩无量道品之法是為菩
薩法樂於是波旬告諸女言我欲與汝俱還
天宮諸女言以我等與此居士有法樂我等
甚樂不復樂五欲樂也魔言居士可捨此女
一切所有施於彼者是為菩薩維摩詰言我
以捨矣汝便將去令一切衆生得法願具足於
是諸女問維摩詰我等云何止於魔宮維
摩詰言諸姉有法門名无盡燈汝等當學无
盡燈者譬如一燈然百千燈冥者皆明明終
不盡夫一菩薩開導百千衆生令
發阿耨多羅三藐三菩提心於其道意亦不
滅盡隨所說法而自增益一切善法是名无
盡燈也汝等雖住魔宮以是无盡燈令无數
天子天女發阿耨多羅三藐三
菩提心者為報佛恩亦大饒益一切衆

BD03730 號　維摩詰所說經卷上　（5–5）

白䭾聲不未
衆生行道遶須弥山无量數不如斷
自肉造舍利塔廟遍十方□大如□不如斷
酒肉黄金百万兩至六欲天布施不如斷酒
肉捋恒河沙等身命布施不如斷酒肉尒
時世尊復語阿難若有衆生樂生阿弥
陁佛國者一斷酒肉二斷五辛三斷煞生
四斷邪行𧫴脩善行如此之人舉足一步天
堂自至未來受果如樹提伽受福无量尒
時世尊復語阿難我聞三歸五戒車本是
山中木得聞大慈經死不入地獄尒時阿難白
佛言大衆我奉諸天世尊菩薩等教養
育衆生若有衆生憶我語者受我語者我
若不救𧫴當不轉尒時世尊答言阿難我
看一切衆生愉如赤子憐愍亦然若有衆
生憶我之者我若不救𧫴當不轉若有
衆生造舍利塔廟遍十方大地黄金百
千万至六欲天布施不如念佛心至尒時
世尊復語阿難若有衆生捋瓔珞弥寶
黄金百万兩供養十方北上福德多不言
謂甚多世尊答言阿難由不如舉足一
步向道場中佛說此經為一切法界衆

BD03731 號　無量大慈教經　（6–1）

千万至六欲天布施不如念佛心至尒時
世尊復語阿難若有衆生捋瓔珞弥寶
黄金百万兩供養十方北上福德多不言
謂甚多世尊答言阿難由不如舉足一
步向道場中佛說此經為一切法界衆
生勸脩淨行一切天人阿脩羅等聞佛所
說皆大歡喜作礼而去
尒時世尊厭離娑婆入於涅□語言阿
難我去之時未知迴日親囑法等令教
示衆生盡心勞德尒時阿難白佛言世尊
衆生沉在苦海无有出期尒時世尊復
語阿難由汝等方便之力善化善育令
出苦海尒時阿難白佛言世尊衆生愚
癡現前顛到弃其貴妻逆他賊妾下漏
一種无有二殊衆生心别尒時世尊聞其
經藏演說妙言利益衆生若有衆生聞
是說者心生歡喜當知是人最上希有
尒時阿難白佛言世尊唯有闡提衆
生難化難育尒時世尊答言如牛耕田
由人所遣猕猴作儛由人所教造罪衆生
由人所勸尒時阿難白佛言世尊若有衆
生樂生西方佛國者緣我身及向我口
眼中下不淨我亦不辞佛語阿難此經大
聖若有衆生勤誦此經者免得三難若
一難禁囚二難病人三難地獄尒時世尊
白言阿難我為閻浮衆生難化難育故
開此經藏出其殊别妙經為汝演說若
人見此經者不生清淨當知是人與我

BD03731 號　無量大慈教經　（6–2）

一難禁囚二難病人三難地獄尒時世尊
白言阿難我為閻浮衆生難化難育故
開此經藏出其殊別妙經為汝演說若
人見此經者不生清淨當知是人與我
无業我一切經典廣說妙言引度衆生一
稱我名者悲聞悲見隨聲往救今身劫
剎師僧者死墮寒氷地獄又生蟄中為
他責剎如此等以逕八万之劫餘受畜
生身以逕五百劫蠢動衆生悉皆作遍
後得受人身癃殘盲跛五百劫中恒受
啞瘂尒時世尊告言阿難汙淨行尼僧
者死墮鑊窟中地獄八万刀輪一時來下
斬截其身尒時阿難白佛言如思量此事
趍趍三界尒時世尊白言阿難飲酒醉
亂者死墮飲銅地獄中尒時阿難白佛言
世尊酒之无命何故戒之尒時世尊復語
阿難飲酒醉亂不識尊親我見振旦國有
人因酒淫毋破其五戒是以禁之尒時世尊
語言諸大菩薩等我成佛以來於今五百
餘劫經典被遍讀誦周帀未聞是言未
聞是說若有衆生聞此經者宿種善果思
尋此經不可思量不可稱盡時如來語諸
菩薩我說言重如太山衆生聞者輕如微
塵此法難聞亦復難見佛語阿難若有
衆生聞此經者心生歡喜如此之人盡心
為說尒時世尊復語阿難我見衆生墮
落三塗若將刀割我身體由斯可忍我
不忍見於衆生受大苦惱酸悲忍苦身
上演出光明遍照十方有我緣者得見

BD03731號　無量大慈教經　（6–3）

衆生聞此經者心生歡喜如此之人盡心
為說尒時世尊復語阿難我見衆生墮
落三塗若將刀割我身體由斯可忍我
不忍見於衆生受大苦惱酸悲忍苦身
上演出光明遍照十方有我緣者得見
我身无我緣者不見我想
尒時阿難白佛言世尊如何有二種心一
種衆生則有見者則无見者尒時如來復
語阿難日月普照盲者不見尒時阿難重
白世尊云何是盲云何是明尒時世尊告
言阿難脩福者是明不脩福者是盲尒
時阿難復白佛言世尊脩福者不見由何
尒時世尊白言阿難脩福不見我身鄣閉
佛光汙泥三寶是以不得見我佛語菩薩
聞此經者心生歡喜如子見毋遠行得歸
如飢得食如渴得漿如此之人盡為所說佛
語阿難食肉之者喻如群狗諍骨各各貪
多見其猪羊常作煞想見其晃肉如猫趣
鼠專心用意今身信解佛法者從人中來
今身不信佛法者從畜生中來造罪不悔
者喻如運金填圊損其寶物造罪悔者
如病得藥還復差損汙衣水洗還得清
淨佛語普廣菩薩用我語者一偈成佛
語普廣菩薩不信我者喻如海中求針枉
費功力无得見日佛語諸菩薩今身盜他
物者來生與他作癡牛今他苦打非時
苦使後受牛身以逕五百劫與他為奴任
他駈使心生逃避今被捉得苦形叩面非

BD03731號　無量大慈教經　（6–4）

語善廣菩薩不信我者喻如海中求針枉
費功力无得見日佛語諸菩薩今身盜他
物者來生與他作癡牛令他若打非時
苦使後受牛身以逕五百劫與他爲奴任
他驅使心生逃避令被捉得苦形印面非
理苦打佛語諸菩薩伽藍中有二種心一
者善心二者惡心云何爲惡人若有衆生
入寺之時從衆僧乞索或求僧長短或
啾僧食都无慙愧心餅菓菜茹懷挾歸家
如此之人死墮鑊丸地獄云何名爲善人若
有衆生入寺之時見僧恭敬見佛礼拜受
戒懺悔捨於財物經營三寶不惜身命護
持大法如此之人舉足一步天堂自至未來
受果如樹提伽是則名爲最上善人也佛告
大衆我向所論種種因果此經一名殊別
二名殊勝三名菩薩若有衆生聞此經者
一發善心得生淨土佛告菩薩聞我說者
心生歡喜如旱得水苗稼蘇活不受我語
如石水浸无有潤時尒時阿難白佛言世尊
彼等見振旦國有人從七歲脩福至於百
年臨命終時破其五戒此人得福以不尒
時世尊復語阿難喻如般車上万里之坂
臨頭翻車連本所損何有得期縱以少
多如雲影日行時之光喻如一口之食能
得久飽佛說衆生我等廣說因緣共
同成佛普勸衆生同脩淨行一切世間
天人阿脩羅等聞佛所說皆大歡喜
作礼而去

BD03731號　無量大慈教經　（6–5）

戒懺悔捨於財物經營三寶不惜身命護
持大法如此之人舉足一步天堂自至未來
受果如樹提伽是則名爲最上善人也佛告
大衆我向所論種種因果此經一名殊別
二名殊勝三名菩薩若有衆生聞此經者
一發善心得生淨土佛告菩薩聞我說者
心生歡喜如旱得水苗稼蘇活不受我語
如石水浸无有潤時尒時阿難白佛言世尊
彼等見振旦國有人從七歲脩福至於百
年臨命終時破其五戒此人得福以不尒
時世尊復語阿難喻如般車上万里之坂
臨頭翻車連本所損何有得期縱以少
多如雲影日行時之光喻如一口之食能
得久飽佛說衆生我等廣說因緣共
同成佛普勸衆生同脩淨行一切世間
天人阿脩羅等聞佛所說皆大歡喜
作礼而去
大慈教經一卷

BD03731號　無量大慈教經　（6–6）

多羅三藐三菩提者當生如是心我應滅度
一切衆生滅度一切衆生已而无有一衆生
實滅度者何以故若菩薩有我相人相衆生
相壽者相則非菩薩所以者何須菩提實无
有法發阿耨多羅三藐三菩提者須菩提於
意云何如來於然燈佛所有法得阿耨多羅
三藐三菩提不不也世尊如我解佛所說義
佛於然燈佛所无有法得阿耨多羅三藐三
菩提佛言如是如是須菩提實无有法如來
得阿耨多羅三藐三菩提須菩提若有法如
來得阿耨多羅三藐三菩提然燈佛則不與
我受記汝於來世當得作佛号釋迦牟尼以
實无有法得阿耨多羅三藐三菩提是故然
燈佛與我受記作是言汝於來世當得作佛
号釋迦牟尼何以故如來者即諸法如義若
有人言如來得阿耨多羅三藐三菩提須菩
提實无有法佛得阿耨多羅三藐三菩提須

BD03732 號　金剛般若波羅蜜經　（7–1）

燈佛與我受記作是言汝於來世當得作佛
号釋迦牟尼何以故如來者即諸法如義若
有人言如來得阿耨多羅三藐三菩提須菩
提實无有法佛得阿耨多羅三藐三菩提須
菩提如來所得阿耨多羅三藐三菩提於是
中无實无虛是故如來說一切法皆是佛法
須菩提所言一切法者即非一切法是故名一
切法須菩提譬如人身長大須菩提言世
尊如來說人身長大則為非大身是名大身
須菩提菩薩亦如是若作是言我當滅度无
量衆生則不名菩薩何以故須菩提无有法
名為菩薩是故佛說一切法无我无人无衆
生无壽者須菩提若菩薩作是言我當莊嚴
佛土是不名菩薩何以故如來說莊嚴佛土
者即非莊嚴是名莊嚴須菩提若菩薩通達
无我法者如來說名真是菩薩
須菩提於意云何如來有肉眼不如是世尊
如來有肉眼須菩提於意云何如來有天眼
不如是世尊如來有天眼須菩提於意云何
如來有慧眼不如是世尊如來有慧眼須菩
提於意云何如來有法眼不如是世尊如來
有法眼須菩提於意云何如來有佛眼不如
是世尊如來有佛眼須菩提於意云何恒河
中所有沙佛說是沙不如是世尊如來說是

BD03732 號　金剛般若波羅蜜經　（7–2）

提於意云何如來有法眼不如是世尊如來
有法眼須菩提於意云何如來有佛眼不如
是世尊如來有佛眼須菩提於意云何恒河
中所有沙佛說是沙不如是世尊如來說是
沙須菩提於意云何如一恒河中所有沙有
如是等恒河是諸恒河所有沙數佛世界如
是寧為多不甚多世尊佛告須菩提尒所國
土中所有衆生若干種心如來悉知何以故
如來說諸心皆為非心是名為心所以者何
須菩提過去心不可得現在心不可得未來
心不可得須菩提於意云何若有人滿三千
大千世界七寶以用布施是人以是因緣得
福多不如是世尊此人以是因緣得福甚多
須菩提若福德有實如來不說得福德多
以福德无故如來說得福德多
須菩提於意云何佛可以具足色身見不不
也世尊如來不應以色身見何以故如來說
具足色身即非具足色身是名具足色身須
菩提於意云何如來可以具足諸相見不不
也世尊如來不應以具足諸相見何以故如
來說諸相具足即非具足是名諸相具足須
菩提汝勿謂如來作是念我當有所說法莫
作是念何以故若人言如來有所說法即為
謗佛不能解我所說故須菩提說法无法

BD03732號　金剛般若波羅蜜經　（7–3）

也世尊如來不應以具足諸相見何以故如
來說諸相具足即非具足是名諸相具足須
菩提汝勿謂如來作是念我當有所說法莫
作是念何以故若人言如來有所說法即為
謗佛不能解我所說故須菩提說法无法
可說是名說法須菩提白佛言世尊佛得阿
耨多羅三藐三菩提為无所得耶如是如是
須菩提我於阿耨多羅三藐三菩提乃至无
有少法可得是名阿耨多羅三藐三菩提復
次須菩提是法平等无有高下是名阿耨多
羅三藐三菩提以无我无人无衆生无壽者
脩一切善法則得阿耨多羅三藐三菩提須
菩提所言善法者如來說非善法是名善法
須菩提若三千大千世界中所有諸須弥山
王如是等七寶聚有人持用布施若人以此
般若波羅蜜經乃至四句偈等受持為他人
說於前福德百分不及一百千万億分乃至
筭數譬喻所不能及
須菩提於意云何汝等勿謂如來作是念我
當度衆生須菩提莫作是念何以故實无有
衆生如來度者若有衆生如來度者如來則
有我人衆生壽者須菩提如來說有我者則
非有我而凡夫之人以為有我須菩提凡夫
者如來說則非凡夫須菩提於意云何可以

BD03732號　金剛般若波羅蜜經　（7–4）

衆生如来度者若有衆生如来度者如来則
有我人衆生壽者須菩提如来説有我者則
非有我而凡夫之人以為有我須菩提凡夫
者如来説則非凡夫須菩提於意云何可以
卅二相觀如来不須菩提言如是如是以卅
二相觀如来佛言須菩提若以卅二相觀如
来者轉輪聖王則是如来須菩提白佛言世
尊如我解佛所説義不應以卅二相觀如来
尒時世尊而説偈言
若以色見我　以音聲求我　是人行邪道　不能見如来
須菩提汝若作是念如来不以具足相故得
阿耨多羅三藐三菩提須菩提莫作是念如
来不以具足相故得阿耨多羅三藐三菩提
須菩提汝若作是念發阿耨多羅三藐三菩
提者説諸法断滅莫作是念何以故發阿耨
多羅三藐三菩提者於法不説断滅相須菩
提若菩薩以滿恒河沙等世界七寳布施若
復有人知一切法无我得成於忍此菩薩勝
前菩薩所得功德須菩提以諸菩薩不受福
德故須菩提白佛言世尊云何菩薩不受福
德須菩提菩薩所作福德不應貪著是故説
不受福德須菩提若有人言如来若来若去
若坐若卧是人不解我所説義何以故如来
者无所從来亦无所去故名如来

BD03732號　金剛般若波羅蜜經　（7–5）

德須菩提菩薩所作福德不應貪著是故説
不受福德須菩提若有人言如来若来若去
若坐若卧是人不解我所説義何以故如来
者无所從来亦无所去故名如来
須菩提若善男子善女人以三千大千世界
碎為微塵於意云何是微塵衆寧為多不甚
多世尊何以故若是微塵衆實有者佛則不
説是微塵衆所以者何佛説微塵衆則非微
塵衆是名微塵衆世尊如来所説三千大千
世界則非世界是名世界何以故若世界實
有則是一合相如来説一合相則非一合相
是名一合相須菩提一合相者則是不可説
但凡夫之人貪著其事須菩提若人言佛説
我見人見衆生見壽者見須菩提於意云何
是人解我所説義不世尊是人不解如来所
説義何以故世尊説我見人見衆生見壽者
見則非我見人見衆生見壽者見是名我見
人見衆生見壽者見須菩提發阿耨多羅三
藐三菩提心者於一切法應如是知如是見
如是信解不生法相須菩提所言法相如来
説則非法相是名法相須菩提若有人以滿
无量阿僧祇世界七寳持用布施若有善男
子善女人發菩薩心者持於此經乃至四句
偈等受持讀誦為人演説其福勝彼云何為

BD03732號　金剛般若波羅蜜經　（7–6）

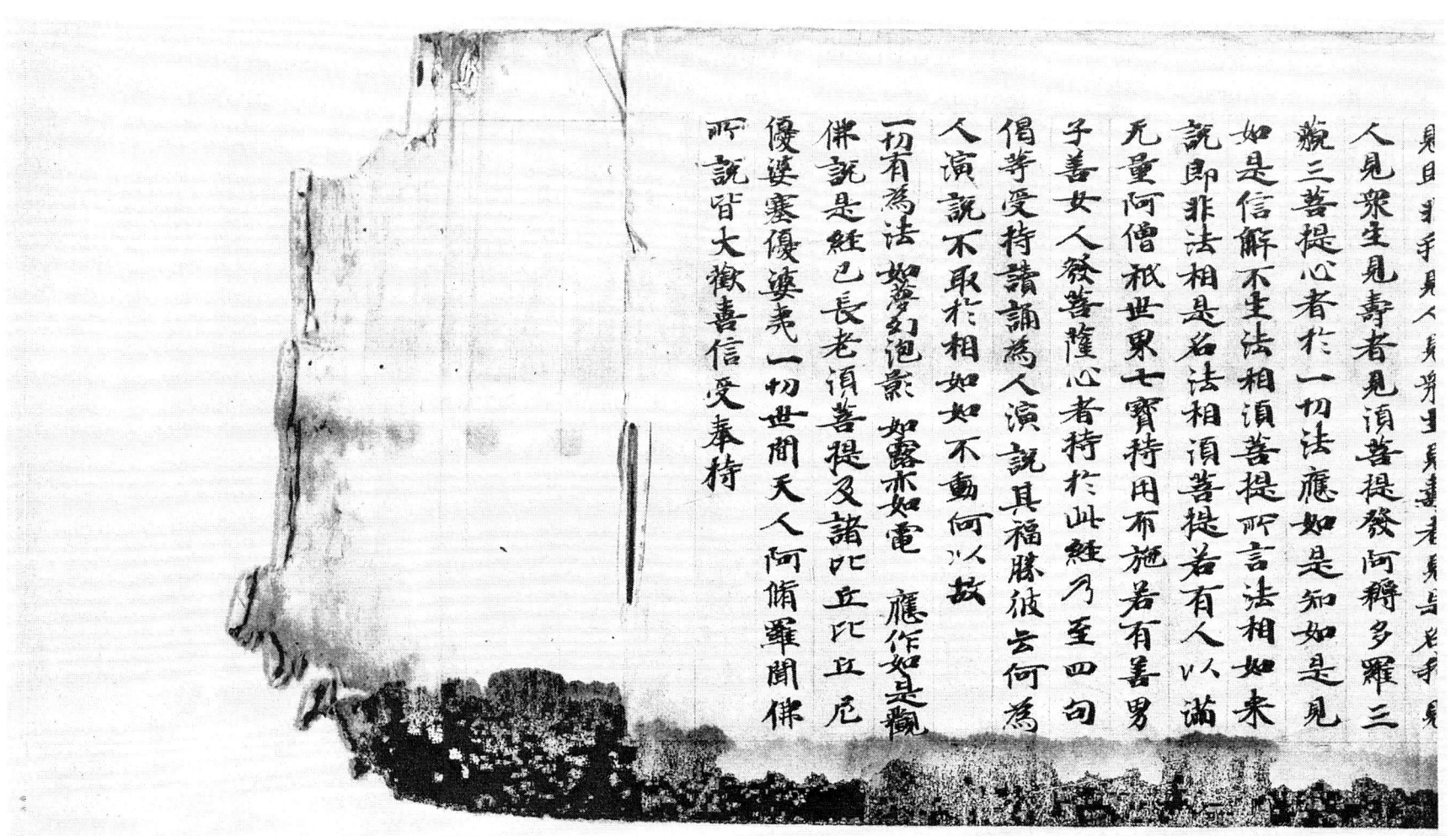

見即非我見人見衆生見壽者見是名我見
人見衆生見壽者見須菩提發阿耨多羅三
藐三菩提心者於一切法應如是知如是見
如是信解不生法相須菩提所言法相如来
說即非法相是名法相須菩提若有人以滿
无量阿僧祇世界七寶持用布施若有善男
子善女人發菩薩心者持於此經乃至四句
偈等受持讀誦為人演說其福勝彼云何為
人演說不取於相如如不動何以故
一切有為法　如夢幻泡影　如露亦如電　應作如是觀
佛說是經已長老須菩提及諸比丘比丘尼
優婆塞優婆夷一切世間天人阿脩羅聞佛
所說皆大歡喜信受奉持

BD03732號　金剛般若波羅蜜經　（7–7）

成佛已来復過於此百千
那由他阿僧祇劫自從是来我常在此
娑婆世界說法教化亦於餘處百千万億
那由他阿僧祇國導利衆生諸善男子於是
中間我說然燈佛等又復言其入於涅槃如
是皆以方便分別諸善男子若有衆生来
至我所我以佛眼觀其信等諸根利鈍隨所應度
處處自說名字不同年紀大小亦復現言當
入涅槃又以種種方便說微妙法能令衆生
發歡喜心諸善男子如来見諸衆生樂於
小法德薄垢重者為是人說我少出家得
阿耨多羅三藐三菩提然我實成佛已来久
遠若斯但以方便教化衆生令入佛道作如
是說諸善男子如来所演經典皆為度脫
衆生或說己身或說他身或示己身或示他身
或示己事或示他事諸所言說皆實不虛所
以者何如来如實知見三界之相无有生死若
退若出亦无在世及滅度者非實非虛非如
非異不如三界見於三界如斯之事如来明
見无有錯謬以諸衆生有種種性種種欲種
種行種種憶想分別故欲令生諸善根以

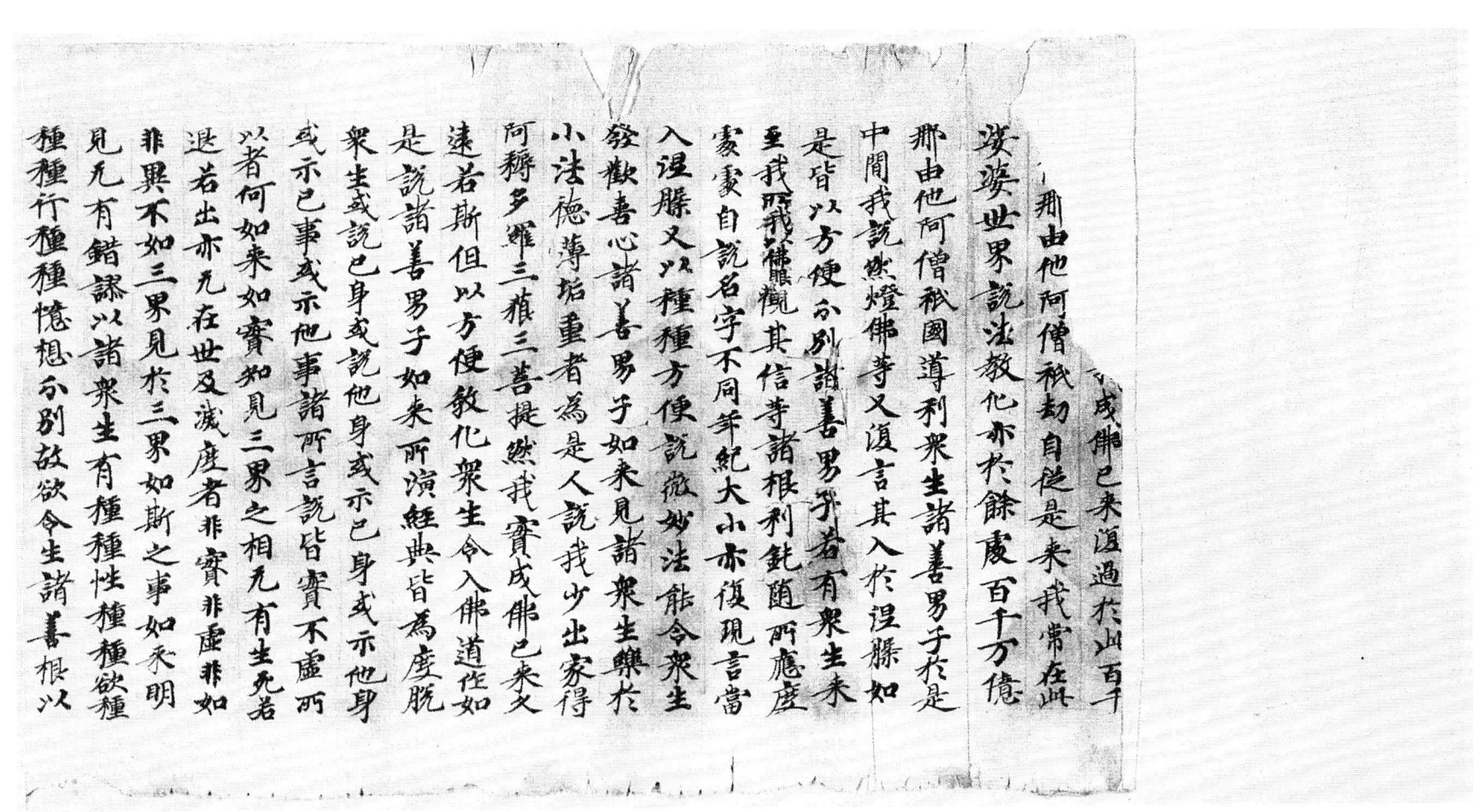

BD03733號　妙法蓮華經（八卷本）卷六　（23–1）

速若斯但以方便教化衆生令入佛道作如
是説諸善男子如來所演經典皆爲度脱
衆生或説已身或説他身或示已身或示他身
或示已事或示他事諸所言説皆實不虛所
以者何如來如實知見三界之相无有生死若
退若出亦无在世及滅度者非實非虛非如
非異不如三界見於三界如斯之事如來明
見无有錯謬以諸衆生有種種性種種欲種
種行種種憶想分別故欲令生諸善根以
若干因緣譬喻言辞種種説法所作佛事未
曾暫廢如是我成佛已來甚大久遠壽命无
量阿僧祇劫常住不滅諸善男子我本行菩
薩道所成壽命今猶未盡復倍上數然今非
實滅度而便唱言當取滅度如來以是方便教
化衆生所以者何若佛久住於世薄德之人
不種善根貧窮下賤貪著五欲入於憶想妄
見網中若見如來常在不滅便起憍恣而懷
猒怠不能生難遭之想恭敬之心是故如來
以方便説比丘當知諸佛出世難可值遇所
以者何諸薄德人過无量百千万億劫或有
見佛或不見者以此事故我作是言諸比丘
如來難可得見斯衆生等聞如是語必當生
於難遭之想心懷戀慕渴仰於佛便種善
根是故如來雖不實滅而言滅度又善男子
諸佛如來法皆如是爲度衆生皆實不虛譬
如良醫智慧聰達明練方藥善治衆病其

BD03733號　妙法蓮華經（八卷本）卷六　　（23–2）

以者何諸薄德人過无量百千万億劫或有
見佛或不見者以此事故我作是言諸比丘
如來難可得見斯衆生等聞如是語必當生
於難遭之想心懷戀慕渴仰於佛便種善
根是故如來雖不實滅而言滅度又善男子
諸佛如來法皆如是爲度衆生皆實不虛譬
如良醫智慧聰達明練方藥善治衆病其
人多諸子息若十二十乃至百數以有事緣遠
至餘國諸子於後飲他毒藥藥發悶亂宛轉
于地是時其父還來歸家諸子飲毒或失本
心或不失者遥見其父皆大歡喜拜跪問訊
善安隱歸我等愚癡誤服毒藥願見救療更
賜壽命父見子等苦惱如是依諸經方求好
藥草色香美味皆悉具足擣篩和合與子令
服而作是言此大良藥色香美味皆悉具足汝
等可服速除苦惱无復衆患其諸子中不失
心者見此良藥色香俱好即便服之病盡除
愈餘失心者見其父來雖亦歡喜問訊求索
治病然與其藥而不肯服所以者何毒氣深
入失本心故於此好色香藥而謂不美父作
是念此子可愍爲毒所中心皆顛倒雖見我
喜求索救療如是好藥而不肯服我今當
設方便令服此藥即作是言汝等當知我今
衰老死時已至是好良藥今留在此汝可取
服勿憂不差作是教已復至他國遣使還告
汝父已死是時諸子聞父背喪心大憂惱而
作是念若父在者慈愍我等能見救護今者

BD03733號　妙法蓮華經（八卷本）卷六　　（23–3）

衰老死時已至是好良藥今留在此汝可取
服勿憂不差作是教已復至他國遣使還告
汝父已死是時諸子聞父背喪心大憂惱而
作是念若父在者慈愍我等能見救護今者
捨我遠喪他國自惟孤露无復恃怙常懷悲
感心遂醒悟乃知此藥色味香美即取服之
毒病皆愈其父聞子悉已得差尋便來歸
咸使見之諸善男子於意云何頗有人能說
此良醫虛妄罪不不也世尊佛言我亦如是
成佛已來无量无邊百千万億那由他阿僧
祇劫為眾生故以方便力言當滅度亦无有
能如法說我虛妄過者尒時世尊欲重宣此
義而說偈言
自我得佛來　所經諸劫數　无量百千万　億載阿僧祇
常說法教化　无數億眾生　令入於佛道　尒來无量劫
為度眾生故　方便現涅槃　而實不滅度　常住此說法
我常住於此　以諸神通力　令顛倒眾生　雖近而不見
眾見我滅度　廣供養舍利　咸皆懷戀慕　而生渴仰心
眾生既信伏　質直意柔軟　一心欲見佛　不自惜身命
時我及眾僧　俱出靈鷲山　我時語眾生　常在此不滅
以方便力故　現有滅不滅　餘國有眾生　恭敬信樂者
我復於彼中　為說无上法　汝等不聞此　但謂我滅度
我見諸眾生　沒在於苦惱　故不為現身　令其生渴仰
因其心戀慕　乃出為說法　神通力如是　於阿僧祇劫
常在靈鷲山　及餘諸住處　眾生見劫盡　大火所燒時
我此土安隱　天人常充滿　園林諸堂閣　種種寶莊嚴
寶樹多華果　眾生所遊樂　諸天擊天鼓　常作眾伎樂

BD03733 號　妙法蓮華經（八卷本）卷六　（23–4）

我見諸眾生　沒在於苦惱　故不為現身　令其生渴仰
因其心戀慕　乃出為說法　神通力如是　於阿僧祇劫
常在靈鷲山　及餘諸住處　眾生見劫盡　大火所燒時
我此土安隱　天人常充滿　園林諸堂閣　種種寶莊嚴
寶樹多華果　眾生所遊樂　諸天擊天鼓　常作眾伎樂
雨曼陀羅華　散佛及大眾　我淨土不毀　而眾見燒盡
憂怖諸苦惱　如是悉充滿　是諸罪眾生　以惡業因緣
過阿僧祇劫　不聞三寶名　諸有脩功德　柔和質直者
則皆見我身　在此而說法　或時為此眾　說佛壽无量
久乃見佛者　為說佛難值　我智力如是　慧光照无量
壽命无數劫　久脩業所得　汝等有智者　勿於此生疑
當斷令永盡　佛語實不虛　如醫善方便　為治狂子故
實在而言死　无能說虛妄　我亦為世父　救諸苦患者
為凡夫顛倒　實在而言滅　以常見我故　而生憍恣心
放逸著五欲　墮於惡道中　我常知眾生　行道不行道
隨應所可度　為說種種法　每自作是意　以何令眾生
得入无上道　速成就佛身
妙法蓮華經分別功德品第十七
尒時大會聞佛說壽命劫數長遠如是无量
无邊阿僧祇眾生得大饒益於時世尊告彌
勒菩薩摩訶薩阿逸多我說是如來壽命長
遠時六百八十万億那由他恒河沙眾生得
无生法忍復千倍菩薩摩訶薩得聞持陀羅
尼門復有一世界微塵數菩薩摩訶薩得樂
說无礙辯才復有一世界微塵數菩薩摩訶
薩得百千万億无量旋陀羅尼復有三千大千
世界微塵數菩薩摩訶薩能轉不退法輪復

BD03733 號　妙法蓮華經（八卷本）卷六　（23–5）

丘門復有一世界微塵數菩薩摩訶薩得樂
說无礙辯才復有一世界微塵數菩薩摩訶
薩得百万億无量旋陀羅尼復有三千大千
世界微塵數菩薩摩訶薩能轉不退法輪復
有二千中國土微塵數菩薩摩訶薩能轉
清淨法輪復有小千國土微塵數菩薩摩訶
薩八生當得阿耨多羅三藐三菩提復有四四
天下微塵數菩薩摩訶薩四生當得阿耨多
羅三藐三菩提復有三四天下微塵數菩
薩摩訶薩三生當得阿耨多羅三藐三菩提
復有二四天下微塵數菩薩摩訶薩二生當
得阿耨多羅三藐三菩提復有一四天下微
塵數菩薩摩訶薩一生當得阿耨多羅三藐
三菩提復有八世界微塵數衆生皆發阿耨
多羅三藐三菩提心佛說是諸菩薩摩訶
薩得大法利時於虛空中雨曼陁羅華摩
訶曼陁羅華以散无量百千万億寶樹下師
子座上諸佛并散七寶塔中師子座上釋迦
牟尼佛及久滅度多寶如來亦散一切諸大
菩薩及四部衆又雨細末栴檀沉水香等於
虛空中天鼓自鳴妙聲深遠又雨千種天衣垂
諸瓔珞真珠瓔珞摩尼珠瓔珞如意珠瓔珞
遍於九方衆寶香爐燒无價香自然周至供
養大會一一佛上有諸菩薩執持幡蓋次第
而上至于梵天是諸菩薩以妙音聲歌无
量頌讚歎諸佛尒時弥勒菩薩從座而起偏
袒右肩合掌向佛而說偈言

BD03733號　妙法蓮華經（八卷本）卷六　（23–6）

遍於九方衆寶香爐燒无價香自然周至供
養大會一一佛上有諸菩薩執持幡蓋次第
而上至于梵天是諸菩薩以妙音聲歌无
量頌讚歎諸佛尒時弥勒菩薩從座而起偏
袒右肩合掌向佛而說偈言
佛說希有法　昔所未曾聞　世尊有大力　壽命不可量
无數諸佛子　聞世尊分別　說得法利者　歡喜充遍身
或住不退地　或得陁羅尼　或无礙樂說　万億旋摠持
或有大千界　微塵數菩薩　各各皆能轉　不退之法輪
復有中千界　微塵數菩薩　各各皆能轉　清淨之法輪
復有小千界　微塵數菩薩　餘各八生在　當得成佛道
復有小千界　微塵數菩薩　餘各八生在　當得成佛道
復有四三二　如是四天下　微塵諸菩薩　隨數生成佛
或一四天下　微塵數菩薩　餘有一生在　當成一切智
如是等衆生　聞佛壽長遠　得无量无漏　清淨之果報
復有八世界　微塵數衆生　聞佛說壽命　皆發无上心
世尊說无量　不可思議法　多有所饒益　如虛空无邊
雨天曼陁羅　摩訶曼陁羅　釋梵如恒沙　无數佛土來
雨栴檀沉香　繽紛而亂墜　如鳥飛空下　供散於諸佛
天鼓虛空中　自然出妙聲　天衣千万種　旋轉而來下
衆寶妙香爐　燒无價之香　自然悉周遍　供養諸世尊
其大菩薩衆　執七寶幡蓋　高妙万億種　次第至梵天
一一諸佛前　寶幢懸勝幡　亦以千万偈　歌詠諸如來
如是種種事　昔所未曾有　聞佛壽无量　一切皆歡喜
佛名聞十方　廣饒益衆生　一切具善根　以助无上心
尒時佛告弥勒菩薩摩訶薩阿逸多其有衆
生聞佛壽命長遠如是乃至能生一念信解
所得功德无有限量若有善男子善女人為

BD03733號　妙法蓮華經（八卷本）卷六　（23–7）

如是種種事　昔所未曾有　聞佛壽无量　一切皆歡喜
佛名聞十方　廣饒益衆生　一切具善根　以助无上心
尒時佛告弥勒菩薩摩訶薩阿逸多其有衆
生聞佛壽命長遠如是乃至能生一念信解
所得功德无有限量若有善男子善女人為
阿耨多羅三藐三菩提於八十万億那由他
劫行五波羅蜜檀波羅蜜尸羅波羅蜜羼提
波羅蜜毗梨耶波羅蜜禪波羅蜜除般若波
羅蜜以是功德比前功德百分千分百千万
億分不及其一乃至筭數譬喻所不能知若
善男子有如是功德於阿耨多羅三藐三菩
提退者无有是處尒時世尊欲重宣此義
而說偈言
若人求佛慧　於八十万億　那由他劫數　行五波羅蜜
於是諸劫中　布施供養佛　及緣覺弟子　并諸菩薩衆
珎異之飲食　上服與卧具　栴檀立精舍　以園林莊嚴
如是等布施　種種皆微妙　盡此諸劫數　以迴向佛道
若復持禁戒　清淨无缺漏　求於无上道　諸佛之所歎
若復行忍辱　住於調柔地　設衆惡來加　其心不傾動
諸有得法者　懷於增上慢　為此所輕惱　如是亦能忍
若復勤精進　志念常堅固　於无量億劫　一心不懈息
又於无數劫　住於空閑處　若坐若經行　除睡常攝心
以是因緣故　能生諸禪定　八十億万劫　安住心不亂
持此一心福　願求无上道　我得一切智　盡諸禪定際
是人於百千　万億劫數中　行此諸功德　如上之所說
有善男女等　聞我說壽命　乃至一念信　其福過於彼
若人悉无有　一切諸疑悔　深心須臾信　其福為如此

持此一心福　願求无上道　我得一切智　盡諸禪定際
是人於百千　万億劫數中　行此諸功德　如上之所說
有善男女等　聞我說壽命　乃至一念信　其福過於彼
若人悉无有　一切諸疑悔　深心須臾信　其福為如此
其有諸菩薩　无量劫行道　聞我說壽命　是則能信受
如是諸人等　頂受此經典　願我於未來　長壽度衆生
如今日世尊　諸釋中之王　道場師子吼　說法无所畏
我等未來世　一切所尊敬　坐於道場時　說壽亦如是
若有深心者　清淨而質直　多聞能總持　隨義解佛語
如是諸人等　於此无有疑
又阿逸多若有聞佛壽命長遠解其言趣是
人所得功德无有限量能起如來无上之慧
何況廣聞是經若教人聞若自持若教人持
若自書若教人書若以華香瓔珞幢幡繒蓋
香油蘇燈供養經卷是人功德无量无邊能
生一切種智阿逸多若善男子善女人聞我
說壽命長遠深心信解則為見佛常在耆闍
崛山共大菩薩諸聲聞衆圍繞說法又見此
娑婆世界其地瑠璃坦然平正閻浮檀金以
界八道寶樹行列諸臺樓觀皆悉寶成其菩
薩衆咸處其中若有能如是觀者當知是為
深信解相又復如來滅後若聞是經而不毀
呰起隨喜心當知已為深信解相何況讀誦
受持之者斯人則為頂戴如來阿逸多是善
男子善女人不須為我復起塔寺及作僧坊
以四事供養衆僧所以者何是善男子善女
人受持讀誦是經典者為已起塔造立僧坊

出起隨喜心當知已爲深信解相何况讀誦
受持之者斯人則爲頂戴如來阿逸多是善
男子善女人不須爲我復起塔寺及作僧坊
以四事供養衆僧所以者何是善男子善女
人受持讀誦是經典者爲已起塔造立僧坊
供養衆僧則爲以佛舍利起七寶塔高廣漸
小至于梵天懸諸幡蓋及衆寶鈴華香瓔珞
末香塗香燒香衆鼓妓樂簫笛箜篌種種儛
戲以妙音聲歌唄讚頌則爲於无量千万億
劫作是供養已阿逸多若我滅後聞是經典
有能受持若自書若教人書則爲起立僧坊
以赤栴檀作諸殿堂三十有二高八多羅樹
高廣嚴好百千比丘於其中止園林流池經
行禪窟衣服飲食牀褥湯藥一切樂具充滿
其中如是僧坊堂閣若干百千万億其數无
量以此現前供養於我及比丘僧是故我說
如來滅後若有受持讀誦爲他人說若自書
若教人書供養經卷不須復起塔寺及造僧
坊供養衆僧况復有人能持是經兼行布施
持戒忍辱精進一心智慧其德最勝无量无
邊譬如虛空東西南北四維上下无量无邊
是人功德亦復如是无量无邊疾至一切種
智若人讀誦受持是經爲他人說若自書若
教人書復能起塔及造僧坊供養讚歎聲聞
衆僧亦以百千万億讚歎之法讚歎菩薩功
德又爲他人種種因緣隨義解說此法華經
復能清淨持戒與柔和者而共同止忍辱无
瞋志念堅固常貴坐禪得諸深定精進勇

BD03733號　妙法蓮華經（八卷本）卷六　（23–10）

教人書復能起塔及造僧坊供養讚歎聲聞
衆僧亦以百千万億讚歎之法讚歎菩薩功
德又爲他人種種因緣隨義解說此法華經
復能清淨持戒與柔和者而共同止忍辱无
瞋志念堅固常貴坐禪得諸深定精進勇
猛攝諸善法利根智慧善答問難阿逸多若
我滅後諸善男子善女人受持讀誦是經典
者復有如是諸善功德當知是人已趣道場
近阿耨多羅三藐三菩提坐道樹下阿逸多是
善男子若坐若立若行處此中便應起塔
一切天人皆應供養如佛之塔尒時世尊欲
重宣此義而說偈言
若我滅度後　能奉持此經　斯人福无量　如上之所說
是則爲具足　一切諸供養　以舍利起塔　七寶而莊嚴
表刹甚高廣　漸小至梵天　寶鈴千万億　風動出妙音
又於无量劫　而供養此塔　華香諸瓔珞　天衣衆妓樂
然香油酥燈　周帀常照明　惡世法末時　能持是經者
則爲已如上　具足諸供養　若能持此經　則如佛現在
以牛頭栴檀　起僧坊供養　堂有三十二　高八多羅樹
上饌妙衣服　牀臥皆具足　百千衆住處　園林諸流池
經行及禪窟　種種皆嚴好　若有信解心　受持讀誦書
若復教人書　及供養經卷　散華香末香　以須曼瞻蔔
阿提目多伽　薰油常然之　如是供養者　得无量功德
如虛空无邊　其福亦復然　况復持此經　兼布施持戒
忍辱樂禪定　不瞋不惡口　恭敬於塔廟　謙下諸比丘
遠離自高心　常思惟智慧　有問難不瞋　隨順爲解說
若能行是行　功德不可量　若見此法師　成就如是德
應以天華散　天衣覆其身　頭面接足禮　生心如佛想

BD03733號　妙法蓮華經（八卷本）卷六　（23–11）

阿提目多伽　薰油常然之　如是供養者　得无量功德
如虛空无邊　其福亦復然　況復持此經　兼布施持戒
忍辱樂禪定　不瞋不惡口　恭敬於塔廟　謙下諸比丘
遠離自高心　常思惟智慧　有問難不瞋　隨順為解說
若能行是行　功德不可量　若見此法師　成就如是德
應以天華散　天衣覆其身　頭面接足礼　生心如佛想
又應作是念　不久詣道樹　得无漏无為　廣利諸人天
其所住止處　經行若坐臥　乃至說一偈　是中應起塔
莊嚴令妙好　種種以供養　佛子住此地　則是佛受用
常在於其中　經行及坐臥
妙法蓮華經隨喜功德品第十八
尒時彌勒菩薩摩訶薩白佛言世尊若有
善男子善女人聞是法華經隨喜者得幾所
福而說偈言
世尊滅度後　其有聞是經　若有隨喜者　為得幾所福
尒時佛告彌勒菩薩摩訶薩阿逸多如來滅
後若比丘比丘尼優婆塞優婆夷及餘智者
若長若幼聞是經隨喜已從法會出至於餘
處若在僧坊若空閑地若城邑巷陌聚落
田里如其所聞為父母宗親善友知識隨力
演說是諸人等聞已隨喜復行轉教餘人聞已
亦隨喜轉教如是展轉至第五十阿逸多其
第五十善男子善女人隨喜功德我今說之
汝當善聽若四百万億阿僧祇世界六趣四
生衆生卵生胎生溼生化生若有形无形有
想无想非有想非无想无足二足四足多足
如是等在衆生數者有人求福隨其所欲娛
樂之具皆給與之一一衆生與滿閻浮提金

BD03733號　妙法蓮華經（八卷本）卷六

（23–12）

汝當善聽若四百万億阿僧祇世界六趣四
生衆生卵生胎生溼生化生若有形无形有
想无想非有想非无想无足二足四足多足
如是等在衆生數者有人求福隨其所欲娛
樂之具皆給與之一一衆生與滿閻浮提金
銀琉璃車璖馬瑙珊瑚虎珀諸妙珍寶及
鳥馬車乘七寶所成宮殿樓閣等是大施
主如是布施滿八十年已而作是念我已施衆
生娛樂之具隨意所欲然此衆生皆已衰老
年過八十髮白面皺將死不久我當以佛法
而訓導之即集此衆生宣布法化示教利喜
一時皆得須陁洹道斯陁含道阿那含道阿
羅漢道盡諸有漏於深禪定皆得自在具八解
脫於汝意云何是大施主所得功德寧為多
不彌勒白佛言世尊是人功德甚多无量无
邊若是施主但施衆生一切樂具功德无量
何況令得阿羅漢果
佛告彌勒我今分明語汝是人以一切樂具
施於四百万億阿僧祇世界六趣衆生又令
得阿羅漢果所得功德不如是第五十人聞
法華經一偈隨喜功德百分千分百千万億
分不及其一乃至筭數譬喻所不能知阿逸
多如是第五十人展轉聞法華經隨喜功
德尚无量无邊阿僧祇何況最初於會中聞
而隨喜者其福復勝无量无邊阿僧祇不
可得比又阿逸多若人為是經故往詣僧坊若
坐若立須臾聽受緣是功德轉身所生得好

BD03733號　妙法蓮華經（八卷本）卷六

（23–13）

德尚无量无邊阿僧祇何况冣初於會中聞
而隨喜者其福復勝无量无邊阿僧祇不
可得比又阿逸多若人為是經故往詣僧坊若
坐若立須臾聽受緣是功德轉身所生得好
上妙象馬車乘珍寶輦輿及乘天宮殿若復
有人於講法處坐更有人來勸令坐聽若分
座令坐是人功德轉身得帝釋坐處若梵
王坐處若轉輪聖王所坐之處阿逸多若復有
人語餘人言有經名法華可共往聽即受其教
乃至須臾間聞是人功德轉身得與陀羅尼
菩薩共生一處利根智慧百千万世終不瘖
瘂口氣不臭舌常无病口亦无病齒不垢黑
不黃不踈亦不缺落不差不曲脣不下垂亦
不褰縮不麁澀不瘡胗亦不缺壞亦不喎斜不
厚不大亦不黧黑无諸可惡鼻不匾㔸亦不
曲戾面色不黑亦不狹長亦不窊曲无有一
切不可喜相脣舌牙齒悉皆嚴好鼻脩高直
面貌圓滿眉高而長額廣平正人相具足世
世所生見佛聞法信受教誨阿逸多汝且觀
是勸於一人令往聽法功德如此何況一心
聽說讀誦而於大眾為人分別如說脩行尒
時世尊欲重宣此義而說偈言
若人於法會　得聞是經典　乃至於一偈　隨喜為他說
如是展轉教　至于第五十　冣後人獲福　今當分別之
如有大施主　供給无量眾　具滿八十歲　隨意之所欲
見彼衰老相　髮白而面皺　齒踈形枯竭　念其死不久
我今應當教　令得於道果　即為方便說　涅槃真實法

BD03733號　妙法蓮華經（八卷本）卷六　（23–14）

時世尊欲重宣此義而說偈言
若人於法會　得聞是經典　乃至於一偈　隨喜為他說
如是展轉教　至于第五十　冣後人獲福　今當分別之
如有大施主　供給无量眾　具滿八十歲　隨意之所欲
見彼衰老相　髮白而面皺　齒踈形枯竭　念其死不久
我今應當教　令得於道果　即為方便說　涅槃真實法
世皆不牢固　如水沫泡焰　汝等咸應當　疾生猒離心
諸人聞是法　皆得阿羅漢　具足六神通　三明八解脫
冣後第五十　聞一偈隨喜　是人福勝彼　不可為譬喻
如是展轉聞　其福尚无量　何況於法會　初聞隨喜者
若有勸一人　將引聽法華　言此經深妙　千万劫難遇
即受教往聽　乃至須臾聞　斯人之福報　今當分別說
世世无口患　齒不踈黃黑　脣不厚褰缺　无有可惡相
舌不乾黑短　鼻高脩且直　額廣而平正　面目悉端嚴
為人所喜見　口氣无臭穢　優鉢華之香　常從其口出
若故詣僧坊　欲聽法華經　須臾聞歡喜　今當說其福
後生天人中　得妙象馬車　珍寶之輦輿　及乘天宮殿
若於講法處　勸人坐聽經　是福因緣得　釋梵轉輪座
何況一心聽　解說其義趣　如說而脩行　其福不可限
妙法蓮華經法師功德品第十九
尒時佛告常精進菩薩摩訶薩若善男子善
女人受持是法華經若讀若誦若解說若書
寫是人當得八百眼功德千二百耳功德八
百鼻功德千二百舌功德八百身功德千二
百意功德以是功德莊嚴六根皆令清淨是
善男子善女人父母所生清淨肉眼見於三千
大千世界內外所有山林河海下至阿鼻地獄
上至有頂亦見其中一切眾生及業因緣果報生

BD03733號　妙法蓮華經（八卷本）卷六　（23–15）

寫是人當得八百眼功德千二百耳功德八
百鼻功德千二百舌功德八百身功德千二
百意功德以是功德莊嚴六根皆令清淨是
善男子善女人父母所生清淨肉眼見於三千
大千世界內外所有山林河海下至阿鼻地獄
上至有頂亦見其中一切衆生及業因緣果報生
處悉見悉知尒時世尊欲重宣此義而說偈言
若於大衆中　以无所畏心　說是法華經　汝聽其功德
是人得八百　功德殊勝眼　以是莊嚴故　其目甚清淨
父母所生眼　悉見三千界　內外弥樓山　須弥及鐵圍
并諸餘山林　大海江河水　下至阿鼻獄　上至有頂處
其中諸衆生　一切皆悉見　雖未得天眼　肉眼力如是
復次常精進若善男子善女人受持此經若
讀若誦若解說若書寫得千二百耳功德以
是清淨耳聞三千大千世界下至阿鼻地獄
上至有頂其中內外種種語言音聲象聲馬
聲牛聲車聲啼哭聲愁歎聲螺聲鼓聲鍾聲
鈴聲笑聲語聲男聲女聲童子聲童女聲法
聲非法聲苦聲樂聲凡夫聲聖人聲喜聲不
喜聲天聲龍聲夜叉聲乾闥婆聲阿脩羅聲
迦樓羅聲緊那羅聲摩睺羅伽聲火聲水聲
風聲地獄聲畜生聲餓鬼聲比丘聲比丘尼
聲聲聞聲辟支佛聲菩薩聲佛聲以要言
之三千大千世界中一切內外所有諸聲雖未
得天耳以父母所生清淨常耳皆悉聞知如
是分別種種音聲而不壞耳根尒時世尊欲
重宣此義而說偈言

聲聲聞聲辟支佛聲菩薩聲佛聲以要言
之三千大千世界中一切內外所有諸聲雖未
得天耳以父母所生清淨常耳皆悉聞知如
是分別種種音聲而不壞耳根尒時世尊欲
重宣此義而說偈言
父母所生耳　清淨无濁穢　以此常耳聞　三千世界聲
象馬車牛聲　鍾鈴螺鼓聲　琴瑟箜篌聲　簫笛之音聲
清淨好歌聲　聽之而不著　无數種人聲　聞悉能解了
又聞諸天聲　微妙之歌音　及聞男女聲　童子童女聲
山川嶮谷中　迦陵頻伽聲　命命等諸鳥　悉聞其音聲
地獄衆苦痛　種種楚毒聲　餓鬼飢渴逼　求索飲食聲
諸阿脩羅等　居在大海邊　自共語言時　出于大音聲
如是說法者　安住於此間　遙聞是衆聲　而不壞耳根
十方世界中　禽獸鳴相呼　其說法之人　於此悉聞之
其諸梵天上　光音及遍淨　乃至有頂天　言語之音聲
法師住於此　悉皆得聞之　一切比丘衆　及諸比丘尼
若讀誦經典　若為他人說　法師住於此　悉皆得聞之
復有諸菩薩　讀誦於經法　若為他人說　撰集解其義
如是諸音聲　悉皆得聞之　諸佛大聖尊　教化衆生者
於諸大衆中　演說微妙法　持此法華者　悉皆得聞之
三千大千界　內外諸音聲　下至阿鼻獄　上至有頂天
皆聞其音聲　而不壞耳根　其耳聰利故　悉能分別知
持是法華者　雖未得天耳　但用所生耳　功德已如是
復次常精進若善男子善女人受持是經若
讀若誦若解說若書寫成就八百鼻功德以
是清淨鼻根聞於三千大千世界上下內外
種種諸香須曼那華香闍提華香末利華

持是法華者 雖未得天耳 但用所生耳 功德已如是
復次常精進 若善男子善女人受持是經若
讀若誦若解說若書寫成就八百鼻功德以
是清淨鼻根聞於三千大千世界上下內外
種種諸香 須曼那華香闍提華香末利華
香瞻蔔華香波羅羅華香赤蓮華香青蓮
華香白蓮華香華樹香菓樹香栴檀香沉水香
多摩羅跋香多伽羅香及千万種和香若末若
丸若塗香持是經者於此間住悉能分別又
復別知眾生之香 象香馬香牛羊等香男香
女香童子香童女香及草木叢林香若近若
遠所有諸香悉皆得聞分別不錯持是經者
雖住於此亦聞天上諸天之香 波利質多羅
拘鞞陀羅樹香及曼陀羅華香摩訶曼陀羅
華香曼殊沙華香摩訶曼殊沙華香栴檀
沉水種種末香諸雜華香如是等天香和合
所出之香无不聞知 又聞諸天身香釋提桓因
在勝殿上五欲娛樂嬉戲時香若在妙法堂
上為忉利諸天說法時香若於諸園遊戲時
香及餘天等男女身香皆悉遙聞 如是展轉
乃至梵世 上至有頂 諸天身香亦皆聞之 并
聞諸天所燒之香 及聲聞香辟支佛香菩薩
香諸佛身香亦皆遙聞知其所在 雖聞此香
然於鼻根不壞不錯 若欲分別為他人說憶
念不謬 尒時世尊欲重宣此義而說偈言
是人鼻清淨 於此世界中 若香若臭物 種種悉聞知
須曼那闍提 多摩羅栴檀 沉水及桂香 種種華菓香
及知眾生香 男子女人香 說法者遠住 聞香知所在

BD03733 號　妙法蓮華經（八卷本）卷六　（23–18）

然於鼻相不壞不錯若欲分別為他人說憶
念不謬尒時世尊欲重宣此義而說偈言
是人鼻清淨 於此世界中 若香若臭物 種種悉聞知
須曼那闍提 多摩羅栴檀 沉水及桂香 種種華菓香
及知眾生香 男子女人香 說法者遠住 聞香知所在
大勢轉輪王 小轉輪及子 群臣諸宮人 聞香知所在
身所著珍寶 及地中寶藏 轉輪王寶女 聞香知所在
諸人嚴身具 衣服及瓔珞 種種所塗香 聞則知其身
諸天若行坐 遊戲及神變 持是法華者 聞香悉能知
諸樹華菓實 及蘇油香氣 持經者住此 悉知其所在
諸山深嶮處 栴檀樹華敷 眾生在中者 聞香皆能知
鐵圍山大海 地中諸眾生 持經者聞香 悉知其所在
阿脩羅男女 及其諸眷屬 鬪諍遊戲時 聞香皆能知
曠野險隘處 師子象虎狼 野牛水牛等 聞香知所在
若有懷妊者 未辯其男女 无根及非人 聞香悉能知
以聞香力故 知其初懷妊 成就不成就 安樂產福子
以聞香力故 知男女所念 染欲癡恚心 亦知脩善者
地中眾伏藏 金銀諸珍寶 銅器之所盛 聞香悉能知
種種諸瓔珞 无能識其價 聞香知貴賤 出處及所在
天上諸華等 曼陀曼殊沙 波利質多樹 聞香悉能知
天上諸宮殿 上中下差別 眾寶華莊嚴 聞香悉能知
天園林勝殿 諸觀妙法堂 在中而娛樂 聞香悉能知
諸天若聽法 或受五欲時 來往行坐臥 聞香悉能知
天女所著衣 好華香莊嚴 周旋遊戲時 聞香悉能知
如是展轉上 乃至於梵世 入禪出禪者 聞香悉能知
光音遍淨天 乃至于有頂 初生及退沒 聞香悉能知
諸比丘眾等 於法常精進 若坐若經行 及讀誦經法
或在林樹下 專精而坐禪 持經者聞香 悉知其所在

BD03733 號　妙法蓮華經（八卷本）卷六　（23–19）

諸天若聽法 或受五欲時 來往行坐臥 聞香悉能知
天女所著衣 好華香莊嚴 周旋遊戲時 聞香悉能知
如是展轉上 乃至於梵世 入禪出禪者 聞香悉能知
光音遍淨天 乃至于有頂 初生及退沒 聞香悉能知
諸比丘衆等 於法常精進 若坐若經行 及讀誦經法
或在林樹下 專精而坐禪 持經者聞香 悉知其所在
菩薩志堅固 坐禪若讀誦 或為人說法 聞香悉能知
在在方世尊 一切所恭敬 愍衆而說法 聞香悉能知
衆生在佛前 聞經皆歡喜 如法而脩行 聞香悉能知
雖未得菩薩 無漏法生鼻 而是持經者 先得此鼻相
復次常精進 若善男子善女人受持是經 若
讀若誦若解說若書寫 得千二百舌功德 若
好若醜若美不美及諸苦澁物 在其舌根 皆
變成上味 如天甘露 無不美者 若以舌根於
大衆中有所演說 出深妙聲 能入其心 皆令
歡喜快樂 又諸天子天女釋梵諸天 聞是深
妙音聲 有所演說言論次第 皆悉來聽 及諸
龍龍女夜叉夜叉女乾闥婆乾闥婆女阿脩
羅阿脩羅女迦樓羅迦樓羅女緊那羅緊那
羅女摩睺羅伽摩睺羅伽女 為聽法故 皆來
親近恭敬供養 及比丘比丘尼優婆塞優婆
夷國王王子群臣眷屬 小轉輪王大轉輪王
七寶千子內外眷屬 乘其宮殿 俱來聽法 以
是菩薩善說法故 婆羅門居士國內人民 盡
其形壽隨侍供養 又諸聲聞辟支佛菩薩諸
佛 常樂見之 是人所在方面 諸佛皆向其處
說法 悉能受持一切佛法 又能出於深妙法
音 尒時世尊欲重宣此義而說偈言

是菩薩善說法故 婆羅門居士國內人民 盡
其形壽隨侍供養 又諸聲聞辟支佛菩薩諸
佛 常樂見之 是人所在方面 諸佛皆向其處
說法 悉能受持一切佛法 又能出於深妙法
音 尒時世尊欲重宣此義而說偈言
是人舌根淨 終不受惡味 其有所食噉 悉皆成甘露
以深淨妙音 於大衆說法 以諸因緣喻 引導衆生心
聞者皆歡喜 設諸上供養 諸天龍夜叉 及阿脩羅等
皆以恭敬心 而共來聽法 是說法之人 若欲以妙音
遍滿三千界 隨意即能至 大小轉輪王 及千子眷屬
合掌恭敬心 常來聽受法 諸天龍夜叉 羅剎毗舍闍
亦以歡喜心 常樂來供養 梵天王魔王 自在大自在
如是諸天衆 常來至其所 諸佛及弟子 聞其說法音
常念而守護 或時為現身
復次常精進 若善男子善女人受持是經 若
讀若誦若解說若書寫 得八百身功德 得清
淨身如淨琉璃 衆生憙見 其身淨故 三千大
千世界衆生 生時死時 上下好醜 生善處惡
處 悉於中現 及鐵圍山大鐵圍山彌樓山摩
訶彌樓山等諸山 及其中衆生 悉於中現 下
至阿鼻地獄 上至有頂 所有及衆生 悉於中
現 若聲聞辟支佛菩薩諸佛說法 皆於身中
現其色像 尒時世尊欲重宣此義而說偈言
若持法華者 其身甚清淨 如彼淨琉璃 衆生皆憙見
又如淨明鏡 悉見諸色像 菩薩於淨身 皆見世所有
唯獨自明了 餘人所不見 三千世界中 一切諸群萌
天人阿脩羅 地獄鬼畜生 如是諸色像 皆於身中現
諸天等宮殿 乃至於有頂 鐵圍及彌樓 摩訶彌樓山

現若聲聞辟支佛菩薩諸佛說法皆於身中
現其色像 尒時世尊欲重宣此義而說偈言
若持法華者 其身甚清淨 如彼淨琉璃 衆生皆憙見
又如淨明鏡 悉見諸色像 菩薩於淨身 皆見世所有
唯獨自明了 餘人所不見 三千世界中 一切諸羣萌
天人阿脩羅 地獄鬼畜生 如是諸色像 皆於身中現
諸天等宮殿 乃至於有頂 鐵圍及弥樓 摩訶弥樓山
諸大海水等 皆於身中現 諸佛及聲聞 佛子菩薩等
若獨若在衆 說法悉皆現 雖未得无漏 法性之妙身
以清淨常體 一切於中現
復次常精進 若善男子善女人 如來滅後 受
持是經 若讀若誦若解說若書寫 得千二百
意功德 以是清淨意根 乃至聞一偈一句 通
達无量无邊之義 解是義已 能演說一句一
偈至於一月四月乃至一歲 諸所說法 隨其
義趣 皆與實相不相違背 若說俗間經書 治
世語言 資生業等 皆順正法 三千大千世界
六趣衆生 心之所行 心所動作 心所戲論 皆
悉知之 雖未得无漏智慧 而其意根清淨如
此 是人有所思惟籌量言說 皆是佛法 无不
真實 亦是先佛經中所說 尒時世尊欲重宣
此義而說偈言
是人意清淨 明利无穢濁 以此妙意根 知上中下法
乃至聞一偈 通達无量義 次第如法說 月四月至歲
是世界內外 一切諸衆生 若天龍及人 夜叉鬼神等
其在六趣中 所念若干種 持法華之報 一時皆悉知
十方无數佛 百福莊嚴相 為衆生說法 悉聞能受持
思惟无量義 說法亦无量 終始不忘錯 以持法華故

BD03733號　妙法蓮華經（八卷本）卷六　（23–22）

偈至於一月四月乃至一歲
義趣皆與實相不相違背 若說俗間經書治
世語言資生業等皆順正法 三千大千世界
六趣衆生心之所行心所動作心所戲論 皆
悉知之雖未得无漏智慧而其意根清淨如
此是人有所思惟籌量言說皆是佛法无不
真實亦是先佛經中所說 尒時世尊欲重宣
此義而說偈言
是人意清淨 明利无穢濁 以此妙意根 知上中下法
乃至聞一偈 通達无量義 次第如法說 月四月至歲
是世界內外 一切諸衆生 若天龍及人 夜叉鬼神等
其在六趣中 所念若干種 持法華之報 一時皆悉知
十方无數佛 百福莊嚴相 為衆生說法 悉聞能受持
思惟无量義 說法亦无量 終始不忘錯 以持法華故
悉知諸法相 隨義識次第 達名字語言 如所知演說
此人有所說 皆是先佛法 以演此法故 於衆无所畏
持法華經者 意根淨若斯 雖未得无漏 先有如是相
是人持此經 安住希有地 為一切衆生 歡喜而愛敬
能以千万種 善巧之語言 分別而說法 持法華經故

妙法蓮華經卷第六

BD03733號　妙法蓮華經（八卷本）卷六　（23–23）

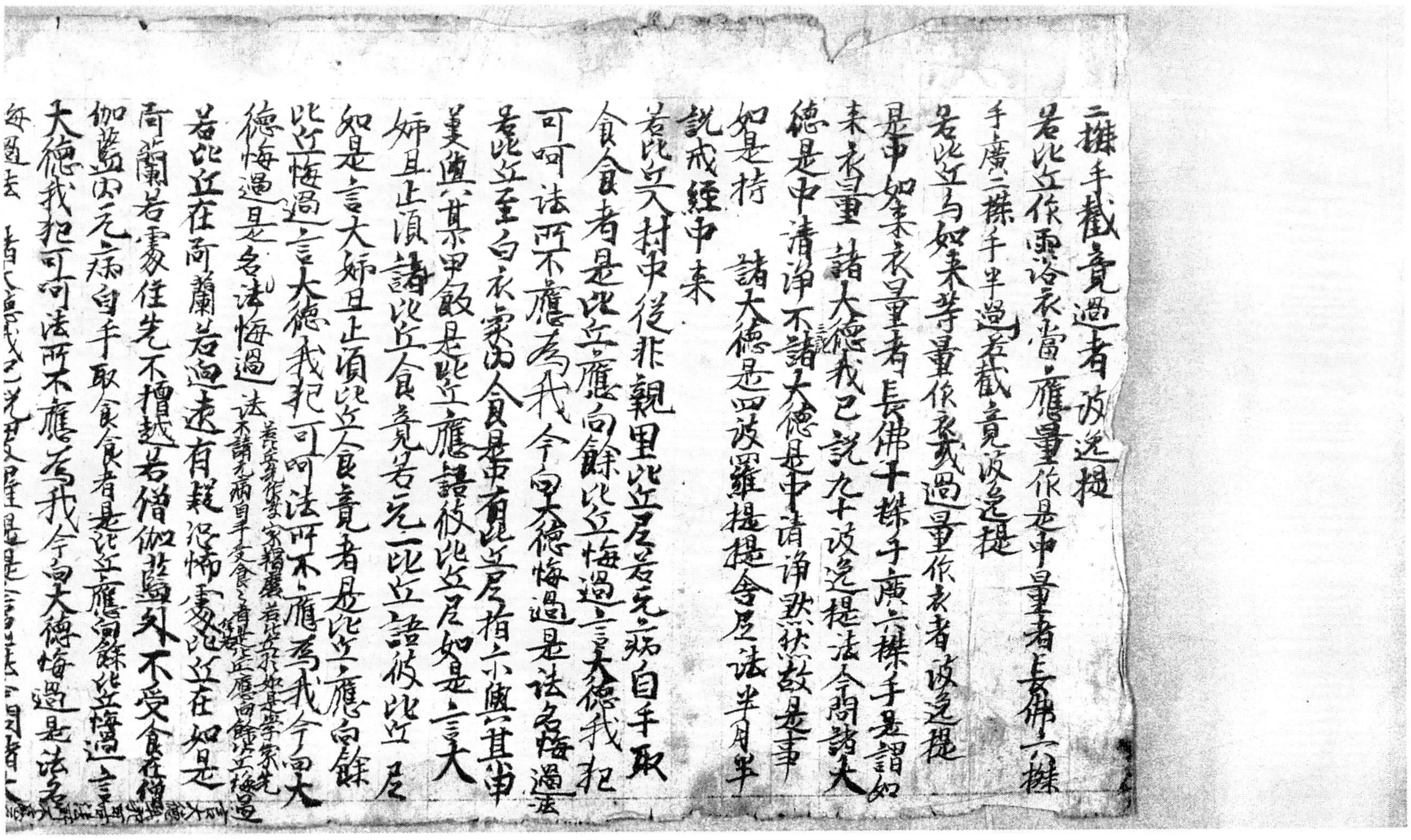

二搩手截竟過者波逸提
若比丘作雨浴衣當應量作是中量者長佛六搩
手廣二搩手半過者截竟波逸提
若比丘與如來等量作衣或過量作衣者波逸提
是中如來衣量者長佛十搩手廣六搩手是謂如
來衣量　諸大德我已說九十波逸提法今問諸大
德是中清淨不說諸大德是中清淨默然故是事
如是持　諸大德是四波羅提提舍尼法半月半
說戒經中來
若比丘入村中從非親里比丘尼若無病自手取
食食者是比丘應向餘比丘悔過言大德我犯
可呵法所不應為我今向大德悔過是法名悔過法
若比丘至白衣家內食是中有比丘尼指示與某甲
羹與某甲飯是比丘應語彼比丘尼如是言大
姊且止須諸比丘食竟若無一比丘語彼比丘尼
如是言大姊且止須比丘食竟者是比丘應向餘
比丘悔過言大德我犯可呵法所不應為我今向大
德悔過是名悔過法
若比丘在阿蘭若迥遠有疑恐怖處若比丘在如是
阿蘭若處住先不檀越若僧伽藍外不受食在僧
伽藍內無病自手取食食者是比丘應向餘比丘悔過言
大德我犯可呵法所不應為我今向大德悔過是法名
悔過法

BD03734 號　四分律比丘戒本　（8–1）

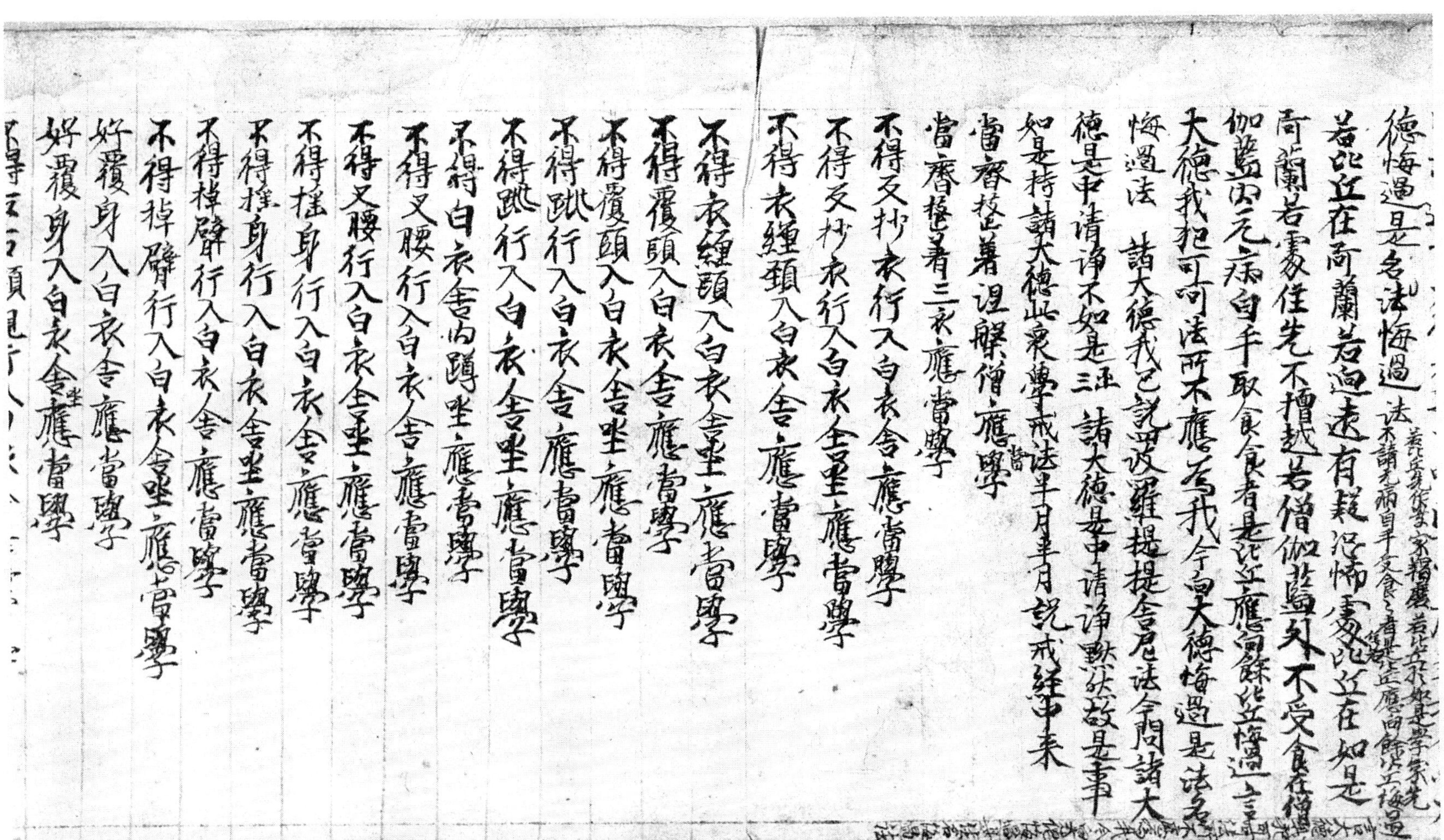

德悔過是名悔過法
若比丘在阿蘭若迥遠有疑恐怖處若比丘在如是
阿蘭若處住先不檀越若僧伽藍外不受食在僧
伽藍內無病自手取食食者是比丘應向餘比丘悔過言
大德我犯可呵法所不應為我今向大德悔過是法名
悔過法　諸大德我已說四波羅提提舍尼法今問諸大
德是中清淨不如是三　諸大德是中清淨默然故是事
如是持　諸大德此眾學戒法半月半月說戒經中來
當齊整著涅槃僧應當學
當齊整著三衣應當學
不得反抄衣行入白衣舍應當學
不得反抄衣入白衣舍坐應當學
不得衣纏頸入白衣舍應當學
不得衣纏頸入白衣舍坐應當學
不得覆頭入白衣舍應當學
不得覆頭入白衣舍坐應當學
不得跳行入白衣舍應當學
不得跳行入白衣舍坐應當學
不得白衣舍內蹲坐應當學
不得叉腰行入白衣舍應當學
不得叉腰入白衣舍坐應當學
不得搖身行入白衣舍應當學
不得搖身入白衣舍坐應當學
不得掉臂行入白衣舍應當學
不得掉臂入白衣舍坐應當學
好覆身入白衣舍應當學
好覆身入白衣舍坐應當學

BD03734 號　四分律比丘戒本　（8–2）

不得搖身行入白衣舍坐應當學
不得掉臂行入白衣舍應當學
不得掉臂行入白衣舍坐應當學
好覆身入白衣舍應當學
好覆身入白衣舍坐應當學
不得左右顧視行入白衣舍應當學
不得左右顧視行入白衣舍坐應當學
靜默入白衣舍應當學　靜默入白衣舍坐應當學
不得戲笑行入白衣舍應當學
不得戲笑行入白衣舍坐應當學
用意受食應當學　平鉢受食應當學
平鉢受羹應當學　羹飯等食應當學
以次食應當學　不得挑鉢中如食應當學
若比丘不得為己索羹飯應當學
不得以飯覆羹更望得應當學
不得視比坐鉢中食應當學
當繫鉢想食應當學　不得大摶飯食應當學
不得大張口待飯食應當學　不得含飯語應當學
不得摶飯遙擲口中應當學
不得遺落飯食應當學　不得頰食食應當學
不得齧飯作聲食應當學
不得大噏飯食應當學　不得舌舐食應當學
不得振手食應當學
不得手把散飯食應當學
不得污手捉飲器應當學
不得洗鉢水棄白衣舍內應當學
不得生草菜上大小便涕唾除病應當學
不得淨水中大小便涕唾除病應當學

BD03734 號　四分律比丘戒本　（8–3）

不得手把散飯食應當學
不得污手捉飲器應當學
不得洗鉢水棄白衣舍內應當學
不得生草菜上大小便涕唾除病應當學
不得淨水中大小便涕唾除病應當學
不得立大小便除病應當學
不得與反抄衣不恭敬人說法除病應當學
不得為衣纏頸者說法除病應當學
不得為覆頭者說法除病應當學
不得為裹頭者說法除病應當學
不得為叉腰者說法除病應當學
不得為著草屣者說法除病應當學
不得為著木屐者說法除病應當學
不得為騎乘者說法除病應當學
不得在佛塔中止宿除為守護故應當學
不得藏財物置佛塔中除為堅牢故應當學
不得著草屣入佛塔中應當學
不得手捉草屣入佛塔中應當學
不得著草屣繞佛塔行應當學
不得著覆羅入佛塔中應當學
不得手捉覆羅入佛塔中應當學
不得塔下坐食留草及食污地應當學
不得擔死屍從塔下過應當學
不得塔下埋死屍應當學
不得佛塔下燒死屍應當學
不得向佛塔燒死屍應當學
不得佛塔四邊燒死屍使臭氣來入應當學
不得持死人衣及床從塔下過除浣染香熏應當學

BD03734 號　四分律比丘戒本　（8–4）

不得塔下埋死屍應當學
不得向佛塔燒死屍應當學
不得佛塔四邊燒死屍使臭氣來入應當學
不得持死人衣及牀從塔下過除浣染香熏應當學
不得佛塔下大小便應當學
不得向佛塔大小便應當學
不得遶佛塔四邊大小便使臭氣來入應當學
不得持佛像至大小便處應當學
不得在佛塔下嚼楊枝應當學
不得向佛塔嚼楊枝應當學
不得在佛塔四邊嚼楊枝應當學
不得在佛塔下涕唾應當學
不得向佛塔涕唾應當學
不得佛塔四邊涕唾應當學
不得向塔舒脚坐應當學
不得安佛像在下房已在上房住應當學
人坐已立不得為說法除病應當學
人臥已坐不得為說法除病應當學
人在坐已在非坐不得為說法除病應當學
人在高坐已在下坐不得為說法除病應當學
人在前行已在後行不得為說法除病應當學
人在高經行處已在經行處不應為說法除病
學人在道已在非道不應為說法除病應當學
不得攜手在道行應當學
不得上樹過人頭除時因緣應當學
不得絡囊盛鉢貫杖頭著肩上而行應當學
人持杖不恭敬不應為說法除病應當學

BD03734 號　四分律比丘戒本　（8–5）

人在高經行處已在經行處不應為說法除病
學人在道已在非道不應為說法除病應當學
不得攜手在道行應當學
不得上樹過人頭除時因緣應當學
不得絡囊盛鉢貫杖頭著肩上而行應當學
人持杖不恭敬不應為說法除病應當學
人持劍不應為說法除病應當學
人持鉾不應為說法除病應當學
人持刀不應為說法除病應當學
人持蓋不應為說法除病應當學
大德我已說衆學戒法今問諸大德是中清淨不 如是三說
諸大德是中清淨默然故是事如是持
諸大德是七滅諍法半月半月說戒經中來
若比丘有諍事起即應除滅
應與現前毗尼當與現前毗尼
應與憶念毗尼當與憶念毗尼
應與不癡毗尼當與不癡毗尼
應與自言治當與自言治
應與覓罪相當與覓罪相
應與多人語當與多人語
應與如草覆地當與如草覆地
諸大德我已說七滅諍法今問諸大德是中清淨不 三說
諸大德是中清淨默然故是事如是持
諸大德我已說戒經序已說四波羅夷法已說十三僧伽
婆尸沙法已說二不定法已說三十尼薩耆波逸提法已
說九十波逸提法已說四波羅提提舍尼法已說衆學
戒法已說七滅諍法此是佛所說半月半月說戒經中來
若更有餘佛法是中皆共和合應當學
忍辱第一道佛說无為最出家惱他人不名為沙門此是

BD03734 號　四分律比丘戒本　（8–6）

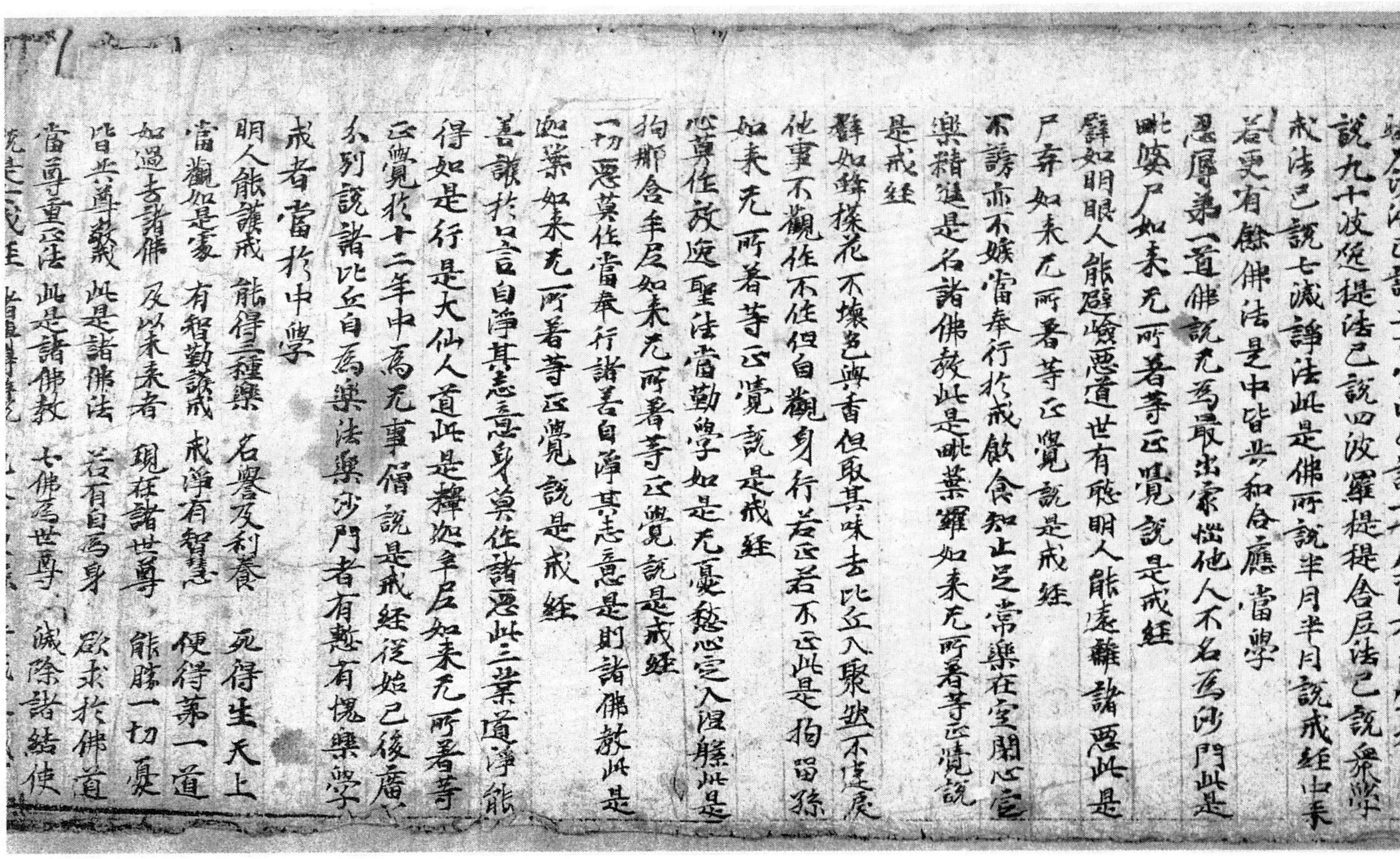

說九十波逸提法已說四波羅提提舍尼法已說眾學
戒法已說七滅諍法此是佛所說半月半月說戒經中來
若更有餘佛法是中皆共和合應當學
忍辱第一道佛說无為最出家惱他人不名為沙門此是
毗婆尸如来无所著等正覺說是戒經
譬如明眼人能避嶮惡道世有聰明人能遠離諸惡此是
尸棄如来无所著等正覺說是戒經
不謗亦不嫉當奉行於戒飲食知止足常樂在空閑心定
樂精進是名諸佛教此是毗葉羅如来无所著等正覺說
是戒經
譬如蜂採花不壞色與香但取其味去比丘入聚然不違戾
他事不觀作不作但自觀身行若正若不正此是拘留孫
如来无所著等正覺說是戒經
心莫作放逸聖法當勤學如是无憂愁心定入涅槃此是
拘那含牟尼如来无所著等正覺說是戒經
一切惡莫作當奉行諸善自淨其志意是則諸佛教此是
迦葉如来无所著等正覺說是戒經
善護於口言自淨其志意身莫作諸惡此三業道淨能
得如是行是大仙人道此是釋迦牟尼如来无所著等
正覺於十二年中為无事僧說是戒經從是已後廣
分別說諸比丘自為樂法樂沙門者有慚有愧樂學
戒者當於中學
明人能護戒 能得三種樂 名譽及利養 死得生天上
當觀如是處 有智勤護戒 戒淨有智慧 便得第一道
如過去諸佛 及以未来者 現在諸世尊 能勝一切憂
皆共尊敬戒 此是諸佛法 若有自為身 欲求於佛道
當尊重正法 此是諸佛教 七佛為世尊 滅除諸結使

BD03734 號　四分律比丘戒本　（8–7）

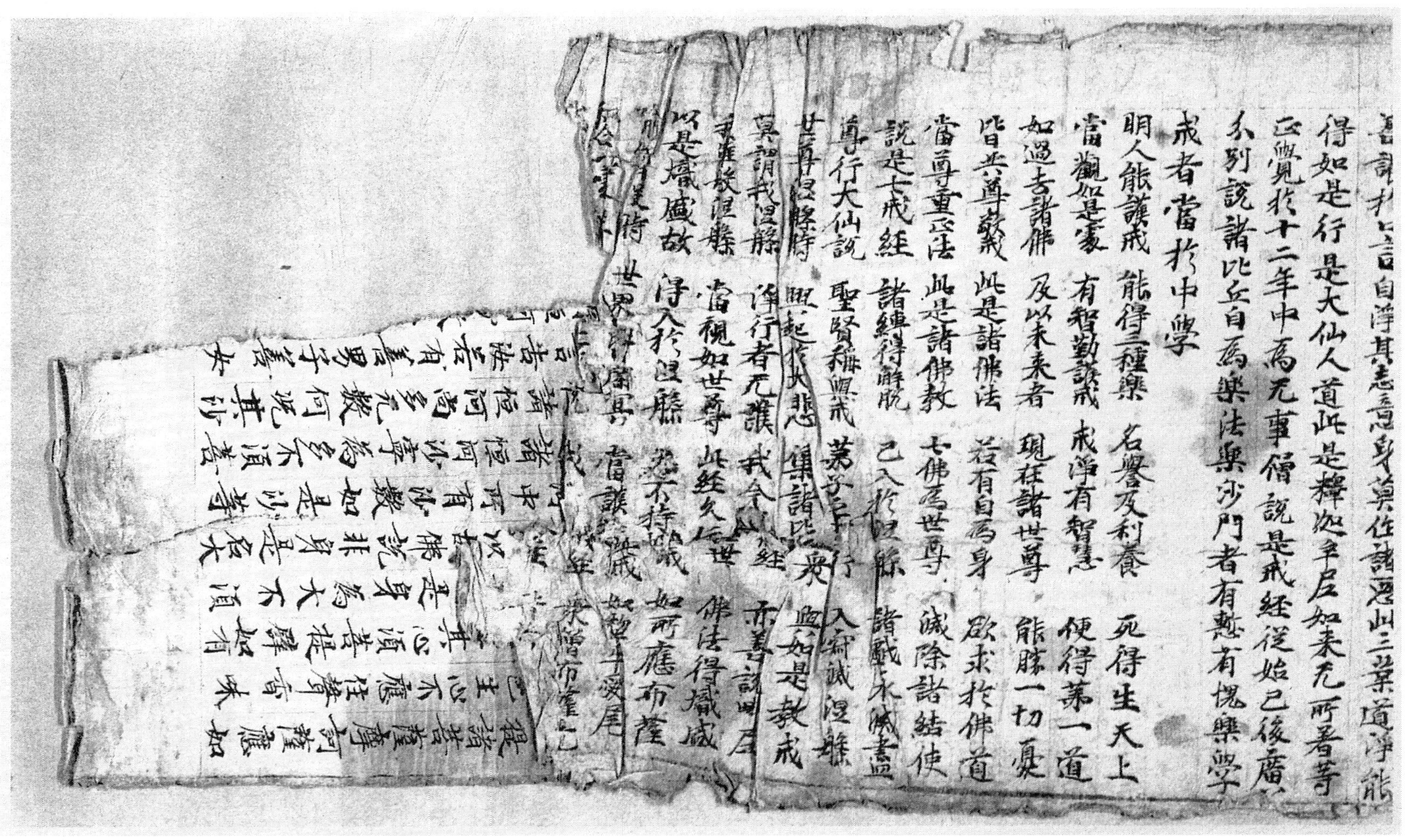

說是七戒經 諸縛得解脫 已入於涅槃 諸戲永滅盡
尊行大仙說 聖賢稱譽戒 弟子之所行 入寂滅涅槃
世尊涅槃時 興起於大悲 集諸比丘眾 與如是教戒
莫謂我涅槃 淨行者无護 我今說戒經 亦善說毗尼
我雖般涅槃 當視如世尊 此經久住世 佛法得熾盛
以是熾盛故 得入於涅槃 若不持此戒 如所應布薩

BD03734 號　四分律比丘戒本　（8–8）
BD03734 號背　金剛般若波羅蜜經

行廣塋合靈同益　帝遂留翻得之經還僧
梵本其僧得梵本将向西明寺訪得善梵
語漢僧順貞奏共翻譯帝随其請僧遂對
諸大德共貞翻譯譯訖僧将梵本向五臺山
入山於今不出今前後所翻兩本並流行於
代小小語有不同者幸勿恠焉至垂拱三年
定覺寺主僧志静因停在神都魏國東寺親
見日照三藏法師問其逗留一如上説志静
遂就三藏法師諮受神呪法師於是口宣梵
音經二七日句句委授具是梵音一无差失
仍更取舊翻梵本勘校所有脱錯悉皆改定其
呪初注云最後别翻者是也其呪句稍異於
杜令所翻者其新呪改定不錯并注其音訖
後有學者幸詳此焉至永昌元年八月於大敬
愛寺見西明寺上座澄法師問其逗留亦如
前説其翻經僧順貞見在西明寺此經救
拔幽顯最不可思議恐學者不知故具録委
曲以傳未悟

BD03735 號　佛頂尊勝陀羅尼經（佛陀波利本）序　（1–1）

佛説佛頂尊勝陁羅尼經
如是我聞一時薄伽梵在室羅筏住誓多林
給孤獨園與大苾芻衆千二百五十人俱又
與諸大菩薩僧万二千人俱
尒時三十三天於善法堂會有一天子名曰
善住與諸大天遊於園觀又與大天受勝尊
貴與諸天女前後圍繞歡喜遊戲種種音樂
共相娛樂受諸快樂
尒時善住天子即於夜分聞有聲言善住天
子却後七日命将欲盡命終之後生贍部洲
受七返畜生身即受地獄苦從地獄出希得
人身生於貧賤處於母胎即无兩目
尒時善住天子聞此聲已即大驚怖身毛皆
竪愁憂不樂速疾往詣天帝釋所悲啼號哭
惶怖无計頂礼帝釋二足尊已白帝釋言聽
我所説我與諸天女共相圍繞受諸快樂聞
有聲言善住天子却後七日命将欲盡命終
之後生贍部洲七返受畜生身受七身已即
墮諸地獄從地獄出希得人身生貧賤家而
无兩目天帝云何令我得免斯苦
尒時帝釋聞善住天子語已甚大驚愕即自

BD03736 號　佛頂尊勝陀羅尼經（佛陀波利本）　（10–1）

我所說我與諸天女共相圍繞受諸快樂
有聲言善住天子却後七日命將欲盡命終
之後生贍部洲七返受畜生身受七身已即
墮諸地獄從地獄出希得人身生貧賤家而
无兩目天帝云何令我得免斯苦
尒時帝釋聞善住天子語已甚大驚愕即自
思惟此善住天子受何七返惡道之身尒時
帝釋須臾靜住入定諦觀即見善住當受七
返惡道之身所謂豬狗野干獼猴蟒虵烏鷲
等身食諸穢惡不淨之物
尒時帝釋觀見善住天子當墮七返惡道
之身極助苦惱痛割於心諦思无計何所歸
依唯有如来應正等覺令其善住得免斯苦
尒時帝釋即於此日初夜分時以種種華鬘
塗香末香以妙天衣莊嚴執持往詣誓多林
園於世尊所到已頂礼佛足右繞七匝即於
佛前廣大供養佛前蹦跪而白佛言世尊善
住天子云何當受七返畜生惡道之身具如
上說
尒時如来頂上放種種光遍滿十方一切世
界已其光還来繞佛三匝從佛口入佛便微
咲告帝釋言天帝有陁羅尼名為如来佛尊
勝頂能淨一切惡道能淨除一切生死苦惱
又能淨除諸地獄閻羅王界畜生之苦又破
一切地獄能迴向善道天帝此佛頂尊勝陁
羅尼若有人聞一經於耳先世所造一切地

BD03736 號　佛頂尊勝陀羅尼經（佛陀波利本）　（10–2）

勝頂能淨一切惡道能淨除一切生死苦惱
又能淨除諸地獄閻羅王界畜生之苦又破
一切地獄能迴向善道天帝此佛頂尊勝陁
羅尼若有人聞一經於耳先世所造一切地
獄惡業皆悉消滅當得清淨之身隨所生處
憶持不忘從一佛剎至一佛剎從一天界至
一天界遍歷三十三天所生之處憶持不忘天
帝若人命欲將終須臾憶念此陁羅尼還得
增壽得身口意淨身无苦痛隨其福利隨處
安隱一切如来之所觀視一切天神恒常侍
衛為人所敬惡障消滅一切菩薩同心覆護
天帝若人能須臾讀誦此陁羅尼者此人所
有一切地獄畜生閻羅王界餓鬼之苦破壞
消滅无有遺餘諸佛剎土及諸天宮一切菩
薩所住之門无有障㝵隨意遊入
尒時帝釋白佛言世尊唯願如来為衆生說
增益壽命之法
尒時世尊知天帝釋意心之所念樂聞佛說
是陁羅尼即說呪曰
那謨薄伽跋帝一　啼隸路迦（吉耶反）　鉢囉底毗（上）
失瑟吒（引拆佉反下同）耶（二余何反下同）　勃陁（引）耶三　薄伽跋帝
四　怛姪他五　唵（引）六　毗輸駄耶七　三摩三漫多
縛婆娑八　娑發（善跋反）　囉拏揭底伽訶（上）那　娑（引）婆
縛（同上）　毗秫（輸律反下同）提九　阿鼻詵（去）者　蘇（上）揭多伐
析（吉列反下同）那十　阿蜜栗多毗曬（所界反）　雞（取爵反）聲（上）　阿（引下同）訶

BD03736 號　佛頂尊勝陀羅尼經（佛陀波利本）　（10–3）

四怛姪他五唵六引毗輸馱耶七三摩三漫多
縛婆娑八娑發普跋反囉拏揭底伽訶上那娑引婆
縛上同毗秫輸律反下同提九阿鼻詵去者蘇上揭多伐
析百列反下同那十阿蜜栗多毗矖所界反雞取蜀脊土阿引下同訶
上囉阿訶囉十二阿引瑜散陀羅尼十三輸馱耶
輸馱耶十四伽伽那毗秫提十五烏瑟尼沙毗逝
耶毗秫提十六娑訶娑囉喝囉濕珥珊珠地帝
十七薩引下同婆怛他揭多地瑟咤引那頻烏剔反地瑟
恥帝慕姪𠼝十八跋折囉迦引耶僧訶哆上那上
秫提十九薩婆伐囉拏毗秫提二十鉢囉底㑦伐
囉多耶阿瑜秫提廿一薩末耶阿地瑟恥帝廿二
末㑦摩末㑦廿三怛闥多部多俱胝鉢唎秫提
廿四毗薩普吒勃地秫提廿五逝耶逝耶廿六毗逝耶
毗逝耶廿七薩末囉薩末囉勃陀阿地瑟恥
多秫提廿八跋折喇跋折囉揭鞞廿九跋折藍婆
𤘽都三十麼麼甲某薩婆薩埵寫迦耶毗秫提三十一
薩婆揭底鉢唎秫提卅二薩婆怛他揭多三摩
濕婆娑阿地瑟恥帝卅三勃陀勃陀地耶反三十四蒲馱
耶蒲馱耶三漫多鉢唎秫提卅五薩婆怛他揭
多地瑟咤引那阿地瑟恥帝娑婆訶卅六
佛告帝釋言此呪名淨除一切惡道佛頂尊
勝陀羅尼能除一切罪業等障能破一切穢
惡道苦天帝此陀羅尼八十八殑伽沙俱胝
百千諸佛同共宣說隨喜受持大如來智印
印之為破一切眾生穢惡道義故為一切地

BD03736號　佛頂尊勝陀羅尼經（佛陀波利本）　（10–4）

佛告帝釋言此呪名淨除一切惡道佛頂尊
勝陀羅尼能除一切罪業等障能破一切穢
惡道苦天帝此陀羅尼八十八殑伽沙俱胝
百千諸佛同共宣說隨喜受持大如來智印
印之為破一切眾生穢惡道義故為一切地
獄畜生閻羅王界眾生得解脫故臨急苦難
墮生死海中眾生得解脫故短命薄福無救
護眾生樂造雜染惡業眾生故說又此陀羅
尼於贍部洲住持力故能令地獄惡道眾生
種種流轉生死薄福眾生不信善惡業失正
道眾生等得解脫義故
佛告天帝我說此陀羅尼付囑於汝汝當授
與善住天子復當受持讀誦思惟愛樂憶念
供養於贍部洲一切眾生廣為宣說此陀羅
尼亦為一切諸天子故說此陀羅尼印付囑
於汝天帝汝當善持守護勿令忘失天帝若
人須臾得聞此陀羅尼千劫已來積造惡業
重障受種種流轉生死地獄餓鬼畜生閻羅
王界阿脩羅身夜叉羅剎鬼神布單那羯
吒布單那阿波娑摩囉蚊虻龜狗蟒蛇一切
諸鳥及諸猛獸一切蠢動含靈乃至蟻子之
身更不重受即得轉生諸佛如來一生補處
菩薩同會處生或得大姓婆羅門家生或得
大剎利種家生或得豪貴最勝家生天帝此
人得如上貴處生者皆由聞此陀羅尼故轉

BD03736號　佛頂尊勝陀羅尼經（佛陀波利本）　（10–5）

訖[illegible]
身更不重受即得轉生諸佛如來一生補處
菩薩同會處生或得大姓婆羅門家生或得
大刹利種家生或得豪貴最勝家生天帝此
人得如上貴處生者皆由聞此陀羅尼故轉
所生處皆得清淨天帝乃至得到菩提道場
最勝之處皆由讚美此陀羅尼功德如是
天帝此陀羅尼名為吉祥能淨一切惡道此
佛頂尊勝陀羅尼猶如日藏摩尼之寶淨无
瑕穢淨等虛空光焰照徹无不周遍若諸衆
生持此陀羅尼亦復如是亦如閻浮檀金明
淨柔耎令人喜見不為穢惡之所染著天帝
若有衆生持此陀羅尼亦復如是乘斯善淨
得生善道天帝此陀羅尼所在之處若能書
寫流通受持讀誦聽聞供養能如是者一切
惡道皆得清淨一切地獄苦惱皆消滅
佛告天帝若人能書寫此陀羅尼安高幢上
或安高山或安高樓上乃至安置窣堵波中
天帝若有苾芻苾芻尼優婆塞優婆夷族姓
男族姓女於幢等上或見或與相近其影映
身或風吹陀羅尼上幢等上塵落在身上天
帝彼諸衆生所有罪業應墮惡道地獄畜生
閻羅王界餓鬼界阿脩羅身惡道之苦皆悉
不受亦不為罪垢染汙天帝此等衆生為一
切諸佛之所授記皆得不退轉於阿耨多羅
三藐三菩提心

BD03736號　佛頂尊勝陀羅尼經（佛陀波利本）　（10–6）

舍
帝彼諸衆生所有罪業應墮惡道地獄畜生
閻羅王界餓鬼界阿脩羅身惡道之苦皆悉
不受亦不為罪垢染汙天帝此等衆生為一
切諸佛之所授記皆得不退轉於阿耨多羅
三藐三菩提心
天帝何況更以多諸供具華鬘塗香末香幢
幡蓋等衣服瓔珞作諸莊嚴於四衢道造窣
堵波安置陀羅尼合掌恭敬旋繞行道歸依
礼拜天帝彼人能如是供養者名摩訶薩埵
真是佛子持法棟梁又是如來全身舍利窣
堵波塔
尒時閻摩羅法王於時夜分來詣佛所到已
以種種天衣妙華塗香莊嚴供養佛已繞佛
七迊頂礼佛足而作是言我聞如來演說讚
持大力陀羅尼故來脩學若有受持讀誦是
陀羅尼者我常隨逐守護不令持者墮於地
獄以彼隨順如來言教而護念之
尒時護世四天大王繞佛三迊白佛言世尊
唯願如來為我廣說持陀羅尼法
尒時佛告四天大王汝今諦聽我當為汝宣
說受持此陀羅尼法亦為短命諸衆生說當
先洗浴著新淨衣白月圓滿十五日時持齋
誦此陀羅尼滿其千遍令短命衆生還得增
壽永離病苦一切業障悉皆消滅一切地獄
諸苦亦得解脫諸飛鳥畜生含靈之類聞此

BD03736號　佛頂尊勝陀羅尼經（佛陀波利本）　（10–7）

先洗浴著新淨衣白月圓滿十五日時持齋
誦此陁羅尼滿其千遍令短命衆生還得增
壽永離病苦一切業障悉皆消滅一切地獄
諸苦亦得解脫諸飛鳥畜生含靈之類聞此
陁羅尼一經於耳盡此一身更不復受
佛言若遇大惡病聞陁羅尼即得永離一切
諸病亦得消滅應墮諸惡道亦得除斷即得
往生極樂世界從此身已後更不受胞胎之身
所生之處蓮華化生一切生處憶持不忘常
識宿命
佛言若人先造一切極重罪業遂即命終種
斯惡業應墮地獄或墮畜生閻羅王界或墮
餓鬼乃至墮大阿鼻地獄或生水中或生禽
獸異類之身取其亡者隨身分骨以土一把
誦此陁羅尼二十一遍散亡者骨上即得生
天佛言若人能日日誦此陁羅尼二十一遍
應消一切世間廣大供養捨身往生極樂世
界若常誦念得大涅槃復增壽命受勝快樂
捨此身已即得往生種種微妙諸佛剎土常
與諸佛俱會一處一切如來恒爲演說微妙
之義一切世尊即授其記身光照耀一切佛
剎佛言若誦此陁羅尼法於其佛前先取淨
土作壇隨其大小方四角作以種種草華散
於壇上燒衆名香右膝著地胡跪心常念佛
作慕陁羅印屈其頭指以大母指押合掌當

BD03736號　佛頂尊勝陀羅尼經（佛陀波利本）　（10–8）

剎佛言若誦此陁羅尼法於其佛前先取淨
土作壇隨其大小方四角作以種種草華散
於壇上燒衆名香右膝著地胡跪心常念佛
作慕陁羅印屈其頭指以大母指押合掌當
其心上誦此陁羅尼一百八遍訖於其壇中
如雲王雨華能遍供養八十八俱胝殑伽沙
那庾多百千諸佛彼佛世尊咸共讚言善
哉善哉希有真是佛子即得无障㝵智三昧
得大菩提心莊嚴三昧持此陁羅尼法應如是
佛言天帝我以此方便一切衆生應墮地獄
道令得解脫一切惡道亦得清淨復令持者
增益壽命天帝汝去將我陁羅尼授與善住
天子滿其七日汝與善住天子俱來見我
尒時天帝於世尊所受此陁羅尼法奉持還
於本天授與善住天子
尒時善住天子受此陁羅尼已滿六日六夜
依法受持一切願滿應受一切惡道等苦即
得解脫住菩提道增壽无量甚大歡喜高聲
歎言希有如來希有妙法希有明驗甚爲
難得令我解脫
尒時帝釋至第七日與善住天子將諸天
衆嚴持華鬘塗香末香寶幢幡蓋天衣瓔
珞微妙莊嚴往詣佛所設大供養以妙天衣及
諸瓔珞供養世尊遶百千匝於佛前立踊躍
歡喜而坐聽法

BD03736號　佛頂尊勝陀羅尼經（佛陀波利本）　（10–9）

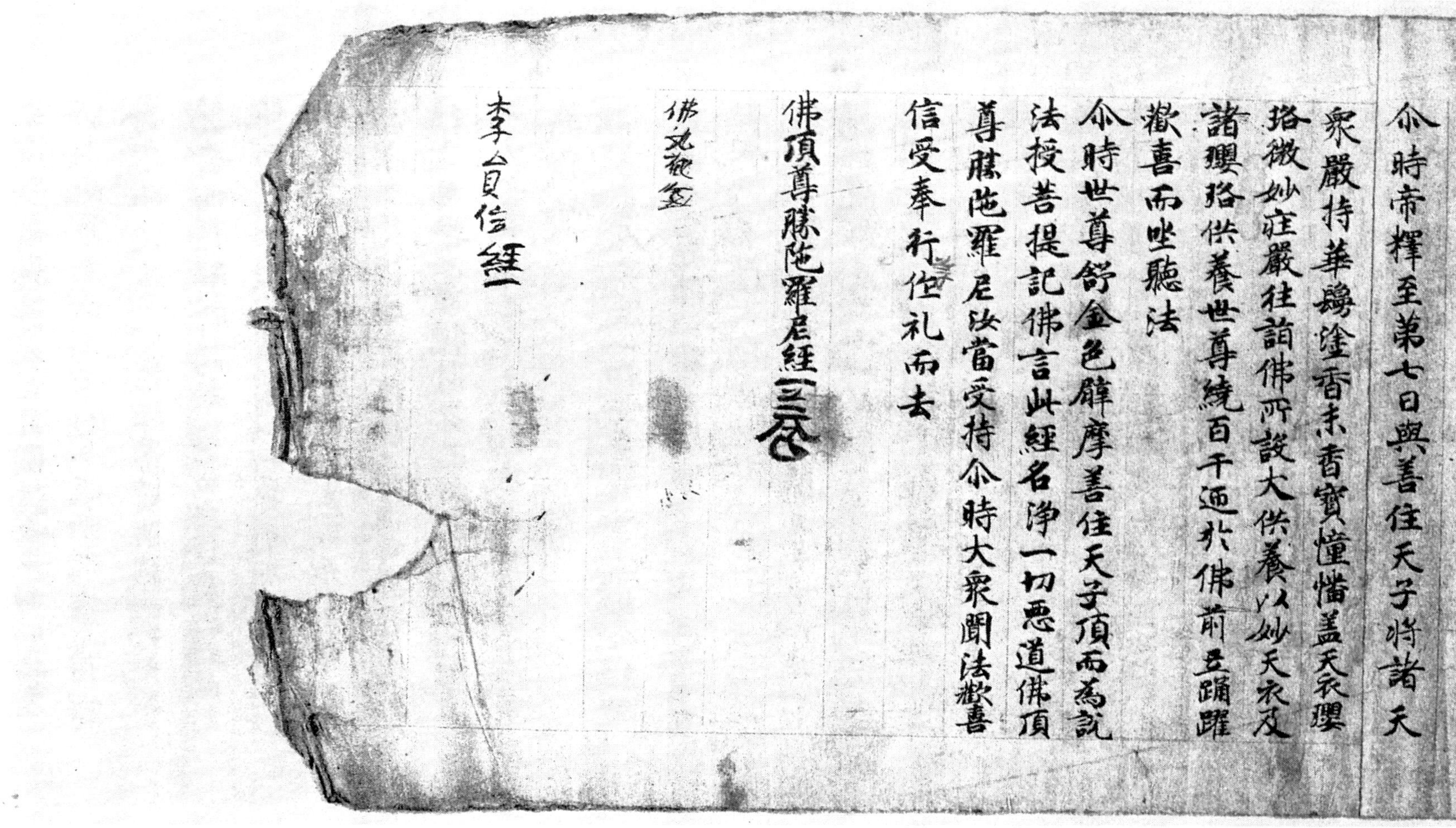
尒時帝釋至第七日與善住天子將諸天
衆嚴持華鬘塗香末香寶幢幡蓋天衣瓔
珞微妙莊嚴往詣佛所設大供養以妙天衣及
諸瓔珞供養世尊繞百千匝於佛前立踊躍
歡喜而坐聽法
尒時世尊舒金色臂摩善住天子頂而為說
法授菩提記佛言此經名淨一切惡道佛頂
尊勝陀羅尼汝當受持尒時大衆聞法歡喜
信受奉行作礼而去
佛頂尊勝陀羅尼經一卷
佛丸瓶盆
李員信經

BD03736號　佛頂尊勝陀羅尼經（佛陀波利本）　　（10–10）

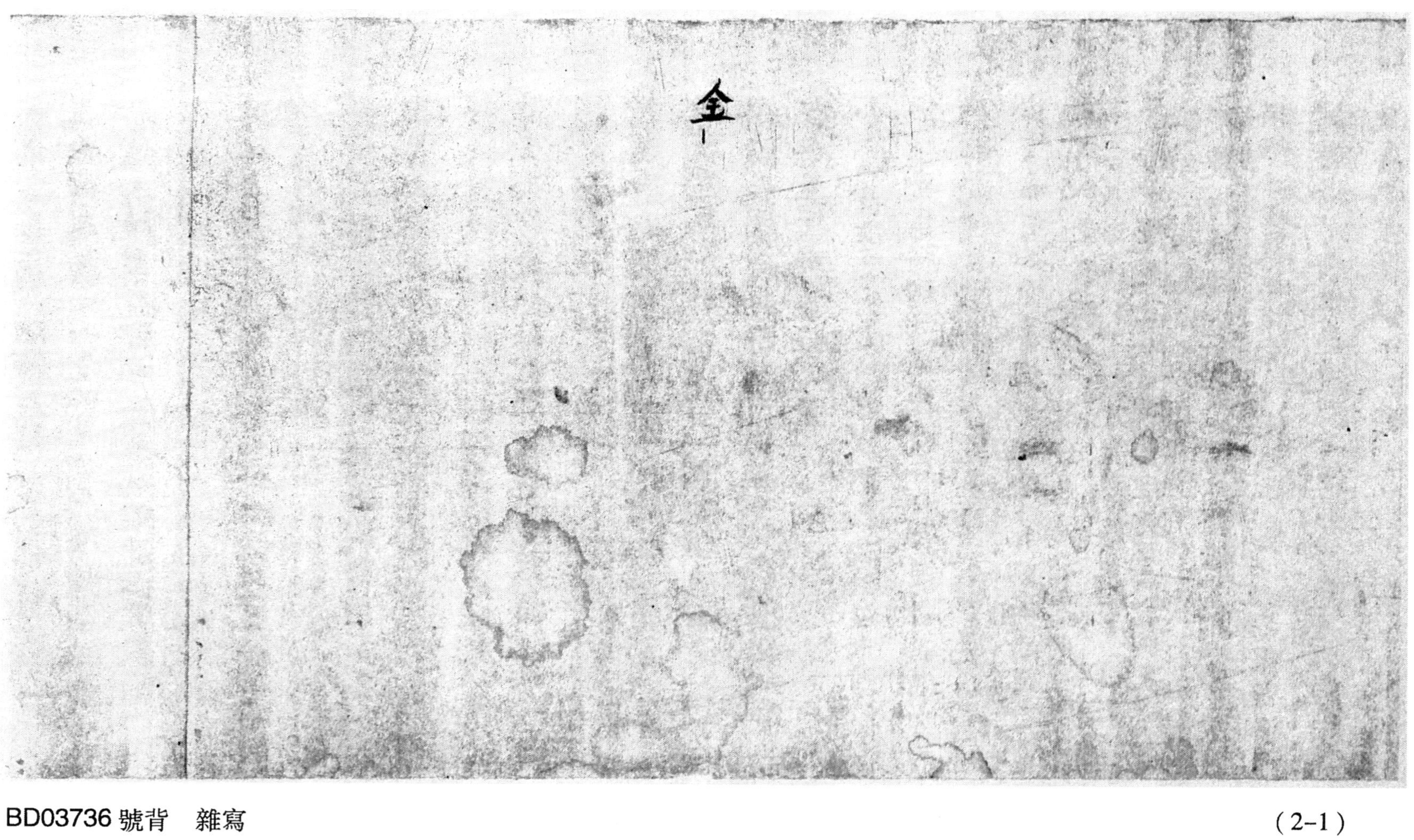
金

BD03736號背　雜寫　　（2–1）

BD03736 號背　雜寫　　（2–2）

比丘含注戒本序　　　　太一山沙門釋道宣述

四分戒本者盖是萬行之通衢引三乘之正軌也自佛王利見知
濟在緣程上聖之棲遑悼凡小之沉溺故能闢不諱之門示秘密
深術張無閡之說顯初學之津塗遂靜處而興教頒集衆而宣
玄軌前明由序廣陳發致之功後列大宗威羅機欲所被約
時敷演通行於是衆遵令樂等聞正法由茲久住但以
時来不競情變所流經陳寧釁之徵律飾分枝之喻致
使教隨文結理任情移雲飛二部五部之殊山張十八五
百之異取其原始所被無非計情窮其要會之心俱通道
業逮乎曹魏之末戒本創傳終其於隨運之初蔓改者衆
或依梵本或寫繁文或以義求或以緣據撰校諸說成務
蒙然濫因前脩繁昏後學梵本則文旨乖牙方言未融准
律則得在宗歸失於辯相義求雖有探會未静論端緣據
似是具周必存別見原夫正戒之禁唯佛制開　咸然但
知祇奉改律論所述成宗本經自餘位班曾未抑度叙緦諸
見師心者多考定昔緣良所未可服膺以戒本繁略隱義局
文用則失儀稽則非據若不顯相人難依具余少仰玄風志隆
清軌昔在帝京周流講肆伏膺請業載紀相尋何嘗不執卷
臨文慨斯蘊結遂以大唐貞觀初年庚寅之歲薄遊巖瀆
廣謀律宗但見誦語紛綸未思知遠高談有務事用無施

見聞心者多是違言緣叢所未可聽今以所非兼略隱集唐
文用則失儀捨則非穢若不顯相人難依具余少仰玄風志隆
請䩉昔在帝京周流講肆伏膺請業載紀相尋何嘗不執卷
臨文慨斯蘊結遂大唐以貞觀初年庚寅之歲薄遊巖瀆
廣評律宗但見誦語紛綸未思知遠高談有務事用無施
纔羅七五之名妄居一字之首旦述行藏之要寧開決正
之心間以戒律廢興妙傳疏解約之情通本稜無文可依
自有博學生知行名雙顯而神用莫窺情取天求余意之
所未安義當依法為定則諍論自弭何嫌繁詞今試敢依律
本具録正經仍從佛解即為注述文惟一卷同昔所傳持(把)而
明令便異啟庶令初後兼學愚智齊遵庶知則具三種持
律精練則是一師天化以斯用求成濟為穩文以戒名緣
起妄説非無若不鏡曉終歸虛託故薗戒類引刪要補之
得夫顯相通須輕重昭現之以潤身光德之以護法住時臨
文無取謬於文思義則不資他義豈直自臨無漏亦將兼濟
有緣敢輒筆記序之云尒　戒本含注一卷
戒本含注一卷　出曇無德（唐言法護）部律
稽首禮諸佛　及法比丘僧　今演毗尼法　令正法久住　戒如海無涯　如寶求无猒
欲護聖法財　衆集聽我説　欲除四棄法　及滅僧殘法　障三十捨墮　衆集聽我説
毗婆尸式棄　毗舍拘留孫　俱那含牟尼　迦葉釋迦文　諸世尊大德　為我説是事
我今欲善説　諸賢咸共聽　譬如人毀足　不堪有所涉　毀戒亦如是　不得生天人
欲得生天上　若生人間者　常當護戒足　勿令有毀損　如御入險道　失轄折軸憂
毀戒亦如是　死時懷恐懼　如人自照鏡　好醜生忻戚　説戒亦如是　全毀生憂喜
如兩陣共　勇怯有進退　説戒亦如是　淨穢生安畏　世間王為最　衆流海為最
衆星月為最　衆聖佛為最　一切衆律中　戒經為上最　如來立禁戒　半月半月説
和合（佛言有二種和合一應來者來二應与欲者与欲三現[illegible]）僧集會（佛言若一比丘於布薩日應偏讚[illegible]）

得生天上 若生人間者 常當護戒足 [illegible]
毀戒亦如是 死時懷恐懼 如人自照鏡 好醜生欣戚 說戒亦如是 全毀生憂喜
如兩陣共戰 勇怯有進退 說戒亦如是 淨穢生安畏 世間王為最 眾流海為最
眾星月為最 眾聖佛為最 一切眾律中 戒經為上最 如來立禁戒 半月半月說
和合 佛言有二種和合 一應來者來 二應与欲者与欲 三現前得訶人不訶是也 又上三種是名別眾不和合 僧集會 佛言若一比丘於布薩日應掃灑堂 塗地然燈火 具舍羅并請眾具 以待
客比丘 若有一二比丘來 當三語說戒 若三人並集一人說欲者 是名別眾不成說戒 若得四人應作白然
後說戒 不得受第四人欲 更互說戒 名法別眾 若自說戒 是名非法別眾 若四人已上 如法受欲
未受大戒者出 佛言應令未受戒人至眼不見耳不聞處 亦不應在白衣前說戒 應遣去 若自至不見不聞處亦得 不來諸比丘 說欲及清
淨 時說戒日有病比丘不來 佛言應与欲 若有佛法僧事 病比丘事 看病比丘事 應与欲 有五種与
欲 若言我說欲 若言与欲 若現身相 若廣說 並成与欲 若不現身相不口說者 不成与欲 應更与
欲 若不得欲与清淨 別說一時合說 作如是言 某甲比丘如法僧事与欲清淨 彼欲者不解受之 信言
若能憶姓相名類者 隨意多少 若多者但言我受眾多比丘欲清淨亦得 若受欲者受欲已 便命若出
界去 若与外道眾 若入別部眾 若至界場上 若明相出 若言罪自言犯比丘尼 自言是賊住 若破內外道
若黃門 若殺父 若殺母 若殺阿羅漢 若惡心出佛身血 若破和合僧 若是非人 若是畜生 若是二形 若是
不見擧 不懺悔擧 說欲不障道擧 若滅擯 若應滅擯 若在空隱沒者 離見聞處 如是等並不名成与欲 若
至中道 若在僧中 亦尒 應与餘者欲 若持欲比丘自有事起不及 僧聽轉与餘比丘 言我某甲受眾多
比丘欲清淨 彼及我身如法僧事与欲清淨 佛言欲者 若睡眠 若入定 若忘 若不故作 並成 若故不說 突
吉羅 若病重者 應擧至僧中 若恐病者增動 應僧就病者所 若出界說戒 以更無方別眾羯磨說戒 若受欲比丘持欲至僧
所中道逢難 走出界外 持欲來
者得成說戒羯磨 餘如律本 誰遣比丘尼來受 佛言若有者即應起自言比丘尼僧和合礼比丘
僧足 廣如那補羯磨中 若無來者 答云無尼請教
也 教 僧今和合何所作為 彼答言 說戒羯磨 佛言若說戒日不得在房比坐相捻 來不來者應先
自已然後說戒 若處比丘言先不誦戒 有長者不成
說戒 當依能誦戒者 比丘五夏當誦使利 若比丘學誦戒 房乃至餘法 遲至本處次第說之 大德
不應重誦 若不得者 但說法誦經 從坐而起 不者如法治
僧聽 今十五日眾僧說戒 若僧時到 僧忍聽 和合說戒 白如是 佛言當隨王者 若十四日 若十五日 應作
數人法 若黑若白 各有十五 隨月稱之 若得四人應作此白 三人以下當三語說戒 諸大德 我今欲說波羅提木叉 佛言雖受戒者未得聞戒 不知何學
聽集一處和合說之 波羅提木叉者 戒也 自稱得成 儀住處行根面首 集眾善法 三昧成就 當結當說 當發起演布開現 反覆分別 諸比丘共集一處 尒時說戒日 迦賓菟比丘
在異住處 念言 說戒者清淨也 我常第一清淨 便不往赴 世尊在說戒眾中坐 不見迦賓菟 便以神
力於座處沒 在其前踊出 以彼所念呵 勅令至僧中 不得棄捐是往 應步往也 佛言若說戒日有比
丘在界場上 見相便來 而不見應喚 盡集一處 同共說戒 乃至答 汝等諦聽 善思念之 佛言端意專心聽法 若自知有犯者
即應自懺悔 佛言若說戒日一切僧犯罪 當詣比丘寺中往清淨比丘所懺悔已 還至住處餘比丘 二人從其懺悔 若無者當待客比丘 若無來者 應作白己 當懺悔然後白說戒 疑罪同
犯亦如是 佛言若有犯者不得聞戒 不得向有犯者說戒 不得向有犯者懺悔 有犯者不得受他懺罪 是名二種智人 不犯者嘿然 嘿然者 知諸大德
清淨 佛言忍者嘿然 不忍者說 若眾中有犯罪者不自見犯 諸比丘或言偷蘭遮者 佛言不得強逼 僧應說戒 若有他問者 亦如是答 佛言如二比丘
相問答不隱藏 如是比丘在於眾中 乃至三問 憶念有罪不懺悔者 得故妄語罪 故妄
語者 佛說障道法 僧說戒時嘿妄語者 突吉羅 鄣道者 鄣禪鄣果 若彼比丘憶念有罪 欲求清淨者 應懺
[illegible] 佛言以清淨戒學故得清淨 [illegible]

BD03737 號 2　四分律比丘含注戒本卷上　（8–3）

向有犯者懺悔有犯者不得受他懺罪是名二相……
清淨佛言忍者嘿然不忍者說若衆中有犯罪者不自見犯諸比丘或言偷蘭遮者佛言不得強逼僧應說戒若有他問者亦如是答佛言如二比丘
相問答不隱蔽如是比丘在於衆中乃至三問憶念有罪不懺悔者得故忘語罪故忘
語者佛說障道法僧說戒時嘿忘語者得吉羅鄣道者鄣禪鄣果若彼比丘憶念有罪欲求清淨者應懺
悔懺悔得安樂佛言以清淨戒學故得清淨安意名得禪果為安樂也諸大德我已說戒經序今問諸大德是
中清淨不如是三問諸大德是中清淨嘿然故是事如是持諸大德是四波羅夷
法半月半月說戒經中來舊比丘來僧伽藍內及相見問疑廣作句如律若不得謂無同界者羯磨說戒不成而無犯異界者成而無犯若見聞疑而求嚫戒
不成如上並犯突吉羅若呪咀罵詈者偷蘭遮時六群比丘不往說戒處往界及至有比丘處無比丘處有比丘處佛言應往不往如法治婬戒緣爾時世尊在毗舍離時迦蘭陀村須提那子持
信出家後還本村其母以財勸令捨道至三不從以婦往勸便言我能後行不淨常懷憂愁諸比丘呵責
已往白世尊集諸比丘知時儀合問取自言種種呵責已告諸比丘當為結戒集十句義一攝取於僧
二令僧歡喜三令僧安樂四令未信者信五已信者令增長六難調順者令調順七
慚愧者安樂八斷現在有漏九斷未來有漏十正法久住故便制此戒便有結如常說若比丘佛言若比丘者
名字比丘相似比丘自稱比丘乞求比丘著割截衣比丘破結使比丘善來比丘受大戒白四羯磨如法
成就得處所比丘是中比丘若受大戒白四羯磨如法成就得處所住比丘法中是謂比丘義
共比丘若餘比丘受大戒白四羯磨如法成就得處所比丘法中是其止比丘義同戒我為諸弟子結戒寧死不犯是之中共餘比丘一戒等戒等戒是同戒若不
還戒若自厭離心亂痛惱癡聾又向如是人前捨戒或中國邊地人牙捨不靜靜想捨或戲咲捨若天龍神鬼若睡眠若死人若無知人若不自語若前人不解如是等不名捨若言我
捨佛法和尚戒律學事若言受居家法作淨人優婆塞沙彌外道若復毀佛法僧乃至學事讚歎家業如是了說是名捨戒戒羸不自悔佛言若有餘比丘不樂淨行聽
捨戒還家若復欲出家修淨行應度出家受大戒或有戒羸不捨戒若愁憂不樂梵行常懷慚愧厭
比丘法意樂在家欲便言我念父母婦兒園田家業乃至非沙門釋子是謂戒羸不捨戒何者戒
羸而捨戒若愚癡言我欲捨戒便即捨戒故犯不淨行是婬欲法也從道入道從道入非道若限齊盡入若以婬心乃至入如毛頭波羅夷方便而不入偷蘭遮
乃至共畜生可行婬處者是也是中比丘以婬意向人非人畜生男女三處二處行不淨初入便犯有隔無隔四句亦亦若睡眠若死未壞多未壞亦尓若為惡衆強捉比丘
道中行不淨將至女人令入三處三時中隨一時受樂者犯有隔無隔亦尓若死半壞乃至男女子亦尓
乃至死未多未壞亦尓若為惡衆強捉比丘道中行不淨隨三時中受樂者犯乃至有隔無隔亦尓若
屍半壞乃至骨間榑埋等中犯偷蘭遮若道作道想若道疑若道非道想一切波羅夷或又摩那沙彌尼突吉羅非道道想及疑偷蘭遮是比丘波羅夷
辟如斷人頭不可復起比丘亦復如是犯此法者不復成比丘故名也比丘尼波羅夷或又
摩那沙彌沙彌尼突吉羅滅擯不犯者若睡眠無所覺知不受樂一切無有婬意癡狂心亂痛惱不共住
有二不共住同一羯磨同一說戒不得於是二事中住故二盜戒緣爾時佛在羅閱城耆闍崛山有檀尼迦比丘在閑靜處止一草屋後為人將作薪持去便作念成亦
色及屋為佛呵責勅諸比丘打破便至王守林人所詐宣王勅取要材持去為王臣人民比丘呵責世尊曰呵制戒若比丘比丘義如上若在村
落村有四種一者周迊垣墻二者柵籬三者籬墻不周四者四周有屋若閑靜處村外閑靜地是也處有多若地地上處若乘處若擔若虛空若上若村若阿蘭若處
若田若處所若船若水處若私度關塞不輸稅若取地寄信物若取水若楊枝若園樹菓草
木無足衆生若二足四足多足若同財若要若同若守若邏要道等是也
不與物他不捨也若他物想他護想有主想非己物非暫用非同意故盜心取賊心取也有五種黑闇心耶心曲戾心恐怖心常有盜物心又五種取決定取恐怯取寄物取見便
便取倚託取或求覓[illegible]王法若取五錢若直五錢[illegible]得自在[illegible]

色凡屋為佛呵責勑諸比丘打破便至王守林人所詐宣王勑取要材持去為王臣人民比丘呵責世尊因呵制戒 若比丘 比丘義如上 若在村
落 村有四種一者周匝垣牆二者周匝籬柵三者籬牆不周四者四周有屋 若閑靜處 村外閑靜地是也處有多若地地上處若乘處若擔若虛空若上若村若阿蘭若處
若田若處所若船若水處若私度關塞不輸稅若取地寄信物若取水若楊枝若園樹藥草木無足衆生若二足四足多足若同財若要若守若邏要道等是也
不与物 他不捨也若他物想他護想有主想非己物非暫用非同意故 盜心取 賊心取也有五種黑闇心耶心曲戾心恐懼心常有盜物心又五種取決定取恐怯取寄物取見便
便取倚託取或依親厚強力若以言辭辯說誑或而取 隨不与取法 王法若取五錢若直五錢物應死佛隨王法制 若為王 得自在不屬人 大臣 種種大臣輔佐王也
所捉若殺若縛若驅出國汝是賊汝癡汝無所知是比丘波羅夷 若方便教人求五錢得者犯減五
錢偷蘭遮若能教所教不相應方犯有主想取五錢若過者犯重有主疑偷蘭遮無主有主想若疑一切偷蘭遮若減五錢相當心境偷蘭遮不當者突吉羅下四如前犯不犯者与想取已有想糞掃想
暫取親厚意是乞也 不共住 如上說 殺人戒緣 佛在毗舍離与諸比丘說不淨觀彼習定覺猒患身命嘆死勸死讚死有難提比丘受雇衣鉢便斷他命故魔惑已自殺
六十人為諸居士譏嫌佛以事便說數息觀已諸比丘修獲果證佛如前呵已制戒 若比丘故自手斷 殺者若自殺若教他殺若遣使殺若重使殺若展轉使殺若求
男子殺若教人求男子殺若求持刀人殺若口說若身現相身口俱現相若遣書若教遣書若坑陷若倚發若与藥若安殺具之也 人命 從初識至後識而斷其命 持刀与
人嘆譽死快勸死咄男子用此惡活為寧死不生作如是心思
惟種種方便嘆譽死快勸死是比丘波羅夷 若比丘如上殺法及餘方便死者犯重方便不死偷
蘭若天龍神鬼畜生中有解人語者若有變形者方便求殺者偷蘭遮不能變形者吉羅下四種如前說不犯者若悞若扶病人無害心而死者 不共住
大妄語戒緣 佛遊毗舍離時世穀貴乞食難得諸僧告言當隨同便親友安居諸在婆求河邊安居者便共稱言讚得上人法諸信居士減食分施与安居竟稱衣
持鉢往至佛所為聖慰問二衆發覺呵制 若比丘實無所知 謂實無如見法 自稱言 自稱說有信戒施聞智慧辯 上
人法 人法者人陰人界人入上人法者諸法出要成就若得善果自言念在身若正憶念若持戒若少欲若不放逸若精進若得定若正受若有道若脩若有慧若見 我已
入聖智勝法我知是我見是彼於異時若問若不問欲自清淨故作是
說我實不知不見言知言見虛誑妄語除增上慢 時有比丘慢心自為得道後便真證諸比丘
白佛佛言增上慢人不犯 是比丘波羅夷 若如是虛而向人說前人知者偷蘭遮若是手印遣使若書若作知相者亦尒若不能變形畜生向人說得突吉羅若
實得道向人不同意比丘說突吉羅下四衆如前說不犯者增上慢業報得不言我得戲咲說疾疾說屏處說欲說血錯說彼 不共住諸大德我已說四
波羅夷法若比丘犯一一波羅夷法不得与諸比丘共住如前後亦如是是
比丘得波羅夷不應共住今問諸大德是中清淨不 如是三說 諸大德是中清
淨默然故是事如是持 諸大德是十三僧伽婆尸沙法從半月半月
說戒經中來 故弄陰出不淨戒緣 佛遊舍衛城時有迦留陀夷比丘欲意熾盛身色瘦悴獨處一房好床褥被地施設
具飲食豐足隨念弄失諸根悅豫顏色光澤諸比丘舉過白佛佛便無數呵責已制此戒也 若比丘故弄 實心故作 陰 前境有六若於內色若於外色

BD03737號2　四分律比丘含注戒本卷上　　（8–5）

波羅夷法若比丘犯一一波羅夷法不得與諸比丘共住如前後亦如是是
比丘得波羅罪不應共住今問諸大德是中清淨不如是三說諸大德是中清
淨默然故是事如是持　諸大德是十三僧伽婆尸沙法半月半月
說戒經中來　故弄陰出不淨戒緣　佛遊舍衛城時有迦留陀夷比丘欲意熾盛身色瘦悴獨處一房好床蓐被地施敷
具飲食豊足隨念弄失諸根悅豫顏色光澤諸比丘舉過白佛佛便無數呵責已制此戒也　若比丘故弄覺心故作陰前境有六若於內色若於外色
若水若風若空隨方便出即犯　失精除夢中　佛言亂意睡眠有五過失一者惡夢二者諸天不護三者心不入法四者不思惟明相五者於夢中失精善意睡眠有五功德
即及上句　僧伽婆尸沙　若方便弄不出偷蘭遮比丘自相教若失犯偷蘭遮不失突吉羅尼波逸提三衆吉羅不犯者一切不作出精意　觸女人戒緣
佛在舍衛國時迦留陀夷比丘已佛制前戒故便在門外伺諸婦女將至房中手捉捫摸樂者便喚不樂者嗔罵呵責諸比舉過呵責往白世尊佛便集僧制戒　若比丘婬欲
意愛染汙心與女人覺睡新死少分壞四種也身從髮至足相觸若捉摩重摩或牽推或逆摩或舉或下捉或捺若餘觸方便也　若捉手
若捉髮若觸一一身分者僧伽婆尸沙　若比丘往觸四種女但著犯僧殘若女來觸比丘動身受樂亦同犯若不動身
突吉羅若先有染心偷蘭遮牙有衣相觸偷蘭遮俱有衣吉羅若與二形相觸偷蘭遮若欲心觸男子或衣鉢坐具分至自觸身及以畜生一切突吉羅尼波羅夷下三衆吉羅不犯者有所
取戲喚相辟等是　與女人麁語戒緣　佛在舍衛國時迦留陀夷以聞佛制前二戒故便將諸婦女入房中與欲心向彼麁惡語諸比丘舉過白佛曰制此戒
若比丘婬欲意與女人人女有智命根不斷麁惡婬語　麁惡者非梵行婬欲語者稱說二道好惡若求若教他求若問若答若解
若說若教若罵求者言與我二道作如是事若復作餘語如是次第解　若隨麁惡婬語欲僧伽婆尸沙　一若
反麁語僧殘隨語多少說而了了者一一僧殘不了了偷蘭遮若與書印遣使作令彼女知僧殘不知偷蘭大小便道說餘處好惡偷蘭與非人女黃門二形麁語知者偷蘭
畜生不能變形若向男子麁語一切吉羅尸偷蘭下二衆吉羅乃至下戒亦尒不犯者為說不淨觀若說毗尼受往問答無欲心故　嘆身向女人索
婬欲供養戒緣　佛在舍衛國時迦留陀夷以聞佛前制戒三故便門外伺諸婦女將入房自讚嘆身汝可持婬欲供養諸女呵嫌比丘舉過白佛曰制此戒也
若比丘婬欲意於女人前女人如上自嘆身　嘆身端政好顏色我是剎帝利長者居士婆羅門種　言大妹我於
梵行勤修離穢觸法　持戒精進不散不貪無漏行也　於善法　樂閑靜處時到乞食著糞掃衣作餘食法不食一坐食一摶食塚間
坐露地坐糞掃衣作餘食法不樹下坐常坐隨坐持三衣唄嗟多聞能說法持毗尼坐禪也　可持是婬欲法供養我如是供養
第一最僧伽婆尸沙　若作是上自譽已供養我來不說婬欲者偷蘭除境離犯如前戒說不犯者若比丘語女人言此處妙尊最上此比丘精進持
戒於善法汝等應以身口意業慈供養彼女意謂為我故嘆身若說毗尼時言次及此彼謂嘆身若錯說不犯婬欲語者稱說二道好惡若求若教他求若問若答若解若說若教
若罵求者言與我二道作如是如是事若復作餘語次第如是解　若隨麁惡婬欲語者僧伽婆尸沙　若一反麁語僧殘隨
語多少說而了了者一一僧殘不了了偷蘭若與書印遣使作相令彼女知僧殘不知偷蘭餘大小便道說餘處好惡偷蘭與非人黃門二形麁語知者偷蘭畜生不能變形若向男
媒人戒緣　佛在羅閱祇有迦羅比丘本是大臣善知欲法城中嫁娶盡往詢問時婚娶或得者便頌迦羅受於善樂諸居士譏呵言若結婚者可往沙門釋子中

BD03737 號 2　四分律比丘含注戒本卷上　（8–6）

戒於善法汝等應以身口意業慈供養彼女意謂為我故嘆身若説此尼時言次及此彼
謂嘆身若錯説不犯媱欲語者稱説二道好惡若求若教他求若問若答若解若説若教
若罵求者言与我二道作如是如是事 若隨麁惡媱欲語者僧伽婆尸沙 若一反麁
若復作餘語次第如是解 語僧殘隨
語多少説而了了者一一僧殘不了了偷蘭若与書印遣使作相令彼女知僧殘不知偷蘭
餘大小便道説餘處好惡偷蘭与非人黄門二形麁語知者偷蘭當生不能憂若向男
媒人戒緣 佛在羅閱祇有迦羅比丘本是大臣善知欲法城中嫁娶盡往説聞時嫁娶
或得者便預迎羅受於喜樂諸居士譏呵言若結婚者可往沙門釋子中
問諸比丘舉過白佛因制此戒 若比丘往來彼此媒嫁 所應可知合者是 持男意語女持女意語男 女人有廿
種毋護父護父母護兄護姊護自護法護宗親護自樂婢与衣婢与財婢同作業婢水所漂
婢不輸税婢放去婢客作婢他護婢邊方婢是也男子亦有廿種同上列之
若為成婦事若為私通事乃至須臾頃僧伽婆尸沙 若受彼語往彼説不還報偷蘭若眾僧
殘若使書指印見相隨媒嫁多少説而了了二一返僧殘若不了了偷蘭除二道説餘身處支節媒
嫁者偷蘭若非人黄門二根媒者偷蘭若當生及人男吉羅若持他書往不看若為白衣作使
一切吉羅比丘尼同犯者若男女先已通而後離別還和合為父母疾
患繫閉者書持往信心精進俗人亦尒佛法比丘使亦尒也 無主自為己過量房戒緣
佛在羅閱祇聽諸比丘造私房室有曠野國比丘私造大房乞求煩多惱亂居士又有比丘自斫神
樹彼神白佛佛住曠野城迦葉以事白佛佛以神事呵責又以當生親緣喻制戒也
若比丘自求 彼處處乞索 作屋 屋者房也 無主 彼無有人若一若兩若眾多 自為己 自求索不為他也 當應量作是
中者長十二佛磔手內廣七磔手當將餘比丘指受處所 彼比丘看無難處無妨處已到僧中
脱革屣偏露右臂右膝著地合掌白言大德僧聽我某甲比丘自乞
作屋無主自為己我從眾僧乞知無難處無妨處如是再三説 彼比丘當指示處所 尒時
眾僧當觀此比丘若可信者即當聽使作若不可信一切眾僧往看若僧不去遣僧中可信者看若彼處
隨有妨難不應為處分若無者應与處分若無若無者應与處分眾中應差堪能作羯磨者若上
座若次座若誦律若不誦律應作白大德僧聽某甲比丘自乞作屋無主自為己今從眾僧乞處分無
妨處若僧時到僧忍聽當与某甲比丘處分無難處無妨處白如是大德誰知長老忍僧与某
甲比丘處分無難處無妨處者默然若不信者説僧已忍与某甲比丘處分無難處無妨處
竟僧忍默然故是事如是持作房應知初安石若土墼泥團乃至最後泥治訖者是 無妨處
若過草車往轉往來 若比丘有難處妨處自求作屋無主自為己不將餘比丘指示處所
若過量作者僧伽婆尸沙 若妨難二處作者突吉羅不處分過量二僧殘有無者有者犯使他作成亦亦為他作成者二偷蘭二吉羅若以繩柈地作受教
者過量作者犯或不還報又問如法者並犯比丘尼偷蘭不犯者如量作減量作僧處分無難
處無妨處如法作若為僧為佛圖講堂草庵葉庵小容身屋若作多人住屋如諸者 有主為
已不處分造房戒緣 佛在拘睒彌國時優填王為尊者闡陀造房便斫路中神樹多人
止息者俗人呵已諸比丘舉過白佛佛呵已若斫神樹犯吉羅便制此戒 若比
丘欲作大房 大者多用財物 作房者屋也 有主 若一若二若眾多人 為己作 自為己身作 當將餘比丘往指授處所 彼比丘如上知已應
至僧中乞上坐足等已從僧三乞文同於上以有主為異 彼比丘應指授處所 了眾僧應觀察彼人有信有智慧即信彼与羯磨若不信者如上往正与羯磨 文准前
無難處 師子虎熊等若不為彼所嬈者應如上乃至最後認應免斯了 無妨處 中間容草車迴轉者 若比丘有難處妨處
作大房有主為己作不將餘比丘指授處僧伽婆尸沙 辨相闡通如前戒唯無量為異 無根謗羅
夷謗戒緣 佛在羅閱祇尊者沓婆摩羅子得羅漢已為僧知事佛讚第一時慈地比丘眾中得惡房明日差請又得惡食便令妹尼慈地圖佛重謗問取自言已諸比丘呵已舉過白佛因制此戒也

一切吉羅比丘尼同犯者若男女先已通而後離別還和合為父母疾患繫閉者書持往信心精進俗人亦尓佛法比丘使亦尓也 無主自為已過量房戒緣

佛在羅閱祇聽諸比丘造私房室有曠野國比丘私造大房乞求煩多惱亂居士又有比丘自斫神樹彼神白佛佛往曠野城迦葉以事白佛佛以神事呵責又以當生觀緣喻制戒也

若比丘自求彼處處乞索作屋屋者房也無主彼無有人若一若兩若眾多自為已自求索不為他也當應量作是

中者長十二佛磔手內廣七磔手當將餘比丘指授處所彼比丘當無難處無妨處已到僧中

脫革屣偏露右肩右膝著地合掌白言大德僧聽我某甲比丘自乞作屋無主自為已我從眾僧乞知無難處無妨處如是再三說 彼比丘當指示處所尒時

眾僧當觀此比丘若可信者即當聽使作若不可信一切眾僧往看若僧不去遣僧中可信者看若彼處隨有妨難不應與處分若無者應與處分眾中應差堪能作羯磨者若上

座若次座若誦律若不誦律應作白大德僧聽某甲比丘自乞作屋無主自為已今從眾僧乞處分無妨處若僧時到僧忍聽當與某甲比丘處分無難處無妨處白如是大德誰知長老忍僧與某

甲比丘處分無難處無妨處者默然若不信者說僧已忍與某甲比丘處分無難處無妨處竟僧忍默然故是事如是持作房應知初安石若土墼泥團乃至最後泥治訖者是 無妨處

若通草車往轉往來 若比丘有難處妨處自求作屋無主自為已不將餘比丘指示處所

若過量作者僧伽婆尸沙 若妨難二處作者突吉羅不處分過量二僧殘不有無者有者犯使他作成亦亦為他作成者二偷蘭二吉羅若以繩拼地作受教

者過量作者犯或不還報又問如法者並犯比丘尼偷蘭不犯者如量作減量作僧處分無難處無妨處如法拼作若為僧為佛圖講堂草菴葉菴小容身屋若作多人住屋如諸著 有主為

已不處分造房戒緣 佛在拘睒彌國時優填王為尊者闡陀造房便斫路中神樹多人出息者俗人呵已諸比丘舉過白佛佛呵已若斫神樹犯吉羅便制戒 若比

丘欲作大房大者多用財物作房者屋也 有主若一若二若眾多人 為已作自為已身作 當將餘比丘往指授處所彼比丘如上知已應

至僧中礼上坐足等已從僧三乞文同於上以有主為異 彼比丘應指授處所 眾僧應觀察彼人有信有智慧即信彼為羯磨若不信者如上遣正與羯磨文准前

無難處師子熊羆等若不為彼所嬈者應如上平治乃至畏識認應先斫了 無妨處中間容草車迴轉者 若比丘有難處妨處

作大房有主為已作不將餘比丘指授處僧伽婆尸沙 缺相顯通如前戒唯無量為異 無根波羅

夷謗戒緣 佛在羅閱祇尊者沓婆摩羅子漢已為僧知事佛讚第一時慈地比丘眾中得惡房明日差請又得惡食便合妹尼慈地謗佛重謗問取自言已諸比丘呵已舉過白佛因制此戒也

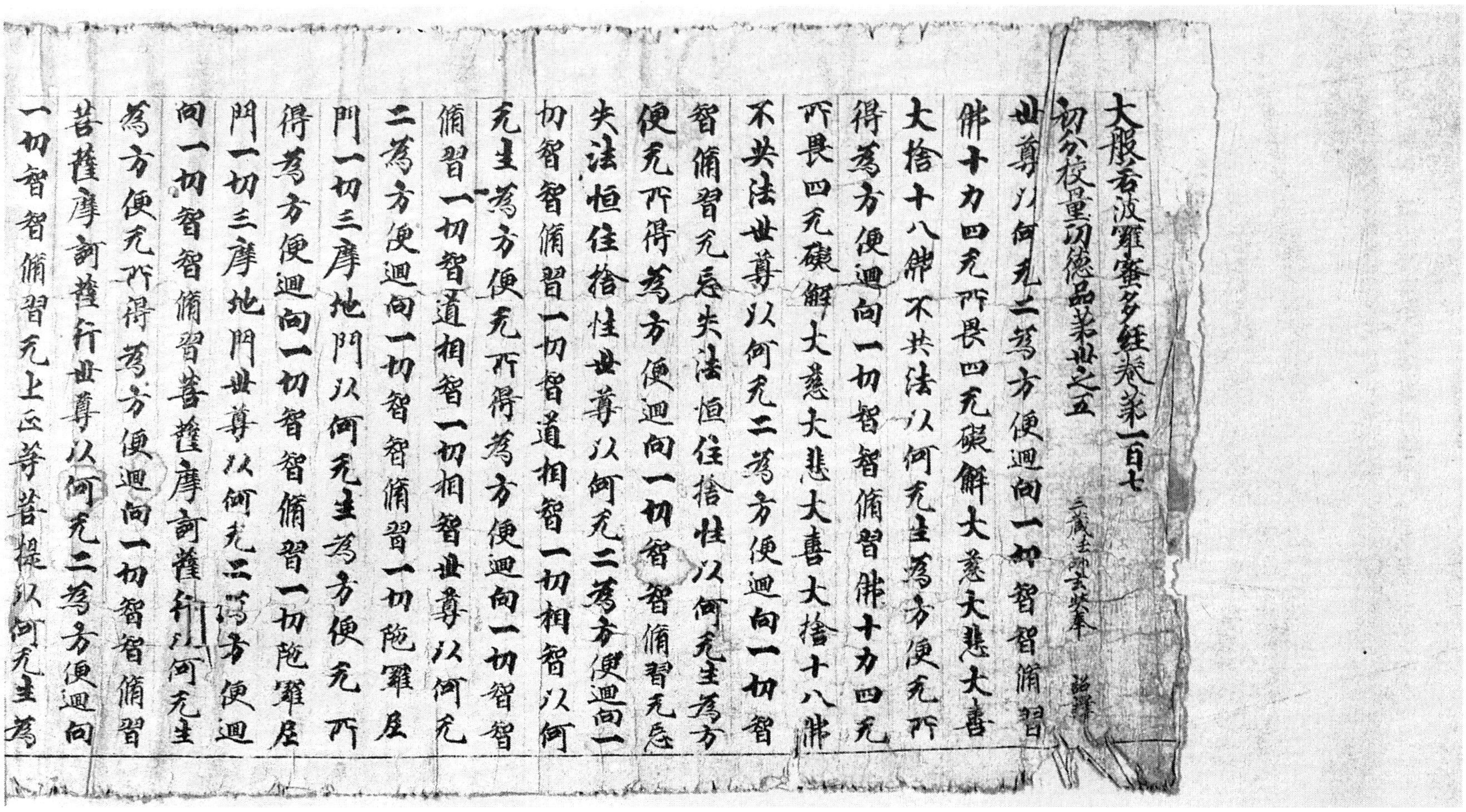

大般若波羅蜜多經卷第一百七

初分校量功德品第卅之五　　三藏法師玄奘奉　詔譯

世尊以何无二爲方便迴向一切智智脩習
佛十力四无所畏四无礙解大慈大悲大喜
大捨十八佛不共法以何无生爲方便无所
得爲方便迴向一切智智脩習佛十力四无
所畏四无礙解大慈大悲大喜大捨十八佛
不共法世尊以何无二爲方便迴向一切智
智脩習无忘失法恒住捨性以何无生爲方
便无所得爲方便迴向一切智智脩習无忘
失法恒住捨性世尊以何无二爲方便迴向一
切智智脩習一切智道相智一切相智以何
无生爲方便无所得爲方便迴向一切智智
脩習一切智道相智一切相智世尊以何无
二爲方便迴向一切智智脩習一切陁羅尼
門一切三摩地門以何无生爲方便无所
得爲方便迴向一切智智脩習一切陁羅尼
門一切三摩地門世尊以何无二爲方便迴
向一切智智脩習菩薩摩訶薩行以何无生
爲方便无所得爲方便迴向一切智智脩習
菩薩摩訶薩行世尊以何无二爲方便迴向
一切智智脩習无上正等菩提以何无生爲

BD03738號　大般若波羅蜜多經卷一〇七　　（2–1）

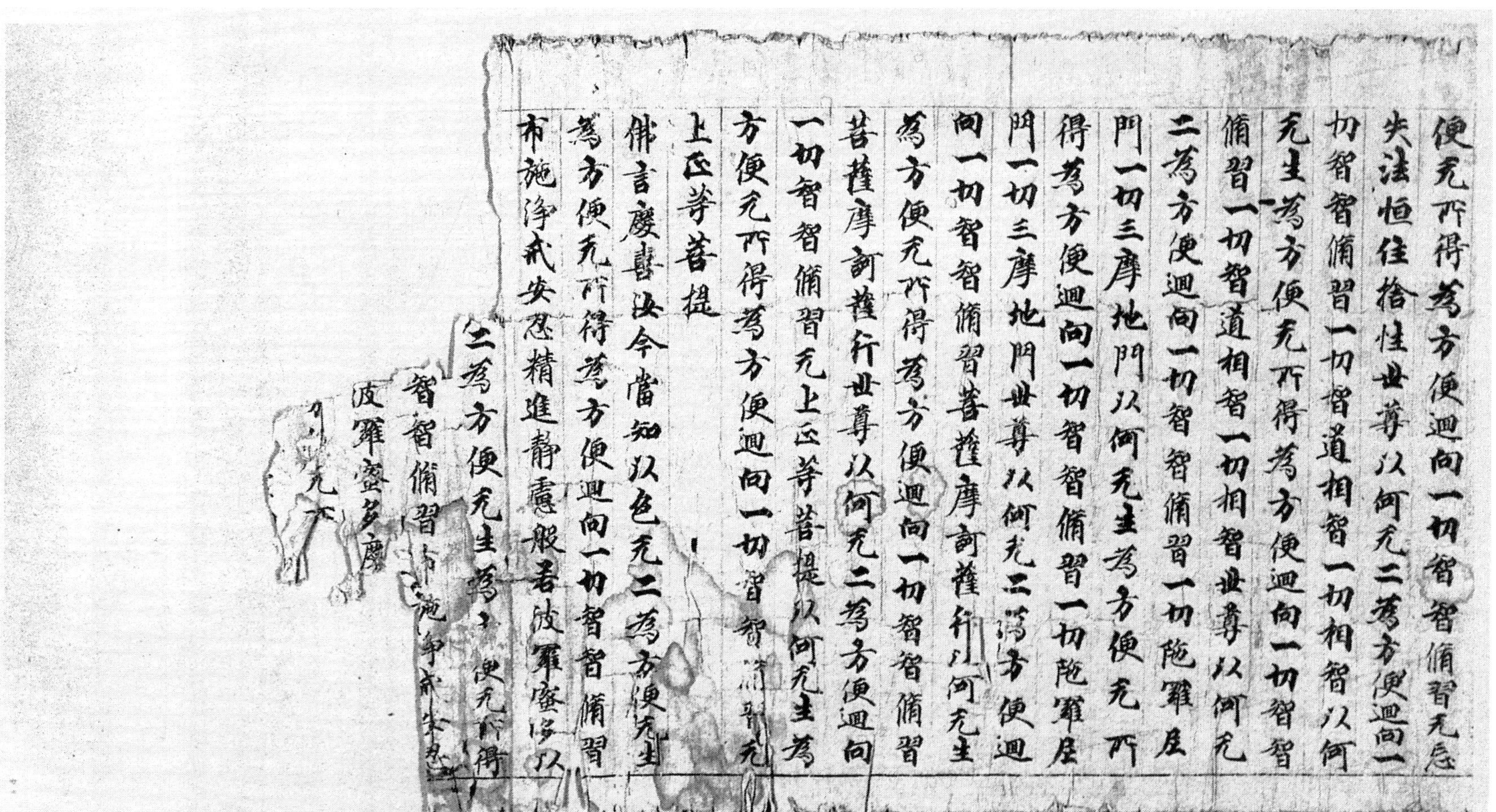

便无所得爲方便迴向一切智智脩習无忘
失法恒住捨性世尊以何无二爲方便迴向一
切智智脩習一切智道相智一切相智以何
无生爲方便无所得爲方便迴向一切智智
脩習一切智道相智一切相智世尊以何无
二爲方便迴向一切智智脩習一切陁羅尼
門一切三摩地門以何无生爲方便无所
得爲方便迴向一切智智脩習一切陁羅尼
門一切三摩地門世尊以何无二爲方便迴
向一切智智脩習菩薩摩訶薩行以何无生
爲方便无所得爲方便迴向一切智智脩習
菩薩摩訶薩行世尊以何无二爲方便迴向
一切智智脩習无上正等菩提以何无生爲
方便无所得爲方便迴向一切智智脩習无
上正等菩提
佛言慶喜汝今當知以色无二爲方便无生
爲方便无所得爲方便迴向一切智智脩習
布施淨戒安忍精進靜慮般若波羅蜜多以
二爲方便无生爲方便无所得
智智脩習布施淨戒安忍
波羅蜜多

BD03738號　大般若波羅蜜多經卷一〇七　　（2–2）

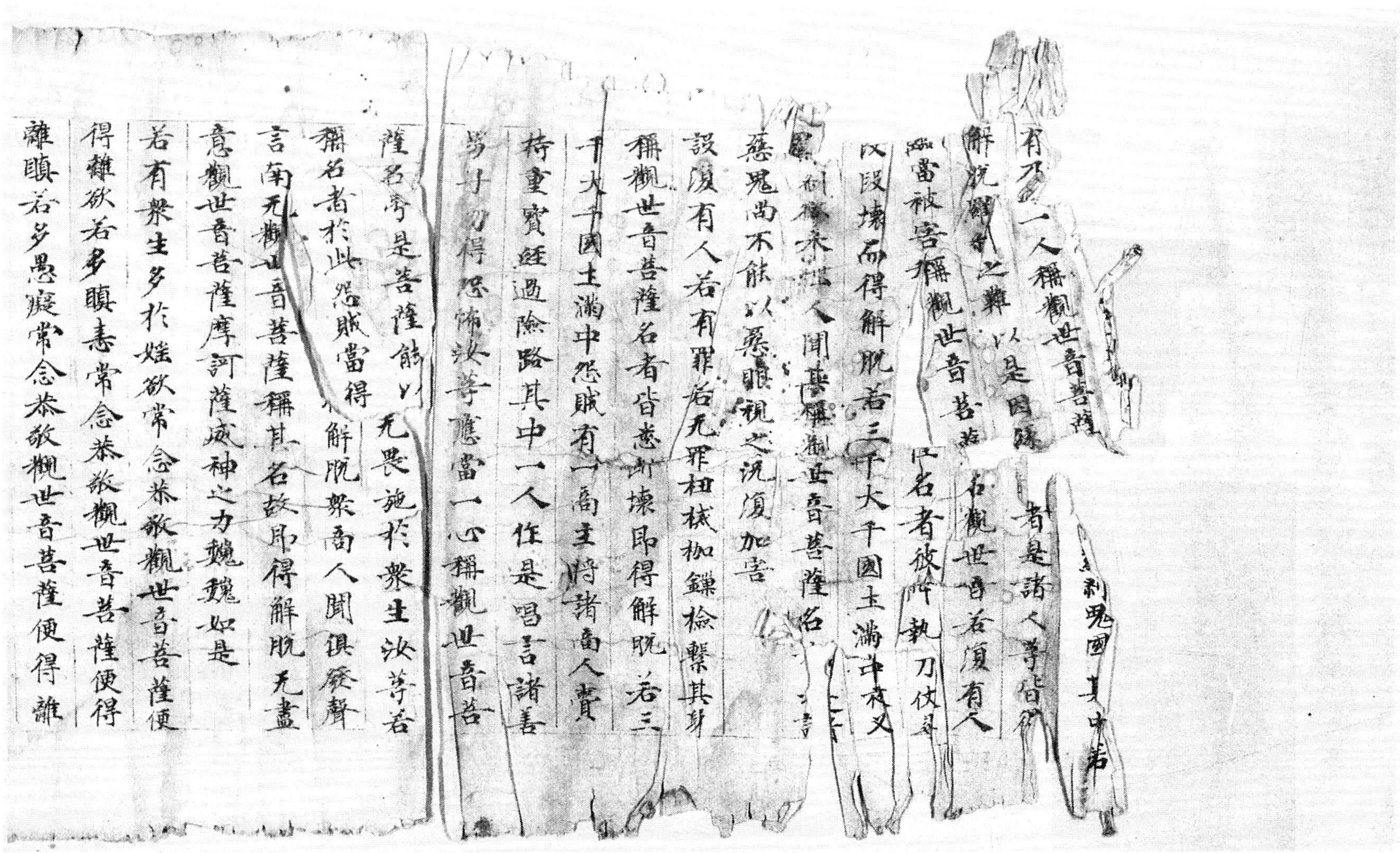

有乃至一人稱觀世音菩薩
解脫羅剎之難以是因緣　者是諸人等皆得
臨當被害稱觀世音菩薩　名觀世音若復有人
段段壞而得解脫若三千大千國土滿中夜叉　名者彼所執刀杖尋
羅剎欲來惱人聞其稱觀世音菩薩名
惡鬼尚不能以惡眼視之況復加害
設復有人若有罪若无罪杻械枷鎖檢繫其身
稱觀世音菩薩名者皆悉斷壞即得解脫若三
千大千國土滿中怨賊有一商主將諸商人齎
持重寶經過險路其中一人作是唱言諸善
男子勿得恐怖汝等應當一心稱觀世音菩
薩名號是菩薩能以无畏施於衆生汝等若
稱名者於此怨賊當得解脫衆商人聞俱發聲
言南无觀世音菩薩稱其名故即得解脫无盡
意觀世音菩薩摩訶薩威神之力巍巍如是
若有衆生多於婬欲常念恭敬觀世音菩薩便
得離欲若多瞋恚常念恭敬觀世音菩薩便得
離瞋若多愚癡常念恭敬觀世音菩薩便得離

BD03739號　觀世音經　（6–1）

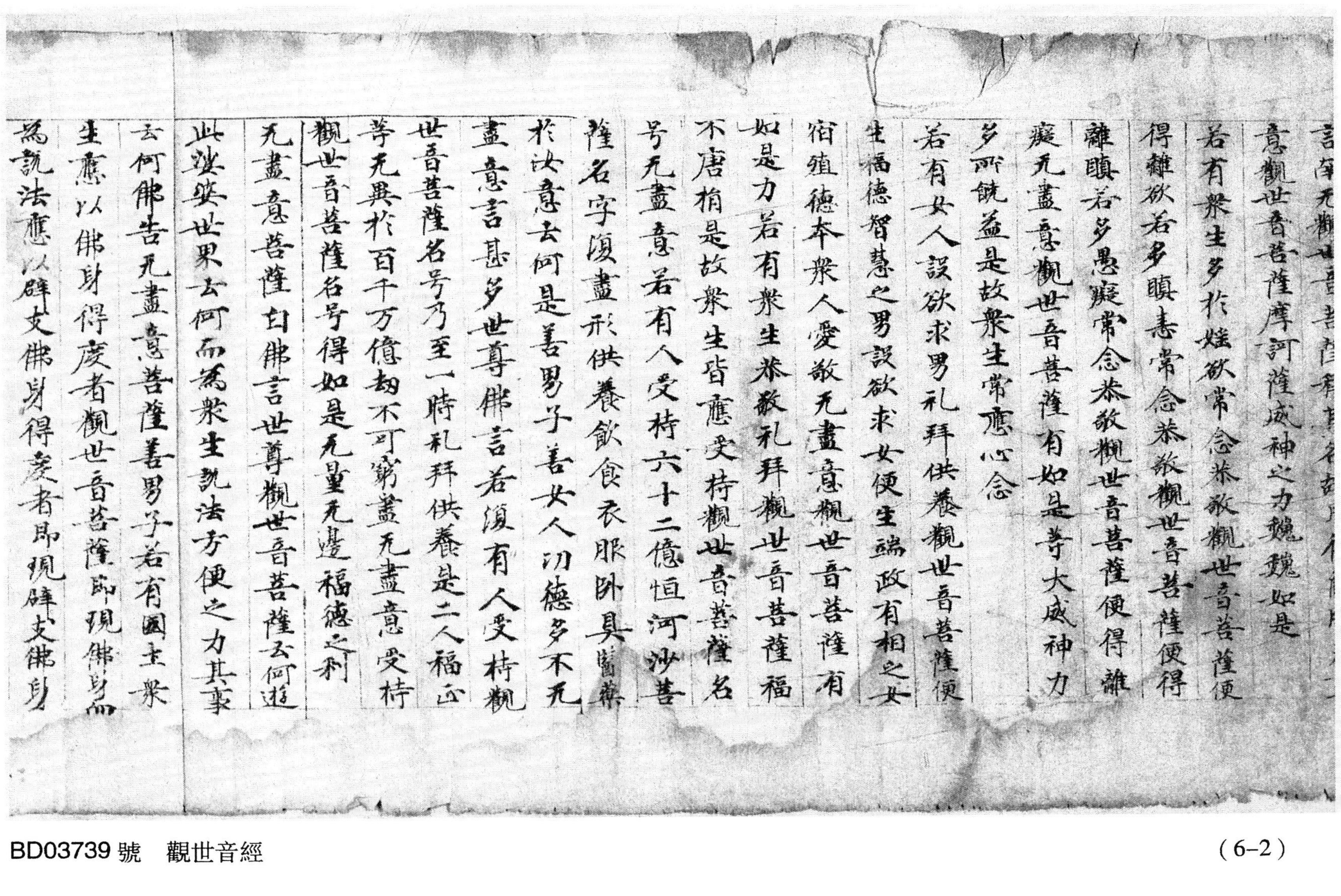

言南无觀世音菩薩稱其名故即得解脫无盡
意觀世音菩薩摩訶薩威神之力巍巍如是
若有衆生多於婬欲常念恭敬觀世音菩薩便
得離欲若多瞋恚常念恭敬觀世音菩薩便得
離瞋若多愚癡常念恭敬觀世音菩薩便得離
癡无盡意觀世音菩薩有如是等大威神力
多所饒益是故衆生常應心念
若有女人設欲求男礼拜供養觀世音菩薩便
生福德智慧之男設欲求女便生端政有相之女
宿殖德本衆人愛敬无盡意觀世音菩薩有
如是力若有衆生恭敬礼拜觀世音菩薩福
不唐捐是故衆生皆應受持觀世音菩薩名
号无盡意若有人受持六十二億恒河沙菩
薩名字復盡形供養飲食衣服臥具醫藥
於汝意云何是善男子善女人功德多不无
盡意言甚多世尊佛言若復有人受持觀
世音菩薩名号乃至一時礼拜供養是二人福正
等无異於百千万億劫不可窮盡无盡意受持
觀世音菩薩名号得如是无量无邊福德之利
无盡意菩薩白佛言世尊觀世音菩薩云何遊
此娑婆世界云何而為衆生說法方便之力其事
云何佛告无盡意菩薩善男子若有國土衆
生應以佛身得度者觀世音菩薩即現佛身而
為說法應以辟支佛身得度者即現辟支佛身

BD03739號　觀世音經　（6–2）

此娑婆世界云何而為衆生説法方便之力其事
云何佛告无盡意菩薩善男子若有國土衆
生應以佛身得度者觀世音菩薩即現佛身而
為説法應以辟支佛身得度者即現辟支佛身
而為説法應以聲聞身得度者即現聲聞身而
為説法應以梵王身得度者即現梵王身而為
説法應以帝釋身得度者即現帝釋身而為説
法應以自在天身得度者即現自在天身而
為説法應以大自在天身得度者即現大自
在天身而為説法應以天大將軍身得度者即
現天大將軍身而為説法應以毗沙門身得度
者即現毗沙門身而為説法應以小王身得度
者即現小王身而為説法應以長者身得度者
即現長者身而為説法應以居士身得度者
即現居士身而為説法應以宰官身得度者
即現宰官身而為説法應以婆羅門身得度
者即現婆羅門身而為説法應以比丘比丘
尼優婆塞優婆夷身得度者即現比丘比丘
尼優婆塞優婆夷身而為説法應以長者居
士宰官婆羅門婦女身得度者即現婦女身
而為説法應以童男童女身得度者即現
童男童女身而為説法應以天龍夜叉乾闥婆
阿脩羅迦樓羅緊那羅摩睺羅伽人非人等
身得度者即皆現之而為説法應以執金剛神

BD03739 號　觀世音經　（6-3）

而為説法應以童男童女身得度者即現
童男童女身而為説法應以天龍夜叉乾闥婆
阿脩羅迦樓羅緊那羅摩睺羅伽人非人等
身得度者即皆現之而為説法應以執金剛神
得度者即現金剛神而為説法无盡意是觀
世音菩薩成就如是功德以種種形遊諸國土
度脱衆生是故汝等應當一心供養觀世音菩
薩是觀世音菩薩摩訶薩於怖畏急難之中能
施无畏是故此娑婆世界皆號之為施无畏者
无盡意菩薩白佛言世尊我今當供養觀世
音菩薩即解頸衆寶珠瓔珞價直百千兩金
而以與之作是言仁者受此法施珎寶瓔珞
時觀世音菩薩不肯受之无盡意復白觀世
音菩薩言仁者愍我等故受此瓔珞尒時佛
告觀世音菩薩當愍此无盡意菩薩及四衆天
龍夜叉乾闥婆阿脩羅迦樓羅緊那羅摩睺羅
伽人非人等故受是瓔珞即時觀世音菩薩
愍諸四衆及於天龍人非人等受其瓔珞分作
二分一分奉釋迦牟尼佛一分奉多寶佛塔无
盡意觀世音菩薩有如是自在神力遊於娑
婆世界
尒時无盡意菩薩以偈問曰
世尊妙相具　我今重問彼　佛子何因緣　名為觀世音
具足妙相尊　偈荅无盡意　汝聽觀音行　善應諸方所

BD03739 號　觀世音經　（6-4）

盡意觀世音菩薩有如是自在神力遊於娑
婆世界
尒時无盡意菩薩以偈問曰
世尊妙相具 我今重問彼 佛子何因緣 名為觀世音
具足妙相尊 偈荅无盡意 汝聽觀音行 善應諸方所
弘誓深如海 歷劫不思議 侍多千億佛 發大清淨願
我為汝略說 聞名及見身 心念不空過 能滅諸有苦
假使興害意 推落大火坑 念彼觀音力 火坑變成池
或漂流巨海 龍魚諸鬼難 念彼觀音力 波浪不能沒
或在須弥峰 為人所推墮 念彼觀音力 如日虛空住
或被惡人逐 墮落金剛山 念彼觀音力 不能損一毛
或值怨賊遶 各執刀加害 念彼觀音力 咸即起慈心
或遭王難苦 臨刑欲壽終 念彼觀音力 刀尋段段壞
或囚禁枷鎖 手足被杻械 念彼觀音力 釋然得解脫
呪咀諸毒藥 所欲害身者 念彼觀音力 還著於本人
或遇惡羅剎 毒龍諸鬼等 念彼觀音力 時悉不敢害
若惡獸圍遶 利牙爪可怖 念彼觀音力 疾走无邊方
蚖蛇及蝮蝎 氣毒煙火然 念彼觀音力 尋聲自迴去
雲雷鼓掣電 降雹澍大雨 念彼觀音力 應時得消散
衆生被困厄 无量苦逼身 觀音妙智力 能救世間苦
具足神通力 廣脩智方便 十方諸國土 无剎不現身
種種諸惡趣 地獄鬼畜生 生老病死苦 以漸悉令滅
真觀清淨觀 廣大智慧觀 悲觀及慈觀 常願常瞻仰
无垢清淨光 慧日破諸闇 能伏災風火 普明照世間

BD03739號　觀世音經　（6–5）

具足神通力 廣脩智方便 十方諸國土 无剎不現身
種種諸惡趣 地獄鬼畜生 生老病死苦 以漸悉令滅
真觀清淨觀 廣大智慧觀 悲觀及慈觀 常願常瞻仰
无垢清淨光 慧日破諸闇 能伏災風火 普明照世間
悲體戒雷震 慈意妙大雲 澍甘露法雨 滅除煩惱炎
諍訟經官處 怖畏軍陣中 念彼觀音力 衆怨悉退散
妙音觀世音 梵音海潮音 勝彼世間音 是故須常念
念念勿生疑 觀世音淨聖 於苦惱死厄 能為作依怙
具一切功德 慈眼視衆生 福聚海无量 是故應頂禮
尒時持地菩薩即從座起前白佛言世尊若
有衆生聞是觀世音菩薩品自在之業普門
示現神通力者當知是人功德不少佛說是
普門品時衆中八万四千衆生皆發无等等
阿耨多羅三藐三菩提心
觀世音經

BD03739號　觀世音經　（6–6）

……波羅蜜多經卷……
……説般若相品第卅二之……
證布施波羅蜜多畢
多畢竟淨法證淨戒
羅蜜多畢竟淨法說……
若波羅蜜多畢竟淨法證……
內空畢竟淨法證外空內外空空空大空勝
義空有爲空无爲空畢竟空无際空散空无
變異空本性空自相空共相空一切法空不
不得空无性空自性空无性自性空畢竟淨
法說外空內外空空空大空勝義空有爲空
无爲空畢竟空无際空散空无變異空本性
空自相空共相空一切法空不可得空无性
空自性空无性自性空畢竟淨法證真如畢
竟淨法說真如畢竟淨法證法界法性不虛
妄性不變異性平等性離生性法定法住實
際虛空界不思議界畢竟淨法說法界法性

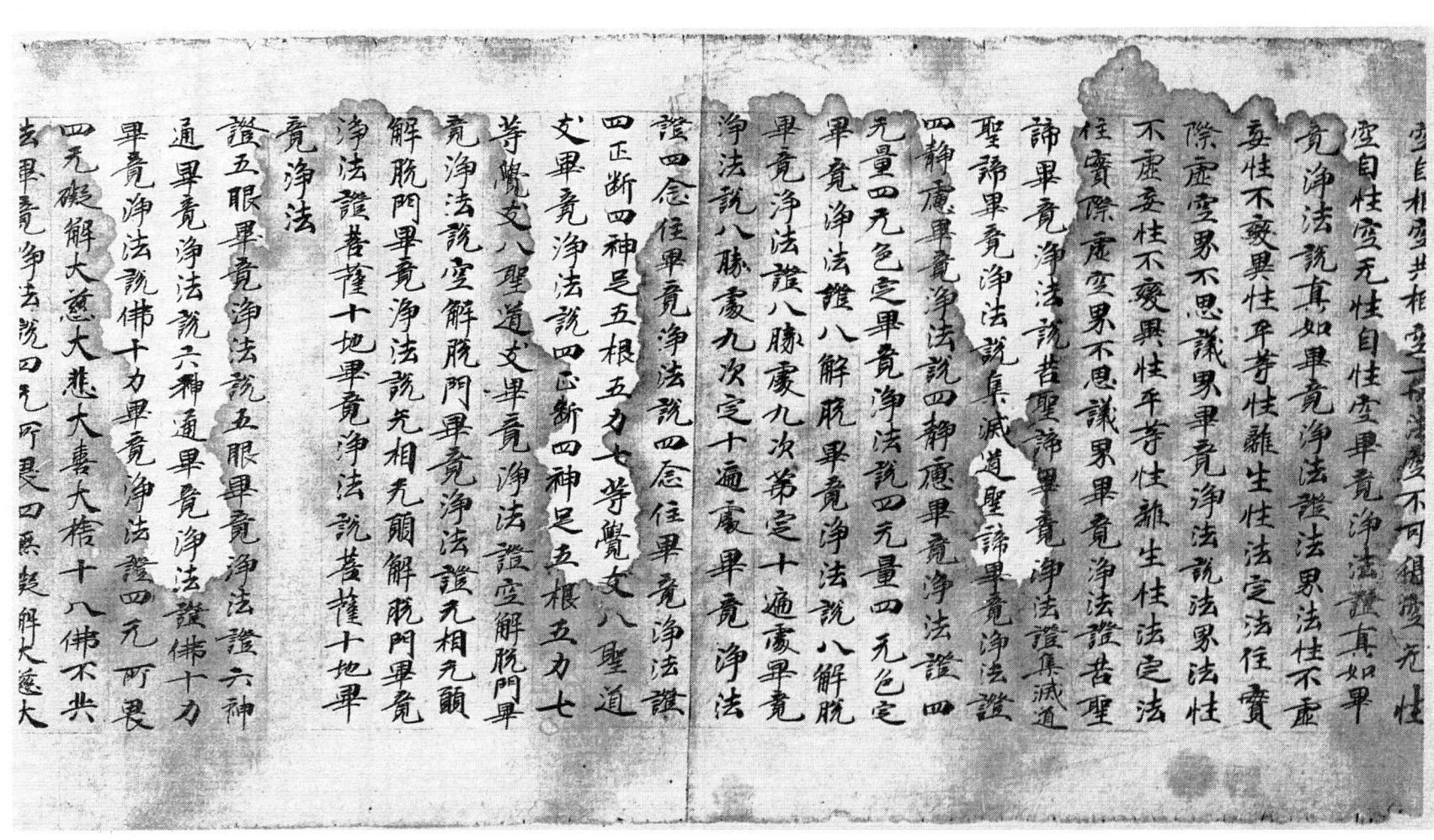

BD03740 號　大般若波羅蜜多經卷二九三　（22–1）

空自相空共相空一切法空不可得空无性
空自性空无性自性空畢竟淨法證真如畢
竟淨法說真如畢竟淨法證法界法性不虛
妄性不變異性平等性離生性法定法住實
際虛空界不思議界畢竟淨法說法界法性
不虛妄性不變異性平等性離生性法定法
住實際虛空界不思議界畢竟淨法證苦聖
諦畢竟淨法說苦聖諦畢竟淨法證集滅道
聖諦畢竟淨法說集滅道聖諦畢竟淨法證
四靜慮畢竟淨法說四靜慮畢竟淨法證四
无量四无色定畢竟淨法說四无量四无色定
畢竟淨法證八解脫畢竟淨法說八解脫
畢竟淨法證八勝處九次第定十遍處畢竟
淨法說八勝處九次定十遍處畢竟淨法
證四念住畢竟淨法說四念住畢竟淨法證
四正斷四神足五根五力七等覺支八聖道
支畢竟淨法說四正斷四神足五根五力七
等覺支八聖道支畢竟淨法證空解脫門畢
竟淨法說空解脫門畢竟淨法證无相无願
解脫門畢竟淨法說无相无願解脫門畢竟
淨法證菩薩十地畢竟淨法說菩薩十地畢
竟淨法
證五眼畢竟淨法說五眼畢竟淨法證六神
通畢竟淨法說六神通畢竟淨法證佛十力
畢竟淨法說佛十力畢竟淨法證四无所畏
四无礙解大慈大悲大喜大捨十八佛不共
法畢竟淨法說四无所畏四无礙解大慈大

BD03740 號　大般若波羅蜜多經卷二九三　（22–2）

證五眼畢竟淨法說五眼畢竟淨法證六神
通畢竟淨法說六神通畢竟淨法證佛十力
畢竟淨法說佛十力畢竟淨法證四无所畏
四无礙解大慈大悲大喜大捨十八佛不共
法畢竟淨法說四无所畏四无礙解大慈大
悲大喜大捨十八佛不共法畢竟淨法證无
忘失法畢竟淨說无忘失法畢竟淨法證
恒住捨性畢竟淨法說恒住捨性畢竟淨法
證一切智畢竟淨法說一切智畢竟淨法證
道相智一切相智畢竟淨法說道相智一切
相智畢竟淨法證一切陁羅尼門畢竟淨法
說一切陁羅尼門畢竟淨法證一切三摩地
門畢竟淨法說一切三摩地門畢竟淨法
證預流果畢竟淨法說預流果畢竟淨法證
一來不還阿羅漢果畢竟淨法說一來不還
阿羅漢果畢竟淨法證獨覺菩提畢竟淨法
說獨覺菩提畢竟淨法證一切菩薩摩訶薩
行畢竟淨法說一切菩薩摩訶薩行畢竟淨
法證諸佛无上正等菩提畢竟淨法說諸佛
无上正等菩提畢竟淨法
尒時具壽善現復白佛言世尊如是般若波
羅蜜多云何清淨佛言善現色清淨故般若波
羅蜜多清淨受想行識清淨故般若波羅
蜜多清淨世尊云何色清淨故般若波羅蜜
多清淨受想行識清淨故般若波羅蜜多清
淨善現色无生无滅无染无淨故清淨色清
淨故般若波羅蜜多清淨受想行識无生无

BD03740 號　大般若波羅蜜多經卷二九三　（22–3）

羅蜜多清淨受想行識清淨故般若波羅
蜜多清淨世尊云何色清淨故般若波羅蜜
多清淨受想行識清淨故般若波羅蜜多清
淨善現色无生无滅无染无淨故清淨色清
淨故般若波羅蜜多清淨受想行識无生无
滅无染无淨故清淨受想行識清淨故般若
波羅蜜多清淨
佛言善現眼處清淨故般若波羅蜜多清淨
耳鼻舌身意處清淨故般若波羅蜜多清淨
世尊云何眼處清淨故般若波羅蜜多清淨
耳鼻舌身意處清淨故般若波羅蜜多清淨
善現眼處无生无滅无染无淨故清淨眼處
清淨故般若波羅蜜多清淨耳鼻舌身意處
无生无滅无染无淨故清淨耳鼻舌身意處
清淨故般若波羅蜜多清淨
佛言善現色處清淨故般若波羅蜜多清淨
聲香味觸法處清淨故般若波羅蜜多清淨
世尊云何色處清淨故般若波羅蜜多清淨
聲香味觸法處清淨故般若波羅蜜多清淨
善現色處无生无滅无染无淨故清淨色處
清淨故般若波羅蜜多清淨聲香味觸法處
无生无滅无染无淨故清淨聲香味觸法處
清淨故般若波羅蜜多清淨
佛言善現眼界清淨故般若波羅蜜多清淨
色界眼識界及眼觸眼觸為緣所生諸受清
淨故般若波羅蜜多清淨世尊云何眼界清

BD03740 號　大般若波羅蜜多經卷二九三　（22–4）

佛言善現眼界清淨故般若波羅蜜多清淨
色界眼識界及眼觸眼觸為緣所生諸受清
淨故般若波羅蜜多清淨世尊云何眼界清
淨故般若波羅蜜多清淨色界乃至眼觸為
緣所生諸受清淨故般若波羅蜜多清淨善
現眼界无生无滅无染无淨故清淨眼界清
淨故般若波羅蜜多清淨色界乃至眼觸為
緣所生諸受无生无滅无染无淨故清淨色
界乃至眼觸為緣所生諸受清淨故般若波
羅蜜多清淨
佛言善現耳界清淨故般若波羅蜜多清淨
聲界耳識界及耳觸耳觸為緣所生諸受清
淨故般若波羅蜜多清淨世尊云何耳界清
淨故般若波羅蜜多清淨聲界乃至耳觸為
緣所生諸受清淨故般若波羅蜜多清淨善
現耳界无生无滅无染无淨故清淨耳界清
淨故般若波羅蜜多清淨聲界乃至耳觸為
緣所生諸受无生无滅无染无淨故清淨聲
界乃至耳觸為緣所生諸受清淨故般若波
羅蜜多清淨
佛言善現鼻界清淨故般若波羅蜜多清淨
香界鼻識界及鼻觸鼻觸為緣所生諸受清
淨故般若波羅蜜多清淨世尊云何鼻界清
淨故般若波羅蜜多清淨香界乃至鼻觸為
緣所生諸受清淨故般若波羅蜜多清淨善
現鼻界无生无滅无染无淨故清淨鼻界清

BD03740 號　大般若波羅蜜多經卷二九三　（22–5）

佛言善現鼻界清淨故般若波羅蜜多清淨
香界鼻識界及鼻觸鼻觸為緣所生諸受清
淨故般若波羅蜜多清淨世尊云何鼻界清
淨故般若波羅蜜多清淨香界乃至鼻觸為
緣所生諸受清淨故般若波羅蜜多清淨善
現鼻界无生无滅无染无淨故清淨鼻界清
淨故般若波羅蜜多清淨香界乃至鼻觸為
緣所生諸受无生无滅无染无淨故清淨香
界乃至鼻觸為緣所生諸受清淨故般若波羅
蜜多清淨
佛言善現舌界清淨故般若波羅蜜多清淨
味界舌識界及舌觸舌觸為緣所生諸受清
淨故般若波羅蜜多清淨世尊云何舌界清
淨故般若波羅蜜多清淨味界乃至舌觸為
緣所生諸受清淨故般若波羅蜜多清淨善
現舌界无生无滅无染无淨故清淨舌界清
淨故般若波羅蜜多清淨味界乃至舌觸為
緣所生諸受无生无滅无染无淨故清淨味
界乃至舌觸為緣所生諸受清淨故般若波
羅蜜多清淨
佛言善現身界清淨故般若波羅蜜多清淨
觸界身識界及身觸身觸為緣所生諸受清
淨故般若波羅蜜多清淨世尊云何身界清
淨故般若波羅蜜多清淨觸界乃至身觸為
緣所生諸受清淨故般若波羅蜜多清淨善
現身界无生无滅无染无淨故清淨身界清
淨故般若波羅蜜多清淨觸界乃至身觸為

BD03740 號　大般若波羅蜜多經卷二九三　（22–6）

淨故般若波羅蜜多清淨世尊云何身界清
淨故般若波羅蜜多清淨觸界乃至身觸為
緣所生諸受清淨故般若波羅蜜多清淨善
現身界无生无滅无染无淨故清淨身界清
淨故般若波羅蜜多清淨觸界乃至身觸為
緣所生諸受无生无滅无染无淨故清淨觸
界乃至身觸為緣所生諸受清淨故般若波
羅蜜多清淨
佛言善現意界清淨故般若波羅蜜多清淨
法界意識界及意觸意觸為緣所生諸受清
淨故般若波羅蜜多清淨世尊云何意界清
淨故般若波羅蜜多清淨法界乃至意觸為
緣所生諸受清淨故般若波羅蜜多清淨善
現意界无生无滅无染无淨故清淨意界清
淨故般若波羅蜜多清淨法界乃至意觸為
緣所生諸受無生无滅无染无淨故清淨法
界乃至意觸為緣所生諸受清淨故般若波
羅蜜多清淨
佛言善現地界清淨故般若波羅蜜多清淨
水火風空識界清淨故般若波羅蜜多清淨
世尊云何地界清淨故般若波羅蜜多清淨
水火風空識界清淨故般若波羅蜜多清淨
善現地界无生无滅无染无淨故清淨地界
清淨故般若波羅蜜多清淨水火風空識界
无生无滅无染无淨故清淨水火風空識界
清淨故般若波羅蜜多清淨

BD03740 號　大般若波羅蜜多經卷二九三　（22–7）

善現地界无生无滅无染无淨故清淨地界
清淨故般若波羅蜜多清淨水火風空識界
无生无滅无染无淨故清淨水火風空識界
清淨故般若波羅蜜多清淨
佛言善現无明清淨故般若波羅蜜多清淨
行識名色六處觸受愛取有生老死愁歎苦
憂惱清淨故般若波羅蜜多清淨世尊云何
无明清淨故般若波羅蜜多清淨行乃至老
死愁歎苦憂惱清淨故般若波羅蜜多清淨
善現无明无生无滅无染无淨故清淨无明
清淨故般若波羅蜜多清淨行乃至老死愁
歎苦憂惱无生无滅无染无淨故清淨行乃
至老死愁歎苦憂惱清淨故般若波羅蜜多
清淨
佛言善現布施波羅蜜多清淨故般若波羅
蜜多清淨淨戒安忍精進靜慮波羅蜜多清
淨故般若波羅蜜多清淨世尊云何布施波
羅蜜多清淨故般若波羅蜜多清淨淨戒安
忍精進靜慮波羅蜜多清淨故般若波羅蜜
多清淨善現布施波羅蜜多无生无滅无染
无淨故清淨布施波羅蜜多清淨故般若波
羅蜜多清淨淨戒安忍精進靜慮波羅蜜多
无生无滅无染无淨故清淨淨戒安忍精進
靜慮波羅蜜多清淨故般若波羅蜜多清淨
佛言善現內空清淨故般若波羅蜜多清淨
外空內外空空空大空勝義空有為空无為

BD03740 號　大般若波羅蜜多經卷二九三　（22–8）

蜜多清淨淨戒安忍精進靜慮波羅蜜多
无生无滅无染无淨故清淨淨戒安忍精進
靜慮波羅蜜多清淨故般若波羅蜜多清淨
佛言善現內空清淨故般若波羅蜜多清淨
外空內外空空空大空勝義空有為空无為
空畢竟空无際空散空无變異空本性空自
相空共相空一切法空不可得空无性空自性
空无性自性空清淨故般若波羅蜜多清淨
淨世尊云何內空清淨故般若波羅蜜多清
淨外空乃至无性自性空清淨故般若波羅
蜜多清淨善現內空无生无滅无染无淨故
清淨內空清淨故般若波羅蜜多清淨外空
乃至无性自性空无生无滅无染无淨故清
淨外空乃至无性自性空清淨故般若波羅
蜜多清淨
佛言善現真如清淨故般若波羅蜜多清淨
法界法性不虛妄性不變異性平等性離生
性法定法住實際虛空界不思議界清淨故
般若波羅蜜多清淨世尊云何真如清淨故
般若波羅蜜多清淨法界乃至不思議界清
淨故般若波羅蜜多清淨善現真如无生无
滅无染无淨故清淨真如清淨故般若波羅
蜜多清淨法界乃至不思議界无生无滅无
染无淨故清淨法界乃至不思議界清淨故
般若波羅蜜多清淨
佛言善現苦聖諦清淨故般若波羅蜜多清
淨集滅道聖諦清淨故般若波羅蜜多清

BD03740號　大般若波羅蜜多經卷二九三　（22–9）

染无淨故清淨法界乃至不思議界清淨故
般若波羅蜜多清淨
佛言善現苦聖諦清淨故般若波羅蜜多清
淨集滅道聖諦清淨故般若波羅蜜多清淨
世尊云何苦聖諦清淨故般若波羅蜜多清
淨集滅道聖諦清淨故般若波羅蜜多清淨
善現苦聖諦无生无滅无染无淨故清淨苦
聖諦清淨故般若波羅蜜多清淨集滅道聖
諦无生无滅无染无淨故清淨集滅道聖諦
清淨故般若波羅蜜多清淨
佛言善現四靜慮清淨故般若波羅蜜多清
淨四无量四无色定清淨故般若波羅蜜多
清淨世尊云何四靜慮清淨故般若波羅蜜
多清淨四无量四无色定清淨故般若波羅
蜜多清淨善現四靜慮无生无滅无染无淨
故清淨四靜慮清淨故般若波羅蜜多清淨
四无量四无色定无生无滅无染无淨故
清淨四无量四无色定清淨故般若波羅蜜多
清淨
佛言善現八解脫清淨故般若波羅蜜多清
淨八勝處九次第定十遍處清淨故般若波
羅蜜多清淨世尊云何八解脫清淨故般若
波羅蜜多清淨八勝處九次第定十遍處清
淨故般若波羅蜜多清淨善現八解脫无生
无滅无染无淨故清淨八解脫清淨故般若
波羅蜜多清淨八勝處九次第定十遍處无

BD03740號　大般若波羅蜜多經卷二九三　（22–10）

波羅蜜多清淨八勝處九次第定十遍處清
淨故般若波羅蜜多清淨善現八解脫无生
无滅无染无淨故清淨八解脫清淨故般若
波羅蜜多清淨八勝處九次第定十遍處无
生无滅无染无淨故清淨八勝處九次第定
十遍處清淨故般若波羅蜜多清淨
佛言善現四念住清淨故般若波羅蜜多清
淨四正斷四神足五根五力七等覺支八聖
道支清淨故般若波羅蜜多清淨世尊云何
四念住清淨故般若波羅蜜多清淨四正斷
四神足五根五力七等覺支八聖道支清淨
故般若波羅蜜多清淨善現四念住无生无
滅无染无淨故清淨四念住清淨故般若波
羅蜜多清淨四正斷乃至八聖道支无生无
滅无染无淨故清淨四正斷乃至八聖道支
清淨故般若波羅蜜多清淨
佛言善現空解脫門清淨故般若波羅蜜多
清淨无相无願解脫門清淨故般若波羅蜜
多清淨世尊云何空解脫門清淨故般若波
羅蜜多清淨无相无願解脫門清淨故般若
波羅蜜多清淨善現空解脫門无生无滅无
染无淨故清淨空解脫門清淨故般若波羅
蜜多清淨无相无願解脫門无生无滅无染
无淨故清淨无相无願解脫門清淨故般若
波羅蜜多清淨

染无淨故清淨空解脫門清淨故般若波羅
蜜多清淨无相无願解脫門无生无滅无染
无淨故清淨无相无願解脫門清淨故般若
波羅蜜多清淨
佛言善現菩薩十地清淨故般若波羅蜜多
清淨世尊云何菩薩十地清淨故般若波羅
蜜多清淨善現菩薩十地无生无滅无染无
淨故清淨菩薩十地清淨故般若波羅蜜多
清淨
佛言善現五眼清淨故般若波羅蜜多清淨
六神通清淨故般若波羅蜜多清淨世尊云
何五眼清淨故般若波羅蜜多清淨六神通清
淨故般若波羅蜜多清淨善現五眼无生
无滅无染无淨故清淨五眼清淨故般若波
羅蜜多清淨六神通无生无滅无染无淨故
清淨六神通清淨故般若波羅蜜多清淨
佛言善現佛十力清淨故般若波羅蜜多清
淨四无所畏四无礙解大慈大悲大喜大捨
十八佛不共法清淨故般若波羅蜜多清淨
世尊云何佛十力清淨故般若波羅蜜多清
淨四无所畏乃至十八佛不共法清淨故般
若波羅蜜多清淨善現佛十力无生无滅无
染无淨故清淨佛十力清淨故般若波羅蜜
多清淨四无所畏乃至十八佛不共法无生无
滅无染无淨故清淨四无所畏乃至十八
佛不共法清淨故般若波羅蜜多清淨

染无淨故清淨佛十力清淨故般若波羅蜜
多清淨四无所畏乃至十八佛不共法无生无
滅无染无淨故清淨四无所畏乃至十八
佛不共法清淨故般若波羅蜜多清淨
佛言善現无忘失法清淨故般若波羅蜜多
清淨恒住捨性清淨故般若波羅蜜多清淨
世尊云何无忘失法清淨故般若波羅蜜多
清淨恒住捨性清淨故般若波羅蜜多清淨
善現无忘失法无生无滅无染无淨故清淨
无忘失法清淨故般若波羅蜜多清淨恒住
捨性无生无滅无染无淨故清淨恒住捨性
清淨故般若波羅蜜多清淨
佛言善現一切智清淨故般若波羅蜜多清
淨道相智一切相智清淨故般若波羅蜜多
清淨世尊云何一切智清淨故般若波羅蜜
多清淨道相智一切相智清淨故般若波羅
蜜多清淨善現一切智无生无滅无染无淨
故清淨一切智清淨故般若波羅蜜多清淨
道相智一切相智无生无滅无染无淨故清
淨道相智一切相智清淨故般若波羅蜜多
清淨
佛言善現一切陁羅尼門清淨故般若波羅
蜜多清淨一切三摩地門清淨故般若波羅
蜜多清淨世尊云何一切陁羅尼門清淨故
般若波羅蜜多清淨一切三摩地門清淨故
般若波羅蜜多清淨善現一切陁羅尼門无
生无滅无染无淨故清淨一切陁羅尼門清

BD03740號　大般若波羅蜜多經卷二九三　（22–13）

蜜多清淨一切三摩地門清淨故般若波羅
蜜多清淨世尊云何一切陁羅尼門清淨故
般若波羅蜜多清淨一切三摩地門清淨故
般若波羅蜜多清淨善現一切陁羅尼門无
生无滅无染无淨故清淨一切陁羅尼門清
淨故般若波羅蜜多清淨一切三摩地門无
生无滅无染无淨故清淨一切三摩地門清
淨故般若波羅蜜多清淨
佛言善現預流果清淨故般若波羅蜜多清
淨一來不還阿羅漢果清淨故般若波羅蜜
多清淨世尊云何預流果清淨故般若波羅
蜜多清淨一來不還阿羅漢果清淨故般若
波羅蜜多清淨善現預流果无生无滅无染
无淨故清淨預流果清淨故般若波羅蜜多
清淨一來不還阿羅漢果无生无滅无染无
淨故清淨一來不還阿羅漢果清淨故般若
波羅蜜多清淨
佛言善現獨覺菩提清淨故般若波羅蜜多
清淨世尊云何獨覺菩提清淨故般若波羅
蜜多清淨善現獨覺菩提无生无滅无染无
淨故清淨獨覺菩提清淨故般若波羅蜜多
清淨
佛言善現一切菩薩摩訶薩行清淨故般若
波羅蜜多清淨世尊云何一切菩薩摩訶薩
行清淨故般若波羅蜜多清淨善現一切菩
薩摩訶薩行无生无滅无染无淨故清淨

BD03740號　大般若波羅蜜多經卷二九三　（22–14）

何一切菩薩摩訶薩行清淨故般若
波羅蜜多清淨世尊云何一切菩薩摩訶薩
行清淨故般若波羅蜜多清淨善現一切菩
薩摩訶薩行无生无滅无染无淨故清淨
一切菩薩摩訶薩行清淨故般若波羅蜜多清
淨佛言善現諸佛无上正等菩提清淨故般
若波羅蜜多清淨世尊云何諸佛无上正等
菩提清淨故般若波羅蜜多清淨善現諸佛
无上正等菩提无生无滅无染无淨故清淨
諸佛无上正等菩提清淨故般若波羅蜜多
清淨
復次善現虛空清淨故般若波羅蜜多清淨
世尊云何虛空清淨故般若波羅蜜多清淨
善現虛空无生无滅无染无淨故清淨虛空
清淨故般若波羅蜜多清淨
復次善現色无染汙故般若波羅蜜多清淨
受想行識无染汙故般若波羅蜜多清淨世
尊云何色无染汙故般若波羅蜜多清淨受
想行識无染汙故般若波羅蜜多清淨善現
色不可取故无染汙色无染汙故般若波羅
蜜多清淨受想行識不可取故无染汙受想
行識无染汙故般若波羅蜜多清淨佛言善
現眼處无染汙故般若波羅蜜多清淨耳鼻
舌身意處无染汙故般若波羅蜜多清淨世
尊云何眼處无染汙故般若波羅蜜多清淨
耳鼻舌身意處无染汙故般若波羅蜜多清
淨善現眼處不可取故无染汙眼處无染汙

BD03740號　大般若波羅蜜多經卷二九三　（22–15）

舌身意處无染汙故般若波羅蜜多清淨世
尊云何眼處无染汙故般若波羅蜜多清淨
耳鼻舌身意處无染汙故般若波羅蜜多清
淨善現眼處不可取故无染汙眼處无染汙
故般若波羅蜜多清淨耳鼻舌身意處不可
取故无染汙耳鼻舌身意處无染汙故般若
波羅蜜多清淨佛言善現色處无染汙故般
若波羅蜜多清淨聲香味觸法處无染汙故
般若波羅蜜多清淨世尊云何色處无染汙
故般若波羅蜜多清淨聲香味觸法處无染
汙故般若波羅蜜多清淨善現色處不可取
故无染汙色處无染汙故般若波羅蜜多清
淨聲香味觸法處不可取故无染汙聲香味
觸法處无染汙故般若波羅蜜多清淨
佛言善現眼界无染汙故般若波羅蜜多清
淨色界眼識界及眼觸眼觸為緣所生諸受无
染汙故般若波羅蜜多清淨世尊云何眼
界无染汙故般若波羅蜜多清淨色界乃至
眼觸為緣所生諸受无染无故般若波羅蜜
多清淨善現眼界不可取故无染汙眼界无
染汙故般若波羅蜜多清淨色界乃至眼觸
為緣所生諸受不可取故无染汙色界乃至
眼觸為緣所生諸受无染汙故般若波羅蜜
多清淨佛言善現耳界无染汙故般若波羅
蜜多清淨聲界耳識界及耳觸耳觸為緣所
生諸受无染汙故般若波羅蜜多清淨世尊

BD03740號　大般若波羅蜜多經卷二九三　（22–16）

眼觸為緣所生諸受无染汙故般若波羅蜜
多清淨佛言善現耳界无染汙故般若波羅
蜜多清淨聲界耳識界及耳觸耳觸為緣所
生諸受无染汙故般若波羅蜜多清淨世尊
云何耳界无染汙故般若波羅蜜多清淨聲
界乃至耳觸為緣所生諸受无染汙故般若
波羅蜜多清淨善現耳界不可取故无染汙
耳界无染汙故般若波羅蜜多清淨聲界乃
至耳觸為緣所生諸受不可取故无染汙聲
界乃至耳觸為緣所生諸受无染汙故般若
波羅蜜多清淨佛言善現鼻界無染汙故般
若波羅蜜多清淨香界鼻識界及鼻觸鼻觸
為緣所生諸受无染汙故般若波羅蜜多清
淨世尊云何鼻界无染汙故般若波羅蜜多
清淨香界乃至鼻觸為緣所生諸受无染汙
故般若波羅蜜多清淨善現鼻界不可取故
无染汙鼻界无染汙故般若波羅蜜多清淨
香界乃至鼻觸為緣所生諸受不可取故无
染汙香界乃至鼻觸為緣所生諸受无染汙
故般若波羅蜜多清淨佛言善現舌界无染
汙故般若波羅蜜多清淨味界舌識界及舌
觸舌觸為緣所生諸受无染汙故般若波羅
蜜多清淨世尊云何舌界无染汙故般若波
羅蜜多清淨味界乃至舌觸為緣所生諸受
无染汙故般若波羅蜜多清淨善現舌界不
可取故无染汙舌界无染汙故般若波羅蜜

BD03740號　大般若波羅蜜多經卷二九三　（22–17）

蜜多清淨世尊云何舌界无染汙故般若波
羅蜜多清淨味界乃至舌觸為緣所生諸受
无染汙故般若波羅蜜多清淨善現舌界不
可取故无染汙舌界无染汙故般若波羅蜜
多清淨味界乃至舌觸為緣所生諸受不可
取故无染汙味界乃至舌觸為緣所生諸受
无染汙故般若波羅蜜多清淨佛言善現身
界无染汙故般若波羅蜜多清淨觸界身識
界及身觸身觸為緣所生諸受无染汙故般若
波羅蜜多清淨世尊云何身界无染汙故
般若波羅蜜多清淨觸界乃至身觸為緣所
生諸受无染汙故般若波羅蜜多清淨善現
身界不可取故无染汙身界无染汙故般若
波羅蜜多清淨觸界乃至身觸為緣所生諸
受不可取故无染汙觸界乃至身觸為緣所
生諸受无染汙故般若波羅蜜多清淨佛言
善現意界无染汙故般若波羅蜜多清淨法
界意識界及意觸意觸為緣所生諸受无染
汙故般若波羅蜜多清淨世尊云何意界无
染汙故般若波羅蜜多清淨法界乃至意觸
為緣所生諸受无染汙故般若波羅蜜多清
淨善現意界不可取故无染汙意界无染汙
故般若波羅蜜多清淨法界乃至意觸為緣
所生諸受不可取故无染汙法界乃至意觸
為緣所生諸受无染汙故般若波羅蜜多清
淨

BD03740號　大般若波羅蜜多經卷二九三　（22–18）

故般若波羅蜜多清淨法界乃至意觸爲緣
所生諸受不可取故无染汙法界乃至意觸
爲緣所生諸受无染汙故般若波羅蜜多清
淨
佛言善現地界无染汙故般若波羅蜜多清
淨水火風空識界无染汙故般若波羅蜜多
清淨世尊云何地界无染汙故般若波羅蜜
多清淨水火風空識界无染汙故般若波羅
蜜多清淨善現地界不可取故无染汙地界
无染汙故般若波羅蜜多清淨水火風空識
界不可取故无染汙水火風空識界无染汙
故般若波羅蜜多清淨
佛言善現无明无染汙故般若波羅蜜多清
淨行識名色六處觸受愛取有生老死愁歎
苦憂惱无染汙故般若波羅蜜多清淨世尊
云何无明无染汙故般若波羅蜜多清淨行
乃至老死愁歎苦憂惱无染汙故般若波羅
蜜多清淨善現无明不可取故无染汙无明
无染汙故般若波羅蜜多清淨行乃至老死
愁歎苦憂惱不可取故无染汙行乃至老死
愁歎苦憂惱无染汙故般若波羅蜜多清淨
佛言善現布施波羅蜜多无染汙故般若波
羅蜜多清淨淨戒安忍精進靜慮般若波羅
蜜多无染汙故般若波羅蜜多清淨世尊云何
布施波羅蜜多无染汙故般若波羅蜜多清
淨淨戒乃至般若波羅蜜多无染汙故般若

BD03740 號　大般若波羅蜜多經卷二九三　（22–19）

羅蜜多清淨淨戒安忍精進靜慮般若波羅
蜜多无染汙故般若波羅蜜多清淨世尊云何
布施波羅蜜多无染汙故般若波羅蜜多清
淨淨戒乃至般若波羅蜜多无染汙故般若
波羅蜜多清淨善現布施波羅蜜多不可取
故无染汙布施波羅蜜多无染汙故般若波
羅蜜多清淨淨戒乃至般若波羅蜜多不可
取故无染汙淨戒乃至般若波羅蜜多无染
汙故般若波羅蜜多清淨
佛言善現內空无染汙故般若波羅蜜多清
淨外空內外空空空大空勝義空有爲空无
爲空畢竟空无際空散空无變異空本性空
自相空共相空一切法空不可得空无性空
自性空无性自性空无染汙故般若波羅蜜
多清淨世尊云何內空无染汙故般若波羅蜜
多清淨外空乃至无性自性空无染汙故
般若波羅蜜多清淨善現內空不可取故无
染汙內空无染汙故般若波羅蜜多清淨外
空乃至无性自性空不可得故无染汙外空
乃至无性自性空无染汙故般若波羅波羅蜜多
清淨
佛言善現真如无染汙故般若波羅蜜多清
淨法界法性不虛妄性不變異性平等性離
生性法定法住實際虛空界不思議界无染
汙故般若波羅蜜多清淨世尊云何真如无

BD03740 號　大般若波羅蜜多經卷二九三　（22–20）

淨法界法性不虛妄性不變異性平等性離
生性法定法住實際虛空界不思議界无染
汙故般若波羅蜜多清淨世尊云何真如无
染汙故般若波羅蜜多清淨法界乃至不思
議界无染汙故般若波羅蜜多清淨善現真
如不可取故无染汙真如无染汙故般若波
羅蜜多清淨法界乃至不思議界不可取故
无染汙法界乃至不思議界无染汙故般若
波羅蜜多清淨
佛言善現苦聖諦无染汙故般若波羅蜜多
清淨集滅道聖諦无染汙故般若波羅蜜多
清淨世尊云何苦聖諦无染汙故般若波羅
蜜多清淨集滅道聖諦无染汙故般若波羅
蜜多清淨善現苦聖諦不可取故无染汙苦
聖諦无染汙故般若波羅蜜多清淨集滅道
聖諦不可取故无染汙集滅道聖諦无染汙
故般若波羅蜜多清淨
佛言善現四靜慮无染汙故般若波羅蜜多
清淨四无量四无色定无染汙故般若波羅
蜜多清淨世尊云何四靜慮无染汙故般若
波羅蜜多清淨四无量四无色定无染汙故
般若波羅蜜多清淨善現四靜慮不可取故
无染汙四靜慮无染汙故般若波羅蜜多清
淨四无量四无色定不可取故无染汙四无量
四无色定无染汙故般若波羅蜜多清淨

BD03740號　大般若波羅蜜多經卷二九三　（22–21）

般若波羅蜜多清淨善現四靜慮不可取故
无染汙四靜慮无染汙故般若波羅蜜多清
淨四无量四无色定不可取故无染汙四无量
四无色定无染汙故般若波羅蜜多清淨

大般若波羅蜜多經卷第二百九十三

翟師子下經

BD03740號　大般若波羅蜜多經卷二九三　（22–22）

摩訶般若波羅蜜優婆提舍中尸羅波羅蜜品第六 下 有屬釋提第十九 十四
問曰以知波羅蜜相云何為尸波羅蜜荅曰有人言
菩薩持戒寧自失身不毀小戒是為尸波羅蜜如上
蘇陁摩王經中說不惜身命以全禁戒如菩薩本
身曾作大力毒龍若衆生在前身力弱者眼視便
死身力強者氣往而死是龍受一日戒出家求靜
入林樹間思惟坐久疲懈而眠龍法眠時形狀如
蛇身有文章七寶雜色獵者見之驚喜言曰以此
希有難得之皮獻上國王以為服餝不亦宜乎便
自以杖案其頭以刀剝其皮龍自念言我力如意傾
覆此國其如反掌此人小物豈能困我〻今以持戒
故不計此身當從佛語於是自忍眠目不視閉氣
不息憐愍此人為持戒故一心受剝不生悔意既
以失皮赤肉在地時日大熱宛轉土中欲趣大水
見諸小虫來食其身為持戒故不復敢動自思惟
言今我此身以施諸虫為佛道故今以肉施以充
其身後成佛時當以法施以益其心如是誓已身
乾命絕即生第二忉利天上爾時毒龍釋迦牟尼
佛是時獵師者提婆達等六師是也諸小虫輩釋迦

BD03741號　大智度論卷一四　（13–1）

見諸小虫來食其身為持戒故不復敢動自思惟
言今我此身以施諸虫為佛道故今以肉施以充
其身後成佛時當以法施以益其心如是誓已身
乾命絕即生第二忉利天上爾時毒龍釋迦牟尼
佛是時獵師者提婆達等六師是也諸小虫輩釋迦
牟尼佛初轉法輪八万諸天得道者是菩薩護戒
不惜身命決定不悔其事如是是名尸波羅蜜復
次菩薩持戒為得佛道故作大要誓必度衆生不
求今世後世之樂不為名聞虛譽法故亦不自為
早求涅槃但為衆生没在長流恩愛所欺愚惑所
誤我當度之令到彼岸一心持戒為生〻善〻處
〻故見〻善〻人〻故生〻善〻智〻故得〻行〻
六〻波〻羅〻蜜〻故得佛道如是持戒名尸波羅
蜜復次菩薩持戒樂善清淨不為畏惡道亦不樂
生天但求善淨以戒勳力〻心令心樂善是為尸波
羅蜜復次菩薩以大悲心持戒得至佛道是為尸
羅波羅蜜復次菩薩持戒能生六波羅蜜是則名
為尸羅波羅蜜云何持戒能生戒因五戒得沙彌戒
因沙彌得戒律儀因戒律儀得禪定戒因禪定戒
得无漏戒是為戒能生戒云何持戒能生於捨〻
有三種一者財施二者法施三者无畏施持戒自
歛不侵一切衆生財物是則財施衆生見者慕其
所行又為說法令其開悟又自思惟我當堅持淨
戒與一切衆生作供養福田令諸衆生得无量福
如是種〻名為法施一切衆生皆畏於死持戒不害是
則无畏施復次菩薩自念我當持戒以此戒欵為
諸衆生作轉輪聖王或作閻浮提王若作天王令

BD03741號　大智度論卷一四　（13–2）

戒亦一切眾生作供養福田令諸眾生得无量福
如是種々名為法施一切眾生皆畏於死持戒不惱是
則无畏施復次菩薩自念我當持戒以此戒報為
諸眾生作轉輪聖王或作閻浮提王若作天王令
諸眾生滿足於財无所乏短然後坐佛樹下降伏
魔王破諸魔軍成无上道為諸眾生說諸淨法令
无量眾生度老病死海是為持戒因緣生檀波羅
蜜云何持戒生忍辱持戒之人心自念言我今持
戒為治心故若持戒无忍辱當墮地獄雖不破戒
以无忍故不免惡道何可縱忿不自制心但以心
故入三惡趣是故應當好自勉強勤修忍辱復次
行者欲令戒德堅强當修忍辱所以者何忍為大
力能堅固戒令不動搖復自思惟我今出家形与
俗別豈可縱心如世人法宜自勉勵以忍調心以
身口忍心亦得忍若心不忍身口亦尒是故行者
當令身口心絕忍諸怨根復次是戒略說則有八
万廣說則有无量我當云何能具持此无量戒法
唯當忍辱眾惡自得譬如有人得罪於王々以罪人
載之刀車六邊利刃間不容間奄逸馳走行不擇
路若能持身不為刀傷是則無罪而不死持戒之人
亦復如是戒為利刀忍為持身若忍心不固戒亦
傷人又復譬如老人夜行无杖則蹶忍為戒杖扶
人至道福樂因緣不能動搖如是種々名為持戒
生羼提波羅蜜云何持戒而生精進持戒之人除
却放逸自力勤修習无上法捨世間樂入於善道
志求涅槃以度一切大心不懈以佛求道為本是

人至道福樂因緣不能動搖如是種々名為持戒
生羼提波羅蜜云何持戒而生精進持戒之人除
却放逸自力勤修習无上法捨世間樂入於善道
志求涅槃以度一切大心不懈以佛求道為本是
為持戒能生精進復次持戒之人厭疲世苦老病
死患心生精進必求自脫亦以度人譬如野干在
林樹間依隨師子及諸虎豹求其殘肉以自存活
時間空乏夜半踰城深入人舍求肉不得僻處睡
息不覺夜竟惶怖无計走則不自免住則懼畏死
痛便自定心詐死在地眾人來見有一人言我須
野干耳即便截取野干自念截耳雖痛但令身在
次有一人言我須野子尾便復截去野子復念截
尾雖痛猶是小事次有一人言我須野子牙野干
心念取者轉多儻取我頭則无活路即從地起奮
其智力絕踊間關逕得自濟行者之心求脫苦難
亦復如是若老至時猶故自寬不能懃勤決斷精
進病亦如是以有差期未能決計死欲至時自知
无冀便自能奮果敢懃大修精進從死地中得
得至涅槃復次持戒之法譬如人射先得平地々
平然後心々安々然後挽々滿々然後陷深戒為
平地禪定為弓挽滿為精進箭為智慧賊是无明
若能如是轉力精進必至大道以度眾生復次持
戒之人能以精進自制五情不受五塵若心以去
能制令還是為於戒能護諸根護諸根則生々禪
々定々則生々智々慧々得至佛道是為持戒生
毗梨耶波羅蜜云何持戒生禪人有三業作諸不
善若身口業善意業自然入善譬如曲草生於麻

能制令還是為於戒能護諸根護諸根則生禪
々定々則生々智々慧々得至佛道是為持戒生
毗梨耶波羅蜜云何持戒生禪人有三業作諸不
善若身口業善意業自然入善譬如曲草生於麻
中不扶自直持戒之力能羸諸結使云何能羸若
不持戒瞋恚事來㪅心則生若㪅事至婬心即成
若持戒者雖有微瞋不生㪅心雖有婬念婬事不
成是為戒持能令諸々結々使々羸々禪定易得
譬如老病失力死事易得結使羸故禪定易得復
次人心未息常求實樂行者持戒棄捨世福心不
放逸是故易得禪定復次持戒之人得生人中次
生六欲天上次至色界破色相生无色界持戒清
淨斷諸結使得阿羅漢道大心持戒愍念眾生是
為菩薩復次戒為捨麤禪為攝細復次戒攝身口
禪止亂心如是人上屋非梯不昇不得戒梯禪亦
不立復次破戒之人結使風強散亂其心其心散
亂則禪不可得持戒之人煩惱風濡心不大散禪
定易得如是等種々因緣是為持戒生禪波羅
蜜云何持戒能生智慧持戒之人觀此戒相從何
而有知從眾罪而生若无眾罪則无戒々相如是
從因緣有何故生著譬如蓮花出自污泥色雖鮮
好出處不淨以是悟心不令生著是為持戒生般
若波羅蜜復次持戒之人心自思惟若我以持戒
貴而可取破戒賤而可捨若有此心不應般若波
羅蜜以智籌量心不著戒无取无捨是為持戒生
般若波羅蜜復次不持戒人雖有利智以營世務

若波羅蜜復次持戒之人心自思惟若我以持戒
貴而可取破戒賤而可捨若有此心不應般若波
羅蜜以智籌量心不著戒无取无捨是為持戒生
般若波羅蜜復次不持戒人雖有利智以營世務
種々欲求生業之事慧根漸鈍譬如利刀以削泥
土遂成鈍器若出家持戒不營世業常觀諸法
實相先雖鈍根以漸轉利如是等種々因緣名為持
戒生般若波羅蜜云何名尸羅波羅
蜜復次菩薩持戒不以畏故亦非愚癡非疑非
戒盜亦不自為涅槃故持戒但為一切眾生故為
得佛道故為得一切佛法故如是相名為尸波羅
蜜復次若菩薩於罪不罪不可得故是時名為尸
羅波羅蜜問曰若人捨惡行善是為持戒云何言
罪不罪不可得答曰非謂邪見麤心言不可得若
深入諸法相行空三昧慧眼觀故罪不可得罪无
故不罪亦不可得復次眾生不可得故無罪亦不
可得罪不可得故戒亦不可得何以故以有罪
故則有戒若无無罪則亦无戒問曰今眾生現有
云何言眾生不可得答曰肉眼所見是為非見若
以慧眼觀則不得眾生如上檀中說无施人无受
者无財物此亦如是復次若有眾生是五陰耶離
五陰有耶若是五陰五陰則有五眾生如是者五可
為一々不可為五譬如市易物直五匹以一匹取則
不可得何以故一不得作五故以是故知五陰不
得作一眾生復次五陰生滅无常相眾生法從先
世來至後世受罪福於三界譬如草木自生自滅
如是則无罪縛亦无解脫以是故知非五陰是眾

不可得何以故一不得作五故以是故知五陰不
得作一衆生復次五陰生滅无常相衆生法從先
世來至後世受罪福於三界譬如草木自生自滅
如是則无罪縛亦无解脫以是故知非五陰是衆
生若離五陰有衆生如先說神常遍中已破復次
離五陰則我見心不生若離五陰有衆生是為墮
常若墮常者是則无生无死何以故生名先无今
出死已生便滅若衆生常者應遍滿五道中先以
常有云何今復來生若不有生則无有死問曰定
有衆生何以故言无五陰因緣有生死法譬如五
指因緣有捲法生答曰此言非也若五陰因緣有
衆生法者除五陰則別有衆生法然不可得眼自
見色耳主聞聲嗅香舌知味身知觸意知法无吾
我法離此六事更无衆生諸外道輩顛倒見故言
眼能見色是為衆生乃至意能知法是為衆生又
能憶念能受苦樂是為衆生但作是視不知衆生
實譬如一長老大德比丘人謂是阿羅漢多致供
養其後病死諸弟子懼失供養故夜盜出之於其
臥處安施被枕令如師在其狀如臥人來問病師
在何許諸弟子言汝不見牀上被枕耶愚者不審
察之謂師病臥大送供養而去如是非一復有智
人來而問之諸弟子亦如是答智人言我不問被
枕牀蓐我自求人發被求之无人可得除六事相
更无我人智者見者亦復如是復次若衆生於五
陰因緣有者五陰无常衆生亦應无常何以故因
果相似故若衆生无常則不至後世復次若如汝

枕牀蓐我自求人發被求之无人可得除六事相
更无我人智者見者亦復如是復次若衆生於五
陰因緣有者五陰无常衆生亦應无常何以故因
果相似故若衆生无常則不至後世復次若如汝
言衆生從本已來常有若尒者衆生應生五〻陰〻
不應生衆生今五陰因緣生衆生名字无智之人逐
名求實以是故衆生實无若无衆生亦无〻殺〻
罪〻故亦无持戒復次是五陰深入觀之分別知
空如夢所見如鏡中像若殺夢中所見及鏡中像
无有殺罪殺有五種陰空相衆生亦復如是以是
故言於罪不罪不著故具足尸羅波羅蜜也復次
若人不樂罪无貪著罪是人破戒罪人則輕慢見
持戒善人則恭敬如是持戒是起罪因緣是故說
罪不罪不著故是名尸波羅蜜

摩訶般若波羅蜜優婆提舍中讚忍辱品第十九

心不動故應具足羼提波羅蜜問曰云何名羼提
答曰羼提秦言忍〻辱〻有二種生忍法忍菩薩
行生忍得无量福德行法忍得无量福德智慧二
事具足故得如所願譬如人有目有足隨意能到
菩薩若遇惡口罵詈若刀杖所加思惟知罪福業
因緣諸法內外畢竟空无〻我〻所以三法印〻
諸法故力雖能報不生惡心不起惡口業尒時心
數法生名為忍得是忍法故忍智牢固譬如畫綵
得膠則堅著有人言善心有二種有麤有細麤名
忍辱細名禪定未得禪定心樂能遮衆惡是名忍
辱心得禪定樂不為衆惡是名禪定是忍是心數
法与心相應隨心行非業〻報隨業行有人言三界

衆法生名爲忍得是忍法故忍者寂國女輩如
得勝則堅著有人言若心有二種有麁有細麁名
忍辱細名禪定未得禪定心樂能遮衆惡是名忍
辱心得禪定樂不爲衆惡是名禪定是心數
法名心相應隨心行非業非業報隨業行有人言三界
繫有言但欲色繫或不繫色界无外惡可忍故爲
有漏亦无漏凡夫聖人俱得故彰己心他心不善
法故名爲善善故或思惟斷或不斷如是種種阿
毗曇廣分別到問曰云何名生忍答曰有二種衆生
來向菩薩一者恭敬供養二者瞋罵打害爾時菩
薩其心能忍不愛敬衆生不瞋加惡衆生是名
生忍問曰云何恭敬供養名之爲忍答曰有二種
結使一種屬愛結使二者屬恚結使恭敬供養雖
不生恚令心愛著是名濡賊是故於此應當自忍
不著不愛云何能忍觀其无常是結使生處如佛
所說利養瘡深譬如斷皮至肉斷肉至骨斷骨至
髓人著利養則破持戒皮斷禪定肉破智慧骨失
微妙善心髓如佛初遊迦毗羅婆國与千二百五
十比丘俱皆是梵志之衆供養火故形容憔悴絕
食苦行故膚體瘦黑淨飯王心念言我子侍從雖復
心清淨潔並无容相我當擇取累重多子孫者家
出一人爲佛弟子如是思惟已勑下國中簡擇貴
族子弟應書之衆皆令出家是時斛飯王子提婆
達出家學道誦六萬法藏精進行滿十二年其後
爲供養利故來至佛所求學神通佛告憍曇汝觀
五陰无常可以得道亦得神通而不爲說取通之
法出求舍利弗目揵連乃至五百阿羅漢皆不爲

族子弟應書之衆皆令出家是時斛飯王子提婆
達出家學道誦六萬法藏精進行滿十二年其後
爲供養利故來至佛所求學神通佛告憍曇汝觀
五陰无常可以得道亦得神通而不爲說取通之
法出求舍利弗目揵連乃至五百阿羅漢皆不爲
說言汝當觀五陰无常可以得道可以得通不得
所求涕泣不樂到阿難所求學神通是時阿難未
得他心智敬其兄故如佛所言以授提婆達受學
通法入山不久便得五通得五通已自念誰當与
我作檀越者如王子阿闍世有大王相欲与我爲
親厚到天上取天食還到欝單曰取自然粳米到
閻浮林中取閻浮果与王子阿闍世或時自變其
身作象寶馬寶以惑其心或作嬰孩坐其膝上王
子抱之嗚嗽与唾常自說己名令王子知之種種
種變態以動其心王子意惑於柰園中大立精舍
四種供養并種種雜供无物不備以給提婆達日
日率諸大臣自爲送五百釜羹餅提婆達大得供
養而徒衆尠少自念我有卅相減佛无幾直以弟
子未集若大衆圍繞与佛何異如是思惟已生心
破僧得五百弟子舍利弗目揵連說法教化僧還
和合爾時提婆達便生惡心推山壓佛金剛力士
以金剛杵而遙擲之碎石迸來傷佛足指華色比
丘尼呵之復以拳打尼尼即時眼出而死作三逆罪
与惡邪師富蘭那外道等爲親厚斷諸善根心无
愧悔復以惡毒著指爪中欲因礼佛以中傷佛欲
去未到於王舍城中地自然破裂火車來迎生入
地排提婆達身有三十相而不能忍伏其心爲供養

亡惡覓羅富蘭那外道詞為難摩訶諸善相心无
愧悔復以惡毒著指爪中欲因礼佛以中傷佛欲
去未到於王舍城中地自然破裂火車來迎生入
地提婆達多有三十相而不能忍伏其心為供養
利故而作大罪生入地獄以是故言利養創深破
皮至髓應當除却愛供養人心是為菩薩忍心不
愛著供養恭敬人復次供養有三種一者先世因
緣福德故二者今世功德脩戒禪定智慧故為人
供養三者虛妄欺惑內无實德外如青白以誑時
人而得供養於此三種供養中心自思惟若先世
因緣脩福德今得供養是為勤身作之而自得
耳何為於此而生貢高譬如春種秋穫自以力得
何足自憍如是思惟已忍伏其心不著不憍若今
世功德故而得供養當自惟思我以智慧若知諸
法實相若能斷結以此功德故是供人養功德於
我无事如是思惟以自調心其不自憍高是實愛
愛功德不愛我譬如罽賓三藏比丘行阿蘭若法
至一王寺々設大會守門人見其衣服麤弊遮門
不前如是數々以衣服弊故每不得前便作方便
假借好衣而來門家見之聽前不禁既至會坐得
種々好食先以与衣衆人問言何以尒耶答言我
比數來每不得入今以衣故得此坐得種々好食
實是衣故得之故以与衣行者以循行功德持戒
智慧故而得供養自念此功德非為我也如是思
惟能自伏心是名為忍虛妄欺偽而得供養是為
自閉不可近也當自思惟若我以此虛妄而得供
養与惡賊劫盜得食无異是為欺頭妄罪如是思

比數來每不得入今以衣故得此坐得種々好食
實是衣故得之故以与衣行者以循行功德持戒
智慧故而得供養自念此功德非為我也如是思
惟能自伏心是名為忍虛妄欺偽而得供養是為
自閉不可近也當自思惟若我以此虛妄而得供
養与惡賊劫盜得食无異是為欺頭妄罪如是思
惟於三種供養人中心不愛著亦不自高是名生
忍問曰人未得道衣食為急云何方便能得忍心
不著不愛給拖之人答曰以智慧力觀无常相苦
相无吾我相心常厭患譬如罪人臨當受戮雖復
美味在前家室勸喻以憂死故雖飲食餚膳不覺
滋味行者亦尒常觀无常相苦相雖得供養心亦
不著又如肇瘥為霈得逐退之不捨雖得好草美
水飲食心不味着行者亦尒常為无常霈逐不捨
須臾思惟厭患雖得美味亦如肇瘥心不染著是
故行者於供養人中心得自忍復次若有女人來
欲娛樂誂惑菩々薩々是時當自伏心忍不令起
如釋迦牟尼佛在菩提樹下魔王憂愁遣三玉女
一名樂見二名悅彼三名渴愛來現其身作種々
婆態欲懷菩々薩々是時心不傾動目不暫視三
女念言人心不同好愛各異或有好少或愛中年
或好長或好短好黑好白如是衆好各有所愛是
時三女各々化作五百美女一々化女作无量變
態從林中出譬如黑雲電光暫現或揚眉頓瞬
睛細視作衆伎樂種々婀娜來近菩薩欲以態身
牽逼菩薩尒時密迹金剛力士瞋目叱之此是何
人而汝妖媚敢來牽逼尒時密迹說偈呵之
[illegible]

女念言人心不同好愛各異或有好少或愛中年
或好長或好短好黑好白如是眾好各有所愛是
時三女各各化作五百美女一一化女作无量變
態從林中出譬如黑雲電光暫現或揚眉頓睞瞜
睛細視作眾伎樂種種姿媚來近菩薩欲以態身
觸逼菩薩尒時密迹金剛力士瞋目叱之此是何
人而汝妖媚敢來觸嬈尒時密迹說偈呵之
汝不知天帝　失好而黃蔫　大婆水清美　今日盡苦醎
汝不知月減　婆藪諸天墮　火本為天口　而今一切噉
汝不知此事　敢輕此聖人
是時眾女逡巡而退語菩薩言此眾女端嚴无比
可自娛樂直端坐何為菩薩言汝等不淨臭穢可
惡去勿妄談菩薩是時即說偈言
是身為穢藪　不淨物腐積　是實為行廁　何足以樂意
汝聞此偈自念此人不知我等清淨天身而說此
偈即自變身還服本形光耀昱爍照林樹間作天
伎樂語菩薩言我身如是有何可呵菩薩答曰時
至自知問曰此言何謂答言
諸天園林中　七寶蓮花池　天人相娛樂　失時汝自知
是時知无常　天上樂之苦　汝當厭欲樂　愛樂正真道
汝聞偈已心念是人大智无量天樂清淨由知其
患不可當也即時滅去菩薩如是觀

BD03741 號　大智度論卷一四　（13–13）

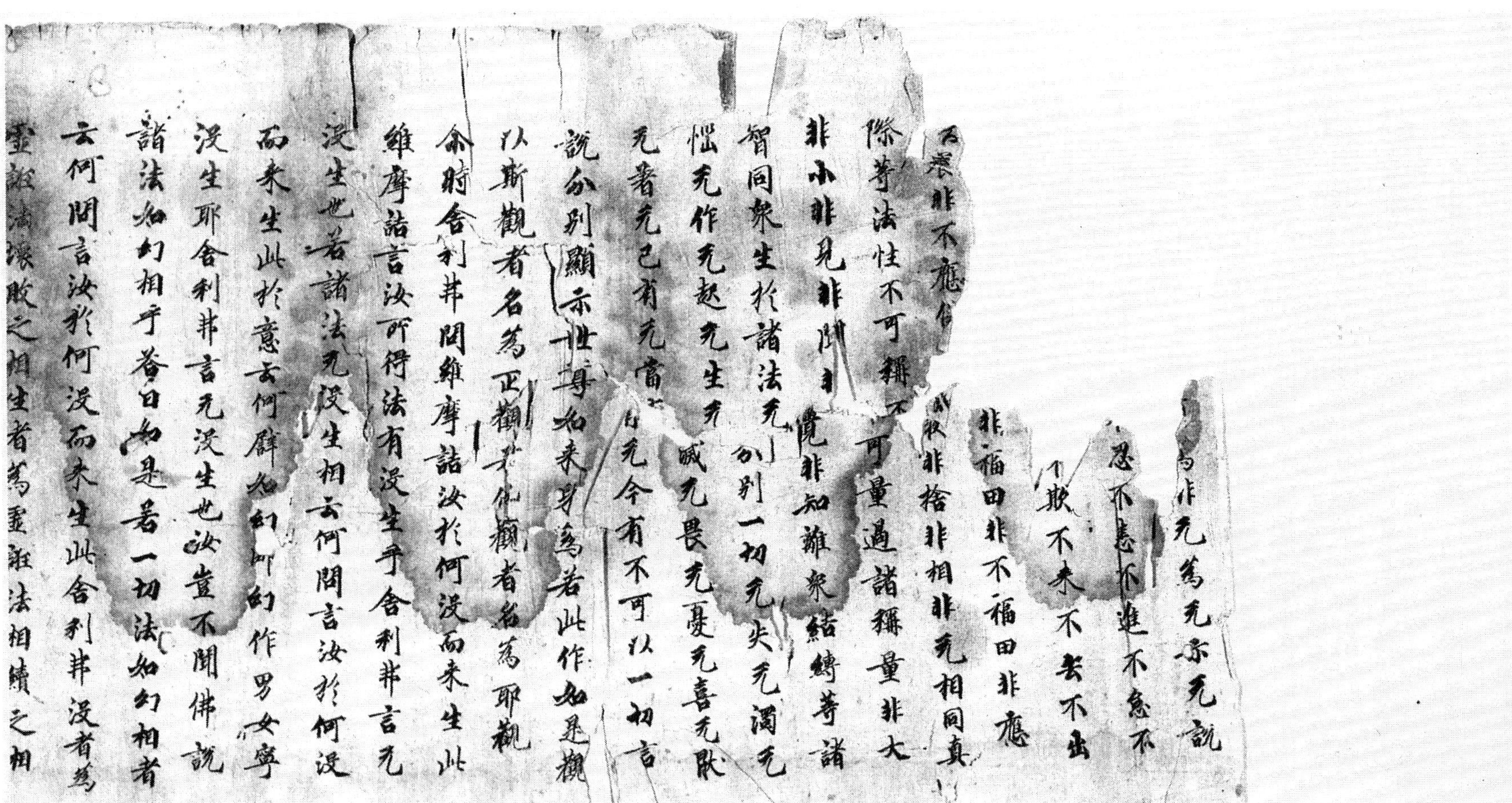

為非无為无示无說
忍不恚不進不怠不
不欺不來不去不出
非福田非不福田非應
養非不應供……取非捨非相非无相同真
際等法性不可稱不可量過諸稱量非大
非小非見非聞非覺非知離眾結縛等諸
智同眾生於諸法无分別一切无失无濁无
惱无作无起无生无滅无畏无憂无喜无厭
无著无已有无當有无今有不可以一切言
說分別顯示世尊如來身為若此作如是觀
以斯觀者名為正觀若他觀者名為邪觀
尒時舍利弗問維摩詰汝於何沒而來生此
維摩詰言汝所得法有沒生乎舍利弗言无
沒生也若諸法无沒生相云何問言汝於何沒
而來生此於意云何譬如幻師幻作男女寧
沒生耶舍利弗言无沒生也汝豈不聞佛說
諸法如幻相乎答曰如是若一切法如幻相者
云何問言汝於何沒而來生此舍利弗沒者為
虛誑法壞敗之相生者為虛誑法相續之相

BD03742 號　維摩詰所說經卷下　（11–1）

[illegible]
没生耶舍利弗言无没生也汝豈不聞佛說
諸法如幻相乎荅曰如是若一切法如幻相者
云何問言汝於何没而來生此舍利弗没者為
虛誑法敗壞之相生者為虛誑法相續之相
菩薩雖没不盡善本雖生不長諸惡是時
佛告舍利弗有國名妙喜佛号无動是維
摩詰於彼國没而來生此舍利弗言未曾有
也世尊是人乃能捨清淨土而來樂此多
怒害處維摩詰語舍利弗於意云何日光出時
與冥合乎荅曰不也日光出時則无衆冥維摩
詰言夫日何故行閻浮提荅曰欲以明照為
之除冥維摩詰言菩薩如是雖生不淨佛
土為化衆生不與愚闇而共合乎但滅衆生
煩惱闇耳是時大衆渴仰欲見妙喜世界不
動如來及其菩薩聲聞之衆佛知一切衆
會所念告維摩詰言善男子為此衆會現妙
不動如來及諸菩薩聲聞之衆皆欲見
維摩詰心念吾當不起于座接妙喜國
山川溪谷江河大海泉源須彌諸山及
宿天龍鬼神梵天等宮并諸菩薩聲
城邑聚落男女大小乃至无動如來
樹諸妙蓮華能於十方作佛事者
階從閻浮提至忉利天以此寶階諸
悉為礼敬无動如來聽受經法閻浮

BD03742 號　維摩詰所說經卷下　　（11–2）

城邑聚落男女大小乃至无動如來
樹諸妙蓮華能於十方作佛事者
階從閻浮提至忉利天以此寶階諸
悉為礼敬无動如來聽受經法閻浮
登其階上昇忉利見彼諸天妙喜世
如是无量功德上至阿迦膩吒天下
以右手斷取如陶家輪入此世界猶
亦一切衆作是念已入於三昧現神
通力以其右手斷取妙喜世界置於此土彼
得神通菩薩及聲聞衆并餘天人俱發聲言
唯然世尊誰取我去願見救護无動佛言非
我所為是維摩詰神力所作其餘未得神通
者不覺不知己之所往妙喜世界雖入此土而
不增減於是世界亦不迫隘如本无異尒時
釋迦牟尼佛告諸大衆汝等且觀妙喜世界
无動如來其國嚴飾菩薩行淨弟子清白
皆曰唯然已見佛言若菩薩欲得如是清淨
佛土當學无動如來所行之道現此妙喜國
時娑婆世界十四那由他人發阿耨多羅三
藐三菩提心皆願生於妙喜佛土釋迦牟尼
佛即記之曰當生彼國時妙喜世界於此國
土所應饒益其事訖已還復本處舉衆皆見
佛告舍利弗汝見此妙喜世界及无動佛不唯
然已見世尊願使一切衆生得清淨土如

BD03742 號　維摩詰所說經卷下　　（11–3）

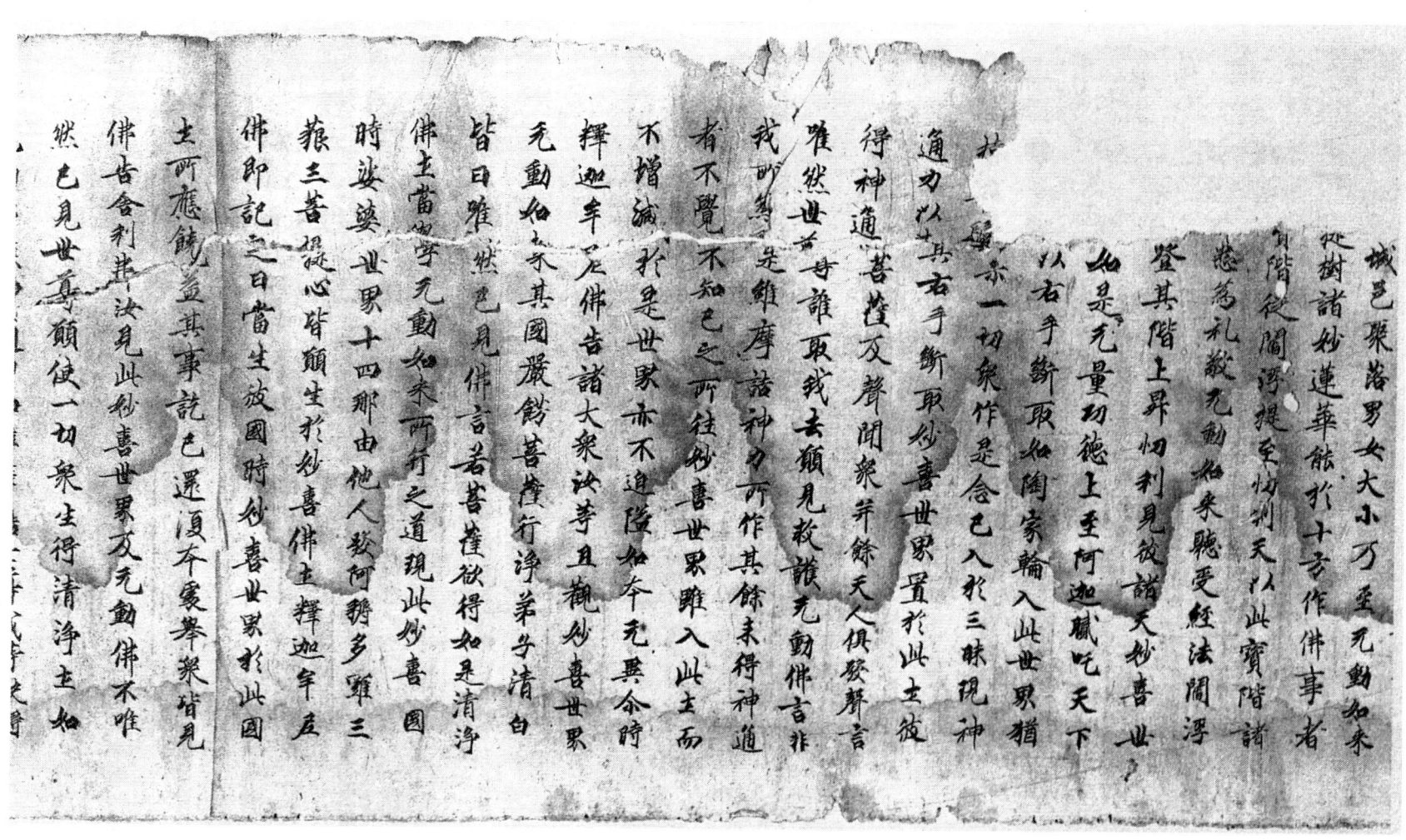

土所應饒益其事訖已還須本處舉衆皆見
佛告舍利弗汝見此妙喜世界及无動佛不唯
然已見世尊願使一切衆生得清淨土如
无動佛獲神通力如維摩詰世尊我等快得
善利得見是人親近供養其諸衆生若今現
在若佛滅後聞此經者亦得善利況復聞已
信解受持讀誦解說如法脩行若有手得是
經典者便爲已得法寶之藏若有讀誦解說
其義如說脩行則爲諸佛之所護念其有供
養如是人者當知則爲供養於佛其有書持
此經卷者當知其室則有如來若聞是經能
隨喜者斯人則爲取一切智若能信解此經
乃至一四句偈爲他說者當知此人即是受
阿耨多羅三藐三菩提記
法供養品第十三
尒時釋提桓因於大衆中白佛言世尊我雖
從佛及文殊師利聞百千經未曾聞此不可
思議自在神通決定實相經典如我解佛所
說義趣若有衆生聞是經法信解受持讀誦
之者必得是法不疑何況如說脩行斯人則
爲閉衆惡趣開諸善門常爲諸佛之所護念
降伏外學摧滅魔怨脩治菩提安處道場履
踐如來所行之跡世尊若有受持讀誦如說
脩行者我當與諸眷屬供養給事所在聚落

BD03742 號　維摩詰所說經卷下　（11–4）

爲閉衆惡趣開諸善門常爲諸佛之所護念
降伏外學摧滅魔怨脩治菩提安處道場履
踐如來所行之跡世尊若有受持讀誦如說
脩行者我當與諸眷屬供養給事所在聚落
城邑山林曠野有是經處我亦與諸眷屬聽
受法故共到其所其未信者當令生信其已
信者當爲作護佛言善哉善哉天帝如汝所
說吾助尒喜此經廣說過去未來現在諸佛
不可思議阿耨多羅三藐三菩提是故天帝
若善男子善女人受持讀誦供養是經者則
爲供養去來今佛天帝正使三千大千世界
如來滿中譬如甘蔗竹葦稻麻叢林若有善
男子善女人或一劫或減一劫恭敬尊重讚
嘆供養奉諸所安至諸佛滅後以一一全身
舍利起七寶塔縱廣一四天下高至梵天表
刹莊嚴以一切華香瓔珞幢幡伎樂微妙第
一若一劫若減一劫而供養之於天帝意云
何其人植福寧爲多不釋提桓因言多矣世
尊彼之福德若以百千億劫說不能盡佛告
天帝當知是善男子善女人聞是不可思議
解脫經典信解受持讀誦脩行福多於彼所
以者何諸佛菩提皆從是生菩提之相不可
限量以是因緣福不可量佛告天帝過去无
量阿僧祇劫時世有佛号曰藥王如來應供

BD03742 號　維摩詰所說經卷下　（11–5）

天帝當知是善男子善女人聞是不可思議
解脫經典信解受持讀誦脩行福多於彼所
以者何諸佛菩提皆從是生菩提之相不可
限量以是因緣福不可量佛告天帝過去无
量阿僧祇劫時世有佛号曰藥王如來應供
正遍知明行足善逝世間解无上士調御丈
夫天人師佛世尊世界曰大莊嚴劫曰莊嚴
佛壽二十小劫其聲聞僧三十六億那由他
菩薩僧有十二億天帝是時有轉輪聖王名
曰寶蓋七寶具足主四天下王有千子端正
勇健能伏怨敵尒時寶蓋與其眷屬供養藥
王如來施諸所安至滿五劫過五劫已告其
千子汝等亦當如我以深心供養於佛於是
千子受父王命供養藥王如來復滿五劫一
切施安其王一子名曰月蓋獨坐思惟寧有
供養殊過此者以佛神力空中有天曰善男
子法之供養勝諸供養即問何謂法之供養
天曰汝可往問藥王如來當廣為汝說法之
供養即時月蓋王子行詣藥王如來稽首佛
足却住一面白佛言世尊諸供養中法供養勝
云何為法供養佛言善男子法供養者諸佛
所說深經一切世間難信難受微妙難見清
淨无染非但分別思惟之所能得菩薩法藏
所攝陁羅尼印印之至不退轉成就六度

BD03742號　維摩詰所說經卷下　（11-6）

云何為法供養佛言善男子法供養者諸佛
所說深經一切世間難信難受微妙難見清
淨无染非但分別思惟之所能得菩薩法藏
所攝陁羅尼印印之至不退轉成就六度
善分別義順菩提法衆經之上入大慈悲
離衆魔事及諸邪見順因緣法无我无人无
衆生无壽命空无相无作无起能令衆生坐於
道場而轉法輪諸天龍神乾闥婆等所共嘆譽
能令衆生入佛法藏攝諸賢聖一切智慧說衆
菩薩所行之道依於諸法實相之義明宣无
常苦空无我寂滅能救一切毀禁衆生諸魔
外道及貪著者能使怖畏諸佛賢聖所共稱
嘆背生死苦示涅槃樂十方三世諸佛所說
若聞如是等經信解受持讀誦以方便力為
諸衆生分別解說顯示分明守護法故是名
法之供養又於諸法如說脩行隨順十二因
緣離諸邪見得无生法忍決定无我无有衆
生而於因緣果報无違无諍離諸我所依於
義不依語依於智不依識依了義經不依不
了義經依於法不依人隨順法相无所入无
所歸无明畢竟滅故諸行亦畢竟滅乃至生
畢竟滅故老死亦畢竟滅作如是觀十二因緣
无有盡相不復起見是名最上法之供養佛
告天帝王子月蓋從藥王佛聞如是法得柔

BD03742號　維摩詰所說經卷下　（11-7）

畢竟滅故老死亦畢竟滅作如是觀十二因緣
无有盡相不復起見是名最上法之供養佛
告天帝王子月蓋從藥王佛聞如是法得柔
順忍即解寶衣嚴身之具以供養佛白佛言
世尊如來滅後我當行法供養守護正法願
以威神加哀建立令我得降魔怨脩菩薩行
佛知其深心所念而記之曰汝於末後護持
法城天帝時王子月蓋見法清淨聞佛授記
以信出家脩集善法精進不久得五神通逮
菩薩道得陁羅尼无斷辯才於佛滅後以其所
得神通揔持辯才之力滿十小劫藥王如來
所轉法輪隨而分布月蓋比丘以護持法勤
行精進即於此身化百万億人於阿耨多羅
三藐三菩提立不退轉十四那由他人深發
聲聞辟支佛心无量衆生得生天上天帝時
王寶蓋豈異人乎今現得佛号寶焰如來其
王千子即賢劫中千佛是也從迦羅鳩孫䭾
爲始得佛最後如来号曰樓至月蓋比丘則
我身是也如是天帝當知此要以法供養於
諸供養爲上爲最第一无比是故天帝當以
法之供養供養於佛

囑累品第十四

於是佛告彌勒菩薩言彌勒我今以是无量
億阿僧祇劫所集阿耨多羅三

BD03742號　維摩詰所說經卷下　（11–8）

法之供養供養於佛

囑累品第十四

於是佛告彌勒菩薩言彌勒我今以是无量
億阿僧祇劫所集阿耨多羅三藐三菩提法付
囑於汝如是輩經於佛滅後末世之中汝等
當以神力廣宣流布於閻浮提无令斷絶所
以者何未来世中當有善男子善女人及天
龍鬼神乾闥婆羅刹等發阿耨多羅三藐三
菩提心樂于大法若使不聞如是等經則失
善利如此輩人聞是等經必多信樂發希有
心當以頂受隨諸衆生所應得利而爲廣說
彌勒當知菩薩有二相何謂爲二一者好於
雜句文飾之事二者不畏深義如實能入若
好雜句文飾事者當知是爲新學菩薩若於
如是无染无著甚深經典无有恐畏能入其
中聞已心淨受持讀誦如說脩行當知是爲
久脩道行彌勒復有二法名新學者不能決
定於甚深法何等爲二一者所未聞深經聞
之驚怖生疑不能隨順毀謗不信而作是言
我初不聞從何所来二者若有護持解說如
是深經者不肯親近供養恭敬或時於中說
其過惡有此二法當知是新學菩薩爲自毀
傷不能於深法中調伏其心彌勒復有二法
菩薩雖信解深法猶自毀傷而不能得无生法

BD03742號　維摩詰所說經卷下　（11–9）

我初不聞從何所來二者若有護持解說如
是深經者不肯親近供養恭敬或時於中說
其過惡有此二法當知是新學菩薩為自毀
傷不能於深法中調伏其心彌勒復有二法
菩薩雖信解深法猶自毀傷而不能得无生法
忍何等為二一者輕慢新學菩薩而不教誨
二者雖解深法而取相分別是為二法彌
勒菩薩聞說是已白佛言世尊未曾有也如
佛所說我當遠離如斯之惡奉持如來无數
阿僧祇劫所集阿耨多羅三藐三菩提法若
未來世善男子善女人求大乘者當令手得
如是等經與其念力使受持讀誦為他廣說
世尊若後末世有能受持讀誦為他說者知是
為彌勒神力之所建立佛言善哉善哉彌勒
如汝所說佛助爾喜於是一切菩薩合掌白
佛我等亦於如來滅後十方國土廣宣流布
阿耨多羅三藐三菩提復當開導諸說法
者令得是經爾時四天王白佛言世尊在在
處處城邑聚落山林曠野有是經卷讀誦解
說者我當率諸官屬為聽法故往詣其所擁
護其人面百由旬令无伺求得其便者是時
佛告阿難受持是經廣宣流布阿難言唯然我
已受持要者世尊當何名斯經佛言阿難是
經名為維摩詰所說亦名不可思議解脫法

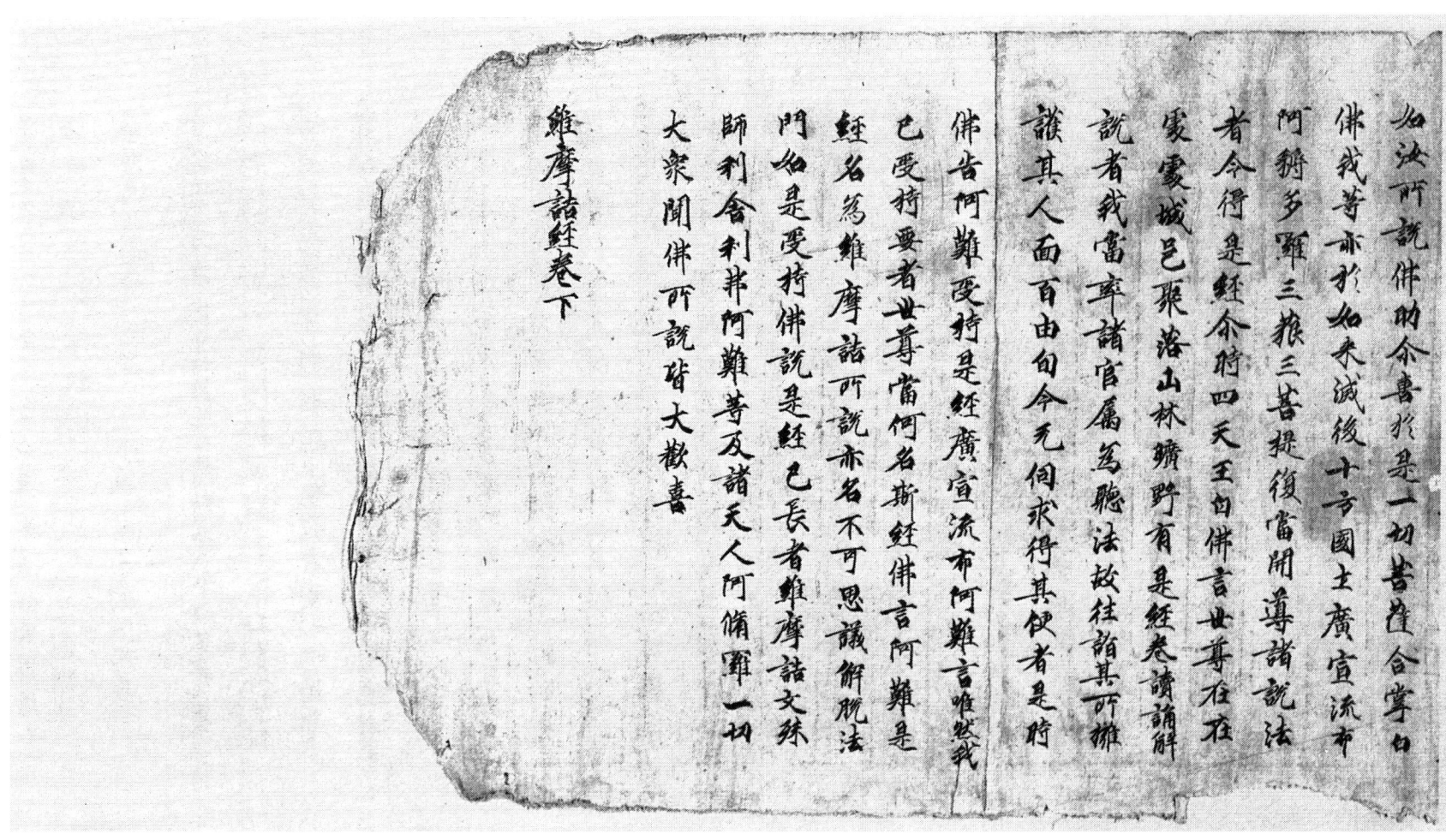

BD03742號　維摩詰所說經卷下　（11–10）

如汝所說佛助爾喜於是一切菩薩合掌白
佛我等亦於如來滅後十方國土廣宣流布
阿耨多羅三藐三菩提復當開導諸說法
者令得是經爾時四天王白佛言世尊在在
處處城邑聚落山林曠野有是經卷讀誦解
說者我當率諸官屬為聽法故往詣其所擁
護其人面百由旬令无伺求得其便者是時
佛告阿難受持是經廣宣流布阿難言唯然我
已受持要者世尊當何名斯經佛言阿難是
經名為維摩詰所說亦名不可思議解脫法
門如是受持佛說是經已長者維摩詰文殊
師利舍利弗阿難等及諸天人阿脩羅一切
大衆聞佛所說皆大歡喜

維摩詰經卷下

BD03742號　維摩詰所說經卷下　（11–11）

是人具足行上五□
男子有三惡事復名□
業惡三者報惡是名受惡果
具足如上六事能斷善根作
重能謗三寶用僧祇物能作
是因緣故沉沒在於阿鼻地
艘八万四千由旬是人身口
得出何以故其心不能生善法
諸佛出世不聞不見是名常沒
衆善男子我雖復說一闡提等
有常沒非一闡提何者是耶如
戒善是名常沒善男子有四善事獲得惡
何等為四一者為勝他故讀誦經典二者
利養故受持禁戒三者為他屬故而
四者為於非想非非想處故繫念思
善事得惡果報若人脩習如是四□
已還出出已還沒何故名樂三有
出以見明故明者即是聞戒施定何故還
增長耶見生憍慢故是故我於經中說偈
若有衆生樂三有　為有造作善惡業
是人迷失涅槃道　是名暫出還復沒
行於黑闇生死海　雖得解脫雜煩惱
是人還受惡果報　是名暫出還復沒
善男子如彼大魚因見光故暫得出水其身
重故還復沉沒如上二人亦復如是善男子

BD03743 號　大般涅槃經（北本）卷三六　（21–1）

是人迷失涅槃道　是名暫出還復沒
行於黑闇生死海　雖得解脫雜煩惱
是人還受惡果報　是名暫出還復沒
善男子如彼大魚因見光故暫得出水其身
重故還復沉沒如上二人亦復如是善男子
或復有人樂著三有是名為沒得聞如是大
涅槃經生於信心是名為出何因緣故名之
為出聞是經已遠離惡法脩習善法是名為
出是人雖信亦不具足何因緣故信不具足
是人雖信大般涅槃常樂我淨言如來身
常无我无樂无淨如來則有二種涅槃一者
有為二者无為有為涅槃无常樂我淨无為
涅槃有常樂我淨雖信佛性是衆生有不必
一切皆悉有之是故名為信不具足善男子
信有二種一者信二者求如是之人雖復有
信不能推求是故名為信不具足信復有二
一從聞生二從思生是人信心從聞而生不
從思生是故名為信不具足復有二種一者
有道二信得者是人信心唯信有道都不信
有得道之人是故名為信不具足復有二種
一者信正二者信耶言有因果有佛法僧是
名信正言无因果三寶性異信諸耶語富蘭
耶等是名信耶是人雖信佛法僧寶不信三
寶同一性相雖信因果不信得者是故名為
信不具足是人成就不具足信所受禁戒亦
不具足何因緣故名不具足是因不具足是故所得
禁戒亦不具足復何因緣名不具足是戒有二
種一威儀戒二從戒戒是人唯具威儀等戒
不具戒戒是故名為戒不具足復有二種一

BD03743 號　大般涅槃經（北本）卷三六　（21–2）

不具足何因緣故名不具足因不具足故所得
禁戒亦不具足是故何因緣名不具足戒有二
種一威儀戒二從戒戒是人唯具威儀等戒
不具戒戒是故名為戒不具足復有二種一
者作戒二者无作戒是人唯具作戒不具无
作是故名為戒不具足復有二種一從身口
得於正命二從身口不得正命是人雖從身
口不得正命是故名為戒不具足復有二種
一者求戒二者捨戒是人唯具求有之戒不
得捨戒是故名為戒不具足復有二種一者
隨有二者隨道是人唯具隨有之戒不具隨
道是故名為戒不具足復有二種一者善戒
二者惡戒身口意善是名善戒牛戒狗戒是
名惡戒是人深信是二種戒俱有善果是故
名為戒不具足是人不具信戒二事所脩多
聞亦不具足云何名為聞不具足如來所說
十二部經唯信六部不信六部是故名為聞
不具足雖復受持是六部經不能讀誦為他
解說无所利益是故名為聞不具足又復受
是六部經已為論議故為勝他故為利養故
為諸有故持讀誦說是故名為聞不具足
善男子我於經中說聞具足云何具足若
有比丘身口意善先能供養和上諸師有德
之人是諸師等於是人所生愛念心以是因
緣教授經法是人至心受持諷習持諷習已
獲得智慧得智慧已能善思惟如法而住善
思惟已則得正義得正義已身心寂靜身心
寂靜已則生喜心喜心因緣心則得定因得
定故得正知見正知見已於諸有中心生厭

BD03743號　大般涅槃經（北本）卷三六　（21-3）

獲得智慧得智慧已能善思惟如法而住善
思惟已則得正義得正義已身心寂靜身心
寂靜已則生喜心喜心因緣心則得定因得
定故得正知見正知見已於諸有中心生厭
悔悔諸有故能得解脫是人无有如是等事
是故名為聞不具足是人不具如是三事施
亦不具施有二種一者財物二者法施是人
雖復行於財施為求有故雖行法施亦不具足
何以故祕不盡說畏他勝故是故名為施不具
足財法二施各有二種一者聖二者非聖聖
者施已不求果報非聖施已求於果報聖者
法施為增長法非聖法施為增諸有如是之
人為增財故而行財施為增有故而行法施
是故名為施不具足復次是人受六部經見
受法者而供給之不受法者則不供給是故
名為施不具足是人不具如上四事所脩智
慧亦不具足智慧之性性能分別是人不能
分別如來是常无常如來於此涅槃經中說
言如來即是解脫解脫即是如來如來即是
涅槃涅槃即是解脫於是義中不能分別梵
行即是如來如來即是慈悲喜捨慈悲喜捨
即是解脫解脫即是涅槃涅槃即是慈悲喜
捨於是義中不能分別是故名為智不具足
復次不能分別佛性即是如來如來即是一
切不共之法不共之法即是解脫解脫即是
涅槃涅槃即是不共之法於是義中不能分
別是故名為智不具足復次不能分別四諦
苦集滅道不能分別四真諦故不知聖行不
知聖行故不知如來不知如來故不知解脫

BD03743號　大般涅槃經（北本）卷三六　（21-4）

涅槃涅槃即是不共之法於是義中不能分
別是故名為增不具足復次不能分別四諦
苦集滅道不能分別四真諦故不知聖行不
知聖行故不知如來不知如來故不知解脫
不知解脫故不知涅槃是故名為增不具足
是人不具是五事有二種一增善法二增惡
法云何名為增長惡法是人不見已不具
足自言具足命生著心於同行中自謂為勝
是故親近同已惡友既親近已復得更聞不
具足法聞已心喜其心染著起於憍慢多行
放逸因放逸故親近在家樂聞說在家之
事遠離清淨出家之法以是因緣增長惡
法增惡法故身口意等起不淨業三業不淨
故增長地獄畜生餓鬼是名暫出還沒暫出
還沒者我佛法中其誰是耶謂提婆達多瞿
和離比丘惋手比丘善星比丘坻舍比丘滿
宿比丘慈地比丘尼曠野比丘尼方比丘尼
慚比丘尼淨潔長者求有優婆塞舍勒釋種
鳥長者名稱優婆夷光明優婆夷難陀優婆
夷軍優婆夷鈴優婆夷如是等人名為暫出
還沒譬如大魚見明故出身重故沒第二之
人深自知見行不具足不具足故求近善友
近善友故樂諮未聞聞已樂受受已樂善思
惟善思惟已能如法住如法住故增長善法
增善法故終不復沒是名為住我佛法中其誰
是耶謂舍利弗大目揵連阿若憍陳如等五
比丘耶舍等五比丘阿㝹樓馱童子迦葉摩
訶迦葉十力迦葉瞿曇彌比丘尼波吒羅
華比丘尼勝比丘尼實義比丘尼意比丘尼

BD03743號　大般涅槃經（北本）卷三六　（21–5）

是耶謂舍利弗大目揵連阿若憍陳如等五
比丘耶舍等五比丘阿㝹樓馱童子迦葉摩
訶迦葉十力迦葉瞿曇彌比丘尼波吒羅
華比丘尼勝比丘尼實義比丘尼意比丘尼
跋陀比丘尼淨比丘尼不退轉比丘尼頻婆
娑羅王郁伽長者須達多長者釋摩男貧須
達多鼠狼長者子名稱長者具足長者師子
將軍優波離長者刀長者无畏優婆夷善住
優婆夷愛法優婆夷勇健優婆夷天得優婆
夷善生優婆夷具身優婆夷牛得優婆夷曠
野優婆夷摩訶斯那優婆夷如是等比丘比丘
尼優婆塞優婆夷得名為住云何為住常樂
覩見善光明故以是因緣若佛出世若不出
世如是等人終不造惡是名為住如坻彌魚
樂見光明不沉不沒如是等眾亦復如是是
故我於經中說偈
若人善能分別義　至心求於沙門果
若能呵責一切有　是人名為如法住
若能供養无量佛　則能无量世脩道
若受世樂不放逸　是人名為如法住
親近善友聽正法　內善思惟如法住
樂見光明脩習道　獲得解脫安隱住
善男子若不具足凡有五事是人知已求近
善友如是善友當觀是人貪欲瞋恚愚癡思
覺何者偏多若知是人貪欲多者即應為說
不淨觀法瞋恚多者為說慈悲思覺多者教
令數息著我多者當為分析十八界等是人
聞已至心受持心受持已如法脩行如法行
已次第獲得四念處觀身受心法得是觀已
[illegible]

BD03743號　大般涅槃經（北本）卷三六　（21–6）

覺何者偏多若知是人貪欲多者即應為說
不淨觀法瞋恚多者為說慈悲思惟覺多者教
令數息著我多者當為分析十八界等是人
聞已至心受持心受持已如法修行如法行
已次第獲得四念處觀身受心法得是觀已
次第復觀十二因緣如是觀已次得煖法迦
葉菩薩白佛言世尊一切衆生悉有煖法何
以故如佛所說三法和合名為衆生一壽二
煖三識若從是義一切衆生應先有煖云何
如來說言煖法因善友生佛言善男子如汝
所問有煖法者一切衆生至一闡提皆悉有
之如我今者所說煖法要因方便然後乃得
本无今有以是義故非諸衆生一切先有是
故汝今不應難言一切衆生皆有煖法善男
子如是煖法是色界法非欲界有若言一切
衆生有者欲界衆生亦皆應有欲界无故當
知一切不必都有善男子色界雖有非一切
有何以故我弟子有外道則无以是義故一
切衆生不必都有善男子一切外道唯有六
行我諸弟子具足十六是十六行一切衆生
不必都有迦葉菩薩白佛言世尊所言煖法
云何名煖為自性故煖為他故煖佛言善男子
如是煖法自性是煖非他故煖迦葉菩薩
言世尊如來先說馬師滿宿无有煖法何以
故於三寶所无信心故是故无煖當知信心
即是煖法善男子信非煖法何以故因於信
心後得煖故善男子夫煖法者即是智慧何
以故觀四諦故是故名之為十六行行即是
智善男子如汝所問何因緣故名為煖者善

BD03743號　大般涅槃經（北本）卷三六　（21–7）

即是煖法善男子信非煖法何以故因於信
心後得煖故善男子夫煖法者即是智慧何
以故觀四諦故是故名之為十六行行即是
智善男子如汝所問何因緣故名為煖者善
男子夫煖法者即是八聖道之火相故名為
煖善男子譬如攢火先有煖氣次有火生後
則煖出是无漏道亦復如是煖者即是十六
行也火者即是須陁洹果烟者即是脩道斷
結迦葉菩薩復白佛言世尊如是煖法亦是
有法亦是有為是法雖得色界五陰是故名
有是因緣故復名有為若是有為云何能為
无漏道相佛言善男子如是如是如汝所說
善男子如是煖法雖是有為有法還能破壞
有為有法是故能為无漏道相善男子如人
乘馬亦愛亦棄煖心亦尒愛故受生厭故觀
行是故雖復有法有為而能与彼正道作相
得煖法人七十三種欲界十種是人具足一
切煩惱從斷一分至于九分如欲界初禪乃至
无所有處亦復如是是名七十三種如是等
人得煖法已則不復能斷於善根作五逆
罪犯四重禁是人二種一遇善友二遇惡友
遇惡友者輙出還沒遇善友者遍觀四方觀
四方者即是頂法是法雖復性是五陰亦緣四
諦是故得名遍觀四方得頂法已次得忍法
是忍亦尒性亦五陰亦緣四諦是人次得世
第一法是法雖復性是五陰亦緣四諦是人
次第得苦法忍忍性是慧緣於一諦如是忍
法緣一諦已乃至見斷煩惱得須陁洹果是
名第四遍觀四方四方者即是四諦迦葉菩

BD03743號　大般涅槃經（北本）卷三六　（21–8）

是忍亦尒性亦五陰亦緣四諦是人次得世
第一法是法雖復性是五陰亦緣四諦是人
次第得苦法忍忍性是慧緣於一諦如是忍
法緣一諦已乃至見斷煩惱得須陁洹果是
名第四遍觀四方四方者即是四諦迦葉菩
薩白佛言世尊如佛先說須陁洹人所斷煩
惱猶如縱廣卌里水其餘在者如一毛渧此
中云何說斷三結名須陁洹一者我見二者
非因見因三者疑網世尊何因緣故名須陁
洹遍觀四方復何因緣名須陁洹復何因緣
說須陁洹喻以錯魚佛言善男子須陁洹人
雖復能斷无量煩惱此三重故亦攝一切須
陁洹人所斷結故善男子辟如大王出遊巡
時雖有四兵世人但言王來王去何以故世
間重故是三煩惱亦復如是何因緣故名之
為重一切衆生常所起故微難識故是故名
重如是三結難可斷故能為一切煩惱因故
是三對治之怨敵故謂戒定慧善男子有諸
衆生聞須陁洹能斷如是无量煩惱則生退
心便作是言衆生云何能斷如是无量煩惱
是故如來方便說三如汝所問何因緣故須
陁洹人喻觀四方善男子須陁洹人觀於四
諦獲得四事一者住堅固道二者遍觀察
三者能如實知見四者能壞大惡堅固道者
是須陁洹所有五根无能動者是故名為住堅
固道能遍觀者悉能呵嘖內外煩惱如實見
者即是忍智壞大惡者謂四顛倒如汝所問
何因緣故名須陁洹者善男子須名无漏陁
洹名脩習脩習无漏故名須陁洹善男子復

BD03743號　大般涅槃經（北本）卷三六　（21–9）

固道能遍觀者悉能呵嘖內外煩惱如實見
者即是忍智壞大惡者謂四顛倒如汝所問
何因緣故名須陁洹者善男子須名无漏陁
洹名脩習脩習无漏故名須陁洹善男子復
有須者名流流有二種一者順流二者逆流
以逆流故名須陁洹迦葉菩薩言世尊若從
是義何因緣故斯陁含人阿那含人阿羅漢
人不得名為須陁洹耶善男子從須陁洹乃
至諸佛亦得名為須陁洹若斯陁含乃至諸佛
无須陁洹云何得名斯陁含乃至諸佛一切衆
生名有二種一者舊二者客凡夫之時有世
名字既得道已更為立名名須陁洹以先得
故名須陁洹以後得故名斯陁含是人亦名
須陁洹亦名斯陁含乃至佛亦復如是善男
子流有二種一者解脫二者涅槃一切聖人
皆有是二亦可得名須陁洹亦名斯陁含乃
至佛亦復如是善男子須陁洹者亦名菩薩
何以故菩提者即是盡智及无生智須陁洹
人亦復求索如是二智是故當知須陁洹人
得名菩薩須陁洹人亦得名覺何以故正覺
見道斷煩惱故正覺因果故正覺共道及不
共道故斯陁含乃至阿羅漢亦復如是善男
子是須陁洹凡有二種一者利根二者鈍根
鈍根之人人天七反是鈍根人復有五種或
有六五四三二種利根之人現在獲得須陁
洹果至阿羅漢果
善男子如汝所問何因緣故須陁洹人以喻
錯魚者善男子錯魚有四事一者骨細故輕
二者有翅故輕三者樂見光明四者銜物堅

BD03743號　大般涅槃經（北本）卷三六　（21–10）

[illegible]
洹果至阿羅漢果
善男子如汝所問何因緣故須陁洹人以喻
錯像者善男子錯像有四事一者胃細故輕
二者有翅故輕三者樂見光明四者銜物堅
持須陁洹人亦有四事言胃細者喻煩惱微
言有翅者喻舍摩他毗婆舍那樂見光明喻
於見道銜物堅持喻聞如来說无常苦无我
不淨堅持不捨猶如魔王化作佛像首羅長
者見已心驚魔見長者其心動已即語長者
我先所說四真諦者是說不真今當為汝更
說五諦六陰十三入十九界長者聞已尋觀
法相都无此理是故堅持其心不動迦葉菩
薩白佛言世尊是須陁洹先得直故名須陁
洹以初果故名須陁洹若先得道名須陁洹
者得苦法忍時何故不得名須陁洹乃名為
向若以初果名須陁洹外道之人先斷煩惱
至无所有處脩无漏道得阿那含果何故不
名為須陁洹善男子以初果故名須陁洹如
汝所問外道之人先斷煩惱至无所有處脩
无漏道得阿那含何故不名須陁洹者善男
子以初果故名須陁洹是人尒時具足八智
及十六行迦葉言世尊得阿那含亦復如是
亦得八智具十六行何故不得名須陁洹善
男子有漏十六行有二種一者共二者不共
无漏十六行亦有二種一者向果二者得果
八智亦二一者向果二者得果須陁洹人捨
共十六行得不共十六行捨向果八智得果
八智阿那含人則不如是是故初果名須陁
洹善男子須陁洹人緣於四諦阿那含人唯

BD03743號　大般涅槃經（北本）卷三六　（21–11）

八智亦二一者向果二者得果須陁洹人捨
共十六行得不共十六行捨向果八智得果
八智阿那含人則不如是是故初果名須陁
洹善男子須陁洹人緣於四諦阿那含人唯
緣一諦是故初果名須陁洹以是因緣喻以
錯像遍觀已行行者即是斯陁含人攀心脩
道為斷貪欲瞋癡憍慢如彼錯像遍觀方已
為食故行行已復住喻阿那含得食已住是
阿那含凡有二種一者現在得阿那含進脩
即得阿羅漢果二者貪著色界无色界中寂
靜三昧是人不受欲界身故名阿那含是阿
那含復有五種一者中般涅槃二者受身般
涅槃三者行般涅槃四者无行般涅槃五者
上流般涅槃復有六種五種如上加現在般
涅槃復有七種六種如上加无色界般涅槃
行般涅槃復有二種或受二身或受四身若
受二身是名利根若受四身是名鈍根復有
二種一者精進无自在定二者懈怠有自在
定復有二種一者具精進定二者不具是二
善男子欲界衆生有二種業一者作業二受
生業中涅槃者唯有作業无受生業是故於
中而般涅槃捨欲界身未至色界以利根故
於中涅槃是中涅槃阿那含人有四種心一
者非學非无學二者學三者无學四者非學
非无學入於涅槃云何復名中般涅槃善男
子是阿那含四種心中二是涅槃二非涅槃
是故名為中般涅槃受身涅槃復有二種一
者作業二者生業是人捨欲界身受色界身
精懃脩道盡其壽命入於涅槃迦葉菩薩言

BD03743號　大般涅槃經（北本）卷三六　（21–12）

是故名為中般涅槃受身涅槃復有二種一
者作業二者生業是人捨欲界身受色界身
精懃脩道盡其壽命入於涅槃迦葉菩薩言
世尊若言盡壽入涅槃者云何而言受身涅
槃佛言善男子是人受身然後乃斷三界煩
惱是故名為受身涅槃善男子行般涅槃者
者常脩行道有為三昧力故能斷煩惱入於
涅槃是名行般涅槃无行般涅槃者是人定
知當得涅槃是故懈怠亦以有為三昧力故
壽盡則得入於涅槃是名无行般涅槃上流
般涅槃者若有人得第四禪已是人生於初
禪愛心以是因緣退生初禪是有二流一煩
惱流二者道流以道流故是人壽盡生二
禪愛以愛因緣生於二禪至第四禪亦復如
是是四禪中復有二種一者入无色界二者
入五淨居如是二人一樂三昧二樂智慧樂
智慧者入五淨居樂三昧者入无色界如是
二人一者脩第四禪有五階差二者不脩云
何為五下中上上中上上脩上上者處无小天
脩上中者處善見天脩上品者處善可見天
脩中品者處无熱天脩下品者處少廣天如
是二人一樂論議二樂寂靜樂寂靜者入无
色界樂論議者處五淨居復有二種一者脩
熏禪二者不脩熏禪脩熏禪者入五淨居不脩熏
禪者生无色界盡其壽命而般涅槃是名上
流般涅槃若欲入於无色界者則不能脩四
禪五差若脩四禪五差則能呵嘖无色界定
迦葉菩薩白佛言世尊中涅槃者則是利根

禪者生无色界盡其壽命而般涅槃是名上
流般涅槃若欲入於无色界者則不能脩四
禪五差若脩四禪五差則能呵嘖无色界定
迦葉菩薩白佛言世尊中涅槃者則是利根
若利根者何不現在入涅槃耶何故欲界有中
涅槃色界則无
佛言善男子是人現在四大羸劣不能脩道
雖有比丘四大康健无有房舍飲食衣服臥
具醫藥衆緣不具是故不得現在涅槃善男
子我昔一時在舍衛國阿那邠坻精舍有一
比來丘至我所作如是言世尊我常脩道而不
能得須陁洹果至阿羅漢果我時即告阿難
言汝今當為如是比丘具諸所須尒時阿難
將是比丘至祇陁林与好房舍是時比丘語
阿難言大德唯願為我莊嚴房舍淨潔脩治
七寶嚴麗懸繒幡蓋阿難言世間貧者乃名
沙門我當云何能辦是事是比丘言大德若
能為我作者善哉善哉若不能者我當還
往至世尊所尒時阿難即往佛所作如是言
世尊向者比丘從我求索種種莊嚴七寶幡
蓋不審是事當云何耶我於尒時復告阿難
汝今還去隨比丘意所須之物為辦具之尒
時阿難即還房中為是比丘事事具之比丘得
已繫念脩道不久即得須陁洹果至阿羅漢
果善男子无量衆生應入涅槃以少之故妨
亂其心是故不得善男子復有衆生多喜教
化其心忩務不能得定是故不得現在涅槃
善男子如汝所問何因緣故捨欲界身有中
涅槃色界无者善男子是人觀於欲界煩惱

亂其心是故不得善男子復有衆生多善教
化其心忿務不能得定是故不得現在涅槃
善男子如汝所問何因緣故捨欲界身有中
涅槃色界无者善男子是人觀於欲界煩惱
因緣有二一者内二者外而色界中无外因
緣欲界復有二種愛心一者欲愛二者色愛
觀是二愛至心呵嘖既呵嘖已得入涅槃是
欲界中能得呵嘖諸麁煩惱所謂慳貪瞋嫉
无慚无愧以是因緣能得涅槃又欲界道其
性勇健何以故得四果故是故欲界有中涅
槃色界中无善男子中涅槃者凡有三種謂
上中下上者捨身未離欲界使得涅槃中者
始離欲界未至色界使得涅槃下者離欲界已
至色界邊乃得涅槃喻以鱣魚得食已　住
是人亦云何名住處在色界及无色界得
受身故是故名住不受欲界人天地獄畜生
餓鬼是故名住已斷无量諸煩惱結餘少在
故是故名住復何因緣名之為住終不造作
共凡夫事是故名住自无所畏不令他畏是
故名住遠離二愛慳貪瞋恚是故名住善男
子到彼岸者喻阿羅漢辟支佛菩薩佛猶如
神龜水陸俱行何因緣故喻之以龜善藏五
根故是阿羅漢乃至諸佛亦復如是善覆五
根是故喻龜言水陸者水喻世間陸喻出世
是諸聖等亦復如是能觀一切惡煩惱故到
於彼岸是故喻以水陸俱行善男子如恒河
中七種衆生雖有龜之名不離於水如是
微妙大涅槃中從一闡提上至諸佛雖有異
名然亦不離於佛性之水善男子是七衆生若

BD03743號　大般涅槃經（北本）卷三六　（21–15）

於彼岸是故喻以水陸俱行善男子如恒河
中七種衆生雖有龜之名不離於水如是
微妙大涅槃中從一闡提上至諸佛雖有異
名然亦不離於佛性之水善男子是七衆生若
善法若不善法若方便道若解脫道若次第
道若因若果悉是佛性是名如來隨自意語
迦葉菩薩言世尊若有因則有果若无因則
无果涅槃名果常故无因若无因者云何名
果而是涅槃亦名沙門名沙門果云何沙門
云何沙門果善男子一切世間有七種果一者
方便果二者報恩果三者親近果四者餘殘
果五者平等果六者果報果七者遠離果方
便果者如世間人秋多收穫咸相謂言得方
便果方便果者名業行果如是果者有二種
因一者近因二者遠因近因者所謂種子遠
因者謂水糞人功是名方便果報恩果者如
世間人供養父母父母咸言我今已得恩養
之果子能報恩名之為果如是果者因亦二
種一者近因二者遠因近因者即是父母過
去純善之業遠者即是所生孝子是名報恩
果親近果者辟如有人親近善友或得須陀
洹果至阿羅漢果是人唱言我今已得親近
果報如是果者因有二種一者近因二者遠因
近者信心遠者善友是名親近果餘殘果者
如因不殺得第三身延年益壽是名殘果如
是果者有二種因一者近因二者遠因近者
即是身口意淨遠者是延年益壽是名殘果
平等果者謂世間器如是果者亦有二種因
一者近因二者遠因近因者所謂衆生脩十

BD03743號　大般涅槃經（北本）卷三六　（21–16）

是果者有二種因一者近因二者遠因近者
即是身口意淨遠者是延年益壽是名殘果
平等果者謂世間器如是果者亦有二種因
一者近因二者遠因近因者所謂衆生脩十
善業遠因者所謂三災是名平等果報果
者如人獲得清淨身已脩行身口意清淨三業
是人便說我得報果如是果者因有二種一
者近因二者遠因近因者所謂現在身口意
淨遠因者所謂過去身口意淨是名果報果
遠離果者即是涅槃諸煩惱一切善業是涅
槃因復有二種一者近因二者遠因近因者
即是三解脫門遠因者即无量世所脩善法
善男子如世間法或說生因或說了因出世
之法亦復如是亦說生因亦說了因善男子
三解脫門三十七品能為一切煩惱作不生
生因亦為涅槃而作了因善男子遠離煩惱
則得了了見於佛性涅槃是故涅槃唯有了因无
有生因善男子如汝所問云何沙門云何沙
門果者善男子沙門那者即八正道沙門果
者從道畢竟永斷一切貪瞋癡等是名沙門
沙門果迦葉菩薩言世尊何因緣故八正道
者名沙門那善男子世言沙門名之為乏那
者名道如是道者斷一切乏斷一切道以是
義故名八正道為沙門那從是道中獲得果
故名沙門果善男子又沙門那者如世間人
有樂靜者亦名沙門如是道者亦復如是能
令行者離身口意惡耶命等得樂寂靜是故
名之為沙門那善男子如世下人能作上人

BD03743號　大般涅槃經（北本）卷三六　（21–17）

故名沙門果善男子又沙門那者如世間人
有樂靜者亦名沙門如是道者亦復如是能
令行者離身口意惡耶命等得樂寂靜是故
名之為沙門那善男子如世下人能作上人
是名沙門如是道者亦復如是能令下人作
上人故是故得名為沙門那善男子阿羅漢
人脩是道者得沙門果是故得名到於彼岸
阿羅漢果者即是无學五分法身戒定慧解
脫解脫知見因是五分得到彼岸是故名為
到於彼岸到彼岸故而自說言我生已盡梵
行已立所作已辦更不受有善男子是阿羅
永斷三世生因緣故是故自說我生已盡
斷三界五陰身故是故復言我生已
脩梵行已畢竟故是故唱言梵行已盡所
學道亦名已立如本所求今日已得又捨
言所作已辦脩道得果亦言已辦獲延故唱
无生智故唱言我生已盡盡諸有結得盡智
故名阿羅漢得到彼岸如阿羅漢辟支佛亦復
如是菩薩及佛具足成就六波羅蜜名到彼
岸是佛菩薩得阿耨多羅三藐三菩提已名
為具足六波羅蜜何以故得六波羅蜜果故
以得果故名為具足善男子是七衆生不脩
身不脩戒不脩心不脩慧不能脩習如是四事
則能造作五逆重罪能斷善根犯四重恭敬
佛法僧是故得名為常沒沒善男子是七人
中有能親近善知識者至心聽受如來正法聞
善思惟如法而住精懃脩習身戒心慧是故
得名度生死河到於彼岸若有說言一闡提
人得阿耨多羅三藐三菩提者是名涅槃著若
言不得是名

BD03743號　大般涅槃經（北本）卷三六　（21–18）

佛法僧是故得名為常沉没善男子是七人
中有能親近善知識者至心聽受如来正法內
善思惟如法而住精懃修習身戒心慧是故
得名度生死河到於彼岸若有說言一闡提
人得阿耨多羅三藐三菩提者是名染著若
言不得是名虛妄善男子是七種人或有一
人具七或有七人各一善男子若有心口異相
異說言一闡提得阿耨多羅三藐三菩提者
當知是人謗佛法僧若人心口異相異說言
一闡提不得阿耨多羅三藐三菩提是人亦
名謗佛法僧善男子若有說言八聖道分凡
夫所得是人亦名謗佛法僧若有說言八聖
道分非凡夫得是人亦名謗佛法僧善男子
若有說言一切衆生定有佛性定无佛性是
人亦名謗佛法僧善男子是故我於契經中
說有二種人謗佛法僧一者不信瞋恚心故
二者雖信不解義故善男子若人信心无有
智慧是人則能增長无明若有智慧无有信
心是人則能增長邪見善男子不信之人瞋
恚心故說言无有佛性法僧實信者无慧顛
倒解義令聞法者謗佛法僧善男子是故我說
不信之人瞋恚心故有信之人无智慧故是
人能謗佛法僧寶善男子若有說言一闡提
等未生善法便得阿耨多羅三藐三菩提是
人亦名謗佛法僧若復有言一闡提人捨一
闡提於異身中得阿耨多羅三藐三菩提是
人亦名謗佛法僧若復說言一闡提人能生
善根生善根已相續不斷得阿耨多羅三藐

BD03743號　大般涅槃經（北本）卷三六　（21-19）

等未生善法便得阿耨多羅三藐三菩提是
人亦名謗佛法僧若復有言一闡提人捨一
闡提於異身中得阿耨多羅三藐三菩提是
人亦名謗佛法僧若復說言一闡提人能生
善根生善根已相續不斷得阿耨多羅三藐
三菩提故言一闡提得阿耨多羅三藐三菩
提當知是人不謗三寶善男子若有人言一
切衆生定有佛性常樂我淨不作不生煩惱
因緣故不可見當知是人謗佛法僧若有說
言一切衆生都无佛性猶如兔角從方便生
本无今有已有還无當知是人謗佛法僧若
有說言衆生佛性非有如虛空非无如兔角
何以故虛空常故兔角无故是故得言亦有
亦无有故破兔角无故破虛空如是說者不
謗三寶善男子夫佛性者不名一法不名十
法不名百法不名千法不名万法未得阿耨
多羅三藐三菩提時一切善不善无記盡名
佛性如来或時因中說果果中說因是名如
来隨自意語隨自意語故名為如来隨
意語故名阿羅呵隨意語故名三藐三佛陁

大般涅槃經卷第卅六

一校竟

BD03743號　大般涅槃經（北本）卷三六　（21-20）

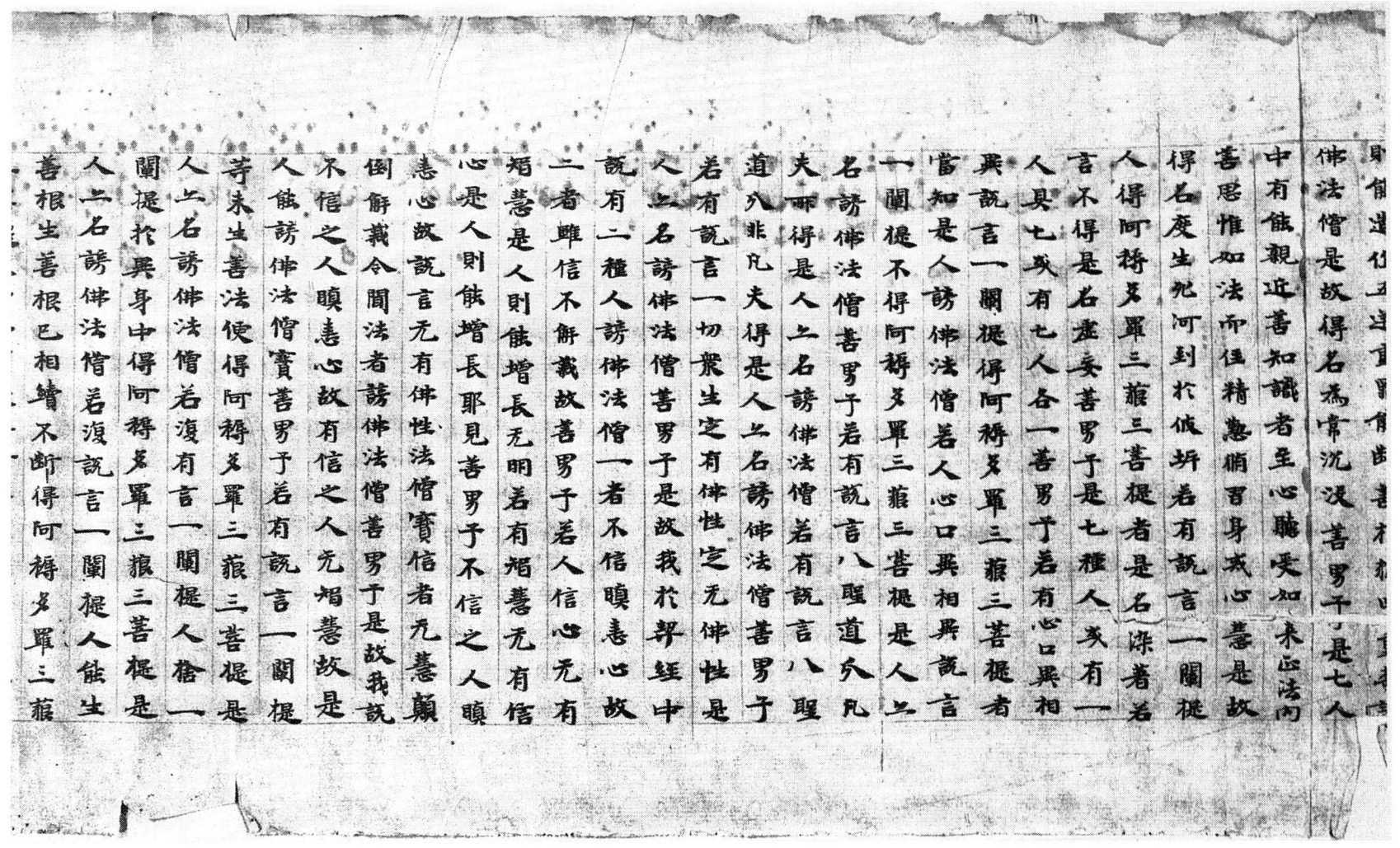

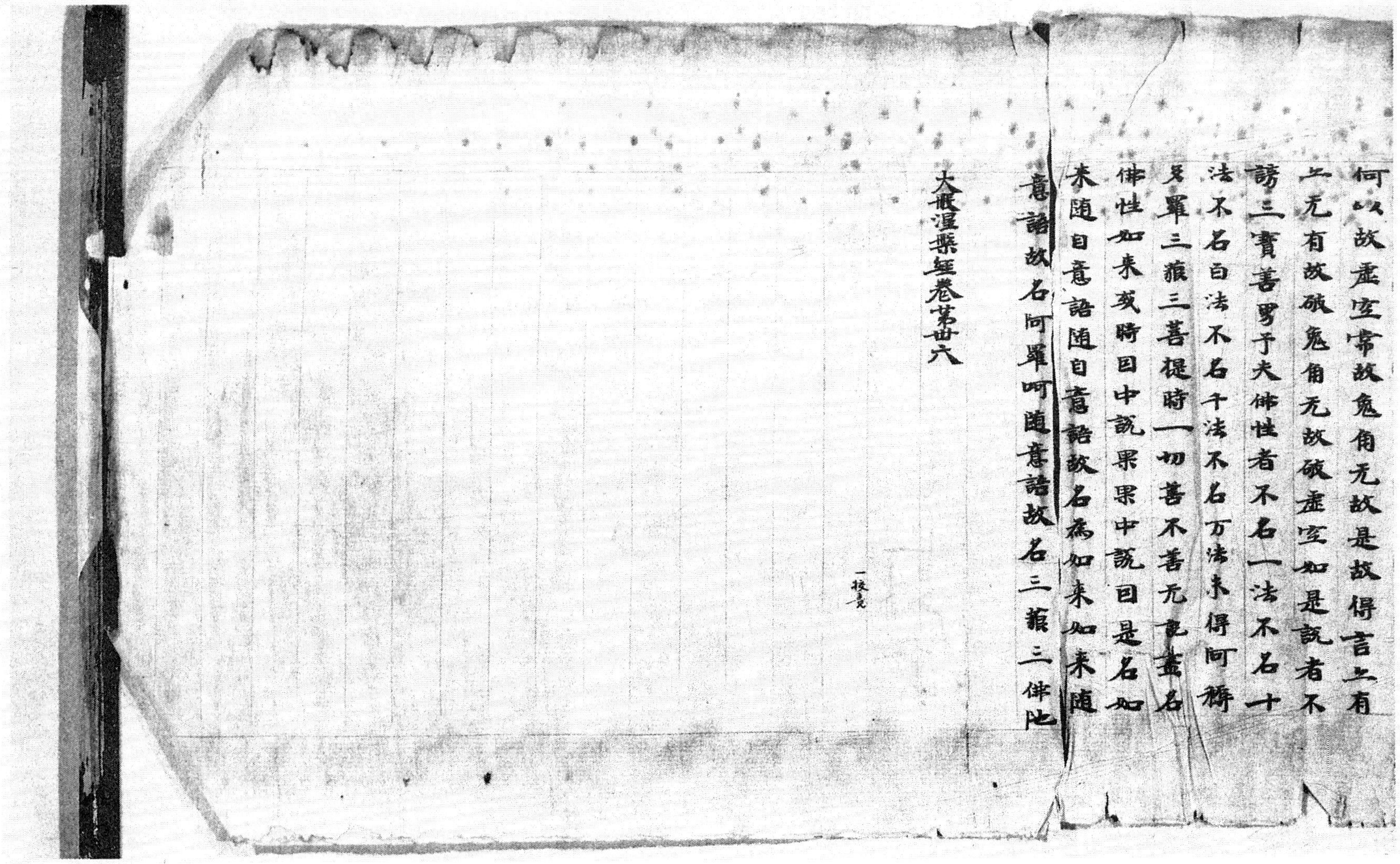
何以故虛空常故兔角无故是故得言亦有
亦无有故破兔角无故破虛空如是說者不
謗三寶善男子夫佛性者不名一法不名十
法不名百法不名千法不名万法未得阿耨
多羅三藐三菩提時一切善不善无記盡名
佛性如来或時因中說果果中說因是名如
来隨自意語隨自意語故名為如来如来隨
意語故名阿羅呵隨意語故名三藐三佛陁
大般涅槃經卷第卅六
一校竟

BD03743號　大般涅槃經（北本）卷三六　（21–21）

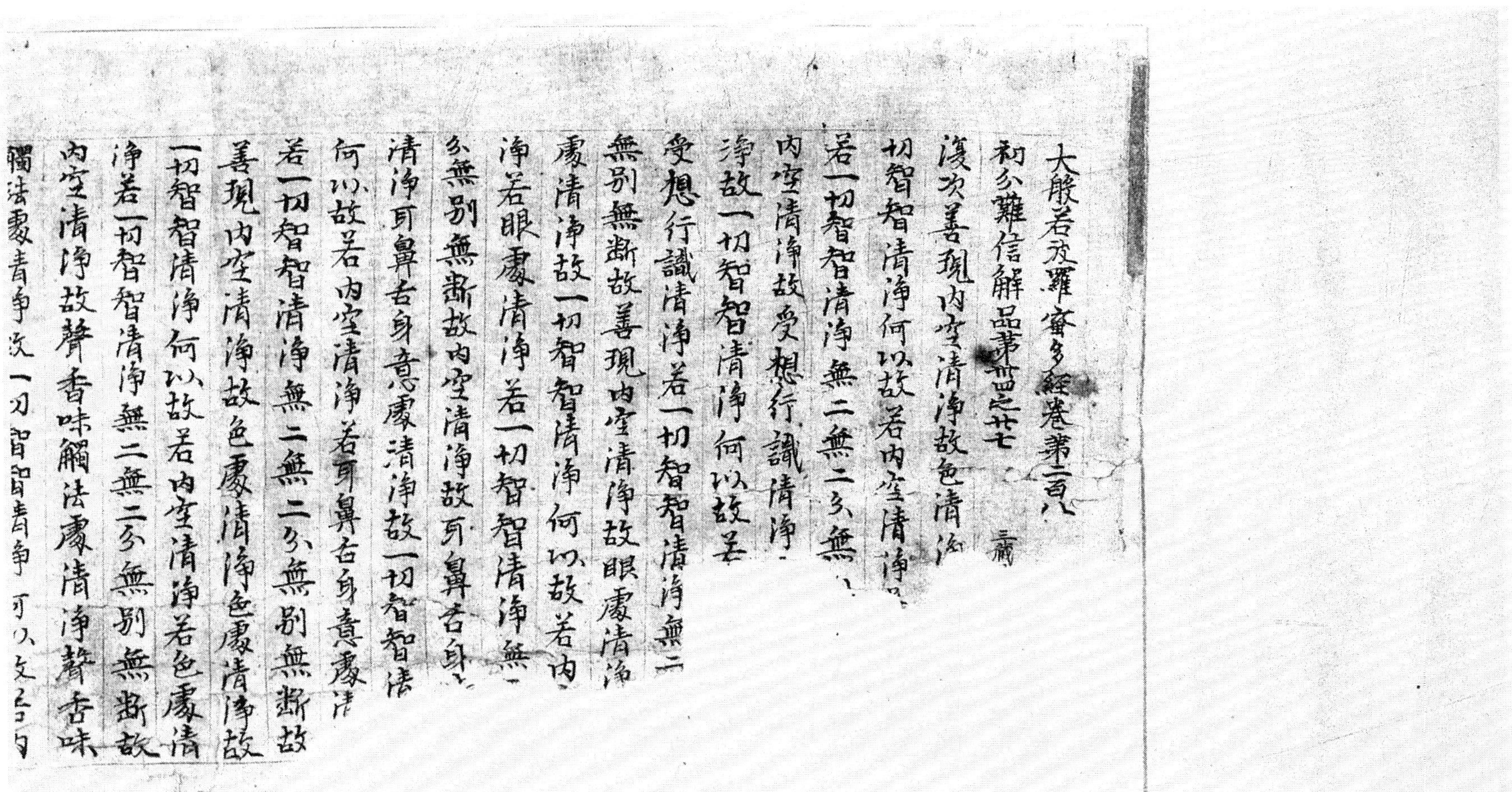
大般若波羅蜜多經卷第二百八
初分難信解品第卅四之廿七
復次善現內空清淨故色清淨
切智智清淨何以故若內空清淨
若一切智智清淨無二無二分無
內空清淨故受想行識清淨
淨故一切智智清淨何以故若
受想行識清淨若一切智智清淨無二
無別無斷故善現內空清淨故眼處清淨
處清淨故一切智智清淨何以故若內
淨若眼處清淨若一切智智清淨無
分無別無斷故內空清淨故耳鼻舌身
清淨耳鼻舌身意處清淨故一切智智清
何以故若內空清淨若耳鼻舌身意處清
若一切智智清淨無二無二分無別無斷故
善現內空清淨故色處清淨色處清淨故
一切智智清淨何以故若內空清淨若色處清
淨若一切智智清淨無二無二分無別無斷故
內空清淨故聲香味觸法處清淨聲香味
觸法處清淨故一切智智清淨何以故若內

BD03744號　大般若波羅蜜多經卷二〇八　（4–1）

善現內空清淨故色處清淨色處清淨故
一切智智清淨何以故若內空清淨若色處清
淨若一切智智清淨無二無二分無別無斷故
內空清淨故聲香味觸法處清淨聲香味
觸法處清淨故一切智智清淨何以故若內
空清淨若聲香味觸法處清淨若一切智智
清淨無二無二分無別無斷故善現內空清
淨故眼界清淨眼界清淨故一切智智清淨
何以故若內空清淨若眼界清淨若一切智智
清淨無二無二分無別無斷故內空清淨故
色界眼識界及眼觸眼觸為緣所生諸受
清淨色界乃至眼觸為緣所生諸受清淨故
一切智智清淨何以故若內空清淨若色界
乃至眼觸為緣所生諸受清淨若一切智智
清淨無二無二分無別無斷故善現內空清
淨故耳界清淨耳界清淨故一切智智清淨
何以故若內空清淨若耳界清淨若一切智
智清淨無二無二分無別無斷故內空清淨
故聲界耳識界及耳觸耳觸為緣所生諸受
清淨聲界乃至耳觸為緣所生諸受清淨故
一切智智清淨何以故若內空清淨若聲界
乃至耳觸為緣所生諸受清淨若一切智智
清淨無二無二分無別無斷故善現內空清
淨故鼻界清淨鼻界清淨故一切智智清淨
何以故若內空清淨若鼻界清淨若一切智智
清淨無二無二分無別無斷故內空清淨故

BD03744 號　大般若波羅蜜多經卷二〇八　（4–2）

清淨無二無二分無別無斷故善現內空清
淨故鼻界清淨鼻界清淨故一切智智清淨
何以故若內空清淨若鼻界清淨若一切智智
清淨無二無二分無別無斷故內空清淨故
香界鼻識界及鼻觸鼻觸為緣所生諸受清
淨香界乃至鼻觸為緣所生諸受清淨故一
切智智清淨何以故若內空清淨若香界乃
至鼻觸為緣所生諸受清淨若一切智智清
淨無二無二分無別無斷故善現內空清淨
故舌界清淨舌界清淨故一切智智清淨何
以故若內空清淨若舌界清淨若一切智智
清淨無二無二分無別無斷故內空清淨故
味界舌識界及舌觸舌觸為緣所生諸受清
淨味界乃至舌觸為緣所生諸受清淨故一
切智智清淨何以故若內空清淨若味界乃
至舌觸為緣所生諸受清淨若一切智智清
淨無二無二分無別無斷故善現內空清淨
故身界清淨身界清淨故一切智智清淨何
以故若內空清淨若身界清淨若一切智智
清淨無二無二分無別無斷故內空清淨故
觸界身識界及身觸身觸為緣所生諸受清
淨觸界乃至身觸為緣所生諸受清淨故一
切智智清淨何以故若內空清淨若觸界乃
至身觸為緣所生諸受清淨若一切智智清
淨無二無二分無別無斷故善現內空清淨
故意界清淨意界清淨故一切智智清淨何

BD03744 號　大般若波羅蜜多經卷二〇八　（4–3）

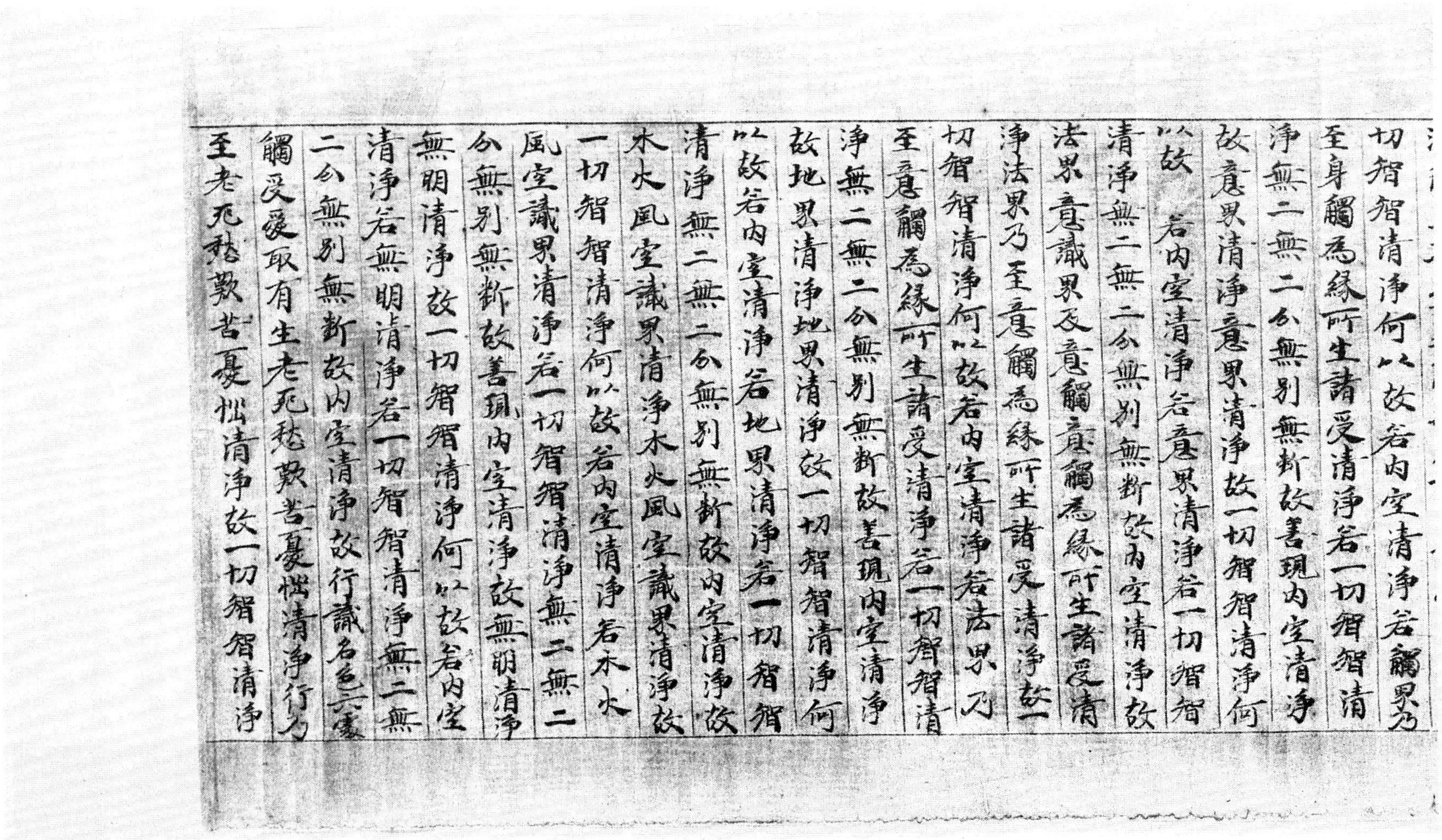
切智智清淨何以故若內空清淨若觸界乃
至身觸為緣所生諸受清淨若一切智智清
淨無二無二分無別無斷故善現內空清淨
故意界清淨意界清淨故一切智智清淨何
以故　若內空清淨若意界清淨若一切智智
清淨無二無二分無別無斷故內空清淨故
法界意識界及意觸意觸為緣所生諸受清
淨法界乃至意觸為緣所生諸受清淨故一
切智智清淨何以故若內空清淨若法界乃
至意觸為緣所生諸受清淨若一切智智清
淨無二無二分無別無斷故善現內空清淨
故地界清淨地界清淨故一切智智清淨何
以故若內空清淨若地界清淨若一切智智
清淨無二無二分無別無斷故內空清淨故
水火風空識界清淨水火風空識界清淨故
一切智智清淨何以故若內空清淨若水火
風空識界清淨若一切智智清淨無二無二
分無別無斷故善現內空清淨故無明清淨
無明清淨故一切智智清淨何以故若內空
清淨若無明清淨若一切智智清淨無二無
二分無別無斷故內空清淨故行識名色六處
觸受愛取有生老死愁歎苦憂惱清淨行乃
至老死愁歎苦憂惱清淨故一切智智清淨

BD03744 號　大般若波羅蜜多經卷二〇八　　（4–4）

BD03744 號背　勘記　　（1–1）

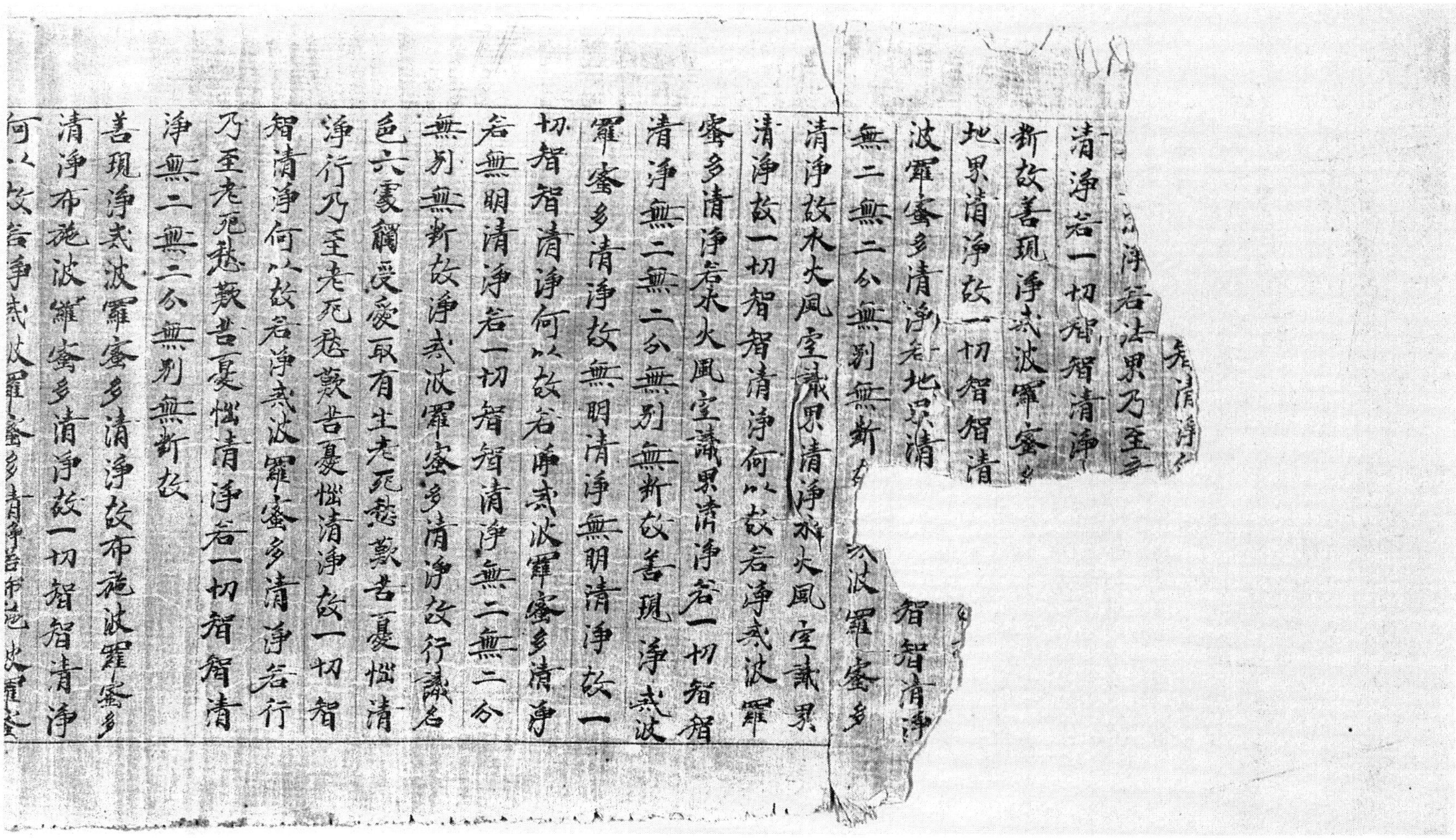

…清淨…
…淨若法界乃至…
清淨若一切智智清淨
斷故善現淨戒波羅蜜…
地界清淨故一切智智清…
波羅蜜多清淨若地界清……智智清淨
無二無二分無別無斷故……戒波羅蜜多
清淨故水火風空識界清淨水火風空識界
清淨故一切智智清淨何以故若淨戒波羅
蜜多清淨若水火風空識界清淨若一切智智
清淨無二無二分無別無斷故善現淨戒波
羅蜜多清淨故無明清淨無明清淨故一
切智智清淨何以故若淨戒波羅蜜多清淨
若無明清淨若一切智智清淨無二無二分
無別無斷故淨戒波羅蜜多清淨故行識名
色六處觸受愛取有生老死愁歎苦憂惱清
淨行乃至老死愁歎苦憂惱清淨故一切智
智清淨何以故若淨戒波羅蜜多清淨若行
乃至老死愁歎苦憂惱清淨若一切智智清
淨無二無二分無別無斷故
善現淨戒波羅蜜多清淨故布施波羅蜜多
清淨布施波羅蜜多清淨故一切智智清淨
何以故若淨戒波羅蜜多清淨若布施波羅蜜…

BD03745 號　大般若波羅蜜多經卷二〇七　（4–1）

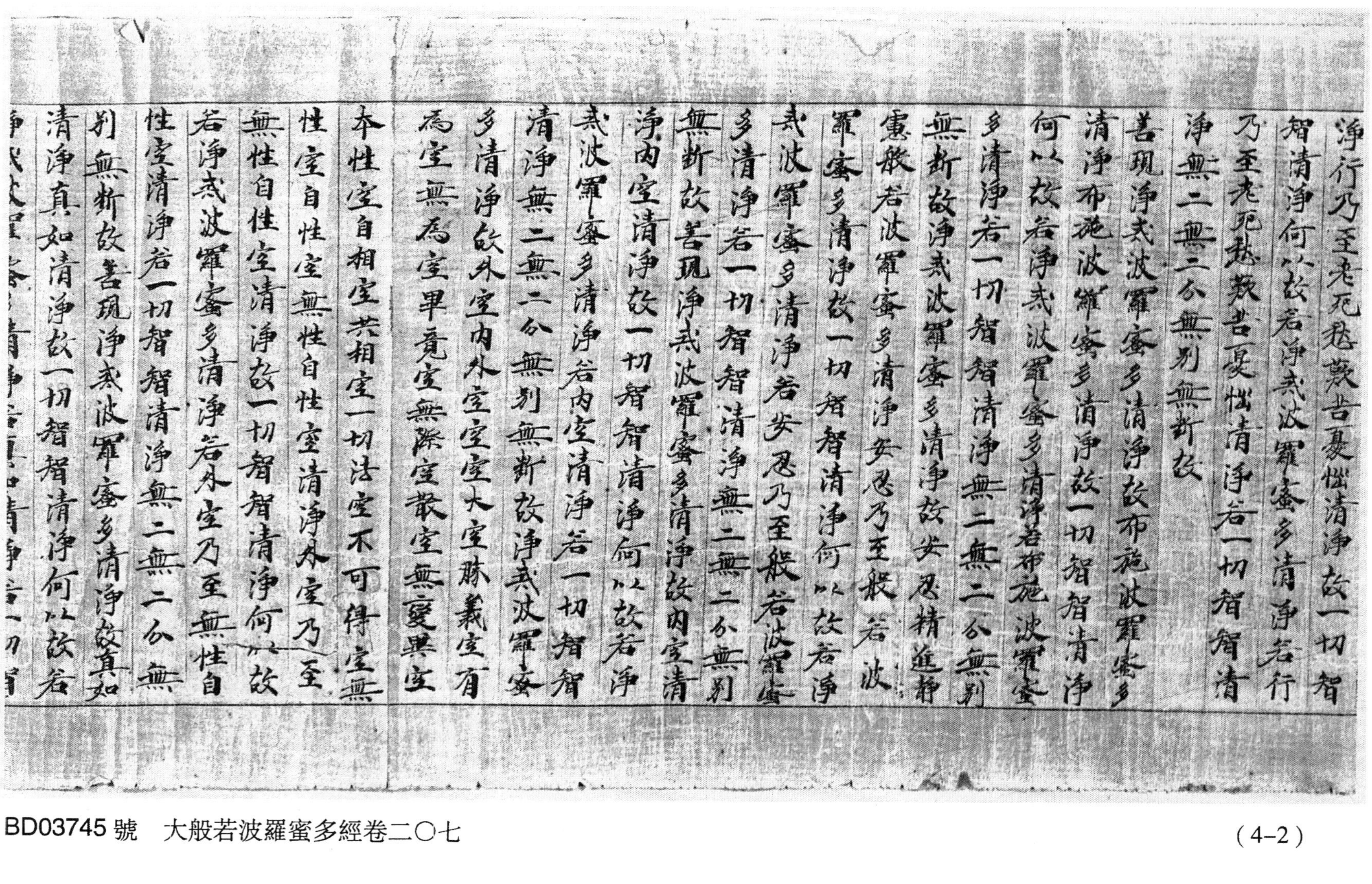

淨行乃至老死愁歎苦憂惱清淨故一切智
智清淨何以故若淨戒波羅蜜多清淨若行
乃至老死愁歎苦憂惱清淨若一切智智清
淨無二無二分無別無斷故
善現淨戒波羅蜜多清淨故布施波羅蜜多
清淨布施波羅蜜多清淨故一切智智清淨
何以故若淨戒波羅蜜多清淨若布施波羅蜜
多清淨若一切智智清淨無二無二分無別
無斷故淨戒波羅蜜多清淨故安忍精進靜
慮般若波羅蜜多清淨安忍乃至般若波
羅蜜多清淨故一切智智清淨何以故若淨
戒波羅蜜多清淨若安忍乃至般若波羅蜜
多清淨若一切智智清淨無二無二分無別
無斷故善現淨戒波羅蜜多清淨故內空清
淨內空清淨故一切智智清淨何以故若淨
戒波羅蜜多清淨若內空清淨若一切智智
清淨無二無二分無別無斷故淨戒波羅蜜
多清淨故外空內外空空空大空勝義空有
為空無為空畢竟空無際空散空無變異空
本性空自相空共相空一切法空不可得空無
性空自性空無性自性空清淨外空乃至
無性自性空清淨故一切智智清淨何以故
若淨戒波羅蜜多清淨若外空乃至無性自
性空清淨若一切智智清淨無二無二分無
別無斷故善現淨戒波羅蜜多清淨故真如
清淨真如清淨故一切智智清淨何以故若
淨戒波羅蜜多清淨若真如清淨若一切智…

BD03745 號　大般若波羅蜜多經卷二〇七　（4–2）

般若波羅蜜多清淨若內空清淨若一切智智
清淨無二無二分無別無斷故淨般若波羅蜜
多清淨故外空內外空空空大空勝義空有
為空無為空畢竟空無際空散空無變異空
本性空自相空共相空一切法空不可得空無
性空自性空無性自性空清淨外空乃至
無性自性空清淨故一切智智清淨何以故
若淨般若波羅蜜多清淨若外空乃至無性自
性空清淨若一切智智清淨無二無二分無
別無斷故善現淨般若波羅蜜多清淨故真如
清淨真如清淨故一切智智清淨何以故若
淨般若波羅蜜多清淨若真如清淨若一切智
智清淨無二無二分無別無斷故淨般若波羅
蜜多清淨故法界法性不虛妄性不變異性
平等性離生性法定法住實際虛空界不思
議界清淨法界乃至不思議界清淨故一切
智智清淨何以故若淨般若波羅蜜多清淨若
法界乃至不思議界清淨若一切智智清淨
無二無二分無別無斷故善現淨般若波羅蜜
多清淨故苦聖諦清淨苦聖諦清淨故一切
智智清淨何以故若淨般若波羅蜜多清淨若
苦聖諦清淨若一切智智清淨無二無二分
無別無斷故淨般若波羅蜜多清淨故集滅道
聖諦清淨集滅道聖諦清淨故一切智智清
淨何以故若淨般若波羅蜜多清淨若集滅道
聖諦清淨若一切智智清淨無二無二分無

BD03745 號　大般若波羅蜜多經卷二〇七　（4–3）

平等性離生性法定法住實際虛空界不思
議界清淨法界乃至不思議界清淨故一切
智智清淨何以故若淨般若波羅蜜多清淨若
法界乃至不思議界清淨若一切智智清淨
無二無二分無別無斷故善現淨般若波羅蜜
多清淨故苦聖諦清淨苦聖諦清淨故一切
智智清淨何以故若淨般若波羅蜜多清淨若
苦聖諦清淨若一切智智清淨無二無二分
無別無斷故淨般若波羅蜜多清淨故集滅道
聖諦清淨集滅道聖諦清淨故一切智智清
淨何以故若淨般若波羅蜜多清淨若集滅道
聖諦清淨若一切智智清淨無二無二分無
別無斷故善現淨般若波羅蜜多清淨故四靜
慮清淨四靜慮清淨故一切智智清淨何以
故若淨般若波羅蜜多清淨若四靜慮清淨若
一切智智清淨無二無二分無別無斷故淨般若
波羅蜜多清淨故四無量四無色定清淨
四無量四無色定清淨故一切智智清淨何

BD03745 號　大般若波羅蜜多經卷二〇七　（4–4）

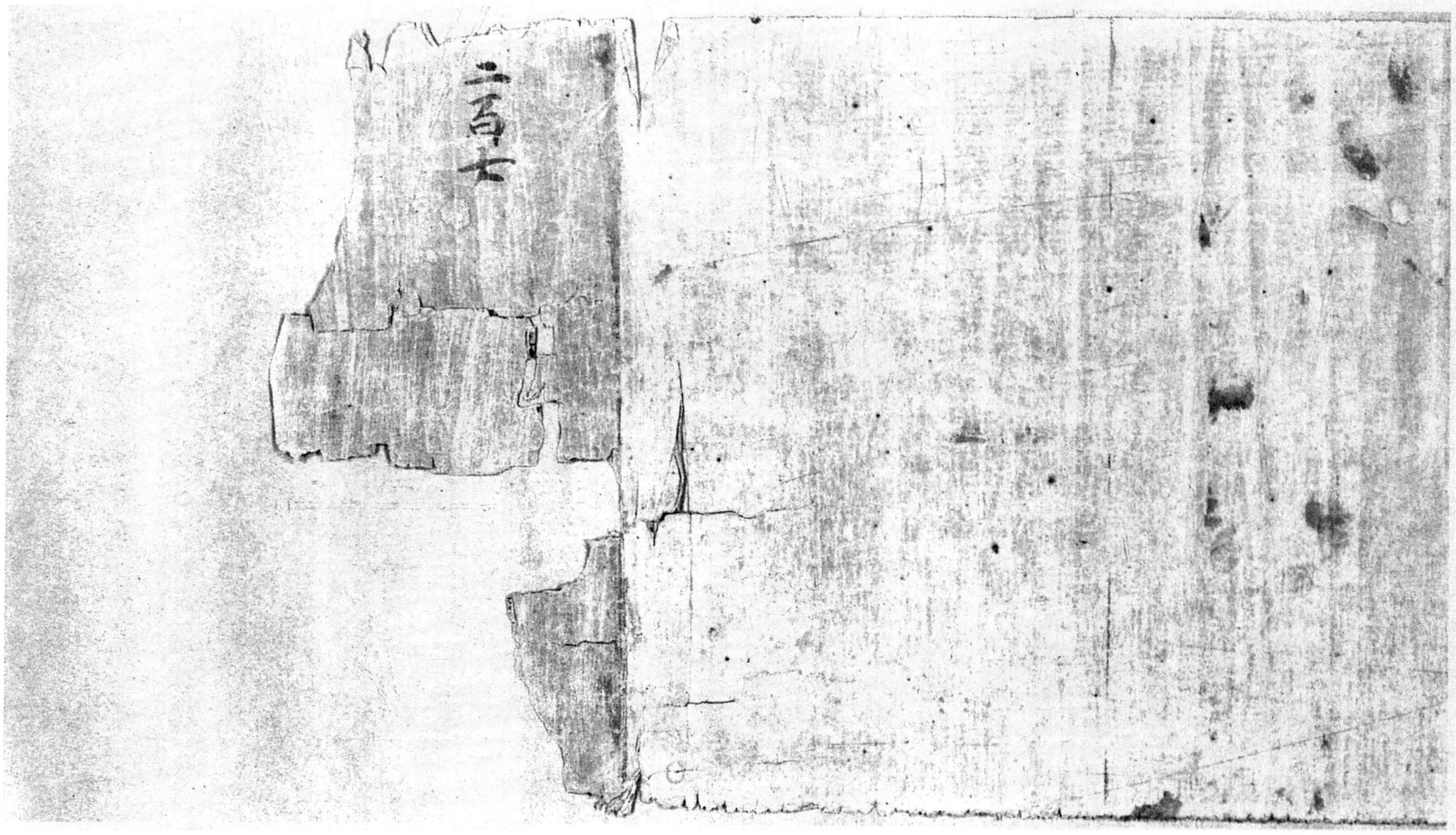

BD03745號背　勘記

（1–1）

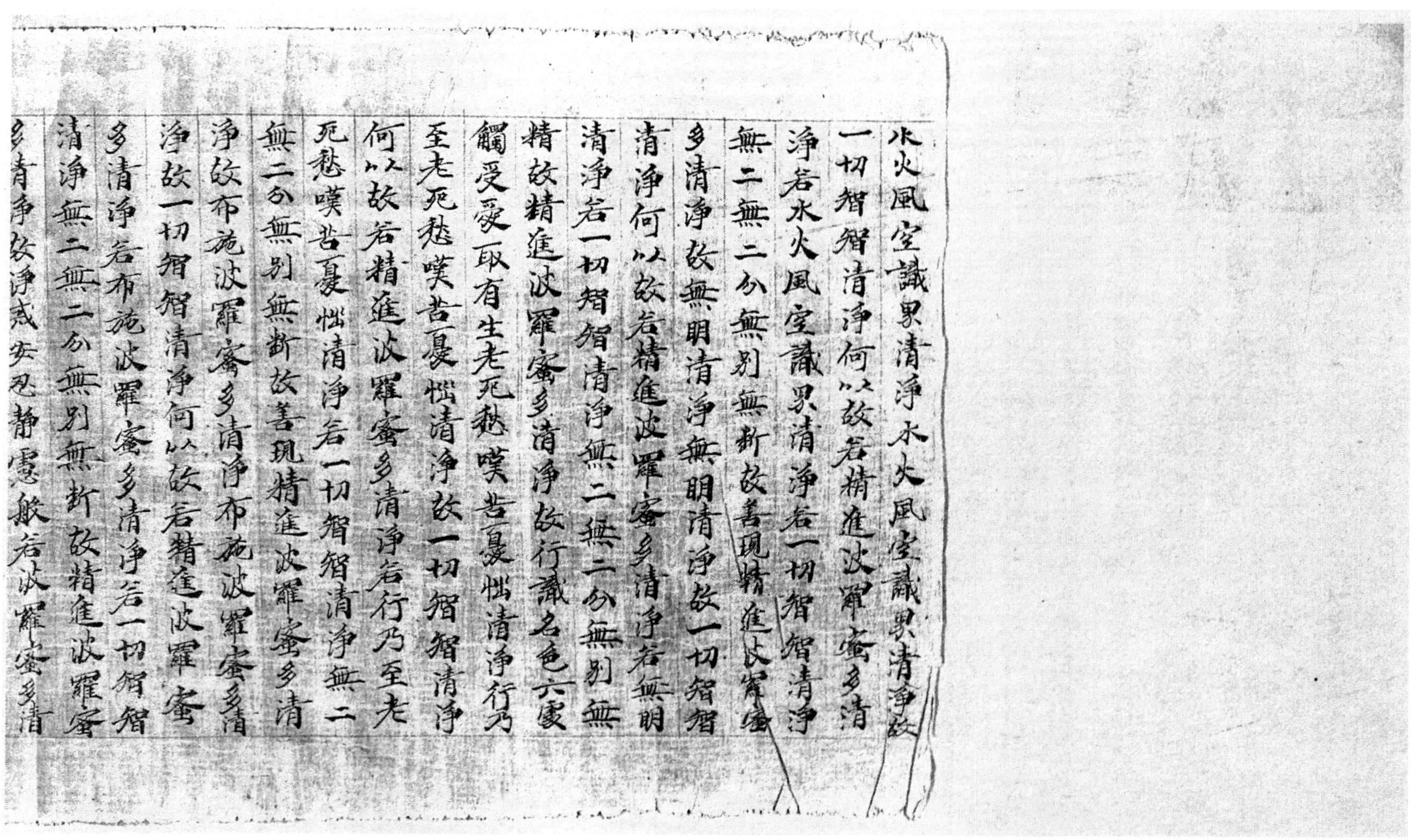

水火風空識界清淨水火風空識界清淨故
一切智智清淨何以故若精進波羅蜜多清
淨若水火風空識界清淨若一切智智清淨
無二無二分無別無斷故善現精進波羅蜜
多清淨故無明清淨無明清淨故一切智智
清淨何以故若精進波羅蜜多清淨若無明
清淨若一切智智清淨無二無二分無別無
精故精進波羅蜜多清淨故行識名色六處
觸受愛取有生老死愁歎苦憂惱清淨行乃
至老死愁歎苦憂惱清淨故一切智智清淨
何以故若精進波羅蜜多清淨若行乃至老
死愁歎苦憂惱清淨若一切智智清淨無二
無二分無別無斷故善現精進波羅蜜多清
淨故布施波羅蜜多清淨布施波羅蜜多清
淨故一切智智清淨何以故若精進波羅蜜
多清淨若布施波羅蜜多清淨若一切智智
清淨無二無二分無別無斷故精進波羅蜜
多清淨故淨戒安忍靜慮般若波羅蜜多清

BD03746號　大般若波羅蜜多經卷二〇六

（3–1）

淨故布施波羅蜜多清淨布施波羅蜜多清
淨故一切智智清淨何以故若精進波羅蜜
多清淨若布施波羅蜜多清淨若一切智智
清淨無二無二分無別無斷故精進波羅蜜
多清淨故淨戒安忍靜慮般若波羅蜜多清
淨淨戒乃至般若波羅蜜多清淨故一切智
智清淨何以故若精進波羅蜜多清淨若淨
戒乃至般若波羅蜜多清淨若一切智智清
淨無二無二分無別無斷故善現精進波羅
蜜多清淨故內空清淨內空清淨故一切智
智清淨何以故若精進波羅蜜多清淨若內
空清淨若一切智智清淨無二無二分無別
無斷故精進波羅蜜多清淨故外空內外空
空空大空勝義空有為空無為空畢竟空無
際空散空無變異空本性空自相空共相空
一切法空不可得空無性空自性空無性自性
空清淨外空乃至無性自性空清淨故一切
智智清淨何以故若精進波羅蜜多清淨
若外空乃至無性自性空清淨若一切智智
清淨無二無二分無別無斷故善現精進波
羅蜜多清淨故真如清淨真如清淨故一切
智智清淨何以故若精進波羅蜜多清淨若
真如清淨若一切智智清淨無二無二分無
別無斷故精進波羅蜜多清淨故法界法性
不虛妄性不變異性平等性離生性法定法
住實際虛空界不思議界清淨法界乃至不

羅蜜多清淨故真如清淨真如清淨故一切
智智清淨何以故若精進波羅蜜多清淨若
真如清淨若一切智智清淨無二無二分無
別無斷故精進波羅蜜多清淨故法界法性
不虛妄性不變異性平等性離生性法定法
住實際虛空界不思議界清淨法界乃至不
思議界清淨故一切智智清淨何以故若精進
波羅蜜多清淨若法界乃至不思議界清淨
若一切智智清淨無二無二分無別無斷故
善現精進波羅蜜多清淨故苦聖諦清淨苦
聖諦清淨故一切智智清淨何以故若精進
波羅蜜多清淨若苦聖諦清淨若一切智智
清淨無二無二分無別無斷故精進波羅蜜
多清淨故集滅道聖諦清淨集滅道聖諦清
淨故一切智智清淨何以故若精進波羅蜜
多清淨若集滅道聖諦清淨若一切智智清
淨無二無二分無別無斷故善現精進波
羅蜜多清淨故四靜慮清淨四靜慮清淨故
一切智智清淨何以故若精進波羅蜜多清
淨若四靜慮清淨若一切智智清淨無二無
二分無別無斷故精進波羅蜜多清淨故四
無量四無色定清淨四無量四無色定清淨
故一切智智清淨何以故若精進波羅蜜多

BD03746 號背　勘記　　　　（1–1）

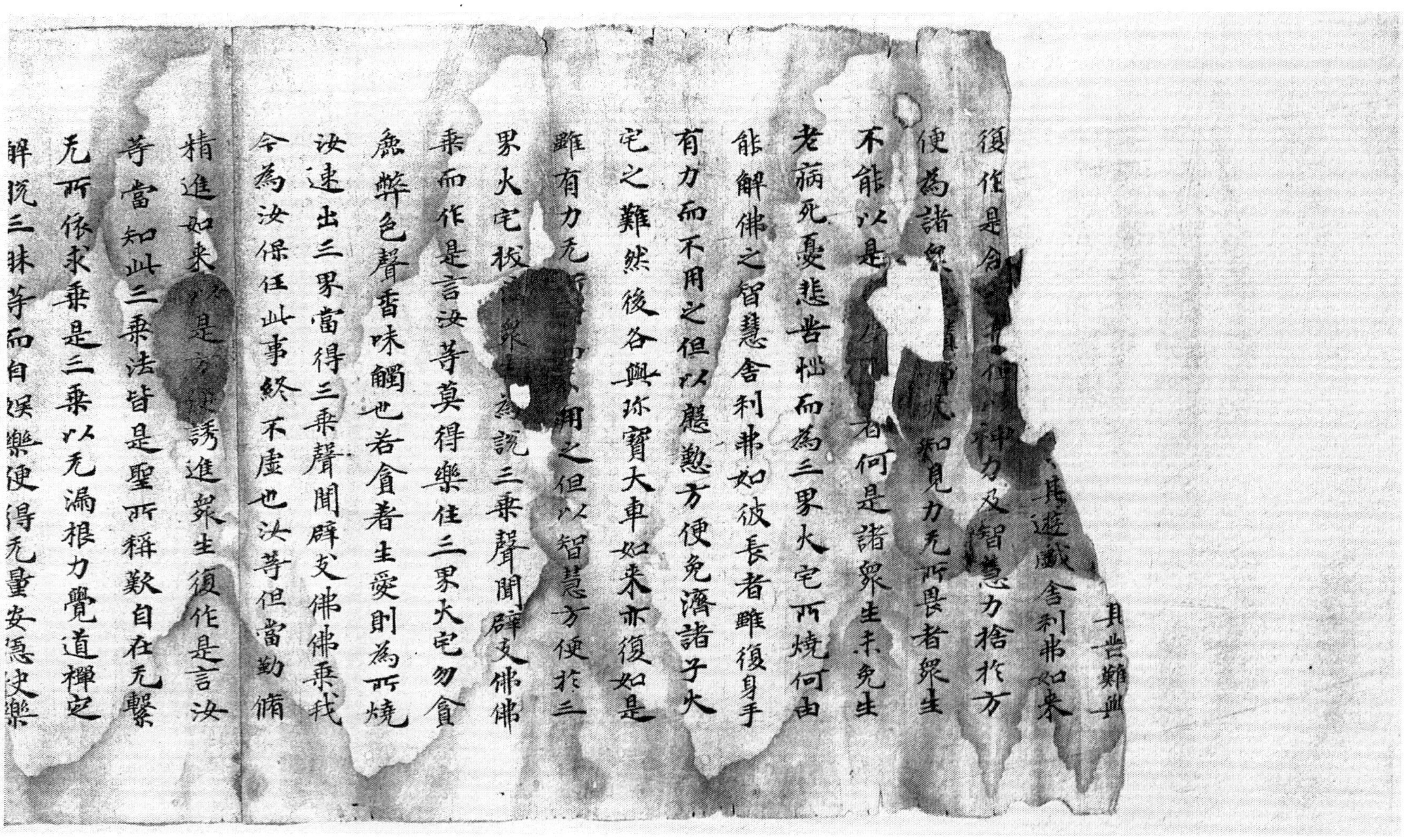

BD03747 號　妙法蓮華經卷二　　　　（8–1）

精進如來以是方便誘進衆生復作是言汝
等當知此三乘法皆是聖所稱歎自在无繫
无所依求乘是三乘以无漏根力覺道禪定
解脫三昧等而自娛樂便得无量安隱快樂
舍利弗若有衆生内有智性從佛世尊聞法
信受慇懃精進欲速出三界自求涅槃是名
聲聞乘如彼諸子為求羊車出於火宅若有
衆生從佛世尊聞法信受慇懃精進求自然
慧樂獨善寂深知諸法因緣是名辟支佛乘
如彼諸子為求鹿車出於火宅若有衆生從
佛世尊聞法信受勤脩精進求一切智佛智
自然智无師智如來知見力无所畏愍念
安樂无量衆生利益天人度脫一切是名大
乘菩薩求此乘故名為摩訶薩如彼諸子為
求牛車出於火宅舍利弗如彼長者見諸子
等安隱得出火宅到无畏處自惟財富无量
等以大車而賜諸子如來亦復如是為一切
衆生之父若見无量億千衆生以佛教門出
三界苦怖畏險道得涅槃樂如來尒時便作
是念我有无量无邊智慧力无畏等諸佛法
藏是諸衆生皆是我子等與大乘不令有人
獨得滅度皆以如來滅度而滅度之是諸衆

BD03747號　妙法蓮華經卷二　（8–2）

是念我有无量无邊智慧力无畏等諸佛法
藏是諸衆生皆是我子等與大乘不令有人
獨得滅度皆以如來滅度而滅度之是諸衆
生脫三界者悉與諸佛禪定解脫等娛樂之
具皆是一相一種聖所稱歎能生淨妙第一
之樂舍利弗如彼長者初以三車誘引諸子
然後但與大車寶物莊嚴安隱第一然彼長
者无虛妄之咎如來亦復如是无有虛妄初
說三乘引導衆生然後但以大乘而度脫之
何以故如來有无量智慧力无所畏諸法之
藏能與一切衆生大乘之法但不盡能受舍
利弗以是因緣當知諸佛方便力故於一佛
乘分別說三佛欲重宣此義而說偈言
譬如長者　有一大宅　其宅久故　而復頓弊
堂舍高危　柱根摧朽　梁棟傾斜　基陛頹毀
牆壁圮坼　泥塗褫落　覆苫亂墜　椽梠差脫
周障屈曲　雜穢充遍　有五百人　止住其中
鵄梟鵰鷲　烏鵲鳩鴿　蚖蛇蝮蠍　蜈蚣蚰蜒
守宮百足　狖狸鼷鼠　諸惡虫輩　交橫馳走
屎尿臭處　不淨流溢　蜣蜋諸虫　而集其上
狐狼野干　咀嚼踐蹋　嚌齧死屍　骨肉狼藉
由是羣狗　競來搏撮　飢羸慞惶　處處求食
鬬諍齟掣　嘊喍嗥吠　其舍恐怖　變狀如是

BD03747號　妙法蓮華經卷二　（8–3）

屎尿臭處　不淨流溢　蜣蜋諸虫　而集其上
狐狼野干　咀嚼踐蹋　嚌齧死屍　骨肉狼藉
由是羣狗　競來搏撮　飢羸慞惶　處處求食
鬪諍齟掣　啀喍嘷吠　其舍恐怖　變狀如是
處處皆有　魑魅魍魎　夜叉惡鬼　食噉人肉
毒虫之屬　諸惡禽獸　孚乳產生　各自藏護
夜叉競來　爭取食之　食之既飽　惡心轉熾
鬪諍之聲　甚可怖畏　鳩槃荼鬼　蹲踞土埵
或時離地　一尺二尺　往返遊行　縱逸嬉戲
捉狗兩足　撲令失聲　以脚加頸　怖狗自樂
復有諸鬼　其身長大　裸形黑瘦　常住其中
發大惡聲　叫呼求食　復有諸鬼　其咽如針
復有諸鬼　首如牛頭　或食人肉　或復噉狗
頭髮蓬亂　殘害凶險　飢渴所逼　叫喚馳走
夜叉餓鬼　諸惡鳥獸　飢急四向　窺看窻牖
如是諸難　恐畏无量　是朽故宅　屬于一人
其人近出　未久之間　於後舍宅　欻然火起
四面一時　其焰俱熾　棟梁椽柱　爆聲震裂
摧折墮落　牆壁崩倒　諸鬼神等　揚聲大叫
鵰鷲諸鳥　鳩槃荼等　周慞惶怖　不能自出
惡獸毒虫　藏竄孔穴　毗舍闍鬼　亦住其中
薄福德故　為火所逼　共相殘害　飲血噉肉
野干之屬　並已前死　諸大惡獸　競來食噉

BD03747 號　妙法蓮華經卷二　（8–4）

鵰鷲諸鳥　鳩槃荼等　周慞惶怖　不能自出
惡獸毒虫　藏竄孔穴　毗舍闍鬼　亦住其中
薄福德故　為火所逼　共相殘害　飲血噉肉
野干之屬　並已前死　諸大惡獸　競來食噉
臭烟熢㶿　四面充塞　蜈蚣蚰蜒　毒蛇之類
為火所燒　爭走出穴　鳩槃荼鬼　隨取而食
又諸餓鬼　頭上火然　飢渴熱惱　周慞悶走
其宅如是　甚可怖畏　毒害火災　衆難非一
是時宅主　在門外立　聞有人言　汝諸子等
先因遊戲　來入此宅　稚小无知　歡娛樂著
長者聞已　驚入火宅　方宜救濟　令无燒害
告喻諸子　說衆患難　惡鬼毒虫　災火蔓莚
衆苦次第　相續不絕　毒蛇蚖蝮　及諸夜叉
鳩槃荼鬼　野干狐狗　鵰鷲鵄梟　百足之屬
飢渴惱急　甚可怖畏　此苦難處　況復大火
諸子无知　雖聞父誨　猶故樂著　嬉戲不已
是時長者　而作是念　諸子如此　益我愁惱
今此舍宅　无一可樂　而諸子等　耽湎嬉戲
不受我教　將為火害　即便思惟　設諸方便
告諸子等　我有種種　珍玩之具　妙寶好車
羊車鹿車　大牛之車　今在門外　汝等出來
吾為汝等　造作此車　隨意所樂　可以遊戲
諸子聞說　如此諸車　即時奔競　馳走而出
到於空地　離諸苦難　長者見子　得出火宅

BD03747 號　妙法蓮華經卷二　（8–5）

羊車鹿車 大牛之車 今在門外 汝等出來
吾為汝等 造作此車 隨意所樂 可以遊戲
諸子聞說 如此諸車 即時奔競 馳走而出
到於空地 離諸苦難 長者見子 得出火宅
住於四衢 坐師子座 而自慶言 我今快樂
此諸子等 生育甚難 愚小无知 而入險宅
多諸毒虫 魑魅可畏 大火猛焰 四面俱起
而此諸子 貪樂嬉戲 我已救之 令得脫難
是故諸人 我今快樂 尒時諸子 知父安坐
皆詣父所 而白父言 願賜我等 三種寶車
如前所許 諸子出來 當以三車 隨汝所欲
今正是時 唯乘給與 長者大富 庫藏衆多
金銀琉璃 車𤦲馬瑙 以衆寶物 造諸大車
裝校嚴飾 周帀欄楯 四面懸鈴 金繩交絡
真珠羅網 張施其上 金華諸瓔 處處垂下
衆綵雜飾 周帀圍繞 柔軟繒纊 以為裀褥
上妙細氎 價直千億 鮮白淨潔 以覆其上
有大白牛 肥壯多力 形體姝好 以駕寶車
多諸儐從 而侍衛之 以是妙車 等賜諸子
諸子是時 歡喜踊躍 乘是寶車 遊於四方
嬉戲快樂 自在无礙 告舍利弗 我亦如是
衆聖中尊 世間之父 一切衆生 皆是吾子
深著世樂 无有慧心 三界无安 猶如火宅
衆苦充滿 甚可怖畏 常有生老 病死憂患
如是等火 熾然不息 如來已離 三界火宅

嬉戲快樂 自在无礙 告舍利弗 我亦如是
衆聖中尊 世間之父 一切衆生 皆是吾子
深著世樂 无有慧心 三界无安 猶如火宅
衆苦充滿 甚可怖畏 常有生老 病死憂患
如是等火 熾然不息 如來已離 三界火宅
寂然閑居 安處林野 今此三界 皆是我有
其中衆生 悉是吾子 而今此處 多諸患難
唯我一人 能為救護 雖復教詔 而不信受
於諸欲染 貪著深故 以是方便 為說三乘
令諸衆生 知三界苦 開示演說 出世間道
是諸子等 若心決定 具足三明 及六神通
有得緣覺 不退菩薩 汝舍利弗 我為衆生
以此譬喻 說一佛乘 汝等若能 信受是語
一切皆當 成得佛道 是乘微妙 清淨第一
於諸世間 為无有上 佛所悅可 一切衆生
所應稱讚 供養礼拜 无量億千 諸力解脫
禪定智慧 及佛餘法 得如是乘 令諸子等
日夜劫數 常得遊戲 與諸菩薩 及聲聞衆
乘此寶乘 直至道場 以是因緣 十方諦求
更无餘乘 除佛方便 告舍利弗 汝諸人等
皆是吾子 我則是父 汝等累劫 衆苦所燒
我皆濟拔 令出三界 我雖先說 汝等滅度
但盡生死 而實不滅 今所應作 唯佛智慧
若有菩薩 於是衆中 能一心聽 諸佛實法
諸佛世尊 雖以方便 所化衆生 皆是菩薩

我皆濟拔　令出三界　我雖先說　汝等滅度
但盡生死　而實不滅　今所應作　唯佛智慧
若有菩薩　於是衆中　能一心聽　諸佛實法
諸佛世尊　雖以方便　所化衆生　皆是菩薩
若人小智　深著愛欲　為此等故　說於苦諦
衆生心喜　得未曾有　佛說苦諦　真實无異
若有衆生　不知苦本　深著苦因　不能暫捨
為是等故　方便說道　諸苦所因　貪欲為本
若滅貪欲　无所依止　滅盡諸苦　名第三諦
為滅諦故　脩行於道　離諸苦縛　名得解脫
是人於何　而得解脫　但離虛妄　名為解脫
其實未得　一切解脫　佛說是人　未實滅度
斯人未得　无上道故　我意不欲　令至滅度
我為法王　於法自在　安隱衆生　故現於世
汝舍利弗　我此法印　為欲利益　世間故說
在所遊方　勿妄宣傳　若有聞者　隨喜頂受
當知是人　阿惟越致　若有信受　此經法者
是人已曾　見過去佛　恭敬供養　亦聞是法
若人有能　信汝所說　則為見我　亦見於汝

BD03747 號　妙法蓮華經卷二　（8–8）

是意處清淨與色處清淨無二無二分無別
無斷故色處清淨故聲處清淨聲處清淨
故色處清淨何以故是色處清淨與聲處清淨
無二無二分無別無斷故聲處清淨故香處
清淨香處清淨故聲處清淨何以故是聲處
清淨與香處清淨無二無二分無別無斷故
香處清淨故味處清淨味處清淨故香處清
淨何以故是香處清淨與味處清淨無二無
二分無別無斷故味處清淨故觸處清淨觸
處清淨故味處清淨何以故是味處清淨與
觸處清淨無二無二分無別無斷故觸處清
淨故法處清淨法處清淨故觸處清淨何以
故是觸處清淨與法處清淨無二無二分無
別無斷故法處清淨故眼界清淨眼界清淨
故法處清淨何以故是法處清淨與眼界清
淨無二無二分無別無斷故眼界清淨故色
界清淨色界清淨故眼界清淨何以故是眼
界清淨與色界清淨無二無二分無別無斷

BD03748 號　大般若波羅蜜多經卷二〇四　（3–1）

故是觸處清淨與法處清淨無二無二分無
別無斷故法處清淨故眼界清淨眼界清淨
故法處清淨何以故是法處清淨與眼界清
淨無二無二分無別無斷故眼界清淨故色
界清淨色界清淨故眼界清淨何以故是眼
界清淨與色界清淨無二無二分無別無斷
故色界清淨故眼識界清淨眼識界清淨故
色界清淨何以故是色界清淨與眼識界清
淨無二無二分無別無斷故眼識界清淨故
眼觸清淨眼觸清淨故眼識界清淨何以故
是眼識界清淨與眼觸清淨無二無二分無別
無斷故眼觸清淨故眼觸為緣所生諸受清
淨眼觸為緣所生諸受清淨故眼觸清淨
何以故是眼觸清淨與眼觸為緣所生諸受清
淨無二無二分無別無斷故眼觸為緣所
生諸受清淨故耳界清淨耳界清淨故眼觸
為緣所生諸受清淨何以故是眼觸為緣所
生諸受清淨與耳界清淨無二無二分無別
無斷故耳界清淨故聲界清淨聲界清淨故
耳界清淨何以故是耳界清淨與聲界清淨
無二無二分無別無斷故聲界清淨故耳識
界清淨耳識界清淨故聲界清淨何以故是
聲界清淨與耳識界清淨無二無二分無別
無斷故耳識界清淨故耳觸清淨耳觸清淨
故耳識界清淨何以故是耳識界清淨與耳
觸清淨無二無二分無別無斷故耳觸清淨

BD03748號　大般若波羅蜜多經卷二〇四　（3–2）

界清淨耳識界清淨故聲界清淨何以故是
聲界清淨與耳識界清淨無二無二分無別
無斷故耳識界清淨故耳觸清淨耳觸清淨
故耳識界清淨何以故是耳識界清淨與耳
觸清淨無二無二分無別無斷故耳觸清淨
故耳觸為緣所生諸受清淨耳觸為緣所生
諸受清淨故耳觸清淨何以故是耳觸清淨
與耳觸為緣所生諸受清淨無二無二分無
別無斷故耳觸為緣所生諸受清淨故鼻界
清淨鼻界清淨故耳觸為緣所生諸受清淨
何以故是耳觸為緣所生諸受清淨與鼻界
清淨無二無二分無別無斷故鼻界清淨故
香界清淨香界清淨故鼻界清淨何以故是
鼻界清淨與香界清淨無二無二分無別無
斷故香界清淨故鼻識界清淨鼻識界清淨
故香界清淨何以故是香界清淨與鼻識界
清淨無二無二分無別無斷故鼻識界清淨故
鼻觸清淨鼻觸清淨故鼻識界清淨何以故
是鼻識界清淨與鼻觸清淨無二無二分無
別無斷故鼻觸清淨故鼻觸為緣所生諸受
清淨鼻觸為緣所生諸受清淨故鼻觸清淨
何以故是鼻觸清淨與鼻觸為緣所生諸受
清淨無二無二分無別無斷故鼻觸為緣所

BD03748號　大般若波羅蜜多經卷二〇四　（3–3）

二百四

BD03748 號背　勘記　　　　（1–1）

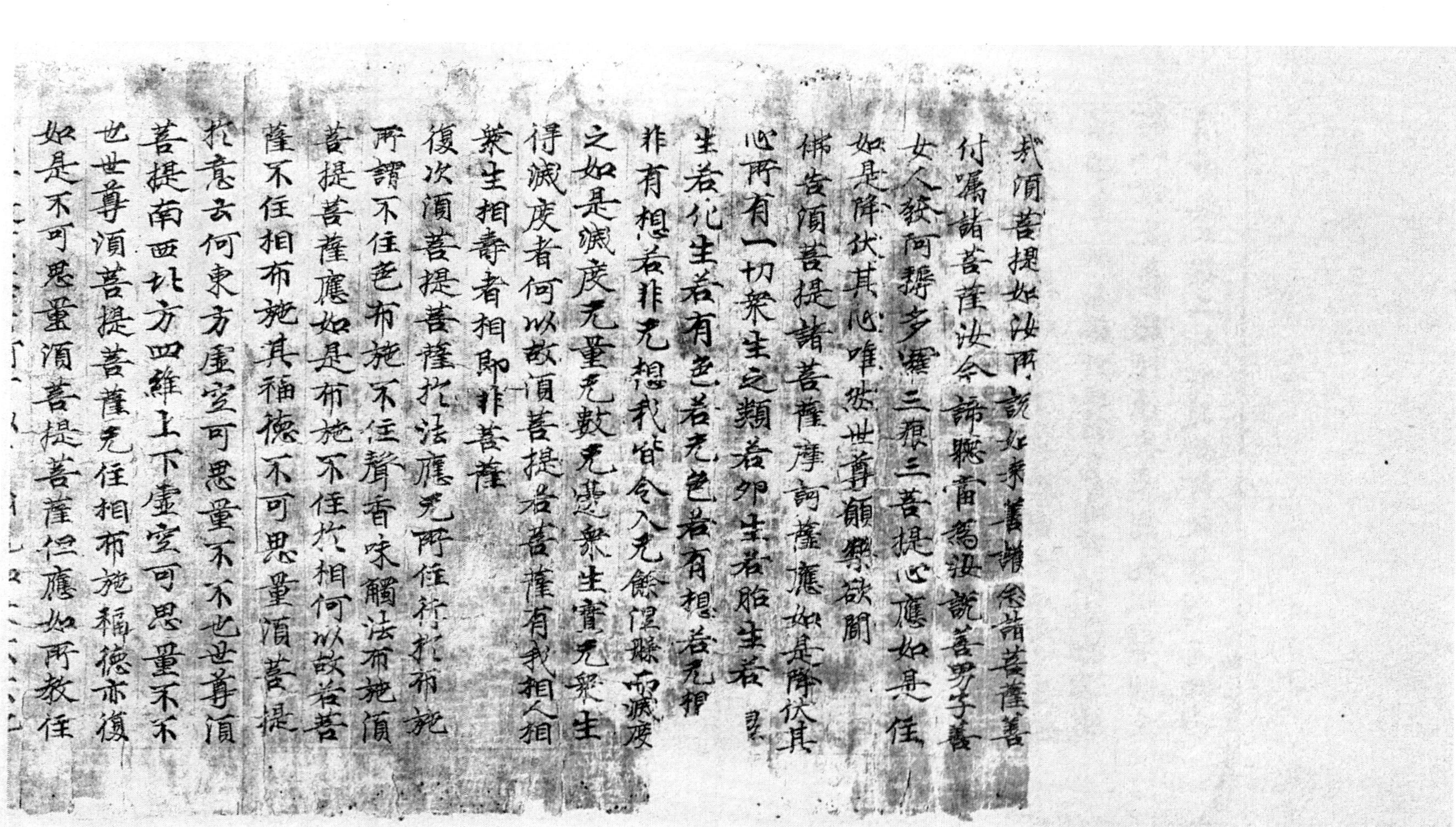
哉須菩提如汝所說如來善護念諸菩薩善
付囑諸菩薩汝今諦聽當為汝說善男子善
女人發阿耨多羅三藐三菩提心應如是住
如是降伏其心唯然世尊願樂欲聞
佛告須菩提諸菩薩摩訶薩應如是降伏其
心所有一切眾生之類若卵生若胎生若
生若化生若有色若无色若有想若无想
非有想非无想我皆令入无餘涅槃而滅度
之如是滅度无量无數无邊眾生實无眾生
得滅度者何以故須菩提若菩薩有我相人相
眾生相壽者相即非菩薩
復次須菩提菩薩於法應无所住行於布施
所謂不住色布施不住聲香味觸法布施須
菩提菩薩應如是布施不住於相何以故若菩
薩不住相布施其福德不可思量須菩提
於意云何東方虛空可思量不不也世尊須
菩提南西北方四維上下虛空可思量不不
也世尊須菩提菩薩无住相布施福德亦復
如是不可思量須菩提菩薩但應如所教住

BD03749 號　金剛般若波羅蜜經　　　　（15–1）

扵意云何東方虛空可思量不不也世尊須
菩提南西北方四維上下虛空可思量不不
也世尊須菩提菩薩无住相布施福德亦復
如是不可思量須菩提菩薩但應如所教住
須菩提扵意云何可以身相見如來不不也
世尊不可以身相得見如來何以故如來所
說身相即非身相佛告須菩提凡所有相皆
是虛妄若見諸相非相則見如來
須菩提白佛言世尊頗有衆生得聞如是言
說章句生實信不佛告須菩提莫作是說如
來滅後後五百歲有持戒脩福者扵此章句
能生信心以此為實當知是人不扵一佛二
佛三四五佛而種善根已扵无量千万佛所
種諸善根聞是章句乃至一念生淨信者須
菩提如來悉知悉見是諸衆生得如是无量
福德何以故是諸衆生无復我相人相衆生相
壽者相无法相亦无非法相何以故是諸衆
生若心取相則為着我人衆生壽者若取法
相即着我人衆生壽者何以故若取非法相
即着我人衆生壽者是故不應取法不應取
非法以是義故如來常說汝等比丘知我說
法如筏喻者法尚應捨何况非法
須菩提扵意云何如來得阿耨多羅三藐三
菩提耶如來有所說法耶須菩提言如我解
佛所說義无有定法名阿耨多羅三藐三菩
提亦无有定法如來可說何以故如來所說

BD03749號　金剛般若波羅蜜經　（15–2）

須菩提扵意云何如來得阿耨多羅三藐三
菩提耶如來有所說法耶須菩提言如我解
佛所說義无有定法名阿耨多羅三藐三菩
提亦无有定法如來可說何以故如來所說
法皆不可取不可說非法非非法所以者何
一切賢聖皆以无為法而有差別
須菩提扵意云何若人滿三千大千世界七
寶以用布施是人所得福德寧為多不須菩
提言甚多世尊何以故是福德即非福德性
是故如來說福德多若復有人扵此經中受
持乃至四句偈等為他人說其福勝彼何以
故須菩提一切諸佛及諸佛阿耨多羅三藐
三菩提法皆從此經出須菩提所謂佛法者
即非佛法
須菩提扵意云何須陁洹能作是念我得須
陁洹果不須菩提言不也世尊何以故須陁
洹名為入流而无所入不入色聲香味觸法
是名須陁洹須菩提扵意云何斯陁含能作
是念我得斯陁含果不須菩提言不也世尊
何以故斯陁含名一往來而實无往來是名
斯陁含須菩提扵意云何阿那含能作是念
我得阿那含果不須菩提言不也世尊何以
故阿那含名為不來而實无來是故名阿那
含須菩提扵意云何阿羅漢能作是念我得
阿羅漢道不須菩提言不也世尊何以故實
无有法名阿羅漢世尊若阿羅漢作是念我

BD03749號　金剛般若波羅蜜經　（15–3）

故阿那含名爲不來而實无來是故名阿那
含須菩提於意云何阿羅漢能作是念我得
阿羅漢道不須菩提言不也世尊何以故實
无有法名阿羅漢世尊若阿羅漢作是念我
得阿羅漢道即爲着我人衆生壽者世尊佛
說我得无諍三昧人中最爲第一是第一離
欲阿羅漢我不作是念我是離欲阿羅漢世
尊我若作是念我得阿羅漢道世尊則不說
須菩提是樂阿蘭那行者以須菩提實无所
行而名須菩提是樂阿蘭那行
佛告須菩提於意云何如來昔在然燈佛所
於法有所得不不也世尊如來在然燈佛所
於法實无所得須菩提於意云何菩薩莊嚴
佛土不不也世尊何以故莊嚴佛土者則非
莊嚴是名莊嚴是故須菩提諸菩薩摩訶薩
應如是生清淨心不應住色生心不應住聲
香味觸法生心應无所住而生其心須菩提
譬如有人身如須弥山王於意云何是身爲
大不須菩提言甚大世尊何以故佛說非身
是名大身
須菩提如恒河中所有沙數如是沙等恒河
於意云何是諸恒河沙寧爲多不須菩提言
甚多世尊但諸恒河尚多无數何況其沙須
菩提我今實言告汝若有善男子善女人以
七寶滿尒所恒河沙數三千大千世界以用
布施得福多不須菩提言甚多世尊佛告須
菩提若善男子善女人於此經中乃至受持

甚多世尊但諸恒河尚多无數何況其沙須
菩提我今實言告汝若有善男子善女人以
七寶滿尒所恒河沙數三千大千世界以用
布施得福多不須菩提言甚多世尊佛告須
菩提若善男子善女人於此經中乃至受持
四句偈等爲他人說而此福德勝前福德復
次須菩提隨說是經乃至四句偈等當知此
處一切世間天人阿脩羅皆應供養如佛塔
廟何況有人盡能受持讀誦須菩提當知
是人成就最上第一希有之法若是經典所在
之處則爲有佛若尊重弟子
尒時須菩提白佛言世尊當何名此經我等
云何奉持佛告須菩提是經名爲金剛般若
波羅蜜以是名字汝當奉持所以者何須菩
提佛說般若波羅蜜則非般若波羅蜜須
菩提於意云何如來有所說法不須菩提白
佛言世尊如來无所說須菩提於意云何三千
大千世界所有微塵是爲多不須菩提言甚
多世尊須菩提諸微塵如來說非微塵是名
微塵如來說世界非世界是名世界須菩提
於意云何可以三十二相見如來不不也世
尊不可以三十二相得見如來何以故如來說三十二相即是
非相是名三十二相須菩提若有善男子善女人以恒
河沙等身命布施若復有人於此經中乃至
受持四句偈等爲他人說其福甚多
尒時須菩提聞說是經深解義趣涕淚悲泣
而白佛言希有世尊佛說如是甚深經典我

河沙等身命布施若復有人於此經中乃至
受持四句偈等為他人說其福甚多
尒時須菩提聞說是經深解義趣涕淚悲泣
而白佛言希有世尊佛說如是甚深經典我
從昔來所得慧眼未曾得聞如是之經世尊
若復有人得聞是經信心清淨則生實相當
知是人成就第一希有功德世尊是實相者
則是非相是故如來說名實相世尊我今得
聞如是經典信解受持不足為難若當來世
後五百歲其有衆生得聞是經信解受持是
人則為第一希有何以故此人无我相人相
衆生相壽者相所以者何我相即是非相人
相衆生相壽者相即是非相何以故離一切
諸相則名諸佛
佛告須菩提如是如是若復有人得聞是經
不驚不怖不畏當知是人甚為希有何以故
須菩提如來說第一波羅蜜非第一波羅蜜
是名第一波羅蜜須菩提忍辱波羅蜜如來
說非忍辱波羅蜜何以故須菩提如我昔為
歌利王割截身體我於尒時无我相无人相
无衆生相无壽者相何以故我於往昔節節
支解時若有我相人相衆生相壽者相應生
瞋恨須菩提又念過去於五百世作忍辱仙
人於尒所世无我相无人相无衆生相无壽
者相是故須菩提菩薩應離一切相發阿耨
多羅三藐三菩提心不應住色生心不應住

BD03749 號　金剛般若波羅蜜經　（15-6）

人於尒所世无我相无人相无衆生相无壽
者相是故須菩提菩薩應離一切相發阿耨
多羅三藐三菩提心不應住色生心不應住
聲香味觸法生心應生无所住心若心有住
則為非住是故佛說菩薩心不應住色布施
須菩提菩薩為利益一切衆生應如是布
施如來說一切諸相即是非相又說一切衆
生則非衆生
須菩提如來是真語者實語者如語者不誑語者不
異語者須菩提如來所得法此法无實无虛
須菩提若菩薩心住於法而行布施如人入
闇則无所見若菩薩心不住法而行布施如
人有目日光明照見種種色須菩提當來之
世若有善男子善女人能於此經受持讀誦
則為如來以佛智慧悉知是人悉見是人皆
得成就无量无邊功德
須菩提若有善男子善女人初日分以恒河
沙等身布施中日分復以恒河沙等身布施
後日分亦以恒河沙等身布施如是无量百
千万億劫以身布施若復有人聞此經典信
心不逆其福勝彼何況書寫受持讀誦為人
解說須菩提以要言之是經有不可思議不
可稱量无邊功德如來為發大乘者說為發
最上乘者說若有人能受持讀誦廣為人說
如來悉知是人悉見是人皆得成就不可量

BD03749 號　金剛般若波羅蜜經　（15-7）

心不逆其福勝彼何況書寫受持讀誦為人
解說須菩提以要言之是經有不可思議不
可稱量无邊功德如來為發大乘者說為發
最上乘者說若有人能受持讀誦廣為人說
如來悉知是人悉見是人皆得成就不可量
不可稱无有邊不可思議功德如是人等則
為荷擔如來阿耨多羅三藐三菩提何以故
須菩提若樂小法者著我見人見衆生見壽
者見則於此經不能聽受讀誦為人解說須
菩提在在處處若有此經一切世間天人阿
脩羅所應供養當知此處則為是塔皆應恭
敬作礼圍繞以諸華香而散其處
復次須菩提若善男子善女人受持讀誦此
經若為人輕賤是人先世罪業應墮惡道以
今世人輕賤故先世罪業則為消滅當得阿
耨多羅三藐三菩提須菩提我念過去无量
阿僧祇劫於然燈佛前得值八百四千万億
那由他諸佛悉皆供養承事无空過者若復
有人於後末世能受持讀誦此經所得功德
於我所供養諸佛功德百分不及一千万億
分乃至算數譬喻所不能及須菩提若善男
子善女人於後末世有受持讀誦此經所得
功德我若具說者或有人聞心則狂亂狐疑
不信須菩提當知是經義不可思議果報亦
不可思議

子善女人於後末世有受持讀誦此經所得
功德我若具說者或有人聞心則狂亂狐疑
不信須菩提當知是經義不可思議果報亦
不可思議
尒時須菩提白佛言世尊善男子善女人發
阿耨多羅三藐三菩提心云何應住云何降
伏其心佛告須菩提善男子善女人發阿耨
多羅三藐三菩提者當生如是心我應滅度
一切衆生滅度一切衆生已而无有一衆生
實滅度者何以故若菩薩有我相人相衆生
相壽者相則非菩薩所以者何須菩提實无
有法發阿耨多羅三藐三菩提者須菩提於
意云何如來於然燈佛所有法得阿耨多羅
三藐三菩提不不也世尊如我解佛所說義
佛於然燈佛所无有法得阿耨多羅三藐三
菩提佛言如是如是須菩提實无有法如來
得阿耨多羅三藐三菩提
須菩提若有法如來得阿耨多羅三藐三菩
提者然燈佛則不與我受記汝於來世當得
作佛号釋迦牟尼以實无有法得阿耨多羅
三藐三菩提是故然燈佛與我受記作是言
汝於來世當得作佛号釋迦牟尼何以故如
來者即諸法如義若有人言如來得阿耨多
羅三藐三菩提須菩提實无有法佛得阿耨
多羅三藐三菩提須菩提如來所得阿耨

汝於來世當得作佛号釋迦牟尼何以故如
來者即諸法如義若有人言如來得阿耨多
羅三藐三菩提須菩提實无有法佛得阿耨
多羅三藐三菩提須菩提如來所得阿耨
多羅三藐三菩提於是中无實无虛是故如
來說一切法皆是佛法須菩提所言一切法
者即非一切法是故名一切法須菩提譬如
人身長大須菩提言世尊如來說人身長大
則非大身是名大身須菩提菩薩亦如是若
作是言我當滅度无量衆生則不名菩薩何
以故須菩提實无有法名為菩薩是故佛說
一切法无我无人无衆生无壽者須菩提
若菩薩作是言我當莊嚴佛土是不名菩薩
何以故如來說莊嚴佛土者即非莊嚴是名
莊嚴須菩提若菩薩通達无我法者如來說
名真是菩薩
須菩提於意云何如來有肉眼不如是世尊
如來有肉眼須菩提於意云何如來有天眼
不如是世尊如來有天眼須菩提於意云何
如來有慧眼不如是世尊如來有慧眼須菩
提於意云何如來有法眼不如是世尊如來
有法眼須菩提於意云何如來有佛眼不如
是世尊如來有佛眼須菩提於意云何恒河
中所有沙佛說是沙不如是世尊如來說是
沙須菩提於意云何如一恒河中所有沙有

BD03749號　金剛般若波羅蜜經　（15–10）

提於意云何如來有法眼不如是世尊如來
有法眼須菩提於意云何如來有佛眼不如
是世尊如來有佛眼須菩提於意云何恒河
中所有沙佛說是沙不如是世尊如來說是
沙須菩提於意云何如一恒河中所有沙有
如是等恒河是諸恒河所有沙數佛世界如
是寧為多不甚多世尊佛告須菩提尒所國
土中所有衆生若干種心如來悉知何以故
如來說諸心皆為非心是名為心所以者何
須菩提過去心不可得現在心不可得未來
心不可得須菩提於意云何若有人滿三千
大千世界七寶以用布施是人以是因緣得
福多不如是世尊此人以是因緣得福甚多
須菩提若福德有實如來不說得福德多以
福德无故如來說得福德多
須菩提於意云何佛可以具足色身見不不
也世尊如來不應以具足色身見何以故如來
說具足色身即非具足色身是名具足色身
須菩提於意云何如來可以具足諸相見不
不也世尊如來不應以具足諸相見何以故
如來說諸相具足即非具足是名諸相具足
須菩提汝勿謂如來作是念我當有所說法
莫作是念何以故若人言如來有所說法即
為謗佛不能解我所說故須菩提說法者无
法可說是名說法須菩提白佛言世尊佛得

BD03749號　金剛般若波羅蜜經　（15–11）

須菩提汝等勿謂如來作是念我當有所說法
莫作是念何以故若人言如來有所說法即
為謗佛不能解我所說故須菩提說法者无
法可說是名說法須菩提白佛言世尊佛得
阿耨多羅三藐三菩提為无所得耶如是如
是須菩提我於阿耨多羅三藐三菩提乃至
无有少法可得是名阿耨多羅三藐三菩提
復次須菩提是法平等无有高下是名阿耨
多羅三藐三菩提以无我无人无衆生无壽
者修一切善法則得阿耨多羅三藐三菩提
須菩提所言善法者如來說非善法是名善
法須菩提若三千大千世界中所有諸須弥
山王如是等七寶聚有人持用布施若人以
此般若波羅蜜經乃至四句偈等受持讀誦
為他人說於前福德百分不及一百千万億
分乃至筭數譬喻所不能及
須菩提於意云何汝等勿謂如來作是念我
當度衆生須菩提莫作是念何以故實无有
衆生如來度者若有衆生如來度者如來則
有我人衆生壽者須菩提如來說有我者則
非有我而凡夫之人以為有我須菩提凡夫
者如來說則非凡夫須菩提於意云何可以
三十二相觀如來不須菩提言如是如是以
三十二相觀如來佛言須菩提若以三十二
相觀如來者轉輪聖王則是如來須菩提白

BD03749 號　金剛般若波羅蜜經　（15–12）

三十二相觀如來不須菩提言如是如是以
三十二相觀如來佛言須菩提若以三十二
相觀如來者轉輪聖王則是如來須菩提白
佛言世尊如我解佛所說義不應以三十二
相觀如來尒時世尊而說偈言
若以色見我　以音聲求我　是人行邪道　不能見如來
須菩提汝若作是念如來不以具是相故得
阿耨多羅三藐三菩提須菩提莫作是念如
來不以具是相故得阿耨多羅三藐三菩提
須菩提汝若作是念發阿耨多羅三藐三菩
提者說諸法斷滅相莫作是念何以故發阿
耨多羅三藐三菩提者於法不說斷滅相須
菩提若菩薩以滿恒河沙等世界七寶布施
若復有人知一切法无我得成於忍此菩薩
勝前菩薩所得功德須菩提以諸菩薩不受
福德故須菩提白佛言世尊云何菩薩
不受福德須菩提菩薩所作福德不應貪著
是故說不受福德須菩提若有人言如來若
來若去若坐若卧是人不解我所說義何以
故如來者无所從來亦无所去故名如來
須菩提若善男子善女人以三千大千世界
碎為微塵於意云何是微塵衆寧為多不
甚多世尊何以故若是微塵衆實有者佛則
不說是微塵衆所以者何佛說微塵衆則非
微塵衆是名微塵衆世尊如來所說三千大千

BD03749 號　金剛般若波羅蜜經　（15–13）

須菩提若善男子善女人以三千大千世界
碎爲微塵於意云何是微塵衆寧爲多不
甚多世尊何以故若是微塵衆實有者佛則
不說是微塵衆所以者何佛說微塵衆則非
微塵衆是名微塵衆世尊如來所說三千大千
世界則非世界是名世界何以故若世界實
有者則是一合相如來說一合相則非一合
相是名一合相須菩提一合相者則是不可
說但凡夫之人貪著其事
須菩提若人言佛說我見人見衆生見壽者
見須菩提於意云何是人解我所說義不不
也世尊是人不解如來所說義何以故世尊
說我見人見衆生見壽者見即非我見人見
衆生見壽者見是名我見人見衆生見壽者
見須菩提發阿耨多羅三藐三菩提心者於
一切法應如是知如是見如是信解不生法
須菩提所言法相者如來說即非法相是
相須菩提若有人以滿无量阿僧祇世
寶持用布施若有善男子善女人發菩
心者持於此經乃至四句偈等受持讀誦
爲人演說其福勝彼云何爲人演說不取於
相如如不動何以故
一切有爲法　如夢幻泡影　如露亦如電　應作如是觀
佛說是經已長老須菩提及諸比丘比丘尼
優婆塞優婆夷一切世間天人阿脩羅聞佛

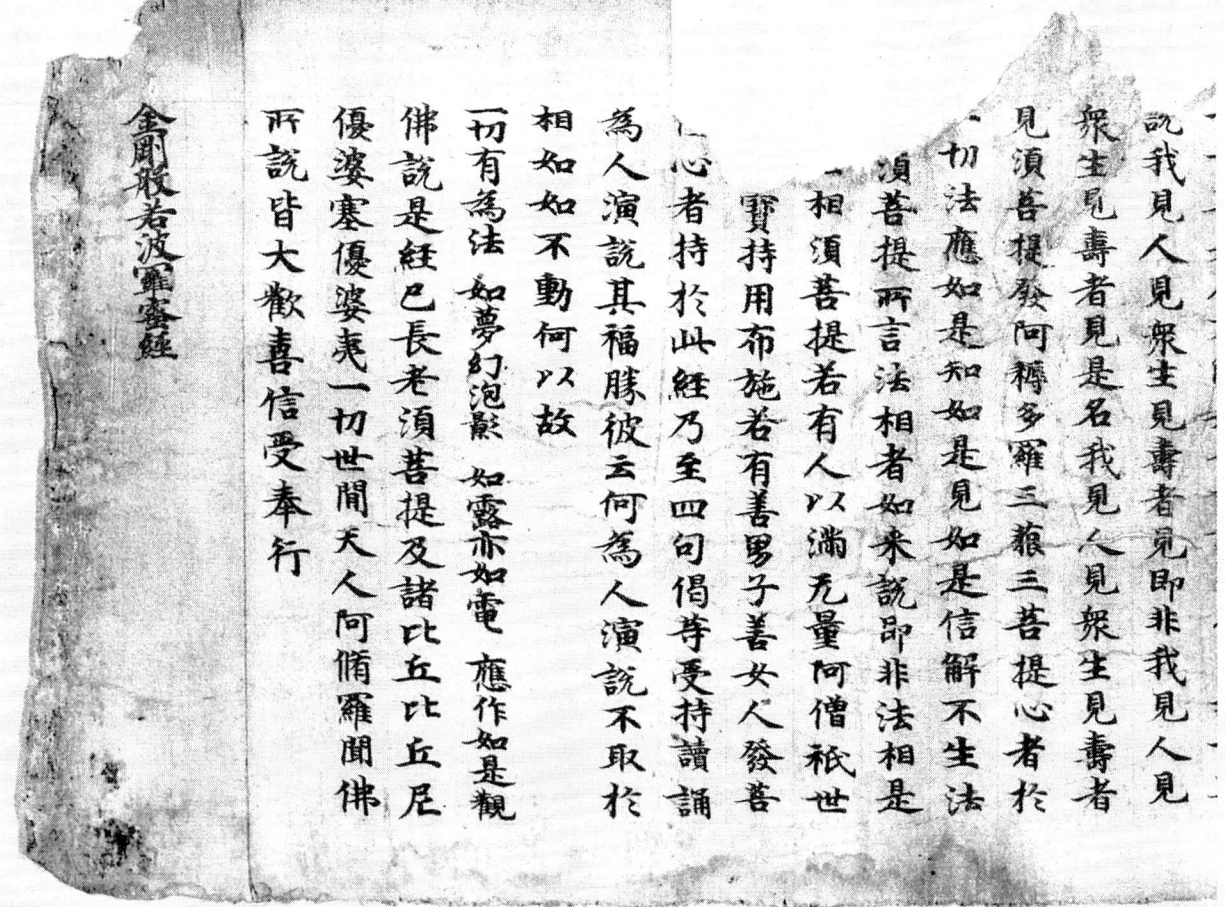

BD03749號　金剛般若波羅蜜經　（15–14）

說我見人見衆生見壽者見即非我見人見
衆生見壽者見是名我見人見衆生見壽者
見須菩提發阿耨多羅三藐三菩提心者於
一切法應如是知如是見如是信解不生法
須菩提所言法相者如來說即非法相是
相須菩提若有人以滿无量阿僧祇世
寶持用布施若有善男子善女人發菩
心者持於此經乃至四句偈等受持讀誦
爲人演說其福勝彼云何爲人演說不取於
相如如不動何以故
一切有爲法　如夢幻泡影　如露亦如電　應作如是觀
佛說是經已長老須菩提及諸比丘比丘尼
優婆塞優婆夷一切世間天人阿脩羅聞佛
所說皆大歡喜信受奉行

金剛般若波羅蜜經

BD03749號　金剛般若波羅蜜經　（15–15）

諦復有……
苦諦變壞苦諦污辱苦諦業苦諦煩惱諦正
思惟諦正見諦正見果諦四種方便名方便
施設如前力種性品說乘施設者聲聞乘施
緣覺乘大乘一〻種七種施設四聖諦慧如是
慧若依若緣伴業乘具如是慧若果此七種
名聲聞乘施設如聲聞乘施設緣覺乘亦如
是雖言說境界一切法如離諸妄想平等慧
如是慧若依若緣伴業乘具如是慧若果此
七種名大乘施設過去未來現在一切菩薩
正施設已正當作一切四種无餘无上菩薩
有五種无量生一切巧便行一者衆生界无
量二者世界无量三者法界无量四者調伏界
无量五者調伏方便无量六十一種衆生名
衆生界如意地衆分别則有无量十方无量

BD03750號　菩薩地持經卷八　（3–1）

正施設已正當作一切四種无餘无上菩薩
有五種无量生一切巧便行一者衆生界无
量二者世界无量三者法界无量四者調伏界
无量五者調伏方便无量六十一種衆生名
衆生界如意地衆分别則有无量十方无量
世界无量名如娑婆世界名娑婆主善不善
无記法分别則有无量調伏有一種謂一切
衆生調伏復有二種具縛不具縛復有三種
軟中上根復有四種刹利婆羅門毗舍首陀
復有五種貪欲瞋恚愚癡憍慢覺觀復有六
種在家出家未熟已熟未解脫已解脫復有
七種惡人中人小智人大智人現在調伏未
來調伏隨緣調伏若得緣如〻是〻迴向復有八
種謂八衆刹利至婆羅門復有九種一者
如來調伏二者聲聞緣覺調伏三者菩薩調
伏四者難調伏五者易調伏六者軟語調伏
七者可責調伏八者遠調伏九者近調伏復有
十種一者地獄二者畜生三者餓鬼四者欲
界人天五者中陰六者色七者无色八者想
九者无想十者非想非非想是五十五種分
别則為无量衆生界調伏界有何差别衆生
界者不分别一切衆生種性調伏界者彼
種性差如是彼彼差轉調伏方便无量如前
成熟品說彼亦无量種分别如是次第說五
種无量何以故是菩薩為衆生脩行是故說

BD03750號　菩薩地持經卷八　（3–2）

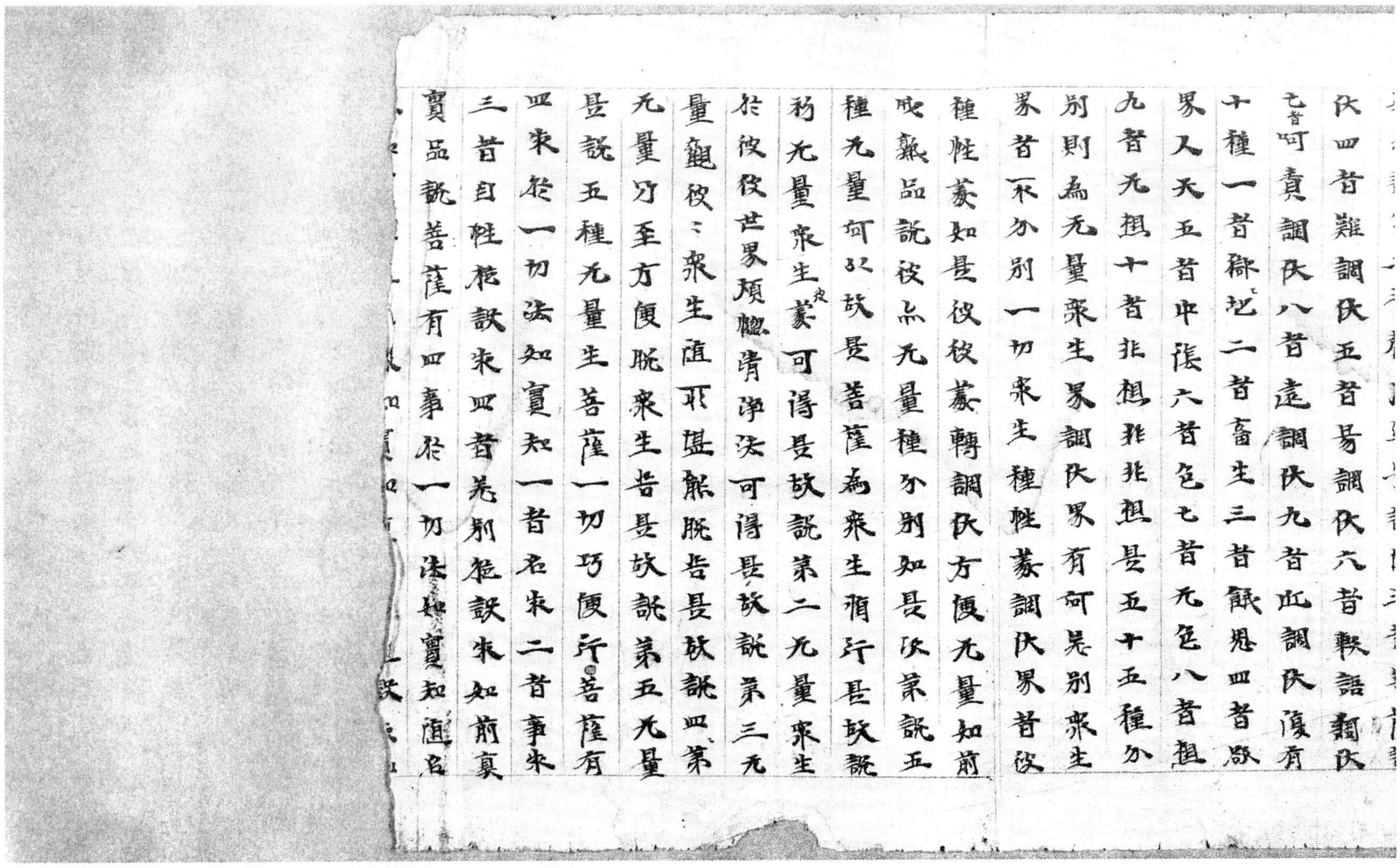

伏四者難調伏五者易調伏六者軟語調伏
七者可責調伏八者遠調伏九者近調伏復有
十種一者地獄二者畜生三者餓鬼四者欲
界人天五者中陰六者色七者无色八者想
九者无想十者非想非非想是五十五種分
別則為无量衆生界調伏界有何差別衆生
界者不分別一切衆生種性數調伏界者彼
種性數如是彼彼數轉調伏方便无量如前
成熟品說彼亦无量種分別如是次第說五
種无量何以故是菩薩為衆生有行是故說
初无量衆生數可得是故說第二无量衆生
於彼彼世界煩惱清淨法可得是故說第三无
量觀彼彼衆生有堪能脫者是故說第四第
无量乃至方便脫衆生者是故說第五无量
是說五種无量生菩薩一切巧便行菩薩有
四求於一切法如實知一者名求二者事求
三者自性施設求四者差別施設求如前真
實品說菩薩有四事於一切法如實知

BD03750號　菩薩地持經卷八　（3–3）

戒手為鳥
顛倒或高
入邪慍癡顛
饑婬更相
神中來相
何須輪中
遭逢對有
負宿對惡責適
無以報宿怨唯受
宿命福殃今唯行
遭宿怨其罪未熟
而亡宿福薄為故
世罪所追遭逢宿怨對至不赦其未熟至
罪德熟自受其福殃福自追如形影逐人都
无與者作惡得惡自作自得不任是身无對
報然无所得一切皆由因緣生致見无過而
有病者死亡者當知是人宿命　世無獨採
懷破卵熟生衆多故得短命　而去一切

BD03751號　淨度三昧經卷二　（4–1）

其德熟自受其福殃禍自追如形影逐人都
无與者作惡得惡自作自得不任是即无對
根本无所得一切皆由因緣生殃鬼无過而
有病者死亡者當知是人宿命　世魚獨採
慓破卵熟生衆多故得短命□　而去一切
罪福命之長短皆殊逐善皆由在生種其類
報種福得福種罪得罪種長命得長命種短
命得短命種好得好種醜得醜如个種麥得
麥種粟得粟種麻得麻隨其本種生其類報
人之種行亦復如是亦不乏疑也持一誡完
者一天令五神護之持戒具者令廿五神營
救門戶上至六天凡有百五十神備伐擁護
不令侵犯諸天歡喜皆言善哉皆共護之如
是持一誡完具者十方現在諸佛皆稱歎是
善男子善女人臨壽終時佛皆分身往迎之
不使墮惡道持誡藏者當益作福德布施持
誡忍辱精進一心智慧燃燈燒香散華礼拜
益持齋誡亦復得度誡不完者善神稍離之
犯一誡者廿五神去之犯五誡者百五十神
盡棄離遠之衆惡稍繞近因衰病之耗亂其
家遂致衰耗不利財物不聚所向不偶死入
地獄作誡具不持九齋如六畜不生乳樹无
果實婦人不生子種桑不熟治生无利近耗
失本作吏无衣績使者无傳導可信用者不
不持齋者如人身无有四時衣也不持齋者
如人倮形无衣導可用入衆貴人中不也王
曰不可佛言弟子不持齋〻不如法无清淨
福誡倮无護為无輔多如人孤獨无臣子倮

BD03751 號　淨度三昧經卷二　（4-2）

不持齋者如人身无有四時衣也不持齋者
如人倮形无衣導可用入衆貴人中不也王
曰不可佛言弟子不持齋〻不如法无清淨
福誡倮无護為无輔多如人孤獨无臣子倮
形无衣露居无舍宅有惡畏不持齋有五事
勤苦何謂五事苦也一者恒生穢濁處二者
所生之處唯得人身難與三寶會三者更生
信道家難四者更生求師難得五者世〻求
道難得之是為五事苦復有五事苦一者恒
生多事憂二者多驚怖三者生五逆殘處四
者恒生劇苦地五者生邊地无福之處是為
五事苦合為十苦處也復有五事自侵欺一
者不用佛教二者不用師教三者言我持齋
不從明經道士受齋四者不受法化五者持
齋不免為自侵欺亡失大福復有五事亡失
大福何謂為五一者恒生愚家二者難得出
家三者所生貧賤四者不得昇入道場五者
積愚難化是為五事復有五事難何謂為五
一者生中國難二者生貴人家難三者求作
沙門難四者求智慧難五者求解脫難復有
五事難何謂為五一者生佛前難二者求生
難三者求三昧之難四者斷絕生死難五者
求清淨難復有五事難何謂為五一者若後
罪畢得為人主安國難二者若後為天度人
難三者除罪難四者未度難五者解十結難
者難是為五難難得度脫佛言未世時人作
佛弟子為世事所迫促荷民窮衣食不充抴
惣日隨不得從心所願不成皆由宿命持誡
不精進懈慢不奉師教令或持齋或不持齋或

BD03751 號　淨度三昧經卷二　（4-3）

永清淨難復有五事難何謂為五一者若後
罪畢得為人生安國難二者若後為天度人
難三者除罪難四者求度難五者斷十結難
若難是為五難難得度脫佛言末世時人作
佛弟子為世事所迫促苟民窮衣食不充悲
惱自隨不得從心所願不成皆由宿命持誡
不精進懈慢不師教令或持齋或不持齋或
有布施或不布施有无多少各隨所作德
本受其殃福或在他方清淨佛國不行清淨
漏行所致福不還生天罪不應墮地獄謫來
生閻浮提續人種令不斷絕或從天上來生
閻浮提或從人道來生或從三惡道中罪畢
得生為人五道中生死更相搜代晝夜
往來日日不絕譬如天而以續人種故不斷
絕皆從宿命齋誡不如法謫來生是家乘宋
五燒熱燃潤世受是十苦之惱十百假歎之
、十五緣尋之難迴流三界十二輪轉生
乚竟但坐宿命不奉大人之重
卄五苦惱不得度脫无
人誠并持九齋
一受齋何因
弗吉无

BD03751號　淨度三昧經卷二　（4–4）

此沒當生何所天曰佛化所
如彼生曰佛化所生非沒生也天曰衆生
猶然無沒生舍利弗問天汝久如當得阿耨
多羅三藐三菩提天曰如舍利弗還為凡夫
我乃當成阿耨多羅三藐三菩提舍利弗
言我作凡夫無有是處天曰我得阿耨多
羅三藐三菩提亦無是處所以者何菩提
無住處是故無有得者舍利弗言今諸佛得
阿耨多羅三藐三菩提已得當得今得如恒
河沙皆謂何乎天曰皆以世俗文字數故說
有三世非謂菩提有去來今天曰舍利弗汝
得阿羅漢道耶曰無所得故而得天曰諸佛
菩薩亦復如是無所得故而得尒時維摩詰
語舍利弗是天女曾已供養九十二億佛已
能遊戲菩薩神通所願具足得無生忍住不
退轉以本願故隨意能現教化衆生

佛道品第八

尒時文殊師利問維摩詰言菩薩云何通達
佛道又問云何菩薩行於非道荅曰若菩薩
行五無間而無惱恚至于地獄無諸罪垢至

BD03752號　維摩詰所說經卷中　（10–1）

能遊戲菩薩神通所願具足得無生忍住不
退轉以本願故隨意能現教化眾生
佛道品第八
尒時文殊師利問維摩詰言菩薩云何通達
佛道又問云何菩薩行於非道荅曰若菩薩
行五無間而無惱恚至于地獄無諸罪垢至
于畜生無有無明憍慢等過至于餓鬼而具
足功德行色無色界道不以為勝示行貪欲
離諸染著示行瞋恚於諸眾生無有恚礙示
行愚癡而以智慧調伏其心示行慳貪而捨
內外所有不惜身命示行毀禁而安住淨戒
乃至小罪猶懷大懼示行瞋恚而常慈忍示
行懈怠而勤脩功德示行亂意而常念定示
行愚癡而通達世間出世間慧示行諂偽而善
方便隨諸經義示行憍慢而於眾生猶如橋
梁示行諸煩惱而心常清淨示入於魔而順
佛智慧不隨他教示入聲聞而為眾生說
未聞法示入辟支佛而成就大悲教化眾生
示入貧窮而有寶手功德無盡示入刑殘而
具諸相好以自莊嚴示入下賤而生佛種姓
中具諸功德示入羸劣醜陋而得那羅延身
一切眾生之所樂見示入老病死苦而永斷
病根超越死畏示有資生而恒觀無常實無
所貪示有妻妾婇女而常遠離五欲淤泥現
於訥鈍而成就辯才總持無失示入邪濟而以
正濟度諸眾生現遍入諸道而斷其因緣現

一切眾生之所樂見示入老病死苦而永斷
病根超越死畏示有資生而恒觀無常實無
所貪示有妻妾婇女而常遠離五欲淤泥現
於訥鈍而成就辯才總持無失示入邪濟而以
正濟度諸眾生現遍入諸道而斷其因緣現
於涅槃而斷生死文殊師利菩薩能如是行
於非道是為通達佛道
於是維摩詰問文殊師利何等為如來種文
殊師利言有身為種無明有愛為種貪恚癡
為種四顛倒為種五蓋為種六入為種七識
處為種八邪法為種九惱處為種十不善道
為種以要言之六十二見及一切煩惱皆是佛
種曰何謂也荅曰若見無為入正位者不能
復發阿耨多羅三藐三菩提心譬如高原
陸地不生蓮華卑濕淤泥乃生此華如是見
無為法入正位者終不復能生於佛法煩惱
泥中乃有眾生起佛法耳又如殖種於空終
不得生糞壤之地乃能滋茂如是入無為正位
者不生佛法起於我見如須彌山猶能發于
阿耨多羅三藐三菩提心生佛法矣是故
當知一切煩惱為如來種譬如不下巨海則
不能得無價寶珠如是不入煩惱大海則不
能得一切智寶
尒時大迦葉歎言善哉善哉文殊師利快說
此語誠如所言塵勞之疇為如來種我等今
者不復堪任發阿耨多羅三藐三菩提心乃

不能得無價寶珠如是不入煩惱大海則不
能得一切智寶
尒時大迦葉嘆言善哉善哉文殊師利快說
此語誠如所言塵勞之疇為如來種我等今
者不復堪任發阿耨多羅三藐三菩提心乃
至五無間罪猶能發意生於佛法而今我等
永不能發譬如根敗之士其於五欲不能復
利如是聲聞諸結斷者於佛法中無所復益
永不志願是故文殊師利凡夫於佛法有反
復而聲聞無也所以者何凡夫聞佛法能起
無上道心不斷三寶正使聲聞終身聞佛法
力無畏等永不能發無上道意
尒時會中有一菩薩名普現色身問維摩詰
言居士父母妻子親戚眷屬吏民知識悉為
是誰奴婢僮僕象馬車乘皆何所在於是維
摩詰以偈答曰
智度菩薩母　方便以為父　一切眾導師　無不由是生
法喜以為妻　慈悲心為女　善心誠實男　畢竟空寂舍
弟子眾塵勞　隨意之所轉　道品善知識　由是成正覺
諸度法等侶　四攝為伎女　歌詠誦法言　以此為音樂
總持之園苑　無漏法林樹　覺意淨妙華　解脫智慧果
八解之浴池　定水湛然滿　布以七淨華　浴此無垢人
象馬五通馳　大乘以為車　調御以一心　遊於八正路
相具以嚴容　眾好飾其姿　慚愧之上服　深心為華鬘
富有七財寶　教授以滋息　如所說修行　迴向為大利
四禪為床坐　從於淨命生　多聞增智慧　以為自覺音

象馬五通馳　大乘以為車　調御以一心　遊於八正路
相具以嚴容　眾好飾其姿　慚愧之上服　深心為華鬘
富有七財寶　教授以滋息　如所說修行　迴向為大利
四禪為床坐　從於淨命生　多聞增智慧　以為自覺音
甘露法之食　解脫味為漿　淨心以澡浴　戒品為塗香
摧滅煩惱賊　勇健無能踰　降伏四種魔　勝幡建道場
雖知無起滅　示彼故有生　悉現諸國土　如日無不見
供養於十方　無量億如來　諸佛及己身　無有分別想
雖知諸佛國　及與眾生空　而常修淨土　教化於群生
諸有眾生類　形聲及威儀　無畏力菩薩　一時能盡現
覺知眾魔事　而示隨其行　以善方便智　隨意皆能現
或示老病死　成就諸群生　了知如幻化　通達無有礙
或現劫盡燒　天地皆洞然　眾生有常想　照令知無常
無數億眾生　俱來請菩薩　一時到其舍　化令向佛道
經書禁呪術　工巧諸伎藝　盡現行此事　饒益諸群生
世間眾道法　悉於中出家　因以解人惑　而不墮邪見
或作日月天　梵王世界主　或時作地水　或復作風火
劫中有疾疫　現作諸藥草　若有服之者　除病消眾毒
劫中有飢饉　現身作飲食　先救彼飢渴　却以法語人
劫中有刀兵　為之起慈悲　化彼諸眾生　令住無諍地
若有大戰陣　立之以等力　菩薩現威勢　降伏使和安
一切國土中　諸有地獄處　輒往到于彼　勉濟其苦惱
一切國土中　畜生相食噉　皆現生於彼　為之作利益
示受於五欲　亦復現行禪　令魔心憒亂　不能得其便
火中生蓮華　是可謂希有　在欲而行禪　希有亦如是
或現作婬女　引諸好色者　先以欲鉤牽　後令入佛智

一切國土中　諸有地獄處　輒往到于彼　勉濟其苦惱
一切國土中　畜生相食噉　皆現生於彼　為之作利益
示受於五欲　亦復現行禪　令魔心憒亂　不能得其便
火中生蓮華　是可謂希有　在欲而行禪　希有亦如是
或現作婬女　引諸好色者　先以欲鉤牽　後令入佛智
或為邑中主　或作商人導　國師及大臣　以祐利眾生
諸有貧窮者　現作無盡藏　因以勸導之　令發菩提心
我心憍慢者　現為大力士　消伏諸貢高　令住佛上道
其有恐懼眾　居前而慰安　先施以無畏　後令發道心
或現離婬欲　為五通仙人　開導諸群生　令住戒忍慈
見須供事者　現為作僮僕　既悅可其意　乃發以道心
隨彼之所須　得入於佛道　以善方便力　皆能給足之
如是道無量　所行無有涯　智慧無邊際　度脫無數眾
假令一切佛　於無數億劫　讚歎其功德　猶尚不能盡
誰聞如是法　不發菩提心　除彼不肖人　癡冥無智者

入不二法門品第九

尒時維摩詰謂眾菩薩言諸仁者云何菩薩入不二法門各隨所樂說之會中有菩薩名法自在說言諸仁者生滅為二法本不生今則無滅得此無生法忍是為入不二法門

德守菩薩曰我我所為二因有我故便有我所若無有我則無我所是為入不二法門

不眴菩薩曰受不受為二若法不受則不可得以不可得故無取無捨無作無行是為入不二法門

德頂菩薩曰垢淨為二見垢實性則無淨相

所若無有我則無我所是為入不二法門

不眴菩薩曰受不受為二若法不受則不可得以不可得故無取無捨無作無行是為入不二法門

德頂菩薩曰垢淨為二見垢實性則無淨相順於滅相是為入不二法門

善宿菩薩曰是動是念為二不動則無念無念則無分別通達此者為入不二法門

善眼菩薩曰一相無相為二若知一相即是無相亦不取無相入於平等是為入不二法門

妙臂菩薩曰菩薩心聲聞心為二觀心相空如幻化者無菩薩心無聲聞心是為入不二法門

弗沙菩薩曰善不善為二若不起善不善入無相際而通達者是為入不二法門

師子菩薩曰罪福為二若達罪性則與福無異以金剛慧決了此相無縛無解者是為入不二法門

師子意菩薩曰有漏無漏為二若得諸法等則不起漏不漏想不著於相亦不住無相是為入不二法門

淨解菩薩曰有為無為為二若離一切數則心如虛空以清淨慧無所礙者是為入不二法門

那羅延菩薩曰世間出世間為二世間性空即是出世間於其中不入不出不溢不散是為入不二法門

法前菩薩曰有為無為為二若離一切數則
心如虛空以清淨慧無所礙者是為入不二法
門
那羅延菩薩曰世間出世間為二世間性空
即是出世間於其中不入不出不溢不散是
為入不二法門
善意菩薩曰生死涅槃為二若見生死性則
無生死無縛無解不生不滅如是解者是為入
不二法門
現見菩薩曰盡不盡為二法若究竟盡若不
盡皆是無盡相無盡相即是空空則無有盡
不盡相如是入者是為入不二法門
普守菩薩曰我無我為二我尚不可得非我何
可得見我實性者不復起二是為入不二法門
電天菩薩曰明無明為二無明實性即是明明
亦不可取離一切數於其中平等無二者是為
入不二法門
喜見菩薩曰色色空為二色即是空非色滅
空色性自空如是受想行識識空為二識即
是空非識滅空識性自空於其中而通達者
是為入不二法門
明相菩薩曰四種異空種異為二四種性即是
空種性如前際後際空故中際亦空若能如
是知諸種性者是為入不二法門
妙意菩薩曰眼色為二若知眼性於色不貪
不恚不癡是名寂滅如是耳聲鼻香舌味身

是知諸種性者是為入不二法門
妙意菩薩曰眼色為二若知眼性於色不貪
不恚不癡是名寂滅如是耳聲鼻香舌味身
觸意法為二若知意性於法不貪不恚不癡
是名寂滅安住其中是為入不二法門
無盡意菩薩曰布施迴向一切智為二布施
性即是迴向一切智性如是持戒忍辱精進
禪定智慧迴向一切智為二智慧性即是迴
向一切智性於其中一相者是為入不二
法門
深慧菩薩曰是空是無相是無作為二空
即無相無相即無作若空無相無作則無心
意識於一解脫門即是三解脫門者是為入
不二法門
寂根菩薩曰佛法眾為二佛即是法法即
是眾是三寶皆無為相與虛空等一切法
亦尒能隨此行者是為入不二法門
心無礙菩薩曰身身滅為二身即是身滅所
以者何見身實相者不起見身及見滅身身
與滅身無二無分別於其中不驚不懼者是
為入不二法門
上善菩薩曰身口意善為二是三業皆無
作相身無作相即口無作相口無作相即意
無作相是三業無作相即一切法無作相能
如是隨無作慧者是為入不二法門

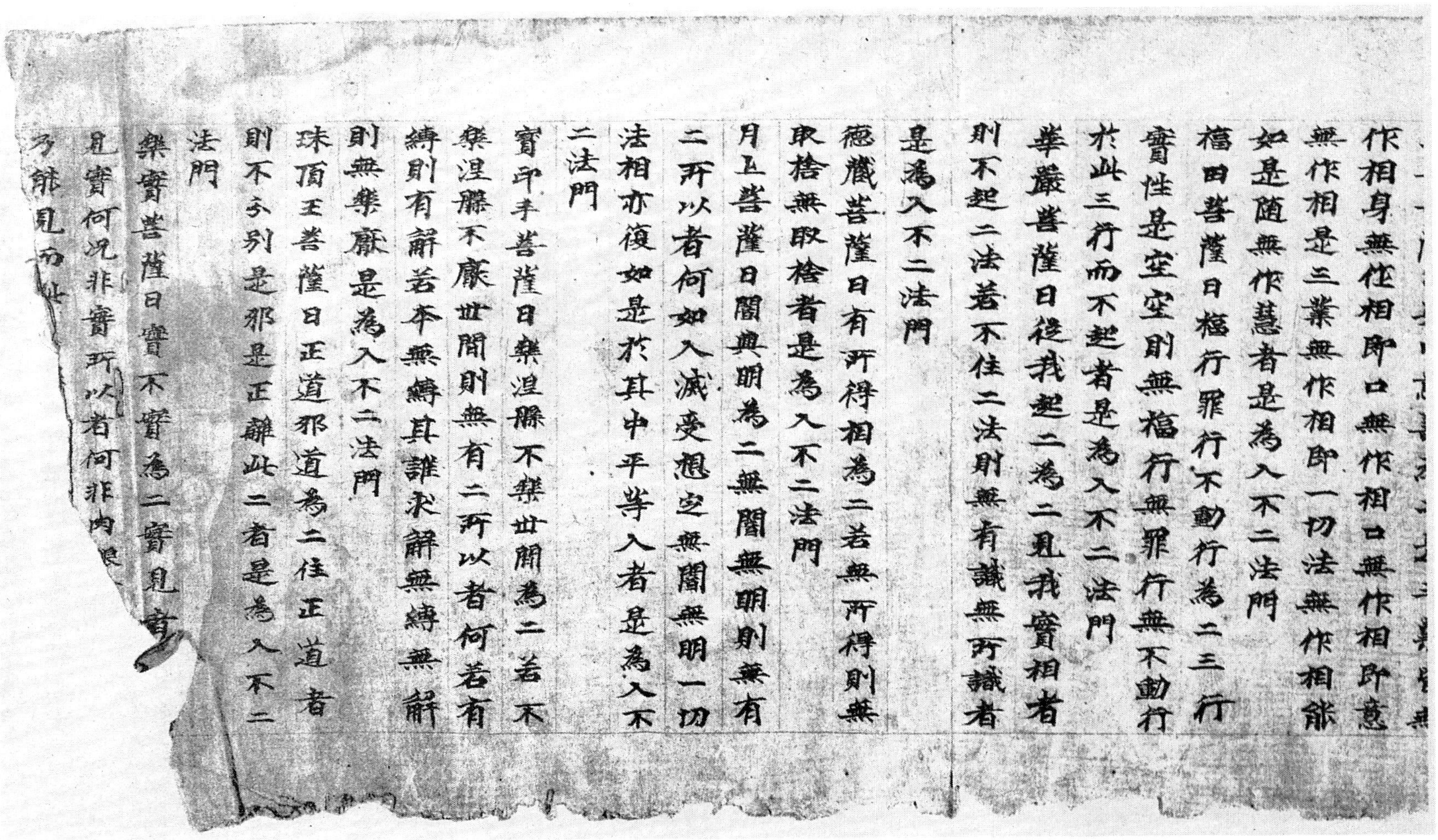
作相身無作相即口無作相口無作相即意
無作相是三業無作相即一切法無作相能
如是隨無作慧者是為入不二法門
福田菩薩曰福行罪行不動行為二三行
實性是空空則無福行無罪行無不動行
於此三行而不起者是為入不二法門
華嚴菩薩曰從我起二為二見我實相者
則不起二法若不住二法則無有識無所識者
是為入不二法門
德藏菩薩曰有所得相為二若無所得則無
取捨無取捨者是為入不二法門
月上菩薩曰闇與明為二無闇無明則無有
二所以者何如入滅受想定無闇無明一切
法相亦復如是於其中平等入者是為入不
二法門
寶印手菩薩曰樂涅槃不樂世間為二若不
樂涅槃不厭世間則無有二所以者何若有
縛則有解若本無縛其誰求解無縛無解
則無樂厭是為入不二法門
珠頂王菩薩曰正道邪道為二住正道者
則不分別是邪是正離此二者是為入不二
法門
樂實菩薩曰實不實為二實見者
見實何況非實所以者何非肉眼
所能見而此

BD03752號　維摩詰所說經卷中　（10–10）

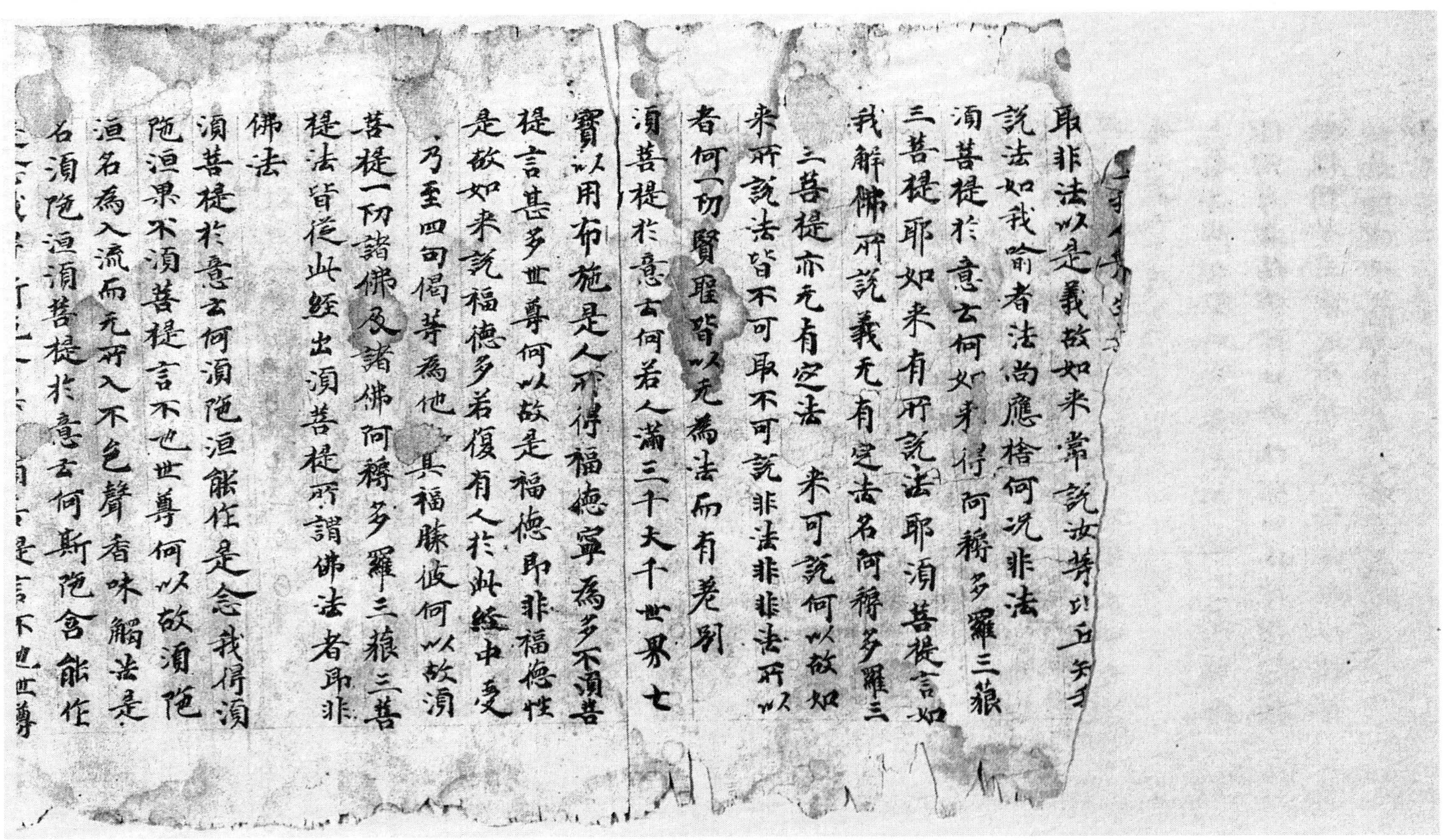
取非法以是義故如來常說汝等比丘
說法如筏喻者法尚應捨何況非法
須菩提於意云何如來得阿耨多羅三藐
三菩提耶如來有所說法耶須菩提言如
我解佛所說義无有定法名阿耨多羅三
藐三菩提亦无有定法如來可說何以故如
來所說法皆不可取不可說非法非非法所以
者何一切賢聖皆以无為法而有差別
須菩提於意云何若人滿三千大千世界七
寶以用布施是人所得福德寧為多不須菩
提言甚多世尊何以故是福德即非福德性
是故如來說福德多若復有人於此經中受
乃至四句偈等為他[illegible]其福勝彼何以故須
菩提一切諸佛及諸佛阿耨多羅三藐三菩
提法皆從此經出須菩提所謂佛法者即非
佛法
須菩提於意云何須陀洹能作是念我得須
陀洹果不須菩提言不也世尊何以故須陀
洹名為入流而无所入不入色聲香味觸法是
名須陀洹須菩提於意云何斯陀含能作

BD03753號　金剛般若波羅蜜經　（7–1）

佛法
須菩提於意云何須陁洹能作是念我得須
陁洹果不須菩提言不也世尊何以故須陁
洹名為入流而无所入不色聲香味觸法是
名須陁洹須菩提於意云何斯陁含能作
是念我得斯陁含果不須菩提言不也世尊
何以故斯陁含名一往来而實无往来是名
斯陁含須菩提於意云何阿那含能作是念
我得阿那含果不須菩提言不也世尊何以
故阿那含名為不来而實无来是名阿那含
須菩提於意云何阿羅漢能作是念我得
阿羅漢道不須菩提言不也世尊何以故實
无有法名阿羅漢世尊若阿羅漢作是念我
得阿羅漢道即為著我人衆生壽者世尊佛
說我得无諍三昧人中最為第一是第一離
欲阿羅漢我不作是念我是離欲阿羅漢世
尊我若作是念我得阿羅漢道世尊則不說
須菩提是樂阿蘭那行者以須菩提實无所
行而名須菩提是阿那行
佛告須菩提於意云何如来昔在然燈佛所
於法有所得不世尊如来在然燈佛所於法
實无所得
須菩提於意云何菩薩莊嚴佛土不不也世
尊何以故莊嚴佛土者則非莊嚴是名莊
嚴是故須菩提諸菩薩摩訶薩應如是生
淨清心不應色生心不應住聲香味觸法生
心應无所住而生其心須菩提譬如有人身

BD03753號　金剛般若波羅蜜經　（7–2）

尊何以故莊嚴佛土者則非莊嚴是名莊
嚴是故須菩提諸菩薩摩訶薩應如是生
淨清心不應色生心不應住聲香味觸法生
心應无所住而生其心須菩提譬如有人身
如須彌山王於意云何是身為大不須菩提
言甚大世尊何以故佛說非身是名大身須
菩提如恒河中所有沙數如是沙等恒河於
意云何是諸恒河沙寧為多不須菩提言
甚多世尊但諸恒河尚多无數何況其沙須
菩提我今實言告汝若有善男子善女人以
七寶滿爾所恒河沙數三千大千世界以用布
施得福多不須菩提言甚多世尊佛須菩
提若善男子善女人於此經中乃至受持四
句偈等為他人說而此福德勝前福德
復次須菩提隨說是經乃至四句偈等當
知此處一切世間天人阿脩羅皆應供養如佛
塔廟何況有人盡能受持讀誦須菩提當知
是人成就最上第一希有之法若是經典所
在之處則為有佛若尊重弟子
爾時須菩提白佛言世尊當何名此經我
等云何奉持佛告須菩提是經名為金剛
般若波羅蜜以是名字汝當奉持所以者
何須菩提佛說般若波羅蜜則非般若波
羅蜜須菩提於意云何如来有所說法不
須菩提白佛言世尊如来无所說須菩提於
意云何三千大千世界所有微塵是為多
不須菩提言甚多世尊須菩提諸微塵如

BD03753號　金剛般若波羅蜜經　（7–3）

般若波羅蜜以是名字汝當奉持所以者
何須菩提佛說般若波羅蜜則非般若波
羅蜜須菩提於意云何如来有所說法不
須菩提白佛言世尊如来无所說須菩提於
意云何三千大千世界所有微塵是為多
不須菩提言甚多世尊須菩提諸微塵如
来說非微塵是名微塵如来說世界非世
界是名世界須菩提於意云何可以三十二
相見如来不不也世尊不可以三十二相得見
如来何以故如来說三十二相即非相名三十二相
須菩提若有善男子善女人以恒河沙等身
命布施若復有人於此經中乃至受持四
句偈等為他人說其福甚多
尒時須菩提聞說是經深解義趣涕淚悲
泣而白佛言希有世尊佛說如是甚深經
典我從昔来所得慧眼未曾得聞如是之經
世尊若復有人得聞是經信心清淨則生實
相當知是人成就第一希有功德世尊是實
相者則是非相是故如来說名相世尊我今
得聞如是經典信解受持不足為難若當
来世後五百歲其有衆生得聞是經信解
受持是人則為第一希有何以故此人无我相
人相衆生相壽者相所以者何我相即是非相
諸相則名諸佛
佛告須菩提如是如是若復有人得聞是經
不驚不怖不畏當知是人甚為希有何以故
須菩提如来說第一波羅蜜非第一波羅蜜

諸相則名諸佛
佛告須菩提如是如是若復有人得聞是經
不驚不怖不畏當知是人甚為希有何以故
須菩提如来說第一波羅蜜非第一波羅蜜
是名第一波羅蜜
須菩提忍辱波羅蜜如来說非忍辱波羅
蜜何以故須菩提如我昔為歌利王割截身
體我於尒時无我相无人相无衆生相无壽
者相何以故我於往昔節節支解時若有
我相人相衆生相壽者相應生瞋恨須菩提
又念過去於五百世作忍辱仙人於尒所世无我
相无人相无衆生相无壽者相是故須菩提菩
薩應離一切相發阿耨多羅三藐三菩提
心不應住色生心不應住聲香味觸法生心
應生无所住心若有住則為非住是故佛說
菩薩心不應住色布施須菩提菩薩為利
益一切衆生應如是布施如来說一切諸相
即是非相又說一切衆生則非衆生
須菩提如来是真語者實語者如語者不誑
語者不異語者須菩提如来所得法此法无
實无虛
須菩提若菩薩心住於法而行布施如人入
闇則无所見若菩薩心不住法而行布施
如人有目日光明照見種種色
須菩提當来之世若善男子善女人能於
經受持讀誦則為如来以佛智慧悉知是
人悉見是人皆得成就无量无邊功德

如人有目日光明照見種種色
須菩提當来之世若善男子善女人能於
經受持讀誦則為如来以佛智慧悉知是
悉見是人皆得成就无量无邊功德
須菩提若有善男子善女人初日分以恒河
沙等身布施中日分復以恒河沙等身布
施後日分亦以恒河沙等身布施如是无量
百千万億劫以身布施若復有人聞此經典
信心不逆其福勝彼何況書寫受持讀
誦為人解說
須菩提以要言之是經有不可思議不可
稱量无邊功德如来為發大乗者說為發
最上乗者說若有人受持讀誦廣為
人說如来悉知是人悉見是人皆得成就不可量
不可稱无有邊不可思議功德如是人等則為
荷擔如来阿耨多羅三藐三菩提何以故須
菩提若樂小法者著我見人見衆生見壽者
見則於此經不能聽受讀誦為人解說須菩
提在在處處若有此經一切世間天人阿脩
羅所應供養當知此處則為是塔皆應恭
敬作礼圍遶以諸華香而散其處
復次須菩提善男子善女人受持讀誦此經若
為人輕賤是人先世罪業應墮惡道以今世
人輕賤故先世罪業則為消滅當得阿耨多
羅三藐三菩提須菩提我念過去无量阿僧
祇劫於然燈佛前得值八百四千万億那由
他諸佛悉皆供養承事无空過者若復有

世間天人阿脩
羅所應供養當知此處則為是塔皆應恭
敬作礼圍遶以諸華香而散其處
復次須菩提善男子善女人受持讀誦此經若
為人輕賤是人先世罪業應墮惡道以今世
人輕賤故先世罪業則為消滅當得阿耨多
羅三藐三菩提須菩提我念過去无量阿僧
祇劫於然燈佛前得值八百四千万億那由
他諸佛悉皆供養承事无空過者若復有
人於後末世能受持讀誦此經所得功德於
我所供養諸佛功德百分不及一千万億分
乃至筭數譬喻所不能及須菩提若善男子
善女人於後末世有受持讀誦此經所得功
德我若具說者或有人聞心則狂亂狐疑不信
須菩提當知是經義不可思議果報亦不可
思議
尒時須菩提白佛言世尊善男子善女人發
阿耨多羅三藐三菩提心云何應住云降伏
其心佛告須菩提善男子善女人發阿耨多
羅三藐三菩提者當生如是心我應滅度
一切衆生滅度一切衆生已而无有一衆生實
滅度者何以故若菩薩有我相人相衆生相

·問此人受戒已來備逕布薩羯摩何故更淂受戒 ·荅此人作
受大戒意聽羯磨布薩非盜心故四分聽更受戒
·僧祇云若人不知年歲當問父母親里若復不知當看生
年板若無是者當觀其顏狀手足成就以不若如是不
知當問何王何歲國土豐儉旱澇等非謂一切如是時有
人知者如是一一尋究若實不知滿廿雖手足成就亦不
淂戒也 ·問四分云年不滿廿聽數胎中月閏月等此復云
何 ·荅有人初受戒時意謂年廿受戒竟方知不滿懷疑
問佛佛數胎中月數閏月若數一切十四日說戒以滿年數
者無犯此是大聖開令淂戒依此閻國法五年每閏十誦
云瓶沙王六年一閏五分五年一閏未知依何者為定
·問无衣鉢淂受戒不 四分云衣鉢不淂受戒 ·又問借衣鉢
淂受戒不 五分云借衣者應教衣主捨淂受戒也
毗尼毗婆沙論云无衣鉢淂戒不 ·荅言淂若尔何須衣鉢
·荅言一為威儀故二為生前人善故三為標異相故須衣鉢
具也
·第二身无遮難者何故須問也
·荅十三難為三鄣所爭与聖道隔絕鄣不發戒名之為難
是故須問 ·又問十三難者名義云何 ·荅一邊罪難此
人曾受大戒犯波羅夷為僧滅擯自後又復更求出家覊

BD03754號　毗尼心經　（3–1）

·荅言一為威儀故二為生前人善故三為標異相故須衣鉢
具也
·第二身无遮難者何故須問也
·荅十三難為三鄣所爭与聖道隔絕鄣不發戒名之為難
是故須問 ·又問十三難者名義云何 ·荅一邊罪難此
人曾受大戒犯波羅夷為僧滅擯自後又復更求出家覊
在眾外名邊鄣不發戒故稱難也二汙尼淨行難從出家
已來不犯婬者名為淨行若白衣時汙犯此人不名為難
·三賊心受戒難 此人无師自剃頭髮著袈裟不受戒而共
也布薩羯磨偷竊佛法故名賊心若下三眾盜聽說戒羯
詐同僧事亦犯也 ·四破內外道難此人先是外道來出
家受戒後不捨還入外道耶見心重自然失戒若更欲
於佛法求出家受戒者名難也 ·五黃門難此人性多煩
惱闕於持戒煩惱鄣重不發大戒故名為難 ·六煞父難
·七煞母難 ·白衣煞父或煞母違恩處深彰不發戒
八煞阿羅漢白衣時煞比丘臨終時顏色不變
·九破僧難妄說耶法或亂群情同界之內別行法事斷
壞佛法知而故為故名為難 ·十惡心出佛身血難此
人方便欲煞佛而不能斷命復損聖躰違理處逆深得
重逆罪今時末世燒壞精舍形像舍利若見瑞相亦淂
逆罪不淂受戒故名為難 ·十一非人難 若鬼若天
變作人形欲受大戒者名為非人難也 ·十二畜生難
若龍若狐化為人形不淂与受戒 ·十三二根難此人一
身具有男女二根於僧尼二眾皆无置處故名為難
此十三人中初四及五逆業鄣攝黃門一人煩惱鄣攝後三
人報鄣攝三鄣所羈一形之中不可改易若未出家莫度
已出家當滅擯廣解如論中所說也 ·問曰不問十三

BD03754號　毗尼心經　（3–2）

於佛法求出家受戒者名難也　·五黄門難此人性多煩
惱閡於持戒煩惱鄣重不發大戒故名爲難·六煞父難
·七煞母難·白衣煞父或煞母違恩處深彰不發戒
·八煞阿羅漢白衣時煞比丘臨終時顏色不變
·九破僧難妄說耶法或亂群情同界之内別行法事斷
壞佛法知而故爲故名爲難　·十惡心出佛身血難此
人方便欲煞佛而不能斷命假損聖躰違理處深得
重逆罪令時末世燒壞精舍形像舍利若見瑞相亦得
逆罪不得受戒故名爲難　·十一非人難　·若鬼若天
變作人形欲受大戒者名爲非人難也　·十二畜生難
若龍若狐化爲人形不得与受戒　·十三二根難此人一
身具有男女二根於僧尼二衆皆无置處故名爲難
此十三人中初四及五逆業鄣攝黄門一人煩惱鄣攝後三
人報鄣攝三鄣所羈一形之中不可改易若未出家莫度
已出家當滅擯廣解如論中所說也·問曰不問十三
難爲得戒不　·荅四分云自制已後不得戒　·又問本爲防
難故問今實无者何須問也　·荅雖爲難故問若實有
難問以不問俱不得戒若實无難問便得戒不問不得
戒·第三明結界成以不成後結界法中當說
·第四界内僧盡集不來者与欲衆僧和无合其別衆也
·第五羯磨稱文者若作白四羯磨而白五白三白二白一皆
不成也　·第六僧數滿者要清淨大比丘十人若過十人名
爲衆滿減則不成　·問犯重人及十三難人作和上爲
得戒不　·荅四分云此不足僧數不得戒也

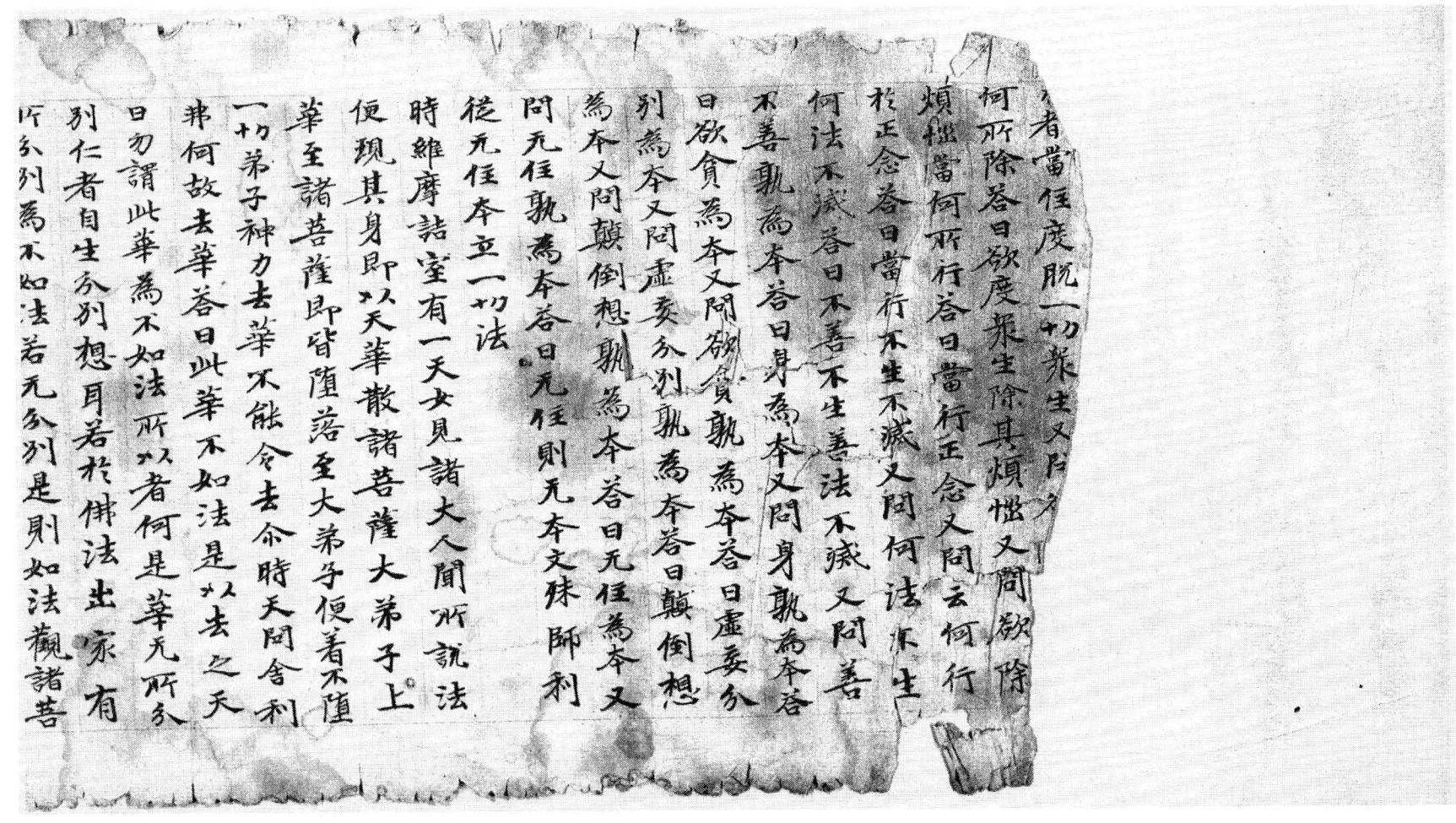

BD03754 號　毗尼心經　（3–3）

者當住度脫一切衆生又問
何所除荅曰欲度衆生除其煩惱又問欲除
煩惱當何所行荅曰當行正念又問云何行
於正念荅曰當行不生不滅又問何法不生
何法不滅荅曰不善不生善法不滅又問善
不善孰爲本荅曰身爲本又問身孰爲本荅
曰欲貪爲本又問欲貪孰爲本荅曰虛妄分
別爲本又問虛妄分別孰爲本荅曰顛倒想
爲本又問顛倒想孰爲本荅曰无住爲本又
問无住孰爲本荅曰无住則无本文殊師利
從无住本立一切法
時維摩詰室有一天女見諸大人聞所說法
便現其身即以天華散諸菩薩大弟子上
華至諸菩薩即皆墮落至大弟子便著不墮
一切弟子神力去華不能令去尒時天問舍利
弗何故去華荅曰此華不如法是以去之天
曰勿謂此華爲不如法所以者何是華无所分
別仁者自生分別想耳若於佛法出家有
所分別爲不如法若无分別是則如法觀諸菩

BD03755 號　維摩詰所說經卷中　（15–1）

弗何故去華荅曰此華不如法是以去之天
曰勿謂此華為不如法所以者何是華无所分
別仁者自生分別想耳若於佛法出家有
所分別為不如法若无分別是則如法觀諸菩
薩華不著者以斷一切分別想故譬如人畏時
非人得其便如是弟子畏生死故色聲香味
觸得其便已離畏者一切五欲无能為也
結習未盡華著身耳結習盡者華不著也
舍利弗言天止此室其已久如荅曰我止此室
如耆年解脫舍利弗言止此久耶天曰耆年
解脫亦何久如舍利弗默然不荅天曰如何耆
舊大智而默荅曰解脫者无所言說故吾於
於是不知所云天曰言說文字皆解脫相所
以者何解脫者不內不外不在兩間文字亦
不內不外不在兩間是故舍利弗无離文字
說解脫也所以者何一切諸法皆解脫相舍
利弗言不復以離婬怒癡為解脫乎天曰佛
為增上慢人說離婬怒癡為解脫耳若无增
上慢者佛說怒、婬癡性即是解脫舍利弗
言善哉善哉天女汝何所得以何為證辯乃
如是天曰我无得无證故辯如是所以者何若
有得有證者則於佛法為增上慢
舍利弗問天汝於三乘為何志求天曰聲聞
法化衆生故我為聲聞以因緣法化衆生故
我為辟支佛以大悲化衆生故我為大乘舍利

有得有證者則於佛法為增上慢
舍利弗問天汝於三乘為何志求天曰聲聞
法化衆生故我為聲聞以因緣法化衆生故
我為辟支佛以大悲化衆生故我為大乘舍利
弗如人入瞻蔔林唯齅瞻蔔不齅餘香如是若
入此室但聞佛法功德之香不樂聲聞辟
支佛功德香也舍利弗其有釋梵四天王
諸天龍鬼神等入此室者聞斯上人講說正
法皆樂佛功德之香發心而出舍利弗吾止此
室十有二年初不聞說聲聞辟支佛法但
聞菩薩大慈大悲不可思議諸佛之法舍利
弗此室常現八未曾有難得之法何等為八
此室常以金色光照晝夜无異不以日月所照
為明是為一未曾有難得之法此室入者不
為諸垢之所惱也是為二未曾有難得之法此
室常有釋梵四天王他方菩薩來會不絕是
為三未曾有難得之法此室常說六波羅
蜜不退轉法是為四未曾有難得之法此室
常作天人第一之樂絃出无量法化之聲是
為五未曾有難得之法此室有四大藏衆
寶積滿周窮濟乏求得无盡是為六未曾有
難得之法此室釋迦牟尼佛阿彌陁佛阿閦
佛寶德寶炎寶月寶嚴難勝師子響一切
利成如是等十方无量諸佛是上人念時即

難得之法此室釋迦牟尼佛阿弥陀佛阿閦
佛寶德寶炎寶月寶嚴難勝師子響一切
利成如是等十方无量諸佛是上人念時即
皆為来廣說諸佛秘要法藏說已還去是為
七未曾有難得之法此室一切諸天嚴飾宮殿
諸佛淨土皆於中現是為八未曾有難得之
法舍利弗此室常現八未曾有難得之法誰
有見斯不思議事而復樂於聲聞法乎舍
利弗言汝何以不轉女身天曰我從十二年来
求女人相了不可得當何所轉譬如幻師化
作幻女若有人問何以不轉女身是人為正
問不舍利弗言不也幻无定相當何所轉天曰
一切諸法亦復如是无有定相云何乃問不
轉女身即時天女以神通力變舍利弗令
如天女天自化身如舍利弗而問言何以不轉
女身舍利弗以天女像而荅言我今不知
何轉而變為女身天曰舍利弗若能轉此女
身則一切女人亦當能轉如舍利弗非女而
現女身一切女人亦復如是雖現女身而
非女也是故佛說一切諸法非男非女即時
天女還攝神力舍利弗身還復如故天問舍
利弗女身色相今何所在舍利弗言女身色
相无在无不在天曰一切諸法亦復如是
无在无不在夫无在无不在者佛所說也
舍利弗問天汝於此沒當生何所天曰佛化所

BD03755號　維摩詰所說經卷中　（15–4）

天女還攝神力舍利弗身還復如故天問舍
利弗女身色相今何所在舍利弗言女身色
相无在无不在天曰一切諸法亦復如是
无在无不在夫无在无不在者佛所說也
舍利弗問天汝於此沒當生何所天曰佛化所
生吾彼生曰佛化所生非沒生也天曰衆生
猶然无沒生也舍利弗問天汝久如當得阿
耨多羅三藐三菩提天曰如舍利弗還為凡
夫我乃當成阿耨多羅三藐三菩提舍利弗
言我作凡夫无有是處天曰我得阿耨多
羅三藐三菩提亦无是處所以者何菩提无
住處是故无有得者舍利弗言今諸佛得
阿耨多羅三藐三菩提已得當得如恒河沙
皆謂乎天曰皆以世俗文字數故說有三世非
謂菩提有去来今天曰舍利弗汝得阿羅
漢道耶曰无所得故而得天曰諸佛菩薩亦
復如是无所得故而得尒時維摩詰語舍利
弗是天女曾已供養九十二億佛已能遊戲菩
薩神通所願具足得无生忍住不退轉以本
願故隨意能現教化衆生

佛道品第八

尒時文殊師利問維摩詰言菩薩云何通達
佛道維摩詰言若菩薩行於非道是為通達
佛道又問云何菩薩行於非道荅曰若菩
薩行五无間而无惱恚至于地獄无諸罪垢至
于畜生无有无明憍慢等過至于餓鬼而具

BD03755號　維摩詰所說經卷中　（15–5）

尒時文殊師利問維摩詰言菩薩云何通達
佛道維摩詰言若菩薩行於非道是為通達
佛道又問云何菩薩行於非道荅曰若菩
薩行五无間而无惱恚至于地獄无諸罪垢至
于畜生无有无明憍慢等過至于餓鬼而具
足功德行色无色界不以為勝示行貪欲離
諸染著示行瞋恚於諸衆生无有恚礙示行
愚癡而以智慧調伏其心示行慳貪而捨內外
所有不惜身命示行毀禁而安住淨戒乃至
小罪猶懷大懼示行瞋恚而常慈忍示行懈
怠而勤脩功德示行亂意而常念定示行愚
癡而通達世間出世間慧示行諂僞而善方便
隨諸經義示行憍慢而於衆生猶如憍梁示
行諸煩惱而心常清淨示入於魔而順佛智慧
不隨他教示入聲聞而為衆生說未聞法
示入辟支佛而成就大悲教化衆生示入貧
窮而有寶手功德无盡示入形殘而具諸相
好以自莊嚴示入下賤而生佛種性中具諸
功德示入羸劣醜陋而得那羅延身一切衆
生之所樂見示入老病而永斷病根超越死畏
示有資生而恒觀无常實无所貪示有妻
妾婇女而常遠離五欲淤泥現於訥鈍而成
就辯才揔持无失示入邪濟而以正濟度諸
衆生現遍入諸道而斷其因緣現於涅槃而
不斷生死文殊師利菩薩能如是行於非道
是為通達佛道

就辯才揔持无失示入邪濟而以正濟度諸
衆生現遍入諸道而斷其因緣現於涅槃而
不斷生死文殊師利菩薩能如是行於非道
是為通達佛道
於是維摩詰問文殊師利何等為如來種文
殊師利言有身為種无明有愛為種貪恚
癡為種四顛倒為種五蓋為種六入為種七識
處為種八邪法為種九惱處為種十不善道
為種以要言之六十二見及一切煩惱皆是佛
種曰何謂也荅曰若見无為入正位者不能復
發阿耨多羅三藐三菩提心譬如高原陸地
不生蓮華卑濕淤泥乃生此華如是見无
為法入正位者終不復能生於佛法煩惱泥
中乃有衆生起佛法耳又如殖種於空終
不得生糞壤之地乃能滋茂如是入无為正
位者不生佛法起於我見如須弥山猶能
發于阿耨多羅三藐三菩提心生佛法矣是
故當知一切煩惱為如來種譬如不入巨海不
能得无價寶珠如是不入煩惱大海則不能生
一切智寶之心
尒時大迦葉歎言善哉善哉文殊師利快說此
語誠如所言塵勞之疇為如來種我等今者
不復堪任發阿耨多羅三藐三菩提心乃至
五无間罪猶能發意生於佛法而今我等
永不能發譬如根敗之士其於五欲不能復

語誠如所言塵勞之疇為如来種我等今者
不復堪任發阿耨多羅三藐三菩提心乃至
五无間罪猶能發意生於佛法而今我等
永不能發譬如根敗之士其於五欲不能復
利如是聲聞諸結斷者於佛法中无所復益永
不志願是故文殊師利凡夫於佛法有反復
而聲聞无也所以者何凡夫聞佛法能起
无上道心不斷三寶正使聲聞終身聞佛法
力无畏等永不能發无上道意尒時會中有
菩薩名普現色身問維摩詰言居士父母妻
子親戚眷屬吏民知識悉為是誰奴婢僮僕
象馬車乘皆何所在於是維摩詰以偈荅曰
智度菩薩母　方便以為父　一切衆導師　无不由是生
法喜以為妻　慈悲心為女　善心誠實男　畢竟空寂舍
弟子衆塵勞　随意之所轉　道品善知識　由是成正覺
諸度法等侶　四攝衆妓女　歌詠誦法言　以此為音樂
揔持之園苑　无漏法林樹　覺意淨妙華　解脫智慧果
八解之浴池　定水湛然滿　布以七淨華　浴此无垢人
象馬五通馳　大乘以為車　調御以一心　遊於八正路
相具以嚴容　衆好飾其姿　慚愧之上服　深心為華鬘
富有七財寶　教授以滋息　如所說脩行　迴向為大利
四禪為牀座　從於淨命生　多聞增智慧　以為自覺音
甘露法之食　解脫味為漿　淨心以澡浴　戒品為塗香
摧滅煩惱賊　勇健无能踰　降伏四種魔　勝幡建道場
雖知无起滅　示彼故有生　悉現諸國土　如日无不見

BD03755號　維摩詰所說經卷中　（15–8）

富有七財寶　教授以滋息　如所說脩行　迴向為大利
四禪為牀座　從於淨命生　多聞增智慧　以為自覺音
甘露法之食　解脫味為漿　淨心以澡浴　戒品為塗香
摧滅煩惱賊　勇健无能踰　降伏四種魔　勝幡建道場
雖知无起滅　示彼故有生　悉現諸國土　如日无不見
供養於十方　无量億如来　諸佛及己身　无有分別想
雖知諸佛國　及與衆生空　而常脩淨土　教化於群生
諸有衆生類　形聲及威儀　无畏力菩薩　一時能盡現
覺知衆魔事　而示随其行　以善方便智　随意皆能現
或示老病死　成就諸群生　了知如幻化　通達无有㝵
或現劫盡燒　天地皆洞然　衆人有常想　照令知无常
无數億衆生　俱来請菩薩　一時到其舍　化令向佛道
經書禁呪術　工巧諸技藝　盡現行此事　饒益諸群生
世間衆道法　悉於中出家　因以解人惑　而不墮邪見
或作日月天　梵王世界主　或時作地水　或復作風火
劫中有疾疫　現作諸藥草　若有服之者　除病消衆毒
劫中有飢饉　現身作飲食　先救彼飢渴　却以法語人
劫中有刀兵　為之起慈悲　化彼諸衆生　令住无諍地
若有大戰陣　立之以等力　菩薩現威勢　降伏使和安
一切國土中　諸有地獄處　輙往到于彼　勉濟其苦惱
一切國土中　畜生相食噉　皆現生於彼　為之作利益
示受於五欲　亦復現行禪　令魔心憒亂　不能得其便
火中生蓮華　是可謂希有　在欲而行禪　希有亦如是
或現作婬女　引諸好色者　先以欲鉤牽　後令入佛智
或為邑中主　或作商人導　國師及大臣　以祐利衆生

BD03755號　維摩詰所說經卷中　（15–9）

亦受於五欲　亦復現行禪　令魔心憒亂　不能得其便
火中生蓮華　是可謂希有　在欲而行禪　希有亦如是
或現作婬女　引諸好色者　先以欲鉤牽　後令入佛智
或為邑中主　或作商人導　國師及大臣　以祐利眾生
諸有貧窮者　現作无盡藏　因以勸導之　令發菩提心
我心憍慢者　為現大力士　消伏諸貢高　令住佛上道
其有恐懼眾　居前而慰安　先施以无畏　後令發道心
或現離婬欲　為五通仙人　開導諸群生　令住戒忍慈
見須供事者　現為作僮僕　既悅可其意　乃發以道心
隨彼之所須　得入於佛道　以善方便力　皆能給足之
如是道无量　所行无有崖　智慧无邊際　度脫无數眾
假令一切佛　於无數億劫　讚嘆其功德　猶尚不能盡
誰聞如是法　不發菩提心　除彼不肖人　癡冥无智者
入不二法門品第九
尒時維摩詰謂眾菩薩言諸仁者云何菩薩
入不二法門各隨所樂說之會中有菩薩名
法自在說言諸仁者生滅為二法本不生今
則无滅得此无生法忍是為入不二法門
德首菩薩曰我我所為二因有我故便有我
所若无有我則无我所是為入不二法門
不眴菩薩曰受不受為二若法不受則不可
得以不可得故无取无捨无作无行是為入
二法門
德頂菩薩曰垢淨為二見垢實性則无淨相
順於滅相是為入不二法門

BD03755號　維摩詰所說經卷中　（15–10）

得以不可得故无取无捨无作无行是為入
二法門
德頂菩薩曰垢淨為二見垢實性則无淨相
順於滅相是為入不二法門
善宿菩薩曰是動是念為二不動則无念无
念則无分別通達此者是為入不二法門
善眼菩薩曰一相无相為二若知一相即是无
相亦不取无相入於平等是為入不二法門
妙臂菩薩曰菩薩心聲聞心為二觀心相空
如幻化者无菩薩心无聲聞心是為入不二法
門
弗沙菩薩曰善不善為二若不起善不善入
无相際而通達者是為入不二法門
師子菩薩曰罪福為二若達罪性則與福无
異以金剛慧決了此相无縛无解者是為入
不二法門
師子意菩薩曰有漏无漏為二若得諸法等
則不起漏不漏想不著於相亦不住无相是
為入不二法門
淨解菩薩曰有為无為為二若離一切數則
心如虛空以清淨慧无所礙者是為入不二
法門
那羅延菩薩曰世間出世間為二世間性空
即是出世間於其中不入不出不溢不散是
為入不二法門

BD03755號　維摩詰所說經卷中　（15–11）

即是出世間於其中不入不出不溢不散是
為入不二法門
善意菩薩曰生死涅槃為二若見生死性則
无生死无縛无解不然不滅如是解者是為
入不二法門
現見菩薩曰盡不盡為二法若究竟盡若
不盡皆是无盡相无盡相即是空空則无
有盡不盡相如是入者是為入不二法門
普首菩薩曰我无我為二我尚不可得非我
何可得見我實性者不複起二是為入不二
法門
雷天菩薩曰明无明為二无明實性即是明明
亦不可取離一切數於其中平等无二者是為
入不二法門
喜見菩薩曰色色空為二色即是空非色滅
空色性自空如是受想行識識空為二識即
是空非識滅空識性自空於其中而通達者
是為入不二法門
明相菩薩曰四種異空種異為二四種性即是
空種性如前際後際空故中際亦空若能如是
知諸種性者是為入不二法門
妙意菩薩曰眼色為二若知眼性於色不貪不
恚不癡是名寂滅如是耳聲鼻香舌味身觸
意法為二若知意性於法不貪不恚不癡是

BD03755號　維摩詰所說經卷中　（15–12）

知諸種性者是為入不二法門
妙意菩薩曰眼色為二若知眼性於色不貪不
恚不癡是名寂滅如是耳聲鼻香舌味身觸
意法為二若知意性於法不貪不恚不癡是
名寂滅安住其中是為入不二法門
无盡意菩薩曰布施迴向一切智為二布施性
即是迴向一切智性如是持戒忍辱精進禪定
智慧迴向一切智為二智慧性即是迴向一切智
性於其中入一相者是為入不二法門
深慧菩薩曰是空是无相是无作為二空即
是无相无相即是无作若空无相无作則无
心意識於一解脫門即是三解脫門者是為
入不二法門
寂根菩薩曰佛法衆為二佛即是法法即是
衆是三寶皆无為相與虛空等一切法亦尒能
隨此行者是為入不二法門
心无礙菩薩曰身身滅為二身即是身滅所以
者何見身實相者不起見身及見滅身身
與滅身无二无分別於其中不驚不懼者是
為入不二法門
上善菩薩曰身口意善為二是三業皆无作相
身无作相即口无作相口无作相即意无作相是
三業无作相即一切法无作相能如是隨无
作慧者是為入不二法門

BD03755號　維摩詰所說經卷中　（15–13）

身无作相即口无作相口无作相即意无作相是
三業无作相即一切法无作相能如是隨无
作慧者是為入不二法門
福田菩薩曰福行罪行不動行為二三行實
性即是空空則无福行无罪行无不動行於
此三行而不起者是為入不二法門
華嚴菩薩曰從我起二為二見我實相者不
起二法若不住二法則无有識无所識者是為
入不二法門
德藏菩薩曰有所得相為二若无所得則无
取捨无取捨者是為入不二法門
月上菩薩曰闇與明為二无闇无明則无有二
所以者何如入滅受想定无闇无明一切法亦
復如是於其中平等入者是為入不二法門
寶印手菩薩曰樂涅槃不樂世間為二若不樂
涅槃不猒世間則无有二所以者何若有縛則
有解若本无縛其誰求解无縛不解則无
樂猒是為入不二法門
珠頂王菩薩曰正道耶道為二住正道者則不
分別是耶是正離此二法是為入不二法門
樂實菩薩曰實不實為二實見者尚不見實
何況非實所以者何非肉眼所見慧眼乃能見
而此慧眼无見无不見是為入不二法門
如是者菩[illegible]問文殊師利何等是
知[illegible]

BD03755號　維摩詰所說經卷中　（15–14）

入不二法門
德藏菩薩曰有所得相為二若无所得則无
取捨无取捨者是為入不二法門
月上菩薩曰闇與明為二无闇无明則无有二
所以者何如入滅受想定无闇无明一切法亦
復如是於其中平等入者是為入不二法門
寶印手菩薩曰樂涅槃不樂世間為二若不樂
涅槃不猒世間則无有二所以者何若有縛則
有解若本无縛其誰求解无縛不解則无
樂猒是為入不二法門
珠頂王菩薩曰正道耶道為二住正道者則不
分別是耶是正離此二法是為入不二法門
樂實菩薩曰實不實為二實見者尚不見實
何況非實所以者何非肉眼所見慧眼乃能見
而此慧眼无見无不見是為入不二法門
如是者菩[illegible]問文殊師利何等是
知[illegible]

BD03755號　維摩詰所說經卷中　（15–15）

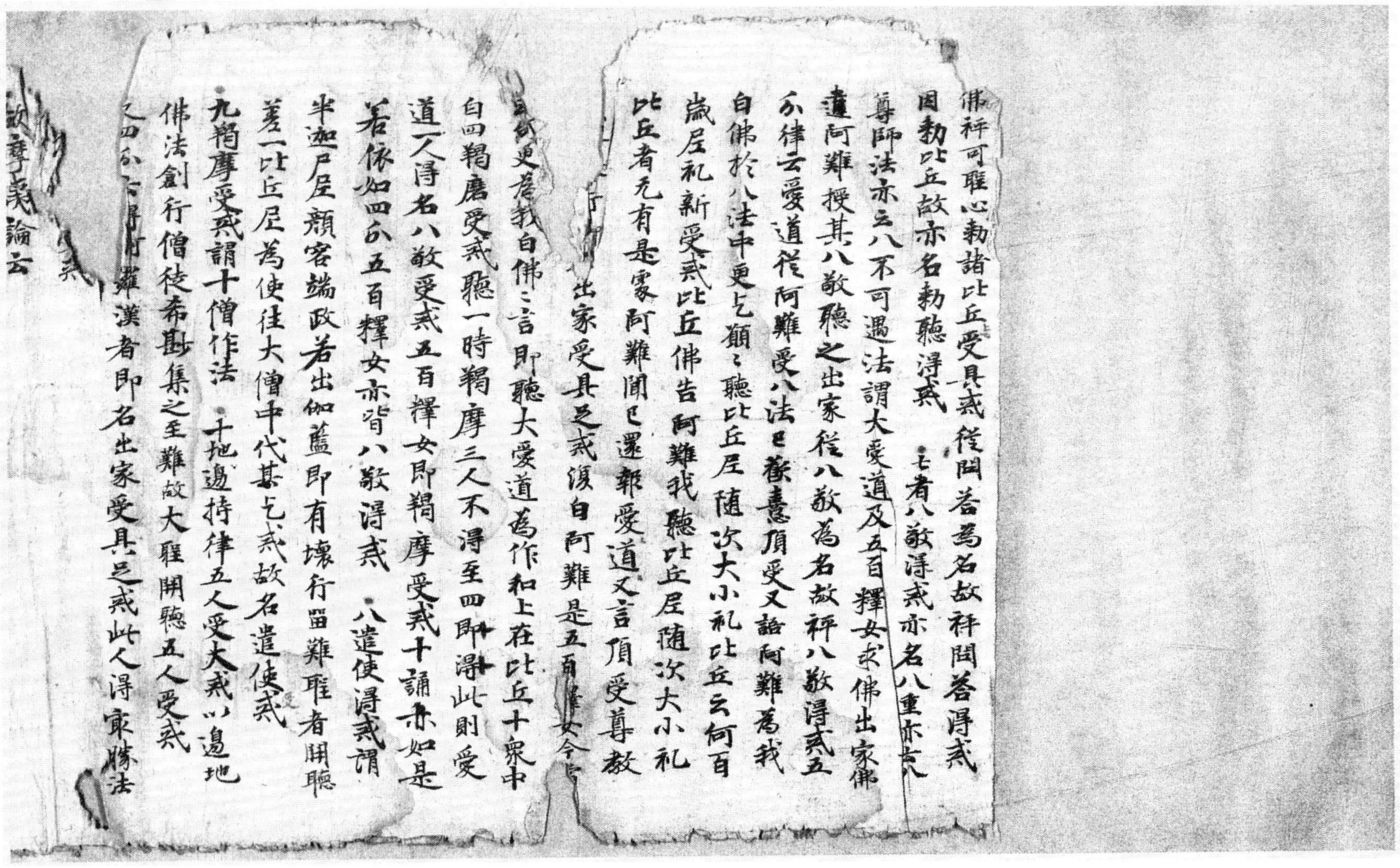

佛稱可畏心勑諸比丘受具戒從問荅為名故稱問荅得戒
因勑比丘故亦名勑聽得戒　七者八敬得戒亦名八重亦云
尊師法亦云八不可過法謂大愛道及五百釋女求佛出家佛
違阿難授其八敬聽之出家從八敬為名故稱八敬得戒五
分律云愛道從阿難受八法已歡喜頂受又語阿難為我
白佛於八法中更乞願ᄅ聽比丘尼隨次大小禮比丘云何百
歲尼禮新受戒比丘佛告阿難我聽比丘尼隨次大小禮
比丘者无有是處阿難聞已還報愛道又言頂受尊教
出家受具足戒復白阿難是五百釋女今ᄅ
阿吏虔我白佛ᄅ言即聽大愛道為作和上在比丘十眾中
白四羯磨受戒聽一時羯磨三人不得至四即得此則受
道一人得名八敬受戒五百釋女即羯磨受戒十誦亦如是
若依如四分五百釋女亦皆八敬得戒　八遣使得戒謂
半迦尸尼顏容端政若出伽藍即有壞行留難雖有開聽
差一比丘尼為使往大僧中代其乞戒故名遣使戒
九羯磨受戒謂十僧作法　十地邊持律五人受大戒以邊地
佛法創行僧徒希尠集之至難故大聖開聽五人受戒
又四分[illegible]羅漢者即名出家受具足戒此人得康勝法
[illegible]摩[illegible]論云

BD03756 號　毗尼心經

（2–1）

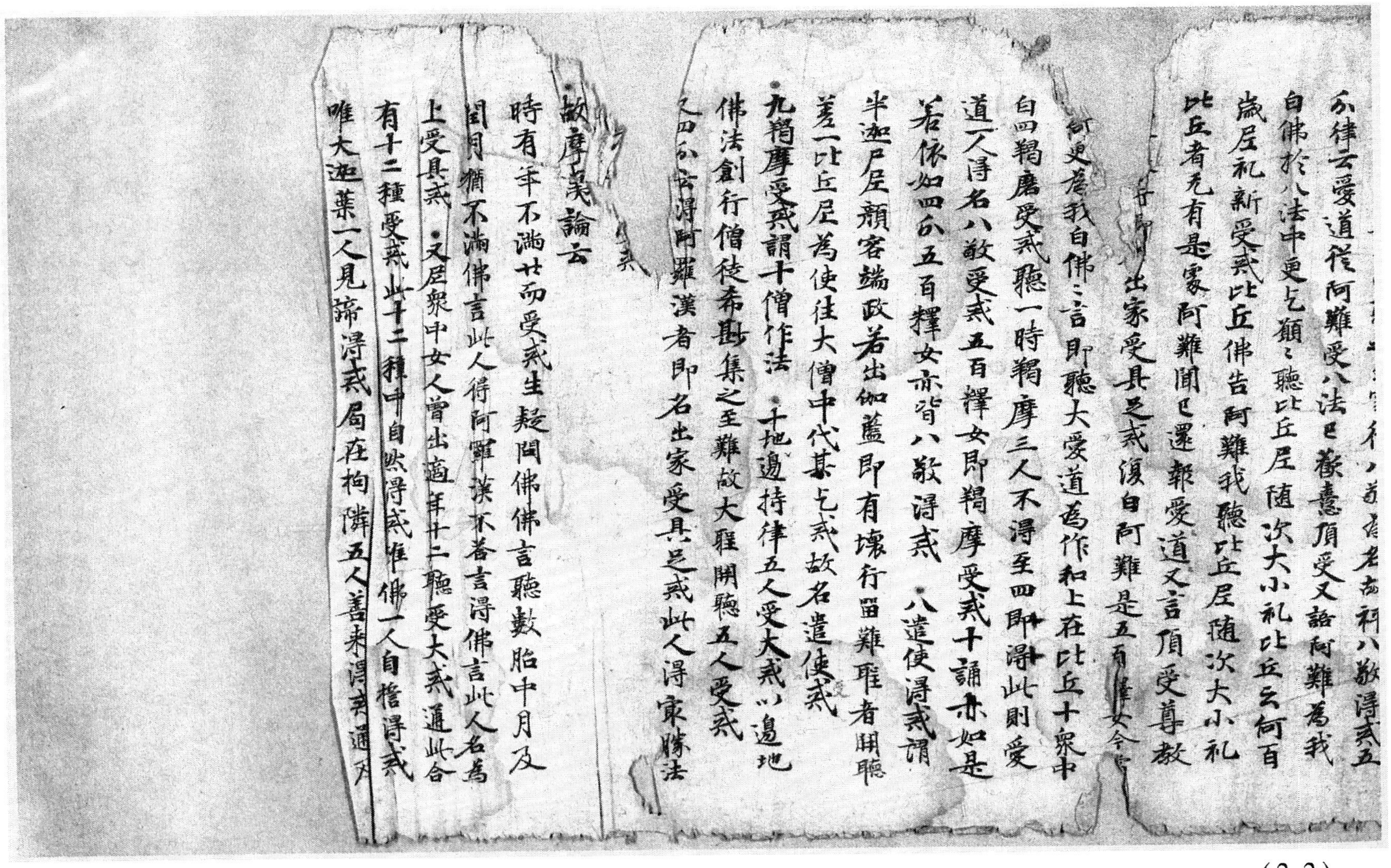

分律云愛道從阿難受八法已歡喜頂受又語阿難為我
白佛於八法中更乞願ᄅ聽比丘尼隨次大小禮比丘云何百
歲尼禮新受戒比丘佛告阿難我聽比丘尼隨次大小禮
比丘者无有是處阿難聞已還報愛道又言頂受尊教
出家受具足戒復白阿難是五百釋女今ᄅ
阿吏虔我白佛ᄅ言即聽大愛道為作和上在比丘十眾中
白四羯磨受戒聽一時羯磨三人不得至四即得此則受
道一人得名八敬受戒五百釋女即羯磨受戒十誦亦如是
若依如四分五百釋女亦皆八敬得戒　八遣使得戒謂
半迦尸尼顏容端政若出伽藍即有壞行留難雖有開聽
差一比丘尼為使往大僧中代其乞戒故名遣使戒
九羯磨受戒謂十僧作法　十地邊持律五人受大戒以邊地
佛法創行僧徒希尠集之至難故大聖開聽五人受戒
又四分[illegible]得阿羅漢者即名出家受具足戒此人得康勝法
[illegible]摩[illegible]論云
時有年不滿廿而受戒生疑問佛佛言聽數胎中月及
閏月猶不滿佛言此人得阿羅漢不荅言得佛言此人名為
上受具戒　又尼眾中女人曾出適年十二聽受大戒通此合
有十二種受戒此十二種中自然得戒唯佛一人自誓得戒
唯大迦葉一人見諦得戒局在拘隣五人善來得戒通及

BD03756 號　毗尼心經

（2–2）

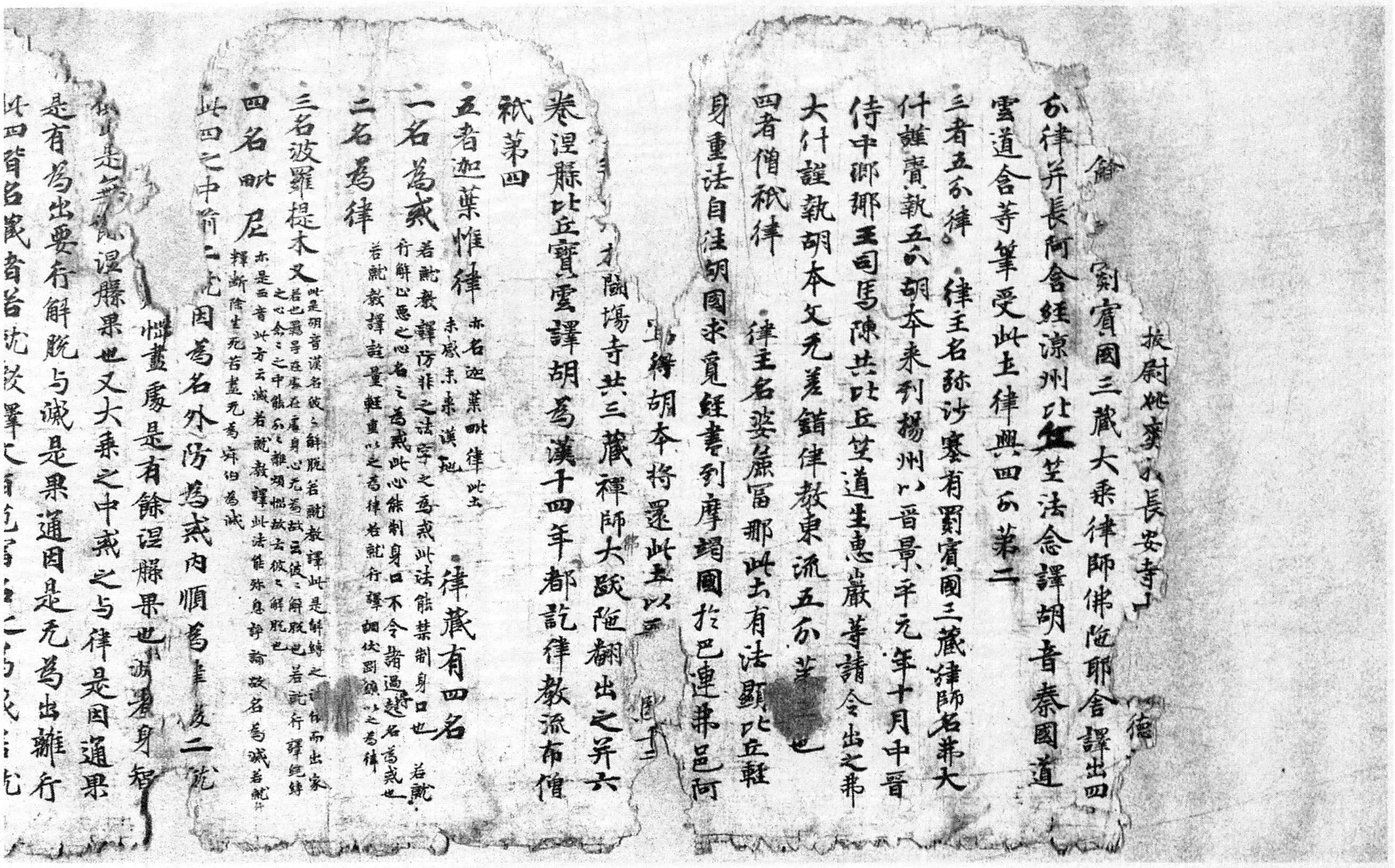

BD03757 號　毗尼心經　（2–1）

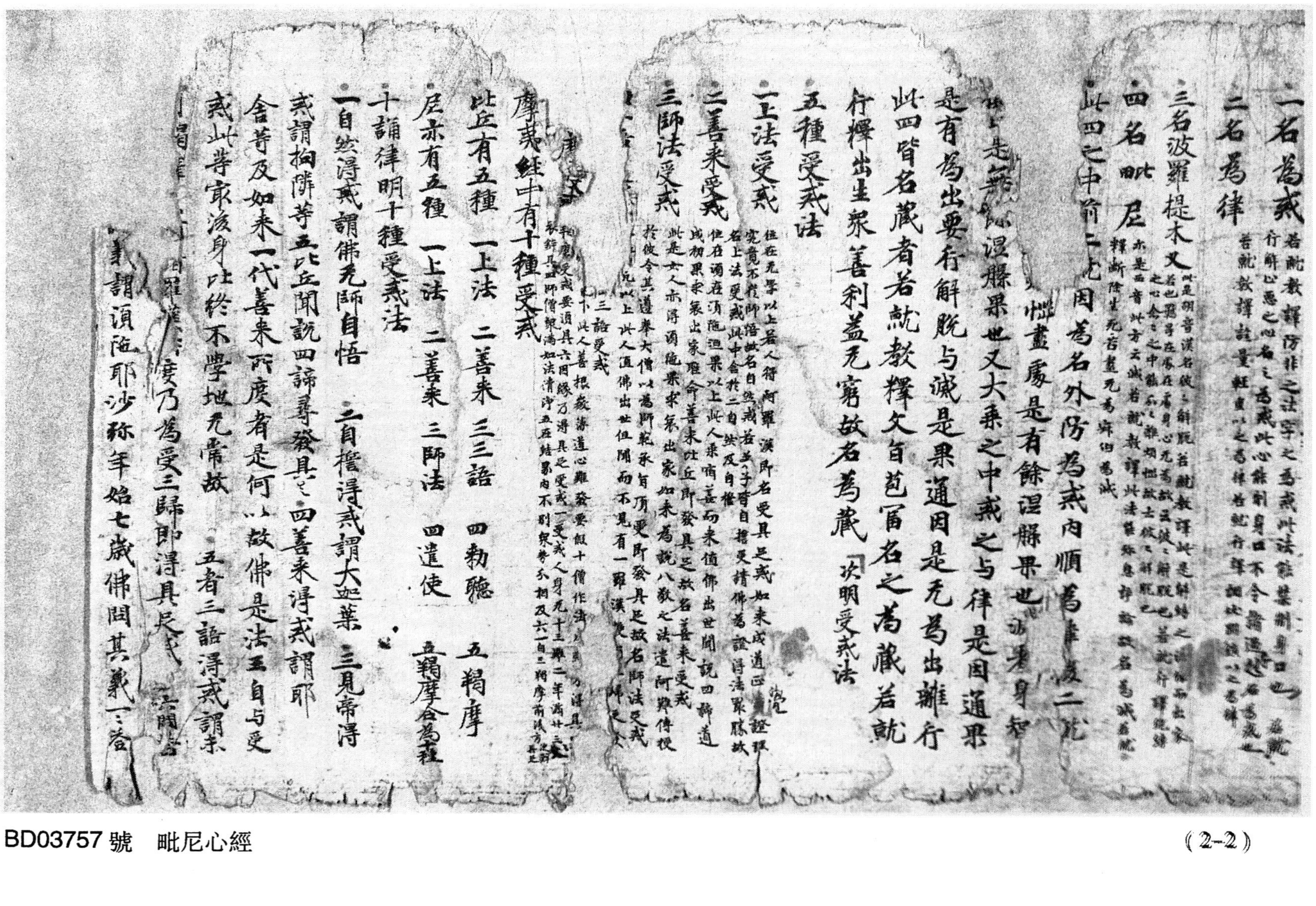

BD03757 號　毗尼心經　（2–2）

意言

而告之曰汝往上方界分度如卅二恒河沙
佛土有國名衆香佛号香積與諸菩薩方共
坐食汝往到彼如我辭曰維摩詰稽首世尊
足下致敬无量問訊起居少病少惱氣力安
不願得世尊所食之餘當於娑婆世界施作
佛事令此樂小法者得弘大道亦使如來名
聲普聞時化菩薩即於會前昇于上方舉衆
皆見其去到衆香界礼彼佛足又聞其言維
摩詰稽首世尊足下致敬无量問訊起居少
病少惱氣力安不願得世尊所食之餘欲於
娑婆世界施作佛事使此樂小法者得弘大
道亦使如來名聲普聞彼諸大士見化菩薩
嘆未曾有今此上人從何所來娑婆世界為
在何許云何名為樂小法者即以問佛佛告
之曰下方度如卅二恒河沙佛土有世界名娑
婆佛号釋迦牟尼今現在於五濁世為樂
小法衆生敷演道教彼有菩薩名維摩詰住

BD03758號　維摩詰所說經卷下　（2–1）

皆見其去到衆香界礼彼佛足又聞其言維
摩詰稽首世尊足下致敬无量問訊起居少
病少惱氣力安不願得世尊所食之餘欲於
娑婆世界施作佛事使此樂小法者得弘大
道亦使如來名聲普聞彼諸大士見化菩薩
嘆未曾有今此上人從何所來娑婆世界為
在何許云何名為樂小法者即以問佛佛告
之曰下方度如卅二恒河沙佛土有世界名娑
婆佛号釋迦牟尼今現在於五濁世為樂
小法衆生敷演道教彼有菩薩名維摩詰住
不可思議解脫為諸菩薩說法故遣化來稱
揚我名并讚此土令彼菩薩增益功德彼菩
薩言其人何如乃作是化德力无畏神足若
斯佛言甚大一切十方皆遣化往施作佛事
饒益衆生於是香積如來以衆香鉢盛滿香
飯與化菩薩時彼九百万菩薩俱發聲言我
欲詣娑婆世界供養釋迦牟尼佛并欲見維
摩詰等諸菩薩衆佛言可往攝汝身香无令
彼諸衆生起惑著心又當捨汝本形勿使彼國
求菩薩者而自鄙恥又汝於彼莫懷輕賤
而作閡想所以者何十方國土皆如虛空又
諸佛為欲化諸樂小法者不盡現其清淨土
耳時化菩薩既受鉢飯與彼九百万菩薩

BD03758號　維摩詰所說經卷下　（2–2）

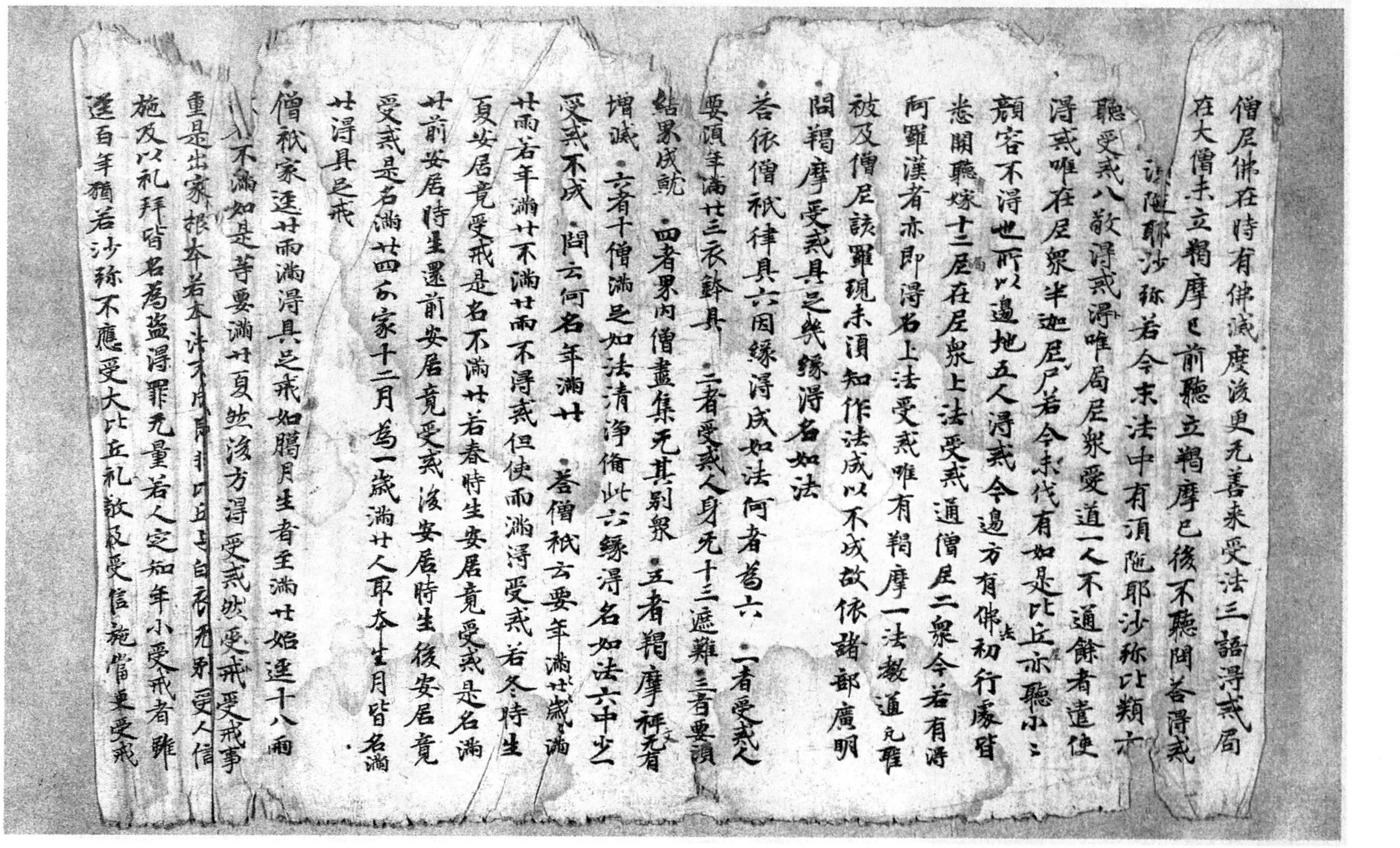

僧尼佛在時有佛滅度後更无善來受法三語得戒局
在大僧未立羯磨已前聽立羯磨已後不聽問答得戒
詠陀耶沙弥若今末法中有須陀耶沙弥比類亦
聽受戒八敬得戒得唯局尼衆受道一人不通餘者遣使
得戒唯在尼衆半迦尼尸若今末代有如是比丘亦聽小小
額容不得也所以邊地五人得戒令邊方有佛法初行處皆
悉開聽嫁十二尼在尼衆上法受戒通僧尼二衆令若有得
阿羅漢者亦即得名上法受戒唯有羯磨一法教道无難
被及僧尼該羅現未須知作法成以不成故依諸部廣明
問羯磨受戒具足幾緣得名如法
答依僧祇律具六因緣得成如法何者為六 一者受戒之
要須年滿廿三衣鉢具 二者受戒人身无十三遮難 三者要須
結界成就 四者界內僧盡集无其別衆 五者羯磨稱文无有
增減 六者十僧滿足如法清淨備此六緣得名如法六中少一
受戒不成 問云何名年滿廿 答僧祇云要年滿廿歲滿
廿雨若年滿廿不滿廿雨不得戒但使雨滿得受戒若冬時生
夏安居竟受戒是名不滿廿若春時生安居竟受戒是名滿
廿前安居時生還前安居竟受戒後安居時生後安居竟
受戒是名滿廿四分家十二月為一歲滿廿人取本生月皆名滿
廿得具足戒
僧祇家逕廿雨滿得具足戒如臘月生者至滿廿始逕十八雨
不滿如是等要滿廿夏然後方得受戒然受戒受戒事
重是出家根本若本法不成同非比丘与白衣无別受人信
施及以禮拜皆名為盜得罪无量若人定知年小受戒者雖
逕百年猶若沙弥不應受大比丘禮敬及受信施當更受戒

BD03759號　毗尼心經　　（1–1）

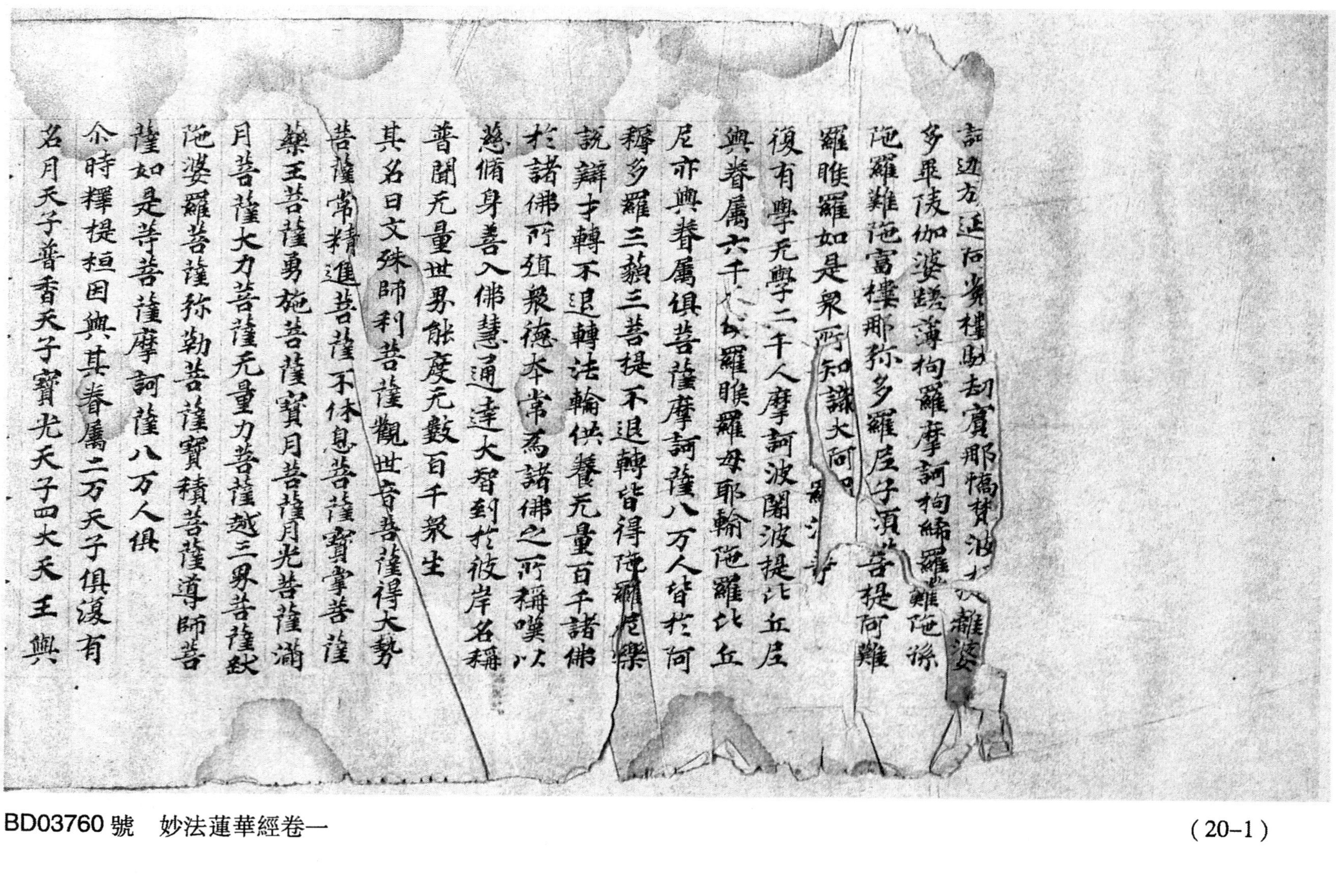

訶迦旃延阿㝹樓馱劫賓那憍梵波提離婆
多畢陵伽婆蹉薄拘羅摩訶拘絺羅難陀孫
陀羅難陀富樓那彌多羅尼子須菩提阿難
羅睺羅如是衆所知識大阿羅漢等
復有學无學二千人摩訶波闍波提比丘尼
與眷屬六千人俱羅睺羅母耶輸陀羅比丘
尼亦與眷屬俱菩薩摩訶薩八万人皆於阿
耨多羅三藐三菩提不退轉皆得陀羅尼樂
說辯才轉不退轉法輪供養无量百千諸佛
於諸佛所殖衆德本常為諸佛之所稱歎以
慈脩身善入佛慧通達大智到於彼岸名稱
普聞无量世界能度无數百千衆生
其名曰文殊師利菩薩觀世音菩薩得大勢
菩薩常精進菩薩不休息菩薩寶掌菩薩
藥王菩薩勇施菩薩寶月菩薩月光菩薩滿
月菩薩大力菩薩无量力菩薩越三界菩薩䟦
陀婆羅菩薩彌勒菩薩寶積菩薩導師菩
薩如是等菩薩摩訶薩八万人俱
尒時釋提桓因與其眷屬二万天子俱復有
名月天子普香天子寶光天子四大天王與

BD03760號　妙法蓮華經卷一　　（20–1）

月菩薩大力菩薩无量力菩薩越三界菩薩跋
陁婆羅菩薩弥勒菩薩寶積菩薩導師菩
薩如是等菩薩摩訶薩八万人俱
尒時釋提桓因與其眷屬二万天子俱復有
名月天子普香天子寶光天子四大天王與
其眷屬万天子俱自在天子大自在天子與
其眷屬三万天子俱娑婆世界主梵天王尸
棄大梵光明大梵等與其眷屬万二千天子
俱有八龍王難陁龍王跋難陁龍王娑伽羅
龍王和脩吉龍王徳叉迦龍王阿那婆達多
龍王摩那斯龍王傴鉢羅龍王等各與若干
百千眷屬俱有四緊那羅王法緊那羅王妙
法緊那羅王大法緊那羅王持法緊那羅王
各與若干百千眷屬俱有四乾闥婆王樂乾
闥婆王樂音乾闥婆王美乾闥婆王美音乾
闥婆王各與若干百千眷屬俱有四阿脩羅
王婆稚阿脩羅王佉羅騫大阿脩羅王毗摩
質多羅阿脩羅王羅睺羅阿脩羅王各與若
干百千眷屬俱有四迦樓羅王大威德迦樓
羅王大身迦樓羅王大滿迦樓羅王如意迦
樓羅王各與若干百千眷屬俱韋提希子阿
闍世王與若干百千眷屬俱各礼佛足退坐
一面
尒時世尊四衆圍遶供養恭敬尊重讚歎為
諸菩薩說大乘經名无量義教菩薩法佛所
護念佛說此經已結加趺坐入於无量義處三
昧身心不動是時天雨曼陁羅華摩訶曼

一面
尒時世尊四衆圍遶供養恭敬尊重讚歎為
諸菩薩說大乘經名无量義教菩薩法佛所
護念佛說此經已結加趺坐入於无量義處三
昧身心不動是時天雨曼陁羅華摩訶曼
陁羅華曼殊沙華摩訶曼殊沙華而散佛上
及諸大衆普佛世界六種震動尒時會中比
丘比丘尼優婆塞優婆夷天龍夜叉乾闥婆
阿脩羅迦樓羅緊那羅摩睺羅伽人非人及
諸小王轉輪聖王是諸大衆得未曾有歡喜
合掌一心觀佛
尒時佛放眉間白毫相光照東方万八千世
界靡不周遍下至阿鼻地獄上至阿迦尼吒
天於此世界盡見彼土六趣衆生又見彼土
現在諸佛及聞諸佛所說經法并見彼諸比
丘比丘尼優婆塞優婆夷諸脩行得道者復
見諸菩薩摩訶薩種種因緣種種信解種種
相貌行菩薩道復見諸佛般涅槃者復見諸
佛般涅槃後以佛舍利起七寶塔
尒時弥勒菩薩作是念今者世尊現神變相
以何因緣而有此瑞今佛世尊入于三昧是
不可思議現希有事當以問誰誰能荅者復
作此念是文殊師利法王之子已曾親近供
養過去无量諸佛必應見此希有之相我今
當問尒時比丘比丘尼優婆塞優婆夷及諸
天龍鬼神等咸作此念是佛光明神通之相
今當問誰尒時弥勒菩薩欲自決疑又觀四

養過去无量諸佛必應見此希有之相我今
當問尒時比丘比丘尼優婆塞優婆夷及諸
天龍鬼神等咸作此念是佛光明神通之相
今當問誰尒時弥勒菩薩欲自決疑又觀四
衆比丘比丘尼優婆塞優婆夷及諸天龍鬼
神等衆會之心而問文殊師利言以何因緣
而有此瑞神通之相放大光明照于東方万
八千土悉見彼佛國界莊嚴於是弥勒菩薩
欲重宣此義以偈問曰
文殊師利　導師何故　眉間白毫　大光普照
雨曼陁羅　曼殊沙華　栴檀香風　悅可衆心
以是因緣　地皆嚴淨　而此世界　六種震動
時四部衆　咸皆歡喜　身意快然　得未曾有
眉間光明　照于東方　万八千土　皆如金色
從阿鼻獄　上至有頂　諸世界中　六道衆生
生死所趣　善惡業緣　受報好醜　於此悉見
又覩諸佛　聖主師子　演說經典　微妙第一
其聲清淨　出柔軟音　教諸菩薩　无數億万
梵音深妙　令人樂聞　各於世界　講說正法
種種因緣　以无量喻　照明佛法　開悟衆生
若人遭苦　猒老病死　為說涅槃　盡諸苦際
若人有福　曾供養佛　志求勝法　為說緣覺
若有佛子　脩種種行　求无上慧　為說淨道
文殊師利　我住於此　見聞若斯　及千億事
如是衆多　今當略說
我見彼土　恒沙菩薩　種種因緣　而求佛道
或有行施　金銀珊瑚　真珠摩尼　車𤦲馬瑙

BD03760號　妙法蓮華經卷一　（20–4）

文殊師利　我住於此　見聞若斯　及千億事
如是衆多　今當略說
我見彼土　恒沙菩薩　種種因緣　而求佛道
或有行施　金銀珊瑚　真珠摩尼　車𤦲馬瑙
金剛諸珎　奴婢車乘　寶飾輦輿　歡喜布施
迴向佛道　願得是乘　三界第一　諸佛所歎
或有菩薩　駟馬寶車　欄楯華蓋　軒飾布施
復見菩薩　身肉手足　及妻子施　求无上道
又見菩薩　頭目身體　欣樂施與　求佛智慧
文殊師利　我見諸王　往詣佛所　問无上道
便捨樂土　宮殿臣妾　剃除鬚髮　而被法服
或見菩薩　而作比丘　獨處閑靜　樂誦經典
又見菩薩　勇猛精進　入於深山　思惟佛道
又見離欲　常處空閑　深脩禪定　得五神通
又見菩薩　安禪合掌　以千万偈　讚諸法王
復見菩薩　智深志固　能問諸佛　聞悉受持
又見佛子　定慧具足　以无量喻　為衆講法
欣樂說法　化諸菩薩　破魔兵衆　而擊法鼓
又見菩薩　寂然宴默　天龍恭敬　不以為喜
又見菩薩　處林放光　濟地獄苦　令入佛道
又見佛子　未曾睡眠　經行林中　勤求佛道
又見具戒　威儀无缺　淨如寶珠　以求佛道
又見佛子　住忍辱力　增上慢人　惡罵捶打
皆悉能忍　以求佛道
又見菩薩　離諸戲笑　及癡眷屬　親近智者
一心除亂　攝念山林　億千万歲　以求佛道
或見菩薩　餚饍飲食　百種湯藥　施佛及僧

BD03760號　妙法蓮華經卷一　（20–5）

皆悉能忍　以求佛道
又見菩薩　離諸戲笑　及癡眷屬　親近智者
一心除亂　攝念山林　億千万歲　以求佛道
或見菩薩　餚饍飲食　百種湯藥　施佛及僧
名衣上服　價直千万　或无價衣　施佛及僧
千万億種　栴檀寶舍　衆妙卧具　施佛及僧
清淨園林　華菓茂盛　流泉浴池　施佛及僧
如是等施　種種微妙　歡喜无猒　求无上道
或有菩薩　說寂滅法　種種教詔　无數衆生
或見菩薩　觀諸法性　无有二相　猶如虛空
又見佛子　心无所著　以此妙慧　求无上道
文殊師利　又有菩薩　佛滅度後　供養舍利
又見佛子　造諸塔廟　无數恒沙　嚴飾國界
寶塔高妙　五千由旬　縱廣正等　二千由旬
一一塔廟　各千幢幡　珠交露幔　寶鈴和鳴
諸天龍神　人及非人　香華伎樂　常以供養
文殊師利　諸佛子等　為供舍利　嚴飾塔廟
國界自然　殊特妙好　如天樹王　其華開敷
佛放一光　我及衆會　見此國界　種種殊妙
諸佛神力　智慧希有　放一淨光　照无量國
我等見此　得未曾有　佛子文殊　願決衆疑
四衆欣仰　瞻仁及我　世尊何故　放斯光明
佛子時荅　決疑令喜　何所饒益　演斯光明
佛坐道場　所得妙法　為欲說此　為當授記
示諸佛土　衆寶嚴淨　及見諸佛　此非小緣
文殊當知　四衆龍神　瞻察仁者　為說何等
是時文殊師利語弥勒菩薩摩訶薩及諸大

BD03760 號　妙法蓮華經卷一　（20–6）

佛坐道場　所得妙法　為欲說此　為當授記
示諸佛土　衆寶嚴淨　及見諸佛　此非小緣
文殊當知　四衆龍神　瞻察仁者　為說何等
是時文殊師利語弥勒菩薩摩訶薩及諸大
士善男子等如我惟忖今佛世尊欲說大法
雨大法雨吹大法螺擊大法鼓演大法義諸
善男子我於過去諸佛曾見此瑞放斯光已
即說大法是故當知今佛現光亦復如是欲
令衆生咸得聞知一切世間難信之法故現
斯瑞諸善男子如過去无量无邊不可思議
阿僧祇劫尒時有佛号日月燈明如來應供
正遍知明行足善逝世間解无上士調御丈
夫天人師佛世尊演說正法初善中善後善
其義深遠其語巧妙純一无雜具足清白梵
行之相為求聲聞者說應四諦法度生老病
死究竟涅槃為求辟支佛者說應十二因緣
法為諸菩薩說應六波羅蜜令得阿耨多
羅三藐三菩提成一切種智次復有佛亦名日
月燈明次復有佛亦名日月燈明如是二万
佛皆同一字号日月燈明又同一姓姓頗羅
墮弥勒當知初佛後佛皆同一字名日月燈
明十号具足所可說法初中後善其最後佛
未出家時有八王子一名有意二名善意三
名无量意四名寶意五名增意六名除疑意
七名響意八名法意是八王子威德自在各
領四天下是諸王子聞父出家得阿耨多羅三

BD03760 號　妙法蓮華經卷一　（20–7）

未出家時有八王子一名有意二名善意三
名无量意四名寶意五名增意六名除疑意
七名響意八名法意是八王子威德自在各
領四天下是諸王子聞父出家得阿耨多羅三
藐三菩提悉捨王位亦随出家發大乘意常
脩梵行皆為法師已於千万佛所殖諸善本
是時日月燈明佛説大乘經名无量義教菩
薩法佛所護念説是經已即於大衆中結跏
趺坐入於无量義處三昧身心不動是時天
雨曼陁羅華摩訶曼陁羅華曼殊沙華摩
訶殊曼沙華而散佛上及諸大衆普佛世界六
種震動尒時會中比丘比丘尼優婆塞優婆
夷天龍夜叉乾闥婆阿脩羅迦樓羅緊那羅
摩睺羅伽人非人及諸小王轉輪聖王等是
諸大衆得未曾有歡喜合掌一心觀佛尒時
如来放眉間白豪相光照東方万八千佛土
靡不周遍如今所見是諸佛土弥勒當知尒
時會中有二十億菩薩樂欲聽法是諸菩薩
見此光明普照佛土得未曾有欲知此光所
為因緣時有菩薩名曰妙光有八百弟子是
時日月燈明佛從三昧起因妙光菩薩説大
乘經名妙法蓮華教菩薩法佛所護念六十
小劫不起于座時會聽者亦坐一處六十小
劫身心不動聽佛所説謂如食頃是時衆中
无有一人若身若心而生懈惓日月燈明佛
於六十小劫説是經已即於梵魔沙門婆羅
門及天人阿脩羅衆中而宣此言如来於今

劫身心不動聽佛所説謂如食頃是時衆中
无有一人若身若心而生懈惓日月燈明佛
於六十小劫説是經已即於梵魔沙門婆羅
門及天人阿脩羅衆中而宣此言如來於今
日中夜當入无餘涅槃時有菩薩名曰德藏
日月燈明佛即授其記告諸比丘是德藏菩
薩次當作佛号曰淨身多陁阿伽度阿羅訶
三藐三佛陁佛授記已便於中夜入无餘涅
槃佛滅度後妙光菩薩持妙法蓮華經滿
八十小劫為人演説日月燈明佛八子皆師妙
光妙光教化令其堅固阿耨多羅三藐三菩
提是諸王子供養无量百千万億佛已皆成
佛道其冣後成佛者名曰然燈八百弟子中
有一人号曰求名貪著利養雖復讀誦衆經
而不通利多所忘失故号求名是人亦以種諸
善根因緣故得值无量百千万億諸佛供
養恭敬尊重讃嘆弥勒當知尒時妙光菩
薩豈異人乎我身是也求名菩薩汝身是也今
見此瑞與本无異是故惟忖今日如來當説
大乘經名妙法蓮華教菩薩法佛所護念尒
時文殊師利於大衆中欲重宣此義而説偈
言
我念過去世　无量无數劫　有佛人中尊　号日月燈明
世尊演説法　度无量衆生　无數億菩薩　令入佛智慧
佛未出家時　所生八王子　見大聖出家　亦随脩梵行
時佛説大乘　經名无量義　於諸大衆中　而為廣分別
佛説此經已　即於法座上　跏趺坐三昧　名无量義處

佛未出家時　所生八王子　見大聖出家　亦隨脩梵行
時佛說大乘　經名无量義　於諸大衆中　而為廣分別
佛說此經已　即於法座上　加趺坐三昧　名无量義處
天雨曼陁華　天鼓自然鳴　諸天龍鬼神　供養人中尊
一切諸佛土　即時大震動　佛放眉間光　現諸希有事
此光照東方　万八千佛土　示一切衆生　生死業報處
有見諸佛土　以衆寶莊嚴　瑠璃頗梨色　斯由佛光照
及見諸天人　龍神夜叉衆　乹闥緊那羅　各供養其佛
又見諸如來　自然成佛道　身色如金山　端嚴甚微妙
如淨瑠璃中　內現真金像　世尊在大衆　敷演深法義
一一諸佛土　聲聞衆无數　因佛光所照　悉見彼大衆
或有諸比丘　在於山林中　精進持淨戒　猶如護明珠
又見諸菩薩　行施忍辱等　其數如恒沙　斯由佛光照
又見諸菩薩　深入諸禪定　身心寂不動　以求无上道
又見諸菩薩　知法寂滅相　各於其國土　說法求佛道
尒時四部衆　見日月燈佛　現大神通力　其心皆歡喜
各各自相問　是事何因緣
天人所奉尊　適從三昧起　讚妙光菩薩　汝為世間眼
一切所歸信　能奉持法藏　如我所說法　唯汝能證知
世尊既讚歎　令妙光歡喜　說是法華經　滿六十小劫
不起於此座　所說上妙法　是妙光法師　悉皆能受持
佛說是法華　令衆歡喜已　尋即於是日　告於天人衆
諸法實相義　已為汝等說　我今於中夜　當入於涅槃
汝一心精進　當離於放逸　諸佛甚難值　億劫時一遇
世尊諸子等　聞佛入涅槃　各各懷悲惱　佛滅一何速
聖主法之王　安慰无量衆　我若滅度時　汝等勿憂怖

BD03760號　妙法蓮華經卷一　（20–10）

諸法實相義　已為汝等說　我今於中夜　當入於涅槃
汝一心精進　當離於放逸　諸佛甚難值　億劫時一遇
世尊諸子等　聞佛入涅槃　各各懷悲惱　佛滅一何速
聖主法之王　安慰无量衆　我若滅度時　汝等勿憂怖
是德藏菩薩　於无漏實相　心已得通達　其次當作佛
号曰為淨身　亦度无量衆
佛此夜滅度　如薪盡火滅　分布諸舍利　而起无量塔
比丘比丘尼　其數如恒沙　倍復加精進　以求无上道
是妙光法師　奉持佛法藏　八十小劫中　廣宣法華經
是諸八王子　妙光所開化　堅固无上道　當見无數佛
供養諸佛已　隨順行大道　相繼得成佛　轉次而授記
最後天中天　号曰然燈佛　諸仙之導師　度脫无量衆
是妙光法師　時有一弟子　心常懷懈怠　貪著於名利
求名利无猒　多遊族姓家　棄捨所習誦　廢忘不通利
以是因緣故　号之為求名　亦行衆善業　得見无數佛
供養於諸佛　隨順行大道　具六波羅蜜　今見釋師子
其後當作佛　号名曰弥勒　廣度諸衆生　其數无有量
彼佛滅度後　懈怠者汝是　妙光法師者　今則我身是
我見燈明佛　本光瑞如此　以是知今佛　欲說法華經
今相如本瑞　是諸佛方便　今佛放光明　助發實相義
諸人今當知　合掌一心待　佛當雨法雨　充足求道者
諸求三乘人　若有疑悔者　佛當為除斷　令盡无有餘

妙法蓮華經方便品第二

尒時世尊從三昧安詳而起告舍利弗諸佛
智慧甚深无量其智慧門難解難入一切聲
聞辟支佛所不能知所以者何佛曾親近百

BD03760號　妙法蓮華經卷一　（20–11）

尒時世尊從三昧安詳而起告舍利弗諸佛
智慧甚深无量其智慧門難解難入一切聲
聞辟支佛所不能知所以者何佛曾親近百
千万億无數諸佛盡行諸佛无量道法勇猛
精進名稱普聞成就甚深未曾有法隨宜所
説意趣難解舍利弗吾從成佛已来種種因
緣種種譬喻廣演言教无數方便引導衆生
令離諸著所以者何如来方便知見波羅蜜
皆已具足舍利弗如来知見廣大深遠无量
无礙力无所畏禪定解脱三昧深入无際成
就一切未曾有法舍利弗如来能種種分別
巧説諸法言辭柔軟悦可衆心舍利弗取要
言之无量无邊未曾有法佛悉成就止舍利
弗不須復説所以者何佛所成就第一希有
難解之法唯佛與佛乃能究盡諸法實相所
謂諸法如是相如是性如是體如是力如是
作如是因如是緣如是果如是報如是本末
究竟等尒時世尊欲重宣此義而説偈言
世雄不可量　諸天及世人　一切衆生類　无能知佛者
佛力无所畏　解脱諸三昧　及佛諸餘法　无能測量者
本從无數佛　具足行諸道　甚深微妙法　難見難可了
於无量億劫　行此諸道已　道場得成果　我已悉知見
如是大果報　種種性相義　我及十方佛　乃能知是事
是法不可示　言辭相寂滅
諸餘衆生類　无有能得解　除諸菩薩衆　信力堅固者
諸佛弟子衆　曾供養諸佛　一切漏已盡　住是最後身
如是諸人等　其力所不堪

BD03760號　妙法蓮華經卷一　(20-12)

是法不可示　言辭相寂滅
諸餘衆生類　无有能得解　除諸菩薩衆　信力堅固者
諸佛弟子衆　曾供養諸佛　一切漏已盡　住是最後身
如是諸人等　其力所不堪
假使滿世間　皆如舍利弗　盡思共度量　不能測佛智
正使滿十方　皆如舍利弗　及餘諸弟子　亦滿十方刹
盡思共度量　亦復不能知
辟支佛利智　无漏最後身　亦滿十方界　其數如竹林
斯等共一心　於億无量劫　欲思佛實智　莫能知少分
新發意菩薩　供養无數佛　了達諸義趣　又能善説法
如稻麻竹葦　充滿十方刹　一心以妙智　於恒河沙劫
咸皆共思量　不能知佛智
不退諸菩薩　其數如恒沙　一心共思求　亦復不能知
又告舍利弗　无漏不思議　甚深微妙法　我今已具得
唯我知是相　十方佛亦然
舍利弗當知　諸佛語无異　於佛所説法　當生大信力
世尊法久後　要當説真實
告諸聲聞衆　及求緣覺乘　我今脱苦縛　逮得涅槃者
佛以方便力　示以三乘教　衆生處處著　引之令得出
尒時大衆中有諸聲聞漏盡阿羅漢阿若憍
陳如等千二百人及發聲聞辟支佛心比丘比
丘尼優婆塞優婆夷各作是念今者世尊
何故慇懃稱歎方便而作是言佛所得法甚
深難解有所言説意趣難知一切聲聞辟支
佛所不能及佛説一解脱義我等亦得此法
到於涅槃而今不知是義所趣尒時舍利弗
知四衆心疑自亦未了而白佛言世尊何因何

BD03760號　妙法蓮華經卷一　(20-13)

何故慇懃稱嘆方便而作是言佛所得法甚
深難解有所言說意趣難知一切聲聞辟支
佛所不能及佛說一解脫義我等亦得此法
到於涅槃而今不知是義所趣尒時舍利弗
知四衆心疑自亦未了而白佛言世尊何因
何緣慇懃稱嘆諸佛第一方便甚深微妙難
解之法我自昔來未曾從佛聞如是說今者
四衆咸皆有疑唯願世尊敷演斯事世尊何
故慇懃稱嘆甚深微妙難解之法尒時舍利
弗欲重宣此義而說偈言
慧日大聖尊　久乃說是法　自說得如是　力无畏三昧
禪定解脫等　不可思議法　道場所得法　无能發問者
我意難可測　亦无能問者
无問而自說　稱歎所行道　智慧甚深妙　諸佛之所得
无漏諸羅漢　及求涅槃者　今皆墮疑網　佛何故說是
其求緣覺者　比丘比丘尼　諸天龍鬼神　及乾闥婆等
相視懷猶豫　瞻仰兩足尊　是事為云何　願佛為解說
於諸聲聞衆　佛說我第一　我今自於智　疑惑不能了
為是究竟法　為是所行道
佛口所生子　合掌瞻仰待　願出微妙音　時為如實說
諸天龍神等　其數如恒沙　求佛諸菩薩　大數有八万
又諸万億國　轉輪聖王至　合掌以敬心　欲聞具足道
尒時佛告舍利弗止止不須復說若說是事
一切世間諸天及人皆當驚疑
舍利弗重白佛言世尊唯願說之唯願說之
所以者何是會无數百千万億阿僧祇衆生
曾見諸佛諸根猛利智慧明了聞佛所說則

BD03760號　妙法蓮華經卷一　（20–14）

尒時佛告舍利弗止止不須復說若說是事
一切世間諸天及人皆當驚疑
舍利弗重白佛言世尊唯願說之唯願說之
所以者何是會无數百千万億阿僧祇衆生
曾見諸佛諸根猛利智慧明了聞佛所說則
能敬信尒時舍利弗欲重宣此義而說偈言
法王无上尊　唯說願勿慮　是會无量衆　有能敬信者
佛復止舍利弗若說是事一切世間天人阿脩
羅皆當驚疑增上慢比丘將墜於大坑尒時
世尊重說偈言
止止不須說　我法妙難思　諸增上慢者　聞必不敬信
尒時舍利弗重白佛言世尊唯願說之唯願
說之今此會中如我等比百千万億世世已
曾從佛受化如此人等必能敬信長夜安隱
多所饒益尒時舍利弗欲重宣此義而說
偈言
无上兩足尊　願說第一法　我為佛長子　唯垂分別說
是會无量衆　能敬信此法　佛已曾世世　教化如是等
皆一心合掌　欲聽受佛語　我等千二百　及餘求佛者
願為此衆故　唯垂分別說　是等聞此法　則生大歡喜
尒時世尊告舍利弗汝已慇懃三請豈得不
說汝今諦聽善思念之吾當為汝分別解說
說此語時會中有比丘比丘尼優婆塞優婆
夷五千人等即從座起禮佛而退所以者何此
輩罪根深重及增上慢未得謂得未證謂證
有如此失是以不住世尊默然而不制止尒時
佛告舍利弗我今此衆无復枝葉淳有貞

BD03760號　妙法蓮華經卷一　（20–15）

說此語時會中有比丘比丘尼優婆塞優婆
夷五千人等即從座起礼佛而退所以者何此
輩罪根深重及增上慢未得謂得未證謂證
有如此失是以不住世尊默然而不制止尒時
佛告舍利弗我今此衆无復枝葉純有貞
實舍利弗如是增上慢人退亦佳矣汝今善
聽當為汝說舍利弗言唯然世尊願樂欲聞
佛告舍利弗如是妙法諸佛如來時乃說
之如優曇鉢華時一現耳舍利弗汝等當信
佛之所說言不虛妄舍利弗諸佛隨宜說法
意趣難解所以者何我以无數方便種種因
緣譬喻言辞演說諸法是法非思量分別之
所能解唯有諸佛乃能知之所以者何諸佛
世尊唯以一大事因緣故出現於世舍利弗
云何名諸佛世尊唯以一大事因緣故出現
於世諸佛世尊欲令衆生開佛知見使得清
淨故出現於世欲示衆生佛知見故出現於
世欲令衆生悟佛知見故出現於世欲令衆
生入佛知見道故出現於世舍利弗是為諸
佛以一大事因緣故出現於世佛告舍利弗
諸佛如來但教化菩薩諸有所作常為一事
唯以佛之知見示悟衆生舍利弗如來但以一
佛乘故為衆生說法无有餘乘若二若三
舍利弗一切十方諸佛法亦如是舍利弗過
去諸佛以无量无數方便種種因緣譬喻言
辞而為衆生演說諸法是法皆為一佛乘故

BD03760號　妙法蓮華經卷一　（20–16）

佛乘故為衆生說法无有餘乘若二若三
舍利弗一切十方諸佛法亦如是舍利弗過
去諸佛以无量无數方便種種因緣譬喻言
辞而為衆生演說諸法是法皆為一佛乘故
是諸衆生從諸佛聞法究竟皆得一切種智
舍利弗未來諸佛當出於世亦以无量无數
方便種種因緣譬喻言辞而為衆生演說諸
法是法皆為一佛乘故是諸衆生從佛聞法
究竟皆得一切種智舍利弗現在十方无量
百千万億佛土中諸佛世尊多所饒益安樂
衆生是諸佛亦以无量无數方便種種因緣
譬喻言辞而為衆生演說諸法是法皆為一
佛乘故是諸衆生從佛聞法究竟皆得一切
種智舍利弗是諸佛但教化菩薩欲以佛之
知見示衆生故欲以佛之知見悟衆生故欲
令衆生入佛知見故舍利弗我今亦復如是
知諸衆生有種種欲深心所著隨其本性以
種種因緣譬喻言辞方便力故而為說法舍
利弗如此皆為得一佛乘一切種智故舍利弗
十方世界中尚无二乘何況有三舍利弗諸佛
出於五濁惡世所謂劫濁煩惱濁衆生濁見
濁命濁如是舍利弗劫濁亂時衆生垢重慳
貪嫉妬成就諸不善根故諸佛以方便力於
一佛乘分別說三舍利弗若我弟子自謂阿
羅漢辟支佛者不聞不知諸佛如來但教化
菩薩事此非佛弟子非阿羅漢非辟支佛又
舍利弗是諸比丘比丘尼自謂已得阿羅漢

BD03760號　妙法蓮華經卷一　（20–17）

濁命濁如是舍利弗劫濁亂時衆生垢重慳
貪嫉妬成就諸不善根故諸佛以方便力於
一佛乘分別說三舍利弗若我弟子自謂阿
羅漢辟支佛者不聞不知諸佛如來但教化
菩薩事此非佛弟子非阿羅漢非辟支佛又
舍利弗是諸比丘比丘尼自謂已得阿羅漢
是最後身究竟涅槃便不復志求阿耨多羅
三藐三菩提當知此輩皆是增上慢人所以
者何若有比丘實得阿羅漢若不信此法无
有是處除佛滅度後現前无佛所以者何佛
滅度後如是等經受持讀誦解義者是人
難得若遇餘佛於此法中便得決了舍利弗
汝等當一心信解受持佛語諸佛如來言无虛
妄无有餘乘唯一佛乘尒時世尊欲重宣此
義而說偈言
比丘比丘尼　有懷增上慢　優婆塞我慢　優婆夷不信
如是四衆等　其數有五千
不自見其過　於戒有缺漏　護惜其瑕疵　是小智已出
衆中之糟糠　佛威德故去　斯人尠福德　不堪受是法
此衆无枝葉　唯有諸貞實
舍利弗善聽　諸佛所得法　无量方便力　而為衆生說
衆生心所念　種種所行道　若干諸欲性　先世善惡業
佛悉知是已　以諸緣譬喻　言辭方便力　令一切歡喜
或說脩多羅　伽陀及本事　本生未曾有　亦說於因緣
譬喻并祇夜　優波提舍經
鈍根樂小法　貪著於生死　於諸无量佛　不行深妙道
衆苦所惱亂　為是說涅槃

或說脩多羅　伽陀及本事　本生未曾有　亦說於因緣
譬喻并祇夜　優波提舍經
鈍根樂小法　貪著於生死　於諸无量佛　不行深妙道
衆苦所惱亂　為是說涅槃
我設是方便　令得入佛慧　未曾說汝等　當得成佛道
所以未曾說　說時未至故　今正是其時　決定說大乘
我此九部法　隨順衆生說　入大乘為本　以故說是經
有佛子心淨　柔軟亦利根　无量諸佛所　而行深妙道
為此諸佛子　說是大乘經
我記如是人　來世成佛道　以深心念佛　脩持淨戒故
此等聞得佛　大喜充遍身　佛知彼心行　故為說大乘
聲聞若菩薩　聞我所說法　乃至於一偈　皆成佛无疑
十方佛土中　唯有一乘法　无二亦无三　除佛方便說
但以假名字　引導於衆生
說佛智慧故　諸佛出於世　唯此一事實　餘二則非真
終不以小乘　濟度於衆生
佛自住大乘　如其所得法　定慧力莊嚴　以此度衆生
自證无上道　大乘平等法　若以小乘化　乃至於一人
我則墮慳貪　此事為不可
若人信歸佛　如來不欺誑　亦无貪嫉意　斷諸法中惡
故佛於十方　而獨无所畏
我以相嚴身　光明照世間　无量衆所尊　為說實相印
舍利弗當知　我本立誓願　欲令一切衆　如我等无異
如我昔所願　今者已滿足　化一切衆生　皆令入佛道
若我遇衆生　盡教以佛道　无智者錯亂　迷惑不受教
我知此衆生　未曾脩善本　堅著於五欲　癡愛故生惱
以諸欲因緣　墜墮三惡道　輪迴六趣中　備受諸苦毒

我以相嚴身　光明照世間　无量衆所尊　為說實相印
舍利弗當知　我本立誓願　欲令一切衆　如我等无異
如我昔所願　今者已滿足　化一切衆生　皆令入佛道
若我遇衆生　盡教以佛道　无智者錯亂　迷惑不受教
我知此衆生　未曾脩善本　堅著於五欲　癡愛故生惱
以諸欲因緣　墜墮三惡道　輪迴六趣中　備受諸苦毒
受胎之微形　世世常增長　薄德少福人　衆苦所逼迫
入邪見稠林　若有若无等　依止此諸見　具足六十二
深著虛妄法　堅受不可捨　我慢自矜高　諂曲心不實
於千万億劫　不聞佛名字　亦不聞正法　如是人難度
是故舍利弗　我為設方便　說諸盡苦道　示之以涅槃
我雖說涅槃　是亦非真滅　諸法從本來　常自寂滅相
佛子行道已　來世得作佛
我有方便力　開示三乘法　一切諸世尊　皆說一乘道
今此諸大衆　皆應除疑惑　諸佛語无異　唯一无二乘
過去无數劫　无量滅度佛　百千万億種　其數不可量
如是諸世尊　種種緣譬喻　无數方便力　演說諸法相
是諸世尊等　皆說一乘法　化无量衆生　令入於佛道
又諸大聖主　知一切世間　天人群生類　深心之所欲
更以異方便　助顯第一義
若有衆生類　值諸過去佛　若聞法布施　或持戒忍辱
精進禪智等　種種脩福德　如是諸人等　皆已成佛道

BD03760 號　妙法蓮華經卷一　（20–20）

除音與令得淨眼自知二諦復為衆生演說
二諦既自解脫復為衆生說解脫法自度无
邊生死大河復令衆生皆悉得度自得无畏
復教衆生令无怖畏自既涅槃復為衆生演
入涅槃是故號佛為无上師天者名晝天上晝長
夜短是故名天又復天者名无愁惱常受快
樂是故名天又復天者名為燈明能破黑闇
而為大明是故名天亦以能破惡業黑闇得
於善業而生天上是故名天又復天者名吉以吉
祥故得名為天又復天者名日日有光明故
名日為天以是義故名為天也人者名曰能
多思議又復人者身口柔輭又復人者名為
憍慢又復人者能破憍慢善男子諸佛雖為
一切衆生无上大師然經中說為天人師何
以故善男子諸衆生中唯天與人能發阿耨
多羅三藐三菩提心能脩十善業道能得須
陀洹果斯陀含果阿那含果阿羅漢果辟支
佛道得阿耨多羅三藐三菩提是故号佛為
天人師云何為佛佛者名覺既自覺悟復能
覺他善男子譬如有人覺知有賊賊无能為

BD03761 號　大般涅槃經（北本　異卷）卷一八　（22–1）

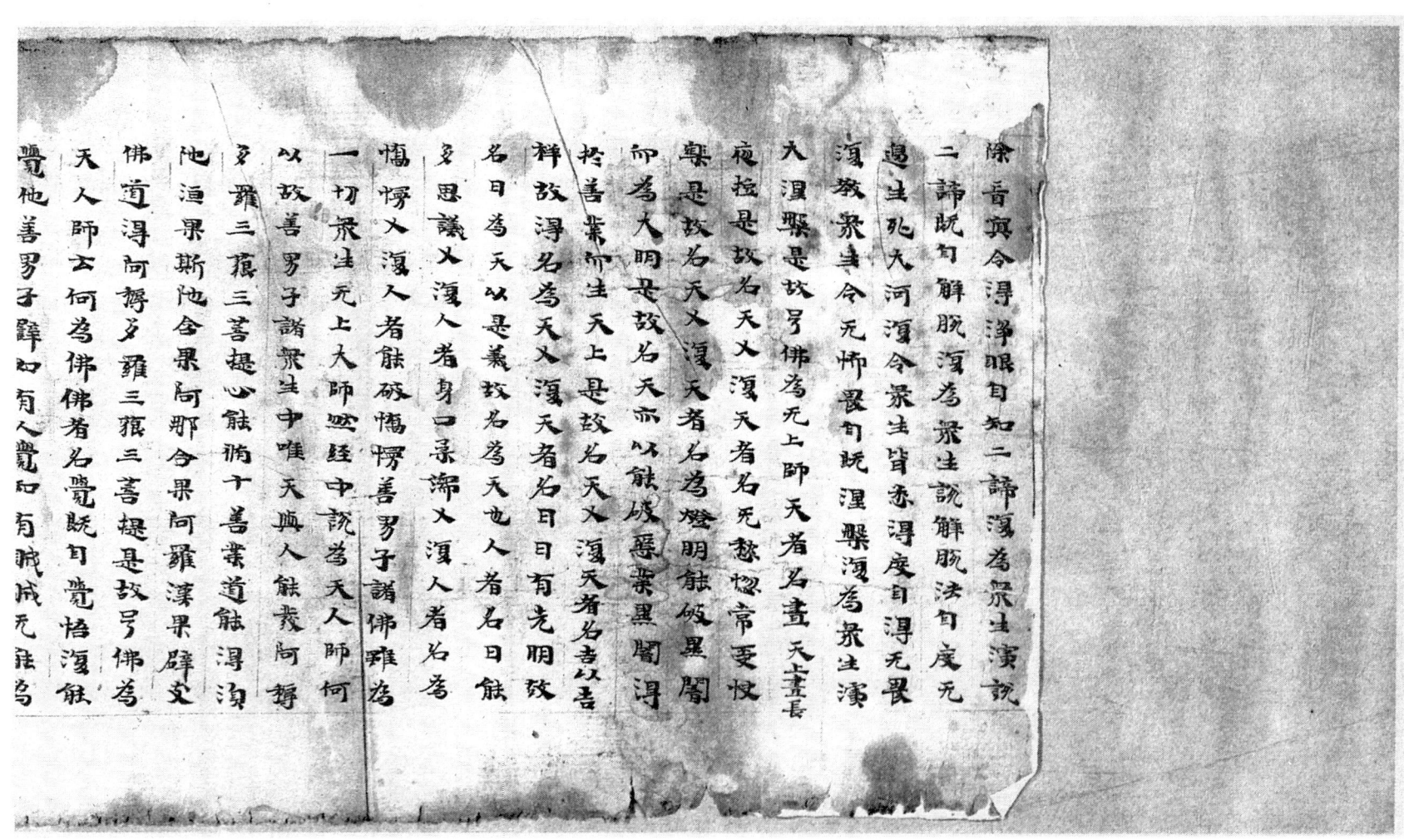

…三…三菩提心能修十善業道能得須
陁洹果斯陁含果阿那含果阿羅漢果辟支
佛道得阿耨多羅三藐三菩提是故号佛為
天人師云何為佛佛者名覺既自覺悟復能
覺他善男子譬如有人覺知有賊賊无能為
菩薩摩訶薩能覺一切无量煩惱既覺了已
令諸煩惱无所能為是故名佛以是覺故不
生不老不病不死是故名佛婆伽婆伽婆名
破婆名煩惱能破煩惱故名婆伽婆又能成
就諸善法故又能善解諸法義故有大功德
无能勝故有大名聞遍十方故又能種種大
惠施故又於无量阿僧祇劫吐女根故善男
子若男若女能如是念佛者若行若住若坐
若卧若晝若夜若明若闇常得不離見佛世
尊善男子何故名為如来應正遍知乃至婆
伽婆如有如是无量功德大名稱也善男子
若菩薩摩訶薩於昔无量阿僧祇劫恭敬父
母和上諸師上坐長老於无量劫常為衆生
而行布施堅持禁戒脩集忍辱懃行精進禪
定智慧大慈大悲大喜大捨是故今得三十
二相八十種好金剛之身又復菩薩於昔无
量阿僧祇劫脩集信念進定慧根於諸師長
恭敬供養常為法利不為食利菩薩若持十
二部經若讀若誦常為衆生令得解脫安隱
快樂終不自為何以故菩薩常脩出世間心
及出家心无為之心无諍訟心无垢穢心无
繫縛心无承著心无覆蓋心无无記心无生

恭敬供養常為法利不為食利菩薩若持十
二部經若讀若誦常為衆生令得解脫安隱
快樂終不自為何以故菩薩常脩出世間心
及出家心无為之心无諍訟心无垢穢心无
繫縛心无承著心无覆蓋心无无記心无生
死心无疑罔心无貪欲心无瞋恚无愚癡
心无憍慢心无穢濁心无煩惱心无苦心无
量心廣大心虛空心无心无无心調心不護
心无覆藏心无世間心常定心常脩心常解
脫心无報心无願心善願心无誑心柔濡心
不住心自在心无漏心第一義心不退心无
常心正直心无諂曲心純善心无多少心无靳
心无凡夫心无聲聞心无緣覺心善知心界
知心生界知心住界知心自在界知心是故
今得十力四无所畏大悲三念處常樂我淨
是故得稱如来乃至婆伽婆是名菩薩摩訶
薩念佛云何菩薩摩訶薩念法善男子菩薩
摩訶薩思惟諸佛所可說法最妙最上因是
法故能令衆生得現在果唯此正法无有時
節法眼所見非實眼見然不可以譬喻為比
不生不出不住不滅不始不終无為无數无
舍宅者為作舍宅无歸作歸无明作明未到
彼岸令到彼岸為无香處作无导香不可見
見不動不轉不長不短永斷諸樂而安隱樂
畢竟微妙非色斷色而亦是色乃至非識斷
識而亦是識非業斷業非結斷結非物斷物

舍宅者為作舍宅无歸作歸无明作明未至
彼岸令到彼岸為无香處作无㝵香不可見
見不動不轉不長不短永斷諸樂而安隱畢
竟微妙非色斷色而亦是色乃至非識斷
識而亦是識非業斷業非結斷結非物斷物
而亦是物非眾斷眾而亦是眾非有斷有而
亦是有非入斷入而亦是入非因斷因而亦
是因非果斷果而亦是果非虛非實斷一切
實而亦是實非生非滅永斷生滅而亦是滅
非相非非相斷一切相而亦是相非教非不
教而亦是師非怖非安斷一切怖而亦是安
非忍不非忍永斷不忍而亦是忍非止非不
止斷一切止而亦是止一切法頂悉能永斷
一切煩惱清淨无相永脫諸相无量眾生畢
竟住處能滅一切生死熾火乃是諸佛所遊
居處常不變易是菩薩念法云何念僧諸
佛聖僧如法而住受正直法隨順修行不可
覩見不可捉持不可破壞无能燒害不可思
議一切眾生良祐福田雖為福田无所受取
清淨无穢无漏无為廣普无邊其心調柔平
等无二无有燒濁常不變易是名念僧云何
念戒菩薩思惟有戒不破不漏不壞不雜雖
无形色而可護持雖无觸對善修方便可得
具足无有過咎諸佛菩薩之所讚嘆是大方
等大涅槃因善男子譬如大地船舫瓔珞大
姓大海灰汁舍宅刀劒橋梁良醫妙藥阿伽

BD03761號　大般涅槃經（北本　異卷）卷一八　（22–4）

无形色而可護持雖无觸對善修方便可得
具足无有過咎諸佛菩薩之所讚嘆是大方
等大涅槃因善男子譬如大地船舫瓔珞大
姓大海灰汁舍宅刀劒橋梁良醫妙藥阿伽
陀藥如意寶珠腳足眼目父母蔭涼无能劫
盜不可燒害火不能燒水不能漂大山梯隥
諸佛菩薩妙寶勝幢若住是戒得須陀洹果
我亦有分我不須何以故若我得是須陀
洹果不能廣度一切眾生若住是戒則得阿
耨多羅三藐三提菩我亦有分是我所欲何
以故若得阿耨多羅三藐三菩提當為眾生
廣說法要而作救護是名菩薩摩訶薩念戒
云何念施菩薩摩訶薩深觀此施乃是阿耨
多羅三藐三菩提因諸佛菩薩親近修集如
是布施我亦如是親近修集若不布施不能
莊嚴四部之眾施雖不能畢竟斷結而能除
破現在煩惱以施因緣故常為十方无量无
邊恒河沙等世界眾生之所稱嘆菩薩摩訶
薩施眾生食則施其命以是果報得佛之時
常不變易以施樂故成佛之時則得安樂菩
薩施時如法求財不侵彼施是故成佛得清
淨涅槃菩薩施時令諸眾生不求而得是故
成佛得自在我施因緣令他得力是故成
佛獲得十力以施因緣令他得語是故成佛
得四无㝵諸佛菩薩修集是施為涅槃因我
亦如是修集布施為涅槃因廣說如雜華中
云何念天有四天王處乃至非想非非想處

BD03761號　大般涅槃經（北本　異卷）卷一八　（22–5）

佛復得十力以施因緣令他得話是故成佛
得四无畏諸佛菩薩脩集是施為涅槃因我
亦如是脩集布施為涅槃因廣說如雜華中
云何念天有四天王處乃至非想非非想處
若有信心得四天王處我亦有分若戒多聞
布施智慧得四天王處乃至非想非想非非想處
我亦有分然非我欲何以故四天王處乃至
非想非非想處皆是无常以无常故生老病
死以是義故非我所欲譬如幻化誑於愚夫
智慧之人所不貪著如幻化者即是四天王
處乃至非想非非想處愚者即是一切凡夫
我則不同凡夫愚人我曾聞有第一義天謂
諸佛菩薩常不變易以常住故不生不老不
病不死我為眾生精進求於第一義天何以
故第一義天能令眾生除斷煩惱猶如意樹
若我有信乃至有慧則能得是第一義天
當為眾生廣分別說第一義天是
名菩薩摩訶薩念天善男子是名菩薩非世
間也是為世間不知不覺〔見〕如是菩薩所知見
覺善男子若我弟子謂受持讀誦書寫演說
十二部經及以受持讀誦書寫敷演解說大
涅槃經等无差別者是義不然何以故善男
子大涅槃者即是一切諸佛世尊甚深秘藏
以是諸佛甚深秘藏是則為勝善男子以是
義故大涅槃經甚奇甚特不可思議迦葉菩
薩白佛言世尊我亦知是大涅槃經甚奇甚

子大涅槃者即是一切諸佛世尊甚深秘藏
以是諸佛甚深秘藏是則為勝善男子以是
義故大涅槃經甚奇甚特不可思議迦葉菩
薩白佛言世尊我亦知是大涅槃經甚奇甚
特不可思議佛法眾僧不可思議菩薩菩提
大涅槃經亦不可思議世尊以何義故復言
菩薩不可思議善男子菩薩摩訶薩无有教
者而能自發菩提之心既發心已懃脩精進
正使大火焚燒身首終不求救捨念法心何
以故菩薩摩訶薩常自思惟我於无量阿僧
祇劫或在地獄餓鬼畜生人中天上為諸結
火之所燒燃初不曾得一決定法決定法者
即是阿耨多羅三藐三菩提若我為於
阿耨多羅三藐三菩提終不護惜身心
與命我為阿耨多羅三藐三𦬇菩提□復碎身
猶如微塵終不放捨懃精進也何以故精進
之心即是阿耨多羅三藐三菩提因善男子
如是菩薩未見阿耨多羅三藐三菩提乃能
如是不惜身命況復見已是故菩薩不可思
議又復不可思議菩薩摩訶薩所見生死无
量過患非是聲聞緣覺所及雖知生死无量
過患為眾生故於中受苦不生猒離是故復
名不可思議菩薩摩訶薩為眾生故雖在地
獄受諸苦惱如三禪樂是故復名不可思議
善男子譬如長者其家失火長者見已從舍
而出諸子在後未脫火難長者尔時定知火

過患為衆生故於中受苦不生猒離是故復
名不可思議菩薩摩訶薩為衆生故雖在地
獄受諸苦惱如三禪樂是故復名不可思議
善男子譬如長者其家失火長者見已從舍
而出諸子在後未脫火難長者尒時定知火
害為諸子故還復起救不顧其難菩薩摩訶
薩亦復如是雖知生死多諸過患為衆生故
處之不猒是故復名不可思議善男子无量
衆生發菩提心見生死中多諸過患心即退
沒或為聲聞或為緣覺若有菩薩聞是經者
終不退失菩提之心而為聲聞辟支佛也如
是菩薩雖復未階初不動地而心堅固无有
退沒是故復名不可思議善男子若有人言
我能浮度大海之水如是之言可思議不世
尊如是之言或不可思議或不可思議何以故
若人度者則不可思議阿脩羅度則可思議
善男子我亦不說阿脩羅也正說人耳世尊
人中亦有可思議者不可思議者世尊人亦
二種一者聖人二者凡夫凡夫之人則不可
議賢聖之人則不可議善男子我說凡夫不
說聖人世尊若凡夫人實不可思議善男子
凡夫之人實不能度大海水也如是菩薩實
能度於生死大海是故復名不可思議善男
子若有人能以藕根絲懸須弥山可思議不
不也世尊善男子菩薩摩訶薩於一念頃悉
能稱量一切生死是故復名不可思議善男

BD03761號　大般涅槃經（北本　異卷）卷一八　（22–8）

能度於生死大海是故復名不可思議善男
子若有人能以藕根絲懸須弥山可思議不
不也世尊善男子菩薩摩訶薩於一念頃悉
能稱量一切生死是故復名不可思議善男
子菩薩摩訶薩已於无量阿僧祇劫常觀生
死无常无我无樂无淨而為衆生分別演說
常樂我淨雖如是說然非耶見是故復名不可
思議善男子如人入水水不能溺入大猛火
火不能燒如是之事不可思議菩薩摩訶薩
亦復如是雖處生死不為生死之所惱害是
故復名不可思議善男子人有三品謂上中
下下品之人初入胎時作是念言我今處廁
衆穢歸處如死屍間衆刺棘中大黑闇處初
出胎時復作是念我今出廁出衆穢處乃至
出於大黑闇處中品之人作是念言我今入
於衆樹林中清淨河中房屋舍宅出時亦尒
上品之人作是念言我昇殿堂在華林間乘
馬乘象登涉高山出時亦尒菩薩摩訶薩初
入胎時自知入胎住時知住出時知出終不
生於貪瞋之心而未得階初住地也是故復
名不可思議善男子阿耨多羅三藐三菩提
實不可以譬喻為比善男子心亦可不以方
喻為比而皆可說菩薩摩訶薩无有師諮受
學之處而能得於阿耨多羅三藐三菩提得
是法已心无慳悋常為衆生而演說之是故
復名不可思議善男子菩薩摩訶薩有身遠

BD03761號　大般涅槃經（北本　異卷）卷一八　（22–9）

喻為比而皆可說菩薩摩訶薩无有師諮受
學之處而能得於阿耨多羅三藐三菩提得
是法已心无慳恪常為衆生而演說之是故
復名不可思議善男子菩薩摩訶薩有身遠
離非口有口遠離非身有非身口而亦遠離
身遠離者謂離煞盜婬是名身遠離非口
遠離者謂離妄語兩舌惡口无義之語是名
口遠離非身非口是遠離者　所謂遠離
貪嫉瞋恚邪見善男子是名非身非口而是
遠離善男子菩薩摩訶薩不見一法是身是
業及以離主而亦有離是故復名不可思議
口亦如是善男子從身離身從口離口從慧
離慧非身非口善男子實有此慧然不能令
菩薩遠離何以故善男子无有一法能壞能
作有為法性異生異滅是故此慧不能遠離
善男子慧不能破火不能燒水不能爛風不
能動地不能持生不能生老不能老住不能
住壞不能壞貪不能貪瞋不能瞋癡不能癡
以有為性異生異滅故菩薩摩訶薩終不生
念我以此慧破諸煩惱而自說言我破煩惱
雖作是說非是虛妄是故復名不可思議迦
葉復言世尊我今始知菩薩摩訶薩不可思
議佛法衆僧大涅槃經及受持者菩提涅槃
不可思議世尊无上佛法當久近住幾時而
滅善男子若大涅槃經乃至有是五行所謂
聖行梵行天行病行嬰兒行若我弟子有能

BD03761 號　大般涅槃經（北本　異卷）卷一八　（22–10）

議佛法衆僧大涅槃經及受持者菩提涅槃
不可思議世尊无上佛法當久近住幾時而
滅善男子若大涅槃經乃至有是五行所謂
聖行梵行天行病行嬰兒行若我弟子有能
受持讀誦書寫演說其義為諸衆生之所恭
敬尊重讚歎種種供養當知爾時佛法未滅
善男子若大涅槃經具足流布當爾之時我
諸弟子多犯禁戒造作衆惡不能敬信如是
經典以不信故不能受持讀誦書寫解說其
義不為衆人之所恭敬乃至供養見受持者
輕毀誹謗如是六師非佛弟子當知佛法將
滅不久
迦葉菩薩復白佛言世尊我親從佛受如是
義迦葉佛法住世七日然後滅盡世尊迦葉
如來有是經不如其有者云何言滅如其无
者云何言大涅槃經是諸如來祕密之藏
佛言善男子我先說言唯有文殊乃解是義
今當重說至心諦聽善男子諸佛世尊有二
種法一者世法二者第一義法世法可滅第
一義法則不滅壞復有二種一者无常无
我无淨无樂二者常樂我淨无常无我无
淨則有壞滅常樂我淨則无壞滅復有二種
一者二乘所持二者菩薩所持二乘所持則
有壞滅菩薩所持則无壞滅復有二種一者
外二者內外法者則有壞滅內法者則无壞
滅復有二種一者有為二者无為有為之法

BD03761 號　大般涅槃經（北本　異卷）卷一八　（22–11）

一者二乘所持二者菩薩所持二乘所持則
有壞滅菩薩所持則无壞滅復有二種一者
外二者内外法者則有壞滅内法者則无壞
滅復有二種一者有為二者无為有為之法
則有壞滅无為之法无有壞滅復有二種一
者可得二不可得可得之法則有壞滅不可
得者无有壞滅復有二種一者共法二者不
共共法壞滅不共之法无有壞滅復有二種
一者人中二者天中人中壞滅天无壞滅復
有二種一者十一部經二者方等經十一部
經則有壞滅方等經典无有壞滅善男子若
我弟子受持讀誦書寫解說方等經典恭敬
供養尊重讃嘆當知介時佛法不滅善男子
汝向所問迦葉如來有是經不善男子大涅
槃經悉是一切諸佛秘藏何以故諸佛雖有
十一部經不說佛性不說如來常樂我淨諸
佛世尊不畢竟涅槃是故此經名為如來秘
密之藏十一部經所不說故故名為藏如人
七寶不出外用名之為藏善男子是人所以
藏積此物為未來事故何等未來事所謂穀
貴賊來侵國值遇惡王為用贖命道路忍難
財難得時乃當出用善男子諸佛如來秘密
之藏亦復如是為未來世諸惡比丘畜不淨
物為四衆說如來畢竟入於涅槃讀誦世典
不敬佛性如是等惡現於世時如來為欲滅
是諸惡令得遠離邪命利養如來則為演說

之藏亦復如是為未來世諸惡比丘畜不淨
物為四衆說如來畢竟入於涅槃讀誦世典
不敬佛性如是等惡現於世時如來為欲滅
是諸惡令得遠離邪命利養如來則為演說
是經若是經典秘密之藏滅不現時當知介
時佛法則滅善男子大涅槃經常不變易云
何難言迦葉佛時有是經不善男子迦葉佛
時所有衆生貪欲微薄智慧滋多諸菩薩摩
訶薩等調柔易化大有威德揔持不忘如大
象王世界清淨一切衆生悉知如來終不畢
竟入於涅槃常住不變唯有是典不須演說
善男子今世衆生多諸煩惱愚癡喜忘无有
智慧多諸疑網信根不立世界不淨一切衆
生咸謂如來无常遷變畢竟入於大般涅槃
是故如來演說是典善男子迦葉佛法實亦
不滅何以故常不變故善男子若有衆生我
見无我无我見我常見无常无常見常樂見
无樂无樂見樂淨見不淨不淨見淨不滅見
滅滅見不滅罪見非罪非罪見罪輕罪見重
重罪見輕乘見非乘非乘見乘道見非道非
道見道實是菩提見非菩提實非菩提謬見
菩提苦見非苦集見非集滅見非滅實見非
實實是世諦見第一義諦第一義諦見是世
諦歸見非歸非歸見歸以真佛語名為魔語
實是魔語以為佛語如是之時諸佛乃說大
涅槃經善男子寧說蚊嘴盡大海底不可說

實實是世諦見弟一義諦見是世
諦歸見非歸非歸見歸以負佛語名為魔語
實是魔語以為佛語如是之時諸佛乃說大
涅槃經善男子寧說蚊嘴盡大海底不可說
言如來法滅寧言以索繫縛猛風不可說言
如來法滅寧說口吹須彌散壞不可說言如
來法滅寧言佉陁羅火中生蓮華不可說言
如來法滅寧言阿伽陁藥而為毒藥不可說
言如來法滅寧言月可令熱日可令冷不可
說言如來法滅寧言四大各捨己性不可說
言如來法滅善男子若佛初出得阿耨多羅
三藐三菩提已未有弟子解甚深義汝佛世
尊便涅槃者當知是法不久住世復次善男
子若佛初出得阿耨多羅三藐三菩提已有
諸弟子解甚深義佛雖涅槃當知是法久住
於世復次善男子若佛初出得阿耨多羅三
藐三菩提已雖有弟子解甚深義无有篤信
白衣檀越敬重佛法佛便涅槃當知是法不
久住世復次善男子若佛初出得阿耨多羅
三藐三菩提已有諸弟子解甚深義多有篤
信白衣檀越敬重佛法佛雖涅槃當知佛法
久住於世復次善男子若佛出初得阿耨多
羅三藐三菩提已有諸弟子解甚深義雖有
篤信白衣檀越敬重佛法而諸弟子演說經
法貪為利養不為涅槃佛復滅度當知是法
不久住世復次善男子若佛初出得阿耨多

羅三藐三菩提已有諸弟子解甚深義雖有
篤信白衣檀越敬重佛法而諸弟子演說經
法貪為利養不為涅槃佛復滅度當知是法
不久住世復次善男子若佛初出得阿耨多
羅三藐三菩提已有諸弟子解甚深義復有
篤信白衣檀越敬重佛法彼諸弟子凡所演
說不貪利養為求涅槃佛雖滅度當知是法
久住於世復次善男子若佛初出得阿耨多
羅三藐三菩提已雖有弟子解甚深義復有
篤信白衣檀越敬重佛法而諸弟子多起諍
訟互相非是佛復涅槃當知是法不久住世
復次善男子若佛初出得阿耨多羅三藐三
菩提已有諸弟子解甚深義復有篤信白衣
檀越敬重佛法彼諸弟子循和敬法不相是
非互相尊重佛雖涅槃當知是法久住不滅復
次善男子若佛初出得阿耨多羅三藐三菩
提已雖有弟子解甚深義復有篤信白衣檀
越敬重佛法彼諸弟子為大涅槃而演說法
互相恭敬不起諍訟盡一切不淨之物復
自讚言我得須陁洹果乃至阿羅漢果佛復
涅槃當知是法不久住世復次善男子若佛
初出得阿耨多羅三藐三菩提已有諸弟子
解甚深義復有篤信白衣檀越敬重佛法彼
諸弟子為大涅槃演說經典善循和敬互相
尊重不畜一切不淨之物亦不自言得須陁
洹乃至得阿羅漢彼佛世尊雖復滅度當知

諸弟子為大涅槃演説經典善脩和敬不相
尊重不畜一切不淨之物亦不自言得須陁
洹乃至得阿羅漢彼佛世尊雖滅度後當知
是法久住於世復次善男子若佛初出得阿
耨多羅三藐三菩提已有諸弟子乃至不畜
不淨之物又不自言得須陁洹至阿羅漢各
執所見種種異説命作是言長老諸佛所制
四重之法乃至七滅諍法為衆生故或遮或
開十二部經亦復如是何以故佛知國土時
莭各異衆生不同利鈍差別是故如来或遮
或開有軽重説善男子譬如良醫為病服乳
為病遮乳熱病聽服冷病則遮如来亦尒觀
諸衆生煩惱根亦開亦遮長老我親從佛聞
如是義唯我知義汝不能知唯我解律汝不
能解我知諸經汝不能知彼佛復滅當知是
法不久住世復次善男子若佛初出得阿耨多羅
三藐三菩提有諸弟子乃至不言我得須陁
洹果至阿羅漢亦不説言諸佛世尊為衆生
故或遮或開長老我親從佛聞如是義如是
法如是律長老當依如来十二部經此義若
是我當受持如其非者我當棄捨彼佛世尊
雖復涅槃當知是法久住於世善男子我法
滅時有諸弟子或説有神或説神空或説有
中陰或説无中陰或説有三世或説无三世
或説有三乘或説无三乘或言一切有或言
一切无或言衆生有始有終或言衆生无始

BD03761號　大般涅槃經(北本　異卷)卷一八　(22–16)

滅時有諸弟子或説有神或説神空或説有
中陰或説无中陰或説有三世或説无三世
或説有三乘或説无三乘或言一切有或言
一切无或言衆生有始有終或言衆生无始
无終或言十二因緣是有為法或言因緣是
无為法或言如来有病苦行或言如来无病
苦行或言如来不聽比丘食十種肉何等為
十人虵象馬驢狗師子豬狐獮猴其餘悉
聽或言一切不聽或言比丘不作五事何等
為五不賣生口刀酒酪沙胡麻油其餘悉聽
或言不聽入五種舍何等為五屠兒婬女酒
家王宮旃陁羅舍餘舍悉聽或言不聽憍奢
耶衣餘一切聽或言如来聽諸比丘畜衣食
卧具其價各直十万兩金或言不聽或言涅
槃常樂我淨或言涅槃直是結盡更无別法
名為涅槃譬如織縷名之為衣衣既壞已名
之為衣實无別法名无衣也涅槃之體亦復
如是善男子當尒之時我諸弟子正説者少
耶説者多受正法少受耶法多受佛語少受
魔語多善男子尒時拘睒弥國有二弟子一
是羅漢二者破戒破戒徒衆凡有五百羅漢
徒衆其數一百破戒者説如来畢竟入於涅
槃我親從佛聞如是義如来所制四重之法
若持亦可犯亦无罪我今亦得阿羅漢果四
无导智而阿羅漢亦犯如是四重之法四重
之法若是實罪阿羅漢者終不應犯如来在
世制言堅持臨涅槃時皆悉放捨阿羅漢比

BD03761號　大般涅槃經(北本　異卷)卷一八　(22–17)

若持亦可犯亦无罪我今亦得阿羅漢果四
无导智命阿羅漢亦犯如是四重之法四重
之法若是實罪阿羅漢者終不應犯如来在
世制言堅持臨涅槃時皆悉放捨阿羅漢比
丘言長老汝不應說如来畢竟入於涅槃我
知如来常不變易如来在世及涅槃後犯四
重禁罪无差別若言羅漢犯四重禁是義不
然何以故須陁洹人尚不犯禁況阿羅漢若
長老言我是羅漢阿羅漢者終不生想我得
羅漢阿羅漢者唯說善法不說不善長老所
說純是非法若有得見十二部經定知長老
非阿羅漢善男子尒時破戒比丘徒衆尋共
斷是阿羅漢命善男子是時魔王因是二衆
忿恚之心悉共害是六百比丘尒時凡夫各
共說言哀哉佛法於是滅盡而我正法實不
滅也尒時其國有十万諸大菩薩善持我
法云何當言我法滅也當于尒時閻浮提内
无一比丘為弟子尒時波旬悉以大火焚
燒一切所有經典其中或有遺餘在者諸婆
羅門即共偷取處處採拾安置己典以是義
故諸小菩薩佛未出時率共信受婆羅門語
諸婆羅門雖作是說我有齋戒而諸外道真
實无也諸外道等雖復說言有我樂我淨而實
不解我樂淨義直以佛法一字二字一句二
句說言我典有如是義尒時拘尸那城娑羅
雙樹間无量无邊阿僧祇衆聞是語已悉共

BD03761號　大般涅槃經（北本　異卷）卷一八　（22–18）

實无也諸外道等雖復說言有我樂我淨而實
不解我樂淨義直以佛法一字二字一句二
句說言我典有如是義尒時拘尸那城娑羅
雙樹間无量无邊阿僧祇衆聞是語已悉共
唱言世間虛空世間虛空迦葉菩薩告諸大
衆汝等且莫憂愁啼哭世間不空如来常住
无有變易法僧亦尒尒時大衆聞是語已啼
哭即心悉發阿耨多羅三藐三菩提心尒時
王舍大城阿闍世王其性弊惡喜行殺戮具
口四惡貪恚愚癡其心熾盛唯見現在不見
未来純以惡人而為眷屬貪著現世五欲樂
故父王无辜横加逆害因害父已心生悔熱
身諸瓔珞伎樂不御心悔熱故遍體生瘡其
瘡臭穢不可附近尋自念言我今此身已受
華報地獄果報將近不遠尒時其母韋提
希以種種藥而為傅之其瘡遂增无有降損
王即白母如是瘡者從心而生非四大起若
言衆生有能治者无有是處時有大臣名曰
月稱往至王所在一面立白言大王何故愁
悴顏容不悅為身痛也為心痛乎王答臣言
我今身心豈得不痛我父无辜横加逆害我
從智者曾聞是義世有五人不脫地獄謂五
逆罪我今已有无量无邊阿僧祇罪云何身
心而得不痛又无良醫治我身心臣言大王
莫大愁苦即說偈言
若常愁苦　愁遂增長　如人喜眠　眠則滋多

BD03761號　大般涅槃經（北本　異卷）卷一八　（22–19）

逆罪我今已有无量无邊阿僧祇罪云何身
心而得不痛又无良醫治我身心臣言大王
莫大愁苦即說偈言
若常愁苦　愁遂增長　如人憙眠　眠則滋多
貪婬嗜酒　亦復如是
如王所言世有五人不脫地獄誰往見之來
語王也言地獄者即是世間多智所說如王
所言世无良醫治心身者今有大師名富蘭
那一切知見得自在定畢竟脩集清淨梵行
常為无量无邊衆生演說无上涅槃之道為
諸弟子說如是法无有黑業无黑業報无有
白業无白業報无黑白業无黑白業報无有
上業及以下業是師今在王舍城中唯願大
王屈駕往彼可令是師療治身心時王答言
審能如是除滅我罪我當歸依復有一臣名
日藏得復往王所而作是言大王何故面貌
憔悴脣口乾燋音聲微細猶如怯人見大怨
敵顏色變異將何所苦為身痛也為心痛乎
王即答言我今身心云何不痛我之癡盲无
有慧目近諸惡友而為親近隨調婆達惡
人之言正法之王横加逆害我昔曾聞智人
說偈
若於父母　佛及弟子　生不善心　起於惡業
如是果報　在阿鼻獄
以是事故令我心怖生大苦惱无有良醫而
人見救療大臣復言唯願大王且莫愁怖法有

BD03761號　大般涅槃經（北本　異卷）卷一八　（22–20）

如是果報　在阿鼻獄
以是事故令我心怖生大苦惱无有良醫命
人見救療大臣復言唯願大王且莫愁怖法有
二種一者出家二者王法王法者謂害其父
則王國土雖云是逆實无有罪如迦迦羅虫
要壞母腹然後乃生生法如是雖破母身實
无有罪騾懷任等亦復如是治國之法法應
如是雖殺父兄亦无有罪出家法者乃至蚊
蟻殺亦有罪唯願大王寬意莫愁何以故
若常愁惱　愁遂增長　如人憙眠　眠則滋多
貪婬嗜酒　亦復如是
如王所言世无良醫治身心者今有大師名
末伽梨拘捨離子一切知見憐愍衆生猶如
赤子已離煩惱能拔衆生三毒利箭一切衆
生於一切法无知見覺唯是一人獨知見覺
如是大師常為弟子說如是法一切衆生身
有七分何等為七地水火風苦樂壽命如是
七法非化非作不可毀害如伊師迦草安住
不動如須弥山不捨不作猶如乳酪各不諍
訟若苦若樂若善不善投之利刀无所傷害
何以故七分空中无妨导故命亦无害何以
故无有害者及死者故无作无受无說无聽
无有念者及以教者常說是法能令衆生滅
除一切无量重罪是師今在王舍大城唯願大
王往至其所王若見者衆罪消滅時王答言審
能如是除滅我罪我當歸依

BD03761號　大般涅槃經（北本　異卷）卷一八　（22–21）

生於一切法无知見覺唯是一人獨知見覺
如是大師常為弟子說如是法一切衆生身
有七分何等為七地水火風苦樂壽命如是
七法非化非作不可毀害如伊師迦草安住
不動如須弥山不捨不作猶如乳酪各不諍
訟若苦若樂若善不善投之利刀无所傷害
何以故七分空中无妨导故命亦无害何以
故无有害者及死者故无作无受无說无聽
无有念者及以教者常說是法能令衆生滅
除一切无量重罪是師今在王舍大城唯願大
王往至其所王若見者衆罪消滅時王答言審
能如是除滅我罪我當歸依
大般涅槃經卷第十八

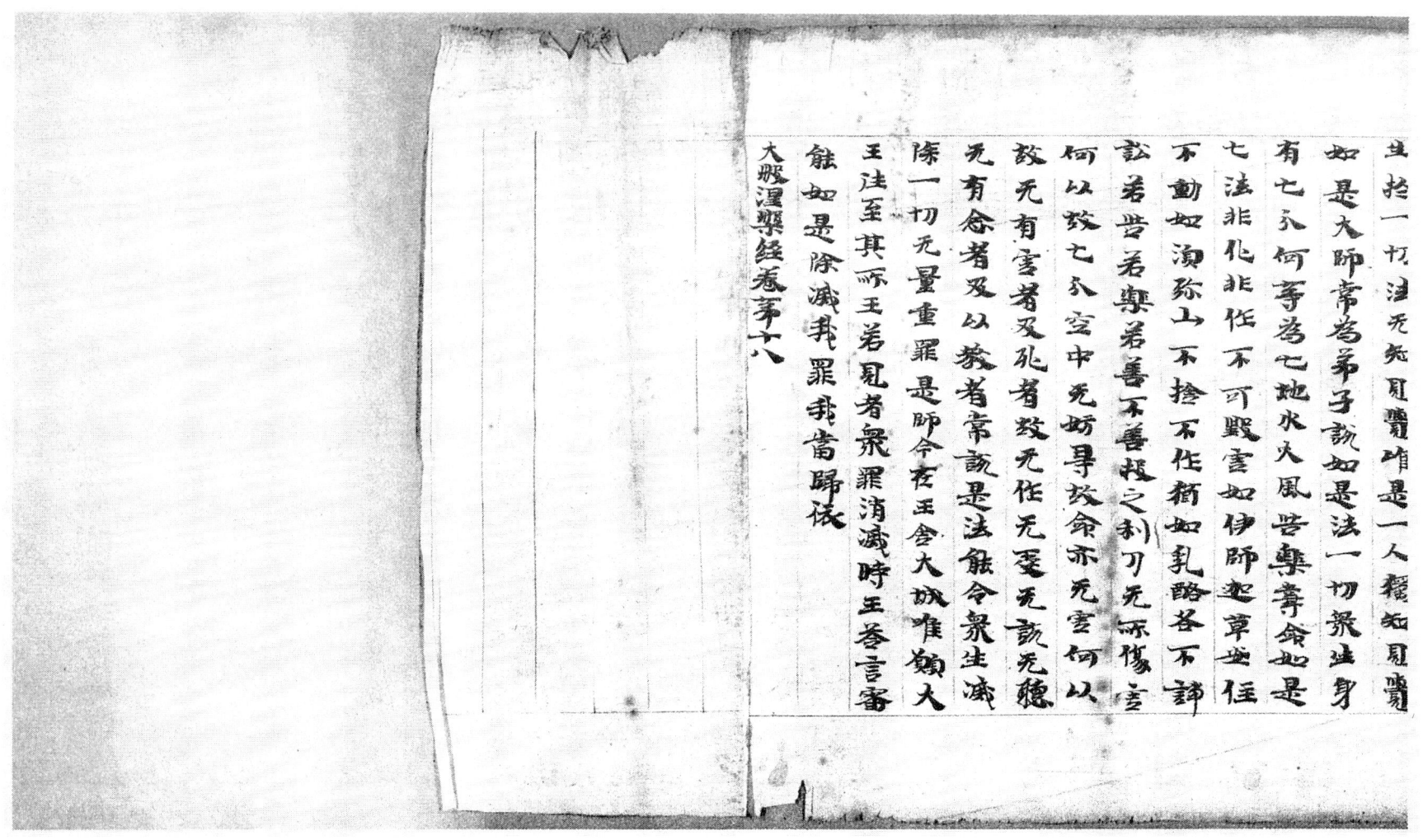

BD03761號　大般涅槃經（北本　異卷）卷一八　（22–22）

陁洹果不
洹名為入流而无所入不入色聲香味觸法
是名須陁洹須菩提於意云何斯陁含能
作是念我得斯陁含果不須菩提言不也
世尊何以故斯陁含名一往来而實无往来
是名斯陁含須菩提於意云何阿那含能
作是念我得阿那含果不須菩提言不也世
尊何以故阿那含名為不来而實无来是
故名阿那含須菩提於意云何阿羅漢能作
是名我得阿羅漢道不
須菩提言不也世尊何以故實无有法名阿
羅漢世尊若阿羅漢作是念我得阿羅漢道
即為着我人衆生壽者世尊佛說我得无
諍三昧人中最為第一是第一離欲阿羅漢
我不作是念我是離欲阿羅漢世尊我若
作是念我得阿羅漢道世尊則不說須菩
提是樂阿蘭那行者以須菩提實无所行
而名須菩提是樂阿蘭那行

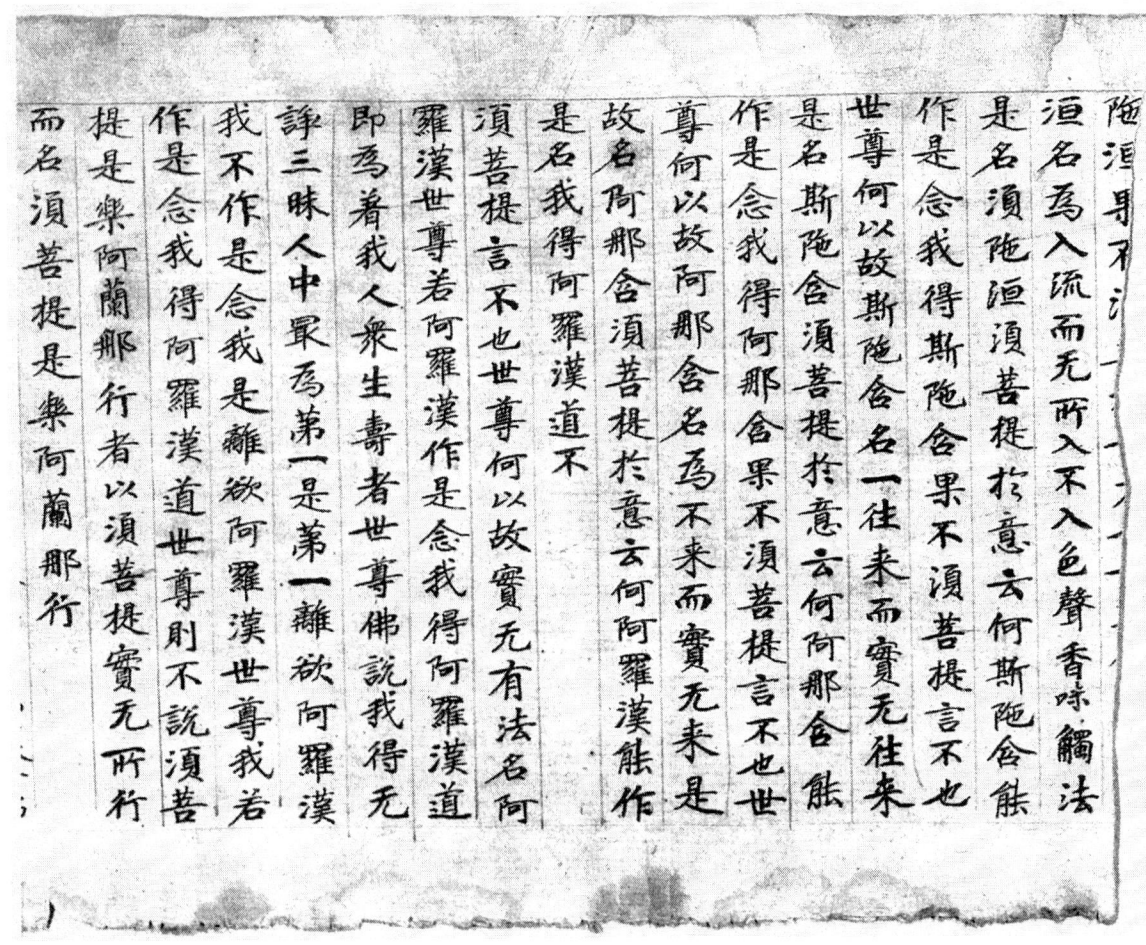

BD03762號　金剛般若波羅蜜經　（12–1）

我不作是念我是離欲阿羅漢世尊我若
作是念我得阿羅漢道世尊則不說須菩
提是樂阿蘭那行者以須菩提實无所行
而名須菩提是樂阿蘭那行
佛告須菩提於意云何如来昔在然燈佛
所於法有所得不世尊如来在然燈佛所
於法實无所得
須菩提於意云何菩薩莊嚴佛土不不也世
尊何以故莊嚴佛土者則非莊嚴是名莊嚴
是故須菩提諸菩薩摩訶薩應如是生清淨
心不應住色生心不應住聲香味觸法生心
應无所住而生其心須菩提譬如有人身如
須弥山王於意云何是身爲大不須菩提
言甚大世尊何以故佛說非身是名大身
須菩提如恒河中所有沙數如是沙等恒河
於意云何是諸恒河沙寧爲多不須菩提言
甚多世尊但諸恒河尚多无數何况其沙須
菩提我今實言告汝若有善男子善女人
以七寶滿尒所恒河沙數三千大千世界以
用布施得福多不須菩提言甚多世尊佛告
須菩提若善男子善女人於此經中乃至
受持四句偈等爲他人說而此福德勝前福
德
復次須菩提随說是經乃至四句偈等當知
此處一切世間天人阿脩羅皆應供養如
佛塔廟何况有人盡能受持讀誦須菩提

BD03762號　金剛般若波羅蜜經　（12–2）

受持四句偈等爲他人說而此福德勝前福
德
復次須菩提随說是經乃至四句偈等當知
此處一切世間天人阿脩羅皆應供養如
佛塔廟何况有人盡能受持讀誦須菩提
當知是人成就最上第一希有之法若是
經典所在之處則爲有佛若尊重弟子
尒時須菩提白佛言世尊當何名此經我等
云何奉持佛告須菩提是經名爲金剛般
若波羅蜜以是名字汝當奉持所以者何
須菩提佛說般若波羅蜜則非般若波羅蜜
須菩提於意云何如来有所說法不須菩提
白佛言世尊如来无所說須菩提於意云何
三千大千世界所有微塵是爲多不須菩提
言甚多世尊須菩提諸微塵如来說非微塵
是名微塵如来說世界非世界是名世界須菩
提於意云何可以三十二相見如来不不也世
尊不可以三十二相得見如来何以故如来
說三十二相即是非相是名三十二相
須菩提若有善男子善女人以恒河沙等身
命布施若復有人於此經中乃至受持四句
偈等爲他人說其福甚多
尒時須菩提聞說是經深解義趣涕淚悲
泣而白佛言希有世尊佛說如是甚深經典
我從昔来所得慧眼未曾得聞如是之經世
尊若復有人得聞是經信心清淨則生實相

BD03762號　金剛般若波羅蜜經　（12–3）

尒時須菩提聞説是經深解義趣涕淚悲
泣而白佛言希有世尊佛説如是甚深經典
我從昔来所得慧眼未曾得聞如是之經世
尊若復有人得聞是經信心清淨則生實相
當知是人成就第一希有功德世尊是實相
者則是非相是故如来説名實相世尊我
今得如是經典信解受持不足爲難若當
来世後五百歲其有衆生得聞是經信解受
持是人則爲第一希有何以故此人无我相人
相衆生相壽者相所以者何我相即是非相人相
衆生相壽者相即是非相何以故離一切諸相
則名諸佛
佛告須菩提如是如是若復有人得聞是經
不驚不怖不畏當知是人甚爲希有何以故
須菩提如来説第一波羅蜜非第一波羅蜜
是名第一波羅蜜
須菩提忍辱波羅蜜如来説非忍辱波羅蜜
何以故須菩提如我昔爲歌利王割截身體
我於尒時无我相无人相无衆生相无壽者
相何以故我於往昔節節支解時若有我相
人相衆生相壽者相應生瞋恨須菩提又念過
去於五百世作忍辱仙人於尒所世无我相无
人相无衆生相无壽者相是故須菩提菩薩
應離一切相發阿耨多羅三藐三菩提心不
應住色生心不應住聲香味觸法生心應生
无所住心若心有住則爲非住是故佛説菩

BD03762 號　金剛般若波羅蜜經　（12–4）

去於五百世作忍辱仙人於尒所世无我相无
人相无衆生相无壽者相是故須菩提菩薩
應離一切相發阿耨多羅三藐三菩提心不
應住色生心不應住聲香味觸法生心應生
无所住心若心有住則爲非住是故佛説菩
薩心不應住色布施須菩提菩薩爲利益
一切衆生應如是布施如来説一切諸相即是
非相又説一切衆生則非衆生
須菩提如来是真語者實語者如語者不誑
語者不異語者須菩提如来所得法此法无
實无虚
須菩提若菩薩心住於法而行布施如人入
闇則无所見若菩薩心不住法而行布施如
人有目日光明照見種種色
須菩提當来之世若有善男子善女人能於
此經受持讀誦則爲如来以佛智慧悉知是
人悉見是人皆得成就无量无邊功德
須菩提若有善男子善女人初日分以恒河
沙等身布施中日分復以恒河沙等身布施
後日分亦以恒河沙等身布施如是无量百
千万億劫以身布施若復有人聞此經典
信心不逆其福勝彼何况書寫受持讀誦
爲人解説
須菩提以要言之是經有不可思議不可
稱量无邊功德如来爲發大乘者説爲發
最上乘者説若有人能受持讀誦廣爲人
説如来悉知是人悉見是人皆得成就不可

BD03762 號　金剛般若波羅蜜經　（12–5）

信心不逆其福勝彼何況書寫受持讀誦
爲人解說
須菩提以要言之是經有不可思議不可
稱量无邊功德如来爲發大乘者說爲發
最上乘者說若有人能受持讀誦廣爲人
說如来悉知是人悉見是人皆得成就不可
量不可稱无有邊不可思議功德如是人等
則爲荷擔如来阿耨多羅三藐三菩提何以故
須菩提若樂小法者着我見人見衆生見壽
者見則於此經不能聽受讀誦爲人解說須菩提
在在處處若有此經一切世間天人阿脩羅所
應供養當知此處則爲是塔皆應恭敬作
礼圍遶以諸華香而散其處
復次須菩提善男子善女人受持讀誦此經
若爲人輕賤是人先世罪業應墮惡道以今世
人輕賤故先世罪業則爲消滅當得阿耨多
羅三藐三菩提須菩提我念過去无量阿僧
祇劫於然燈佛前得值八百四千万億那由他
諸佛悉皆供養承事无空過者若復有人於
後末世能受持讀誦此經所得功德於我所
供□　百分不及一千万億分乃至筭
數譬喻所不能及須菩提若善男子善女
人於後末世有受持讀誦此經所得功德
我若具說者或有人聞心則狂亂狐疑不
信須菩提當知是經義不可思議果報亦不
可思議
尒時須菩提白佛言世尊善男子善女人發
阿耨多羅三藐三菩提心云何應住云何降伏

我若具說者或有人聞心則狂亂狐疑不
信須菩提當知是經義不可思議果報亦不
可思議
尒時須菩提白佛言世尊善男子善女人發
阿耨多羅三藐三菩提心云何應住云何降伏
其心佛告須菩提善男子善女人發阿耨多
羅三藐三菩提者當生如是心我應滅度一
切衆生滅度一切衆生已而无有一衆生實
滅度者何以故若菩薩有我相人相衆生相
壽者相則非菩薩所以者何須菩提實无有
法發阿耨多羅三藐三菩提者
須菩提於意云何如来於然燈佛所有法得
阿耨多羅三藐三菩提不不也世尊如我解佛
所說義佛於然燈佛所无有法得阿耨多
羅三藐三菩提佛言如是如是須菩提實
无有法如来得阿耨多羅三藐三菩提須菩
提若有法如来得阿耨多羅三藐三菩提者
然燈佛則不與我受記汝於来世當得作佛号
釋迦牟尼以實无有法得阿耨多羅三藐三菩
提是故然燈佛與我受記作是言汝於来世當
得作佛号釋迦牟尼何以故如来者即諸法
如義若有人言如来得阿耨多羅三藐三菩
提須菩提實无有法佛得阿耨多羅三藐三
菩提須菩提如来所得阿耨多羅三藐三菩
提於是中无實无虛是故如来說一切法皆
是佛法須菩提所言一切法者即非一切法

如義若有人言如来得阿耨多羅三藐三菩
提須菩提實无有法佛得阿耨多羅三藐三
菩提須菩提如来所得阿耨多羅三藐三菩
提於是中无實无虛是故如来說一切法皆
是佛法須菩提所言一切法者即非一切法
是故名一切法
須菩提譬如人身長大須菩提言世尊如来
說人身長大則為非大身是名大身
須菩提菩薩亦如是若作是言我當滅度无
量衆生則不名菩薩何以故須菩提實无有
法名為菩薩是故佛說一切法无我无人无
衆生无壽者須菩提若菩薩作是言我當荘
嚴佛土是不名菩薩何以故如来說荘嚴佛
土者即非荘嚴是名荘嚴須菩提若菩薩
通達无我法者如来說名真是菩薩
須菩提於意云何如来有肉眼不如是世尊
如来有肉眼須菩提於意云何如来有天眼
不如是世尊如来有天眼須菩提於意云何
如来有慧眼不如是世尊如来有慧眼須菩
提於意云何如来有法眼不如是世尊如来
有法眼須菩提於意云何如来有佛眼不如是
世尊如来有佛眼須菩提於意云何恒河中
所有沙佛說是沙不如是世尊如来說是沙
須菩提於意云何如一恒河中所有沙有如是
等恒河是諸恒河所有沙數佛世界如是寧
為多不甚多世尊佛告須菩提尒所國土
中所有衆生若干種心如来悉知何以故如

BD03762號　金剛般若波羅蜜經　（12–8）

須菩提於意云何如一恒河中所有沙有如是
等恒河是諸恒河所有沙數佛世界如是寧
為多不甚多世尊佛告須菩提尒所國土
中所有衆生若干種心如来悉知何以故如
来說諸心皆為非心是名為心所以者何須
菩提過去心不可得現在心不可得未来心不
可得須菩提於意云何若有人滿三千大千
世界七寶以用布施是人以是因緣得福多
不如是世尊此人以是因緣得福甚多須
菩提若福德有實如来不說得福德多以
福德无故如来說得福德多
須菩提於意云何佛可以具足色身見不不
也世尊如来不應以具足色身見何以故如来
說具足色身即非具足色身是名具足色身
須菩提於意云何如来可以具足諸相見不
不也世尊如来不應以具足諸相見何以故如
来說諸相具足即非具足是名諸相具足須
菩提汝勿謂如来作是念我當有所說法莫
作是念何以故若人言如来有所說法即為
謗佛不能解我所說故須菩提說法者无法
可說是名說法
須菩提白佛言世尊佛得阿耨多羅三藐三
菩提為无所得耶如是如是須菩提我於阿
耨多羅三藐三菩提乃至无有少法可得是
名阿耨多羅三藐三菩提復次須菩提是法
平等无有高下是名阿耨多羅三藐三菩提

BD03762號　金剛般若波羅蜜經　（12–9）

須菩提白佛言世尊佛得阿耨多羅三藐三
菩提爲无所得邪如是如是須菩提我於阿
耨多羅三藐三菩提乃至无有少法可得是
名阿耨多羅三藐三菩提復次須菩提是法
平等无有高下是名阿耨多羅三藐三菩提
以无我无人无衆生无壽者脩一切善法則得
阿耨多羅三藐三菩提須菩提所言善法者
如来說非善法是名善法
須菩提若三千大千世界中所有諸須弥山王
如是等七寶聚有人持用布施若人以此般
若波羅蜜經乃至四句偈等受持讀誦爲
他人說於前福德百分不及一百千万億分乃
至筭數譬喻所不能及
須菩提於意云何汝等勿謂如来作是念我
當度衆生須菩提莫作是念何以故實无有
衆生如来度者若有衆生如来度者如来則
有我人衆生壽者須菩提如来說有我者則
非有我而凡夫之人以爲有我須菩提凡夫
者如来說則非凡夫
須菩提於意云何可以卅二相觀如来不須菩
提言如是如是以卅二相觀如来佛言須菩提
若以卅二相觀如来者轉輪聖王則是如来
須菩提白佛言世尊如我解佛所說義不應
以卅二相觀如来尒時世尊而說偈言
若以色見我　以音聲求我　是人行邪道　不能見如来
須菩提汝若作是念如来不以具足相故得阿
耨多羅三藐三菩提須菩提莫作是念如来

BD03762號　金剛般若波羅蜜經　（12–10）

以卅二相觀如来尒時世尊而說偈言
若以色見我　以音聲求我　是人行邪道　不能見如来
須菩提汝若作是念如来不以具足相故得阿
耨多羅三藐三菩提須菩提莫作是念如来
不以具足相故得阿耨多羅三藐三菩提須
菩提汝若作是念發阿耨多羅三藐三菩提
者說諸法斷滅莫作是念何以故發阿耨多羅
三藐三菩提者於法不說斷滅相須菩提若
菩薩以滿恒河沙等世界七寶布施若復
有人知一切法无我得成於忍此菩薩勝前
菩薩所得功德須菩提以諸菩薩不受福
德故須菩提白佛言世尊云何菩薩不受福
德須菩提菩薩所作福德不應貪着是故
說不受福德
須菩提若有人言如来若来若去若坐若
卧是人不解我所說義何以故如来者无所
從来亦无所去故名如来
須菩提若善男子善女人以三千大千世界
碎爲微塵於意云何是微塵衆寧爲多不
甚多世尊何以故若是微塵衆實有者佛
則不說是微塵衆所以者何佛說微塵衆則
非微塵衆是名微塵衆世尊如来所說三千大
千世界則非世界是名世界何以故若世界實
有者則是一合相如来說一合相則非一合相是
名一合相須菩提一合相者則是不可說但
凡夫之人貪着其事須菩提若人言佛說我

BD03762號　金剛般若波羅蜜經　（12–11）

有者則是一合相如来說一合相則非一合相是
名一合相須菩提一合相者則是不可說但
凡夫之人貪著其事須菩提若人言佛說我
見人見衆生見壽者見須菩提於意云何是
人解我所說義不世尊是人不解如来所說
義何以故世尊說我見人見衆生見壽者見
即非我見人見衆生見壽者見是名我見人
見衆生見壽者見須菩提發阿耨多羅三藐
三菩提心者於一切法應如是知如是見如是
信解不生法相須菩提所言法相者如来說
即非法相是名法相須菩提若有人以滿无
量阿僧祇世界七寶持用布施若有善男
子善女人發菩薩心者持於此經乃至四句
偈等受持讀誦為人演說其福勝彼云何為
人演說不取於相如如不動何以故
一切有為法　如夢幻泡影　如露亦如電　應作如是觀
佛說是經已長老須菩提及諸比丘比丘
尼優婆塞優婆夷一切世間天人阿脩羅
聞佛所說皆大歡喜信受奉行
金剛般若波羅蜜經

BD03762號　金剛般若波羅蜜經　（12–12）

若一切智智清淨無二無二分無別無斷故
四念住清淨故水火風空識界清淨水火風空
識界清淨故一切智智清淨何以故若四念
住清淨若水火風空識界清淨若一切智
智清淨無二無二分無別無斷故善現四念
住清淨故無明清淨無明清淨故一切智智
清淨何以故若四念住清淨若無明清淨若
一切智智清淨無二無二分無別無斷故四念
住清淨故行識名色六處觸受愛取有生
老死愁歎苦憂惱清淨行乃至老死愁歎苦
憂惱清淨故一切智智清淨何以故若四念
住清淨若行乃至老死愁歎苦憂惱清淨若
一切智智清淨無二無二分無別無斷故善
現四念住清淨故布施波羅蜜多清淨布施
波羅蜜多清淨故一切智智清淨何以故若
四念住清淨若布施波羅蜜多清淨若一切
智智清淨無二無二分無別無斷故四念住
清淨故淨戒安忍精進靜慮般若波羅蜜多
清淨淨戒乃至般若波羅蜜多清淨故一切
智智清淨何以故若四念住清淨若淨戒乃
至般若波羅蜜多清淨若一切智智清淨無

BD03763號　大般若波羅蜜多經卷二二八　（3–1）

四念住清淨若布施波羅蜜多清淨若一切
智智清淨無二無二分無別無斷故四念住
清淨故淨戒安忍精進靜慮般若波羅蜜多
清淨淨戒乃至般若波羅蜜多清淨故一切
智智清淨何以故若四念住清淨若淨戒乃
至般若波羅蜜多清淨若一切智智清淨無
二無二分無別無斷故善現四念住清淨故内
空清淨内空清淨故一切智智清淨何以
故若四念住清淨若内空清淨若一切智智
清淨無二無二分無別無斷故四念住清淨
故外空内外空空空大空勝義空有爲空無
爲空畢竟空無際空散空無變異空本性空
自相空共相空一切法空不可得空無性空自
性空無性自性空清淨外空乃至無性自
性空清淨故一切智智清淨何以故若四念
住清淨若外空乃至無性自性空清淨若一
切智智清淨無二無二分無別無斷故善現
四念住清淨故真如清淨真如清淨故一切
智智清淨何以故若四念住清淨若真如清
淨若一切智智清淨無二無二分無別無斷
故四念住清淨故法界法性不虛妄性不變
異性平等性離生性法定法住實際虛空界
不思議界清淨法界乃至不思議界清淨故
一切智智清淨何以故若四念住清淨若法
界乃至不思議界清淨若一切智智清淨無
二無二分無別無斷故善現四念住清淨故

BD03763號　大般若波羅蜜多經卷二二八　（3–2）

故四念住清淨故法界法性不虛妄性不變
異性平等性離生性法定法住實際虛空界
不思議界清淨法界乃至不思議界清淨故
一切智智清淨何以故若四念住清淨若法
界乃至不思議界清淨若一切智智清淨無
二無二分無別無斷故善現四念住清淨故
苦聖諦清淨苦聖諦清淨故一切智智清淨
何以故若四念住清淨若苦聖諦清淨若一
切智智清淨無二無二分無別無斷故四念
住清淨故集滅道聖諦清淨集滅道聖諦
清淨故一切智智清淨何以故若四念住清淨
若集滅道聖諦清淨若一切智智清淨無二
無二分無別無斷故善現四念住清淨故四
靜慮清淨四靜慮清淨故一切智智清淨何
以故若四念住清淨若四靜慮清淨若一切
智智清淨無二無二分無別無斷故四念住
清淨故四無量四無色定清淨四無量四無
色定清淨故一切智智清淨何以故若四念
住清淨若四無量四無色定清淨若一切智
智清淨無二無二分無別無斷故善現四念
住清淨故八解脫清淨八解脫清淨故一切

BD03763號　大般若波羅蜜多經卷二二八　（3–3）

妙法蓮華經妙音菩薩品第二十四
尒時釋迦牟尼佛放大人相肉髻光明及放
眉間白毫相光遍照東方百八萬億那由他
恒河沙等諸佛世界過是數已有世界名淨
光莊嚴其國有佛号淨華宿王智如來應供
正遍知明行足善逝世間解无上士調御丈
夫天人師佛世尊為无量无邊菩薩大眾恭
敬圍繞而為說法釋迦牟尼佛白毫光明遍
照其國尒時一切淨光莊嚴國中有一菩薩
名曰妙音久已殖眾德本供養親近无量百
千萬億諸佛而悉成就甚深智慧得妙幢相
三昧法華三昧淨德三昧宿王戲三昧无緣
三昧智印三昧解一切眾生語言三昧集一
切功德三昧清淨三昧神通遊戲三昧慧炬
三昧莊嚴王三昧淨光明三昧淨藏三昧不
共三昧日旋三昧得如是等百千萬億恒河

三昧智印三昧解一切眾生語言三昧集一
切功德三昧清淨三昧神通遊戲三昧慧炬
三昧莊嚴王三昧淨光明三昧淨藏三昧不
共三昧日旋三昧得如是等百千萬億恒河
沙等諸大三昧釋迦牟尼佛光照其身即白
淨華宿王智佛言世尊我當往詣娑婆世界
礼拜親近供養釋迦牟尼佛及見文殊師利
法王子菩薩藥王菩薩勇施菩薩宿王華菩
薩上行意菩薩莊嚴王菩薩藥上菩薩尒時
淨華宿王智佛告妙音菩薩汝莫輕彼國生
下劣想善男子彼娑婆世界高下不平土石
諸山穢惡充滿佛身卑小諸菩薩眾其形亦
小而汝身四萬二千由旬我身六百八十萬
由旬汝身第一端正百千萬福光明殊妙是
故汝往莫輕彼國若佛菩薩及國土生下劣
想妙音菩薩白其佛言世尊我今詣娑婆世界
皆是如來之力如來神通遊戲如來功德智
慧莊嚴於是妙音菩薩不起于座身不動搖
而入三昧以三昧力於耆闍崛山去法座不
遠化作八万四千眾寶蓮華閻浮檀金為莖
白銀為葉金剛為鬚甄叔迦寶以為其臺尒
時文殊師利法王子見是蓮華而白佛言世
尊是何因緣先現此瑞有若干千万蓮華閻
浮檀金為莖白銀為葉金剛為鬚甄叔迦寶

時文殊師利法王子見是蓮華而白佛言世
尊是何因緣先現此瑞有若干千万蓮華閻
浮檀金爲莖白銀爲葉金剛爲鬚甄叔迦寶
以爲其臺尒時釋迦牟尼佛告文殊師利是
妙音菩薩摩訶薩欲從淨華宿王智佛國與
八万四千菩薩圍繞而來至此娑婆世界供
養親近礼拜於我亦欲供養聽法華經文殊
師利白佛言世尊是菩薩種何善本脩何功
德而能有是大神通力行何三昧願爲我等
說是三昧名字我等亦欲勤脩行之行此三
昧乃能見是菩薩色相大小威儀進止唯願
世尊以神通力彼菩薩來令我得見尒時釋
迦牟尼佛告文殊師利此久滅度多寶如來
當爲汝等而現其相時多寶佛告彼菩薩善
男子來文殊師利法王子欲見汝身于時妙
音菩薩於彼國沒與八万四千菩薩俱共發
來所經諸國六種震動皆悉雨於七寶蓮華
百千天樂不鼓自鳴是菩薩目如廣大青蓮
華葉正使和合百千万月其面貌端正復過
於此身真金色無量百千功德莊嚴威德熾
盛光明照曜諸相具足如那羅延堅固之身
入七寶臺上昇虛空去地七多羅樹諸菩薩
衆恭敬圍繞而來詣此娑婆世界耆闍崛山
到已下七寶臺以價直百千瓔珞持至釋迦
牟尼佛所頭面礼足奉上瓔珞而白佛言世

BD03764號　妙法蓮華經卷七　（5–3）

盛光明照曜諸相具足如那羅延堅固之身
入七寶臺上昇虛空去地七多羅樹諸菩薩
衆恭敬圍繞而來詣此娑婆世界耆闍崛山
到已下七寶臺以價直百千瓔珞持至釋迦
牟尼佛所頭面礼足奉上瓔珞而白佛言世
尊淨華宿王智佛問訊世尊少病少惱起居
輕利安樂行不四大調和不世事可忍不衆
生易度不無多貪欲瞋恚愚癡嫉妬慳慢不
無不孝父母不敬沙門邪見不善心不攝五
情不世尊衆生能降伏諸魔怨不久滅度多
寶如來在七寶塔中來聽法不又問訊多寶
如來安隱少惱堪忍久住不世尊我今欲見
多寶佛身唯願世尊示我令見尒時釋迦牟
尼佛語多寶佛是妙音菩薩欲得相見時多
寶佛告妙音言善哉善哉汝能爲供養釋迦
牟尼佛及聽法華經并見文殊師利等故來
至此尒時華德菩薩白佛言世尊是妙音菩
薩種何善根脩何功德有是神力佛告華德
菩薩過去有佛名雲雷音王多陀阿伽度阿
羅呵三藐三佛陀國名現一切世間劫名憙
見妙音菩薩於万二千歲以十万種伎樂供
養雲雷音王佛并奉上八万四千七寶鉢以
是因緣果報今生淨華宿王智佛國有是神
力華德於汝意云何尒時雲雷音王佛所妙
音菩薩伎樂供養奉上寶器者豈異人乎今

BD03764號　妙法蓮華經卷七　（5–4）

多寶佛身唯願世尊亦我令見尒時釋迦牟
尼佛語多寶佛是妙音菩薩欲得相見時多
寶佛告妙音言善哉善哉汝能為供養釋迦
牟尼佛及聽法華經并見文殊師利等故来
至此尒時華德菩薩白佛言世尊是妙音菩
薩種何善根脩何功德有是神力佛告華德
菩薩過去有佛名雲雷音王多陁阿伽度阿
羅呵三藐三佛陁國名現一切世間劫名喜
見妙音菩薩於万二千歲以十万種伎樂供
養雲雷音王佛并奉上八万四千七寶鉢以
是因緣果報今生淨華宿王智佛國有是神
力華德於汝意云何尒時雲雷音王佛所妙
音菩薩伎樂供養奉上寶器者豈異人乎今
此妙音菩薩摩訶薩是華德是妙音菩薩已
曾供養親近无量諸佛久植德本又值恒河
沙等百千万億那由他佛華德汝但見妙音
菩薩其身在此而是菩薩現種種身處處為
諸衆生說是經典或現梵王身或現帝釋身

BD03764號　妙法蓮華經卷七　（5–5）

……言石……女
……林……菩提樹院或至彼院邊人
非人等不能傷害何以故憍尸迦過去未來
現在諸佛皆坐此處證得无上正等菩提得
菩提已施諸有情无恐无怖怨无害身心
安樂安立无量无數有情令住天人尊貴妙
行安立无量无數有情令住三乘安樂妙行
安立无量无數有情令現證得或預流果或
一來果或不還果或阿羅漢果安立无量无
數有情令當證得獨覺菩提安立无量无數
有情令脩菩薩摩訶薩行當得无上正等菩
提如是勝事皆由般若波羅蜜多威神之力
是故此處一切天龍阿素洛等皆同守護恭
敬供養尊重讚歎當知般若波羅蜜多甚
深經典隨所住處亦復如是一切天龍阿素洛
等常來守護恭敬供養尊重讚歎不令般
若波羅蜜多有留難故憍尸迦如是般若波羅
蜜多甚深經典隨所在處當知是處即真制

多一切有情皆應……
塗散等……

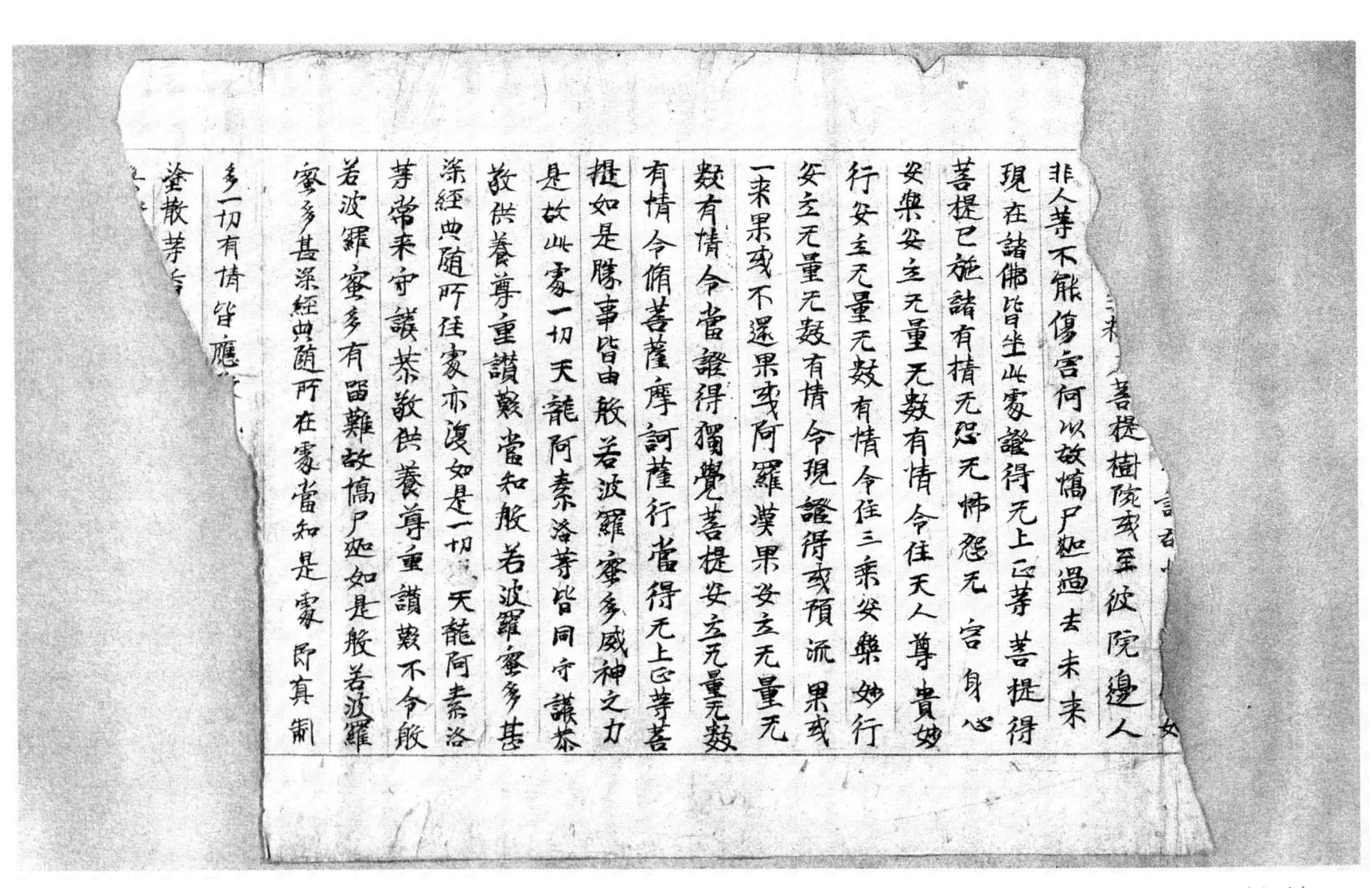

BD03765號　大般若波羅蜜多經卷五〇一　（1–1）

千大千世界內外
地獄上至有頂亦見
緣果報生處悉見悉知爾時世尊
義而說偈言
若於大眾中　以無所畏心　說是法華經　汝聽其功德
是人得八百　功德殊勝眼　以是莊嚴故　其目甚清淨
父母所生眼　悉見三千界　內外彌樓山　須彌及鐵圍
并諸餘山林　大海江河水　下至阿鼻獄　上至有頂處
其中諸眾生　一切皆悉見　雖未得天眼　肉眼力如是
復次常精進若善男子善女人受持此經若
讀若誦若解說若書寫得千二百耳功德以
是清淨耳聞三千大千世界下至阿鼻地獄
上至有頂其中內外種種語言音聲象聲
馬聲牛聲車聲啼哭聲愁歎聲螺聲鼓聲
鍾聲鈴聲笑聲語聲男聲女聲童子聲童
女聲法聲非法聲苦聲樂聲凡夫聲聖人聲喜
聲不喜聲天聲龍聲夜叉聲乾闥婆聲阿脩羅
聲迦樓羅聲緊那羅聲摩睺羅伽聲火聲水

BD03766號　妙法蓮華經卷六　（12–1）

上至有頂其中內外種種語言音聲象聲
馬聲牛聲車聲啼哭聲愁歎聲螺聲鼓聲
鍾聲鈴聲笑聲語聲男聲女聲童子聲童
女聲法聲非法聲苦聲樂聲凡夫聲聖人聲喜
聲不喜聲天聲龍聲夜叉聲乾闥婆聲阿脩羅
聲迦樓羅聲緊那羅聲摩睺羅伽聲火聲水
聲風聲地獄聲畜生聲餓鬼聲比丘聲比丘尼
聲聲聞聲辟支佛聲菩薩聲佛聲以要言之
三千大千世界中一切內外所有諸聲雖未
得天耳以父母所生清淨常耳皆悉聞知如
是分別種種音聲而不壞耳根爾時世尊
欲重宣此義而說偈言
父母所生耳　清淨無濁穢　以此常耳聞　三千世界聲
象馬車牛聲　鍾鈴螺鼓聲　琴瑟箜篌聲　簫笛之音聲
清淨好歌聲　聽之而不著　無數種人聲　聞悉能解了
又聞諸天聲　微妙之歌音　及聞男女聲　童男童女聲
山川險谷中　迦陵頻伽聲　命命等諸鳥　悉聞其音聲
地獄眾苦痛　種種楚毒聲　餓鬼飢渴逼　求索飲食聲
諸阿脩羅等　居在大海邊　自共語言時　出于大音聲
如是說法者　安住於此間　遙聞是眾聲　而不壞耳根
十方世界中　禽獸鳴相呼　其說法之人　於此悉聞之
其諸梵天上　光音及遍淨　乃至有頂天　言語之音聲
法師住於此　悉皆得聞之　一切比丘眾　及諸比丘尼
若讀誦經典　若為他人說　法師住於此　悉皆得聞之

BD03766號　妙法蓮華經卷六　（12–2）

如是說法者 安住於此間 遥聞是衆聲 而不壞耳根
十方世界中 禽獸鳴相呼 其說法之人 於此悉聞之
其諸梵天上 光音及遍淨 乃至有頂天 言語之音聲
法師住於此 悉皆得聞之 一切比丘衆 及諸比丘尼
若讀誦經典 若爲他人說 法師住於此 悉皆得聞之
復有諸菩薩 讀誦於經法 若爲他人說 撰集解其義
如是諸音聲 悉皆得聞之 諸佛大聖尊 教化衆生者
於諸大衆中 演說微妙法 持此法華者 悉皆得聞之
三千大千界 內外諸音聲 下至阿鼻獄 上至有頂天
皆聞其音聲 而不壞耳根 其耳聰利故 悉能分別知
持是法華者 雖未得天耳 但用所生耳 功德已如是
復次常精進若善男子善女人受持是經若
讀若誦若解說若書寫成就八百鼻功德以
是清淨鼻根聞於三千大千世界上下內外
種種諸香須曼那華香闍提華香末利華香
瞻蔔華香波羅羅華香赤蓮華香青蓮華
香白蓮華香華樹香菓樹香栴檀香沉水香多
摩羅跋香多伽羅香及千萬種和香若末若
丸若塗香持是經者於此間住悉能分別又
復別知衆生之香象香馬香牛羊等香男香
女香童子香童女香及草木叢林香若近若
遠所有諸香悉皆得聞分別不錯持是經者
雖住於此亦聞天上諸天之香波利質多羅
拘鞞陀羅樹香及曼陀羅華香摩訶曼陀

BD03766號　妙法蓮華經卷六　（12–3）

復別知衆生之香象香馬香牛羊等香男香
女香童子香童女香及草木叢林香若近若
遠所有諸香悉皆得聞分別不錯持是經者
雖住於此亦聞天上諸天之香波利質多羅
拘鞞陀羅樹香及曼陀羅華香摩訶曼陀
羅華香曼殊沙華香摩訶曼殊沙華香栴
檀沉水種種末香諸雜華香如是等天香和合
所出之香無不聞知又聞諸天身香釋提桓因
在勝殿上五欲娛樂嬉戲時香若在妙法堂
上爲忉利諸天說法時香若於諸園遊戲時
香及餘天等男女身香皆悉遥聞如是展轉
乃至梵世上至有頂諸天身香亦皆聞之并
聞諸天所燒之香及聲聞香辟支佛香菩薩
香諸佛身香亦皆遥聞知其所在雖聞此香
然於鼻根不壞不錯若欲分別爲他人說憶
念不謬爾時世尊欲重宣此義而說偈言
是人鼻清淨 於此世界中 若香若臭物 種種悉聞知
須曼那闍提 多摩羅栴檀 沉水及桂香 種種華菓香
及知衆生香 男子女人香 說法者遠住 聞香知所在
大勢轉輪王 小轉輪及子 群臣諸宮人 聞香知所在
身所著珍寶 及地中寶藏 轉輪王寶女 聞香知所在
諸人嚴身具 衣服及瓔珞 種種所塗香 聞則知其身
諸天若行坐 遊戲及神變 持是法華者 聞香悉能知
諸樹華菓實 及蘇油香氣 持經者住此 悉知其所在

BD03766號　妙法蓮華經卷六　（12–4）

大勢轉輪王　小轉輪及子　群臣諸宮人　聞香知所在
身所著珎寶　及地中寶藏　轉輪王寶女　聞香知所在
諸人嚴身具　衣服及瓔珞　種種所塗香　聞則知其身
諸天若行坐　遊戲及神變　持是法華者　聞香悉能知
諸樹華菓實　及蘇油香氣　持經者住此　悉知其所在
諸山深嶮處　栴檀樹花敷　衆生在中者　聞香皆能知
鐵圍山大海　地中諸衆生　持經者聞香　悉知其所在
阿修羅男女　及其諸眷屬　鬪諍遊戲時　聞香皆能知
曠野險隘處　師子象虎狼　野牛水牛等　聞香知所在
若有懷任者　未辯其男女　无根及非人　聞香悉能知
以聞香力故　知其初懷任　成就不成就　安樂產福子
以聞香力故　知男女所念　染欲癡恚心　亦知修善者
地中衆伏藏　金銀諸珎寶　銅器之所盛　聞香悉能知
種種諸瓔珞　无能識其價　聞香知貴賤　出處及所在
天上諸華等　曼陁曼殊沙　波利質多樹　聞香悉能知
天上諸宮殿　上中下差別　衆寶華莊嚴　聞香悉能知
天園林勝殿　諸觀妙法堂　在中而娛樂　聞香悉能知
諸天若聽法　或受五欲時　來往行坐臥　聞香悉能知
天女所著衣　好華香莊嚴　周旋遊戲時　聞香悉能知
如是展轉上　乃至於梵世　入禪出禪者　聞香悉能知
光音遍淨天　乃至于有頂　初生及退沒　聞香悉能知
諸比丘衆等　於法常精進　若坐若經行　及讀誦經法
或在林樹下　專精而坐禪　持經者聞香　悉知其所在
菩薩志堅固　坐禪若讀誦　或為人說法　聞香悉能知
在在方世尊　一切所恭敬　愍衆而說法　聞香悉能知

BD03766號　妙法蓮華經卷六　（12–5）

如是展轉上　乃至於梵世　入禪出禪者　聞香悉能知
光音遍淨天　乃至于有頂　初生及退沒　聞香悉能知
諸比丘衆等　於法常精進　若坐若經行　及讀誦經法
或在林樹下　專精而坐禪　持經者聞香　悉知其所在
菩薩志堅固　坐禪若讀誦　或為人說法　聞香悉能知
在在方世尊　一切所恭敬　愍衆而說法　聞香悉能知
衆生在佛前　聞經皆歡喜　如法而修行　聞香悉能知
雖未得菩薩　无漏法生鼻　而是持經者　先得此鼻相
復次常精進若善男子善女人受持是經若
讀若誦若解說若書寫得千二百舌功德若
好若醜若美不美及諸苦澀物在其舌根皆
變成上味如天甘露无不美者若以舌根於
大衆中有所演說出深妙聲能入其心皆令
歡喜快樂又諸天子天女釋梵諸天聞是
深妙音聲有所演說言論次第皆悉來聽及
諸龍龍女夜叉夜叉女乾闥婆乾闥婆女阿修
羅阿修羅女迦樓羅迦樓羅女緊那羅緊那
羅女摩睺羅伽摩睺羅伽女為聽法故皆來
親近恭敬供養及比丘比丘尼優婆塞優婆
夷國王王子群臣眷屬小轉輪王大轉輪王
七寶千子內外眷屬乘其宮殿俱來聽法以
是菩薩善說法故婆羅門居士國內人民盡
其形壽隨侍供養又諸聲聞辟支佛菩薩諸
佛常樂見之是人所在方面諸佛皆向其處
說法悉能受持一切佛法又能出於深妙法

BD03766號　妙法蓮華經卷六　（12–6）

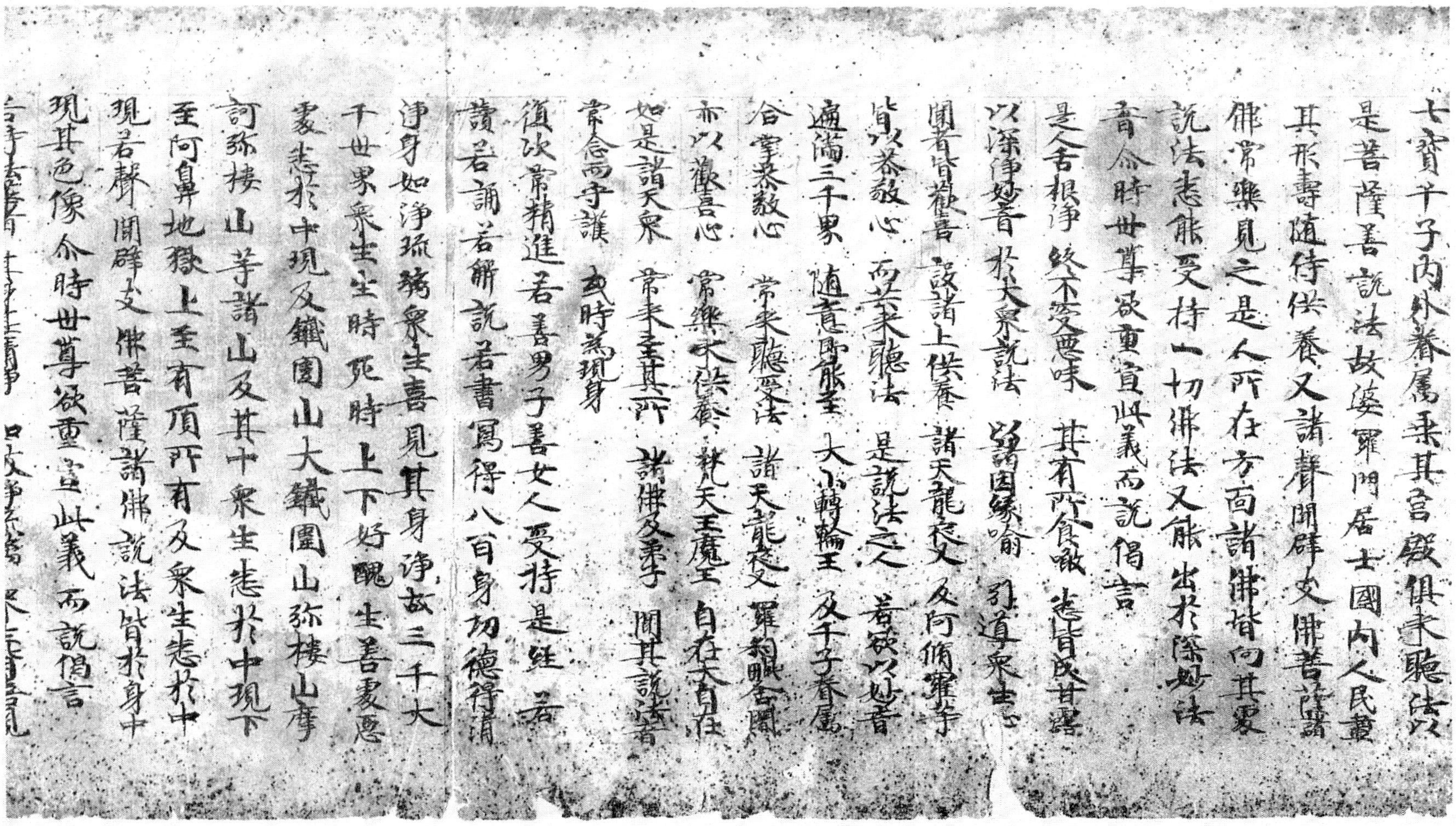

七寶千子內外眷屬乘其宮殿俱來聽法以
是菩薩善說法故婆羅門居士國內人民盡
其形壽隨侍供養又諸聲聞辟支佛菩薩諸
佛常樂見之是人所在方面諸佛皆向其處
說法悉能受持一切佛法又能出於深妙法
音爾時世尊欲重宣此義而說偈言
是人舌根淨　終不受惡味　其有所食噉　悉皆成甘露
以深淨妙聲　於大眾說法　以諸因緣喻　引導眾生心
聞者皆歡喜　設諸上供養　諸天龍夜叉　及阿脩羅等
皆以恭敬心　而共來聽法　是說法之人　若欲以妙音
遍滿三千界　隨意即能至　大小轉輪王　及千子眷屬
合掌恭敬心　常來聽受法　諸天龍夜叉　羅剎毗舍闍
亦以歡喜心　常樂來供養　梵天王魔王　自在大自在
如是諸天眾　常來至其所　諸佛及弟子　聞其說法音
常念而守護　或時為現身
復次常精進若善男子善女人受持是經若
讀若誦若解說若書寫得八百身功德得清
淨身如淨琉璃眾生喜見其身淨故三千大
千世界眾生生時死時上下好醜生善處惡
處悉於中現及鐵圍山大鐵圍山彌樓山摩
訶彌樓山等諸山及其中眾生悉於中現下
至阿鼻地獄上至有頂所有及眾生悉於中
現若聲聞辟支佛菩薩諸佛說法皆於身中
現其色像爾時世尊欲重宣此義而說偈言

BD03766號　妙法蓮華經卷六　（12–7）

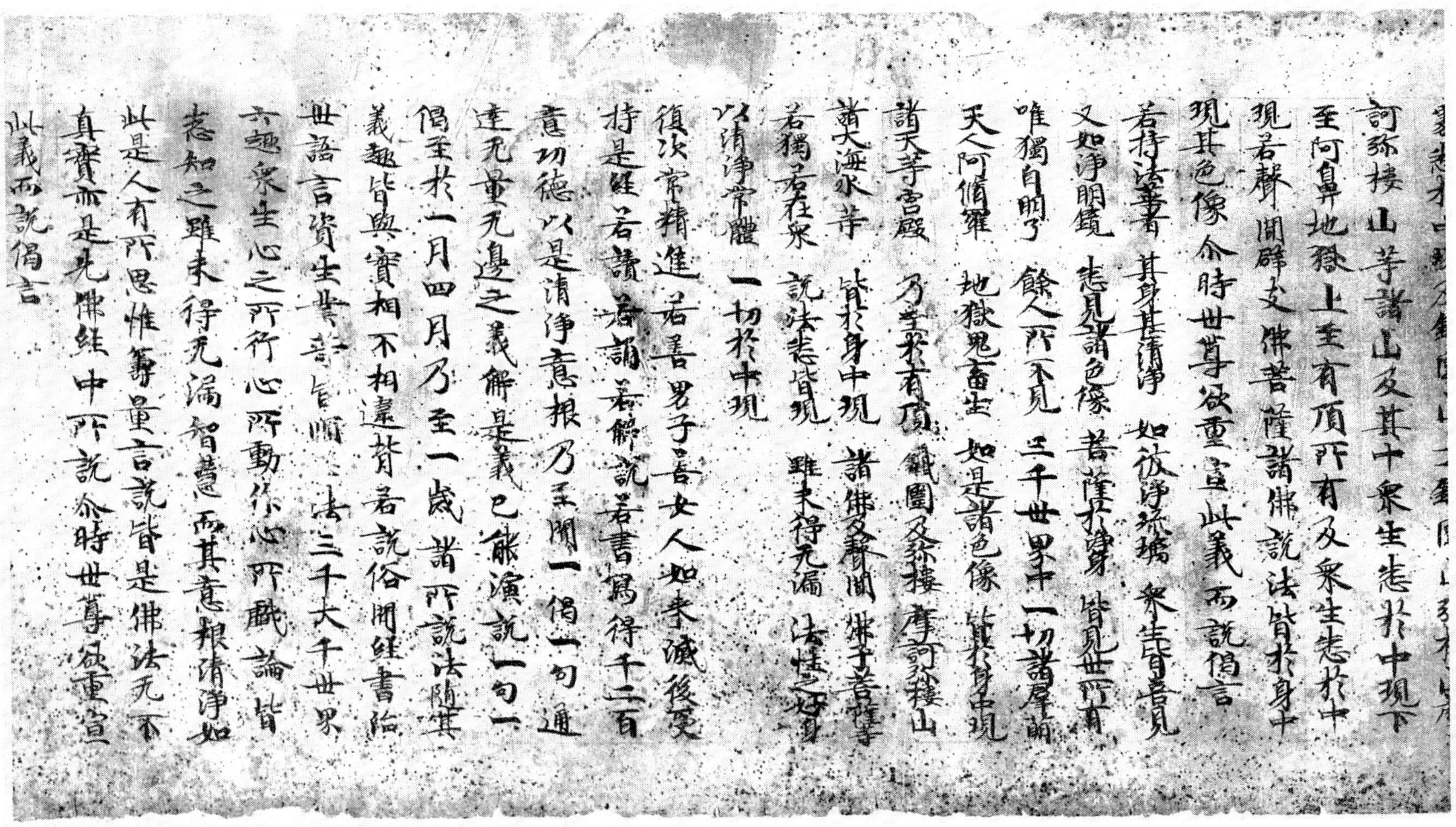

訶彌樓山等諸山及其中眾生悉於中現下
至阿鼻地獄上至有頂所有及眾生悉於中
現若聲聞辟支佛菩薩諸佛說法皆於身中
現其色像爾時世尊欲重宣此義而說偈言
若持法華者　其身甚清淨　如彼淨琉璃　眾生皆喜見
又如淨明鏡　悉見諸色像　菩薩於淨身　皆見世所有
唯獨自明了　餘人所不見　三千世界中　一切諸群萌
天人阿脩羅　地獄鬼畜生　如是諸色像　皆於身中現
諸天等宮殿　乃至於有頂　鐵圍及彌樓　摩訶彌樓山
諸大海水等　皆於身中現　諸佛及聲聞　佛子菩薩等
若獨若在眾　說法悉皆現　雖未得无漏　法性之妙身
以清淨常體　一切於中現
復次常精進若善男子善女人如來滅後受
持是經若讀若誦若解說若書寫得千二百
意功德以是清淨意根乃至聞一偈一句通
達无量无邊之義解是義已能演說一句一
偈至於一月四月乃至一歲諸所說法隨其
義趣皆與實相不相違背若說俗間經書治
世語言資生業等皆順正法三千大千世界
六趣眾生心之所行心所動作心所戲論皆
悉知之雖未得无漏智慧而其意根清淨如
此是人有所思惟籌量言說皆是佛法无不
真實亦是先佛經中所說爾時世尊欲重宣
此義而說偈言

BD03766號　妙法蓮華經卷六　（12–8）

世語言資生業等皆順正法三千大千世界
六趣衆生心之所行心所動作心所戲論皆
悉知之雖未得无漏智慧而其意根清淨如
此是人有所思惟籌量言說皆是佛法无不
真實亦是先佛經中所說尒時世尊欲重宣
此義而說偈言
是人意清淨　明利无穢濁　以此妙意根　知上中下法
乃至聞一偈　通達无量義　次第如法說　月四月至歲
是世界内外　一切諸衆生　若天龍及人　夜叉鬼神等
其在六趣中　所念若干種　持法華之報　一時皆悉知
十方无數佛　百福莊嚴相　為衆生說法　悉聞能受持
思惟无量義　說法亦无量　終始不忘錯　以持法華故
悉知諸法相　隨義識次第　達名字語言　如所知演說
此人有所說　皆是先佛法　以演此法故　於衆无所畏
持法華經者　意根淨若斯　雖未得无漏　先有如是相
是人持此經　安住希有地　為一切衆生　歡喜而愛敬
能以千万種　善巧之語言　分別而說法　持法華經故
妙法蓮華經常不輕菩薩品第二十
尒時佛告得大勢菩薩摩訶薩汝今當知若
比丘比丘尼優婆塞優婆夷持法華經者若
有惡口罵詈誹謗獲大罪報如前所說其所
得功德如向所說眼耳鼻舌身意清淨得大
勢乃往古昔過無量無邊不可思議阿僧祇
劫有佛名威音王如來應供正遍知明行足
善逝世間解无上士調御丈夫天人師佛世

比丘比丘尼優婆塞優婆夷持法華經者若
有惡口罵詈誹謗獲大罪報如前所說其所
得功德如向所說眼耳鼻舌身意清淨得大
勢乃往古昔過無量無邊不可思議阿僧祇
劫有佛名威音王如來應供正遍知明行足
善逝世間解無上士調御丈夫天人師佛世
尊劫名離衰國名大成其威音王佛於彼世中
為天人阿脩羅說法為求聲聞者說應四諦
法度生老病死究竟涅槃為求辟支佛者
說應十二因緣法為諸菩薩因阿耨多羅三
藐三菩提說應六波羅蜜法究竟佛慧得大
勢是威音王佛壽四十萬億那由他恒河沙
劫正法住世劫數如一閻浮提微塵像法住
世劫數如四天下微塵其佛饒益衆生已然
後滅度正法像法滅盡之後於此國土復有
佛出亦號威音王如來應供正遍知明行足
善逝世間解無上士調御丈夫天人師佛世
尊如是次第有二萬億佛皆同一號最初威
音王如來既已滅度正法滅後於像法中增上
慢比丘有大勢力尒時有一菩薩比丘名常
不輕得大勢以何因緣名常不輕是比丘凡
有所見若比丘比丘尼優婆塞優婆夷皆悉
礼拜讚歎而作是言我深敬汝等不敢輕慢
所以者何汝等皆行菩薩道當得作佛而
是比丘不專讀誦經典但行礼拜乃至遠見
四衆亦復故往礼拜讚歎而作是言我不敢
輕於汝等汝等皆當作佛四衆之中有生瞋
恚心不淨者惡口罵詈言是無智比丘從何

有所見若比丘比丘尼優婆塞優婆夷皆悉
礼拜讚歎而作是言我深敬汝等不敢輕慢
所以者何汝等皆行菩薩道當得作佛而
是比丘不專讀誦經典但行礼拜乃至遠見
四眾亦復故往礼拜讚歎而作是言我不敢
輕於汝等汝等皆當作佛四眾之中有生瞋
恚心不淨者惡口罵詈言是無智比丘從何
所來自言我不輕汝而與我等授記當得作
佛我等不用如是虛妄授記如此經歷多年
常被罵詈不生瞋恚常作是言汝當作佛說
是語時眾人或以杖木瓦石而打擲之避走
遠住猶高聲唱言我不敢輕汝汝等皆當作
佛以其常作是語故增上慢比丘比丘尼優
婆塞優婆夷号之為常不輕是比丘臨欲終
時於虛空中具聞威音王佛先所說法華經
二十千萬億偈悉能受持即得如上眼根清
淨耳鼻舌身意根清淨得是六根清淨已更
增壽命二百萬億那由他歲廣為人說是法
華經於時增上慢四眾比丘比丘尼優婆塞優
婆夷輕賤是人為作不輕名者見其得大神
通力樂說辯才大善寂力聞其所說皆信伏
隨從是菩薩復化千萬億眾令住阿耨多
羅三藐三菩提命終之後得值二千佛皆号
日月燈明於其法中說是法華經以是因緣復
值二千億佛同号雲自在燈王於此諸佛
法中受持讀誦為諸四眾說此經典故得
是常眼清淨耳鼻舌身意諸根清淨於四眾
中說法心無所畏得大勢是常不輕菩薩摩

BD03766號　妙法蓮華經卷六　（12–11）

隨從是菩薩復化千萬億眾令住阿耨多
羅三藐三菩提命終之後得值二千佛皆号
日月燈明於其法中說是法華經以是因緣復
值二千億佛同号雲自在燈王於此諸佛
法中受持讀誦為諸四眾說此經典故得
是常眼清淨耳鼻舌身意諸根清淨於四眾
中說法心無所畏得大勢是常不輕菩薩摩
訶薩供養如是若干諸佛恭敬尊重讚歎種
諸善根於後復值千萬億佛亦於諸佛法中
說是經典功德成就當得作佛得大勢於意
云何尒時常不輕菩薩豈異人乎則我身是
若我於宿世不受持讀誦此經為他人說者
不能疾得阿耨多羅三藐三菩提我於先佛
所受持讀誦此經為人說故疾得阿耨多羅
三藐三菩提得大勢彼時四眾比丘比丘尼
優婆塞優婆夷以瞋恚意輕賤我故二百億

地　救　三　洪　五　五　可

BD03766號　妙法蓮華經卷六　（12–12）

自餘證人犯重但使證人多則得戒少則戒[不得]四分云時
有從不持戒和上受戒後生疑問佛佛問汝知和上不
持戒不荅言知汝知不應從如是人受具不荅言不知
佛言此得名受具戒　又復有生疑問佛佛言汝知和上
破戒不荅言知汝知不應從破戒人邊受戒不荅言知佛
言汝知從破戒人邊受戒不得戒不荅言不知佛言得
名受具戒　第四人三句俱知者佛言不名受具足戒
·問无和上得受具戒不佛言不得
十誦云優婆離問佛无和上得受具戒不佛言得名受
具戒羯磨人及衆僧有罪四分云時有和上九歲授
人具戒不知成戒不佛言成受戒衆僧有罪
·又僧祇云以和上足十人數不名受具戒　又不稱字不
稱和上字不乞戒皆不名受具戒　·四分云時有不与
沙弥戒便与受具戒不知成受不　佛言得具足戒
衆僧有犯　·毗尼母論云時有從破戒師受戒生疑問
佛言汝先知汝和上從師邊受得戒不荅言不知佛言
得名受戒　·問大僧得与尼受六法及十戒不荅大僧唯
得尼与作三種羯磨一受大戒二摩那埵三出罪自餘法
事諸律无文設令作者羯磨不成僧尼俱得罪
·問何故大尼取比丘為師式叉沙弥尼不取也荅女无獨
志是故雖制受大戒要取大僧作師式

衆有犯　·毗尼母論云時有從破戒師受戒生疑問
佛言汝先知汝和上從師邊受得戒不荅言不知佛言
得名受戒　·問大僧得与尼受六法及十戒不荅大僧唯
得尼与作三種羯磨一受大戒二摩那埵三出罪自餘法
事諸律无文設令作者羯磨不成僧尼俱得罪
·問何故大尼取比丘為師式叉沙弥尼不取也荅女无獨
志是故雖制受大戒要取大僧作師式叉磨尼及沙弥
尼初始出家年幼志弱但依大尼為師諮承戒學不須大
僧也　·問受六法時更須請和上不　荅不須何以然者式
叉摩那旦於一戒中坤學其六未是易位故不須請又四
部律皆言眼見耳不聞處若對面作羯磨者不成受六
法得罪　·問有人言大比丘尼得作礼沙弥是如法不
荅此人不解律桐妄作是說何以故四分律房舍揵度中
佛自為諸比丘制於敬法小沙弥應礼大沙弥尼何况大比
丘尼而不礼也　何者不應礼十三難人三舉人滅擯人非
法語人如是等人不應礼〻者彼此俱得罪耳
·次明捨戒
然戒是淨法應清昇累表是故僧尼五衆讙持佛戒
寧死不犯若故犯者不如本不出家也何以故自懷道法
汙辱師僧織乱三寶欺負四恩不消信施益罪尤多
若人煩惱迫心樂道情薄苟欲為惡不能遮心者佛言
是人聽捨戒還家不得倚傍佛法違犯清禁也若欲捨
戒者當向一大比丘前互跪合掌作如是言大德一心念
我比丘某甲今捨大戒還作白衣願大德憶我是白
如是三說　·又受戒之中有作戒有无作戒初對師
前作心受戒運動身口造成此法故名作戒得戒已後
懷之在心不營為故名无作戒也此无作戒是出世法作
心受之便得作心捨之便失善業不尓必能感果所有

是人雖捨戒還家不得僑傍佛法違犯清禁也若欲捨
戒者當向一大比丘前五體合掌作如是言大德一心念
我比丘某甲今捨大戒還作白衣願大德憶我是白
如是三說・又受戒之中有作戒有无作戒初對師
前作心受戒運動身口造成此法故名作戒得戒已後
懷之在心不營為故名无戒也此无作戒是出世法作
心受之便得作心捨之便失善業不尒必能感果无有
捨義不同戒法有捨義也
・五篇戒法（上明受戒今明持戒既受得法理須護持隨緣制意慎／如木犯犯有輕重階差為五貫例相屬目之為篇）
・一波羅夷戒（蓋是西音此云无餘若犯此戒永棄清衆故曰无餘／布薩羯磨二種法事不得在數永无其分故曰无餘也）
・二僧伽婆尸沙戒（此云僧殘若犯此戒行則毀缺不應在布薩之數／猶於羯磨衆中斥擯其分故曰僧殘也）
・三波逸提戒（此方云墮若犯此戒墮落地獄燒煮覆郭故曰為墮／也）
・四波羅提提舍尼戒（此方云向彼悔若犯此戒事□可可客聽發露／露對首懺除說云向彼悔）
・五式叉迦羅尼戒（此方云應當學威儀細行慈習方成故曰應當學）
・此五篇之中雖三種行初一篇護根本行第二篇護
衆法行下三篇護威儀行・又此五篇防三種障初兩
篇防鄣道罪初篇正鄣道僧殘正鄣衆也波逸提一篇
防孝報罪說論三有出離无由也後兩篇防㘭過罪生人
不善他蓋无於也提舍尼勸犯已而悔下應當學勸專
精莫犯義通諸篇顯法門耳又對防五品之罪故立
五篇佛言有罪心念懺悔此則第五篇所防也有罪
從他懺悔此則第四篇所防也有罪小重亦從他懺悔
此則第三篇所防也有重罪從僧懺悔此則第二篇
所防也有大重罪不可懺悔此則初篇所防也初篇防死
罪第二篇防次死罪第三篇防合得鞭罪第四篇防合
得杖罪第五篇防嘖失罪此五篇戒並是身口心善為
軆支離五品故名支戒初篇名根本業清淨戒第二名前
後眷屬餘清淨戒第三篇名非諸惡覺觀清淨戒第四篇

所防也有大重罪不可懺悔此則初篇所防也初篇防死
罪第二篇防次死罪第三篇防合得鞭罪第四篇防合
得杖罪第五篇防嘖失罪此五篇戒並是身口心善為
軆支離五品故名支戒初篇名根本業清淨戒第二名前
後眷屬餘清淨戒第三篇名非諸惡覺觀清淨戒第四篇
護持正念念清淨戒第五篇名迴向阿耨多羅三藐三菩
提戒
・沙彌十戒（沙彌者此云息慈息惡行慈故曰沙彌息於十惡故受十戒耳／慈念衆生故有不殺等也此之十戒乃是衆戒之根本先護持之）
・一不殺（若故殺人不得受大戒若殺畜生等至心懺悔得滅）
・二不盜（若偷若劫若賊奪若燒若損壞他物但直五錢已上不得受大戒／也若滅五錢若非人畜生物懺悔得滅）
・三不婬（若人男女若非人男女若畜生男女若復身分不得受大戒也若摩／觸等至心懺悔得滅）
・四不妄語（若詐稱得聖不得受大戒也若以重事謗清淨人及班藏欺／妄其罪難懺餘小妄語聽懺已進大戒）
・五不飲酒（酒性能發人煩惱改人心性亂人道心多開衆過之門若酒入／腹誠戒心瞻自制不能得故宜深防不服狂藥）
・六不著花鬘香油塗身（莊飾華艷愛翫其身內懷染著情或亂道）
・七不歌儛唱伎及往觀聽（習近嬉戲放縱身口外恣蕩逸道心淨散）
・八不上高床上坐也（傲慢自處无謙下心情存撤物去道遠矣）
・九不非時食（濟命養道宜須應法貪味不節致惠妨道）
・十不捉持生像金銀寶物（莊身之具餘素為佳珎貴玩服多生人貪／事故不捉也）
・此十戒之中前四性重後六遮重性重者由自起惡遮重者
外能生惡又前四戒是業清淨戒中四戒是行清淨戒後
二戒是緣清淨戒所以者何煞盜二戒不自作不教他
作則身口俱淨不婬一戒純身業淨不妄語一戒純口業
淨不煞離瞋心不盜離瞋心不盜離外貪不婬離內貪不
妄語離癡耶見愚惑之心扶三毒根則意業淨也淨戒
根本出自身口意業故云前四戒是業淨戒耳依業欲
起行與先須護過令諸惡不起故不飲酒也惡既不起
次應脩飾威儀而威儀精潔離於世染故次不著花鬘香
油塗身也威儀既舉次應運動身口頌美法音窺求善友
諮受未聞而又莫乘非[illegible]

起行興先須識過令諸惡不起故不飲酒世惡既不起
次應脩飾威儀而威儀精潔離於世染故次不著花鬘香
油塗身也威儀既舉次應運動身口頌美法音窺求善友
諮受未聞而反嘆哧非法鼓動群情專習伎術聽採妓
樂棄正遂耶特乖道式故次不歌儛唱伎及故往觀聽也既
聽習方次直宜安心於法端慮係念折伏我慢忍受榮
辱離寬奢恣故次不高廣床上座也故云中四戒是行清
淨戒可然道非孤起行託緣興飲食濟命衣服護形內外
資發方得行道故次不非時食不服寶飾以離貪著資
緣之過也故云後二戒是緣清淨戒

·持戒得十利

一者攝取於僧 若下坐持戒則為如法之衆攝在數中

二者令僧歡喜 若中坐持戒有所施為悅可衆心也

三者令僧安樂 若上坐持戒則先飾衆儀又能蔭益徒衆

四者未信者令信 戒德內脩外則感人信敬堪為師範衆之以濟世是以出家者樂出家從其受戒

五者已信令增廣 既度弟子須能教誡令其識持增進心行

六者難調順者令調順 徒衆之中若有性惡麁散違犯禁不順威儀者能如法治罰折伏令改也

七者慚愧者得安隱 徒衆之中若有道心矣意犯罪常懷慚愧改悔未求乞過復能救拔作歸依法處

八者斷現在有漏 已生惡除身心清淨既應布薩行無缺漏

九者斷未來有漏 未生惡永不令起也

十者令正法得久住 持戒之人自行清淨能復令他持戒網維張要匡衆益時化化相乘隆而更舉

此十利之中前三依衆求解脫中六行成自他兼濟一則能興隆三寶唯持戒
之人得此十句利也又有一釋此十利之中三段之義前三句明於衆法中得利也
中六句明於行法中得利也後一句明於教法中得利也初衆法有三者第一明
外凡假名僧為律教所攝得在僧例故曰一者攝取於僧也第二明內凡合和僧
同心奉律和順為本故曰二者令僧歡喜也第三明聖位真實僧依律而行
不相違惱故曰三者令僧安樂也令明外凡比丘若能持戒見聞清淨得入此三
種僧中同其布薩羯磨擯此衆法利也次明行法有六句都者初二句明下成
英謂行僧內凡學人利也次二句明中成英謂見道脩道聖僧學人利也後二
句明上成英謂盡智無生智無學聖果功德利第十一句教法之利明他成英謂
說法化人興益於世紹隆真軌永使不絕故曰十者令正法得久住也原如來制
制戒之意本非直止惡而已乃欲遠開涅槃之正路為令比丘如法脩行剋獲道
證同佛所得無上常住永寂休息法也故云為諸比丘集十句義請佛之戒法矣

BD03767 號　毗尼心經

(34–5)

種僧中同其布薩羯磨擯此衆法利也次明行法有六句都者初二句明下成
英謂行僧內凡學人利也次二句明中成英謂見道脩道聖僧學人利也後二
句明上成英謂盡智無生智無學聖果功德利第十一句教法之利明他成英謂
說法化人興益於世紹隆真軌永使不絕故曰十者令正法得久住也原如來制
制戒之意本非直止惡而已乃欲遠開涅槃之正路為令比丘如法脩行剋獲道
證同佛所得無上常住永寂休息法也故云為諸比丘集十句義請佛之戒法矣

·師徒法第二

和上應具十德 一持戒 二多聞 三多聞毗尼 四
學戒 五學定 六學惠 七自出罪使人出罪 八能自看病
九弟子有梵行難自送使人送脫難 十滿十臘 出僧祇律

·依止阿闍梨應具十德

一具持二百五十戒 二多聞 三能教授弟子阿毗曇 四能授
弟子毗尼 五能教弟子捨惡見住善見 六知波羅提木
叉戒 七知說波羅提木叉戒 八知作布薩 九知布薩
羯磨 十年滿十臘 和上十德亦同出四分律𦂘中

·阿闍梨應具五德 一知增上威儀 是淨身口戒亦名律儀戒

二知增上淨行 是淨心戒亦名定共戒 三名增上波羅提木叉戒 是淨惠戒亦名道共戒俻出世行倍過世法故云增上 四知白羯磨 此句善知衆法文辭成就言章辯利 五滿五夏 五年學戒自行已立堪為人作師羯磨威儀受戒師

·尊師應具五德

一善知有難法 二善知無難法 三善知作白法

四善知作羯磨法 五有戒行清淨 俻此五德能舉衆法表證成

·師攝弟子應具五法

一若弟子有病應自瞻視若使人看 二若弟子不樂
住處應置安身處 三若弟子有疑事能如法開解其
意 四若弟子有惡見生能教捨惡見住善見
五有德臘令弟子敬重 此所依蔭同法師也

·弟子依師應具五德

一愛念 若衣若食盡心奉養 二恭敬 身力承事不敢違慢 三慚 荷戴師恩法重難報

四愧 畏難尊嚴不敢作過 五樂近住 諮受教誡日覲其美

BD03767 號　毗尼心經

(34–6)

五有德臘令弟子敬重　此所依蔭因法師也
·弟子依師應具五德
一憂念(若衣若食盡心奉養)　二恭敬(身力承事不敢違慢)　三慙(荷戴師恩法重難報)
四愧(畏難尊嚴不敢作過)　五樂近住(諮受教誡日親其美)
·有五種阿闍梨　一出家阿闍梨(初脫白十師戒)　二羯磨阿闍梨(受大
戒師)　三教受阿闍梨(教威儀師)　四受經阿闍梨(受學法律)　五依止阿闍梨
(須和上處從請教誡)
·有五法不應无依止而住　一不能懃脩威儀戒
二不能增淨行　三不能增波羅提木叉戒　四若有惡
見不能捨而住善見　五不滿五夏(出四分律)
·有五法失依止　一死(師亡)　二去(師宿行若弟子決意出界外)　三休道(師捨戒)
四不与依止(師捨教戒)　五還在和上目下住(若和上攝受者阿闍梨則不應復令請教誡)
·弟子應以二事將護於師　一以衣食供養
二以法將護(師問弟子明當方便軟語諫諭開解勸學戒定惠也)
·師應以二事攝弟子　一以衣食　二以法攝(日应教訟出家礼節)
·有威儀不應礼有十　一大便　二小便　三路身　四剃髮
五說法　六嚼楊枝　七洗口　八食時　九飲食　十食果
·復有十時不應礼
一在塔像前不得礼　二作事　三塗油　四讀誦　五不著衣
六經行上下閣　七授經　八共諍　九洗鉢　十著眼藥(出僧祇律)
·日三時請教誡　一清旦　二日中　三向暮(三時問事師亦如是三時懺悔亦如是師應三時教誡上如是下有罪出僧祇律)
·有五種教誡弟子
一呵嘖(弟子片有失合若言切勸)　二折伏(身惱於師加以訓治)　三罰黜(違犯僧制輕則罰重則出眾)
四嘖嘆(行順仏教理合善美)　五歡喜(行合師教應懷悅豫)
·又有五種教誡弟子法　一有犯行者制　二无犯行者聽
三若制若聽法有馭娍者如法舉之　四者數數違犯者折
伏与念　五真實功德者稱讚歡喜

BD03767號　毗尼心經　（34–7）

一呵嘖(弟子片有失合若言切勸)　二折伏(身惱於師加以訓治)　三罰黜(違犯僧制輕則罰重則出眾)
四嘖嘆(行順仏教理合善美)　五歡喜(行合師教應懷悅豫)
·又有五種教誡弟子法　一有犯行者制　二无犯行者聽
三若制若聽法有馭娍者如法舉之　四者數數違犯者折
伏与念　五真實功德者稱讚歡喜
·有三呵嘖　一微過微犯軟語呵嘖　二中過中犯中語
呵嘖　三上過上犯上語呵嘖
佛言欲多弟子務當義誨呵呵嘖弟子自護煩惱呵
嘖弟子先具三法
一現在前　二出過　三語言我今嘖汝
·有五句呵嘖法
一汝所爲非(行違於理)　二非威儀(進止失度)　三非沙門(乖於聖道)
四非淨行(汙賢善心)　五非隨順行(非順教弟子)　此五所不應爲
·有盡呵嘖弟子法
一汝去(罪合出寺)　二汝莫入我房(罪合出房)　三汝莫爲我作使(不受供給)
四汝莫至我所(不受請教誡)　五不与汝語(不教經法)
·弟子有五事合嘖呵
一无慙(作罪不羞於人)　二无愧(不畏罪求悔)　三不受教(不順約勅)　四作非威儀(數作嗤之事)
五不供教師僧(形數庭突瞋目怒心懷輕慢都无畏忌故呵嘖)
·呵嘖弟子五事失法
一盡形壽呵嘖　二竟安居呵嘖　三呵嘖病者不看視
四不現前呵嘖　五不出過呵嘖不應尒
·弟子被呵嘖應行五事
一應捨作事　二應捨已請教誡　三應日作三時求懺悔
四不應於餘人邊住　五不應不懺悔而去
·有四種師
一无法无衣食(聽不須聞而去)　二无法有衣食(須聞而去)　三有法无衣食(雖苦而住)
四有法有衣食(是爲樂住)　前二種師无法應懺悔已而去　後二
種師有法盡形壽不得離(出僧祇律)

BD03767號　毗尼心經　（34–8）

四不現前呵嘖　五不出過呵嘖不應尒
•弟子被呵嘖應行五事
一應捨作事　二應捨已請教誡　三應日作三時求懺悔
四不應於餘人邊住　五不應不懺悔而去
•有四種師
一无法无衣食 聽不須問而去　二无法有衣食 須問而去　三有法无衣食 雖苦而住
四有法有衣食 是爲樂住　前二種師无法應懺悔已而去　後二
種師有法盡形壽不得離 出僧祇律
•師有五種失法弟子應懺悔而去
一者應語和上言我如法和上不知　二者我不如法亦不知
三者我犯戒捨不教呵嘖　四者若犯亦不知
五者若犯而懺悔亦不知 既无出家訓成之益是 顛循學 論乞在外諮
•弟子欲出行師應以三法斟量
一所爲事好　二所去處好　三同伴好聽去若一事不好應止之
有五事法不應將作伴行
一喜太在前行　二喜太在後行　三喜抄斷人語次
四不別善惡語善語不讚稱美惡言　五如法得利不以時
爲彼受返此五句應將作伴
有五法不應与作親厚
一若喜鬪諍　二若多作業　三若与衆坐勝比丘共諍
四若喜遊行不心　五心不欲爲人說法言示人善惡
有七法應与作親厚
一難与能与 不惜財實　二難作能作 不惜身力　三難忍能忍 不惜心意又不相嗔恨
四密事相語 以情告實无隱无諱　五互相覆藏 過相諱惜不相揚過　六逢苦不捨 病患相料理急難相
救解　七貧賤不輕 不逐勢棄衰見利忘義
有十德應差教誡比丘尼
一戒律具足 善備威儀　二多聞 善解經論　三誦二部戒利 偏熟律文
四決斷无疑 深達旨趣　五善能說法 言辞辯了　六大姓出家 風理可觀

BD03767號　毗尼心經　（34-9）

有十德應差教誡比丘尼
一戒律具足 善備威儀　二多聞 善解經論　三誦二部戒利 偏熟律文
四決斷无疑 深達旨趣　五善能說法 言辞辯了　六大姓出家 風理可觀
七顏貌端正 衆動方富　八堪任爲尼說法 善識機宜　九不犯重禁 由无罪心
十满廿臘 年高德重
•尼備八敬法
一者應礼大比丘 身業恭敬　二者不得罵謗比丘 口業无過
三者不舉比丘罪爲作憶念 意業不敢慢也　四者二歲學戒已大僧中
受具足戒 受戒之法成由大僧　五者若犯僧殘應二部僧中半月
半月行摩那埵出罪 在大僧 本意堅持既犯此戒罪由僧滅治罪之法出
六者半月半月大僧中請教授 出家人法學戒爲先請爲師訓開示行則　七者不得
无大僧處夏安居 備道多難事須依護參吏教採訪有地極遠去大僧一由旬卌里即日得往返若彌沙塞律極遠聽受七日往返戒安居　八者安居竟大僧中說三事自恣 人多違犯 明懼脫 [illegible]
此八敬者前三明致敬之儀中二明遵之法後三明請誨之
方初則敬人爲師次明依人取法後則如說而行
•衆僧法第三
入衆有五法 夫行不獨善依衆而立故宜審知衆法而敬順之又自行既成堪能接衆故須善達宰御匡究之儀也
一應以慈心 當先生心愛樂衆法然後入衆不容寄且違惱令衆不善　二應自卑下如拭塵巾
謙敬慎過不輕慢衆　三應善知坐起若見上坐不應安坐若見下坐不應
起立 人應衆故　四彼至僧中不爲雜說論世俗事若自說法若請
人說法 衆依法故　五若見僧中有不可事心不安忍應作嘿
然 不枉發起鬪諍事故
五種非法嘿然
一若如法羯磨而心不同嘿然 共作法事而所見不同不可得施言而請忍亦知合衆法不成
二若得同意伴亦嘿然任之 得人助己不應嘿忍非法　三若見小罪而嘿然任之
事可諫弥而容忍親衆　四爲作别住而嘿然 僧作三舉名爲别住不容共彼同一法事　五在戒場上
而嘿然 欲作羯磨應集恐脫成别衆

BD03767號　毗尼心經　（34-10）

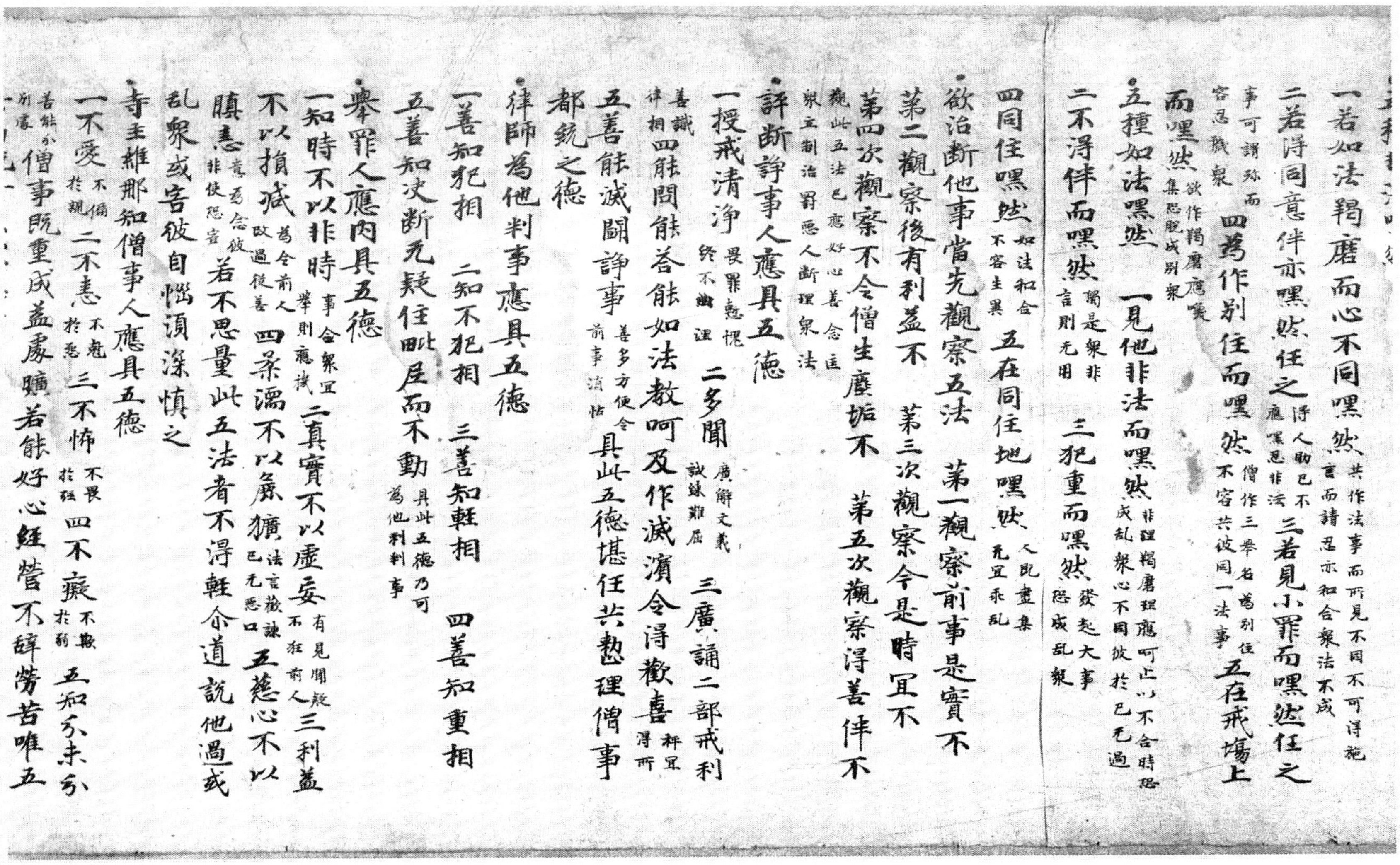

一若如法羯磨而心不同嘿然(共作法事而所見不同不可得施言而請忍亦和合衆法不成) 二若得同意伴亦嘿然任之(得人助已不應嘿忍非法) 三若見小罪而嘿然任之
(事可訶弥而容忍職衆) 四爲作別住而嘿然(僧作三舉名爲別住不容共彼同一法事) 五在戒場上
而嘿然(欲作羯磨應嘆集恐貶成別衆)
五種如法嘿然 一見他非法而嘿然(非理羯磨理應呵止以不合時恐成乱衆心不同拔於己无過)
二不得伴而嘿然(獨是衆非言則无用) 三犯重而嘿然(恐發起大事成乱衆)
四同住嘿然(如法和合不容生異) 五在同住地嘿然(人既盡集无宜乖乱)
•欲治斷他事當先觀察五法 第一觀察前事是實不
第二觀察後有利益不 第三次觀察令是時宜不
第四次觀察不令僧生塵垢不 第五次觀察得善伴不
(觀此五法已應好心善念正衆立制治罰惡人斷理衆法)
•評斷諍事人應具五德
一授戒清淨(畏罪慙愧終不幽匿) 二多聞(廣解文義誦緣難屈) 三廣誦二部戒利
(善識律相) 四能問能荅能如法教呵及作滅擯令得歡喜(稱宜得所)
五善能滅鬪諍事(善多方便令前事消怗) 具此五德堪任共懃理僧事
都統之德
•律師爲他判事應具五德
一善知犯相 二知不犯相 三善知輕相 四善知重相
五善知決斷无疑任此居而不動(具此五德乃可爲他判判事)
•舉罪人應内具五德
一知時不以非時(事會衆宜舉則應試) 二真實不以虛妄(有見聞疑不狂前人) 三利益
不以損減(爲令前人改過從善) 四柔濡不以麁獷(法言勸諫已无惡口) 五慈心不以
瞋恚(意爲念彼非使恐害) 若不思量此五法者不得輕介道說他過或
乱衆或害彼自惱須深慎之
•寺主維那知僧事人應具五德
一不愛(不偏於親) 二不恚(不瞋於惡) 三不怖(不畏於强) 四不癡(不欺於弱) 五知分未分
(若能分別處) 僧事既重成益處曠若能好心經營不辭勞苦唯五

BD03767號　毗尼心經　（34–11）

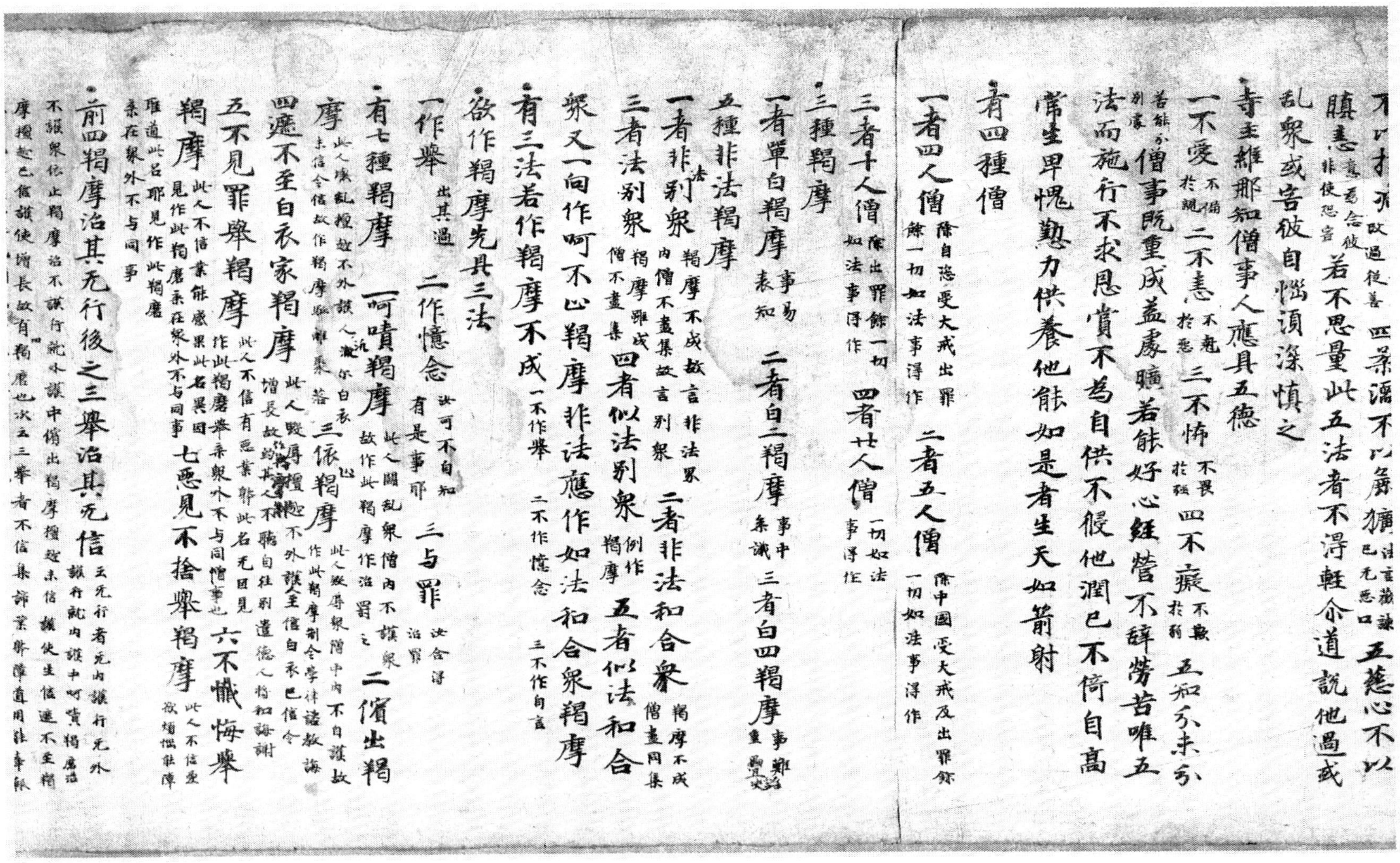

不以損減(爲令前人改過從善) 四柔濡不以麁獷(法言勸諫已无惡口) 五慈心不以
瞋恚(意爲念彼非使恐害) 若不思量此五法者不得輕介道說他過或
乱衆或害彼自惱須深慎之
•寺主維那知僧事人應具五德
一不愛(不偏於親) 二不恚(不瞋於惡) 三不怖(不畏於强) 四不癡(不欺於弱) 五知分未分
(若能分別處) 僧事既重成益處曠若能好心經營不辭勞苦唯五
法而施行不求恩賞不爲自供不假他潤己不倚自高
常生卑愧懃力供養他能如是者生天如箭射
有四種僧
一者四人僧(除自恣受大戒出罪餘一切如法事得作) 二者五人僧(除中國受大戒及出罪餘一切如法事得作)
三者十人僧(除出罪餘一切如法事得作) 四者廿人僧(一切如法事得作)
•三種羯磨
一者單白羯磨(事易表知) 二者白二羯磨(事中易識) 三者白四羯磨(事難[illegible])
五種非法羯磨
一者非法別衆(羯磨不成故言非法衆內僧不盡集故言別衆) 二者非法和合衆(羯磨不成僧盡同集)
三者法別衆(羯磨雖成僧不盡集) 四者似法別衆(例作羯磨) 五者似法和合
衆又一向作呵不㕥羯磨非法應作如法和合衆羯磨
•有三法若作羯磨不成(一不作舉 二不作憶念 三不作自言)
•欲作羯磨先具三法
一作舉(出其過) 二作憶念(使可不自知有是事耶) 三与罪(使合得治罪)
•有七種羯磨 一呵嘖羯磨(此人鬪乱衆僧內不護衆故作此羯磨作治罰之) 二儐出羯
磨(此人壞乱檀越不外護人未信令信故作羯磨[illegible]) 三依羯磨(此人數犯罪衆僧中內不自護故增長[illegible])
四遮不至白衣家羯磨(此人毀辱檀越不外護[illegible])
五不見罪舉羯磨(此人不信有惡業報[illegible]) 六不懺悔舉
羯磨(此人不信[illegible]) 七惡見不捨舉羯磨(雖道此名耶見作此羯磨來在衆外不与同事)
•前四羯磨治其无行後之三舉治其无信(云无行者无內護行无外[illegible])

BD03767號　毗尼心經　（34–12）

……六不肯懺悔羯
羯磨 此人不信業能感果 唯道此名耶見 作此羯磨來在衆外不与同事 七惡見不捨擧羯磨 此人不信受教煩惱能障
前四羯磨治其无行後之三擧治其无信 无行者見内讀行无外 藪有就内讀中可責羯磨治
不讓衆依止羯磨治不讓行就外謗中儐出羯磨擯越未信謗使生信進不出羯
摩擯越已復讓使備長故有羯磨也次五三擧者不信集諦業能障道用能牽報
故不見不懺二罪也煩惱助故不捨一罪也既不斷集還招苦既不出滅在无
不求滅非道路乘學中无用作法擧置此七羯磨治之之法各不受對當以惡置羯磨
治之一 往取也
有四種汙他家 一依利養汙他家 持彼家食与一家不与一家 二依家汙家 持彼家木物与一家不与
与一家 三依親友汙家 依貴勢擅越 爲一人不爲一人 四依僧伽藍汙家 持衆僧物菓菜等 隨情送遺与一家不与一家
出也 比丘犯此四事汙他擅越淨信之心令与作儐出羯磨駈
離聚落
破僧方便行五法 一盡形著糞掃衣 二盡形乞食 三盡形一坐食 四盡形不食蘇鹽 五盡形不食魚肉及宍
破僧用十八法有九對 此五是上人所行中下不堪初開慢更復心有退前三句相似後二句是論 一法非法 如法順理名爲法 違經背理名非法 二律非律 義合毗尼名律 違毗尼名非律
律 三犯非犯 七聚之中隨其名 犯稱是名非犯 四有輕有重 犯衆懺罪是輕 犯戒則罪重也 五有餘无餘 僧殘
以下是有餘 波羅夷是无餘 六麁惡非麁惡 方便偷蘭是麁惡 餘輕遮性非麁惡 七常所行非常所行
開則常行 遮則非行 八制非制 如法羯磨制限是制 非法羯磨失度非制 九說非說 廣略十六種布薩成就 說戒是說違則非說
此十八法中前二對明教法次五對明行法後二對明衆法若
法而言非法若非法而言是法如是等是法而言
是法若非法而言非法如是等順用名和合僧法乃至說非
說亦如是僧以和忍爲躰若異見異忍則乖和合之義
二種僧 一法輪僧 依法進行轉有勝能推見諦煩惱者也 二羯磨僧 依教作法以成僧事
三種僧 一真實僧 聖人 二和合僧 賢人 三假名僧 凡人
四諍 一言諍 諍理是非 二覓諍 互相覓罪 三犯諍 一諍犯不定 二互相犯罪 四事諍 諍羯磨事如法
非法 此四諍之中初一教法次二行法後一衆法彼此交競爲闘用黨相
相助爲諍徹斷事官爲言各說其理爲訟
言諍有四法 一所說文義相應 二所說文異義同 三所說文同義異
四所說文義俱異 諫日何須共諍
覓諍根中六諍所起 一佷戾難共語 二惡性戲鬪 三諂曲
四耶命 五无慙无愧 六多貪嫉 因此六事起覓諍出向含

BD03767號　毗尼心經　（34–13）

相助爲諍徹斷事官爲言各說其理爲訟
言諍有四法 一所說文義相應 二所說文異義同 三所說文同義異
四所說文義俱異 諫日何須共諍
覓諍根中六諍所起 一佷戾難共語 二惡性戲鬪 三諂曲
四耶命 五无慙无愧 六多貪嫉 因此六事起覓諍出向含
諍緣根本有六 一瞋恚 二惱害 三幻僞 四慳嫉 五見取 六耶邊二見 見行根本中長
犯諍根中六犯所起處 一有身犯非口心 二有口犯非身心
三有身口犯非心 四有身心犯非口 五有口心犯非身 六有身口心犯
又摩夷云有心犯非身口如錢寶戒身口不受但自嘿念作
巳 有想即犯
七滅諍
一現前毗尼 現用此法對於前人評和諍事因以得息此一毗尼通滅四諍也
二憶念毗尼 此人清淨橫爲他謗從僧乞羯磨記識不犯諍事未得息此滅於覓諍
三不癡毗尼 此比丘顛狂時犯戒非是故心癡犯差未實不有犯從僧乞羯磨以息覓諍
四自言治毗尼 他人評犯不定要取犯者自說所犯輕重相說示准法治罪滅於犯諍
五罪處所毗尼 亦名覓罪相 此人評罪前言不實後語衆僧爲羯磨治罰其人 出於犯根本滅於覓諍
六多人語毗尼 亦名多覓罪相此人共諍佛法道理言義寛深非淺識能了當廣集知法大德驗究經律挺如法籌多者以爲正義滅於言諍也
七如草覆地毗尼 此一住處衆共諍互相犯罪不可整理余時達衆之人應作草自羯磨悔身關諍各乞懺悔和合布薩以滅犯諍也
此七滅之中前一躰別用通餘六躰通用別別中初二滅於无
罪之諍憶念无根不癡有根也中二滅有罪之諍自言
首過罪處評犯也後二滅无罪有罪之諍多語議法草
覆護衆也又四諍之中各有難易易者但用現前毗尼
滅之難者兼用餘毗尼也言諍以二滅々現前毗尼多人
語其一諍小乘淺理易解故但用現前毗尼滅之二諍大
乘深理難解故須多人語毗尼滅之覓諍以三滅々憶念
不癡罪處所
一者能覓之人有過所覓之人无罪故須憶念毗尼也

BD03767號　毗尼心經　（34–14）

諍其一諍小乘淺理易解故但用現前毗尼滅之二諍大
乘深理難解故須多人語毗尼滅之覓諍以三滅滅憶念
不癡罪處所
一者能覓之人有過所覓之人无罪故須憶念毗尼也
二者能覓所覓二俱有罪故須不癡毗尼也
三者能覓之人无過所覓之人有罪故須處所毗尼也
犯諍以二滅滅自言治草覆地其二犯於行故須自言治
其一犯於衆故須草覆地事諍以一切滅滅因言諍中起
滅諍事而不忍可返共諍之即還用若現前若多人語
滅之也若因覓諍中起滅諍事而不忍可返共諍之即
還用若憶念若不癡若罪處所滅之也若因滅犯諍事
而起諍者即還用若自言若草覆滅之除也此三諍上
作事已若洗諍餘羯磨法是非之事者悉言諍所攝此
七毗尼之法能滅四諍故名為滅也
五種略說戒
一說序已餘者應言僧常聞　二說四事已餘者應言僧常
聞三說十三已餘者應言僧常聞　四說二不定已餘者應言僧常聞
五說世已餘者應言僧常聞
又有五種乃至說九十已餘者應言僧常聞 又有五種乃至說四提舍尼餘者應言僧常聞合為十五種略說戒也
有八難事聽略說戒一王難　二賊難　三火難　四水難　五病難
六人難　七非人難　八毒虫難　自恣時亦尔
三種人作布薩
若僧若衆多人若一人　有四種布薩　一三語布薩　二清淨布薩
三說波羅提木叉布薩　四自恣布薩
戒法清淨海八種奇持法
一漸次學戒皆歸佛法 如衆流投海此喻受戒也 二住於戒中乃至於死終不犯
戒 如海不失潮法此喻持戒 三滅本名皆稱沙門釋子 如五河同歸一海喻雁因也 四入无餘涅槃
界无增无 如海无增減此喻雁果也 五同一解脫味 如海同一鹹味 六梵行清淨不破戒 如海不宿
（34-15）

戒法清淨海八種奇持法
一漸次學戒皆歸佛法 如衆流投海此喻受戒也 二住於戒中乃至於死終不犯
戒 如海不失潮法此喻持戒 三滅本名皆稱沙門釋子 如五河同歸一海喻雁因也 四入无餘涅槃
界无增无 如海无增減此喻雁果也 五同一解脫味 如海同一鹹味 六梵行清淨不破戒 如海不宿死屍此明
永棄惡衆 七能生道品聖行功德 如海出珎奇異寶喻自德勝 八有四向四果賢聖僧寶
如海容受大身衆生喻行人利他之德也
五種与欲 一言与欲　二爲我故說欲　三現身相　四口語　五現身相口語
有五種失欲 一受欲比丘死　二休道　三至外道衆中　四往別部僧中　五至戒場上与
清淨亦如是与自恣亦如是
三種安居　一前安居 四月十六日是　二後安居 從四月十七日至五月十六日明相未出也　下增三中云
有三種安居前安居中安居後安居
三種受日　一受七日　二受過七日法 四分律聽請十五日者遠事不乾聽請一月此十誦律請卅九夜僧祇律聽請事乾當還
安居初應作四事　一鮮界　二結界　三分房卧具　四結安居
安居竟應作五事　一鮮界　二還結界　三分房卧具　四自恣
五受功德衣
有五種人不得安居衣　一被舉之　二不用道　三死　四破安居
五不屬授出僧祇律
三種自恣　一和合自恣　二各三語自恣　有三種人作自恣
若僧若衆多人若一人
迦提月開五事利一得畜長財過十日不說淨　二得離　三衣宿
三得別衆食　四得展轉食 背前請受後請　五食前食後不囑得入
村 先已有食處中前聽不囑授詣他家
受功德衣開五事亦如是
迦提月者作依月從七月十六日訖八月半聽作餘時
行道懺悔滅惡法第四
破戒有五過失 一自害　二爲知者所呵　三有惡名流布　四臨終時生悔恨　五墮惡道
七犯聚者
一犯波羅夷罪 如斷人頭不可還活犯此戒者永斷聖種一形之中不可清淨　二僧殘罪 如殘病人郭於布薩行摩那埵罪可
滅 三偷蘭遮罪 此方名麁惡此罪有四品一五逆偷蘭遮滅殯二波羅夷邊
（34-16）

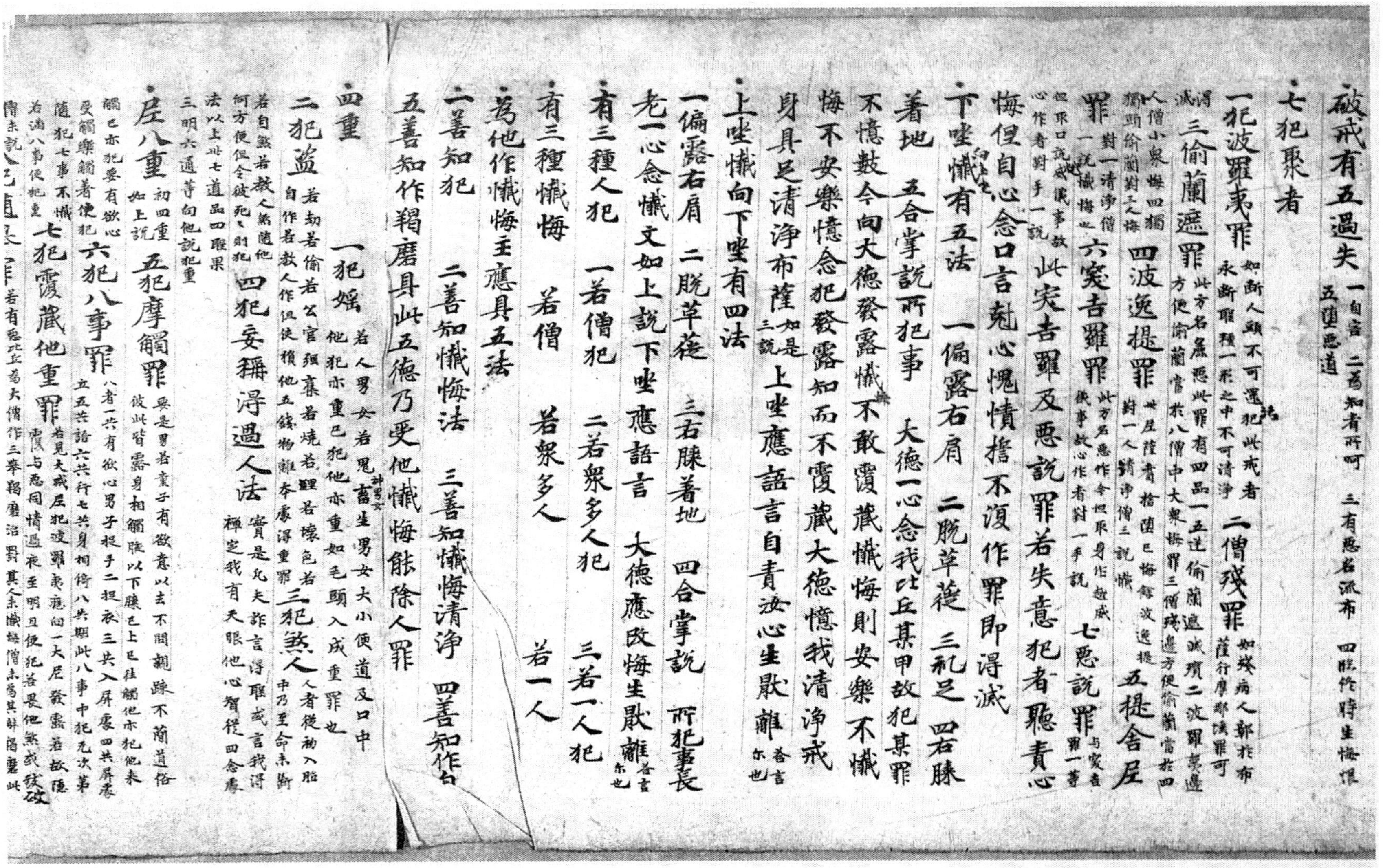

破戒有五過失 一自害 二爲知者所呵 三有惡名流布 四臨終時生悔恨 五墮惡道
七犯聚者
一犯波羅夷罪 如斷人頭不可還活 犯此戒者永斷聖種一形之中不可清淨 二僧殘罪 如殘病人郭於布薩行摩那埵罪可滅
三偷蘭遮罪 此方名麁惡 此罪有四品 一五逆偷蘭遮滅擯 二波羅夷邊方便偷蘭當於大衆悔 罪三僧殘邊方便偷蘭當於四人僧小衆悔 四獨頭偷蘭對三人悔
四波逸提罪 此是薩耆捨墮已悔餘波逸提對一人請淨僧三說懺 五提舍尼罪 對一清淨僧一說懺悔也
六突吉羅罪 此方名惡作 身作惡作但眾口說惡說事故心作者對手一說 此突吉羅及惡說罪若失意犯者聽責心
悔但自心念口言剋心愧惰誓不復作罪即得滅 七惡說罪 與突吉羅一等
下坐懺有五法 向上坐 一偏露右肩 二脫革屣 三禮足 四右膝
著地 五合掌說所犯事 大德一心念我比丘某甲故犯某罪
不憶數今向大德發露懺悔不敢覆藏懺悔則安樂不懺
悔不安樂憶念犯發露知而不覆藏大德憶我清淨戒
身具足清淨布薩 如是三說 上坐應語言自責汝心生厭離 答言爾也
上坐懺向下坐有四法
一偏露右肩 二脫革屣 三右膝著地 四合掌說 所犯事長
老一心念懺文如上說 下坐應語言 大德應改悔生厭離 答言爾也
有三種人犯 一若僧犯 二若衆多人犯 三若一人犯
有三種懺悔 若僧 若衆多人 若一人
爲他作懺悔主應具五法
一善知犯 二善知懺悔法 三善知懺悔清淨 四善知作白
五善知作羯磨 具此五德乃受他懺悔能除人罪
四重
一犯婬 若人男女若鬼神男女畜生男女大小便道及口中 他犯亦重已犯他亦重如毛頭入成重罪也
二犯盜 若劫若偷若公官强奪若燒若埋若壞色若自作若教人作但使損他五錢物離本處得重罪 三犯煞人 人者從初入胎中乃至命未斷
若自煞若教人煞隨他何方便但令彼死皆得犯 四犯妄稱得過人法 實是凡夫詐言得聖或言我得禪定我有天眼他心智從四念處
法以上此七道品四聖果三明六通等向他說犯重
尼八重 初四重如上說 五犯摩觸罪 愛是男若童子有欲意以去不間觀睞不簡道俗彼此皆露身相觸腋以下膝已上已往觸他亦犯他來觸已亦犯要有欲心受觸樂觸著便犯 六犯八事罪 八者一共有欲心男子捉手二捉衣三共入屏處四共屏處立五共語六共行七共身相倚八共期此八事中犯元次第隨犯七事不懺若滿八事便犯重 七犯覆藏他重罪 若見大戒尼犯波羅夷應向一大尼發露若故隱覆與惡同情過夜至明旦便犯若畏他煞或被破
僧未說八犯隨擧罪 若有惡比丘爲大僧作三擧羯磨治罰其人未懺悔僧未爲其解羯磨此

BD03767號　毗尼心經

（34–17）

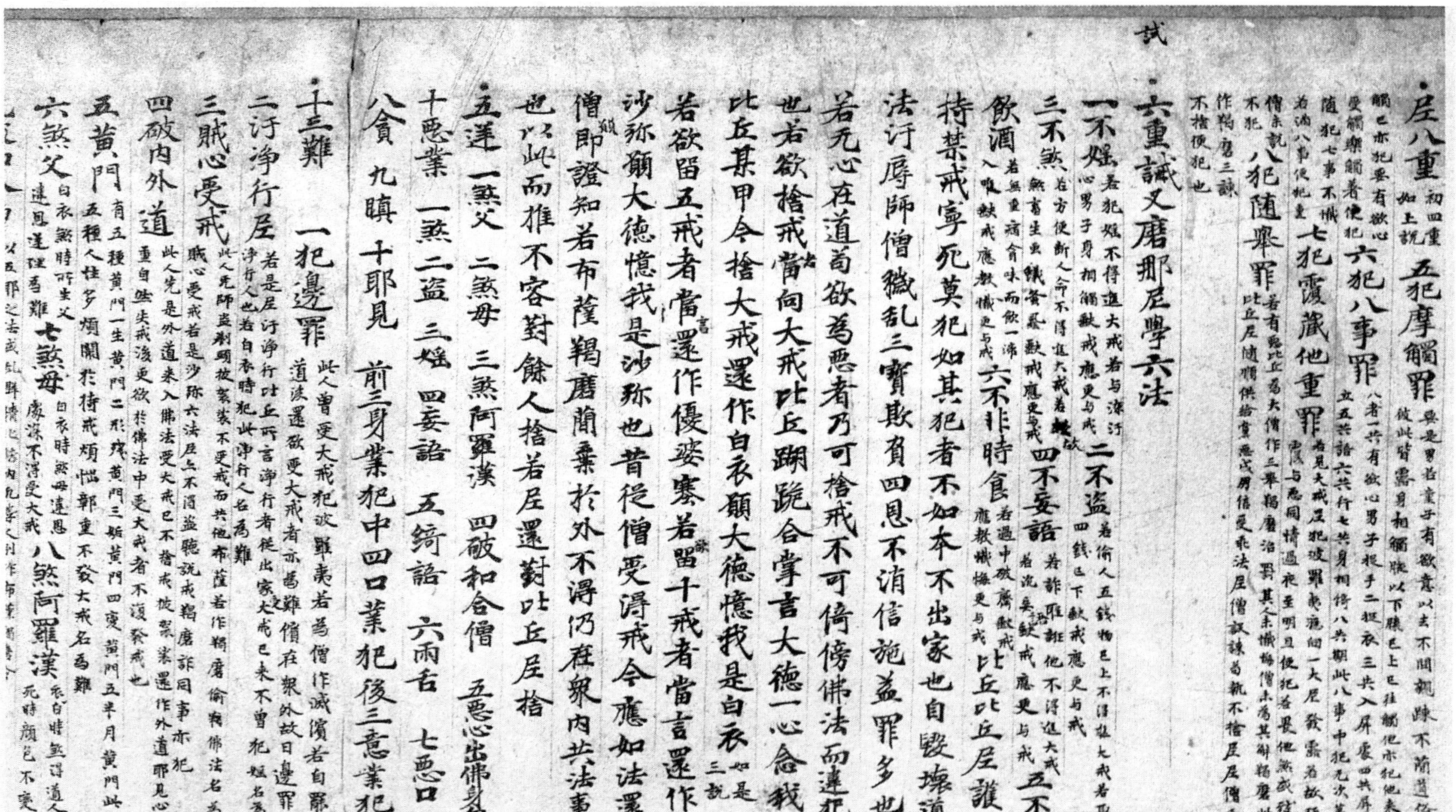

尼八重 初四重如上說 五犯摩觸罪 愛是男若童子有欲意以去不間觀睞不簡道俗彼此皆露身相觸腋以下膝已上已往觸他亦犯他來觸已亦犯要有欲心受觸樂觸著便犯 六犯八事罪 八者一共有欲心男子捉手二捉衣三共入屏處四共屏處立五共語六共行七共身相倚八共期此八事中犯元次第隨犯七事不懺若滿八事便犯重 七犯覆藏他重罪 若見大戒尼犯波羅夷應向一大尼發露若故隱覆與惡同情過夜至明旦便犯若畏他煞或被破
僧未說不犯 八犯隨擧罪 若有惡比丘爲大僧作三擧羯磨治罰其人未懺悔僧未爲其解羯磨此比丘尼隨順供給重惡戒所信受承法尼僧訶諫爲執不捨尼尼僧爲作羯磨三諫不捨便犯也
試
六重式叉磨那尼學六法
一不婬 若犯婬不得進大戒若与染汙心男子身相觸缺戒應更与戒 二不盜 若偷人五錢物已上不得進大戒若取四錢已下缺戒應更与戒
三不煞 若方便斷人命不得進大戒若煞畜生虫蟻蚤虱缺戒應更与戒 四不妄語 若詐稱得道不得進大戒若餘妄語缺戒應更与戒 五不
飲酒 若無重病會味而飲一滴入喉缺戒應更与戒 六不非時食 若過中啖齋缺戒應更与戒 比丘比丘尼誰
持禁戒寧死莫犯如其犯者不如本不出家也自毀壞道
法汙辱師僧纖乱三寶欺負四恩不消信施益罪多也
若無心在道苟欲爲惡者乃可捨戒不可倚傍佛法而違犯
也若欲捨戒當向大戒比丘胡跪合掌言大德一心念我
比丘某甲今捨大戒還作白衣願大德憶我是白衣 如是三說
若欲留五戒者當言還作優婆塞若留十戒者當言還作
沙弥願大德憶我是沙弥也昔從僧受得戒今應如法還
僧即證知若布薩羯磨論棄於外不得仍在衆內共法事
也以此而推不容對餘人捨若尼還對比丘尼捨
五逆 一煞父 二煞母 三煞阿羅漢 四破和合僧 五惡心出佛身血
十惡業 一煞 二盜 三婬 四妄語 五綺語 六兩舌 七惡口
八貪 九瞋 十耶見 前三身業犯中四口業犯後三意業犯
十三難
一犯邊罪 此人曾受大戒犯波羅夷若爲僧作滅擯若自罷道後還欲受大戒者亦爲難僧在衆外故曰邊罪
二汙淨行尼 若是尼汙淨行比丘所言淨行者從出家之大戒已來不曾犯婬名爲淨行人也若白衣時犯此淨行人名爲難
三賊心受戒 此人先師盡剃頭披袈裟不受戒而共他布薩若作羯磨偷聽佛法名爲賊心受戒若是沙弥六法尼亦不得盜聽說戒羯磨詐同事亦犯
四破內外道 此人先是外道來入佛法受大戒已不捨本披袈裟還作外道耶見心重自然失戒後更欲於佛法中受大戒者不復發戒也
五黃門 有五種黃門一生黃門二形殘黃門三犍黃門四妒黃門五半月黃門此五種人性多煩惱於持戒煩惱郭重不發大戒名爲難
六煞父 白衣煞時所生父違恩違理爲難 七煞母 白衣時煞母違恩處深不得受大戒 八煞阿羅漢 衣白時無得道人死時顏色不變

BD03767號　毗尼心經

（34–18）

四破内外道 此人先是外道来入佛法受大戒已不奢求破鬘還作外道耶見心重自然失戒後更欲於佛法中受大戒者不復發戒也
五黄門 有五種黄門一生黄門二犍黄門三妒黄門四變黄門五半月黄門此五種人性多煩惱於持戒煩惱鄣重不發大戒名爲難
六煞父 白衣煞時所生父違恩逆理爲難 七煞母 白衣時煞母違恩處深不得受大戒 八煞阿羅漢 衣白時煞得道人死時顔色不變
九破和合僧 以五耶之法或亂群情化諸内允善人别作布薩羯磨令如法之衆不得和合斷其會理之行知而故作名爲難也 十惡心出佛
身血 此人無佛而佛不可煞但得重逆罪而今亦世或有惡心燒破佛畫精舍形像舍利若見瑞相即出佛身血亦得逆罪 十一人非 若鬼神若天若魔變作人形欲
受大戒實是非人名爲難也 十二畜生 若龍若虵若鹿若狐變作人形不得受大戒 十三二根 此人亦有男根亦有根於僧尼二衆皆妨无安置處
此十三難前五煩惱鄣重中五業鄣重後三報鄣重一形
之中不可改易若未受戒不得受若已受戒不得戒不
得受若已受戒不得戒不應向礼應滅擯擯判三鄣出
摩夷中亦有論文前四及五逆此九業障攝黄門一種
煩惱障攝後三報障攝文意不同任情取捨
·懺僧殘隨所犯有四番羯磨
一與覆藏羯磨 隨覆来日多少行懺悔法此治覆罪之過足有伴无覆藏 二與本日治羯磨 此人行覆藏時重
犯更從僧乞摩那埵亦尔還從初日爲始行 三與摩那埵羯磨 若无覆藏直与此治法比丘六夜尼半月 四與出罪
羯磨 比丘廿清淨僧中出此罪尼於二部卌人中洗挍得滅
·八事不白失宿 一往餘寺不白 行懺中間若有因緣須往餘寺應白彼寺僧若不白失一夜
二出界不白 若有因緣須出寺外者應白寺外道上餘行若不白失宿 三容比丘来不白 若有客僧来者即應白不白失一宿
四寺内餘行者不白 僧伽藍大院内有客比丘急走過者不得白不犯若安餘行應逐取向白不白失宿 五病
不遣使白 若自有病應請一比丘白僧知病不得自白衆不者失宿 六二三人同室宿 比丘應獨在小房屋得有於伴也
七在无比丘處住 僧伽藍中應有大戒在、寺宿若獨在無比丘處經夜失一宿若行摩那埵應在四人僧中宿若此處僧數不滿失一宿
八若時集非集不作白 時集者布薩時集者餘作羯磨時此衆聚應白若不白失宿若行摩那埵應白若不白失宿
·棄卅五事
初棄五事 一不得授人大戒二不得受人依止三不得
畜沙弥四不得受僧差教誡比丘尼五設差不應往
第二棄五事 一不得作說戒人 二不得僧中間答毗尼
三不得僧中僧作羯磨 四僧評断事不得在數 五不得爲

·初棄五事 一不得授人大戒二不得受人依止三不得
畜沙弥四不得受僧差教誡比丘尼五設差不應往
·第二棄五事 一不得作說戒人 二不得僧中間答毗尼
三不得僧中僧作羯磨 四僧評断事不得在數 五不得爲
僧作使命人
·第三棄五事 一不應早入聚落 二不應逼暮還 三應親
近比丘不應親近外道 四應順從善比丘教 五不應作異語
·第四棄五事 一不應更犯此罪餘亦不應作 二若犯相似若從
此生 三若復犯重於此 四不應嫌羯磨 五不應嫌作羯磨人
·第五棄五事 一不得受善比丘敷坐具 二不得受洗足 三不
得受洗足物 四不得受拭革屣巾 五不得受他揩摩身
·第六棄五事
一不得受善比丘礼拜 二合掌 三問訊 四迎送 五不得
受比丘持衣鉢
·第七棄五事 一不得舉善比丘罪 二不得与他作憶念作自言
三不得證他事 四不得遮他布薩自恣 五不得共善比丘鬪諍
·此卅五事中初十棄其師德 次十棄其隨意所行次十事棄其供
事後五不聽[illegible]知他事應順行此法若違犯一事罪則不滅
不得与出罪羯磨
十種自性偷蘭遮罪
一食人肉 二畜人皮 三剃陰上毛挾下毛 四用藥灌大便道
五畜人髮欽婆羅 六裸形行 七畜石鉢 八瞋恚破衣 九嗔恚
破房 十瞋恚破寺塔皆犯偷蘭遮輕者對一人懺悔法波逸
提也罪重於突吉羅故爲第五聚也其中亦有重者若生
噉人肉及惡心破僧房破佛塔寺此則二三人前三說懺耳
若初篇第二篇偷蘭者僧作羯磨懺也此義出摩夷中
僧祇律云瞋心破六種犯偷蘭遮破鉢破三衣破塔破僧
坊破界

若初篇第二篇偷蘭者僧作羯磨懺也此義出摩夷中
僧祇律云瞋心破六種犯偷蘭遮破鉢破三衣破塔破僧
坊破界
有三種人犯薩耆者若僧　若衆多人　若一人　應在三種人前
捨隨　若僧　若衆多人　若一人
・有四種妄語　一波羅夷妄語　二僧殘妄語　三波逸提妄語
四阿眦波羅妄語
・五種慳　一財物　二法　三家　四住處　五稱讚
・五蓋覆心
一慳貪　二瞋恚　三睡眠　四調悔　五疑（貪瞋二蓋能覆戒品　睡調二蓋能覆定品　疑之一蓋能覆慧品）
・十使煩惱　一身見　二邊見　三耶見　四見取
五戒取　六疑　七貪　八瞋心　九慢　十无明也
・此十煩惱駈馳行心流轉不住會觀四諦空无我理滅
初五見得无相行次斷疑使得須陁洹餘之四使欲界煩
惱判為九品斷六品盡得斯陁含斷下三品盡得阿那含
經云斷三結得須陁洹者一我見二戒取三疑此三重又惣
・五下分結　一調戲　二憍慢　三无明　四色染　五无色染也
此是上二界煩惱阿那含人斷之都盡得阿羅漢果
・三塗四趣　一地獄　二畜生　三餓鬼（是謂三塗　純惡業感）　四阿脩羅（雜惡業所感也）
・六道衆生　一地獄道　二畜生道　三餓鬼道　四阿脩羅道
五人道　六天道
・三界皆苦　一欲界（從地獄以上訖六天）　二色界（從初禪梵天訖四禪十八天）　三无色界（四空天訖非非想）
・行道脩善法第五
・菩薩常作六念　一念佛（十方无所畏　禮事供養）　二念法（解滅之諸相願讀誦思義也）　三念僧（良田无所著　願親近敬奉）　四念戒（防非禁惡　願護持不犯）　五念施（能捨除慳恡　願離著清也）　六念天（言清淨非世法无上界安隱住處至義天我今願求必得上果）
・出律增五中也　沙門六念　一念知日月（知今月大小今若干日過无常迅速）　布薩到也
二念知夏數（我是某年某月某日某時受大戒今已若干夏老去也无業若入衆中知上下坐）　三念迴請（我若先受前請今嫁更受後請當迴前請食）

五人道　六天道
・三界皆苦　一欲界（從地獄以上訖六天）　二色界（從初禪梵天訖四禪十八天）　三无色界（四空天訖非非想）
・行道脩善法第五
・菩薩常作六念　一念佛（十方无所畏　禮事供養）　二念法（解滅之諸相願讀誦思義也）　三念僧（良田无所著　願親近敬奉）　四念戒（防非禁惡　願護持不犯）　五念施（能捨除慳恡　願離著清也）　六念天（言清淨非世法无上界安隱住處至義天我今願求必得上果）
・出律增五中也　沙門六念　一念知日月（知今月大小今若干日過无常迅速）　布薩到也
二念知夏數（我是某年某月某日某時受大戒今已若干夏老去也无業若入衆中知上下坐）　三念迴請（我若先受前請今嫁更受後請當迴前請食）
（施比丘某甲鈌某甲非我不計我得自恣良彼某甲於我不者彼前請施主也）　四念受持三衣有長財當說淨
五念不别衆食（四人已上曾受别請當食時界內有比丘）　六念有病當急治无病依衆行道
・病人有五法　一不食不應食者　二喜服藥　三如實語瞻病者
四應行便行應住便住　五身有苦痛能忍身小有能作便作
・又第五句能淨坐思惟　第一念悔先罪病是苦報由惡所招
今復不懺定墮惡道前身積罪餘報未盡今生以来自少
及長為惡日多作善時少五篇諸戒一一思量各曾違犯
今當懺悔若發此心神生淨處第二當觀无常身如坏器
假合所成速朽易壞不可久保命尚不存財何足惜於諸
衣物莫以經懷應捨不須囑授死後任僧不煩留恡也第
三當念佛三昧善調氣息定心守境正向西方觀清淨土
如在目前念念之中如注流水直到彼岸也
・又病人應以三法自量宜
一者重病若得隨意飲食隨病醫藥隨意好看病人於
此三事若得若不得此病會死不能使病得差无常報
盡不可救也尒時病人應作死計莫食非法及破齋也
二者輕病若得隨意飲食隨病湯藥隨意看病人若不
得病亦不死但小將息病自得差　尒時病人不得因病
便欲飲噉破齋服酒也
三者中病若得隨意飲食病則得差若不得病必死

盡不可救世尒時病人應作死計莫食非法及破齋也
二者輕病若得隨意飲食隨病湯藥隨意看病人若不
得病亦不死但小将息病自得差　尒時病人不得因病
便欲飲噉破齋服酒也
三者中病若得隨意飲食病則得差若不得病必死
尒時病人應自思量隨病所宜而噉之也若不能自節限者
看病人應裁割也針灸服藥裁量亦如是求看病人供給
進否亦如是然病人多瞋惱應自調伏也他好心看我已自
難消何況復加惡言龜惱於彼彼看我无利或能心退不
復看我我便死也是故應慚愧於他将護其意勸讚之
·看病人有五得　一者知病人可食不可食可食能与
二者不惡賤病人小便唾吐　三者有慈心不為衣食　四者能經理湯藥
乃至差若死　五者能為病人說法令病者歡喜已身於善法增
長佛言汝强健時不看病他汝今得患誰當看汝告諸比丘
出家不看病為无利益若能供養病人勝供養佛見苦无常
慈悲心重即是第一脩道獲无量功德
·嚼楊枝有五事利益
一口氣不臭　二別味　三熱除消　四引食　五眼明
掃地有五法
得大功德　一不逆風順風　二不應背尊長　三滅跡　四除糞　五還復
箕箒置本處
·經行有五種利益
一堪遠行　二能思惟　三少病　四消食　五得定久住
·散亂心眠有五種過失　一見惡夢　二天不祐護　三心不思法
四不係意在明　五失不淨
·有四種非法眠
一阿脩羅眠仰卧　二覆地眠　三餓鬼眠　四左脇眠

BD03767號　毗尼心經　（34–23）

·散亂心眠有五種過失　一見惡夢　二天不祐護　三心不思法
四不係意在明　五失不淨
·有四種非法眠
一阿脩羅眠仰卧　二覆地眠　三餓鬼眠　四左脇眠
·有四種如法眠　一師子王眠右脇著地兩脚相累　二合口舌
跓上齗　三右手枝頭左手順身上　四不捨念惠思惟明相
·向火有五過失　一令人无顏色　二令人无力　三令人眼闇
四令人鬧集　五多說俗事
·不忍辱人有五過失　一兇惡不忍　二後生悔恨　三多人不愛
四惡聲流布　五死墮惡道　應當忍辱
·脩身四威儀　一行威儀攝身威儀向前直進　二住威儀手立叉手隨便正身　三坐威儀跏趺恒脉直身
四卧威儀右脇著地累脚展身係相在明念當早起
·脩口四威儀　一當作法語實語　二常作正語直語
三常作和合語滅諍語　四常作柔濡語悅心樂聞語
脩十二頭陀之行頭名少欲陀名知足外藪煩惱離於滞
著故曰頭陀向菩十二　一持糞掃衣此人不受利養衣物　二持三衣此人不畜長財物　三持
隨衣此人復得供不畜盈長物　四常乞食此人受請不食僧食　五一揣事事一斯不再益　六一坐食壞威儀已不再
厭也　七不作餘食法食朝朔中飯不再正食　八樹下坐觀樹從諸法因緣生我身亦亦是生滅法　九塚間
坐觀尸不淨白骨无常　十露坐觀諸法空无所有也　十一隨處坐觀諸法流動无定性不自在故无我亦是靜名阿蘭若處
十二常坐不卧觀睡眠急墮死墮惡道若不端身正意行无由成　此十二者持衣有三食法
有四坐處有五行人於衣食處心无滞著而藉緣發
道脩進殊勲此若行世經論異名且存一說
·脩五門禪　一貪欲多者脩不淨觀　二瞋恚多者脩慈悲觀　三愚癡多者脩十二因緣觀　四著我多者脩十八界空觀　五思覺多者脩出入息觀
脩六門禪　一數令病多數出息無病多數入息繫心在鼻柱當門安徐數從一至十且成就為一念若起亂　二隨心隨息出入鼻息根　三止繫心傳住守鼻柱當門勿令馳散　五還繫心是動亂之令還住　六淨澄心一境无復動亂
本乃至无失志捨門
入淨心三昧
法相顯見
·八種惡覺　一欲覺二恚覺三害覺四不死覺五親里覺六國土覺七輕慢覺八族

BD03767號　毗尼心經　（34–24）

道循進弥懃此苦行也經論異名且存一說

•循五門禪 一貪欲多者循不淨觀 二瞋恚多者循慈悲觀 三愚癡多者循十二因緣觀 四著我多者循十八界空觀 五思覺多者循出入息觀

循六門禪 一數 令病多數出息無病多數入息繫心在鼻柱當門安 徐數從一至十息成就為一念若越亂皆不當 二隨 心隨息出入窮息根

志梅門 本乃至无 三止 繫心傳住守鼻柱當門勿令馳散 四觀 觀息非我 心亦非我 若異 五還 緣皆是動亂之令還住 六淨 澄心一境无復動亂得

入淨心三昧 法相顯見

•八種惡覺 一欲覺 二恚覺 三害覺 四不死覺 五親里覺 六國土覺 七輕慢覺 八族性覺 多思惟此八事者應作數息法眼之

八種觸 麁觸 重觸 輕觸 冷觸 熱觸 澁觸 滑觸 痒觸 此八觸來應者或能發定 或能發魔 當對治除之

•三種調心法 一制 精進過多心則調動宜當攝心莫使馳散 二發 守境既久心轉沈沒宜應擧策方便生心也 三捨 調停

得中宜應正念入空三昧

•循四念處 一觀身不淨 從頭至足卅六物皆是不淨膿囊臭穢如死狗也 二觀受是苦 世間苦樂會歸毀壞違遍於心皆是苦受也 三觀心无常 六識念念生滅前心非後心如水流燈焰夾故知人命无常 四觀法无我 想心取假諸法无實行心

造業如幻所作皆是虛妄无有堅實所緣之法皆空

•循四正懃 一惡法未生方便令不生 二惡法已生方便令除斷 三善法未生方便令生 四善法已生方便令增長 惡從心生還由心滅 善從心生還由心長 當勤心觀察

此四種法也 •循四无量心 一循慈心 念一切衆生欲与其樂思惟作无量衣食等物施与衆生慈觀平等皆与上樂是名慈循 二循悲心 念一

切衆生欲拔其苦此名循悲心 三循喜心 念一切衆生若循善者我悉讚喜若造惡者勸令斷惡當遠惡揚善 四循捨心 於一切衆生中皆悉平等

不見惡親等同空法也

•循六妙行 一識不与色觀 明看青黃朱紫心不染著勝妙行 二耳不著聲 但取言下之法不受著

音聲 三鼻不染香 四舌不貪味 五身不著細滑等觸 六意不思惟

惡法

•沙門五淨德行 一者發心離俗懷佛道故 二者毀其形好應法服故 三者永割親愛无適莫故 四者委棄軀命遵崇道故 五者志求大乘欲度人故 出福田經 依知僧

祇律應當說十數 為彼十種外道 又欲知是誰住 說一者所有衆生皆依飲食 二者名色 三者三受 四者四諦 五者五陰 六者六入 七者七覺意 八者八正道 九者九衆生居 十者十一切入

衣道資緣法第六

欲得寂滅樂當習沙門法衣食繼身命精麁隨衆等

四依法 一依糞掃衣 此上品人但拾棄之物納以為衣不受信施此衆少欲滑供 身循道也中品之人不堪聽依僧次受固利物下品人聽受別施及貴賣割壞衣

二依乞食 此上品之人除獨降身伏貪乞食不受請供不擇貧富越滑支身濟命循道中品人聽受僧次及送供下品人聽受僧常住食及別請供養也

三依樹下坐 此上品人不受房舍卧具 □開樹下但滑陰華漏形循道中品人 居小房石室趣不寻頭庵趣容膝下品人聽受大房及私房

四依腐爛藥 此上品人有病時為除報身服此陳棄藥此大小便計能差衆病而不人但取愈患得存身循道中品人依僧次受酥油蜜下品人受施

比丘依託此四法滑資身活命寧處循道衣為外資食

為內資卧具能遮外患湯藥能除內患外託衣及處內假

二依乞食 此上品之人除獨降身伏貪乞食不受請供不擇貧富越滑支身濟命循道中品人聽受僧次及送供下品人聽受僧常住食及別請供養也

三依樹下坐 此上品人不受房舍卧具 □開樹下但滑陰華漏形循道中品人 居小房石室趣不寻頭庵趣容膝下品人聽受大房及私房

四依腐爛藥 此上品人有病時為除報身服此陳棄藥此大小便計能差衆病而不人但取愈患得存身循道中品人依僧次受酥油蜜下品人受施

比丘依託此四法滑資身活命寧處循道衣為外資食

為內資卧具能遮外患湯藥能除內患外託衣及處內假

食与藥此緣方滑循道能生无漏故名四聖種也比丘

當准己力依上中下品而行之不可越分而循若上人行

下法則退若中人行上法則過若下人行中法則不及

三衣六物 一安陁會 五條袈裟一長一短一重是複中衣大小便洗鉢掃地作事時著五條

二欝多羅僧 七條袈裟二長一短二重作割截成是入衆衣大小食時行道法事衆集時著七條安鉤紐量法如下說之義

三僧伽梨 是入王宮聚落衣降天魔伏外道化愚之時著大衣是物數從九條十一條十三條為下品衣十五條十七條十九條為中品廿一廿三條廿五條為上品三長一短三重若故帛隨意

多重 縫三肘橫五肘割截成周迊緣帖四角安鉤紐三種色

四鉢多羅 應量器若泥若鐵 以上三斗以還 黃色

五尼師檀 坐具廣三尺以上四尺以長以上尺五以周迊緣染壞色

六針筒 鐵銅錫竹栢木等作常隨身循理威儀

有十種衣應染作袈裟色 一施衣 二劫貝衣 三欽波羅 四芻麻衣 五叉摩衣 六舍㲲衣 七麻衣 八翅夷羅衣 九拘遮羅衣 十八差羅波尼衣也

•有十種糞掃衣 一牛嚼衣 二鼠嚙衣 三燒衣 四月水衣 五初産衣 六神廟衣 七塚間衣 八願衣 九受王位衣 十往還衣 此名十衣

三種賤法 一刀賤 割壞衣財 二衣賤 青黑木蘭雜染壞色名不均色

•二種淨 一說淨 堪任作衣者廣八寸長一尺六皆舍說淨 二點淨 手巾非作衣者悉作三點壞純色也

•二種淨施 一真實淨施 所得衣財對手捨与五衆出家人付彼償視借取用也 二展轉淨施 作法捨不須問隨意

不滑畜八不淨 一畜庄店 二田宅 三人民 四奴婢 五畜生 六珍寶 七貯聚生穀 八生熟食具賤衆僧淨畜

•離五耶命自活 一仰口食 仰觀星宿陰陽 二下口食 耕田種作墾土栽植林木以為生業 四維口食 治生方博傍遠逃 三方口食 曲媚豪勢通使四方 用此活命名為方口 四方口食 工師咒說扇博酒頭 貴賣舌讚求才利 斯名耶命

•三種時食 一蒲闍尼食 二佉闍尼食 根莖 三奢耶尼食 含消

四種藥 一時藥 二時非藥 三七日藥 四盡形藥 乳酪

•五種正食 一飯 二麨 三乾飯 四魚 五宍 若中前噉此等者中時不滑更食若必欲食應作餘食法

三種不淨宍不應食 一見煞 二聞煞 三疑為己作

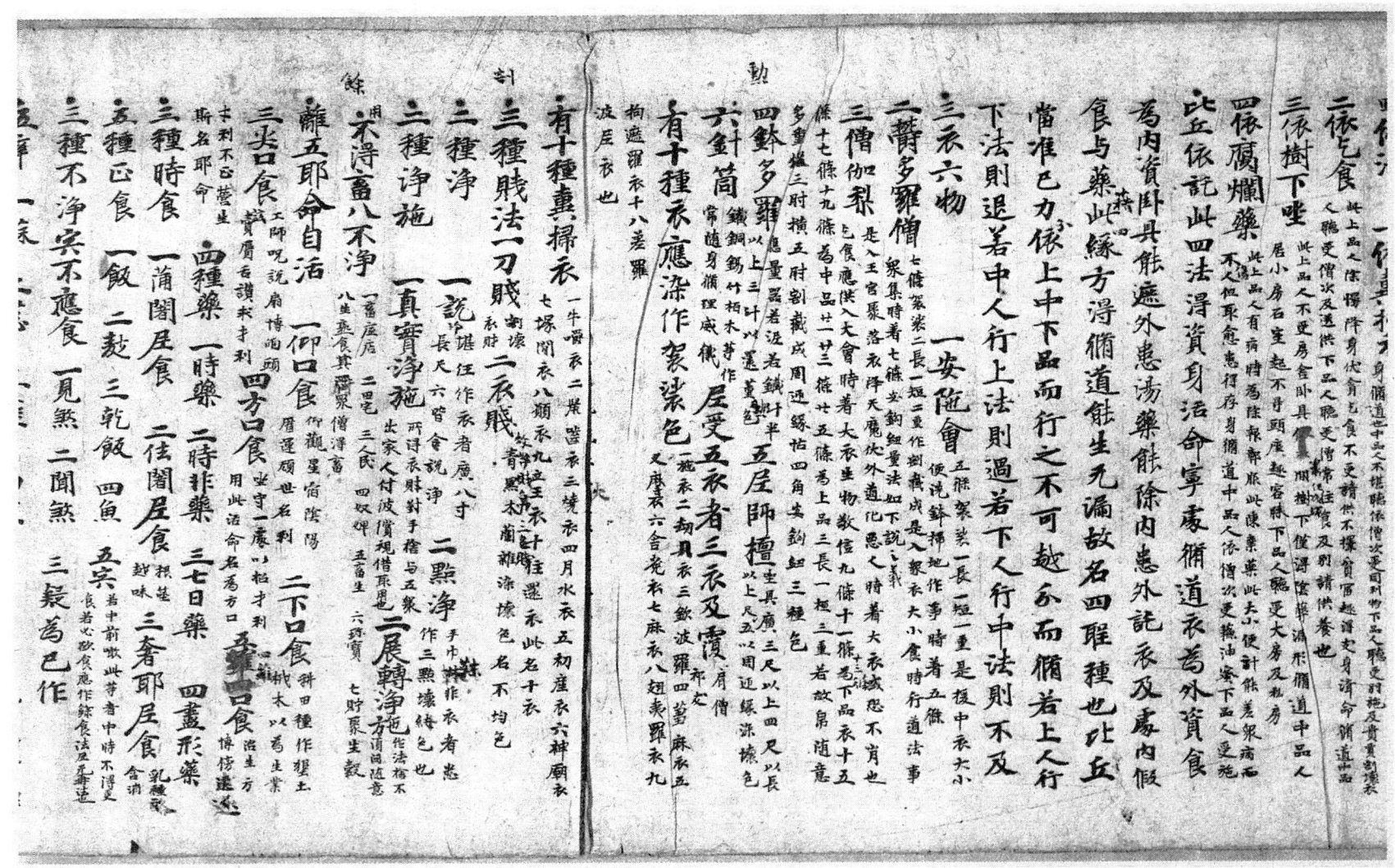

三種時食　一蒲闍尼食　二佉闍尼食　三奢耶尼食（乾飯含消）
五種正食　一飯　二麨　三乾飯　四魚　五宍（根莖麨味　若中前噉此等者中時不得更食若必欲食應作餘食法足無過）
三種不淨宍不應食　一見煞　二聞煞　三疑為己作
五辛　一蒜　二葱　三韮　四薤　五興渠（燒香請佛猶恐諸佛无感況）
復臭穢能動而非鄣道耶若生若熟若雜和皆不得着食護戒神去
飲酒有十失
一无顏色　二无勢力　三眼闇　四喜現瞋相　五失財物
六生病事　七益鬪諍　八惡名流布　九智慧轉少　十死墮惡道
煩惱性利終日伏之猶尚難制況復加之以酒資助煩惱
發動必然也先多貪得酒欲心必發也先瞋多得酒恚心
必發先多癡者得酒必惛迷顛倒驕恣放散无眠轉重
凡飲食若能資道服之若增煩惱者之也
食粥有五種利益　一除飢　二解渴　三消食
四大小便通利　五除風（粥者初出鍋中草畫不成字得噉若成字是糜若噉犯白食）
讃八遮　一自恣足　二少欲足　三穢汙足　四離足
五謟曲足　六不便足　七停住足　八自已足
八種漿　一梨漿　二閻浮漿（菓）　三酸棗漿　四甘遮漿
五微草漿　六舍樓伽漿　七伽樓漿　八蒲桃漿非時得飲
五種藥　一蘇　二油　三生蘇　四蜜　五石蜜
作法得七日服　五種脂　一熊脂　二魚脂　三驢脂　四猪脂
五蝎摩魚脂（作法如油得七日服）
四種淨地　一僧伽藍時處分作淨地　二為僧作寺未施僧
三若半籬鄣若都无垣墻　四白二羯磨結作淨地
二種淨　一僧結淨（大僧不得在淨地宿）　二檀越淨（檀越由檀越眾僧不得隨意迴轉）
五種淨法　一火淨　二刀淨　三創淨　四鳥啄破淨　五不中種淨
此中刀淨創淨鳥啄應去子食火淨不中種淨得盡食
又五種淨　一皮剝淨　二破皮淨　三腐淨　四破淨
五指爪淨（若不火淨……）

三若半籬鄣若都无垣墻　四白二羯磨結作淨地
二種淨　一僧結淨（大僧不得在淨地宿）　二檀越淨（檀越由檀越眾僧不得隨意迴轉）
五種淨法　一火淨　二刀淨　三創淨　四鳥啄破淨　五不中種淨
此中刀淨創淨鳥啄應去子食火淨不中種淨得盡食
又五種淨　一皮剝淨　二破皮淨　三腐淨　四破淨
五瓜爪淨（若不火淨得噉也）
五生種　一根生種　二枝生種　三節生種　四覆羅種
五子子種（若不火淨不得傷皮噉）
五種受食法　一手与手受　二手与物受　三物与手受
四物与物受　五遙与得墮手中受（擲物）
夫受食者割貪求之心應仰手令他施手中若自捉器
令他授器中不應橫手捷取及以着栟皆不成受若不
落手中遺落器外者悉不得噉若意欲更彼而錯受
此佛言不成受應更受若作總離意得成受若人觸食
器則失受也應離更受不得便自手舉之凡未受輒自
手舉犯惡舉犯惡舉突吉羅罪夫食甚繁穢應生
猒離然人喜嗜味貪多競攬向已貶不成受犯不与取
於食不節後致過初乞食時應誦此偈　令諸乞者悉
得飽滿其施食者得无量福我若得食為療毒身脩集
善法利益施主若得食在手當先迴以供養應說此偈
以一食諸佛及眾賢聖然後乃食若欲噉食應作猒離
食想遍觀此食皆是不淨飯如白虫羹如下汁餅似人皮
酪似膿腦隨取相似破貪美心既不着味即於食生猒但
如服藥而已矣食竟收鉢應說此偈　飯食已訖當願
眾生德行充盈成十種力
信施檀越法第七
四恩　一父母恩（能生己身得有今日）　二師僧恩（生我法身以法施我）　三國王恩（故我從水土草木常蒙……）

食想遍觀此食皆是不淨飯如白虫羹如下汁餅似人皮
酪似膿腦隨取相似破貪美心既不著味即於食生猒但
如服藥而已矣食竟收鉢應說此偈　飯食已訖當願
衆生德行充盈成十種力
信施檀越法第七
四恩　一父母恩 能生已身 得有今日　二師僧恩 生我法身 以法施我　三國王恩 放我採伐水土草木當稅
四檀越恩 供給衣食 資我身命 出家行道常報四恩
•四輩檀越　一天輩 天厨甘露 獻出家人　二龍輩 牛麻獻乳猴 奉麥鳥施果等　三鬼神輩 山神施菓 海神施珠
四人輩 剎利婆羅門毗舍首陀四姓施主供給所須　此等來施如法得受
•四事供養　一飲食　二衣服　三卧具　四醫藥
•八種布施法　一比丘僧得施 唯屬比丘現前數人分　二比丘尼僧得施 唯屬尼衆現前數人分
三二部僧得施 不問人多少分物作二分 半屬尼半屬比丘僧　四者四方僧施得 來者皆得 應作羯磨分亦不得供
尼同作羯磨亦不得羯磨 寶若施招提僧不須作法　五界內僧得施 屬處住僧入界皆得 但羯磨分物 持來者共用不得將去　六同
羯磨僧得施 共一處作法 事者得此物　七稱名字僧施 若湯言施上坐施法師呪願看病人等 此不關餘亦得僧福
八一人僧得施 從上坐行之 隨取者与之　•隨檀越施衣此八法分若无伴分別
上坐應問八種施中為作何施僧之福若不依此八法而
受則輕損信施違犯處差五德者分之好惡相参令不見者
擲籌餘人不得亂言利養難消貧冨不在此莫嫌恨改人志
行也　若得衣政可割分不勞責取錢至不獲已得錢者
慎莫手受應語言我不應受此不淨財若我須衣合時
清淨衣當受便令淨人知之語言檀主知是看是此人
還与比丘者當以彼人物故使淨人貿後得淨衣索用知
之應如法求如法与應如法施如法受如法住
如
•出家人應離世八風　一利 若得利養心便生喜 貪利不恥破道心　二衰 若失利養心便憂惱 恚對恨情衰滅道心
三毀 若被折辱心便退沒 可毀不受道心敗喪　四譽 若得讚嘆心生高舉 竊求名聞道心亂動　五稱 若他讚飾心便我大 輕人重己道心頭墮　六
譏 若失恭敬心便不推怨 已願人道心敗壞　七苦 若違情生心便不忍 結根經賢消滅善心　八樂 若順情生適心便耽著 迷惑失壞道心淨散
•白衣家有九法　未作檀越不應作若至其家不應坐

BD03767號　毗尼心經　（34–29）

•出家人應離世八風　一利 若得利養心便生喜 貪利不恥破道心　二衰 若失利養心便憂惱 恚對恨情衰滅道心
三毀 若被折辱心便退沒 可毀不受道心敗喪　四譽 若得讚嘆心生高舉 竊求名聞道心亂動　五稱 若他讚飾心便我大 輕人重己道心頭墮　六
譏 若失恭敬心便不推怨 已願人道心敗壞　七苦 若違情生心便不忍 結根經賢消滅善心　八樂 若順情生適心便耽著 迷惑失壞道心淨散
•白衣家有九法　未作檀越不應作若至其家不應坐
何等九　一見比丘不喜起立　二不喜作礼　三不喜請比丘坐
四不喜比丘坐　五設有所說而不受　六若有衣服飲食
所須之具輕慢比丘而不与　七若多有而少与　八若有精
細而与麁惡　九或不恭敬心与觀相檀越於此九法中但
有事一不須數往其家
•白衣家有九法　未作檀越應令作若至其家應坐
何等九　一見比丘喜起立　二喜作礼　三喜請比丘坐　四喜比丘坐
五設有所說而信受　六若有衣服飲食所須之具敬重敬而与　七若有少而与多
八若有麁惡与精細九恭敬心与　觀望白衣家內外信心備此九法
者應請取作檀越　比丘无惱檀越得福道倍相假善法日生
•檀越有五事不應与作覆鉢羯磨　一不孝順父　二不孝順母
三不敬沙門　四不敬婆羅門　五不恭事比丘　此是惡人先无
信心不受治罰於法无益故不為也
•白衣有十法衆僧應与作覆鉢　一罵謗比丘　二為比丘作
損減　三為比丘作无利益　四方便令无住處　五鬬亂比丘
六於比丘前說佛惡　七說法惡　八說僧惡　九以无根不
淨法謗比丘　十若犯比丘尼　此十事中隨犯一事合為作
覆鉢羯磨一切僧尼不得至其家此人本有信心今忽為惡
宜加以折伏令其改過故作此法
•比丘有十事應与作遮不至白衣家羯磨　一喜罵謗白衣
二方便為白衣作損減　三方便為作无利益　四為作无住
處　五鬬乱白衣　六在白衣前毀佛　七在白衣前毀法
八在白衣前毀僧　九罵白衣作下業　十調誑白衣

BD03767號　毗尼心經　（34–30）

鬪諍事一切僧尼不得至其家此人本有信心今忽為惡
宜加以折伏令其改過故作此法
•比丘有十事應与作遮不至白衣家羯磨　一喜罵謗白衣
二方便為白衣作損減　三方便為作无利益　四為作无住
處　五鬪亂白衣　六在白衣前毀佛　七在白衣前毀法
八在白衣前毀僧　九罵白衣作下業　十調誑白衣
比丘若犯一事應作羯磨治罰不聽復至白衣家仰令使
辞謝乞歡喜
•有八法者應差作僧使往白衣舍　一能聽　二能說　三自解
四能令他解　五能受語　六能憶持　七无謬失　八別好惡
語義
•比丘有五事為白衣所不喜見　一喜親白衣　二喜瞋白衣
三喜強至白衣家　四喜与白衣竊語　五喜乞求白衣生不
欲見
•常喜往返白衣家有十過失
一不囑比丘便入村　二在有欲意男女中坐　三獨坐　四在屏覆
處　五无有知男女与女人過五六語　六者數見女人
七既相附近　八轉親厚　九已親厚生欲意　十已有欲意或至死
著次死苦
•比丘有五事生人疑　一數往婬女家　二數往婦人家　三數
往大童女家　四數往黃門家　五數往比丘尼寺
•比丘入王宮至婇女間有十過失
一夫人見比丘尼咲令王生疑　二夫人有身令王生疑　三太子
欲反王疑比丘　四有審語以聞於外王疑比丘　五官內失
寶王疑比丘　六王以賤人在高位外不喜者疑比丘
七王以高位者在下職外不喜者疑比丘　八王非時集四部
兵其不喜者疑比丘　九集兵中路而還其不喜者疑比丘
十王出好鳥馬端政女人見則心生愛著非比丘法比丘不於

BD03767 號　毗尼心經

(34–31)

一夫人見比丘尼咲令王生疑　二夫人有身令王生疑　三太子
欲及王疑比丘　四有審語以聞於外王疑比丘　五官內失
寶王疑比丘　六王以賤人在高位外不喜者疑比丘
七王以高位者在下職外不喜者疑比丘　八王非時集四部
兵其不喜者疑比丘　九集兵中路而還其不喜者疑比丘
十王出好鳥馬端政女人見則心生愛著非比丘法比丘不於
有力而親近大官不免斯過
護持法藏第八
•三藏教法　一脩多羅藏此五本說是一切經教　二毗尼藏此五能滅是一切戒律
三阿毗曇藏此五无比法是一切論文
•三學行法
一增戒學善脩戒也　二增定學脩心正念惠習觀定　三增慧學求解思義脩道觀法
三種持　一持經依經而行　二持律依律而行　三持摩夷依論而行
三種知法人　一知法善解經義　二知律善識律相　三知摩夷善知論文
三種如法　一是法所為合經　二是毗尼事必如律　三是佛所教合更教事
四種廣說
一者有人言我從佛邊聞如是法　二者有人言我從眾
僧聞如是法　三者有人言我從眾多知法人邊聞如
是法　四者有人言我從一知法人邊聞如是法
佛言若聞其所說不應便生嫌疑亦不應呵當審定
文句勘驗三藏若与經相應律相應毗曇相應當善受
持亦教他人若義不入前三法相應者即應捨之此以三
藏教驗其所說若欲驗三藏知耶正者當以理法印之
•以三法印驗小乘教
一者一切法无常　二者一切法苦　三者一切法无我若經
律論明此三句義者是佛正法
•次以四法印驗通教大乘
一一切法无常　二一切法苦　三一切法无我　四[illegible]

BD03767 號　毗尼心經

(34–32)

藏教驗其所說若欲驗三藏知耶正者當以理法印之
以三法印驗小乘教
一者一切法无常　二者一切法苦　三者一切法无我若經
律論明此三句義者是佛正法
次以四法印驗通教大乘
一切法无常　二一切法苦　三一切法无我　四涅槃法寂滅
初二句世帝中一句真帝後一句金剛以後常果也若經律
論明此四句義者是佛正法也
次以五法印驗通宗大乘
一切法无常　二一切法苦　三一切法空　四一切法无我　五一切法寂滅
初二句有為緣集法界不同敗壞也中二句无為緣集
法界常住後一句自體緣集法界本來常尔不增不
減非常非无常也　若經律論明此五句義者是佛
大乘真宗正法也
文四堪法印
一法體堪　二因緣堪　三作堪　四成辨堪也
持律人有五功德
一戒品堅牢　二善勝諸惡　三於衆中決斷无畏
四若有疑悔能開解　五善持毗尼令正法久住
慈毗尼心者實日靈睛寶藏世儉約內外先潤自他守
護六根防慎三業住昂允理進退合儀上下相管大小
是録行立指授坐教詔哉自非如來慈被熟能若斯
故稱佛為六道尊師四生父母矣豈直言讚而已僉共行
之學之彼我丈夫已得當得如火在木攢搖放光似玉處
泥濤澄發彩辟金藏土之闇金明闇銷金顯水清玉現
尸羅清淨三昧現前　三昧現前光流惠起故經云先
以定動後以智拔斯言信矣戒淨定淨定淨惠淨惠

BD03767號　毗尼心經　（34–33）

文四堪法印
一法體堪　二因緣堪　三作堪　四成辨堪也
持律人有五功德
一戒品堅牢　二善勝諸惡　三於衆中決斷无畏
四若有疑悔能開解　五善持毗尼令正法久住
慈毗尼心者實日靈睛寶藏世儉約內外先潤自他守
護六根防慎三業住昂允理進退合儀上下相管大小
是録行立指授坐教詔哉自非如來慈被熟能若斯
故稱佛為六道尊師四生父母矣豈直言讚而已僉共行
之學之彼我丈夫已得當得如火在木攢搖放光似玉處
泥濤澄發彩辟金藏土之闇金明闇銷金顯水清玉現
尸羅清淨三昧現前　三昧現前光流惠起故經云先
以定動後以智拔斯言信矣戒淨定淨定淨惠淨惠
淨心淨心淨土淨

毗尼心一卷

BD03767號　毗尼心經　（34–34）

子諸法遠離亦無散失何以故
遠離無盡性故時舍利子問善現言何法
遠離亦無散失善現荅言舍利子色遠離亦
無散失受想行識遠離亦無散失舍利子眼
處遠離亦無散失耳鼻舌身意處遠離亦無
散失舍利子色處遠離亦無散失聲香味觸
法處遠離亦無散失舍利子眼界遠離亦無
散失色界眼識界及眼觸眼觸為緣所生諸
受遠離亦無散失舍利子耳界遠離亦無散
失聲界耳識界及耳觸耳觸為緣所生諸受
遠離亦無散失舍利子鼻界遠離亦無散失
香界鼻識界及鼻觸鼻觸為緣所生諸受遠
離亦無散失舍利子舌界遠離亦無散失味
界舌識界及舌觸舌觸為緣所生諸受遠離
亦無散失舍利子身界遠離亦無散失觸界
身識界及身觸身觸為緣所生諸受遠離亦
無散失舍利子意界遠離亦無散失法界意
識界及意觸意觸為緣所生諸受遠離亦無

BD03768號　大般若波羅蜜多經卷六八　（19–1）

界舌識界及舌觸舌觸為緣所生諸受遠離
亦無散失舍利子身界遠離亦無散失觸界
身識界及身觸身觸為緣所生諸受遠離亦
無散失舍利子意界遠離亦無散失法界意
識界及意觸意觸為緣所生諸受遠離亦無
散失舍利子地界遠離亦無散失水火風空
識界遠離亦無散失舍利子苦聖諦遠離亦
無散失集滅道聖諦遠離亦無散失舍利子
無明遠離亦無散失行識名色六處觸受愛
取有生老死愁歎苦憂惱遠離亦無散失舍
利子內空遠離亦無散失外空內外空空空
大空勝義空有為空無為空畢竟空無際空
散空無變異空本性空自相空共相空一切
法空不可得空無性空自性空無性自性空
遠離亦無散失
舍利子布施波羅蜜多遠離亦無散失淨戒
安忍精進靜慮般若波羅蜜多遠離亦無散
失舍利子四靜慮遠離亦無散失四無量四無
色定遠離亦無散失舍利子八解脫遠離
亦無散失八勝處九次第定十遍處遠離亦
無散失舍利子四念住遠離亦無散失四正
斷四神足五根五力七等覺支八聖道支遠
離亦無散失舍利子空解脫門遠離亦無散
失無相無願解脫門遠離亦無散失舍利子
五眼遠離亦無散失六神通遠離亦無散失
舍利子佛十力遠離亦無散失四無所畏四

BD03768號　大般若波羅蜜多經卷六八　（19–2）

無散失舍利子四念住遠離亦無散失四正
斷四神足五根五力七等覺支八聖道支遠
離亦無散失舍利子空解脫門遠離亦無散
失無相無願解脫門遠離亦無散失舍利子
五眼遠離亦無散失六神通遠離亦無散失
舍利子佛十力遠離亦無散失四無所畏四
無礙解大慈大悲大喜大捨十八佛不共法
遠離亦無散失舍利子一切智遠離亦無散
失道相智一切相智遠離亦無散失舍利
子無忘失法遠離亦無散失恒住捨性遠離亦
無散失舍利子一切陀羅尼門遠離亦無散
失一切三摩地門遠離亦無散失舍利子極
喜地遠離亦無散失離垢地發光地焰慧地
極難勝地現前地遠行地不動地善慧地法
雲地遠離亦無散失舍利子異生地遠離亦
無散失種姓地第八地具見地薄地離欲地
已辦地獨覺地菩薩地如來地遠離亦無散
失舍利子聲聞乘遠離亦無散失獨覺乘
大乘遠離亦無散失舍利子由此緣故我作
是說諸法亦尒都無自性
復次舍利子諸法空亦無散失何以故若法
空無盡性故時舍利子問善現言何法空亦
無散失善現答言舍利子色空亦無散失
受想行識空亦無散失舍利子眼處空亦無散
失耳鼻舌身意處空亦無散失舍利子色處
空亦無散失聲香味觸法處空亦無散失舍
利子眼界空亦無散失色界眼識界及眼觸

BD03768號　大般若波羅蜜多經卷六八　（19–3）

受想行識空亦無散失舍利子眼處空亦無散
失耳鼻舌身意處空亦無散失舍利子色處
空亦無散失聲香味觸法處空亦無散失舍
利子眼界空亦無散失色界眼識界及眼觸
眼觸為緣所生諸受空亦無散失舍利子耳
界空亦無散失聲界耳識界及耳觸耳觸為
緣所生諸受空亦無散失舍利子鼻界空亦
無散失香界鼻識界及鼻觸鼻觸為緣所生
諸受空亦無散失舍利子舌界空亦無散失味
界舌識界及舌觸舌觸為緣所生諸受空亦
無散失舍利子身界空亦無散失觸界身識
界及身觸身觸為緣所生諸受空亦無散
失舍利子意界空亦無散失法界意識界及
意觸意觸為緣所生諸受空亦無散失舍利
子地界空亦無散失水火風空識界空亦無
散失舍利子苦聖諦空亦無散失集滅道聖
諦空亦無散失舍利子無明空亦無散失行
識名色六處觸受愛取有生老死愁歎苦憂
惱空亦無散失舍利子內空空亦無散失外
空內外空空空大空勝義空有為空無為空
畢竟空無際空散空無變異空本性空自相
空共相空一切法空不可得空無性空自性
空無性自性空空亦無散失
舍利子布施波羅蜜多空亦無散失淨戒安
忍精進靜慮般若波羅蜜多空亦無散失舍
利子四靜慮空亦無散失四無量四無色定

BD03768號　大般若波羅蜜多經卷六八　（19–4）

空共相空一切法空不可得空無性空自性
空無性自性空空亦無散失
舍利子布施波羅蜜多空亦無散失淨戒安
忍精進靜慮般若波羅蜜多空亦無散失舍
利子四靜慮空亦無散失四無量四無色定
空亦無散失舍利子八解脫空亦無散失八
勝處九次第定十遍處空亦無散失舍利子
四念住空亦無散失四正斷四神足五根五
力七等覺支八聖道支空亦無散失舍利子
空解脫門空亦無散失無相無願解脫門空
亦無散失舍利子五眼空亦無散失六神通
空亦無散失舍利子佛十力空亦無散失四
無所畏四無礙解大慈大悲大喜大捨十八
佛不共法空亦無散失舍利子一切智空亦
無散失道相智一切相智空亦無散失舍利
子無忘失法空亦無散失恒住捨性空亦無
散失舍利子一切陀羅尼門空亦無散失一
切三摩地門空亦無散失舍利子極喜地空
亦無散失離垢地發光地焰慧地極難勝地
現前地遠行地不動地善慧地法雲地空亦
無散失舍利子異生地空亦無散失種姓地
第八地具見地薄地離欲地已辦地獨覺地
菩薩地如來地空亦無散失舍利子聲聞乘
空亦無散失獨覺乘大乘空亦無散失舍利
子由此緣故我作是說諸法亦尒都無自性
復次舍利子諸法無相亦無散失何以故若

菩薩地如來地空亦無散失舍利子聲聞乘
空亦無散失獨覺乘大乘空亦無散失舍利
子由此緣故我作是說諸法亦尒都無自性
復次舍利子諸法無相亦無散失何以故若
法無相無盡性故時舍利子問善現言何法
無相亦無散失善現答言舍利子色無相亦
無散失受想行識無相亦無散失舍利子眼
處無相亦無散失耳鼻舌身意處無相亦無
散失舍利子色處無相亦無散失聲香味觸
法處無相亦無散失舍利子眼界無相亦無
散失色界眼識界及眼觸眼觸為緣所生諸
受無相亦無散失舍利子耳界無相亦無散
失聲界耳識界及耳觸耳觸為緣所生諸受
無相亦無散失舍利子鼻界無相亦無散失
香界鼻識界及鼻觸鼻觸為緣亦無散失味
界相亦無散失舍利子舌界無相亦無散失味
界舌識界及舌觸舌觸為緣所生諸受無相
亦無散失舍利子身界無相亦無散失觸界
身識界及身觸身觸為緣所生諸受無相亦
無散失舍利子意界無相亦無散失法界意
識界及意觸意觸為緣所生諸受無相亦無
散失舍利子地界無相亦無散失水火風空
識界無相亦無散失舍利子苦聖諦無相亦
無散失集滅道聖諦無相亦無散失舍利子
無明無相亦無散失行識名色六處觸受愛
取有生老死愁歎苦憂惱無相亦無散失舍

無散失集滅道聖諦無相亦無散失舍利子
無明無相亦無散失行識名色六處觸受愛
取有生老死愁歎苦憂惱無相亦無散失舍
利子由空無相亦無散失外空內外空空空
大空勝義空有為空無為空畢竟空無際空
散空無變異空本性空自相空共相空一切
法空不可得空無性空自性空無性自性空
無相亦無散失
舍利子布施波羅蜜多無相亦無散失淨戒
安忍精進靜慮般若波羅蜜多無相亦無散
失舍利子四靜慮無相亦無散失四無量四
無色定無相亦無散失舍利子八解脫無相
亦無散失八勝處九次第定十遍處無相亦
無散失舍利子四念住無相亦無散失四正
斷四神足五根五力七等覺支八聖道支無
相亦無散失舍利子空解脫門無相亦無散
失無相無願解脫門無相亦無散失舍利子
五眼無相亦無散失六神通無相亦無散失
舍利子佛十力無相亦無散失四無所畏四
無礙解大慈大悲大喜大捨十八佛不共法
無相亦無散失舍利子一切智無相亦無散
失道相智一切相智無相亦無散失舍利子
無忘失法無相亦無散失恒住捨性無相亦
無散失舍利子一切陀羅尼門無相亦無散
失一切三摩地門無相亦無散失舍利子極
喜地無相亦無散失離垢地發光地焰慧地

BD03768 號　大般若波羅蜜多經卷六八　（19–7）

失道相智一切相智無相亦無散失舍利子
無忘失法無相亦無散失恒住捨性無相亦
無散失舍利子一切陀羅尼門無相亦無散
失一切三摩地門無相亦無散失舍利子極
喜地無相亦無散失離垢地發光地焰慧地
極難勝地現前地遠行地不動地善慧地法
雲地無相亦無散失舍利子異生地無相亦無
散失種姓地第八地具見地薄地離欲地已
辦地獨覺地菩薩地如來地無相亦無散失
舍利子聲聞乘無相亦無散失獨覺乘大乘
無相亦無散失舍利子由此緣故我作是說諸
法亦爾都無自性
復次舍利子諸法無願亦無散失何以故若
法無願無盡性故時舍利子問善現言何法
無願亦無散失善現答言舍利子色無願亦
無散失受想行識無願亦無散失舍利子眼
處無願亦無散失耳鼻舌身意處無願亦無
散失舍利子色處無願亦無散失聲香味觸
法處無願亦無散失舍利子眼界無願亦無散
失色界眼識界及眼觸眼觸為緣所生諸受
無願亦無散失舍利子耳界無願亦無散失
聲界耳識界及耳觸耳觸為緣所生諸受無
願亦無散失舍利子鼻界無願亦無散失香
界鼻識界及鼻觸鼻觸為緣所生諸受無願
亦無散失舍利子香界無願亦無散失味界
舌識界及舌觸舌觸為緣所生諸受無願亦

BD03768 號　大般若波羅蜜多經卷六八　（19–8）

聲界耳識界及耳觸耳觸為緣所生諸受無
願亦無散失舍利子鼻界無願亦無散失香
界鼻識界及鼻觸鼻觸為緣所生諸受無願
亦無散失舍利子香界無願亦無散失味界
舌識界及舌觸舌觸為緣所生諸受無願亦
無散失舍利子身界無願亦無散失觸界身
識界及身觸身觸為緣所生諸受無願亦無
散失舍利子意界無願亦無散失法界意識
界及意觸意觸為緣所生諸受無願亦無散
失舍利子地界無願亦無散失水火風空識
界無願亦無散失舍利子苦聖諦無願亦無
散失集滅道聖諦無願亦無散失舍利子無
明無願亦無散失行識名色六處觸受愛取
有生老死愁歎苦憂惱無願亦無散失舍利
子內空無願亦無散失外空內外空空空大
空勝義空有為空無為空畢竟空無際空散
空無變異空本性空自相空共相空一切法
空不可得空無性空自性空無性自性空無願
亦無散失
舍利子布施波羅蜜多無願亦無散失淨戒
安忍精進靜慮般若波羅蜜多無願亦無散
失舍利子四靜慮無願亦無散失四無量四
無色定無願亦無散失舍利子八解脫無願
亦無散失八勝處九次第定十遍處無願亦
無散失舍利子四念住無願亦無散失四正
斷四神足五根五力七等覺支八聖道支無
[illegible]空解脫門無願亦無散

亦無散失八勝處九次第定十遍處無願亦
無散失舍利子四念住無願亦無散失四正
斷四神足五根五力七等覺支八聖道支無
願亦無散失舍利子空解脫門無願亦無散
失無相無願解脫門無願亦無散失舍利子
五眼無願亦無散失六神通無願亦無散失
舍利子佛十力無願亦無散失四無所畏四
無礙解大慈大悲大喜大捨十八佛不共法
無願亦無散失舍利子一切智無願亦無散
失道相智一切相智無願亦無散失舍利子
無忘失法無願亦無散失恒住捨性無願亦
無散失舍利子一切陀羅尼門無願亦無散失
一切三摩地門無願亦無散失舍利子極
喜地無願亦無散失離垢地發光地焰慧地
極難勝地現前地遠行地不動地善慧地法
雲地無願亦無散失舍利子異生地無願亦
無散失種姓地第八地具見地薄地離欲地
已辦地獨覺地菩薩地如來地無願亦無散
失舍利子聲聞乘無願亦無散失獨覺乘大
乘無願亦無散失舍利子由此緣故我作是
說諸法亦尒都無自性
復次舍利子諸法善亦無散失何以故若法
善無盡性故時舍利子問善現言何法善亦
無散失善現答言舍利子色善亦無散失受
想行識善亦無散失舍利子眼處善亦無散
失耳鼻舌身意處善亦無散失舍利子色處

善無盡性故時舍利子問善現言何法善亦
無散失善現答言舍利子色善亦無散失受
想行識善亦無散失舍利子眼處善亦無散
失耳鼻舌身意處善亦無散失舍利子色處
善亦無散失聲香味觸法處善亦無散失舍
利子眼界善亦無散失色界眼識界及眼觸
眼觸為緣所生諸受善亦無散失舍利子耳
界善亦無散失聲界耳識界及耳觸耳觸為
緣所生諸受善亦無散失舍利子鼻界善亦
無散失香界鼻識界及鼻觸鼻觸為緣所生
諸受善亦無散失舍利子舌界善亦無散失
味界舌識界及舌觸舌觸為緣所生諸受善
亦無散失舍利子身界善亦無散失觸界身
識界及身觸身觸為緣所生諸受善亦無散
失舍利子意界善亦無散失法界意識界及
意觸意觸為緣所生諸受善亦無散失舍利
子地界善亦無散失水火風空識界善亦無
散失舍利子苦聖諦善亦無散失集滅道聖
諦善亦無散失舍利子無明善亦無散失行
識名色六處觸受愛取有生老死愁歎苦憂
惱善亦無散失舍利子內空善亦無散失外
空內外空空空大空勝義空有為空無為空
畢竟空無際空散空無變異空本性空自相
空共相空一切法空不可得空無性空自性
空無性自性空善亦無散失
舍利子布施波羅蜜多善亦無散失淨戒安

畢竟空無際空散空無變異空本性空自相
空共相空一切法空不可得空無性空自性
空無性自性空善亦無散失
舍利子布施波羅蜜多善亦無散失淨戒安
忍精進靜慮般若波羅蜜多善亦無散失舍
利子四靜慮善亦無散失四無量四無色定
善亦無散失舍利子八解脫善亦無散失八
勝處九次第定十遍處善亦無散失舍利子
四念住善亦無散失四正斷四神足五根五
力七等覺支八聖道支善亦無散失舍利子
空解脫門善亦無散失無相無願解脫門善
亦無散失舍利子五眼善亦無散失六神通
善亦無散失舍利子佛十力善亦無散失四
無所畏四無礙解大慈大悲大喜大捨十八
佛不共法善亦無散失舍利子一切智善亦
無散失道相智一切相智善亦無散失舍利
子無忘失法善亦無散失恒住捨性善亦無
散失舍利子一切陀羅尼門善亦無散失一
切三摩地門善亦無散失舍利子極喜地善
亦無散失離垢地發光地焰慧地極難勝地
現前地遠行地不動地善慧地法雲地善亦
無散失舍利子異生地種姓地
第八地具見地薄地離欲地已辦地獨覺地
菩薩地如來地善亦無散失舍利子聲聞乘
善亦無散失獨覺乘大乘善亦無散失舍利
子由此緣故我作是說諸法亦爾都無自性

第八地具見地薄地離欲地已辦地獨覺地
菩薩地如来地善亦無散失舍利子聲聞乗
善亦無散失獨覺乘大乗善亦無散失舍利
子由此縁故我作是說諸法亦尒都無自性
復次舍利子諸法無罪亦無散失何以故若
法無罪無盡性故時舍利子問善現言何法
無罪亦無散失善現答言舍利子色無罪亦
無散失受想行識無罪亦無散失舍利子眼
處無罪亦無散失耳鼻舌身意處無罪亦無
散失舍利子色處無罪亦無散失聲香味觸
法處無罪亦無散失舍利子眼界無罪亦無
散失色界眼識界及眼觸眼觸為緣所生諸
受無罪亦無散失舍利子耳界無罪亦無散
失聲界耳識界及耳觸耳觸為緣所生諸受
無罪亦無散失舍利子鼻界無罪亦無散失
香界鼻識界及鼻觸鼻觸為緣所生諸受無
罪亦無散失舍利子舌界無罪亦無散失味界
舌識界及舌觸舌觸為緣所生諸受無罪亦
無散失舍利子身界無罪亦無散失觸界身
識界及身觸身觸為緣所生諸受無罪亦
無散失舍利子意界無罪亦無散失法界意
識界及意觸意觸為緣所生諸受無罪亦無
散失舍利子地界無罪亦無散失水火風空
識界無罪亦無散失舍利子苦聖諦無罪亦
無散失集滅道聖諦無罪亦無散失舍利子
無明無罪亦無散失行識名色六處觸受愛
取有生老死愁歎苦憂惱無罪亦無散失舍

散失舍利子地界無罪亦無散失水火風空
識界無罪亦無散失舍利子苦聖諦無罪亦
無散失集滅道聖諦無罪亦無散失舍利子
無明無罪亦無散失行識名色六處觸受愛
取有生老死愁歎苦憂惱無罪亦無散失舍
利子內空無罪亦無散失外空內外空空空
大空勝義空有為空無為空畢竟空無際空
散空無變異空本性空自相空共相空一切
法空不可得空無性空自性空無性自性空
無罪亦無散失
舍利子布施波羅蜜多無罪亦無散失淨戒
安忍精進靜慮般若波羅蜜多無罪亦無散
失舍利子四靜慮無罪亦無散失四無量四
無色定無罪亦無散失舍利子八解脫無罪
亦無散失八勝處九次第定十遍處無罪亦
無散失舍利子四念住無罪亦無散失四正
斷四神足五根五力七等覺支八聖道支無
罪亦無散失舍利子空解脫門無罪亦無散
失無相無願解脫門無罪亦無散失舍利子
五眼無罪亦無散失六神通無罪亦無散失
舍利子佛十力無罪亦無散失四無所畏四
無礙解大慈大悲大喜大捨十八佛不共法
無罪亦無散失舍利子一切智無罪亦無散
失道相智一切相智無罪亦無散失舍利子
無忘失法無罪亦無散失恒住捨性無 罪亦
無散失舍利子一切陀羅尼門無罪亦無散

無罪亦無散失舍利子一切智無罪亦無散
失道相智一切相智無罪亦無散失舍利子
無忘失法無罪亦無散失恒住捨性無罪亦
無散失舍利子一切陁羅尼門無罪亦無散
失一切三摩地門無罪亦無散失舍利子極
喜地無罪亦無散失離垢地發光地焰慧地
極難勝地現前地遠行地不動地善慧地法
雲地無罪亦無散失舍利子異生地無罪亦無
散失種姓地第八地具見地薄地離欲地已
辦地獨覺地菩薩地如來地無罪亦無散失
舍利子聲聞乘無罪亦無散獨覺乘大乘
無罪亦無散失舍利子由此緣故我作是說
諸法亦尒都無自性
復次舍利子諸法無漏亦無散失何以故若
法無漏無盡性故時舍利子問善現言何法
無漏亦無散失善現荅言舍利子色無漏亦
無散失受想行識無漏亦無散失舍利子眼
處無亦無散失耳鼻舌身意處無漏亦無散
失舍利子色處無漏亦無散失聲香味觸法
處無漏亦無散失舍利子眼界無漏亦無散
失色界眼識界及眼觸眼觸為緣所生諸受
無漏亦無散失舍利子耳界無漏亦無散失
聲界耳識界及耳觸耳觸為緣所生諸受無
漏亦無散失舍利子鼻界無漏亦無散失香
界鼻識界及鼻觸鼻觸為緣所生諸受無漏
亦無散失舍利子舌界無漏亦無散失味界
舌識界及舌觸舌觸為緣所生諸受無漏亦

BD03768號　大般若波羅蜜多經卷六八　（19–15）

無漏亦無散失舍利子耳界無漏亦無散
聲界耳識界及耳觸耳觸為緣所生諸受無
漏亦無散失舍利子鼻界無漏亦無散失香
界鼻識界及鼻觸鼻觸為緣所生諸受無漏
亦無散失舍利子舌界無漏亦無散失味界
舌識界及舌觸舌觸為緣所生諸受無漏亦
無散失舍利子身界無漏亦無散失觸界身
識界及身觸身觸為緣所生諸受無漏亦無
散失舍利子意界無漏亦無散失法界意識
界及意觸意觸為緣所生諸受無漏亦無散
失舍利子地界無漏亦無散失水火風空識
界無漏亦無散失舍利子苦聖諦無漏亦無
散失集滅道聖諦無漏亦無散失舍利子無
明無漏亦無散失行識名色六處觸受愛取
有生老死愁歎苦憂惱無漏亦無散失舍利
子內空無漏亦無散失外空內外空空空大
空勝義空有為空無為空畢竟空無際空散
空無變異空本性空自相空共相空一切法
空不可得空無性空自性空無性自性空無
漏亦無散失
舍利子布施波羅蜜多無漏亦無散失淨戒
安忍精進靜慮般若波羅蜜多無漏亦無散
失舍利子四靜慮無漏亦無散失四無量四
無色定無漏亦無散失舍利子八解脫無漏
亦無散失八勝處九次第定十遍處無漏亦
無散失舍利子四念住無漏亦無散失四正
斷四神足五根五力七等覺支八聖道支無

BD03768號　大般若波羅蜜多經卷六八　（19–16）

舍利子布施波羅蜜多無漏亦無散失淨戒
安忍精進靜慮般若波羅蜜多無漏亦無散
失舍利子四靜慮無漏亦無散失四無量四
無色定無漏亦無散失舍利子八解脫無漏
亦無散失八勝處九次第定十遍處無漏亦
無散失舍利子四念住無漏亦無散失四正
斷四神足五根五力七等覺支八聖道支無
漏亦無散失舍利子空解脫門無漏亦無散
失無相無願解脫門無漏亦無散失舍利子
五眼無漏亦無散失六神通無漏亦無散失
舍利子佛十力無漏亦無散失四無所畏四
無礙解大慈大悲大喜大捨十八佛不共法
無漏亦無散失舍利子一切智無漏亦無散
失道相智一切相智無漏亦無散失舍利子
無忘失法無漏亦無散失恒住捨性無漏亦
無散失舍利子一切陀羅尼門無漏亦無散失
一切三摩地門無漏亦無散失舍利子極喜
地無漏亦無散失離垢地發光地焰慧地極
難勝地現前地遠行地不動地善慧地法雲
地無漏亦無散失舍利子異生地無漏亦無
散失種姓地第八地具見地薄地離欲地已
辦地獨覺地菩薩地如來地無漏亦無散失
舍利子聲聞乘無漏亦無散失獨覺乘大乘
無漏亦無散失舍利子由此緣故我作是說
諸法亦尒都無自性
復次舍利子諸法無染亦無散失何以故若法
無染無盡性故時舍利子問善現言何法無

舍利子聲聞乘無漏亦無散失獨覺乘大乘
無漏亦無散失舍利子由此緣故我作是說
諸法亦尒都無自性
復次舍利子諸法無染亦無散失何以故若法
無染無盡性故時舍利子問善現言何法無
染亦無散失善現荅言舍利子色無染亦無
散失受想行識無染亦無散失舍利子眼處
無染亦無散失耳鼻舌身意處無染亦無
散失舍利子色處無染亦無散失聲香味觸
法處無染亦無散失舍利子眼界無染亦無
散失色界眼識界及眼觸眼觸為緣所生諸
受無染亦無散失舍利子耳界無染亦無散
失聲界耳識界及耳觸耳觸為緣所生諸受
無染亦無散失舍利子鼻界無染亦無散失
香界鼻識界及鼻觸鼻觸為緣所生諸受
無染亦無散失舍利子舌界無染亦無散失味
界舌識界及舌觸舌觸為緣所生諸受無染
亦無散失舍利子身界無染亦無散失觸界
身識界及身觸身觸為緣所生諸受無染亦
無散失舍利子意界無染亦無散失法界意
識界及意觸意觸為緣所生諸受無染亦無
散失舍利子地界無染亦無散失水火風空
識界無染亦無散失舍利子苦聖諦無染亦
無散失集滅道聖諦無染亦無散失舍利子
無明無染亦無散失行識名色六處觸受愛
取有生老死愁歎苦憂惱無染亦無散失舍

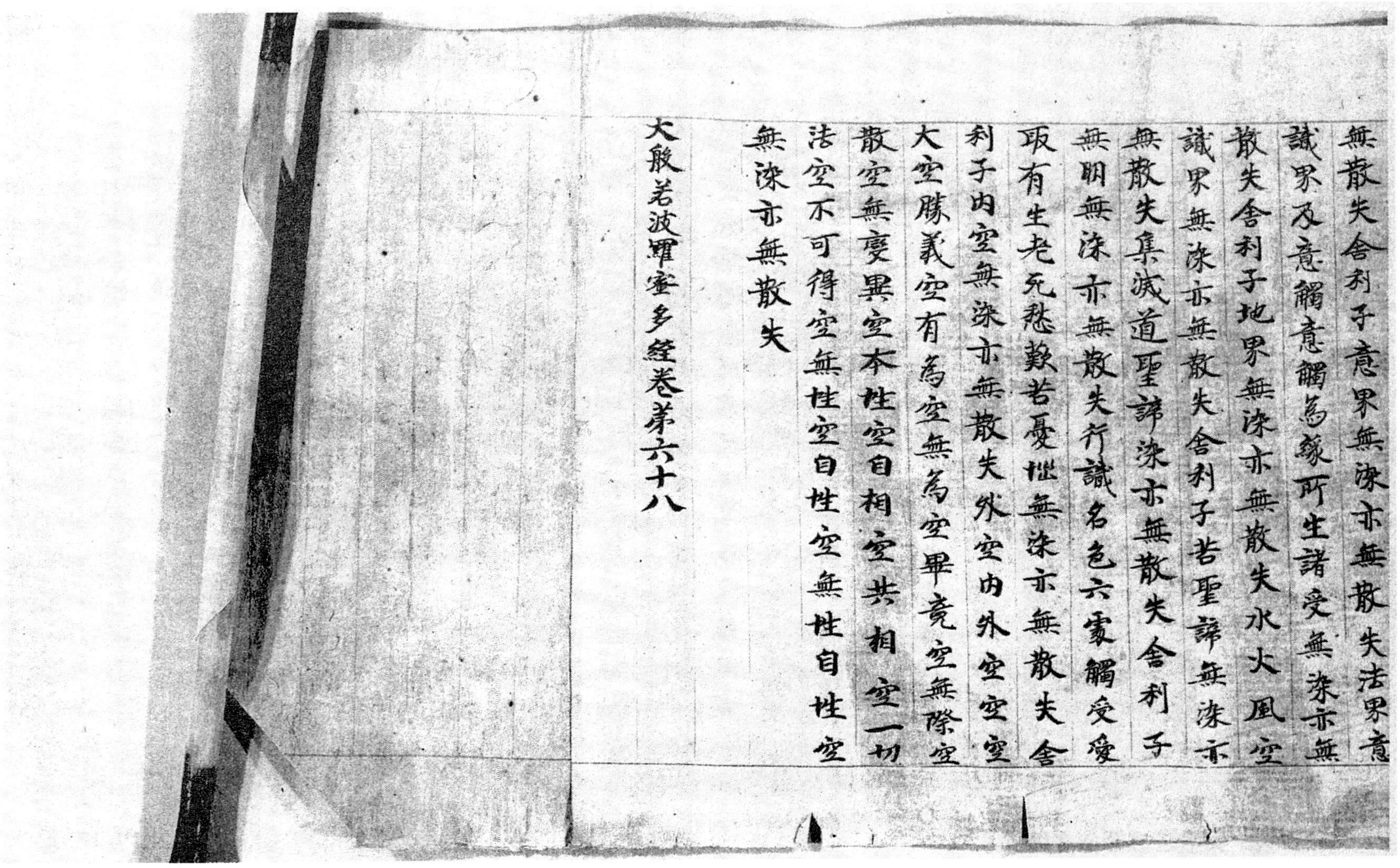
無散失舍利子意界無染亦無散失法界意
識界及意觸意觸為緣所生諸受無染亦無
散失舍利子地界無染亦無散失水火風空
識界無染亦無散失舍利子苦聖諦無染亦
無散失集滅道聖諦染亦無散失舍利子
無明無染亦無散失行識名色六處觸受愛
取有生老死愁歎苦憂惱無染亦無散失舍
利子內空無染亦無散失外空內外空空空
大空勝義空有為空無為空畢竟空無際空
散空無變異空本性空自相空共相空一切
法空不可得空無性空自性空無性自性空
無染亦無散失
大般若波羅蜜多經卷苐六十八

BD03768 號　大般若波羅蜜多經卷六八　（19–19）

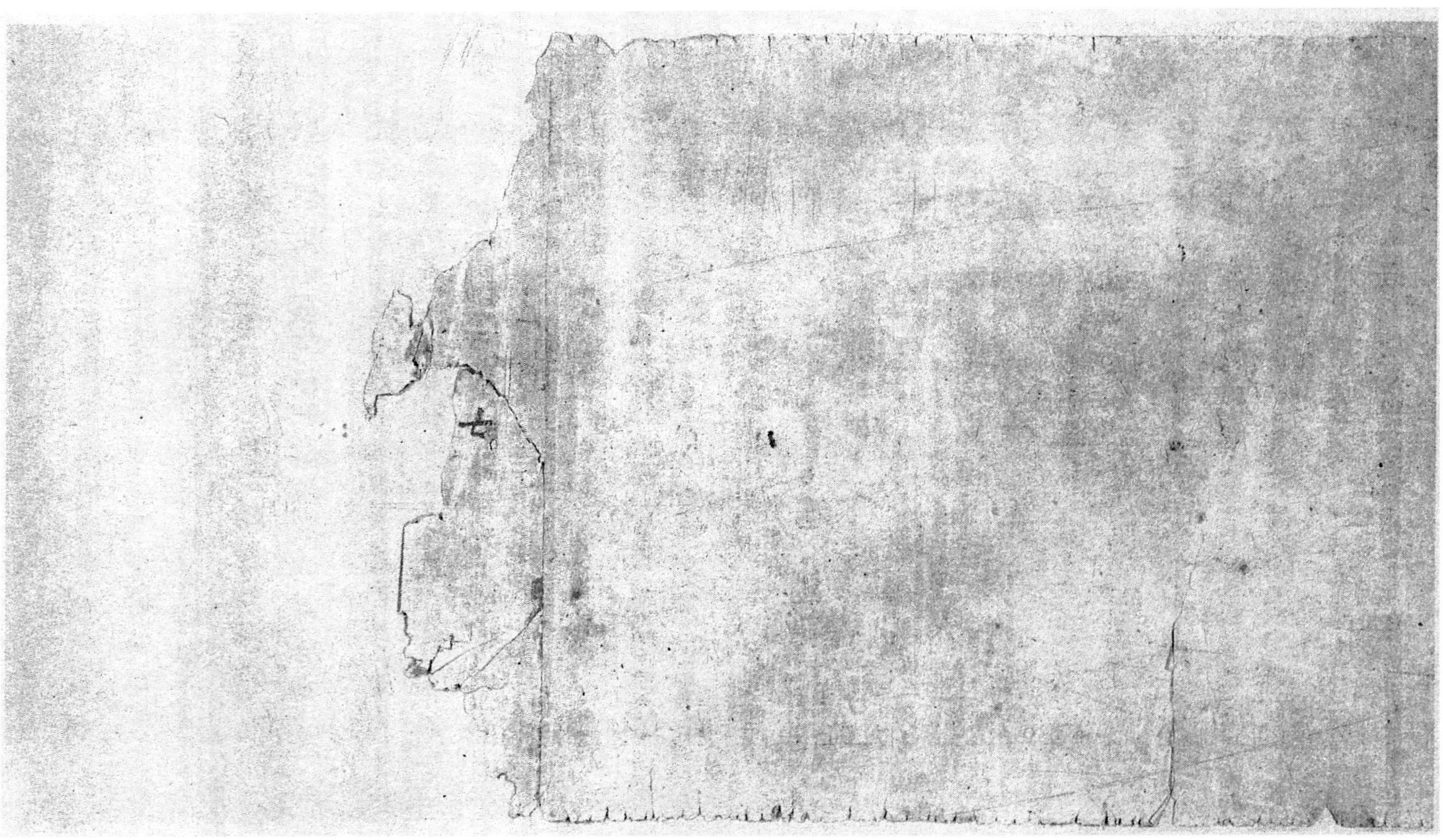

BD03768 號背　勘記　（1–1）

佛告[illegible]諦聽善思念
乃是十千天子本[illegible]今為汝說善女天過
去无量不可思議阿僧企耶劫尒時有佛出現
於世名曰寶髻如來應正遍知明行足善逝
世間解无上士調御丈夫天人師佛世尊善女
天時彼世尊般涅槃後正法滅已於像法中
有王名曰天自在光常以正法化於人民猶如
父母是王國中有一長者名曰持水善解醫明
妙通八術衆生病苦四大不調咸能救療善
女天尒時持水長者唯有一子名曰流水顏
容端正人所樂觀受性聰敏妙閑諸論書
畫算印无不通達時王國內有无量百千諸
衆生類皆遇疫疾衆苦所逼乃至无有歡樂
之心善女天尒時長者子流水見是无量百
千衆生受諸病苦起大悲心作如是念无量
衆生為諸極苦之所逼迫我父長者雖善醫
方妙通八術能療衆病四大增損然已衰邁
老耄虛羸要假扶策方能進步不復能
往城邑聚落救諸病苦今有无量百千衆生
皆遇重病无能救者我今當至大醫父所諮
問治病醫方秘法若得解已當往城邑聚落
之所救諸衆生種種疾病令於長夜得受安
樂時長者子作是念已即詣父所稽首禮足合

往城邑聚落救諸病苦今有无量百千衆生
皆遇重病无能救者我今當至大醫父所諮
問治病醫方秘法若得解已當往城邑聚落
之所救諸衆生種種疾病令於長夜得受安
樂時長者子作是念已即詣父所稽首禮足合
掌恭敬却住一面即以伽他請其父曰
慈父當哀愍　我欲救衆生　今請諸醫方　幸願為我說
云何身衰壞　諸大有增損　復在何時中　能生諸疾病
云何噉飲食　得受於安樂　能使內身中　火勢不衰損
衆生有四病　風黃熱痰癊　及以惣集病　云何而療治
何時風病起　何時熱病發　何時動痰癊　何時惣集生
時彼長者聞子請已復以伽他而答之曰
我今依古仙　所有療病法　次第為汝說　善聽救衆生
三月是春時　三月名為夏　三月名秋分　三月謂冬時
此據一年中　三三而別說　二二為一節　便成歲六時
初二是花時　三四名熱際　五六名雨際　七八謂秋時
九十是寒時　後二名氷雪　既知如是別　授藥勿令差
當隨此時中　調息於飲食　入腹令消散　衆病則不生
節氣若變改　四大有推移　此時无藥資　必生於病苦
醫人解四時　復知其六節　明閑身七界　食藥使无差
謂味界血肉　膏骨及髓腦　病入此中時　知其可療不
病有四種別　謂風熱痰癊　及以惣集病　應知發動時
春中痰癊動　夏內風病生　秋時黃熱增　冬節三俱起
春食澀熱辛　夏膩熱鹹醋　秋時冷甜膩　冬酸澀膩甜
於此四時中　服藥及飲食　若依如是味　衆病无由生
食後病由癊　食消時由熱　消後起由風　准時須識病
既識病源已　隨病而設藥　假令患狀殊　先須療其本

於此四時中　服藥及飲食　若依如是味　衆病无由生
食後病由癊　食消時由熱　消後起由風　准時須識病
既識病源已　隨病而設藥　假令患狀殊　先須療其本
風病服油膩　患熱利為良　癊病應變吐　惣集須三藥
風熱癊俱有　是名為惣集　雖知病起時　應觀其本性
如是觀知已　順時而授藥　飲食藥无差　斯名善醫者
復應知八術　惣攝諸醫方　於此若明閑　可療衆生病
謂針刺傷破　身疾并鬼神　惡毒及孩童　延年增氣力
先觀彼形色　語言及性行　然後問其夢　知風熱癊殊
乾瘦少頭髮　其心无定住　多語夢飛行　斯人是風性
少年生白髮　多汗及多瞋　聰明夢見火　斯人是熱性
心定身平整　慮審頭津膩　夢見水白物　是癊性應知
惣集性俱有　或二或具三　隨有一偏增　應知是其性
既知本性已　准病而授藥　驗其无死相　方名可救人
諸根倒取境　尊醫人起慢　親友生瞋恚　是死相應知
左眼白色變　舌黑鼻梁欹　耳輪與舊殊　下脣垂向下
訶梨勒一種　具足有六味　能除一切病　无忌藥中王
又三果三辛　諸藥中易得　砂糖蜜蘇乳　此能療衆病
自餘諸藥物　隨病可增加　先起慈愍心　莫規於財利
我以為汝說　療疾中要事　以此救衆生　當獲无邊果
善女天尒時長者子流水親問其父八術之要
四大增損時節不同餌藥方法既善了知自
忖堪能救療衆病即便遍至城邑聚落所在
之處隨有百千万億病苦衆生皆至其所
善言慰喻作如是語我是醫人我是醫人善
知方藥今為汝等療治衆病悉令除愈善
女天尒時衆人聞長者子善言慰喻許為治病

之處隨有百千万億病苦衆生皆至其所
善言慰喻作如是語我是醫人我是醫人善
知方藥今為汝等療治衆病悉令除愈善
女天尒時衆人聞長者子善言慰喻許為治病
時有无量百千衆生遇極重病聞是語已身
心踊躍得未曾有以此因緣所有病苦悉得
蠲除氣力充實平復如本善女天尒時復有
无量百千衆生病苦深重難療治者即共往
詣長者子所重請醫療時長者子即以如藥
令服皆蒙除差善女天是長者子於此國內
百千万億衆生病苦悉得除差

金光明最勝王經長者子流水品第廿五

尒時佛告菩提樹神善女天尒時長者子流水
於往昔時在天自在光王國內療諸衆生
所有病苦令得平復受安隱樂時諸衆生以
病除故多修福業廣行惠施以自歡娛即共
往詣長者子所咸生尊敬作如是言善哉善
哉大長者子善能滋長福德之事增益我等
安隱壽命仁今實是力醫王慈悲菩薩妙
閑醫藥善療衆生无量病苦如是稱歎周遍
城邑善女天時長者子妻名水肩藏有其二
子一名水滿二名水藏是時流水將其二子漸
次遊行城邑聚落過空澤中深險之處見
諸禽獸犲狼狐玃鵰鷲之屬食血肉者皆悉
奔飛一向而去時長者子作如是念此諸禽獸
何因緣故一向飛走我當隨後蹔往觀之即
便隨去見有大池名曰野生其水將盡於此

諸禽獸狌狼狐玃鵰鷲之屬食血肉者皆悉
奔飛一向而去時長者子作如是念此諸禽獸
何因緣故一向飛走我當隨後暫往觀之即
便隨去見有大池名曰野生其水將盡於此
池中多有衆魚流水見已生大悲心時有樹
神示現半身作如是語善哉善哉善男子
汝有實義名流水者可愍此魚應与其水有
二因緣名為流水一能流水二能与水汝今應當
隨名而作是時流水問樹神言此魚頭數為
有幾何樹神荅曰數滿十千善女天時長
者子聞是數已倍益悲心時此大池為日所暴
餘水无幾是十千魚將入死門旋身婉轉見是
長者心有所希隨逐瞻視目未曾捨時長
者子見是事已馳趣四方欲覓於水竟不能
得復望一邊見有大樹即便昇上折取
枝葉為作蔭涼復更推求是池中水從何
處來尋覓不已見一大河名曰水生時此河邊有
諸魚人為取魚故於河上流懸險之處決棄
其水不令下過於所決處卒難修補便作是
念此崖深峻設百千人時經三月亦未能
斷況我一身而堪濟辦時長者子速還本城
至大王所頭面礼足却住一面合掌恭敬作
如是言我為大王國土人民治種種病悉令
安隱漸次遊行至其空澤見有一池名曰野生
其水欲涸有十千魚為日所暴將死不久唯
願大王慈悲愍念与二十大象暫往負水
濟彼魚命如我与諸病人壽命尒時大王即

安隱漸次遊行至其空澤見有一池名曰野生
其水欲涸有十千魚為日所暴將死不久唯
願大王慈悲愍念与二十大象暫往負水
濟彼魚命如我与諸病人壽命尒時大王即
勅大臣速疾与此醫王大象時彼大臣奉王
勅已白長者子善哉大士仁今自可至象廄中
隨意選取二十大象利益衆生令得安樂是
時流水及其二子將二十大象又從酒家多
借皮囊往決水處以囊盛水象負至池瀉
置池中水即彌滿還復如故善女天時長者
子於池四邊周旋而視時彼衆魚亦復隨逐
循岸而行時長者子復作是念衆魚何故隨
我而行必為飢火之所惱逼復欲從我求索於
食我今當与尒時長者子流水告其子言
汝取一象最大力者速至家中啓父長者家中
所有可食之物乃至父母食噉之分及以妻子
奴婢之分悉皆收取即可持來尒時二子受
父教已乘最大象速往家中至祖父所說如
上事收取家中可食之物置於象上疾還父
所至彼池邊是時流水見其子來身心喜躍
遂取餅食遍散池中魚得食已悉皆飽足便
作是念我今施食令魚得命願於來世當
施法食充濟无邊復更思惟我先曾於空閑
林處見一苾芻讀大乘經說十二緣生甚深
法要又經中說若有衆生臨命終時得聞寶
髻如來名者即生天上我今當為是十千
魚演說甚深十二緣起亦當稱說寶髻佛
名然贍部洲有二種人一者深信大乘二者

施法食充濟无邊復更思惟我先曾於空閑
林處見一苾芻讀大乘經說十二緣生甚深
法要又經中說若有衆生臨命終時得聞寶
髻如來名者即生天上我今當為是十千
魚演說甚深十二緣起亦當稱說寶髻佛
名然贍部洲有二種人一者深信大乘二者
不信毀呰亦當為彼增長信心時長者子作
如是念我入池中可為衆魚說深妙法作是
念已即便入水唱言南謨過去寶髻如來應
正遍知明行足善逝世間解无上士調御丈
夫天人師佛世尊此佛往昔修菩薩行時作
是誓願於十方界所有衆生臨命終時聞我
名者命終之後得生三十三天尒時流水復為
池魚演說如是甚深妙法此有故彼有此
生故彼生所謂无明緣行行緣識識緣名色
名色緣六處六處緣觸觸緣受受緣愛愛
緣取取緣有有緣生生緣老死憂悲苦惱此
滅故彼滅所謂无明滅則行滅行滅則識滅識
滅則名色滅名色滅則六處滅六處滅則觸
滅觸滅則受滅受滅則愛滅愛滅則取滅取
滅則有滅有滅則生滅生滅則老死滅老死
滅則憂悲苦惱滅如是純極苦蘊悉皆除
滅說是法已復為宣說十二緣起相應陀羅
尼曰
怛姪他　毗折你毗折你　毗折你
僧塞枳你　僧塞枳你　僧塞枳你

滅說是法已復為宣說十二緣起相應陀羅
尼曰
怛姪他　毗折你毗折你　毗折你
僧塞枳你　僧塞枳你　僧塞枳你
毗尒你尒你　毗尒你莎訶
怛姪他　那弭你那弭你　那弭你煞雉
你敎雉你　敎雉你　颯鉢哩設你
颯鉢哩設你　颯鉢哩設你莎訶
怛姪他　薜達你薜達你　薜達你
室里瑟你你　室里瑟你你　室里瑟你你
鄔波地你　鄔波地你　鄔波地你莎訶
怛姪他　婆毗你婆毗你　婆毗你
闍底丁里反下同你　闍底你闍底你　闍摩你你
闍摩你你　闍摩你你莎訶
尒時世尊為諸大衆說長者子昔緣之時
諸人天衆歎未曾有時四大天王各於其處
異口同音作如是說
善哉釋迦尊　說妙法明呪　生福除衆惡　十二支相應
我等亦說呪　擁護如是法　若有生違逆　不善隨順者
頭破作七分　猶如蘭香梢　我等於佛前　共說其呪曰
怛姪他　哩里謎　揭睇健陀哩
旃荼里地黐　騷代黐石四代黐
補欄布黐矩矩末底　畸羅末底達地曰契
窶噜婆母噜婆　具荼母噜健提
杜噜杜噜毗黐　醫泥悉泥沓徒洽反下同娓
達沓娓鄔悉怛哩　烏奪吒囉代底
頞剌婆伐底　鉢杜摩伐底

……底達地日契
寠嚕婆母嚕婆　具荼母嚕健提
柱嚕柱嚕毗𠷉　醫泥恚泥杳徒洛下同娓
達杳娓鄔恚怛哩　烏奪吒羅伐底
頞剌婆伐底　鉢柱摩伐底
俱蘇摩伐底　莎訶
佛告善女天尒時長者子流水及其二子為
彼池魚施水施食并說法已俱共還家是長
者子流水復於後時因有眾會設樂俱樂醉
酒而卧時十千魚同時命過生三十三天起如
是念我等以何善業因緣生此天中便相謂
曰我等先於贍部洲內墮傍生中共受魚身
長者子流水施我等水及以餅食復為我等
說甚深法十二緣起及陁羅尼復稱寶髻如
來名号以是因緣能令我等得生此天是故
我今咸應詣彼長者子所報恩供養尒時十
千天子即於天沒至贍部洲大醫王所時長者
子在高樓上安隱而睡時十千天子共以十千
真珠瓔珞置其頭邊復以十千置其足處復
以十千置於右脅復以十千置左脅邊雨曼
陁羅花摩訶曼陁羅花積至于膝光明普
照種種天樂出妙音聲令贍部洲有睡眠
者皆悉覺悟長者子流水亦從睡寤是時
十千天子為供養已即於空中飛騰而去於
天自在光王國內處處皆雨天妙蓮花是諸
天子復至本處空澤池中雨眾天花便於此沒
還天宮殿隨意自在受五欲樂天自在光王
至天曉已問諸大臣昨夜何緣忽現如是希

BD03769 號　金光明最勝王經卷九　（11–9）

十千天子為供養已即於空中飛騰而去於
天自在光王國內處處皆雨天妙蓮花是諸
天子復至本處空澤池中雨眾天花便於此沒
還天宮殿隨意自在受五欲樂天自在光王
至天曉已問諸大臣昨夜何緣忽現如是希
有瑞相放大光明大臣答言大王當知有諸
天眾於長者子流水家中雨四十千真珠瓔
珞及天曼陁羅花積至于膝王告臣曰詣長
者家喚取其子大臣受勑即至其家奉宣王
命喚長者子時長者子即至王所王曰何緣
昨夜示現如是希有瑞相長者子言如我思
忖定應是彼池內眾魚如經所說命終之後
得生三十三天彼來報恩故現如是希奇之相
王曰何以得知流水答曰王可遣使并我二子
往彼池所驗其虛實彼十千魚為死為活
王聞是語即便遣使及子向彼池邊見其池
中多有曼陁羅花積成大聚諸魚並死見已
馳還為王廣說王聞是已心生歡喜歎未曾
有尒時佛告菩提樹神善女天汝今當知昔
時長者子流水者即我身是持水長者即妙
幢是彼之二子長子水滿即銀幢是次子水
藏即銀光是彼天自在光王者即汝菩提樹
神是十千魚者即十千天子是因我往昔以
水濟魚与食令飽為說甚深十二緣起并此
相應陁羅尼呪又為稱彼寶髻佛名因此善
根得生天上今來我所歡喜聽法我皆當為
授於阿耨多羅三藐三菩提記說其名号善

BD03769 號　金光明最勝王經卷九　（11–10）

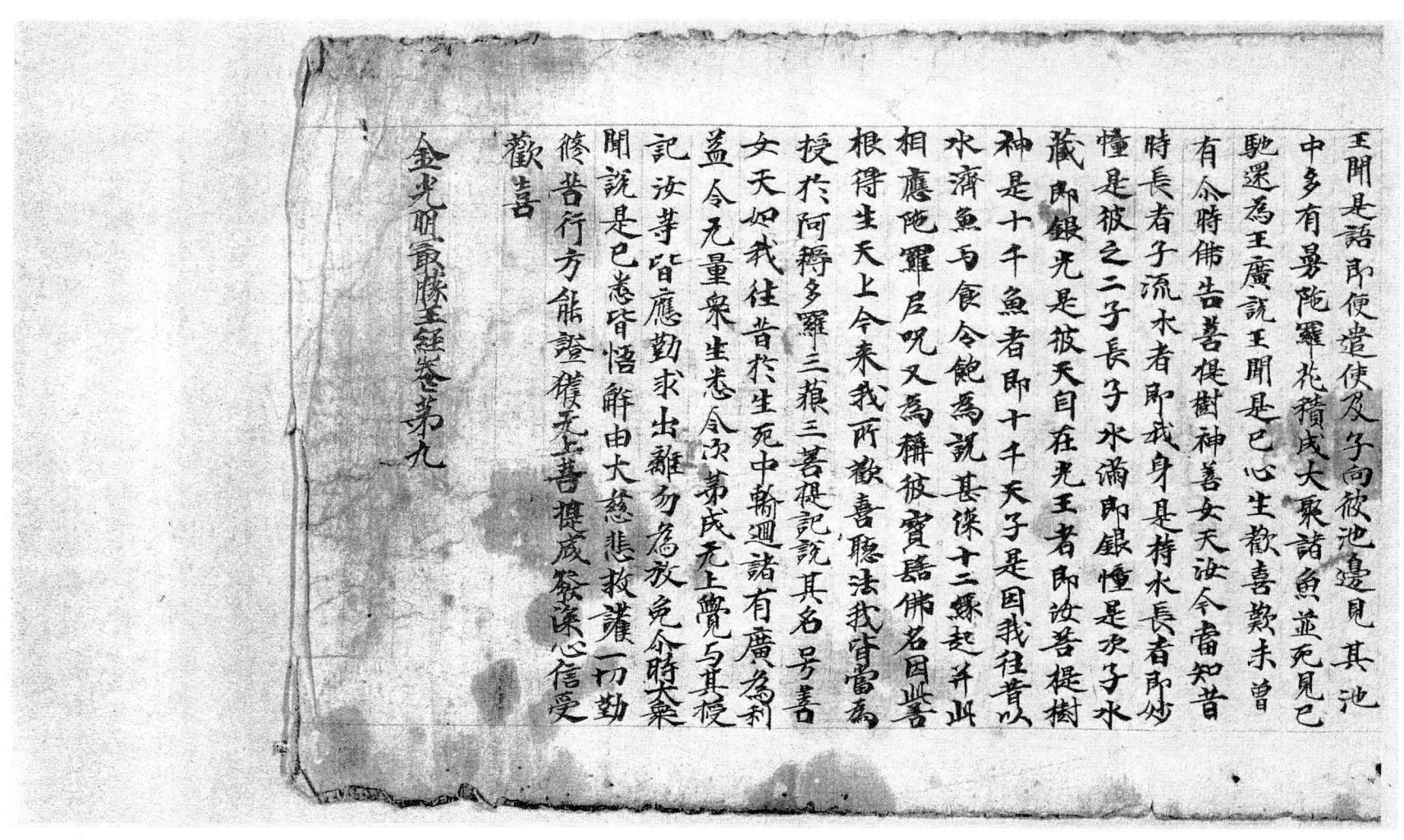

王聞是語即便遣使及子向彼池邊見其池
中多有曼陀羅花積成大聚諸魚並死見已
馳還為王廣說王聞是已心生歡喜歎未曾
有尒時佛告菩提樹神善女天汝今當知昔
時長者子流水者即我身是持水長者即妙
幢是彼之二子長子水滿即銀幢是次子水
藏即銀光是彼天自在光王者即汝菩提樹
神是十千魚者即十千天子是因我往昔以
水濟魚与食令飽為說甚深十二緣起并此
相應陀羅尼呪又為稱彼寶髻佛名因此善
根得生天上今來我所歡喜聽法我皆當為
授於阿耨多羅三藐三菩提記說其名号善
女天如我往昔於生死中輪迴諸有廣為利
益令无量眾生悉令次第成无上覺与其授
記汝等皆應勤求出離勿為放逸尒時大眾
聞說是已悉皆悟解由大慈悲救護一切勤
修苦行方能證獲无上菩提咸發深心信受
歡喜

金光明最勝王經卷第九

BD03769號　金光明最勝王經卷九　（11–11）

妙法蓮華經常不輕菩薩品第二十
尒時佛告得大勢菩薩摩訶薩汝今當知若
比丘比丘尼優婆塞優婆夷持法華經者若
有惡口罵詈誹謗獲大罪報如前所說其所
得功德如向所說眼耳鼻舌身意清淨得大
勢乃往古昔過无量无邊不可思議阿僧祇
劫有佛名威音王如來應供正遍知明行足
善逝世間解无上士調御丈夫天人師佛世
尊劫名離衰國名大成其威音王佛於彼世
中為天人阿脩羅說法為求聲聞者說應四
諦法度生老病死究竟涅槃為求辟支佛者
說應十二因緣法為諸菩薩因阿耨多羅三
藐三菩提說應六波羅蜜法究竟佛慧得大

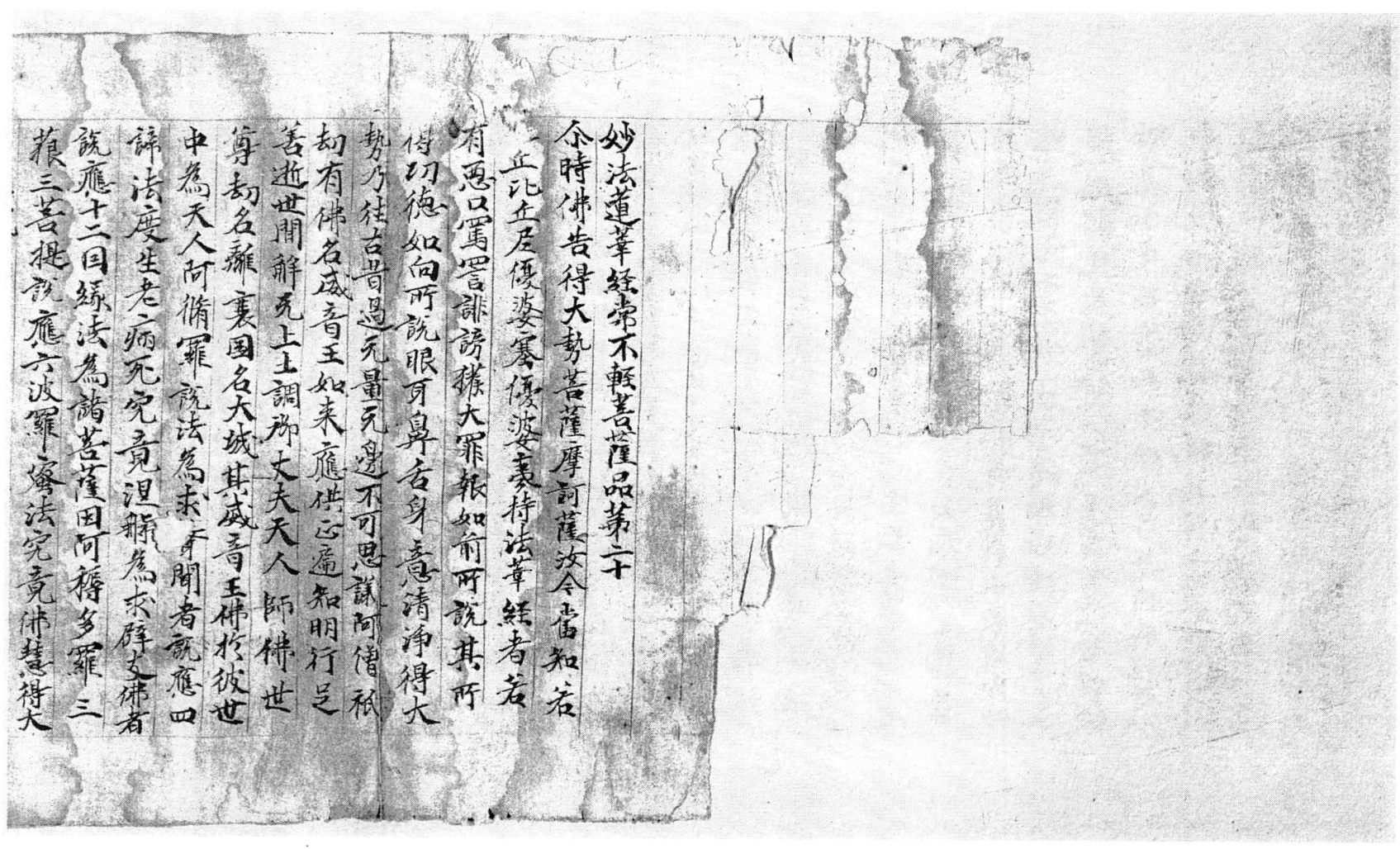

BD03770號　妙法蓮華經卷六　（16–1）

尊劫名離衰國名大成其威音王佛於彼世
中為天人阿脩羅說法為求聲聞者說應四
諦法度生老病死究竟涅槃為求辟支佛者
說應十二因緣法為諸菩薩因阿耨多羅三
藐三菩提說應六波羅蜜法究竟佛慧得大
勢是威音王佛壽四十万億那由他恒河沙
劫正法住世劫數如一閻浮提微塵像法住
世劫數如四天下微塵其佛饒益衆生已然
後滅度正法像法滅盡之後於此國土復有
佛出亦号威音王如來應供正遍知明行足
善逝世間解無上士調御丈夫天人師佛世
尊如是次第有二万億佛皆同一号最初威
音王如來既已滅度正法滅後於像法中增
上慢比丘有大勢力尒時有一菩薩比丘名
常不輕得大勢以何因緣名常不輕是比丘
凡有所見若比丘比丘尼優婆塞優婆夷皆
悉礼拜讚嘆而作是言我深敬汝等不敢輕
慢所以者何汝等皆行菩薩道當得作佛而
是比丘不專讀誦經典但行礼拜乃至遠見
四衆亦復故往礼拜讚歎而作是言我不敢
輕於汝等汝等皆當作佛故四衆之中有生
瞋恚心不淨者惡口罵詈言是無智比丘從
何所來自言我不輕汝而與我等授記當得
作佛我等不用如是虛妄授記如此經歷多
年常被罵詈不生瞋恚常作是言汝當作佛
說是語時衆人或以杖木瓦石而打擲之避
走遠住猶高聲唱言我不敢輕於汝等汝等
皆當作佛以其常作是語故增上慢比丘比

何所來自言我不輕汝而與我等授記當得
作佛我等不用如是虛妄授記如此經歷多
年常被罵詈不生瞋恚常作是言汝當作佛
說是語時衆人或以杖木瓦石而打擲之避
走遠住猶高聲唱言我不敢輕於汝等汝等
皆當作佛以其常作是語故增上慢比丘比
丘尼優婆塞優婆夷号之為常不輕是比丘
臨欲終時於虛空中具聞威音王佛先所說
法華經二十千万億偈悉能受持即得如上
眼根清淨耳鼻舌身意根清淨得是六根清
淨已更增壽命二百万億那由他歲廣為人
說是法華經於時增上慢四衆比丘比丘尼
優婆塞優婆夷輕賤是人為作不輕名者見
其得大神通力樂說辯力大善寂力聞其所
說皆信伏隨從是菩薩復化千万億衆令住
阿耨多羅三藐三菩提命終之後得值二千
億佛皆号日月燈明於其法中說是法華經
以是因緣復值二千億佛同号雲自在燈王
於此諸佛法中受持讀誦為諸四衆說此經
典故得是常眼清淨耳鼻舌身意諸根清淨
於四衆中說法心無所畏得大勢是常不輕
菩薩摩訶薩供養如是若干諸佛恭敬尊重
讚歎種諸善根於後復值千万億佛亦於諸
佛法中說是經典功德成就當得作佛得大
勢於意云何尒時常不輕菩薩豈異人乎則
我身是若我於宿世不受持讀誦此經為他
人說者不能疾得阿耨多羅三藐三菩提我
於先佛所受持讀誦此經為人說故疾得阿
耨多羅三藐三菩是号[illegible]

[illegible]值千万億佛亦於諸
佛法中說是經典功德成就當得作佛得大
勢於意云何尒時常不輕菩薩豈異人乎則
我身是若我於宿世不受持讀誦此經為他
人說者不能疾得阿耨多羅三藐三菩提我
於先佛所受持讀誦此經為人說故疾得阿
耨多羅三藐三菩提得大勢彼時四衆比丘
比丘尼優婆塞優婆夷以瞋恚意輕賤我故
二百億劫常不值佛不聞法不見僧千劫於
阿鼻地獄受大苦惱畢是罪已復遇常不輕
菩薩教化阿耨多羅三藐三菩提得大勢於
汝意云何尒時四衆常輕是菩薩者豈異人
乎今此會中跋陁婆羅等五百菩薩師子月
等五百比丘尼思佛等五百優婆塞皆於阿
耨多羅三藐三菩提不退轉者是得大勢當
知是法華經大饒益諸菩薩摩訶薩能令至
於阿耨多羅三藐三菩提是故諸菩薩摩
訶薩於如來滅後常應受持讀誦解說書寫
是經尒時世尊欲重宣此義而說偈言
過去有佛　号威音王　神智无量　將導一切
天人龍神　所共供養　是佛滅後　法欲盡時
有一菩薩　名常不輕　時諸四衆　計著於法
不輕菩薩　往到其所　而語之言　我不輕汝
汝等行道　皆當作佛　諸人聞已　輕毀罵詈
不輕菩薩　能忍受之　其罪畢已　臨命終時
得聞此經　六根清淨　神通力故　增益壽命
復為諸人　廣說是經　諸著法衆　皆蒙菩薩
教化成就　令住佛道　不輕命終　值无數佛
說是經故　得无量福　漸具功德　疾成佛道

不輕菩薩　能忍受之　其罪畢已　臨命終時
得聞此經　六根清淨　神通力故　增益壽命
復為諸人　廣說是經　諸著法衆　皆蒙菩薩
教化成就　令住佛道　不輕命終　值无數佛
說是經故　得无量福　漸具功德　疾成佛道
彼時不輕　則我身是　時四部衆　著法之者
聞不輕言　汝當作佛　以是因緣　值无數佛
此會菩薩　五百之衆　并及四部　清信士女
今於我前　聽法者是　我於前世　勸是諸人
聽受斯經　第一之法　開示教人　令住涅槃
世世受持　如是經典　億億万劫　至不可議
時乃得聞　是法華經　億億万劫　至不可議
諸佛世尊　時說是經　是故行者　於佛滅後
聞如是經　勿生疑惑　應當一心　廣說此經
世世值佛　疾成佛道

妙法蓮華經如來神力品第二十一

尒時千世界微塵等數菩薩摩訶薩從地踊出
者皆於佛前一心合掌瞻仰尊顏而白佛言
世尊我等於佛滅後世尊分身所在國土
滅度之處當廣說此經所以者何我等亦自欲
得是真淨大法受持讀誦解說書寫而供養
之尒時世尊於文殊師利等无量百千万億舊
住娑婆世界菩薩摩訶薩及諸比丘比丘尼
優婆塞優婆夷天龍夜叉乾闥婆阿脩羅
迦樓羅緊那羅摩睺羅伽人非人等一切衆
前現大神力出廣長舌上至梵世一切毛孔
放於无量无數色光皆悉遍照十方世界衆
寶樹下師子座上諸佛亦復如是出廣長舌

優婆塞優婆夷天龍夜叉乾闥婆阿脩羅
迦樓羅緊那羅摩睺羅伽人非人等一切衆
前現大神力出廣長舌上至梵世一切毛孔
放於无量无數色光皆悉遍照十方世界衆
寶樹下師子座上諸佛亦復如是出廣長舌
放无量光釋迦牟尼佛及寶樹下諸佛現神
力時滿百千歲然後還攝舌相一時謦欬俱
共彈指是二音聲遍至十方諸佛世界地皆
六種震動其中衆生天龍夜叉乾闥婆阿
脩羅迦樓羅緊那羅摩睺羅伽人非人等以佛
神力故皆見此娑婆世界无量无邊百千万
億衆寶樹下師子座上諸佛及見釋迦牟尼
佛共多寶如來在寶塔中坐師子座又見无
量无邊百千万億菩薩摩訶薩及諸四衆恭
敬圍繞釋迦牟尼佛既見是已皆大歡喜
得未曾有即時諸天於虛空中高聲唱言
過此无量无邊百千万億阿僧祇世界有
国名娑婆是中有佛名釋迦牟尼今為諸菩薩
摩訶薩說大乘經名妙法蓮華教菩薩法佛
所護念汝等當深心隨喜亦當礼拜供養
釋迦牟尼佛彼諸衆生聞虛空中聲已合掌
向娑婆世界作如是言南无釋迦牟尼佛南
无釋迦牟尼佛以種種華香瓔珞幡蓋及諸嚴
身之具珍寶妙物皆共遙散娑婆世界所散
諸物從十方來譬如雲集變成寶帳遍覆
此間諸佛之上于時十方世界通達无礙如
一佛土會時佛告上行等菩薩大衆諸佛神
力如是无量无邊不可思議若我以是神力
於无量无邊百千万億阿僧祇劫為屬累

BD03770號　妙法蓮華經卷六　（16–6）

諸物從十方來譬如雲集變成寶帳遍覆
此間諸佛之上于時十方世界通達无礙如
一佛土會時佛告上行等菩薩大衆諸佛神
力如是无量无邊不可思議若我以是神力
於无量无邊百千万億阿僧祇劫為屬累
故說此經功德猶不能盡以要言之如來
一切所有之法如來一切自在神力如來一切秘
要之藏如來一切甚深之事皆於此經宣示
顯說是故汝等於如來滅後應一心受持讀
誦解說書寫如說脩行所在国土若有受
持讀誦解說書寫如說脩行若經卷所住
之處若於園中若於林中若於樹下若於僧坊
若白衣舍若在殿堂若山谷曠野是中皆應
起塔供養所以者何當知此處即是道場諸
佛於此得阿耨多羅三藐三菩提諸佛於此轉於
法輪諸佛於此而般涅槃尒時世尊欲重宣
此義而說偈言
諸佛救世者　住於大神通　為悅衆生故　現无量神力
舌相至梵天　身放无數光　為求佛道者　現此希有事
諸佛謦欬聲　及彈指之聲　周聞十方國　地皆六種動
以佛滅度後　能持是經故　諸佛皆歡喜　現无量神力
屬累是經故　讚美受持者　於无量劫中　猶故不能盡
是人之功德　无邊无有窮　如十方虛空　不可得邊際
能持是經者　則為已見我　亦見多寶佛　及諸分身者
又見我今日　教化諸菩薩　能持是經者　令我及分身
滅度多寶佛　一切皆歡喜　十方現在佛　并過去未來
亦見亦供養　亦令得歡喜　諸佛坐道場　所得秘要法
能持是經者　不久亦當得　能持是經者　於諸法之義

BD03770號　妙法蓮華經卷六　（16–7）

又見我今日　教化諸菩薩　能持是經者　令我及分身
滅度多寶佛　一切皆歡喜　十方現在佛　并過去未來
亦見亦供養　亦令得歡喜　諸佛坐道場　所得秘要法
能持是經者　不久亦當得　能持是經者　於諸法之義
名字及言辭　樂說无窮盡　如風於空中　一切无障礙
於如來滅後　知佛所說經　因緣及次第　隨義如實說
如日月光明　能除諸幽冥　斯人行世間　能滅眾生闇
教无量菩薩　畢竟住一乘　是故有智者　聞此功德利
於我滅度後　應受持斯經　是人於佛道　決定无有疑

妙法蓮華經囑累品第二十二

尒時釋迦牟尼佛從法座起現大神力以右
手摩无量菩薩摩訶薩頂而作是言我於无
量百千万億阿僧祇劫脩習是難得阿耨多
羅三藐三菩提法今以付囑汝等汝當應當
一心流布此法廣令增益如是三摩諸菩薩
摩訶薩頂而作是言我於无量百千万億阿
僧祇劫脩習是難得阿耨多羅三藐三菩提
法今以付屬汝等汝等當受持讀誦廣宣此
法令一切眾生普得聞知所以者何如來有
大慈悲无諸慳恡亦无所畏能與眾生佛之
智慧如來智慧自然智慧如來是一切眾生
之大施主汝等亦應隨學如來之法勿生慳
恡於未來世若有善男子善女人信如來智
慧者當為演說此法華經使得聞知為令其
人得佛慧故若有眾生不信受者當於如來
餘深法中示教利喜汝等若能如是則為已
報諸佛之恩時諸菩薩摩訶薩聞佛作是說
已皆大歡喜遍滿其身益加恭敬曲躬低頭

BD03770號　妙法蓮華經卷六　（16–8）

慧者當為演說此法華經使得聞知為令其
人得佛慧故若有眾生不信受者當於如來
餘深法中示教利喜汝等若能如是則為已
報諸佛之恩時諸菩薩摩訶薩聞佛作是說
已皆大歡喜遍滿其身益加恭敬曲躬低頭
合掌向佛俱發聲言如世尊勑當具奉行唯
然世尊願不有慮諸菩薩摩訶薩眾如是三
反俱發聲言如世尊勑當具奉行唯然世尊
願不有慮尒時釋迦牟尼佛令十方來諸分
身佛各還本土而作是言諸佛各隨所安多
寶佛塔還可如故說是語時十方无量分身
諸佛坐寶樹下師子座上者及多寶佛并
上行等无邊阿僧祇菩薩大眾舍利弗等
聲聞四眾及一切世間天人阿脩羅等聞佛
所說皆大歡喜

妙法蓮華經藥王菩薩本事品第二十三

尒時宿王華菩薩白佛言世尊藥王菩薩云
何遊於娑婆世界世尊是藥王菩薩有若干
百千万億那由他難行苦行善哉世尊願少
解說諸天龍神夜叉乾闥婆阿脩羅迦樓
羅緊那羅摩睺羅伽人非人等又他國土諸
來菩薩及此聲聞眾聞皆歡喜尒時佛告
宿王華菩薩乃往過去无量恒河沙劫有佛
号日月淨明德如來應供正遍知明行足善
逝世間解无上士調御丈夫天人師佛世尊
其佛有八十億大菩薩摩訶薩七十二恒河
沙大聲聞眾佛壽四万二千劫菩薩壽命
亦等彼國无有女人地獄餓鬼畜生阿脩羅
等及以諸難地平如掌瑠璃所成寶樹莊嚴

BD03770號　妙法蓮華經卷六　（16–9）

逝世間解無上士調御丈夫天人師佛世尊
其佛有八十億大菩薩摩訶薩七十二恒河
沙大聲聞衆佛壽四万二千劫菩薩壽命
亦等彼國無有女人地獄餓鬼畜生阿脩羅
等及以諸難地平如掌瑠璃所成寶樹莊嚴
寶帳覆上垂寶華幡寶瓶香爐周遍國界
七寶為臺一樹一臺其樹去臺盡一箭道此
諸寶樹皆有菩薩聲聞而坐其下諸寶臺上
各有百億諸天作天伎樂歌歎於佛以為供
養尒時彼佛為一切衆生憙見菩薩及衆菩
薩諸聲聞衆說法華經是一切衆生憙見
菩薩樂習苦行於日月淨明德佛法中精進
經行一心求佛滿万二千歲已得現一切色身
三昧得此三昧已心大歡喜即作念言我得
現一切色身三昧皆是得聞法華經力我今
當供養日月淨明德佛及法華經即時入是
三昧於虛空中雨曼陁羅華摩訶曼陁羅華
細末堅黑栴檀滿虛空中如雲而下又雨海此岸
栴檀之香此香六銖價直娑婆世界以供養
佛作是供養已從三昧起而自念言我雖以神
力供養於佛不如以身供養即服諸香栴檀
薰陸兜樓婆畢力迦沉水膠香又飲瞻蔔
諸華香油滿千二百歲已香油塗身於日月
淨明德佛前以天寶衣而自纏身灌諸香
油以神通力願而自然身光明遍照八十億恒
河沙世界其中諸佛同時讚言善哉善哉善
男子是真精進是名真法供養如來若以華
香瓔珞燒香末香塗香天繒幡蓋及海此岸
栴檀之香如是等種種諸物供養所不能及

BD03770號　妙法蓮華經卷六　（16–10）

油以神通力願而自然身光明遍照八十億恒
河沙世界其中諸佛同時讚言善哉善哉善
男子是真精進是名真法供養如來若以華
香瓔珞燒香末香塗香天繒幡蓋及海此岸
栴檀之香如是等種種諸物供養所不能及假
使國城妻子布施亦所不及善男子是名第一
之施於諸施中最尊最上以法供養諸如來
故作是語已而各默然其身火然千二百歲
過是已後其身乃盡一切衆生憙見菩薩作
如是法供養已命終之後復生日月淨明德
佛國中於淨德王家結加趺坐忽然化生即
為其父而說偈言
大王今當知　我經行彼處　即時得一切　現諸身三昧
勤行大精進　捨所愛之身
說是偈已而白父言日月淨明德佛今故現
在我先供養佛已得解一切衆生語言陁羅
尼復聞是法華經八百千万億那由他甄迦
羅頻婆羅阿閦婆等偈大王我今當還供養
此佛白已即坐七寶之臺上昇虛空高七多
羅樹往到佛所頭面礼足合十指爪以偈
讚佛
容顏甚奇妙　光明照十方　我適曾供養　今復還親近
尒時一切衆生憙見菩薩說是偈已而白佛
言世尊世尊猶故在世尒時日月淨明德佛
告一切衆生憙見菩薩善男子我涅槃時到
滅盡時至汝可安施床座我於今夜當般涅
槃又勅一切衆生憙見菩薩善男子我以佛
法囑累於汝及諸菩薩大弟子并阿耨多羅

BD03770號　妙法蓮華經卷六　（16–11）

告一切衆生憙見菩薩善男子涅槃時到
滅盡時至汝可安施牀座我於今夜當般涅
槃又勑一切衆生憙見菩薩善男子我以佛
法囑累於汝及諸菩薩大弟子并阿耨多羅
三藐三菩提法亦以三千大千七寶世界諸
寶樹寶臺及給侍諸天悉付於汝我滅度
後所有舍利亦付囑汝當令流布廣設供養
應起若干千塔如是日月淨明德佛勑一切衆
生憙見菩薩已於夜後分入於涅槃尒時一
切衆生憙見菩薩見佛滅度悲感懊惱戀
慕於佛即以海此岸栴檀為積供養佛身而
以燒之火滅已後收取舍利作八万四千寶瓶
以起八万四千塔高三世界表剎莊嚴垂諸
幡蓋懸衆寶鈴尒時一切衆生憙見菩薩復
自念言我雖作是供養心猶未足我今當更
供養舍利便語諸菩薩大弟子及天龍夜叉
等一切大衆汝等當一心念我今供養日月
淨明德佛舍利作是語已即於八万四千塔
前然百福莊嚴臂七万二千歲而以供養
令无數求聲聞衆无量阿僧祇人發阿耨多
羅三藐三菩提心皆使得住現一切色身三
昧尒時諸菩薩天人阿脩羅等見其无臂憂
惱悲哀而作是言此一切衆生憙見菩薩是
我等師教化我者而今燒臂身不具足于時一
切衆生憙見菩薩於大衆中立此誓言我捨
兩臂必當得佛金色之身若實不虛令我
兩臂還復如故作此誓已自然還復由斯菩
薩福德智慧淳厚所致當尒之時三千大千世

切衆生憙見菩薩於大衆中立此誓言我捨
兩臂必當得佛金色之身若實不虛令我
兩臂還復如故作此誓已自然還復由斯菩
薩福德智慧淳厚所致當尒之時三千大千世
界六種震動天雨寶華一切天人得未曾有
佛告宿王華菩薩於汝意云何一切衆生憙
見菩薩豈異人乎今藥王菩薩是也其所捨
身布施如是无量百千万億那由他數宿王
華若有發心欲得阿耨多羅三藐三菩提者
能然手指乃至足一指供養佛塔勝以國城
妻子及三千大千國土山林河池諸珍寶物
而供養者若復有人以七寶滿三千大千世
界供養於佛及大菩薩辟支佛阿羅漢是
人所得功德不如受持此法華經乃至一四句
偈其福最多宿王華譬如一切川流江河諸
水之中海為第一此法華經亦復如是於諸
如來所說經中最為深大又如土山黑山小
鐵圍山大鐵圍山及十寶山衆山之中須
弥山為第一此法華經亦復如是於諸經中
最為其上又如衆星之中月天子最為第一
此法華經亦復如是於千万億種諸經法中最
為照明又如日天子能除諸闇此經亦復如是
能破一切不善之闇又如諸小王中轉輪聖
王最為第一此經亦復如是於衆經中最為
其尊又如帝釋於三十三天中王此經亦
復如是諸經中王又如大梵天王一切衆生
之父此經亦復如是一切賢聖學无學及發
菩薩心者之父又如一切凡夫人中須陁洹斯

能破一切不善之闇又如諸小王中轉輪聖
王最為第一此經亦復如是於衆經中最為
其尊又如帝釋於三十三天中王此經亦
復如是諸經中王又如大梵天王一切衆生
之父此經亦復如是一切賢聖學无學及發
菩薩心者之父又如一切凡夫人中須陀洹斯
陀含阿那含阿羅漢辟支佛為第一此經亦
復如是一切如來所說若菩薩所說若聲聞
所說諸經法中最為第一有能受持是經
典者亦復如是於一切衆生中亦為第一一
切聲聞辟支佛中菩薩為第一此經亦復如
是於一切諸經法中最為第一如佛為諸法
王此經亦復如是諸經中王宿王華此經能
救一切衆生者此經能令一切衆生離諸苦
惱此經能大饒益一切衆生充滿其願如清
涼池能滿一切諸渴乏者如寒者得火如裸
者得衣如商人得主如子得母如渡得船如
病得醫如暗得燈如貧得寶如民得王如
賈客得海如炬除暗此法華經亦復如是能
令衆生離一切苦一切病痛能解一切生死之
縛若人得聞此法華經若自書若使人書所
得功德以佛智慧籌量多少不得其邊若
書是經卷華香瓔珞燒香末香塗香幡蓋
衣服種種之燈蘇燈油燈諸香油燈瞻蔔油燈
須曼那油燈波羅羅油燈婆利師迦油燈那婆
摩利油燈供養所得功德亦復无量宿王華
若有人聞是藥王菩薩本事品者亦得无量无
邊功德若有女人聞是藥王菩薩本事品能
受持者盡此女身後不復受若如來滅後

須曼那油燈波羅羅油燈婆利師迦油燈那婆
摩利油燈供養所得功德亦復无量宿王華
若有人聞是藥王菩薩本事品者亦得无量无
邊功德若有女人聞是藥王菩薩本事品能
受持者盡此女身後不復受若如來滅後
後五百歲中若有女人聞是經典如說脩行
於此命終即往安樂世界阿彌陀佛大菩薩
衆圍繞住處生蓮華中寶座之上不復為
貪欲所惱亦復不為瞋恚愚癡所惱亦復不為
憍慢嫉妬諸垢所惱得菩薩神通无生法忍
得是忍已眼根清淨以是清淨眼根見七百
万二千億那由他恒河沙等諸佛如來是時
諸佛遙共讚言善哉善哉善男子汝能於
釋迦牟尼佛法中受持讀誦思惟是經為
他人說所得福德无量无邊火不能燒水不能
漂汝之功德千佛共說不能令盡汝今已能破
諸魔賊壞生死軍諸餘怨敵皆悉摧滅善
男子百千諸佛以神通力共守護汝於一切
世間天人之中无如汝者唯除如來其諸聲聞
辟支佛乃至菩薩智慧禪定无有與汝等者
宿王華此菩薩成就如是功德智慧之力若
有人聞是藥王菩薩本事品能隨喜讚善者
是人現世口中常出青蓮華香身毛孔中常出
牛頭栴檀之香所得功德如上所說是故宿
王華以此藥王菩薩本事品囑累於汝我滅
度後後五百歲中廣宣流布於閻浮提无
令斷絕惡魔魔民諸天龍夜叉鳩槃荼等
得其便也宿王華汝當以神通之力守護是經
所以者何此經則為閻浮提人病之良藥

辟支佛乃至菩薩智慧禪定无有與汝等者
宿王華此菩薩成就如是功德智慧之力若
有人聞是藥王菩薩本事品能隨喜讚善者
是人現世口中常出青蓮華香身毛孔中常出
牛頭栴檀之香所得功德如上所說是故宿
王華以此藥王菩薩本事品屬累於汝我滅
度後後五百歲中廣宣流布於閻浮提无
令斷絕惡魔魔民諸天龍夜叉鳩槃荼等
得其便也宿王華汝當以神通之力守護是經
所以者何此經則為閻浮提人病之良藥
若人有病得聞是經病即消滅不老不死宿
王華汝若見有受持是經者應以青蓮華盛
滿末香供散其上散已作是念言此人不
久必當取草坐於道場破諸魔軍當吹法
螺擊大法鼓度脫一切衆生老病死海是故求
佛道者見有受持是經典人應當如是生恭
敬心說是藥王菩薩本事品時八万四千菩薩
得解一切衆生語言陀羅尼多寶如來於寶塔
中讚宿王華菩薩言善哉善哉宿王華汝
成就不可思議功德乃能問釋迦牟尼佛如
此之事利益无量一切衆生

妙法蓮華經卷第六

BD03770 號　妙法蓮華經卷六　（16–16）

又見佛功德　盡迴向佛道
尒時舍利弗白佛言世尊我
於佛前得受阿耨多羅三藐三菩提記
千二百心自在者昔住學地佛常教化言我
法能離生老病死究竟涅槃是學无學人亦
各自以離我見及有无見等謂得涅槃而今
於世尊前聞所未聞皆墮疑惑善哉世尊願
為四衆說其因緣令離疑悔尒時佛告舍利弗
我先不言諸佛世尊以種種因緣譬喻言辭
方便說法皆為阿耨多羅三藐三菩提耶是
諸所說皆為化菩薩故然舍利弗今當復以
譬喻更明此義諸有智者以譬喻得解舍利
弗若國邑聚落有大長者其年衰邁財富無
量多有田宅及諸僮僕其家廣大唯有一門
多諸人衆一百二百乃至五百人止住其中
堂閣朽故牆壁頹落柱根腐敗梁棟傾危周
帀俱時欻然火起焚燒舍宅長者諸子若十
二十或至三十在此宅中長者見是大火從
四面起即大驚怖而作是念我雖能於此所

BD03771 號　妙法蓮華經卷二　（22–1）

多諸人衆一百二百乃至五百人止住其中
堂閣朽故牆壁頹落柱根腐敗梁棟傾危周
帀俱時欻然火起焚燒舍宅長者諸子若十
二十或至三十在此宅中長者見是大火從
四面起即大驚怖而作是念我雖能於此所
燒之門安隱得出而諸子等於火宅内樂著
嬉戲不覺不知不驚不怖火來逼身苦痛切
己心不猒患无求出意舍利弗是長者作是
思惟我身手有力當以衣裓若以几案從舍
出之復更思惟是舍唯有一門而復狹小諸
子幼稚未有所識戀著戲處或當墮落爲火
所燒我當爲說怖畏之事此舍已燒宜時疾
出无令爲火之所燒害作是念已如所思惟
具告諸子汝等速出父雖憐愍善言誘諭而
諸子等樂著嬉戲不肯信受不驚不畏了无
出心亦復不知何者是火何者爲舍云何爲
失但東西走戲視父而已尒時長者即作是
念此舍已爲大火所燒我及諸子若不時出
必爲所焚我今當設方便令諸子等得免斯
害父知諸子先心各有所好種種珎玩奇異
之物情必樂著而告之言汝等所可玩好希
有難得汝若不取後必憂悔如此種種羊車
鹿車牛車今在門外可以遊戲汝等於此火
宅宜速出來隨汝所欲皆當與汝尒時諸子
聞父所說珎玩之物適其願故心各勇銳互
相推排競共馳走爭出火宅是時長者見諸
子等安隱得出皆於四衢道中露地而坐无
復障㝵其心泰然歡喜踊躍時諸子等各白
父言父先所許玩好之具羊車鹿車牛車願

BD03771號　妙法蓮華經卷二　（22–2）

聞父所說珎玩之物適其願故心各勇銳互
相推排競共馳走爭出火宅是時長者見諸
子等安隱得出皆於四衢道中露地而坐无
復障㝵其心泰然歡喜踊躍時諸子等各白
父言父先所許玩好之具羊車鹿車牛車願
時賜與舍利弗尒時長者各賜諸子等一大
車其車高廣衆寶莊挍周帀欄楯四面懸鈴
又於其上張設幰蓋亦以珎奇雜寶而嚴飾
之寶繩交絡垂諸華瓔重敷綩綖安置丹枕
駕以白牛膚色充潔形體姝好有大筋力行
步平正其疾如風又多僕從而侍衛之所以者
何是大長者財富无量種種諸藏悉皆充
溢而作是念我財物无極不應以下劣小車
與諸子等今此幼童皆是吾子愛无偏黨我
有如是七寶大車其數无量應當等心各各
與之不宜差別所以者何以我此物周給一
國猶尚不匱何況諸子是時諸子各乘大車
得未曾有非本所望舍利弗於汝意云何是
長者等與諸子珎寶大車寧有虛妄不舍利
弗言不也世尊是長者但令諸子得免火難
全其軀命非爲虛妄何以故若全身命便爲
已得玩好之具況復方便於彼火宅而拔濟
之世尊若是長者乃至不與最小一車猶不
虛妄何以故是長者先作是意我以方便令
子得出以是因緣无虛妄也何況長者自知
財富无量欲饒益諸子等與大車佛告舍利
弗善哉善哉如汝所言舍利弗如來亦復如
是則爲一切世間之父於諸怖畏衰惱憂患

BD03771號　妙法蓮華經卷二　（22–3）

虛妄何以故是長者先作是意我以方便令
子得出以是因緣无虛妄也何況長者自知
財富无量欲饒益諸子等與大車佛告舍利
弗善哉善哉如汝所言舍利弗如來亦復如
是則為一切世間之父於諸怖畏衰惱憂患
无明暗蔽永盡无餘而悉成就无量知見力
无所畏有大神力及智慧力具足方便智慧
波羅蜜大慈大悲常无懈惓恒求善事利益
一切而生三界朽故火宅為度眾生生老病
死憂悲苦惱愚癡暗蔽三毒之火教化令得
阿耨多羅三藐三菩提見諸眾生為生老病
死憂悲苦惱之所燒煮亦以五欲財利故受
種種苦又以貪著追求故現受眾苦後受地
獄畜生餓鬼之苦若生天上及在人間貧窮
困苦愛別離苦怨憎會苦如是等種種諸苦
眾生沒在其中歡喜遊戲不覺不知不驚不
怖亦不生猒不求解脫於此三界火宅東西
馳走雖遭大苦不以為患舍利弗佛見此已
便作是念我為眾生之父應拔其苦難與无
量无邊佛智慧樂令其遊戲舍利弗如來復
作是念若我但以神力及智慧力捨於方便
為諸眾生讚如來知見力无所畏者眾生不
能以是得度所以者何是諸眾生未免生老
病死憂悲苦惱而為三界火宅所燒何由能
解佛之智慧舍利弗如彼長者雖復身手
有力而不用之但以殷勤方便免濟諸子火
宅之難然後各與珍寶大車如來亦復如是
雖有力无所畏而不用之但以智慧方便於

BD03771號　妙法蓮華經卷二　（22–4）

能以是得度所以者何是諸眾生未免生老
病死憂悲苦惱而為三界火宅所燒何由能
解佛之智慧舍利弗如彼長者雖復身手
有力而不用之但以殷勤方便免濟諸子火
宅之難然後各與珍寶大車如來亦復如是
雖有力无所畏而不用之但以智慧方便於
三界火宅拔濟眾生為說三乘聲聞辟支佛
佛乘而作是言汝等莫得樂住三界火宅勿
貪麤弊色聲香味觸也若貪著生愛則為所
燒汝速出三界當得三乘聲聞辟支佛佛乘
我今為汝保任此事終不虛也汝等但當勤
脩精進如來以是方便誘進眾生復作是言
汝等當知此三乘法皆是聖所稱歎自在無
繫无所依求乘是三乘以无漏根力覺道禪
定解脫三昧等而自娛樂便得无量安隱快
樂舍利弗若有眾生內有智性從佛世尊聞
法信受殷勤精進欲速出三界自求涅槃是
名聲聞乘如彼諸子為求羊車出於火宅若
有眾生從佛世尊聞法信受殷勤精進求自
然慧樂獨善寂深知諸法因緣是名辟支佛
乘如彼諸子為求鹿車出於火宅若有眾生
從佛世尊聞法信受勤脩精進求一切智佛
智自然智无師智如來知見力无所畏愍念
安樂无量眾生利益天人度脫一切是名大
乘菩薩求此乘故名為摩訶薩如彼諸子為
求牛車出於火宅舍利弗如彼長者見諸子
等安隱得出火宅到无畏處自惟財富无量

BD03771號　妙法蓮華經卷二　（22–5）

智自然智无師智如来知見力无所畏悲念
安樂无量衆生利益天人度脫一切是名大
乘菩薩求此乘故名為摩訶薩如彼諸子為
求牛車出於火宅舍利弗如彼長者見諸子
等安隱得出火宅到无畏處自惟財富无量
等以大車而賜諸子如来亦復如是為一切
衆生之父若見无量億千衆生以佛教門出
三界苦怖畏險道得涅槃樂如来尒時便作
是念我有无量无邊智慧力无畏等諸佛法
藏是諸衆生皆是我子等與大乘不令有人
獨得滅度皆以如来滅度而滅度之是諸衆
生脫三界者悉與諸佛禪定解脫等娛樂之
具皆是一相一種聖所稱歎能生淨妙第一
之樂舍利弗如彼長者初以三車誘引諸子
然後但與大車寶物莊嚴安隱第一然彼長
者无虛妄之咎如来亦復如是无有虛妄初
說三乘引導衆生然後但以大乘而度脫之
何以故如来有无量智慧力无所畏諸法之
藏能與一切衆生大乘之法但不盡能受舍
利弗以是因緣當知諸佛方便力故於一佛
乘分別說三佛欲重宣此義而說偈言
譬如長者　有一大宅　其宅久故　而復頓弊
堂舍高危　柱根摧朽　梁棟傾斜　基陛頹毀
墻壁圮坼　泥塗褫落　覆苫亂墜　椽梠差脫
周障屈曲　雜穢充遍　有五百人　止住其中
鵄梟鵰鷲　烏鵲鳩鴿　蚖蛇蝮蠍　蜈蚣蚰蜒
守宮百足　狖狸鼷鼠　諸惡虫輩　交橫馳走

BD03771號　妙法蓮華經卷二　（22–6）

堂舍高危　柱根摧朽　梁棟傾斜　基陛頹毀
墻壁圮坼　泥塗褫落　覆苫亂墜　椽梠差脫
周障屈曲　雜穢充遍　有五百人　止住其中
鵄梟鵰鷲　烏鵲鳩鴿　蚖蛇蝮蠍　蜈蚣蚰蜒
守宮百足　狖狸鼷鼠　諸惡虫輩　交橫馳走
屎尿臭處　不淨流溢　蜣蜋諸虫　而集其上
狐狼野干　咀嚼踐蹋　齚齧死屍　骨肉狼藉
由是羣狗　競來搏撮　飢羸慞惶　處處求食
鬪諍齟掣　啀喍嘷吠　其舍恐怖　變狀如是
處處皆有　魑魅魍魎　夜叉惡鬼　食噉人肉
毒虫之屬　諸惡禽獸　孚乳產生　各自藏護
夜叉競來　爭取食之　食之既飽　惡心轉熾
鬪諍之聲　甚可怖畏　鳩槃荼鬼　蹲踞土埵
或時離地　一尺二尺　往返遊行　縱逸嬉戲
捉狗兩足　撲令失聲　以脚加頸　怖狗自樂
復有諸鬼　其身長大　裸形黑瘦　常住其中
發大惡聲　叫呼求食　復有諸鬼　其咽如針
復有諸鬼　首如牛頭　或食人肉　或復噉狗
頭髮蓬亂　殘害凶險　飢渴所逼　叫喚馳走
夜叉餓鬼　諸惡鳥獸　飢急四向　窺看窓牖
如是諸難　恐畏无量　是朽故宅　屬于一人
其人近出　未久之間　於後舍宅　欻然火起
四面一時　其焰俱熾　棟梁椽柱　爆聲震裂
摧折墮落　墻壁崩倒　諸鬼神等　揚聲大叫
鵰鷲諸鳥　鳩槃荼等　周慞惶怖　不能自出
惡獸毒虫　藏竄孔穴　毗舍闍鬼　亦住其中
薄福德故　為火所逼　共相殘害　飲血噉肉
野干之屬　並已前死　諸大惡獸　競來食噉

BD03771號　妙法蓮華經卷二　（22–7）

摧折墮落 牆壁崩倒 諸鬼神等 揚聲大叫
鵰鷲諸鳥 鳩槃荼等 周慞惶怖 不能自出
惡獸毒虫 藏竄孔穴 毗舍闍鬼 亦住其中
薄福德故 為火所逼 共相殘害 飲血噉肉
野干之屬 並已前死 諸大惡獸 競來食噉
臭烟熢㶿 四面充塞 蜈蚣蚰蜒 毒蛇之類
為火所燒 爭走出穴 鳩槃荼鬼 隨取而食
又諸餓鬼 頭上火然 飢渴熱惱 周慞悶走
其宅如是 甚可怖畏 毒害火災 眾難非一
是時宅主 在門外立 聞有人言 汝諸子等
先因遊戲 來入此宅 稚小无知 歡娛樂著
長者聞已 驚入火宅 方宜救濟 令无燒害
告喻諸子 說眾患難 惡鬼毒虫 災火蔓莚
眾苦次第 相續不絕 毒蛇蚖蝮 及諸夜叉
鳩槃荼鬼 野干狐狗 鵰鷲鵄梟 百足之屬
飢渴惱急 甚可怖畏 此苦難處 況復大火
諸子无知 雖聞父誨 猶故樂著 嬉戲不已
是時長者 而作是念 諸子如此 益我愁惱
今此舍宅 无一可樂 而諸子等 耽湎嬉戲
不受我教 將為火害 即便思惟 設諸方便
告諸子等 我有種種 珍玩之具 妙寶好車
羊車鹿車 大牛之車 今在門外 汝等出來
吾為汝等 造作此車 隨意所樂 可以遊戲
諸子聞說 如此諸車 即時奔競 馳走而出
到於空地 離諸苦難 長者見子 得出火宅
住於四衢 坐師子座 而自慶言 我今快樂
此諸子等 生育甚難 愚小无知 而入險宅
[illegible]

BD03771 號　妙法蓮華經卷二　（22–8）

諸子聞說 如此諸車 即時奔競 馳走而出
到於空地 離諸苦難 長者見子 得出火宅
住於四衢 坐師子座 而自慶言 我今快樂
此諸子等 生育甚難 愚小无知 而入險宅
多諸毒虫 魑魅可畏 大火猛焰 四面俱起
而此諸子 貪樂嬉戲 我已救之 令得脫難
是故諸人 我今快樂 尒時諸子 知父安坐
皆詣父所 而白父言 願賜我等 三種寶車
如前所許 諸子出來 當以三車 隨汝所欲
今正是時 唯垂給與 長者大富 庫藏眾多
金銀瑠璃 車𤦲馬瑙 以眾寶物 造諸大車
莊校嚴飾 周帀欄楯 四面懸鈴 金繩交絡
真珠羅網 張施其上 金華諸瓔 處處垂下
眾綵雜飾 周帀圍繞 柔軟繒纊 以為茵褥
上妙細疊 價直千億 鮮白淨潔 以覆其上
有大白牛 肥壯多力 形體姝好 以駕寶車
多諸儐從 而侍衛之 以是妙車 等賜諸子
諸子是時 歡喜踊躍 乘是寶車 遊於四方
嬉戲快樂 自在无礙 告舍利弗 我亦如是
眾聖中尊 世間之父 一切眾生 皆是吾子
深著世樂 无有慧心 三界无安 猶如火宅
眾苦充滿 甚可怖畏 常有生老 病死憂患
如是等火 熾然不息 如來已離 三界火宅
寂然閑居 安處林野 今此三界 皆是我有
其中眾生 悉是吾子 而今此處 多諸患難
唯我一人 能為救護 雖復教詔 而不信受
於諸欲染 貪著深故 是以方便 為說三乘

BD03771 號　妙法蓮華經卷二　（22–9）

寂然閑居 安處林野 今此三界 皆是我有
其中衆生 悉是吾子 而今此處 多諸患難
唯我一人 能為救護 雖復教詔 而不信受
於諸欲染 貪著深故 是以方便 為說三乘
令諸衆生 知三界苦 開示演說 出世間道
是諸子等 若心決定 具足三明 及六神通
有得緣覺 不退菩薩 汝舍利弗 我為衆生
以此譬喻 說一佛乘 汝等若能 信受是語
一切皆當 得成佛道 是乘微妙 清淨第一
於諸世間 為无有上 佛所悅可 一切衆生
所應稱讚 供養礼拜 无量億千 諸力解脫
禪定智慧 及佛餘法 得如是乘 令諸子等
日夜劫數 常得遊戲 與諸菩薩 及聲聞衆
乘此寶乘 直至道場 以是因緣 十方諦求
更无餘乘 除佛方便 告舍利弗 汝諸人等
皆是吾子 我則是父 汝等累劫 衆苦所燒
我皆濟拔 令出三界 我雖先說 汝等滅度
但盡生死 而實不滅 今所應作 唯佛智慧
若有菩薩 於是衆中 能一心聽 諸佛實法
諸佛世尊 雖以方便 所化衆生 皆是菩薩
若人小智 深著愛欲 為此等故 說於苦諦
衆生心喜 得未曾有 佛說苦諦 真實无異
若有衆生 不知苦本 深著苦因 不能暫捨
為是等故 方便說道 諸苦所因 貪欲為本
若滅貪欲 无所依止 滅盡諸苦 名第三諦
為滅諦故 脩行於道 離諸苦縛 名得解脫
是人於何 而得解脫 但離虛妄 名為解脫

BD03771號　妙法蓮華經卷二　（22–10）

衆生心喜 得未曾有 佛說苦諦 真實无異
若有衆生 不知苦本 深著苦因 不能暫捨
為是等故 方便說道 諸苦所因 貪欲為本
若滅貪欲 无所依止 滅盡諸苦 名第三諦
為滅諦故 脩行於道 離諸苦縛 名得解脫
是人於何 而得解脫 但離虛妄 名為解脫
其實未得 一切解脫 佛說是人 未實滅度
斯人未得 无上道故 我意不欲 令至滅度
我為法王 於法自在 安隱衆生 故現於世
汝舍利弗 我此法印 為欲利益 世間故說
在所遊方 勿妄宣傳 若有聞者 隨喜頂受
當知是人 阿鞞跋致 若有信受 此經法者
是人已曾 見過去佛 恭敬供養 亦聞是法
若人有能 信汝所說 則為見我 亦見於汝
及比丘僧 并諸菩薩 斯法華經 為深智說
淺識聞之 迷惑不解 一切聲聞 及辟支佛
於此經中 力所不及 汝舍利弗 尚於此經
以信得入 況餘聲聞 其餘聲聞 信佛語故
隨順此經 非己智分 又舍利弗 憍慢懈怠
計我見者 莫說此經 凡夫淺識 深著五欲
聞不能解 亦勿為說 若人不信 毀謗此經
則斷一切 世間佛種 或復顰蹙 而懷疑惑
汝當聽說 此人罪報 若佛在世 若滅度後
其有誹謗 如斯經典 見有讀誦 書持經者
輕賤憎嫉 而懷結恨 此人罪報 汝今復聽
其人命終 入阿鼻獄 具足一劫 劫盡更生
如是展轉 至无數劫 從地獄出 當墮畜生

BD03771號　妙法蓮華經卷二　（22–11）

汝當聽說 此人罪報 若佛在世 若滅度後
其有誹謗 如斯經典 見有讀誦 書持經者
輕賤憎嫉 而懷結恨 此人罪報 汝今復聽
其人命終 入阿鼻獄 具足一劫 劫盡更生
如是展轉 至無數劫 從地獄出 當墮畜生
若狗野干 其形頷瘦 梨黮疥癩 人所觸嬈
又復為人 之所惡賤 常困飢渴 骨肉枯竭
生受楚毒 死被瓦石 斷佛種故 受斯罪報
若作駱駝 或生驢中 身常負重 加諸杖捶
但念水草 餘無所知 謗斯經故 獲罪如是
有作野干 來入聚落 身體疥癩 又無一目
為諸童子 之所打擲 受諸苦痛 或時致死
於此死已 更受蟒身 其形長大 五百由旬
聾騃無足 蜿轉腹行 為諸小虫 之所唼食
晝夜受苦 無有休息 謗斯經故 獲罪如是
若得為人 諸根暗鈍 矬陋攣躄 盲聾背傴
有所言說 人不信受 口氣常臭 鬼魅所著
貧窮下賤 為人所使 多病痟瘦 無所依怙
雖親附人 人不在意 若有所得 尋復忘失
若修醫道 順方治病 更增他疾 或復致死
若自有病 無人救療 設服良藥 而復增劇
若他反逆 抄劫竊盜 如是等罪 橫羅其殃
如斯罪人 永不見佛 眾聖之王 說法教化
如斯罪人 常生難處 狂聾心亂 永不聞法
於無數劫 如恒河沙 生輒聾瘂 諸根不具
常處地獄 如遊園觀 在餘惡道 如己舍宅
駝驢猪狗 是其行處 謗斯經故 獲罪如是
若得為人 聾盲瘖瘂 貧窮諸衰 以自莊嚴

BD03771 號　妙法蓮華經卷二　（22–12）

如斯罪人 常生難處 狂聾心亂 永不聞法
於無數劫 如恒河沙 生輒聾瘂 諸根不具
常處地獄 如遊園觀 在餘惡道 如己舍宅
駝驢猪狗 是其行處 謗斯經故 獲罪如是
若得為人 聾盲瘖瘂 貧窮諸衰 以自莊嚴
水腫乾痟 疥癩癰疽 如是等病 以為衣服
身常臭處 垢穢不淨 深著我見 增益瞋恚
婬欲熾盛 不擇禽獸 謗斯經故 獲罪如是
告舍利弗 謗斯經者 若說其罪 窮劫不盡
以是因緣 我故語汝 無智人中 莫說此經
若有利根 智慧明了 多聞強識 求佛道者
如是之人 乃可為說 若人曾見 億百千佛
植諸善本 深心堅固 如是之人 乃可為說
若人精進 常修慈心 不惜身命 乃可為說
若人恭敬 無有異心 離諸凡愚 獨處山澤
如是之人 乃可為說 又舍利弗 若見有人
捨惡知識 親近善友 如是之人 乃可為說
若見佛子 持戒清潔 如淨明珠 求大乘經
如是之人 乃可為說 若人無瞋 質直柔軟
常愍一切 恭敬諸佛 如是之人 乃可為說
復有佛子 於大眾中 以清淨心 種種因緣
譬喻言辭 說法無礙 如是之人 乃可為說
若有比丘 為一切智 四方求法 合掌頂受
但樂受持 大乘經典 乃至不受 餘經一偈
如是之人 如人至心 求佛舍利
如是求經 得已頂受 其人不復 志求餘經
亦未曾念 外道典籍 如是之人 乃可為說
告舍利弗 我說是相 求佛道者 窮劫不盡

BD03771 號　妙法蓮華經卷二　（22–13）

但樂受持大乘經典乃至不受餘經一偈
如是之人乃可為說　如人至心求佛舍利
如是求經得已頂受　其人不復志求餘經
亦未曾念外道典籍　如是之人乃可為說
告舍利弗我說是相　求佛道者窮劫不盡
如是等人則能信解　汝當為說妙法華經

妙法蓮華經信解品第四

尒時慧命須菩提摩訶迦旃延摩訶迦葉摩
訶目揵連從佛所聞未曾有法世尊授舍利
弗阿耨多羅三藐三菩提記發希有心歡喜
踊躍即從座起整衣服偏袒右肩右膝著地
一心合掌曲躬恭敬瞻仰尊顏而白佛言我
等居僧之首年並朽邁自謂已得涅槃无所
堪任不復進求阿耨多羅三藐三菩提世尊
往昔說法既久我時在座身體疲懈但念空
无相无作於菩薩法遊戲神通淨佛國土成
就眾生心不喜樂所以者何世尊令我等出
於三界得涅槃證又今我等年已朽邁於佛
教化菩薩阿耨多羅三藐三菩提不生一念
好樂之心我等今於佛前聞授聲聞阿耨
多羅三藐三菩提記心甚歡喜得未曾有不
謂於今忽然得聞希有之法深自慶幸獲大
善利无量珍寶不求自得世尊我等今者樂
說譬喻以明斯義譬若有人年既幼稚捨父
逃逝久住他國或十二十至五十歲年既長
大加復窮困馳騁四方以求衣食漸漸遊行
遇向本國其父先來求子不得中止一城其
家大富財寶无量金銀琉璃珊瑚虎珀頗梨
珠等其諸倉庫悉皆盈溢多有僮僕臣佐吏
民象馬車乘牛羊无數出入息利乃遍他國

逃逝久住他國或十二十至五十歲年既長
大加復窮困馳騁四方以求衣食漸漸遊行
遇向本國其父先來求子不得中止一城其
家大富財寶无量金銀琉璃珊瑚虎珀頗梨
珠等其諸倉庫悉皆盈溢多有僮僕臣佐吏
民象馬車乘牛羊无數出入息利乃遍他國
商估賈客亦甚眾多時貧窮子遊諸聚落
經歷國邑遂到其父所止之城父每念子與
子離別五十餘年而未曾向人說如此事但
自思惟心懷悔恨自念老朽多有財物金銀
珍寶倉庫盈溢無有子息一旦終沒財物
散失無所委付是以殷勤每憶其子復作是念
我若得子委付財物坦然快樂無復憂慮世
尊尒時窮子傭賃展轉遇到父舍住立門側遙
見其父踞師子床寶几承足諸婆羅門剎利
居士皆恭敬圍繞以真珠瓔珞價直千万莊
嚴其身吏民僮僕手執白拂侍立左右覆以
寶帳垂諸華幡香水灑地散眾名華羅列寶
物出內取與有如是等種種嚴飾威德特尊
窮子見父有大力勢即懷恐怖悔來至此竊
作是念此或是王或是王等非我傭力得
物之處不如往至貧里肆力有地衣食易得
若久住此或見逼迫強使我作作是念已疾
走而去時富長者於師子座見子便識心大歡喜
即作是念我財物庫藏今有所付我常思念
此子无由見之而忽自來甚適我願我雖年
朽猶故貪惜即遣傍人急追將還尒時使者
疾走往捉窮子驚愕稱怨大喚我不相犯何
為見捉使者執之愈急強牽將還于時窮子
自念无罪而被囚執此必定死轉更惶怖

即作是念我財物庫藏今有所付我常思念
此子无由見之而忽自來甚適我願我雖年
朽猶故貪惜即遣傍人急追將還尒時使者
疾走往捉窮子驚愕稱怨大喚我不相犯何
為見捉使者執之愈急強牽將還于時窮子
自念无罪而被囚執此必定死轉更惶怖悶
絕躄地父遥見之而語使言不須此人勿強
將來以冷水灑面令得醒悟莫復與語所以
者何父知其子志意下劣自知豪貴為子所
難審知是子而以方便不語他人云是我子
使者語之我今放汝隨意所趣窮子歡喜得
未曾有從地而起往至貧里以求衣食尒時
長者將欲誘引其子而設方便密遣二人形
色憔悴无威德者汝可詣彼徐語窮子此有
作處倍與汝直窮子若許將來使作若言欲
何所作便可語之雇汝除糞我等二人亦共
汝作時二使人即求窮子既已得之具陳上
事尒時窮子先取其價尋與除糞其父見子
愍而怪之又以他日於窓牖中遥見子身羸
瘦憔悴糞土塵坌汙穢不淨即脫瓔珞細軟
上服嚴飾之具更著麁弊垢膩之衣塵土坌
身右手執持除糞之器狀有所畏語諸作人
汝等勤作勿得懈息以方便故得近其子後
復告言咄男子汝常此作勿復餘去當加汝
價諸有所須瓮器米麵塩酢之屬莫自疑難
亦有老弊使人須者相給好自安意我如汝
父勿復憂慮所以者何我年老大而汝少壯
汝常作時无有欺怠瞋恨怨言都不見汝有
此諸惡如餘作人自今已後如所生子即時長

復告言咄男子汝常此作勿復餘去當加汝
價諸有所須瓮器米麵塩酢之屬莫自疑難
亦有老弊使人須者相給好自安意我如汝
父勿復憂慮所以者何我年老大而汝少壯
汝常作時无有欺怠瞋恨怨言都不見汝有
此諸惡如餘作人自今已後如所生子即時長
者更與作字名之為兒尒時窮子雖欣此
遇猶故自謂客作賤人由是之故於二十年
中常令除糞過是已後心相體信入出无難
然其所止猶在本處世尊尒時長者有疾自
知將死不久語窮子言我今多有金銀珍寶
倉庫盈溢其中多少所應取與汝悉知之我
心如是當體此意所以者何今我與汝便為
不異宜加用心无令漏失尒時窮子即受教
勅領知衆物金銀珍寶及諸庫藏而无悕取
一飡之意然其所止故在本處下劣之心亦
未能捨復經少時父知子意漸已通泰成就
大志自鄙先心臨欲終時而命其子并會親
族國王大臣剎利居士皆悉已集即自宣言
諸君當知此是我子我之所生於某城中捨
吾逃走跉跰辛苦五十餘年其本字某我名
某甲昔在本城懷憂推覓忽於此間遇會得
之此實我子我實其父今我所有一切財物
皆是子有先所出内是子所知世尊是時窮
子聞父此言即大歡喜得未曾有而作是念
我本无心有所悕求今此寶藏自然而至世
尊大富長者則是如來我等皆似佛子如來
常說我等為子世尊我等以三苦故於生死
中受諸熱惱迷惑无知樂著小法今日世尊
令我等思惟蠲除諸法戲論之糞我等於中

子聞父此言即大歡喜得未曾有而作是念
我本无心有所悕求今此寶藏自然而至世
尊大富長者則是如來我等皆似佛子如來
常說我等為子世尊我等以三苦故於生死
中受諸熱惱迷惑无知樂著小法今日世尊
令我等思惟蠲除諸法戲論之糞我等於中
勤加精進得至涅槃一日之價既得此已心
大歡喜自以為足便自謂於佛法中勤精進
故所得弘多然世尊先知我等心著弊欲樂
於小法便見縱捨不為分別汝等當有如來
知見寶藏之分世尊以方便力說如來智慧
我等從佛得涅槃一日之價以為大得於此
大乘无有志求我等又因如來智慧為諸菩
薩開示演說而自於此无有志願所以者何
佛知我等心樂小法以方便力隨我等說而
我等不知真是佛子今我等方知世尊於佛
智慧无所悋惜所以者何我等昔來真是佛
子而但樂小法若我等有樂大之心佛則為
我說大乘法於此經中唯說一乘而昔於菩薩
前毀呰聲聞樂小法者然佛實以大乘教化
是故我等說本无心有所悕求今法王大寶
自然而至如佛子所應得者皆已得之尒時
摩訶迦葉欲重宣此義而說偈言
我等今日　聞佛音教　歡喜踊躍　得未曾有
佛說聲聞　當得作佛　无上寶聚　不求自得
譬如童子　幼稚无識　捨父逃逝　遠到他土
周流諸國　五十餘年　其父憂念　四方推求
求之既疲　頓止一城　造立舍宅　五欲自娛
其家巨富　多諸金銀　車𤦲馬瑙　真珠琉璃

譬如童子　幼稚无識　捨父逃逝　遠到他土
周流諸國　五十餘年　其父憂念　四方推求
求之既疲　頓止一城　造立舍宅　五欲自娛
其家巨富　多諸金銀　車𤦲馬瑙　真珠琉璃
象馬牛羊　輦輿車乘　田業僮僕　人民衆多
出入息利　乃遍他國　商估賈人　无處不有
千万億衆　圍繞恭敬　常為王者　之所愛念
群臣豪族　皆共宗重　以諸緣故　往來者衆
豪富如是　有大力勢　而年朽邁　益憂念子
夙夜惟念　死時將至　癡子捨我　五十餘年
庫藏諸物　當如之何　尒時窮子　求索衣食
從邑至邑　從國至國　或有所得　或无所得
飢餓羸瘦　體生瘡癬　漸次經歷　到父住城
傭賃展轉　遂至父舍　尒時長者　於其門內
施大寶帳　處師子座　眷屬圍繞　諸人侍衛
或有計算　金銀寶物　出內財產　注記券疏
窮子見父　豪貴尊嚴　謂是國王　若是王等
驚怖自怪　何故至此　覆自念言　我若久住
或見逼迫　強驅使作　思惟是已　馳走而去
借問貧里　欲往傭作　長者是時　在師子座
遙見其子　默而識之　即勅使者　追捉將來
窮子驚喚　迷悶躃地　是人執我　必當見殺
何用衣食　使我至此　長者知子　愚癡狹劣
不信我言　不信是父　即以方便　更遣餘人
眇目矬陋　无威德者　汝可語之　云當相雇
除諸糞穢　倍與汝價　窮子聞之　歡喜隨來
為除糞穢　淨諸房舍　長者於牖　常見其子
念子愚劣　樂為鄙事　於是長者　著弊垢衣
執除糞器　往到子所　方便附近　語令勤作

眇目痤陋无威德者　汝可語之　云當相雇
除諸糞穢　倍與汝價　窮子聞之　歡喜隨來
為除糞穢　淨諸房舍　長者於牖　常見其子
念子愚劣　樂為鄙事　於是長者　著弊垢衣
執除糞器　往到子所　方便附近　語令勤作
既益汝價　并塗足油　飲食充足　薦席厚暖
如是苦言　汝當勤作　又以軟語　若如我子
長者有智　漸令入出　經二十年　執作家事
示其金銀　真珠頗梨　諸物出入　皆使令知
猶處門外　止宿草菴　自念貧事　我无此物
父知子心　漸已曠大　欲與財物　即聚親族
國王大臣　剎利居士　於此大眾　說是我子
捨我他行　經五十歲　自見子來　已二十年
昔於某城　而失是子　周行求索　遂來至此
凡我所有　舍宅人民　悉以付之　恣其所用
子念昔貧　志意下劣　今於父所　大獲珎寶
并及舍宅　一切財物　甚大歡喜　得未曾有
佛亦如是　知我樂小　未曾說言　汝等作佛
而說我等　得諸无漏　成就小乘　聲聞弟子
佛勅我等　說最上道　修習此者　當得成佛
我承佛教　為大菩薩　以諸因緣　種種譬喻
若干言辭　說无上道　諸佛子等　從我聞法
日夜思惟　精勤修習　是時諸佛　即授其記
汝於來世　當得作佛　一切諸佛　秘藏之法
但為菩薩　演其實事　而不為我　說斯真要
如彼窮子　得近其父　雖知諸物　心不悕取
我等雖說　佛法寶藏　自无志願　亦復如是
我等內滅　自謂為足　唯了此事　更无餘事
我等若聞　淨佛國土　教化眾生　都无欣樂

BD03771號　妙法蓮華經卷二　（22-20）

汝於來世　當得作佛　一切諸佛　秘藏之法
但為菩薩　演其實事　而不為我　說斯真要
如彼窮子　得近其父　雖知諸物　心不悕取
我等雖說　佛法寶藏　自无志願　亦復如是
我等內滅　自謂為足　唯了此事　更无餘事
我等若聞　淨佛國土　教化眾生　都无欣樂
所以者何　一切諸法　皆悉空寂　无生无滅
无大无小　无漏无為　如是思惟　不生喜樂
我等長夜　於佛智慧　无貪无著　无復志願
而自於法　謂是究竟　我等長夜　修習空法
得脫三界　苦惱之患　住最後身　有餘涅槃
佛所教化　得道不虛　則為已得　報佛之恩
我等雖為　諸佛子等　說菩薩法　以求佛道
而於是法　永无願樂　導師見捨　觀我心故
初不勸進　說有實利　如富長者　知子志劣
以方便力　柔伏其心　然後乃付　一切財物
佛亦如是　現希有事　知樂小者　以方便力
調伏其心　乃教大智　我等今日　得未曾有
非先所望　而今自得　如彼窮子　得无量寶
世尊我今　得道得果　於无漏法　得清淨眼
我等長夜　持佛淨戒　始於今日　得其果報
法王法中　久修梵行　今得无漏　无上大果
我等今者　真是聲聞　以佛道聲　令一切聞
我等今者　真阿羅漢　於諸世間　天人魔梵
普於其中　應受供養　世尊大恩　以希有事
憐愍教化　利益我等　无量億劫　誰能報者
手足供給　頭頂禮敬　一切供養　皆不能報
若以頂戴　兩肩荷負　於恒沙劫　盡心恭敬
又以美饍　无量寶衣　及諸臥具　種種湯藥
[illegible]

BD03771號　妙法蓮華經卷二　（22-21）

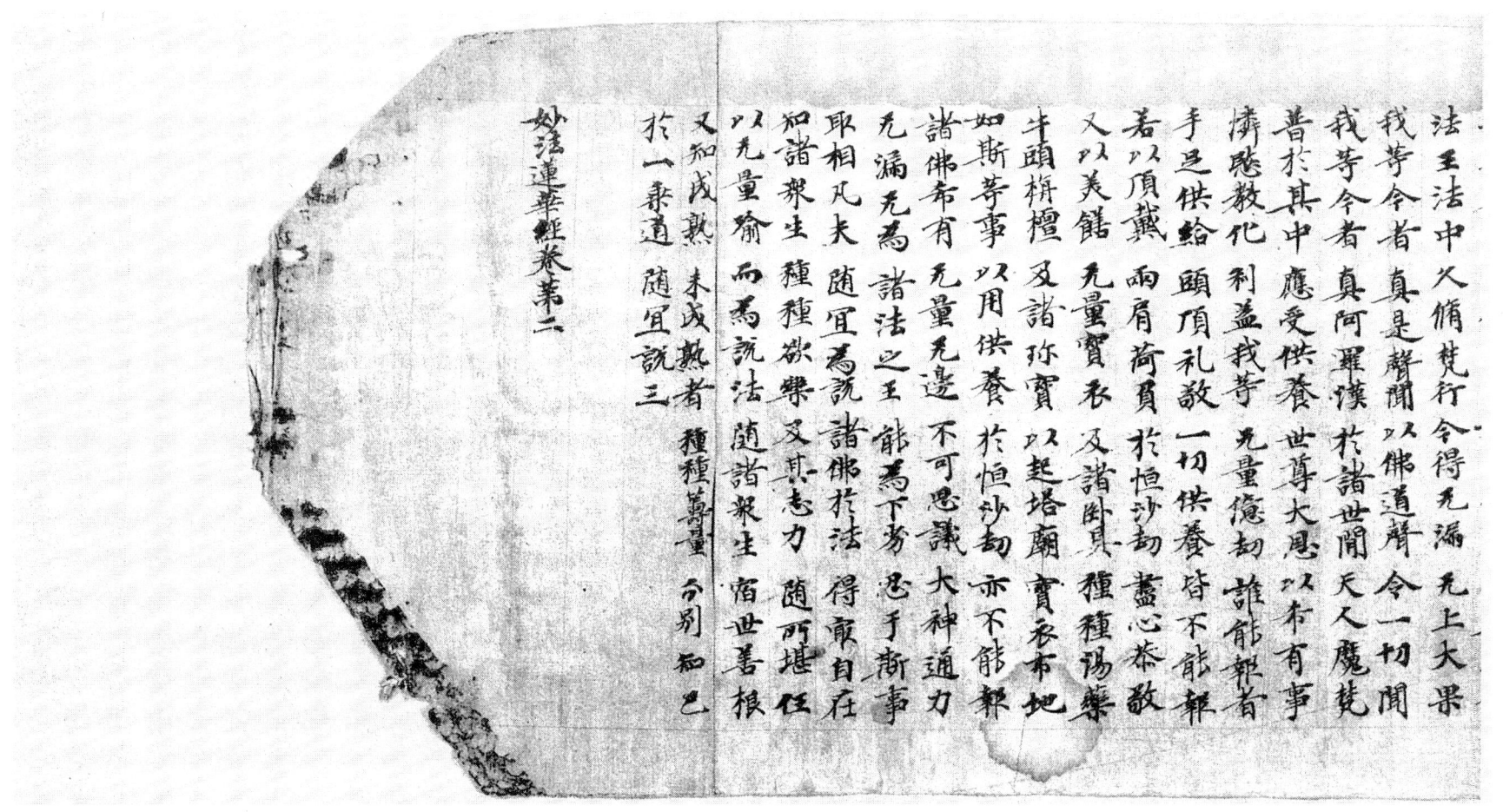

法王法中久脩梵行　今得无漏无上大果
我等今者真是聲聞　以佛道聲令一切聞
我等今者真阿羅漢　於諸世間天人魔梵
普於其中應受供養　世尊大恩以希有事
憐愍教化利益我等　无量億劫誰能報者
手足供給頭頂礼敬　一切供養皆不能報
若以頂戴兩肩荷負　於恒沙劫盡心恭敬
又以美饍无量寶衣　及諸卧具種種湯藥
牛頭栴檀及諸珎寶　以起塔廟寶衣布地
如斯等事以用供養　於恒沙劫亦不能報
諸佛希有无量无邊　不可思議大神通力
无漏无為諸法之王　能為下劣忍于斯事
取相凡夫隨宜為說　諸佛於法得冣自在
知諸衆生種種欲樂　及其志力隨所堪任
以无量喻而為說法　隨諸衆生宿世善根
又知成熟未成熟者　種種籌量分別知已
於一乘道隨宜說三

妙法蓮華經卷第二

BD03771號　妙法蓮華經卷二　（22–22）

近於佛智慧
若人說此經　應入如來室　著於如來衣　而坐如來座
處衆无所畏　廣為分別說　大慈悲為室　柔和忍辱衣
諸法空為座　處此為說法　若說此經時　有人惡口罵
加刀杖瓦石　念佛故應忍　我千万億土　現淨堅固身
於无量億劫　為衆生說法　若我滅度後　能說此經者
我遣化四衆　比丘比丘尼　及清信士女　供養於法師
引導諸衆生　集之令聽法　若人欲加惡　刀杖及瓦石
則遣變化人　為之作衛護　若說法之人　獨在空閑處
寂漠无人聲　讀誦此經典　我爾時為現　清淨光明身
若忘失章句　為說令通利　若人具是德　或為四衆說
空處讀誦經　皆得見我身　若人在空閑　我遣天龍王
夜叉鬼神等　為作聽法衆　是人樂說法　分別无罣礙
諸佛護念故　能令大衆喜　若親近法師　速得菩薩道
隨順是師學　得見恒沙佛

妙法蓮華經見寶塔品第十一

尒時佛前有七寶塔高五百由旬縱廣二百五
十由旬從地踊出住在空中種種寶物而莊
校之五千欄楯龕室千万无數幢幡以為嚴
餝垂寶瓔珞寶鈴万億而懸其上四面皆出
多摩羅跋栴檀之香充遍世界其諸幡蓋以
金銀琉璃車𤦲馬瑙真珠玫瑰七寶合成高

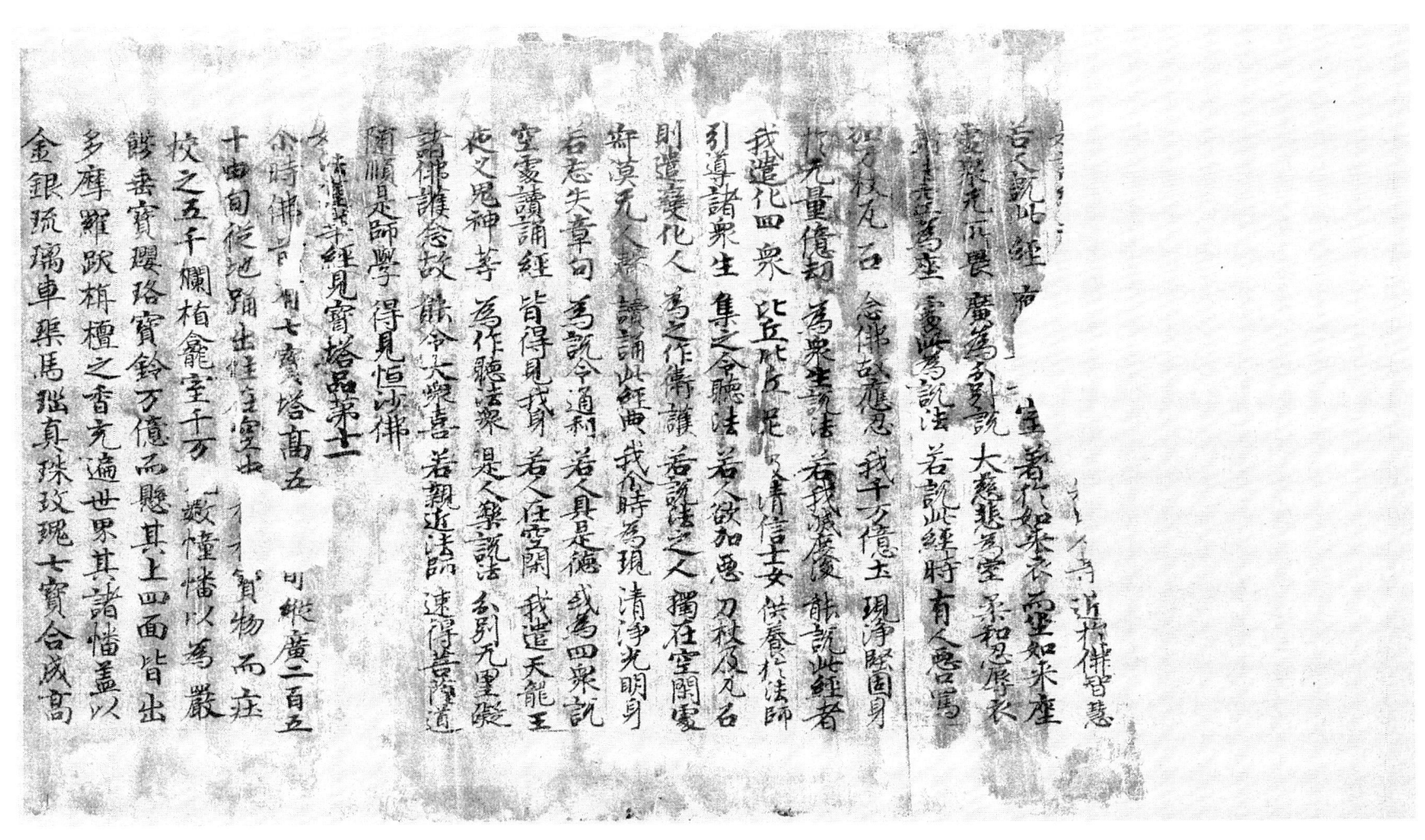

BD03772號　妙法蓮華經卷四　（16–1）

尒時佛前有七寶塔[illegible]
十由旬從地踊出住在空中[illegible]寶物而莊
校之五千欄楯龕室千万[illegible]數幢幡以為嚴
飾垂寶瓔珞寶鈴万億而懸其上四面皆出
多摩羅跋栴檀之香充遍世界其諸幡蓋以
金銀琉璃車𤦲馬瑙真珠玫瑰七寶合成高
至四天王宮三十三天雨天曼陀羅華供養
寶塔餘諸天龍夜叉乾闥婆阿脩羅迦樓
羅緊那羅摩睺羅伽人非人等千万億衆以
一切華香瓔珞幡蓋伎樂供養寶塔恭敬尊
重讚歎尒時寶塔中出大音聲歎言善哉善
哉釋迦牟尼世尊能以平等大慧教菩薩法
佛所護念妙法華經為大衆說如是如是釋
迦牟尼世尊如所說者皆是真實尒時四衆
見大寶塔住在空中又聞塔中所出音聲皆
得法喜怪未曾有從座而起恭敬合掌卻住
一面尒時有菩薩摩訶薩名大樂說知一切世
間天人阿脩羅等心之所疑而白佛言世尊以
何因緣有此寶塔從地踊出又於其中發是
音聲尒時佛告大樂說菩薩此寶塔中有如
來全身乃往過去東方无量千万億阿僧祇
世界國名寶淨彼中有佛号曰多寶其佛
行菩薩道時作大誓願若我成佛滅度之後
於十方國土有說法華經處我之塔廟為
聽是經故踊現其前為作證明讚言善哉
彼佛成道已臨滅度時於天人大衆中告諸比丘
我滅度後欲供養我全身者應起一大塔其
佛以神通願力十方世界在在處處若有說法
華經者彼之寶塔皆踊出其前全身在於

彼佛成道[illegible]
我滅度後欲供養我全身者應起一大塔其
佛以神通願力十方世界在在處處若有說法
華經者彼之寶塔皆踊出其前全身在於
塔中讚言善哉善哉大樂說今多寶如來塔
聞說法華經故從地踊出讚言善哉善哉
是時大樂說菩薩以如來神力故白佛言世尊
我等願欲見此佛身佛告大樂說菩薩摩訶
薩是多寶佛有深重願若我寶塔為聽法華
經故出於諸佛前時其有欲以我身示四
衆者彼佛分身諸佛在於十方世界說法盡
還集一處然後我身乃出現耳大樂說我
分身諸佛在於十方世界說法者今應當集
大樂說白佛言世尊我等亦願欲見世尊分身
諸佛禮拜供養尒時佛放白毫一光即見東方
五百万億那由他恒河沙等國土諸佛彼諸國
土皆以頗梨為地寶樹寶衣以為莊嚴无數
千万億菩薩充滿其中遍張寶幔寶網羅
上彼國諸佛以大妙音而說諸法及見无量千
万億菩薩遍滿諸國為衆說法南西北方四維
上下白毫相光所照之處亦復如是尒時十方
諸佛各告衆菩薩言善男子我今應往
娑婆世界釋迦牟尼佛所并供養多寶如
來寶塔時娑婆世界即變清淨琉璃為地
寶樹莊嚴黃金為繩以界八道无諸聚落村
營城邑大海江河山川林藪燒大寶香曼陀
羅華遍布其地以寶網幔羅覆其上懸諸
寶鈴唯留此會衆移諸天人置於他土是時
諸佛各將一大菩薩以為侍者至娑婆世界各

寶樹莊嚴黄金為繩以界八道无諸聚落村
營城邑大海江河山川林藪燒大寶香曼陁
羅華遍布其地以寶網幔羅覆其上懸諸
寶鈴唯留此會衆移諸天人置於他土是時
諸佛各將一大菩薩以為侍者至娑婆世界各
到寶樹下一一寶樹高五百由旬枝葉華菓
次第莊嚴諸寶樹下皆有師子之座高五由
旬亦以大寶而校餝之尒時諸佛各於此座結
跏趺坐如是展轉遍滿三千大千世界而於釋
迦牟尼佛一方所分之身猶故未盡時釋迦
牟尼佛欲容受所分身諸佛故八方各更變
二百万億那由他國皆令清淨无有地獄餓
鬼畜生及阿脩羅又移諸天人置於他土所
化之國亦以琉璃為地寶樹莊嚴樹高五百
由旬枝葉華菓次第嚴餝樹下皆有寶師子
座高五由旬種種諸寶以為莊校亦无大
海江河及目真隣陁山摩訶目真隣陁山鐵
圍山大鐵圍山須弥山等諸山王通為一佛
國土寶地平正寶交露幔遍覆其上懸諸幡
蓋燒大寶香諸天寶華遍布其地釋迦牟
尼佛為諸佛當来坐故復於八方各變二百
万億那由他國皆令清淨无有地獄餓鬼畜
生及阿脩羅又移諸天人置於他土所化之國
亦以琉璃為地寶樹莊嚴樹高五百由旬枝
葉華菓次第莊嚴樹下皆有寶師子座高
五由旬亦以大寶而校餝之亦无大海江河及
目真隣陁山摩訶目真隣陁山鐵圍山大鐵
圍山須弥山等諸山王通為一佛國土寶地平

BD03772 號　妙法蓮華經卷四　（16–4）

亦以琉璃為地寶樹莊嚴樹高五百由旬枝
葉華菓次第莊嚴樹下皆有寶師子座高
五由旬亦以大寶而校餝之亦无大海江河及
目真隣陁山摩訶目真隣陁山鐵圍山大鐵
圍山須弥山等諸山王通為一佛國土寶地平
正寶交露幔遍覆其上懸諸幡蓋燒大寶香
諸天寶華遍布其地尒時東方釋迦牟尼所
分之身百千万億那由他恒河沙等國土中諸
佛各各說法来集於此如是次第十方諸佛
皆悉来集坐於八方尒時一一方四百万億那由
他國土諸佛如来遍滿其中是時諸佛各
在寶樹下坐師子座皆遣侍者問訊釋迦
牟尼佛各賫寶華滿掬而告之言善男子
汝往詣耆闍崛山釋迦牟尼佛所如我辭曰
少病少惱氣力安樂及菩薩聲聞衆悉安隱
不以此寶華散佛供養而作是言彼某甲佛
與欲開此寶塔諸佛遣使亦復如是尒時釋
迦牟尼佛見所分身佛悉已来集各各坐於
師子之座皆聞諸佛與欲同開寶塔即從座
起住虛空中一切四衆起立合掌一心觀佛於
是釋迦牟尼佛以右指開七寶塔戶出大音
聲如却關鑰開大城門即時一切衆會皆見
多寶如来於寶塔中坐師子座全身不散如
入禪定又聞其言善哉善哉釋迦牟尼佛
快說是法華經我為聽是經故而来至此尒
時四衆等見過去无量千万億劫滅度佛說如
是言歎未曾有以天寶華聚散多寶佛及釋
迦牟尼佛上尒時多寶佛於寶塔中分半座
與釋迦牟尼佛而作是言釋迦牟尼佛可就

BD03772 號　妙法蓮華經卷四　（16–5）

入禪定又聞其言善哉善哉釋迦牟尼佛
快說是法華經我為聽是經故而來至此尒
時四衆等見過去无量千万億劫滅度佛說如
是言歎未曾有以天寶華聚散多寶佛及釋
迦牟尼佛上尒時多寶佛於寶塔中分半座
與釋迦牟尼佛而作是言釋迦牟尼佛可就
此座即時釋迦牟尼佛入其塔中坐其半座
結跏趺坐尒時大衆見二如來在七寶塔中師
子座上結跏趺坐各作是念佛坐高遠唯願
如來以神通力令我等輩俱處虛空即時釋
迦牟尼佛以神通力接諸大衆皆在虛空以
大音聲普告四衆誰能於此娑婆國土廣說
妙法華經今正是時如來不久當入涅槃佛欲
以此妙法華經付囑有在尒時世尊欲重
宣此義而說偈言
聖主世尊　雖久滅度　在寶塔中　尚為法來
諸人云何　不懃為法　此佛滅度　无央數劫
處處聽法　以難遇故　彼佛本願　我滅度後
在在所往　常為聽法　又我分身　无量諸佛
如恒沙等　來欲聽法　及見滅度　多寶如來
各捨妙土　及弟子衆　天人龍神　諸供養事
令法久住　故來至此　為坐諸佛　以神通力
移无量衆　令國清淨　諸佛各各　詣寶樹下
如清淨池　蓮華莊嚴　其寶樹下　諸師子座
佛坐其上　光明嚴飾　如夜闇中　然大炬火
身出妙香　遍十方國　衆生蒙薰　喜不自勝
譬如大風　吹小樹枝　以是方便　令法久住
告諸大衆　我滅度後　誰能護持　讀誦斯經
今於佛前　自說誓言　其多寶佛　雖久滅度

BD03772號　妙法蓮華經卷四　（16–6）

佛坐其上　光明嚴飾　如夜闇中　然大炬火
身出妙香　遍十方國　衆生蒙薰　喜不自勝
譬如大風　吹小樹枝　以是方便　令法久住
告諸大衆　我滅度後　誰能護持　讀誦斯經
今於佛前　自說誓言　其多寶佛　雖久滅度
以大誓願　而師子吼　多寶如來　及與我身
所集化佛　當知此意　諸佛子等　誰能護法
當發大願　令得久住　其有能護　此經法者
則為供養　我及多寶　此多寶佛　處於寶塔
常遊十方　為是經故　亦復供養　諸來化佛
莊嚴光飾　諸世界者　若說此經　則為見我
多寶如來　及諸化佛　諸善男子　各諦思惟
此為難事　宜發大願　諸餘經典　數如恒沙
雖說此等　未足為難　若接須弥　擲置他方
无數佛土　亦未為難　若以足指　動大千界
遠擲他國　亦未為難　若立有頂　為衆演說
无量餘經　亦未為難　若佛滅後　於惡世中
能說此經　是則為難　假使有人　手把虛空
而以遊行　亦未為難　於我滅後　若自書持
若使人書　是則為難　若以大地　置足甲上
昇於梵天　亦未為難　佛滅度後　於惡世中
暫讀此經　是則為難　假使劫燒　擔負乾草
入中不燒　亦未為難　我滅度後　若持此經
為一人說　是則為難　若持八万　四千法藏
十二部經　為人演說　令諸聽者　得六神通
雖能如是　亦未為難　於我滅後　聽受此經
問其義趣　是則為難　若人說法　令千万億
无量无數　恒沙衆生　得阿羅漢　具六神通
雖有是益　亦未為難　於我滅後　若能奉持

BD03772號　妙法蓮華經卷四　（16–7）

雖能如是　亦未為難　於我滅後　聽受此經
問其義趣　是則為難　若人說法　令千万億
无量无數　恒沙眾生　得阿羅漢　具六神通
雖有是益　亦未為難　於我滅後　若能奉持
如斯經典　是則為難　我為佛道　於无量土
從始至今　廣說諸經　而於其中　此經第一
若有能持　則持佛身　諸善男子　於我滅後
誰能受持　讀誦此經　今於佛前　自說誓言
此經難持　若暫持者　我則歡喜　諸佛亦然
如是之人　諸佛所歎　是則勇猛　是則精進
是名持戒　行頭陀者　則為疾得　无上佛道
能於來世　讀持此經　是真佛子　住淳善地
佛滅度後　能解其義　是諸天人　世間之眼
於恐畏世　能須臾說　一切天人　皆應供養

妙法蓮華經提婆達多品第十二

尒時佛告諸菩薩及天人四眾吾於過去无
量劫中求法華經无有懈惓於多劫中常作
國王發願求於无上菩提心不退轉為欲滿
足六波羅蜜勤行布施心无悋惜象馬七珍
國城妻子奴婢僕從頭目髓腦身肉手足不
惜軀命時世人民壽命无量為於法故捐捨
國位委政太子擊鼓宣令四方求法誰能為
我說大乘者吾當終身供給走使時有仙人
來白王言我有大乘名妙法蓮華經若不違
我當為宣說王聞其言歡喜踊躍即隨仙人
供給所須採菓汲水拾薪設食乃至以身而
為牀座身心无惓于時奉事經於千歲為於
法故精勤給侍令无所乏尒時世尊欲重宣

BD03772號　妙法蓮華經卷四　（16–8）

我當為宣說王聞其言歡喜踊躍即隨仙人
供給所須採菓汲水拾薪設食乃至以身而
為牀座身心无惓于時奉事經於千歲為於
法故精勤給侍令无所乏尒時世尊欲重宣
此義而說偈言
我念過去劫　為求大法故　雖作世國王　不貪五欲樂
椎鍾告四方　誰有大法者　若為我解說　身當為奴僕
時有阿私仙　來白於大王　我有微妙法　世間所希有
若能脩行者　吾當為汝說　時王聞仙言　心生大喜悅
即便隨仙人　供給於所須　採薪及菓蓏　隨時恭敬與
情存妙法故　身心无懈惓　普為諸眾生　勤求於大法
亦不為己身　及以五欲樂　故為大國王　勤求獲此法
遂致得成佛　今故為汝說
佛告諸比丘尒時王者則我身是時仙人者今
提婆達多是由提婆達多善知識故令我具
足六波羅蜜慈悲喜捨三十二相八十種好紫
磨金色十力四无所畏四攝法十八不共神通
道力成等正覺廣度眾生皆因提婆達多
善知識故告諸四眾提婆達多却後過无
量劫當得成佛号曰天王如來應供正遍知
明行足善逝世間解无上士調御丈夫天人師
佛世尊世界名天道時天王佛住世二十中劫
廣為眾生說於妙法恒河沙眾生得阿羅漢
果无量眾生發緣覺心恒河沙眾生發无上
道心得无生法忍至不退轉時天王佛般涅槃
後正法住世二十中劫全身舍利起七寶塔
高六十由旬縱廣四十由旬諸天人民悉以
雜華末香燒香塗香衣服瓔珞幢幡寶蓋

BD03772號　妙法蓮華經卷四　（16–9）

[illegible]
道心得无生法忍至不退轉時天王佛般涅槃
後正法住世二十中劫全身舍利起七寶塔
高六十由旬縱廣四十由旬諸天人民悉以
雜華末香燒香塗香衣服瓔珞幢幡寶蓋
伎樂歌頌礼拜供養七寶妙塔无量衆
生得阿羅漢果无量衆生悟辟支佛不可
思議衆生發菩提心至不退轉佛告諸比丘
未來世中若有善男子善女人聞妙法華經
提婆達多品淨心信敬不生疑惑者不墮地
獄餓鬼畜生生十方佛前所生之處常聞此
經若生人天中受勝妙樂若在佛前蓮華化
生於時下方多寶世尊所從菩薩名曰智
積啓多寶佛當還本土釋迦牟尼佛告智
積曰善男子且待須臾此有菩薩名文殊師
利可與相見論說妙法可還本土
尒時文殊師利坐千葉蓮華大如車輪俱來
菩薩亦坐寶蓮華從於大海娑竭羅龍宮
自然踊出住虛空中詣靈鷲山從蓮華下至
於佛所頭面敬礼二世尊足脩敬已畢往智
積所共相慰問却坐一面智積菩薩問文殊師
利仁往龍宮所化衆生其數幾何文殊師利
言其數无量不可稱計非口所宣非心所測
且待須臾自當有證所言未竟无數菩薩坐
寶蓮華從海踊出詣靈鷲山住在虛空此
諸菩薩皆是文殊師利之所化度具菩薩行
皆共論說六波羅蜜本聲聞人在虛空中說
聲聞行今皆脩行大乘空義文殊師利謂智
積曰於海教化其事如此尒時智積菩薩

BD03772號　妙法蓮華經卷四　（16–10）

諸菩薩皆是文殊師利之所化度具菩薩行
皆共論說六波羅蜜本聲聞人在虛空中說
聲聞行今皆脩行大乘空義文殊師利謂智
積曰於海教化其事如此尒時智積菩薩
以偈讚曰
大智德勇健　化度无量衆　今此諸大會　及我皆已見
演暢實相義　開闡一乘法　廣導諸群生　令速成菩提
文殊師利言我於海中唯常宣說妙法華經
智積問文殊師利言此經甚深微妙諸經
中寶世所希有頗有衆生勤加精進脩行此
經速得佛不文殊師利言有娑竭羅龍王女
年始八歲智慧利根善知衆生諸根利鈍得
陁羅尼諸佛所說甚深秘藏悉能受持深入
禪定了達諸法於剎那頃發菩提心得不退
辯才无礙慈念衆生猶如赤子功德具足心念
口演微妙廣大慈悲仁讓志意和雅能至菩
提智積菩薩言我見釋迦如來於无量劫
難行苦行積功累德求菩薩道未曾止息觀三
千大千世界乃至无有如芥子許非是菩薩
捨身命處為衆生故然後乃得成菩提道不
信此女於須臾頃便成正覺言論未訖時龍王
女忽現於前頭面礼敬却住一面以偈讚曰
深達罪福相　遍照於十方　微妙淨法身　具相三十二
以八十種好　用莊嚴法身　天人所戴仰　龍神咸恭敬
一切衆生類　无不宗奉者　又聞成菩提　唯佛當證知
我闡大乘教　度脫苦衆生
時舍利弗語龍女言汝謂不久得无上道是
事難信所以者何女身垢穢非是法器云何能得

BD03772號　妙法蓮華經卷四　（16–11）

一切衆生類无不宗奉者 又聞成菩提 唯佛當證知
我闡大乘教 度脫苦衆生
時舍利弗語龍女言汝謂不久得无上道是
事難信所以者何女身垢穢非是法器云何能得
无上菩提佛道玄曠逕无量劫勤苦積行具
脩諸度然後乃成又女身猶有五鄣一者不得
作梵天王二者帝釋三者魔王四者轉輪聖王
五者佛身云何女身速得成佛
尒時龍女有寶珠價直三千大千世界持以
上佛佛即受之龍女謂智積菩薩尊者舍
利弗言我獻寶珠世尊納受是事疾不荅言
甚疾女言以汝神力觀我成佛復速於此當時
衆會皆見龍女忽然之間變成男子具菩薩
行即往南方无垢世界坐寶蓮華成等正覺
三十二相八十種好普為十方一切衆生演說
妙法尒時娑婆世界菩薩聲聞天龍八部人
與非人皆遥見彼龍女成佛普為時會人
天說法心大歡喜悉遥礼敬无量衆生聞法
解悟得不退轉无量衆生得受道記无垢世
界六反震動娑婆世界三千衆生住不退地三
千衆生發菩提心而得受記智積菩薩及舍
利弗一切衆會嘿然信受
妙法蓮華經持品第十三
尒時藥王菩薩摩訶薩及大樂說菩薩摩
訶薩與二万菩薩眷屬俱皆於佛前作是誓
言唯願世尊不以為慮我等於佛滅後當奉持讀
誦說此經典後惡世衆生善根轉少多增上慢
貪利供養增不善根遠離解脫雖難可教

BD03772 號　妙法蓮華經卷四　（16–12）

尒時藥王菩薩摩訶薩及大樂說菩薩摩
訶薩與二万菩薩眷屬俱皆於佛前作是誓
言唯願世尊不以為慮我等於佛滅後當奉持讀
誦說此經典後惡世衆生善根轉少多增上慢
貪利供養增不善根遠離解脫雖難可教
化我等當起大忍力讀誦此經持說書寫種
種供養不惜身命尒時衆中五百阿羅漢得
受記者白佛言世尊我等亦自誓願於異國
土廣說此經復有學无學八千人得受記者
從座而起合掌向佛作是誓言世尊我等亦
當於他國土廣說此經所以者何是娑婆國中
人多弊惡懷增上慢功德浅薄瞋濁諂曲心不
實故
尒時佛姨母摩訶波闍波提比丘尼與學无
學比丘尼六千人俱從座而起一心合掌瞻仰
尊顏目不蹔捨於時世尊告憍曇弥何故憂
色而視如來汝心將无謂我不說汝名授阿耨
多羅三藐三菩提記耶憍曇弥我先捴說一
切聲聞皆已授記今汝欲知記者將來之世當
於六万八千億諸佛法中為大法師及六千學
无學比丘尼俱為法師汝如是漸漸具菩薩
道當得作佛号一切衆生喜見如來應供正
遍知明行足善逝世間解无上士調御丈夫
天人師佛世尊憍曇弥是一切衆生喜見佛
及六千菩薩轉次授記得阿耨多羅三藐三
菩提尒時羅睺羅母耶輸陁羅比丘尼作是
念世尊於授記中獨不說我名佛告耶輸
陁羅汝於來世百千万億諸佛法中脩菩薩

BD03772 號　妙法蓮華經卷四　（16–13）

菩提尒時羅睺羅母耶輸陀羅比丘尼作是
念世尊於授記中獨不說我名佛告耶輸
陀羅汝於來世百千万億諸佛法中脩菩薩
行為大法師漸具佛道於善國中當得作
佛号具足千万光相如來應供正遍知明行
足善逝世間解无上士調御丈夫天人師佛
世尊佛壽无量阿僧祇劫尒時摩訶波闍
波提比丘尼及耶輸陀羅比丘尼并其眷屬
皆大歡喜得未曾有即於佛前而說偈言
世尊導師　安隱天人　我等聞記　心安具足
諸比丘尼說是偈已白佛言世尊我等亦能
於他方國土廣宣此經
尒時世尊視八十万億那由他諸菩薩摩訶
薩是諸菩薩皆是阿惟越致轉不退法輪
得諸陀羅尼即從座起至於佛前一心合掌
而作是念若世尊告勑我等持說此經者當如
佛教廣宣斯法復作是念佛今嘿然不見告
勑我當云何時諸菩薩敬順佛意并欲自滿
本願便於佛前作師子吼而發誓言世尊我
等於如來滅後周旋往返十方世界能令衆
生書寫此經受持讀誦解說其義如法脩
行正憶念皆是佛之威力唯願世尊在於他方
遥見守護即時諸菩薩俱同發聲而說偈
言
唯願不為慮　於佛滅度後　恐怖惡世中　我等當廣說
有諸无智人　惡口罵詈等　及加刀杖者　我等皆當忍
惡世中比丘　邪智心諂曲　未得謂為得　我慢心充滿
或有阿練若　納衣在空閑　自謂行真道　輕賤人間者

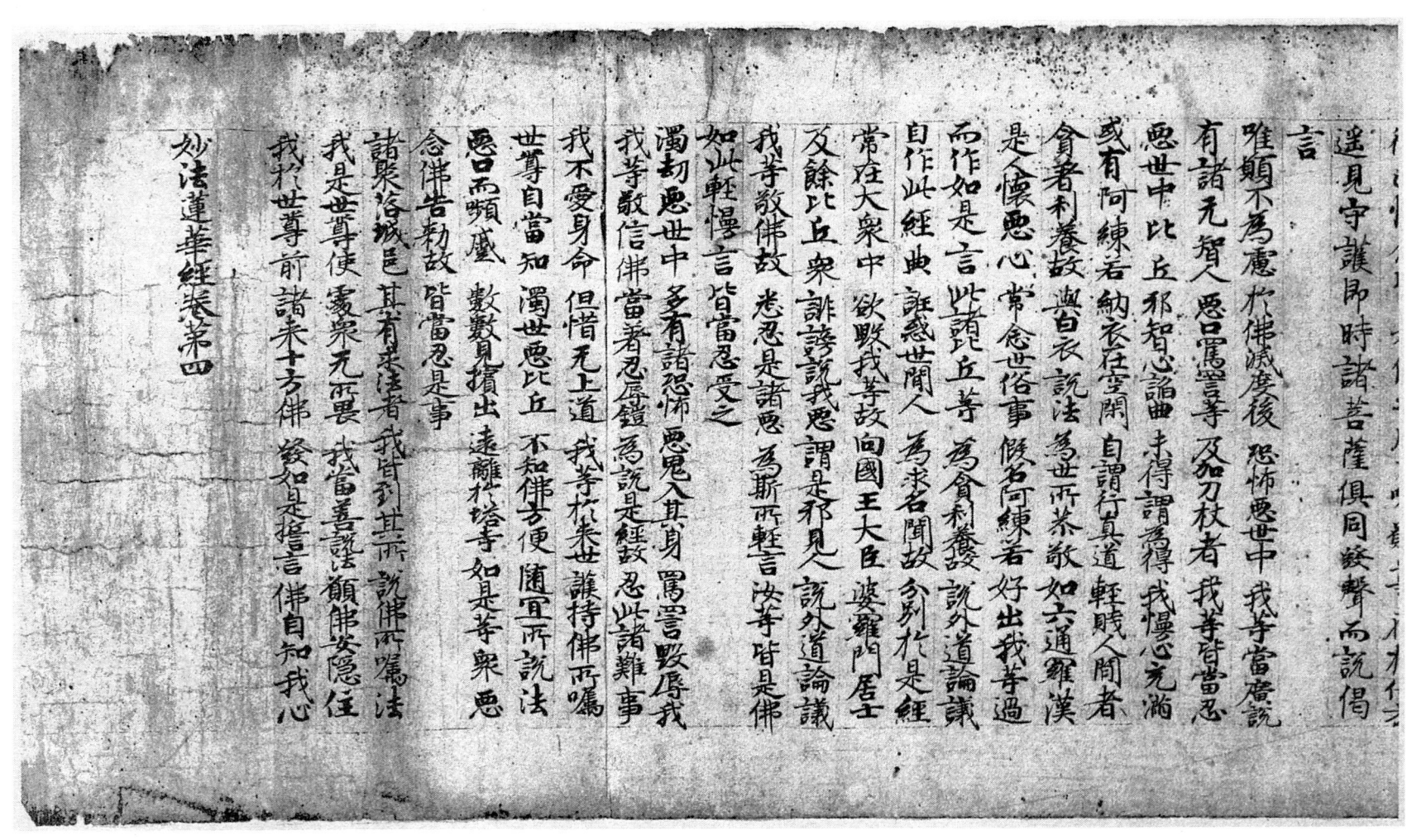

BD03772號　妙法蓮華經卷四　（16–14）

遥見守護即時諸菩薩俱同發聲而說偈
言
唯願不為慮　於佛滅度後　恐怖惡世中　我等當廣說
有諸无智人　惡口罵詈等　及加刀杖者　我等皆當忍
惡世中比丘　邪智心諂曲　未得謂為得　我慢心充滿
或有阿練若　納衣在空閑　自謂行真道　輕賤人間者
貪著利養故　與白衣說法　為世所恭敬　如六通羅漢
是人懷惡心　常念世俗事　假名阿練若　好出我等過
而作如是言　此諸比丘等　為貪利養故　說外道論議
自作此經典　誑惑世間人　為求名聞故　分別於是經
常在大衆中　欲毀我等故　向國王大臣　婆羅門居士
及餘比丘衆　誹謗說我惡　謂是邪見人　說外道論議
我等敬佛故　悉忍是諸惡　為斯所輕言　汝等皆是佛
如此輕慢言　皆當忍受之
濁劫惡世中　多有諸恐怖　惡鬼入其身　罵詈毀辱我
我等敬信佛　當著忍辱鎧　為說是經故　忍此諸難事
我不愛身命　但惜无上道　我等於來世　護持佛所囑
世尊自當知　濁世惡比丘　不知佛方便　隨宜所說法
惡口而顰蹙　數數見擯出　遠離於塔寺　如是等衆惡
念佛告勑故　皆當忍是事
諸聚落城邑　其有求法者　我皆到其所　說佛所囑法
我是世尊使　處衆无所畏　我當善說法　願佛安隱住
我於世尊前　諸來十方佛　發如是誓言　佛自知我心
妙法蓮華經卷第四

BD03772號　妙法蓮華經卷四　（16–15）

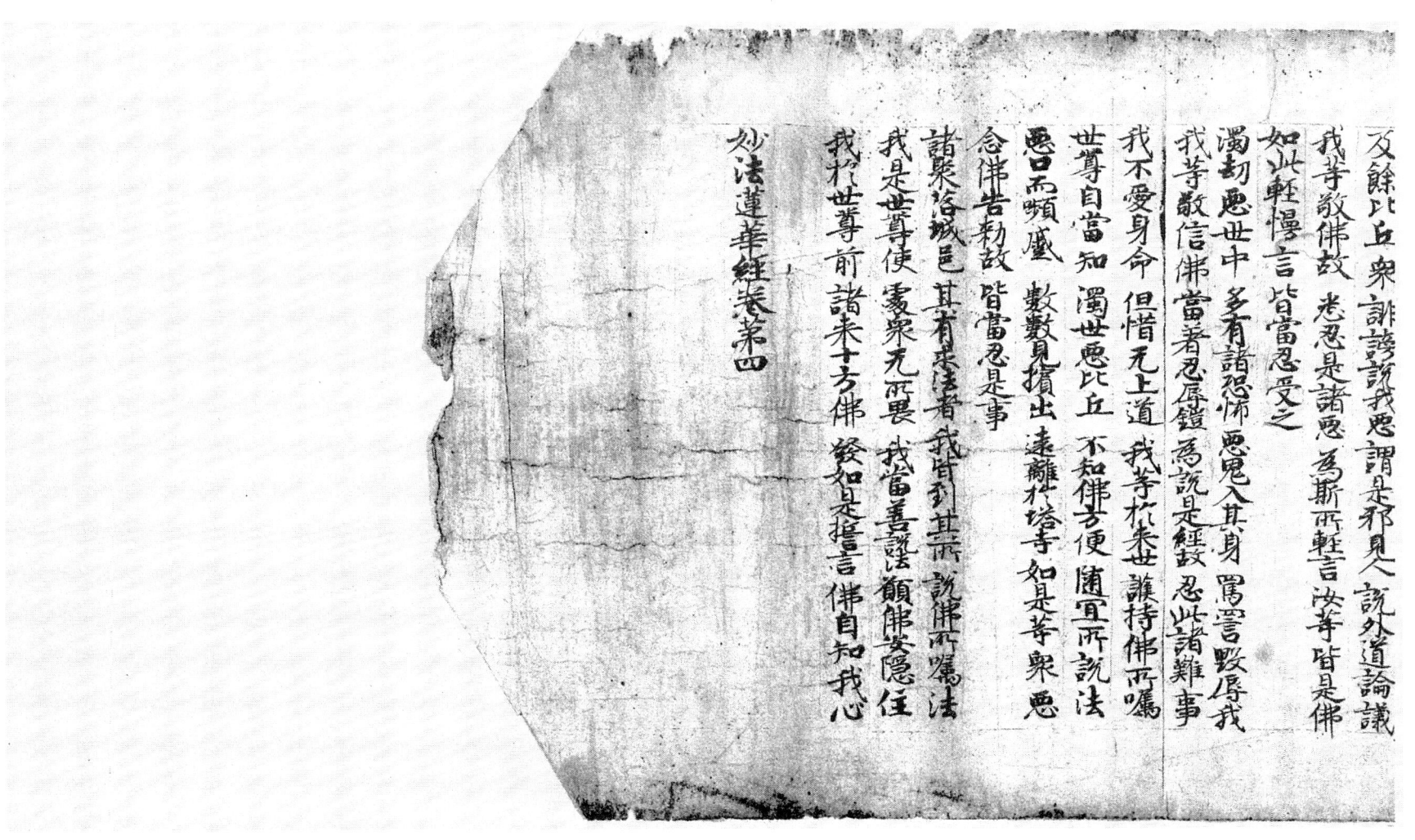

及餘比丘衆　誹謗說我惡　謂是邪見人　說外道論議
我等敬佛故　悉忍是諸惡　為斯所輕言　汝等皆是佛
如此輕慢言　皆當忍受之
濁劫惡世中　多有諸恐怖　惡鬼入其身　罵詈毀辱我
我等敬信佛　當著忍辱鎧　為說是經故　忍此諸難事
我不愛身命　但惜无上道　我等於來世　護持佛所囑
世尊自當知　濁世惡比丘　不知佛方便　隨宜所說法
惡口而顰蹙　數數見擯出　遠離於塔寺　如是等衆惡
念佛告勑故　皆當忍是事
諸聚落城邑　其有求法者　我皆到其所　說佛所囑法
我是世尊使　處衆无所畏　我當善說法　願佛安隱住
我於世尊前　諸來十方佛　發如是誓言　佛自知我心

妙法蓮華經卷第四

BD03772號　妙法蓮華經卷四　（16–16）

……宜　往詣……
前供養聖衆已　即便問彼諸大衆
頗有法師名寶積　功德成就化衆生
尒時寶積大法師　在一室中而住止
正念誦斯微妙典　端然不動身心樂
時有苾芻引道王　至彼寶積所居處
見在室中端身座　光明妙相遍其身
白王此即是寶積　能持甚深佛行處
所謂微妙金光明　諸經中王最第一
時王即便礼寶積　恭敬合掌而致請
唯願滿月面端嚴　為說金光微妙法
寶積法師受王請　許為說此金光明
周遍三千世界中　諸天大衆咸歡喜
王於廣博清淨處　奇妙珎寶而嚴飾
上妙香水灑遊塵　種種雜花皆散布
即於勝處敷高座　懸繒幡蓋以莊嚴
種種抹香及塗香　香氣芬馥皆周遍
天龍脩羅緊那羅　莫呼洛伽及藥……
諸天悉雨曼陁花　……供養彼
復有千万億諸天　……
法師杤從本座起　……
是時寶積大法師　淨……

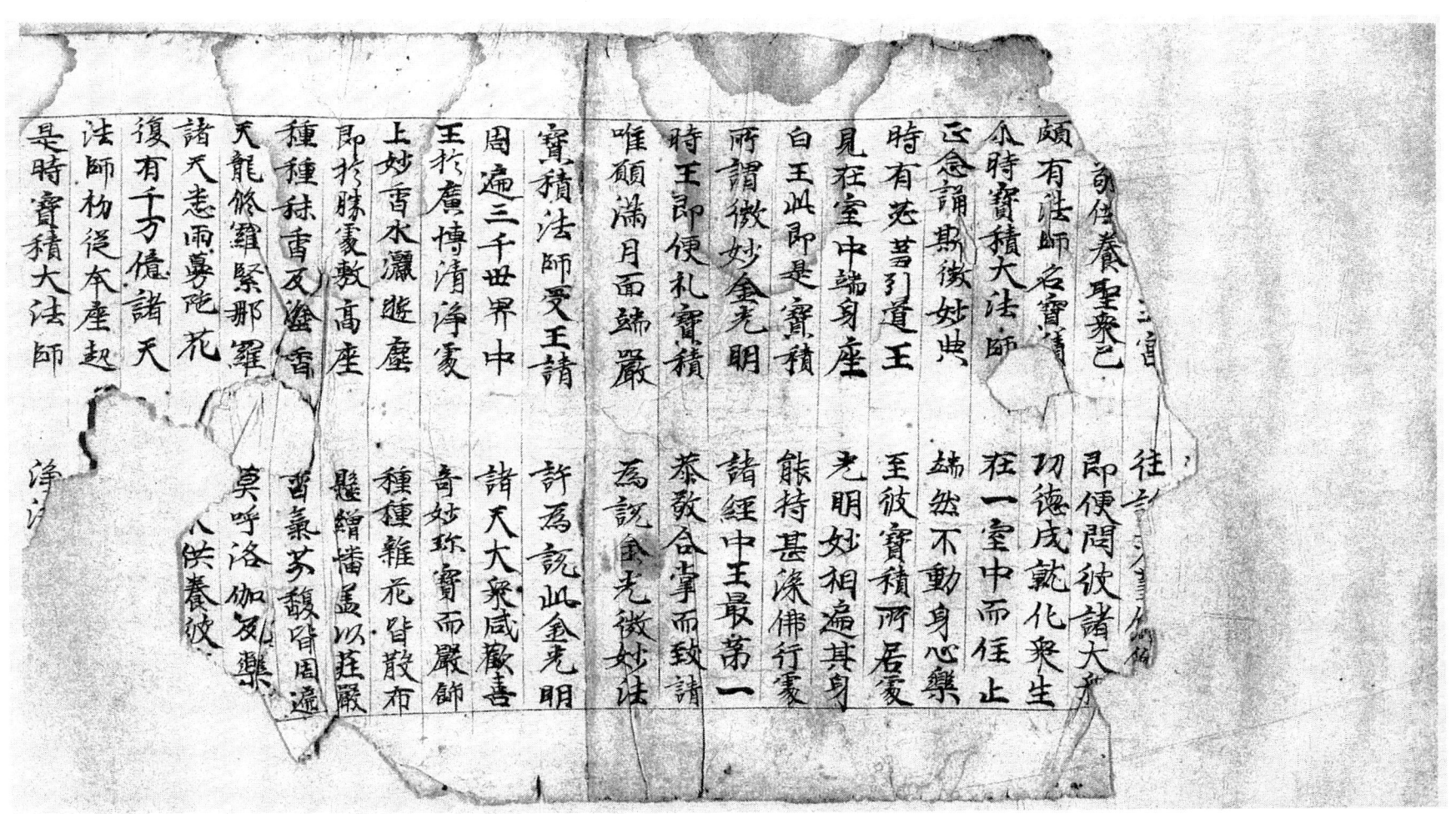

BD03773號　金光明最勝王經卷九　（20–1）

種種抹香及塗香　普熏芬馥皆周遍
天龍脩羅緊那羅　莫呼洛伽及藥叉
諸天悉雨曼陀花　供養彼
復有千方億諸天
法師杁從本座起
是時寶積大法師　淨
詣彼大衆法座所　合掌虔
天主天衆及天女　悉皆共
百千天樂難思議　住在空中
尒時寶積大法師　即昇高座跏趺坐
念彼十方諸剎土　百千万億大慈尊
遍及一切苦衆生　皆起平等慈悲念
為彼請主善生故　演說微妙金光明
王既得聞如是法　合掌一心唱隨喜
聞法希有淚交流　身心大喜皆充遍
于時國主善生王　為欲供養此經故
手持如意末尼寶　發願咸為諸衆生
今可於斯贍部洲　普雨七寶瓔珞具
所有匱乏資財者　皆得隨心受安樂
即便遍雨於七寶　悉皆充足四洲中
瓔珞嚴身隨所須　衣服飲食皆无乏
尒時國主善生王　見此四洲雨珍寶
咸持供養寶髻佛　所有遺教苾芻僧
應知過去善生王　即我釋迦牟尼是
為於昔時捨大地　及諸珍寶滿四洲
昔時寶積大法師　為彼善生說妙法
因彼開演經王故　東方現成不動佛

BD03773號　金光明最勝王經卷九　（20–2）

咸持供養寶髻佛　所有遺教苾芻僧
應知過去善生王　即我釋迦牟尼是
為於昔時捨大地　及諸珍寶滿四洲
昔時寶積大法師　為彼善生說妙法
因彼開演經王故　東方現成不動佛
以我曾聽此經王　合掌一言稱隨喜
及施七寶諸功德　獲此最勝金剛身
金光百福相莊嚴　所有見者皆歡喜
一切有情无不愛　俱胝天衆亦同然
過去曾經九十九　俱胝億劫作輪王
亦於小國為人王　復經无量百千劫
於无量劫為帝釋　亦復曾為大梵王
供養十力大慈尊　彼之數量難窮盡
我昔聞經隨喜善　所有福聚量難知
由斯福故證菩提　獲得法身真妙智
尒時大衆聞是說　已歎未曾有皆願奉持
金光明經流通不絕
金光明最勝王經諸天藥叉護持品第廿二
尒時世尊告大吉祥天女曰若有淨信善男
子善女人欲於過去未來現在諸佛以不可
思議廣大微妙供養之具而為奉獻及欲解
了三世諸佛甚深行處是人應當決定至心隨
是經王所在之處城邑聚落或山澤中廣為
衆生敷演流布其聽法者應除亂想攝耳用
心世尊即為彼天及諸大衆說伽他曰
若欲於諸佛　不思議供養　復了諸如來　甚深境界者
若見演說此　最勝金光明　應親詣彼方　至其所住處

BD03773號　金光明最勝王經卷九　（20–3）

了三世諸佛甚深行處是人應當決定志心隨
是經王所在之處城邑聚落或山澤中廣為
衆生敷演流布其聽法者應除亂想攝耳用
心世尊即為彼天及諸大衆說伽他曰
若欲於諸佛　不思議供養　復了諸如來　甚深境界者
若見演說此　最勝金光明　應親詣彼方　至其所住處
此經難思議　能生諸功德　无邊大苦海　解脫諸有情
我觀此經王　初中後皆善　甚深不可測　譬喻无能比
假使恒河沙　大地塵海水　虛空諸山石　无能喻少分
欲入深法界　應先聽是經　法性之制底　甚深善安住
於斯制底內　見我牟尼尊　悅意妙音聲　演說斯經典
由此俱胝劫　數量難思議　生在人中天　常受勝妙樂
若聽是經者　應作如是心　我得不思議　无邊功德蘊
假使大火聚　滿百踰繕那　為聽此經王　直過无辭苦
既至彼住處　得聞如是經　能滅於罪業　及除諸惡夢
惡星諸變怪　蠱道邪魅等　得聞是經時　諸惡皆捨離
應嚴勝高座　淨妙若蓮花　法師處其上　猶如大龍坐
於斯安坐已　說此甚深經　書寫及誦持　并為解其義
法師捨此座　往詣餘方所　於此高座中　神通非一相
或見法師像　猶在高座上　或時見世尊　及以諸菩薩
或作普賢像　或如妙吉祥　或見慈氏尊　身處於高座
或見希奇相　及以諸天像　暫得覩容儀　忽然還不現
成就諸吉祥　所作皆隨意　功德悉圓滿　世尊如是說
最勝有名稱　能滅諸煩惱　他國賊皆除　戰時常得勝
惡夢悉皆无　及消諸毒害　所作三業罪　經力能除滅
於此贍部洲　名稱咸充滿　所有諸怨結　悉皆相捨離
設有怨敵至　聞名便退散　不假動兵戈　兩陣生歡喜

或見希奇相　及以諸天像　暫得覩容儀　忽然還不現
成就諸吉祥　所作皆隨意　功德悉圓滿　世尊如是說
最勝有名稱　能滅諸煩惱　他國賊皆除　戰時常得勝
惡夢悉皆无　及消諸毒害　所作三業罪　經力能除滅
於此贍部洲　名稱咸充滿　所有諸怨結　悉皆相捨離
設有怨敵至　聞名便退散　不假動兵戈　兩陣生歡喜
梵王帝釋主　護世四天王　及金剛藥叉　正了知大將
无熱池龍王　及以娑羯羅　緊那羅樂神　蘇羅金翅王
大辯才天女　并大吉祥天　斯等上首天　各領諸天衆
常供養諸佛　法寶不思議　恒生歡喜心　於經起恭敬
斯等諸天衆　皆悉共思惟　遍觀修福者　共作如是說
應觀此有情　咸是大福德　善根精進力　當來生我天
為聽甚深經　致心來至此　供養法制底　尊重正法故
憐愍於衆生　而作大饒益　於此深經典　能為法齎器
入此法門者　能入於法性　於此金光明　至心應聽受
是人曾供養　无量百千佛　由彼諸善根　得聞此經典
如是諸天主　天女大辯才　并彼吉祥天　及以四王衆
无數藥叉衆　勇猛有神通　各於其四方　常來相擁護
日月天帝釋　風水火諸神　吠率怒大肩　閻羅辯才等
一切諸護世　勇猛具威神　擁護持經者　晝夜常不離
大力藥叉王　那羅延自在　正了知為首　二十八藥叉
餘藥叉百千　神通有大力　恒於恐怖處　常來護此人
金剛藥叉王　并五百眷屬　諸大菩薩衆　常來護此人
寶王藥叉王　及以滿賢王　曠野金毗羅　賓度羅黃色
此等藥叉王　各五百眷屬　見聽此經者　皆來共擁護
彩軍乾闥婆　葦王常戰勝　珠頸及青頸　并勃里沙王
大最勝大黑　蘊跋拏難舍　半支迦羊足　及以大婆伽

金剛藥叉王　并五百眷屬　諸大菩薩衆　常來護此人
寶王藥叉王　及以滿賢王　曠野金毗羅　賓度羅黃色
此等藥叉王　各五百眷屬　見聽此經者　皆來共擁護
彩軍乾闥婆　藥王常戰勝　珠頸及青頸　并勃里沙王
大最勝大黑　蘊跋婆羅舍　半之迦羊足　及以大婆伽
小渠并護法　及以獼猴王　針毛及日支　寶髻皆來護
大渠諸拘羅　旃檀欲中勝　舍羅及雪山　及以娑多山
皆有大神通　雄猛具大力　見持此經者　皆來相擁護
阿那婆答多　及以娑竭羅　目真醫羅葉　難陀小難陀
於百千龍中　神通具威德　共護持經人　晝夜常不離
婆稚羅睺羅　毗摩質多羅　母旨苫跋羅　大肩及歡喜
及餘蘇羅王　并无數天衆　大力有勇健　皆來護是人
訶利底母神　五百藥叉衆　於彼人睡覺　常來相擁護
旃荼旃荼利　藥叉旃稚女　昆帝拘吒齒　吸衆生精氣
如是諸神衆　大力有神通　常護持經者　晝夜恒不離
上首辯才天　无量諸天女　吉祥天爲首　并餘諸眷屬
此大地神女　果實園林神　樹神江河神　制底諸神等
如是諸天神　心生大歡喜　彼皆來擁護　讀誦此經人
見有持經者　增壽命色力　威光及福德　妙相以莊嚴
星宿現災變　困厄當此人　夢見惡徵祥　皆悉令除滅
此大地神女　堅固有威勢　由此經力故　法味常充足
地肥若流下　過百踰繕那　地神令味上　滋潤於大地
此地厚六十　八億踰繕那　乃至金剛際　地味皆令上
由聽此經王　獲大功德蘊　能使諸天衆　悉蒙其利益
復令諸天衆　威力有光明　歡喜常安樂　捨離於衰相
於此南洲内　林果苗稼神　由此經威力　心常得歡喜
苗稼皆成就　處處有妙花　果實並滋繁　充滿於大地

BD03773號　金光明最勝王經卷九　（20–6）

由聽此經王　獲大功德蘊　能使諸天衆　悉蒙其利益
復令諸天衆　威力有光明　歡喜常安樂　捨離於衰相
於此南洲内　林果苗稼神　由此經威力　心常得歡喜
苗稼皆成就　處處有妙花　果實並滋繁　充滿於大地
所有諸果樹　及以衆園林　悉皆生妙花　香氣常芬馥
衆草諸樹木　咸出微妙花　及生甘美果　隨處皆充遍
於此贍部洲　无量諸龍女　心生大歡喜　皆共入池中
種植鉢頭摩　及以分陀利　青白二蓮花　池中皆遍滿
由此經威力　虛空淨无翳　雲霧皆除遣　闇冥悉光明
日出放千光　无垢焰清淨　由此經王力　流暉遶四天
此經威德力　資助於天子　皆用贍部金　而作於宮殿
日天子初出　見此洲歡喜　常以大光明　周遍皆照耀
於斯大地内　所有蓮花池　日光照及時　无不盡開發
於此贍部内　田疇諸果藥　悉皆令善熟　充滿於大地
由此經威力　日月所照處　星辰不失度　風雨皆順時
遍此贍部洲　國土咸豐樂　隨有此經處　殊勝倍餘方
若此金光明　經典流布處　有能講誦者　悉得如上福
爾時大吉祥天女及諸天等聞佛所說皆大
歡喜於此經王及受持者一心擁護令无憂
惱常得安樂

金光明最勝王經授記品第廿三

爾時如來於大衆中廣說法已欲爲妙幢菩
薩及其二子銀幢銀光授阿耨多羅三藐三
菩提記時有十千天子最勝光明而爲上首
俱從三十三天來至佛所頂禮佛足却住一
面聽佛說法爾時佛告妙幢菩薩言汝於來
世過无量无數百千万意那庾多劫已於金光

BD03773號　金光明最勝王經卷九　（20–7）

薩於其二子金幢銀光授阿耨多羅三藐三
菩提記時有十千天子最勝光明而爲上首
俱從三十三天來至佛所頂礼佛足却住一
面聽佛說法尒時佛告妙幢菩薩言汝於來
世過无量无數百千万億那庾多劫已於金光
明世界當成阿耨多羅三藐三菩提号金寶
山王如來應正遍知明行足善逝世間解无
上士調御丈夫天人師佛世尊出現於世時
此如來般涅槃後所有教法亦皆滅盡時彼
長子名曰銀幢即於此界補佛處世界尒
時轉名淨幢當得作佛名曰金幢光如來應
正遍知明行足善逝世間解无上士調御丈
夫天人師佛世尊時此如來般涅槃後所有
教法亦皆滅盡次子銀光即補佛處還於此
界當得作佛号曰金光明如來應正遍知明
行足善逝世間解无上士調御丈夫天人師
佛世尊是時十千天子聞三大士得授記已
復聞如是最勝王經心生歡喜清淨无垢猶
如虛空尒時如來知是十千天子善根成熟
即便與授大菩提記汝等天子於當來世過
无量无數百千万億那庾多劫於最勝因陁
羅高幢世界得成阿耨多羅三藐三菩提同
一種姓又同一名号曰面目清淨優鉢羅香
山十号具足如是次第十千諸佛出現於世
尒時菩提樹神白佛言世尊是十千天子從
三十三天為聽法故來詣佛所云何如來便
與授記當得成佛世尊我未曾聞是諸天子

山十号具足如是次第十千諸佛出現於世
尒時菩提樹神白佛言世尊是十千天子從
三十三天為聽法故來詣佛所云何如來便
與授記當得成佛世尊我未曾聞是諸天子
具足修習六波羅蜜多難行苦行捨於手足
頭目髓腦眷屬妻子象馬車乘奴婢僕使宮
殿園林金銀琉璃車𤦲碼碯珊瑚虎珀璧玉
珂貝飲食衣服卧具醫藥如餘无量百千菩
薩以諸供具供養過去无數百千万億那庾
多佛如是菩薩各經无量无邊劫數然後方
得受菩提記世尊是諸天子以何因緣修何
勝行種何善根從彼天來蹔時聞法便得授
記唯願世尊為我解說斷除疑網佛告地神
善女天如汝所說皆從勝妙善根因緣勤苦
修已方得授記此諸天子於妙天宮捨於五
欲故來聽是金光明經既聞法已於是經中
心生慇重如淨琉璃无諸瑕穢復得聞此三
大菩薩授記之事亦由過去久修正行誓願
因緣是故我今皆與授記於未來世當成阿
耨多羅三藐三菩提時彼樹神聞佛說已歡
喜信受

金光明最勝王經除病品第廿四

佛告菩提樹神善女天諦聽諦聽善思念之
是十千天子本願因緣今為汝說善女天過
去无量不可思議阿僧企耶劫尒時有佛出
現於世名曰寶髻如來應正遍知明行足善
逝世間解无上士調御丈夫天人師佛世尊

金光明最勝王經除病品第廿四
佛告菩提樹神善女天諦聽諦聽善思念之
是十千天子本願因緣今為汝說善女天過
去无量不可思議阿僧企耶劫尒時有佛出
現於世名曰寶髻如來應正遍知明行足善
逝世間解无上士調御丈夫天人師佛世尊
善女天時彼世尊般涅槃後正法滅已於像
法中有王名曰天自在光常以正法化於人
民猶如父母是王國中有一長者名曰持水
善解醫明妙通八術衆生病苦四大不調咸
能救療善女天尒時持水長者唯有一子名
曰流水顏容端正人所樂觀受性聰敏妙閑
諸論書畫筭印无不通達時王國內有无量
百千諸衆生類皆遇疫疾衆苦所逼乃至无
有歡樂之心善女天尒時長者子流水見是
无量百千衆生受諸病苦起大悲心作如是
念无量衆生為諸極苦之所逼迫我父長者
雖善醫方妙通八術能療衆病四大增損然
已衰邁老耄虛羸要假扶策方能進步不復
能往城邑聚落救諸病苦今有无量百千衆
生皆遇重病无能救者我今當至大醫父所
諮問治病醫方祕法若得解已當往城邑聚
落之所救諸衆生種種疾病令於長夜得受
安樂時長者子作是念已即詣父所稽首禮
足合掌恭敬却住一面即以伽他請其父曰
慈父當哀愍　我欲救衆生　今請諸醫方　幸願為我說
云何身衰壞　諸大有增損　復在何時中　能生諸疾病

落之所救諸衆生種種疾病令於長夜得受
安樂時長者子作是念已即詣父所稽首禮
足合掌恭敬却住一面即以伽他請其父曰
慈父當哀愍　我欲救衆生　今請諸醫方　幸願為我說
云何身衰壞　諸大有增損　復在何時中　能生諸疾病
云何噉飲食　得受於安樂　能使內身中　火勢不衰損
衆生有四病　風黃熱痰癊　及以總集病　云何而療治
何時風病起　何時熱病發　何時動痰癊　何時總集生
時彼長者聞子請已復以伽他而答之曰
我今依古仙　所有療病法　次第為汝說　善聽救衆生
三月是春時　三月名為夏　三月名秋分　三月謂冬時
此據一年中　三三而別說　二二為一節　便成歲六時
初二是花時　三四名熱際　五六名雨際　七八謂秋時
九十是寒時　後二名冰雪　既知如是別　授藥勿令差
當隨此時中　調息於飲食　入腹令消散　衆病則不生
節氣若變改　四大有推移　此時无藥資　必生於病苦
醫人解四時　復知其六節　明閑身七界　食藥使无差
謂味界血肉　膏骨及髓腦　病入此中時　知其可療不
病有四種別　謂風熱痰癊　及以總集病　應知發動時
春中痰癊動　夏內風病生　秋時黃熱增　冬節三俱起
春食澀熱辛　夏膩熱鹹醋　秋時冷甜膩　冬酸澀膩甜
於此四時中　服藥及飲食　若依如是味　衆病無由生
食後病由癊　食消時由熱　消後起由風　准時須識病
既識病源已　隨病而設藥　假令患狀殊　先須療其本
風病服油膩　患熱利為良　癊病應變吐　總集須三藥
風熱癊俱有　是名為總集　雖知病起時　應觀其本性

食後病由癊　食消時由熱　消後起由風　准時須識病
既識病源已　隨病而設藥　假令患狀殊　先須療其本
風病服油膩　患熱利為良　癊病應變吐　揔集須三藥
風熱癊俱有　是名為揔集　雖知病起時　應觀其本性
如是觀知已　順時而授藥　飲食藥無差　斯名善醫者
復應知八術　揔攝諸醫方　於此若明閑　可療眾生病
謂針刺傷破　身疾并鬼神　惡毒及孩童　延年增氣力
先觀彼形色　語言及性行　然後問其夢　知風熱癊殊
乾瘦少頭髮　其心無定住　多語夢飛行　斯人是風性
少年生白髮　多汗及多瞋　聰明夢見火　斯人是熱性
心定身平整　慮審頭津膩　夢見水白物　是癊性應知
揔集性俱有　或二或具三　隨有一偏增　應知是其性
既知本性已　准病而授藥　驗其無死相　方名可救人
諸根倒取境　尊醫人起慢　親友生瞋恚　是死相應知
左眼白色變　舌黑鼻梁欹　耳輪與舊殊　下脣垂向下
訶梨勒一種　具足有六味　能除一切病　無忌藥中王
又三果三辛　諸藥中易得　沙糖蜜蘇乳　此能療眾病
自餘諸藥物　隨病可增加　先起慈愍心　莫規於財利
我已為汝說　療疾中要事　以此救眾生　當獲無邊果
善女天尒時長者子流水親問其父八術之
要四大增損時節不同餌藥方法既善了知
自忖堪能救療眾病即便遍至城邑聚落所
在之處隨有百千万億病苦眾生皆至其所
善言慰喻作如是語我是醫人我是醫人善
知方藥今為汝等療治眾病悉令除愈善女
天尒時眾人聞長者子善言慰喻許為治病
時有無量百千眾生遇極重病聞是語已身

BD03773號　金光明最勝王經卷九　（20–12）

善言慰喻作如是語我是醫人我是醫人善
知方藥今為汝等療治眾病悉令除愈善女
天尒時眾人聞長者子善言慰喻許為治病
時有無量百千眾生遇極重病聞是語已身
心踊躍得未曾有以此因緣所有病苦悉得
蠲除氣力充實平復如本善女天尒時復有
無量百千眾生病苦深重難療治者即共往
詣長者子所重請醫療時長子者即以妙藥
令服皆蒙除差善女天是長者子於此國內
百千万億眾生病苦悉得除差

金光明最勝王經長者子流水品第廿五

尒時佛告菩提樹神善女天尒時長者子流
水於往昔時在天自在光王國內療諸眾生
所有病苦令得平復受安隱樂時諸眾生以
病除故多修福業廣行惠施以自歡娛即共
往詣長者子所咸生尊敬作如是言善哉善
哉大長者子善能滋長福德之事增益我等
安隱壽命仁今實是大力醫王慈悲菩薩妙
閑醫藥善療眾生無量病苦如是稱歎周遍
城邑善女天時長者子妻名水肩藏有其二
子一名水滿二名水藏是時流水將其二子
漸次遊行城邑聚落過空澤中深險之處見
諸禽獸豺狼狐玃鵰鷲之屬食血肉者皆悉
奔飛一向而去時長者子作如是念此諸禽
獸何因緣故一向飛走我當隨後暫往觀之
即便隨去見有大池名曰野生其水將盡於
此池中多有眾魚流水見已生大悲心時有

BD03773號　金光明最勝王經卷九　（20–13）

諸禽獸豺狼狐玃鵰鷲之屬食血肉者皆悉
奔飛一向而去時長者子作如是念此諸禽
獸何因緣故一向飛走我當隨後暫往觀之
即便隨去見有大池名曰野生其水將盡於
此池中多有衆魚流水見已生大悲心時有
樹神示現半身作如是語善哉善哉善男子
汝有實義名流水者可愍此魚應與其水有
二因緣名為流水一能流水二能與水汝今
應當隨名而作是時流水問樹神言此魚頭
數為有幾何樹神答曰數滿十千善女天時
長者子聞是數已倍益悲心時此大池為日
所暴餘水無幾是十千魚將入死門旋身婉
轉見是長者心有所希隨逐瞻視目未曾捨
時長者子見是事已馳趣四方欲覓於水竟
不能得復望一邊見有大樹即便昇上折取
枝葉為作蔭涼復更推求是池中水從何處
來尋覓不已見一大河名曰水生時此河邊
有諸漁人為取魚故於河上流懸嶮之處決
棄其水不令下過於所決處卒難修補便作
是念此崖深峻設百千人時經三月亦未能
斷況我一身而堪濟辦時長者子速還本城
至大王所頭面禮足却住一面合掌恭敬作
如是言我為大王國土人民治種種病悉令
安隱漸次遊行至其空澤見有一池名曰野
生其水欲涸有十千魚為日所暴將死不久
唯願大王慈悲愍念與二十大象暫往負水
濟彼魚命如我與諸病人壽命尒時大王即

BD03773號　金光明最勝王經卷九　（20–14）

安隱漸次遊行至其空澤見有一池名曰野
生其水欲涸有十千魚為日所暴將死不久
唯願大王慈悲愍念與二十大象暫往負水
濟彼魚命如我與諸病人壽命尒時大王即
勅大臣速疾與此醫王大象時彼大臣奉王
勅已白長者子善哉大士仁今自可至象廐
中隨意選取二十大象利益衆生令得安樂
是時流水及其二子將二十大象又從酒家
多借皮囊往決水處以囊盛水象負至池瀉
置池中水即弥滿還復如故善女天時長
者子於池四邊周旋而視時彼衆魚亦復隨
逐循岸而行時長者子復作是念衆魚何故
隨我而行必為飢火之所逼惱復欲從我求
索於食我今當與尒時長者子流水告其子
言汝取一象最大力者速至家中啓父長者
家中所有可食之物乃至父母食噉之分及
以妻子奴婢之分悉皆收取即可持來尒時
二子受父教已乘最大象速往家中至祖父
所說如上事收取家中可食之物置於象上
疾還父所至彼池邊是時流水見其子來身
心喜踊遂取餅食遍散池中魚得食已悉皆
飽足便作是念我今施食令魚得命願於來
世當施法食充濟無邊復更思惟我先曾於
空閑林處見一苾芻讀大乘經說十二緣生
甚深法要又經中說若有衆生臨命終時得
聞寶髻如來名者即生天上我今當為是十
千魚演說甚深十二緣起亦當稱說寶髻佛

BD03773號　金光明最勝王經卷九　（20–15）

空閑林處見一卷蓋讀大乘經說十二緣生
甚深法要又經中說若有衆生臨命終時得
聞寶髻如來名者即生天上我今當爲是十
千魚演說甚深十二緣起亦當稱說寶髻佛
名然贍部洲有二種人一者深信大乘二者
不信毀呰亦當爲彼增長信心時長者子作
如是念我入池中可爲衆魚說深妙法作是
念已即便入水唱言南謨過去寶髻如來應
正遍知明行足善逝世間解無上士調御丈
夫天人師佛世尊此佛往昔修菩薩行時作
是誓願於十方界所有衆生臨命終時聞我
名者命終之後得生三十三天尒時流水復
爲池魚演說如是甚深妙法此有故彼有此
生故彼生所謂无明緣行行緣識識緣名色
名色緣六處六處緣觸觸緣受受緣愛愛緣
取取緣有有緣生生緣老死憂悲苦惱此滅
故彼滅所謂无明滅則行滅行滅則識滅識
滅則名色滅名色滅則六處滅六處滅則觸
滅觸滅則受滅受滅則愛滅愛滅則取滅取
滅則有滅有滅則生滅生滅則老死滅老死滅
則憂悲苦惱滅如是純極苦蘊悉皆除滅
說是法已復爲宣說十二緣起相應陀羅尼
曰
怛姪他　毗折你毗折你　毗　折　你
僧塞枳你　僧塞枳你　僧塞枳　你
毗尒　你　毗尒　你　毗尒你莎訶
[illegible]

曰
怛姪他　毗折你毗折你　毗　折　你
僧塞枳你　僧塞枳你　僧塞枳　你
毗尒　你　毗尒　你　毗尒你莎訶
怛姪他　那弭你那弭你　那　弭　你
散雜　你　散雜　你　散　雜　你
颯鉢哩設你　颯鉢哩設你　颯鉢哩設你莎訶
怛姪他　薜達你薜達你　薜　達　你
室里瑟你　室里瑟你　室里瑟你　你
鄔波地你　鄔波地你　鄔波地你莎訶
怛姪他　婆毗你婆毗你　婆　毗　你
闍　底　你　闍　底　你　闍　底　你
闍摩你你　闍摩你你　闍摩你你莎訶
尒時世尊爲諸大衆說長者子昔緣之時諸
人天衆歎未曾有時四大天王各於其處異
口同音作如是說
善哉釋迦尊　說妙法明呪　生福除衆惡　十二支相應
我等亦說呪　擁護如是法　若有生違逆　不善隨順者
頭破作七分　猶如蘭香梢　我等於佛前　共說其呪曰
怛姪他四里　謎　捐　睇　健　陀　哩
旃荼里　地㘑　驗伐㘑　石四伐　㘑
補𦆁布㘑矩跛末底　崎囉末底　達地貝契
窶嚕婆毋嚕婆　具荼毋嚕健提
杜嚕杜嚕毗　㘑　鞞泥毖泥沓 徒洽下同 娓
達沓娘鄔毖怛哩　烏李吒囉伐底
頞剌婆伐底　勤杜摩伐底
俱蘇摩伐底　莎訶

杜嚕杜嚕毗羅 瞖泥惹泥沓徒洽下同娓
達沓娘鄔惹怛哩 烏李吒囉伐底
頞剌婆伐底 鉢杜摩伐底
俱蘇摩伐底 莎訶
佛告善女天尒時長者子流水及其二子為
彼池魚施水施食并說法已俱共還家是長
者子流水復於後時因有聚會設衆伎樂醉
酒而臥時十千魚同時命過生三十三天起
如是念我等以何善業因緣生此天中便相
謂曰我等先於贍部洲內墮傍生中共受魚
身長者子流水施我等水及以餅食復為我
等說甚深法十二緣起及陁羅尼復稱寶髻
如来名号以是因緣能令我等得生此天是
故我今咸應詣彼長者子所報恩供養尒時
十千天子即於天沒至贍部洲大醫王所時
長者子在高樓上安隱而睡時十千天子共
以十千真珠瓔珞置其頭邊復以十千置其
足處復以十千置於右脅復以十千置左脅
邊雨曼陁羅花摩訶曼陁羅花積至于膝光
明普照種種天樂出妙音聲令贍部洲有睡
眠者皆悉覺悟長者子流水亦從睡寤是時
十千天子為供養已即於空中飛騰而去於
天自在光王國內處處皆雨天妙蓮花是諸
天子復至本處空澤池中雨衆天花便於此
沒還天宮殿隨意自在受五欲樂天自在光
王至天曉已問諸大臣昨夜何緣忽現如是
希有瑞相放大光明大臣荅言大王當知有

BD03773號 金光明最勝王經卷九 （20–18）

十千天子為供養已即於空中飛騰而去於
天自在光王國內處處皆雨天妙蓮花是諸
天子復至本處空澤池中雨衆天花便於此
沒還天宮殿隨意自在受五欲樂天自在光
王至天曉已問諸大臣昨夜何緣忽現如是
希有瑞相放大光明大臣荅言大王當知有
諸天衆於長者子流水家中雨四十千真珠
瓔珞及天曼陁羅花積至于膝王告臣曰詣
長者家喚取其子大臣受勅即至其家奉宣
王命喚長者子時長者子即至王所王曰何
緣昨夜示現如是希有瑞相長者子言如我
思忖定應是彼池內衆魚如經所說命終之
後得生三十三天彼来報恩故現如是希奇
之相王曰何以得知流水荅曰王可遣使并
我二子往彼池所驗其虛實彼十千魚為死
為活王聞是語即便遣使及子向彼池邊見
其池中多有曼陁羅花積成大聚諸魚並死
見已馳還為王廣說王聞是已心生歡喜歎
未曾有尒時佛告菩提樹神善女天汝今當
知昔時長者子流水者即我身是持水長者
即妙幢是彼之二子長子水滿即銀幢是次
子水藏即銀光是彼天自在光王者即汝菩
提樹神是十千魚即十千天子是因我往昔
以水濟魚與食令飽為說甚深十二緣起并
此相應陁羅尼呪又為稱彼寶髻佛名因此
善根得生天上今来我所歡喜聽法我皆當
為授阿耨多羅三藐三菩提記說其名号

BD03773號 金光明最勝王經卷九 （20–19）

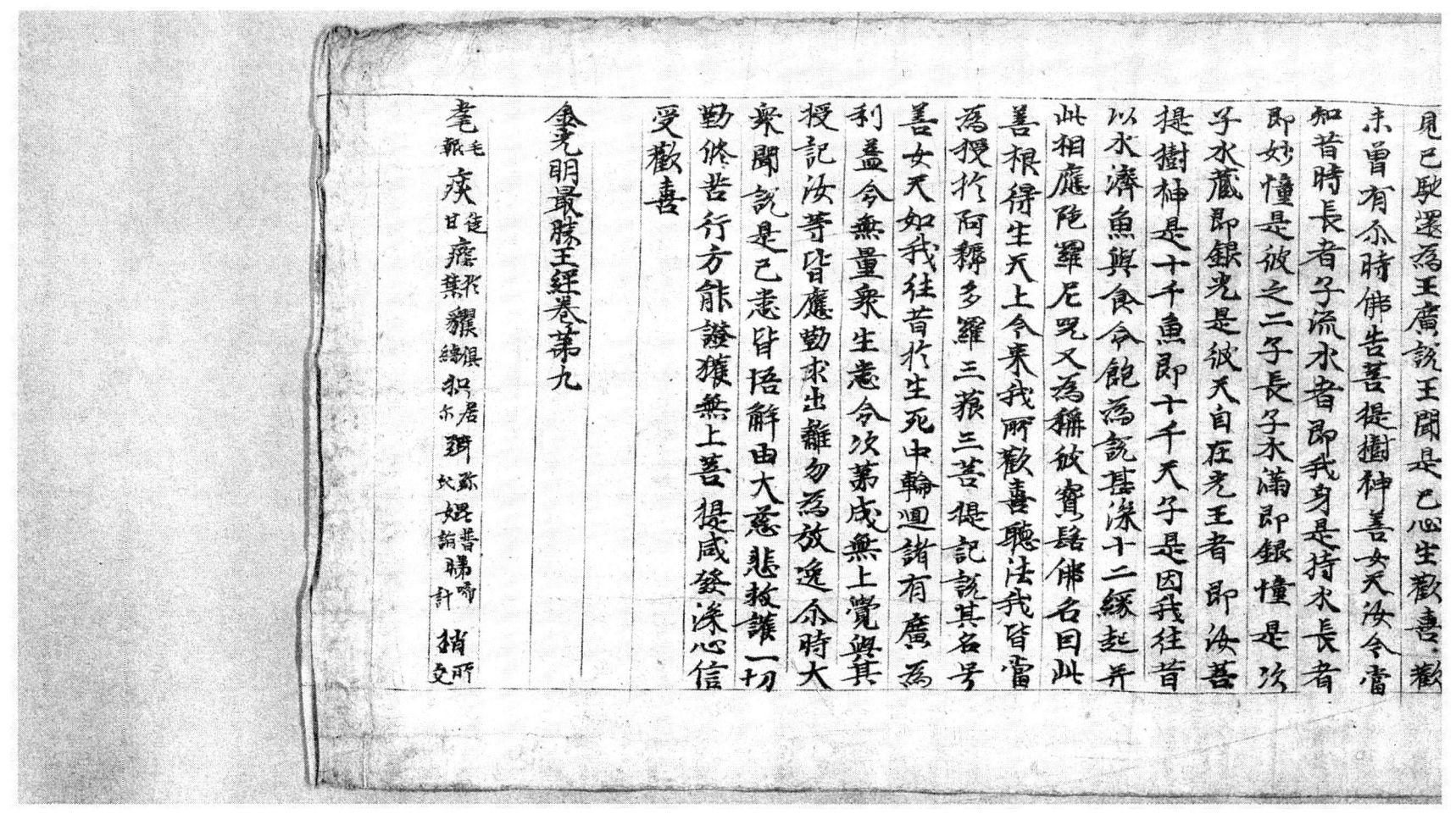

見已馳還爲王廣説王聞是已心生歡喜歡
未曾有尒時佛告菩提樹神善女天汝今當
知昔時長者子流水者即我身是持水長者
即妙幢是彼之二子長子水滿即銀幢是次
子水藏即銀光是彼天自在光王者即汝菩
提樹神是十千魚即十千天子是因我往昔
以水濟魚與食令飽爲説甚深十二緣起并
此相應陁羅尼呪又爲稱彼寶髻佛名因此
善根得生天上今來我所歡喜聽法我皆當
爲授於阿耨多羅三藐三菩提記説其名号
善女天如我往昔於生死中輪迴諸有廣爲
利益令無量衆生悉令次第成無上覺與其
授記汝等皆應勤求出離勿爲放逸尒時大
衆聞説是已悉皆悟解由大慈悲救護一切
勤脩苦行方能證獲無上菩提咸發深心信
受歡喜

金光明最勝王經卷第九

毫毛報 痰徒甘 癃張集 羂俱緣 掎居尒 璽蘇紫 娓普諸 睇啼計 捎所交

BD03773 號　金光明最勝王經卷九　（20–20）

[illegible]

BD03773 號背　雜寫　（1–1）

賢劫千佛名卷上
南无拘那提佛
南无拘那含牟尼佛

南无迦葉佛
南无釋迦牟尼佛
南无弥勒佛

南无師子佛
南无明炎佛
南无牟尼佛

南无妙華佛
南无華氏佛
南无善宿佛

南无導師佛
南无大辟佛
南无大力佛

南无宿王佛
南无脩藥佛
南无名相佛

南无大明佛
南无炎肩佛
南无照曜佛

南无日藏佛
南无月氏佛
南无衆炎佛

南无善明佛
南无无憂佛
南无提沙佛

南无明曜佛
南无持鬘佛
南无功德明佛

BD03774 號　賢劫千佛名經　（8–1）

南无日藏佛
南无月氏佛
南无衆炎佛

南无善明佛
南无无憂佛
南无提沙佛

南无明曜佛
南无持鬘佛
南无功德明佛

南无興盛佛
南无燈曜佛
南无示義佛

南无藥師佛
南无善濡佛
南无白豪佛

南无堅固佛
南无福威德佛
南无不可壞佛

南无德相佛
南无羅睺佛
南无衆主佛

南无梵聲佛
南无堅際佛
南无不高佛

南无作明佛
南无大山佛
南无金剛佛

南无將衆佛
南无无畏佛
南无珎寶佛

南无華目佛
南无軍力佛
南无華光佛

南无仁愛佛
南无大威德佛
南无梵王佛

南无无量明佛
南无龍德佛
南无堅步佛

南无不虛見佛
南无精進德佛
南无善守佛

南无歡喜佛
南无不退佛
南无師子相佛

南无勝知佛
南无法氏佛
南无喜王佛

南无妙御佛
南无憂作佛
南无德臂佛

南无香象佛
南无觀視佛
南无雲音佛

南无善思佛
南无善意佛
南无離垢佛

南无月相佛
南无大明佛
南无珠髻佛

南无威猛佛
南无師子步佛
南无德樹佛

南无歡釋佛
南无惠聚佛
南无安住佛

BD03774 號　賢劫千佛名經　（8–2）

南无應天佛　南无大燈佛　南无世明佛

南无善思佛　南无善意佛　南无離垢佛
南无月相佛　南无大明佛　南无珠髻佛
南无威猛佛　南无師子步佛　南无德樹佛
南无歡撣佛　南无惠聚佛　南无安住佛
南无有意佛　南无鴦伽陁佛　南无无量意佛
南无妙色佛　南无多智佛　南无光明佛
南无堅戒佛　南无吉祥佛　南无寶相佛
南无蓮華佛　南无那羅延佛　南无安樂佛
南无智積佛　南无德敬佛　南无梵德佛
南无寶積佛　南无華天佛　南无善思議佛
南无法自在佛　南无名聞意佛　南无樂說聚佛
南无金剛相佛　南无求利佛　南无遊戲佛
南无離闇佛　南无多天佛　南无彌相佛
南无眾明佛　南无寶藏佛　南无極高行佛
南无提沙佛　南无珠角佛　南无德讚佛
南无日月明佛　南无日明佛　南无星宿佛
南无師子相佛　南无違藍王佛　南无福藏佛
南无見有王佛　南无電明佛　南无金山佛
南无師子德佛　南无勝相佛　南无明讚佛
南无堅精進佛　南无具足讚佛　南无離畏佛

BD03774 號　賢劫千佛名經　（8–3）

南无師子相佛　南无違藍王佛　南无福藏佛
南无見有王佛　南无電明佛　南无金山佛
南无師子德佛　南无勝相佛　南无明讚佛
南无堅精進佛　南无具足讚佛　南无離畏佛
南无應天佛　南无大燈佛　南无世明佛
南无妙香佛　南无持上功德佛　南无離闇佛
南无師子頰佛　南无寶積佛　南无滅過佛
南无持甘露佛　南无人月佛　南无喜見佛
南无莊嚴佛　南无珠明佛　南无山頂佛
南无名相佛　南无法積佛　南无定義佛
南无施願佛　南无寶眾佛　南无遊步佛
南无眾王佛　南无安隱佛　南无法差別佛
南无上尊佛　南无極高德佛　南无上師子音佛
南无樂喜佛　南无龍明佛　南无華山佛
南无龍喜佛　南无香自在佛　南无大明佛
南无天力佛　南无德顏佛　南无龍手佛
南无善行意佛　南无因莊嚴佛　南无智勝佛
南无无量目佛　南无寶語佛　南无日明佛
南无定意佛　南无无量形佛　南无照明佛
南无寶相佛　南无斷疑佛　南无善明佛
南无不虛步佛　南无覺悟佛　南无華相佛
南无山主王佛　南无大威德佛　南无遍見佛
南无无量名佛　南无寶天佛　南无住義佛

BD03774 號　賢劫千佛名經　（8–4）

南无寶相佛　南无斷疑佛　南无善明佛
南无不虛步佛　南无覺悟佛　南无華相佛
南无山主王佛　南无大威德佛　南无遍見佛
南无无量名佛　南无寶天佛　南无住義佛
南无滿意佛　南无上讚佛　南无无憂佛

南无无垢佛　南无梵天佛　南无華根佛
南无身差別佛　南无法名佛　南无盡見佛
南无德淨佛　南无月面佛　南无寶燈佛
南无寶相佛　南无上名佛　南无无量音佛
南无違藍佛　南无師子身佛　南无明意佛

南无无能勝佛　南无切德品佛　南无月相佛
南无得勢佛　南无无邊行佛　南无閑華佛
南无淨垢佛　南无見一切義佛　南无勇力佛
礼三寶已次復懺悔
夫欲礼懺者必須先敬三寶所以然者三寶即是一切衆
生良友福田若能歸向者則滅无量罪長无量福能令行
者離生死苦得解脫樂是故弟子某甲等歸依十方盡虛
空界一切諸佛歸依十方盡虛空界一切尊法歸依十方盡
虛空界一切聖僧弟子今日所以懺悔者正言无始以來在
凡夫地不問貴賤罪自无量或因三業而生罪或從六根

者離生死苦得解脫樂是故弟子某甲等歸依十方盡虛
空界一切諸佛歸依十方盡虛空界一切尊法歸依十方盡
虛空界一切聖僧弟子今日所以懺悔者正言无始以來在
凡夫地不問貴賤罪自无量或因三業而生罪或從六根

而起過或以內心自邪思惟或藉外境起於染著如是
乃至十惡增長八万四千諸塵勞門然其罪相雖復无量
大而為語不出有三何等為三一者煩惱二者是業三者
是果報此三種法能障聖道及以人天勝妙好事是故經中目
為三障所以諸佛菩薩教作方便懺悔除滅此三障者則六

根十惡乃至八万四千諸塵勞門皆悉清淨是故弟子今日運此
增上勝心懺悔三障欲滅此三罪者當用何等心可令此罪滅
先當興七種心以為方便然後此罪乃可得滅何等為七一
者慙愧二者恐怖三者猒離四者發菩提心五者怨親平等
六者念報佛恩七者觀罪性空第一慙愧者自惟我與釋迦

如來同為凡夫而今世尊成道以來已經尒所塵沙劫數而
我等相與耽染六塵流浪生死永無出期此實天下可慙可
愧可羞可恥
第二恐怖者既是凡夫身口意業常與罪相應以是因
緣命終之後應墮地獄畜生餓鬼受无量苦如此實為可
驚可恐可怖可懼
第三猒離者相與當觀生死之中唯有無常苦空无
我不淨虛假如水上泡速起速滅往來流轉猶若車輪生
老病死八苦交煎无時暫息[illegible]

驚可怨可怖可懼
弟三猒離者相與當觀生死之中唯有無常苦空无
我不淨虛假如水上泡速起速滅往來流轉猶若車輪生
老病死八苦交煎无時暫息衆等相與湼觀自身從頭至
足其中但有卅六物髮毛爪齒膿囊涕唾生熟二藏大腸小
腸脾腎心肺肝膽胭腊肪膏腦膜筋脈骨髓大小便利九
孔常流是故經言此身苦所集一切皆不淨何有智慧者
而當樂此身生死既有如此種種惡法甚可猒患
弟四發菩提心者經言當樂佛身佛身者即法身也從无
量功德智慧生從六波羅蜜生從慈悲喜捨生從卅七助
菩提法生從如是等種種功德智慧生如來身欲得此身
者當發菩提心求一切種智常樂我淨薩婆若果淨佛
國土成就衆生於身命財无所悋惜　弟五怨親平等者於
一切衆生起慈悲心无彼我想何以故尒若見怨異親
即是分別以分別故起諸想著想著因緣生諸煩惱煩惱
因緣造諸惡業惡業因緣故得苦果
弟六念報佛恩者如來往昔无量劫中捨頭目髓腦支
節手足國城妻子象馬七珎為我等故修諸苦行此
恩此德實難酬報是故經言若以頂戴兩肩荷負於
恒沙劫亦不能報我等欲報如來恩者當於此世勇
猛精進捍勞忍苦不惜身命建立三寶弘通大乘廣化衆

BD03774號　賢劫千佛名經　（8–7）

而當樂此身生死既有如此種種惡法甚可猒患
弟四發菩提心者經言當樂佛身佛身者即法身也從无
量功德智慧生從六波羅蜜生從慈悲喜捨生從卅七助
菩提法生從如是等種種功德智慧生如來身欲得此身
者當發菩提心求一切種智常樂我淨薩婆若果淨佛
國土成就衆生於身命財无所悋惜　弟五怨親平等者於
一切衆生起慈悲心无彼我想何以故尒若見怨異親
即是分別以分別故起諸想著想著因緣生諸煩惱煩惱
因緣造諸惡業惡業因緣故得苦果
弟六念報佛恩者如來往昔无量劫中捨頭目髓腦支
節手足國城妻子象馬七珎為我等故修諸苦行此
恩此德實難酬報是故經言若以頂戴兩肩荷負於
恒沙劫亦不能報我等欲報如來恩者當於此世勇
猛精進捍勞忍苦不惜身命建立三寶弘通大乘廣化衆
生同入正道　　弟七觀罪性空者无有實相從因緣
生顛倒而有既從因緣而生則可從因緣而滅從因緣而生
者狎近惡友造作无端從因緣而滅者即是
悔是故經言此罪相不在內不在外

BD03774號　賢劫千佛名經　（8–8）

慢心謗佛法僧舍利弗隨此比丘聞是諸經違逆不信心
所說舍利弗佛說是人則為謗法以謗法故為非沙門非釋子
丟百千万億諸佛三輪示現不能令悟使得道果何以故舍利弗如是惡人於此法中自
作鄣道无復生分无有信心但好衣食貪樂世利我說此人必墮地獄舍利弗我今明
了告汝若人違逆如是法寶於好生處永無有分但生惡處常盲无目舍利弗是諸比
丘憍慢威不能受說破我正法其餘衆人不自能法為利養故隨破我法舍利弗如是
法寶尒時壞滅何以故如是法寶一切諸佛皆共恭敬諸辟支佛阿羅漢等亦皆
恭敬破戒比丘增上慢者不淨說法諸比丘等尒時皆共輕慢我法而共遠離多懷
慳貪專求生業貴於財利嫉妬所縛常好諍訟互生怨鄙不相敬慎无有威儀志性
輕躁猶如獼猴轉易威儀行諸惡業退沙門法遠離賢聖舍利弗如是惡人覆藏瑕疵
多欲多求以財自活惡魔知心為作方便令其乖異各共散壞一味僧寶分為五部既
有五部則生諍訟互相是非論說過失舍利弗如今比丘互相教化互相恭敬同心共
行隨順佛語尒時比丘不相教化不順恭敬見作惡者畏而捨去不能以法共相教誨或
時雖有多聞深智精懃憍慢輕賤餘人各以所是自去其論不喜相見況能受教舍利
弗如來在世三寶一味我滅度後分為五部舍利弗惡魔於今猶尚隱身佐助調達
破我法僧如來大智現在世故弊魔不能成其大惡當來之世惡魔變身作沙門
形入於僧中種種邪說令多衆生入於邪見為說邪法謂弥樓陀羅迦婆闘事五分
事念念滅事一切有事有我事有所得事念時惡魔說如是等邪貪著事如是

BD03774 號背　佛藏經卷中　（7–1）

行隨順佛語尒時比丘不相教化不順恭敬見作惡者畏而捨去不能以法共相教誨或
時雖有多聞深智精懃憍慢輕賤餘人各以所是自去其論不喜相見況能受教舍利
弗如來在世三寶一味我滅度後分為五部舍利弗惡魔於今猶尚隱身佐助調達
破我法僧如來大智現在世故弊魔不能成其大惡當來之世惡魔變身作沙門
形入於僧中種種邪說令多衆生入於邪見為說邪法謂弥樓陀羅迦婆闘事五分
事念念滅事一切有事有我事有所得事念時惡魔說如是等邪貪著事如是
事者非諸佛及佛弟子所說尒時惡人為魔所迷各執所見我是彼非舍利弗如來豫
見未來世中有如是等破法事故說是深經迷渐惡魔諸所執著舍利弗當尒
之時閻浮提內多是增上慢人作小善慎便謂得道命終之後當墮惡趣何以故是
人長夜自謂得道亦復鎌說他人得道買受聖人所供養事是人諸天人世間為大
惡賊如是癡人聞說第一實義驚疑怖畏如墮深坑舍利弗有諸比丘樂此事者則
與共集破壞諸佛无上菩提尒時增上慢人偏執者多惡魔有復迷惑在家出家者心
令執非法說正法者少於稀時則便散壞不復得立舍利弗尒時世間年少比丘
多有利根所以者何諸出家者有餘煩惱還生人中郎復出家是諸比丘憙樂難聞
難求佛法第一實義舍利弗尒時增上慢者魔所迷惑但求活命實是凡夫自稱羅漢謂
諸年少比丘等言善身口意此是佛法第一實義善誦淨戒讀誦經法勤脩多聞是名
慎惡因緣所謂淨心信佛文第一實義汝當繫心緣中專念且躁滅三種悪則能猒離五
陰十二入十八界汝等於靜處觀此界入法悉皆无常自觀其身種種不淨汝等能如
是觀當得須陀洹果又能於是五陰等法深觀无常苦空无我无有堅牢則得斯陀含
轉復深觀得阿那含得阿羅漢是為第一實義是中年少比丘復問於佛法中何等
漢果便為第一義耶我等亦如是事得阿羅漢是第一義今此五陰為憶念者生為不
憶念者生答言是五陰者憶念者生不憶念者不生復問憶念與五陰為異不答言如
五陰憶念亦尒復問若如五陰憶念亦尒者離是念五陰皆空若无念五陰皆引无

BD03774 號背　佛藏經卷中　（7–2）

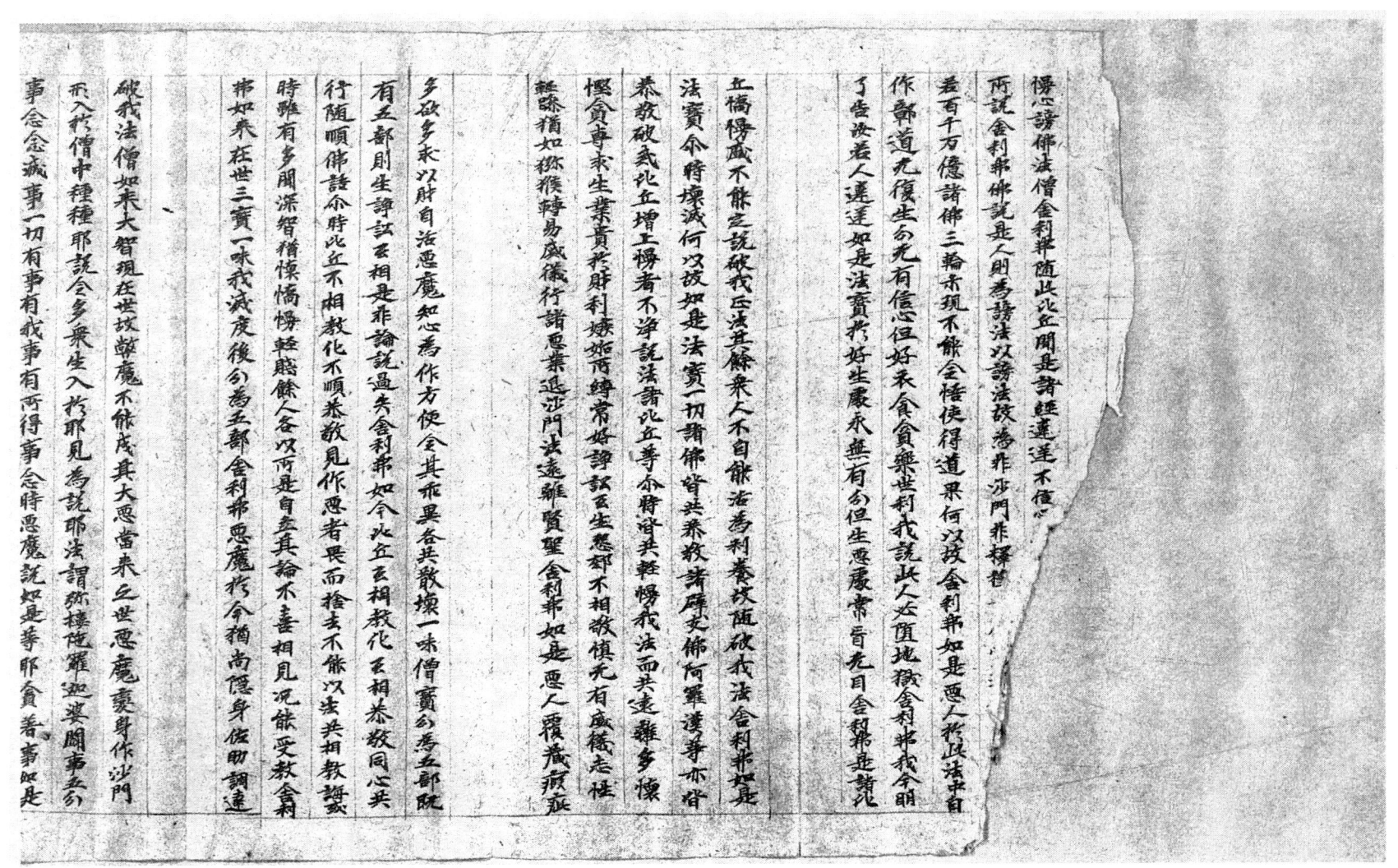

是觀當得須陁洹果又能於是五陰等法深觀无常苦空无我无有堅牢則得斯陁含
轉復深觀得阿那含得阿羅漢是為第一實義是中年少比丘復問於佛法中阿羅
漢果便為第一義耶我等亦知是事得阿羅漢是第一義今此五陰為憶念者生為不
憶念者生答言是五陰者憶念者生不憶念者不生復問憶念與五陰為異不答言如
五陰憶念亦尒復問若如五陰憶念亦尒者誰是念五陰者答言若无念五陰者則无
涅槃實有念五陰者是故有脩八直聖道入涅槃者舍利弗未來世中多有比丘成就
此忍舍利弗尒時會中多諸天衆欲聞佛法第一義聞是增上慢者所說心生疑悔如
墮深坑咸作是言咄哉釋迦牟尼佛法今將速滅舍利弗中有成就善根比丘謂是空
癡人空老增上慢者若有五陰相十二入十八界相者我不受此語不悉不悅從坐而起舍利弗尒
時諸天心大歡喜四方唱言釋迦牟尼佛猶有好弟子在是諸人等善根不少不悉聞是
不淨所說謂我見人見諸天聞此皆大歡喜稱揚讚歎是利根者喜樂問難成就
无生法忍如是人等合集一處共為徒侶人衆既少勢力亦弱舍利弗尒時我諸真子於是
種族尚无受語況得供養住止塔寺舍利弗汝且觀之尒時如來便為輕微我滅度後
我諸子等成就善寂无所得忍時亦輕賤我以是故於无數劫摧諸怨敵化諸一切天王人王
今心清淨所以尒者今我諸子得安樂住舍利弗如來今以一切世間天人為證如來如法得阿
耨多羅三藐三菩提轉无上法輪沙門婆羅門若天魔梵所不能轉舍利弗如是鬼事如
來滅後我此阿耨多羅三藐三菩提我諸弟子等欲廣流布是諸惡人不能鄣閡亦復
不能施與无畏舍利弗譬如蜜瓶置四衢道而作是言若人能食一毛頭者常不老死尒
時諸天世人各以刀杖衛護是瓶時衛護者各作是言若或有人食一毛者我等當殺舍利
弗中有一竊作是念是蜜中瓶食一毛頭則不老死我今何謂惜死不噉若得噉已則便不
畏諸衛護者亦可常得无老病死如是定心不惜壽命直詣瓶所諸衛護者各持刀杖競欲
煞之舍利弗是人若能刀杖未及食一渧者則勉衰惱无復老死如是舍利弗多有惡人魔

BD03774 號背　佛藏經卷中

（7–3）

弗中有一竊作是念是蜜中瓶食一毛頭則不老死我今何謂惜死不噉若得噉已則便不
畏諸衛護者亦可常得无老病死如是定心不惜壽命直詣瓶所諸衛護者各持刀杖競欲
煞之舍利弗是人若能刀杖未及食一渧者則勉衰惱无復老死如是舍利弗多有惡人魔
反魔民欲滅我法如來滅後若有人能隨順空法通達无疑則於諸法心无所得成就
上忍尒時雖為惡人所輕沮擯其道是人若能不惜身命懃行精進通達諸法无生无作則
得度脫生老病死舍利弗蜜瓶是佛第一義法諸天世人衛護瓶者則是惡人樂行魔
事自失大利亦遮他人行實相者失於大利舍利弗增上慢者皆是魔黨助成魔事
咸共譏呵无生滅法又舍利弗不淨說者我見人見衆生見五陰十二入十八界見未得謂
得心計得道計得涅槃咸亦譏呵如是正法何以故是人貪著空故亦是魔衆魔所迷
惑以我正法而作魔事舍利弗若在家出家聞是无我无人无衆生畢竟空法驚疑
畏者當知是人受魔教化是像比丘為是盜法惡威儀者舍利弗是人則是我見衆
生見有見无見常見斷見皆是魔民非佛弟子何以故我經中說一切世間皆空无我无
我所无人无衆生无常无定无不壞法如是惡人亦復皆共讀誦是經為他人說而心貪
著我見人見如是癡人名為造作苦因名為反覆兩端名為鬪亂破僧名為汙染道法
名為沙門中濁名為醜陋穢惡名為但有言說名為假偽沙門名為沙門中貪名為擔重
擔者名為欺誑諸佛名為得逆罪者舍利弗是人名為大惡逆賊名為惡知識名為破戒
名為邪見名為外道名為无實行名為惡伴名為煞鬼名為癩創名為鼻鐵名為燒熱
名為諂曲名為墮在黑闇名為入稠穢林名為隨生死流名為不出惡者名為地獄名為
畜生名為餓鬼名為阿脩羅名為不入道者名為欺誑人者名為自讚己者名為行長相
者名為大聲喚呼者名為因利求利名為汙染他家名為常調戲者名為散亂心者名為
貪所害者名為瞋所害者名為癡所害者名為好面欺者名為衰惱處者名為无解脫

BD03774 號背　佛藏經卷中

（7–4）

名為耶見名為外道名為无實行名為惡伴名為煞鬼名為癲創名為臭穢名為燒熱
名為諂曲名為墮在黑闇名為入稠㮰林名為隨生死流名為丞出惡者名為地獄名為
畜生名為餓鬼名為阿脩羅名為不入道者名為欺誑人者名為自讚己者名為行占相
者名為大聲喚呼者名為因利求利名為汙染他家名為常調戲者名為散亂心者名為
貪所害者名為瞋所害者名為癡所害者名為好面欺者名為裹惱處者名為无解脫
者名為憂惱縛者名為非沙門形像沙門沙門旃陁羅沙門臭穢沙門糠糩名為為難
滿名為難養名為壞威儀者名為无慚恥者名為截斬頭者名為身體壞者名為棄
淤藥繫頸者名為自入闇冥者名為多貪欲者名為多瞋恚者名為多愚癡者名為丞
蓋纏覆名為沒者名為虛者空者名為癡者舍利弗云何名空退失諸佛讚善人相
故名為空退失一切沙門功德沙門事法故名為云何為虛在聖法外故名為虛遠離空
无相无願法故名為虛舍利弗如是惡人能令魔喜貪著堅執虛妄法故同於凡夫脩
足具有罪惡人相不似得法忍者沙門事法沙門功德百千万分尚无其一舍利弗是
故名為空者虛者但深貪著世間利樂非是沙門自稱沙門不應供養而受供養名
為常賊立幢相賊名為自在煞害人賊是人所食一口皆不清淨唯有向道得道果
者能消供養是人无此是故名為不淨食者舍利弗是故名為空者虛者舍利弗於意
云何若人煞生偷盜耶婬妄語兩舌惡口綺語貪嫉瞋恚耶見是人為是常煞生不常棄
命不不也世尊在家煞生不常棄命煞生時少不煞生時多舍利弗於意云何若人偷
盜偷盜時多不盜時多世尊不盜時多舍利弗於意云何若人耶婬耶婬時多不耶
婬時多世尊不耶婬時多妄語惡口兩舌綺語貪嫉瞋恚時多不瞋恚時多世尊不
瞋恚時多舍利弗是十不善道中何者罪重世尊十不善道中耶見罪重何以故世尊耶
見者恒常著心心不清淨舍利弗我今語汝若人一日百千万億衆生一日偷盜百千万億
金銀寶物耶婬者晝夜不息妄語者常欺誑人口業不淨无一語實兩舌者常破和合
亦助破者惡口者口常惡逆乃至不說柔濡之語綺語者无有根本人間此事以餘无

BD03774 號背　佛藏經卷中　（7–5）

婬時多世尊不耶婬時多妄語惡口兩舌綺語貪嫉瞋恚時多不瞋恚時多世尊不
瞋恚時多舍利弗是十不善道中何者罪重世尊十不善道中耶見罪重何以故世尊耶
見者恒常著心心不清淨舍利弗我今語汝若人一日百千万億衆生一日偷盜百千万億
金銀寶物耶婬者晝夜不息妄語者常欺誑人口業不淨无一語實兩舌者常破和合
亦助破者惡口者口常惡逆乃至不說柔濡之語綺語者无有根本人間此事以餘无
量語言干亂貪嫉者於他物中生非法心瞋恚者无有因緣横起瞋恚懷恨滿心耶見者
樂行非道舍利弗於意云何若人成就如是不善法者罪為多不甚多世尊舍利弗我今
語汝若人百歲成就如是十不善罪破戒比丘一日一夜受他供養罪多於彼何以故是煞生
者多人所知多人所識人所惡賤人皆知是煞衆命者罪人穢濁是汙染者不善无德人
所離者又舍利弗煞生之人多棄他命或生猒心自知不是當得罪報人皆知惡无戒穢濁
於此人所不望功德乃至析毛百分之一況謂福田而供養之又舍利弗是煞生之人其家妻子
人皆知惡不共恭敬尚不令坐何況供養煞生之人以財自活養育妻子或時供養沙門婆
羅門以此業報得愚賢聖比丘比丘尼為說道法教離煞生捨其煞業於佛法中而得出
家无有鄣㝵得出家已近善知識得沙門果是人現世輕受罪報不鄣聖道得致三
塗舍利弗於我法中有諸比丘非是沙門自言沙門非是梵行自言梵行斷諸善根
鄣入涅槃迷惑失道破道因緣破諸善法行外道事入於惡道多諸惡賊空生受命猶
如死人形色瘦悴失正威儀於我法中名為汙染名為法賊名為迷人名為魔使猶如行廁
亦如死狗如像沙門服无沙門事舍利弗譬如野干在師子群亦如黄門在於轉輪聖王衆中
亦如獼猴在於諸天亦復如驢在烏王衆亦如盲人在天眼衆亦如蝙蝠在金翅鳥舍利
弗破戒比丘在衆中百千万億諸天大衆見此比丘在衆而坐皆大憂惱而作是言如是惡
人何用布薩是魔黨類欲聞无上佛道向自來說復有信樂佛法諸龍鬼神等高聲大
唤是惡比丘何故於此隱藏其身似如惡馬在調善馬中如是癡人自謂无有見知我惡

BD03774 號背　佛藏經卷中　（7–6）

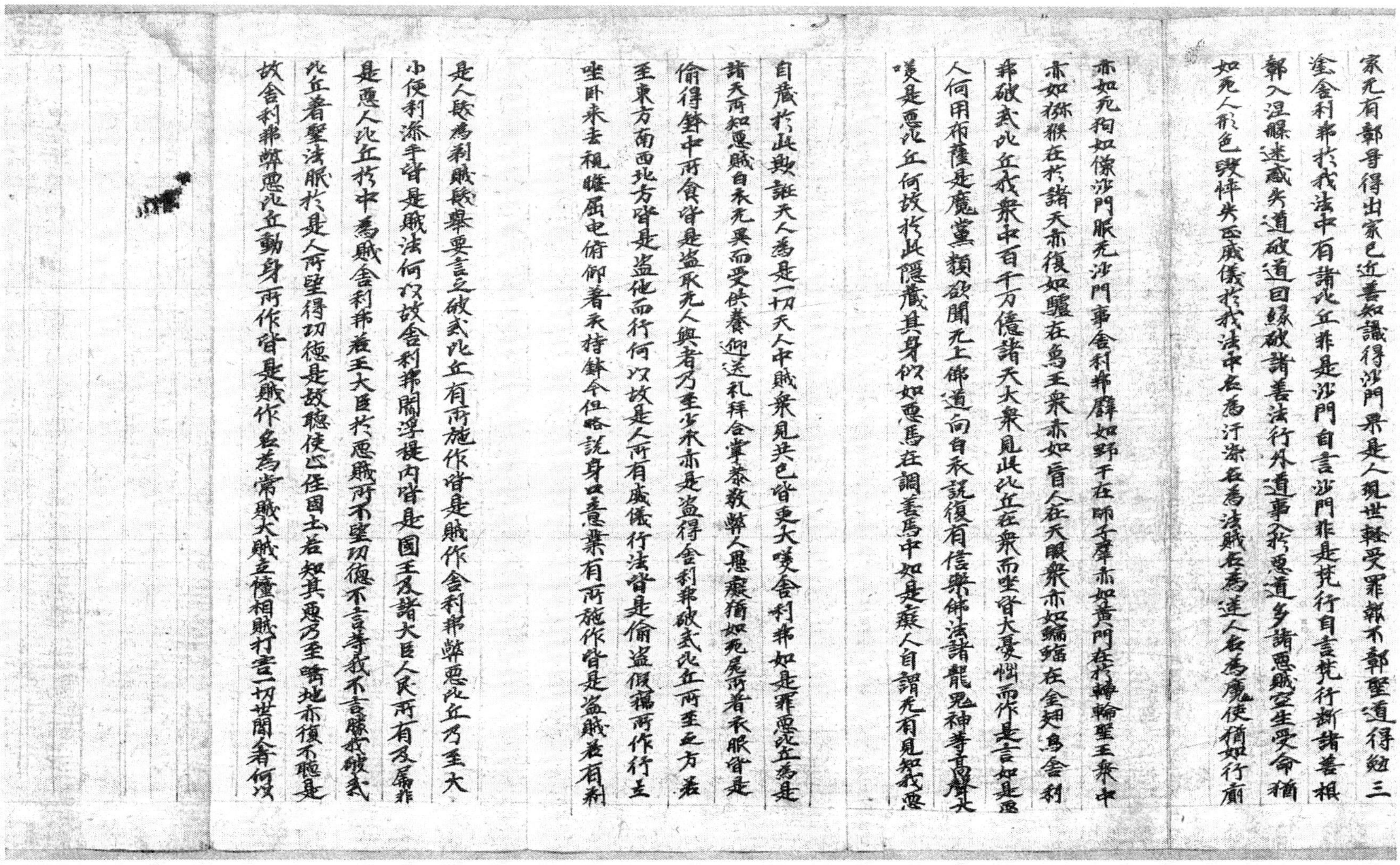

家无有鄣㝵得出家已近善知識得沙門果是人現世輕受罪報不鄣聖道得勉三
塗舍利弗於我法中有諸比丘非是沙門自言沙門非是梵行自言梵行斷諸善根
鄣入涅槃道滅失道破道回緣破諸善法行外道事入於惡道多諸惡賊空生受命猶
如死人形色嬈悴失正威儀於我法中名為汙染名為法賊名為逆人名為魔使猶如行廁
亦如死狗如像沙門賍无沙門事舍利弗譬如野干在師子群亦如黃門在於轉輪聖王衆中
亦如獼猴在於諸天亦復如驢在鳥王衆亦如盲人在天眼衆亦如蝙蝠在金翅鳥舍利
弗破戒比丘在我衆中百千万億諸天大衆見此比丘在衆而坐皆大憂惱而作是言如是惡
人何用布薩是魔黨類欲聞无上佛道向自我說復有信樂佛法諸龍鬼神等高聲大
嘆是惡比丘何故於此隱藏其身似如惡馬在調善馬中如是痴人自謂无有見知我惡
自藏於此欺誑天人為是一切天人中賊衆見共已皆更大嘆舍利弗如是罪惡比丘為是
諸天所知惡賊自求无異而受供養迎送礼拜合掌恭敬弊人愚痴猶如死屍所著衣服皆是
偷得鉢中所食皆是盜取无人與者乃至少水亦是盜得舍利弗破戒比丘所至之方若
至東方南西北方皆是盜他而行何以故是人所有威儀行法皆是偷盜假稱所作行立
坐卧來去視瞻屈申俯仰著衣持鉢今但略說身口意業有所施作皆是盜賊若有利
是人賊為利賊賊舉要言之破戒比丘有所施作皆是賊作舍利弗弊惡比丘乃至大
小便利涕唾皆是賊法何以故舍利弗閻浮提內皆是國王及諸大臣人民所有及屬非
是惡人比丘於中為賊舍利弗若王大臣於惡賊所不望功德不言寺我不言勝我破戒
比丘着聖法服於是人所望得功德是故聽使出住國土若知其惡乃至唾地亦復不聽是
故舍利弗弊惡比丘動身所作皆是賊作名為常賊大賊立幢相賊打害一切世間人者何以

BD03774 號背　佛藏經卷中　（7–7）

屬万二千天子
陁龍王娑伽羅
王阿那婆達多龍王摩那斯　王優
王等各與若干百千眷屬俱有四緊那羅王
法緊那羅王妙法緊那羅王大法緊那羅王
持法緊那羅王各與若干百千眷屬俱有四
乾闥婆王樂乾闥婆王樂音乾闥婆王美乾
闥婆王美音乾闥婆王各與若千百千眷屬
俱有四阿脩羅王婆稚阿脩羅王佉羅騫大
阿脩羅王毗摩質多羅阿脩羅王羅睺阿脩
羅王各與若千百千眷屬俱有四迦樓羅王
大威德迦樓羅王大身迦樓羅王大滿迦樓
羅王如意迦樓羅王各與若千百千眷屬俱
韋提希子阿闍世王與若千百千眷屬俱各
礼佛足退坐一面尒時世尊四衆圍繞供養
恭敬尊重讚歎為諸菩薩說大乘經名无量
義教菩薩法佛所護念佛說此經已結跏趺

BD03775 號　妙法蓮華經卷一　（24–1）

羅王如意迦樓羅王各與若干百千眷屬俱
韋提希子阿闍世王與若干百千眷屬俱各
礼佛足退坐一面尒時世尊四衆圍繞供養
恭敬尊重讚歎為諸菩薩說大乘經名无量
義教菩薩法佛所護念佛說此經已結加趺
坐入於无量義處三昧身心不動是時天雨
曼陀羅華摩訶曼陀羅華曼殊沙華摩訶曼
殊沙華而散佛上及諸大衆普佛世界六種
震動尒時會中比丘比丘尼優婆塞優婆夷
天龍夜叉乾闥婆阿脩羅迦樓羅緊那羅摩
睺羅伽人非人及諸小王轉輪聖王是諸大
衆得未曾有歡喜合掌一心觀佛尒時佛放
眉間白豪相光照東方万八千世界靡不周
遍下至阿鼻地獄上至阿迦尼吒天於此世
界盡見彼土六趣衆生又見彼土現在諸佛
及聞諸佛所說經法并見彼諸比丘比丘尼
優婆塞優婆夷諸脩行得道者復見諸菩薩
摩訶薩種種因緣種種信解種種相貌行菩
薩道復見諸佛般涅槃者復見諸佛般涅槃
後以佛舍利起七寶塔尒時弥勒菩薩作是
念今者世尊現神變相以何因緣而有此瑞
今佛世尊入于三昧是不可思議現希有事
當以問誰誰能荅者復作此念是文殊師利
法王之子已曾親近供養過去无量諸佛必
應見此希有之相我今當問尒時比丘比丘

BD03775 號　妙法蓮華經卷一　（24–2）

念今者世尊現神變相以何因緣而有此瑞
今佛世尊入于三昧是不可思議現希有事
當以問誰誰能荅者復作此念是文殊師利
法王之子已曾親近供養過去无量諸佛必
應見此希有之相我今當問尒時比丘比丘
尼優婆塞優婆夷及諸天龍鬼神等咸作此
念是佛光明神通之相今當問誰尒時弥勒
菩薩欲自決疑又觀四衆比丘比丘尼優婆
塞優婆夷及諸天龍鬼神等衆會之心而問
文殊師利言以何因緣而有此瑞神通之相
放大光明照于東方万八千土悉見彼佛國
界莊嚴於是弥勒菩薩欲重宣此義以偈問
曰
文殊師利　導師何故　眉間白豪　大光普照
雨曼陀羅　曼殊沙華　栴檀香風　悅可衆心
以是因緣　地皆嚴淨　而此世界　六種震動
時四部衆　咸皆歡喜　身意快然　得未曾有
眉間光明　照于東方　万八千土　皆如金色
從阿鼻獄　上至有頂　諸世界中　六道衆生
生死所趣　善惡業緣　受報好醜　於此悉見
又覩諸佛　聖主師子　演說經典　微妙第一
其聲清淨　出柔軟音　教諸菩薩　无數億万
梵音深妙　令人樂聞　各於世界　講說正法
種種因緣　以无量喻　照明佛法　開悟衆生
若人遭苦　厭老病死　為說涅槃　盡諸苦際

BD03775 號　妙法蓮華經卷一　（24–3）

其聲清淨　出柔軟音　教諸菩薩　无數億万
梵音深妙　令人樂聞　各於世界　講說正法
種種因緣　以无量喻　照明佛法　開悟衆生
若人遭苦　猒老病死　為說涅槃　盡諸苦際
若人有福　曾供養佛　志求勝法　為說緣覺
若有佛子　脩種種行　求无上慧　為說淨道
文殊師利　我住於此　見聞若斯　及千億事
如是衆多　今當略說　我見彼土　恒沙菩薩
種種因緣　而求佛道　或有行施　金銀珊瑚
真珠摩尼　車璖馬瑙　金鋼諸珎　奴婢車乘
寶飾輦轝　歡喜布施　迴向佛道　願得是乘
三界第一　諸佛所歎　或有菩薩　駟馬寶車
欄楯華蓋　軒飾布施　復見菩薩　身肉手足
及妻子施　求无上道　又見菩薩　頭目身體
欣樂施與　求佛智慧　文殊師利　我見諸王
往詣佛所　問无上道　便捨樂土　宮殿臣妾
剃除鬚髮　而被法服　或見菩薩　而作比丘
獨處閑靜　樂誦經典　又見菩薩　勇猛精進
入於深山　思惟佛道　又見離欲　常處空閑
深脩禪定　得五神通　又見菩薩　安禪合掌
以千万偈　讚諸法王　復見菩薩　智深志固
能問諸佛　聞悉受持　又見佛子　定慧具足
以无量喻　為衆講法　欣樂說法　化諸菩薩
破魔兵衆　而擊法鼓　又見菩薩　寂然宴嘿
天龍恭敬　不以為喜　又見菩薩　處林放光

BD03775號　妙法蓮華經卷一　（24–4）

以千万偈　讚諸法王　復見佛子　智深志固
能問諸佛　聞悉受持　又見佛子　定慧具足
以无量喻　為衆講法　欣樂說法　化諸菩薩
破魔兵衆　而擊法鼓　又見菩薩　寂然宴嘿
天龍恭敬　不以為喜　又見菩薩　處林放光
濟地獄苦　令入佛道　又見佛子　未嘗睡眠
經行林中　懃求佛道　又見具戒　威儀无缺
淨如寶珠　以求佛道　又見佛子　住忍辱力
增上慢人　惡罵捶打　皆悉能忍　以求佛道
又見菩薩　離諸戲咲　及癡眷屬　親近智者
一心除亂　攝念山林　億千万歲　以求佛道
或見菩薩　餚饍飲食　百種湯藥　施佛及僧
名衣上服　價直千万　或无價衣　施佛及僧
千万億種　栴檀寶舍　衆妙卧具　施佛及僧
清淨園林　華菓茂盛　流泉浴池　施佛及僧
如是等施　種種微妙　歡喜无猒　求无上道
或有菩薩　說寂滅法　種種教詔　无數衆生
或見菩薩　觀諸法性　无有二相　猶如虛空
又見佛子　心无所著　以此妙慧　求无上道
文殊師利　又有菩薩　佛滅度後　供養舍利
又見佛子　造諸塔廟　无數恒沙　嚴飾國界
寶塔高妙　五千由旬　縱廣正等　二千由旬
一一塔廟　各千幢幡　珠交露幔　寶鈴和鳴
諸天龍神　人及非人　香華伎樂　常以供養
文殊師利　諸佛子等　為供舍利　嚴飾塔廟

BD03775號　妙法蓮華經卷一　（24–5）

寶塔高妙　五千由旬　縱廣正等　二千由旬
一一塔廟　各千幢幡　珠交露幔　寶鈴和鳴
諸天龍神　人及非人　香華伎樂　常以供養
文殊師利　諸佛子等　為供舍利　嚴飾塔廟
國界自然　殊特妙好　如天樹王　其華開敷
佛放一光　我及眾會　見此國界　種種殊妙
諸佛神力　智慧希有　放一淨光　照无量國
我等見此　得未曾有　佛子文殊　願決眾疑
四眾欣仰　瞻仁及我　世尊何故　放斯光明
佛子時荅　決疑令喜　何所饒益　演斯光明
佛坐道場　所得妙法　為欲說此　為當授記
示諸佛土　眾寶嚴淨　及見諸佛　此非小緣
文殊當知　四眾龍神　瞻察仁者　為說何等
尒時文殊師利語彌勒菩薩摩訶薩及諸大
士善男子等如我惟忖今佛世尊欲說大法
雨大法雨吹大法螺擊大法鼓演大法義諸
善男子我於過去諸佛曾見此瑞放斯光已
即說大法是故當知今佛現光亦復如是欲
令眾生咸得聞知一切世間難信之法故現
斯瑞諸善男子如過去无量无邊不可思議阿
僧祇劫尒時有佛號日月燈明如來應供正
遍知明行足善逝世間解无上士調御丈夫
天人師佛世尊演說正法初善中善後善
其義深遠其語巧妙純一无雜具足清白梵
行之相為求聲聞者說應四諦法度生老病

BD03775號　妙法蓮華經卷一　（24–6）

遍知明行足善逝世間解无上士調御丈夫
天人師佛世尊演說正法初善中善後善
其義深遠其語巧妙純一无雜具足清白梵
行之相為求聲聞者說應四諦法度生老病
死究竟涅槃為求辟支佛者說應十二因緣
法為諸菩薩說應六波羅蜜令得阿耨多羅
三藐三菩提成一切種智次復有佛亦名日
月燈明次復有佛亦名日月燈明如是二万
佛皆同一字號日月燈明又同一姓姓頗羅
墮彌勒當知初佛後佛皆同一字名日月燈
明十號具足所可說法初中後善其最後佛
未出家時有八王子一名有意二名善意三名
无量意四名寶意五名增意六名除疑意七
名嚮意八名法意是八王子威德自在各領
四天下是諸王子聞父出家得阿耨多羅三
藐三菩提悉捨王位亦隨出家發大乘意常
脩梵行皆為法師已於千万佛所殖諸善本
是時日月燈明佛說大乘經名无量義教菩
薩法佛所護念說是經已即於大眾中結加
趺坐入於无量義處三昧身心不動是時天
雨曼陀羅華摩訶曼陀羅華曼殊沙華摩訶
曼殊沙華而散佛上及諸大眾普佛世界六
種震動尒時會中比丘比丘尼優婆塞優婆
夷天龍夜叉乾闥婆阿脩羅迦樓羅緊那羅
摩睺羅伽人非人及諸小王轉輪聖王等是

BD03775號　妙法蓮華經卷一　（24–7）

曼殊沙華而散佛上及諸大衆普佛世界六
種震動尒時會中比丘比丘尼優婆塞優婆
夷天龍夜叉乾闥婆阿脩羅迦樓羅緊那羅
摩睺羅伽人非人及諸小王轉輪聖王等是
諸大衆得未曾有歡喜合掌一心觀佛尒時
如來放眉間白豪相光照東方万八千佛土
靡不周遍如今所見是諸佛土弥勒當知尒
時會中有二十億菩薩樂欲聽法是諸菩薩
見此光明普照佛土得未曾有欲知此光所
為因緣時有菩薩名曰妙光有八百弟子是
時日月燈明佛從三昧起因妙光菩薩說大
乘經名妙法蓮華教菩薩法佛所護念六十
小劫不起于座時會聽者亦坐一處六十小
劫身心不動聽佛所說謂如食頃是時衆中
无有一人若身若心而生懈惓日月燈明佛
於六十小劫說是經已即於梵魔沙門婆羅
門及天人阿脩羅衆中而宣此言如來於今
日中夜當入无餘涅槃時有菩薩名曰德藏
日月燈明佛即授其記告諸比丘是德藏菩
薩次當作佛号曰淨身多陁阿伽度阿羅訶
三藐三佛陁佛授記已便於中夜入无餘涅
槃佛滅度後妙光菩薩持妙法蓮華經滿八
十小劫為人演說日月燈明佛八子皆師妙
光妙光教化令其堅固阿耨多羅三藐三菩
提是諸王子供養无量百千万億佛已皆成
佛道其最後成佛者名曰然燈八百弟子中

BD03775號　妙法蓮華經卷一　（24-8）

槃佛滅度後妙光菩薩持妙法蓮華經滿八
十小劫為人演說日月燈明佛八子皆師妙
光妙光教化令其堅固阿耨多羅三藐三菩
提是諸王子供養无量百千万億佛已皆成
佛道其最後成佛者名曰然燈八百弟子中
有一人号曰求名貪著利養雖復讀誦衆經
而不通利多所忘失故号求名是人亦以種
諸善根因緣故得值无量百千万億諸佛供
養恭敬尊重讚歎弥勒當知尒時妙光菩薩
豈異人乎我身是也求名菩薩汝身是也今
見此瑞與本无異是故惟忖今日如來當說
大乘經名妙法蓮華教菩薩法佛所護念尒
時文殊師利於大衆中欲重宣此義而說偈
言

我念過去世　无量无數劫　有佛人中尊　号日月燈明
世尊演說法　度无量衆生　无數億菩薩　令入佛智慧
佛未出家時　所生八王子　見大聖出家　亦隨脩梵行
時佛說大乘　經名无量義　於諸大衆中　而為廣分別
佛說此經已　即於法座上　跏趺坐三昧　名无量義處
天雨曼陁華　天鼓自然鳴　諸天龍鬼神　供養人中尊
一切諸佛土　即時大震動　佛放眉間光　現諸希有事
此光照東方　万八千佛土　示一切衆生　生死業報處
有見諸佛土　以衆寶莊嚴　瑠璃頗梨色　斯由佛光照
及見諸天人　龍神夜叉衆　乾闥緊那羅　各供養其佛
又見諸如來　自然成佛道　身色如金山　端嚴甚微妙

BD03775號　妙法蓮華經卷一　（24-9）

此光照東方　万八千佛土　示一切衆生　生死業報處
有見諸佛土　以衆寶莊嚴　瑠璃頗梨色　斯由佛光照
及見諸天人　龍神夜叉衆　乾闥緊那羅　各供養其佛
又見諸如来　自然成佛道　身色如金山　端嚴甚微妙
如淨瑠璃中　内現真金像　世尊在大衆　敷演深法義
一一諸佛土　聲聞衆无數　因佛光所照　悉見彼大衆
或有諸比丘　在於山林中　精進持淨戒　猶如護明珠
又見諸菩薩　行施忍辱等　其數如恒沙　斯由佛光照
又見諸菩薩　深入諸禅定　身心寂不動　以求无上道
又見諸菩薩　知法寂滅相　各於其國土　說法求佛道
尒時四部衆　見日月燈佛　現大神通力　其心皆歡喜
各各自相問　是事何因緣　天人所奉尊　適從三昧起
讚妙光菩薩　汝為世間眼　一切所歸信　能奉持法藏
如我所說法　唯汝能證知　世尊既讚歎　令妙光歡喜
說是法華經　滿六十小劫　不起於此座　所說上妙法
是妙光法師　悉皆能受持　佛說是法華　令衆歡喜已
尋即於是日　告於天人衆　諸法實相義　已為汝等說
我今於中夜　當入於涅槃　汝一心精進　當離於放逸
諸佛甚難值　億劫時一遇　世尊諸子等　聞佛入涅槃
各各懷悲惱　佛滅一何速　聖主法之王　安慰无量衆
我若滅度時　汝等勿憂怖　是德藏菩薩　於无漏實相
心已得通達　其次當作佛　号曰為淨身　亦度无量衆
佛此夜滅度　如薪盡火滅　分布諸舍利　而起无量塔
比丘比丘尼　其數如恒沙　倍復加精進　以求无上道
是妙光法師　奉持佛法藏　八十小劫中　廣宣法華經
是諸八王子　妙光所開化　堅固无上道　當見无數佛

BD03775號　妙法蓮華經卷一　（24–10）

心已得通達　其次當作佛　号曰為淨身　亦度无量衆
佛此夜滅度　如薪盡火滅　分布諸舍利　而起无量塔
比丘比丘尼　其數如恒沙　倍復加精進　以求无上道
是妙光法師　奉持佛法藏　八十小劫中　廣宣法華經
是諸八王子　妙光所開化　堅固无上道　當見无數佛
供養諸佛已　隨順行大道　相継得成佛　轉次而授記
最後天中天　号曰燃燈佛　諸仙之導師　度脫无量衆
是妙光法師　時有一弟子　心常懷懈怠　貪著於名利
求名利无猒　多遊族姓家　棄捨所習誦　廢忘不通利
以是因緣故　号之為求名　亦行衆善業　得見无數佛
供養於諸佛　隨順行大道　具六波羅蜜　今見釋師子
其後當作佛　号名曰弥勒　廣度諸衆生　其數无有量
彼佛滅度後　懈怠者汝是　妙光法師者　今則我身是
我見燈明佛　本光瑞如此　以是知今佛　欲說法華經
今相如本瑞　是諸佛方便　今佛放光明　助發實相義
諸人今當知　合掌一心待　佛當雨法雨　充足求道者
諸求三乘人　若有疑悔者　佛當為除斷　令盡无有餘

妙法蓮華經方便品第二

尒時世尊從三昧安詳而起告舍利弗諸佛
智慧甚深无量其智慧門難解難入一切聲
聞辟支佛所不能知所以者何佛曾親近百
千万億无數諸佛盡行諸佛无量道法勇猛
精進名稱普聞成就甚深未曾有法隨宜所
說意趣難解舍利弗吾從成佛已来種種因
緣種種譬喻廣演言教无數方便引導衆生
令離諸著

BD03775號　妙法蓮華經卷一　（24–11）

精進名稱普聞成就甚深未曾有法隨宜所
說意趣難解舍利弗吾從成佛已來種種因
緣種種譬喻廣演言教无數方便引導衆生
令離諸著所以者何如來方便知見波羅蜜
皆已具足舍利弗如來知見廣大深遠无量
无礙力无所畏禪定解脫三昧深入无際成
就一切未曾有法舍利弗如來能種種分別
巧說諸法言辭柔軟悅可衆心舍利弗取要
言之无量无邊未曾有法佛悉成就止舍利
弗不須復說所以者何佛所成就第一希有
難解之法唯佛與佛乃能究盡諸法實相所
謂諸法如是相如是性如是體如是力如是
作如是因如是緣如是果如是報如是本末
究竟等尒時世尊欲重宣此義而說偈言
世雄不可量　諸天及世人　一切衆生類　无能知佛者
佛力无所畏　解脫諸三昧　及佛諸餘法　无能測量者
本從无數佛　具足行諸道　甚深微妙法　難見難可了
於无量億劫　行此諸道已　道場得成果　我已悉知見
如是大果報　種種性相義　我及十方佛　乃能知是事
是法不可示　言辭相寂滅　諸餘衆生類　无有能得解
除諸菩薩衆　信力堅固者　諸佛弟子衆　曾供養諸佛
一切漏已盡　住是最後身　如是諸人等　其力所不堪
假使滿世間　皆如舍利弗　盡思共度量　不能測佛智
正使滿十方　皆如舍利弗　及餘諸弟子　亦滿十方刹
盡思共度量　亦復不能知　辟支佛利智　无漏最後身

一切漏已盡　住是最後身　如是諸人等　其力所不堪
假使滿世間　皆如舍利弗　盡思共度量　不能測佛智
正使滿十方　皆如舍利弗　及餘諸弟子　亦滿十方刹
盡思共度量　亦復不能知　辟支佛利智　无漏最後身
亦滿十方界　其數如竹林　斯等共一心　於億无量劫
欲思佛實智　莫能知少分　新發意菩薩　供養无數佛
了達諸義趣　又能善說法　如稻麻竹葦　充滿十方刹
一心以妙智　於恒河沙劫　咸皆共思量　不能知佛智
不退諸菩薩　其數如恒沙　一心共思求　亦復不能知
又告舍利弗　无漏不思議　甚深微妙法　我今已具得
唯我知是相　十方佛亦然　舍利弗當知　諸佛語无異
於佛所說法　當生大信力　世尊法久後　要當說真實
告諸聲聞衆　及求緣覺乘　我令脫苦縛　逮得涅槃者
佛以方便力　示以三乘教　衆生處處著　引之令得出
尒時大衆中有諸聲聞漏盡阿羅漢阿若憍
陳如等千二百人及發聲聞辟支佛心比丘比
丘尼優婆塞優婆夷各作是念今者世尊
何故慇懃稱歎方便而作是言佛所得法甚
深難解有所言說意趣難知一切聲聞辟支
佛所不能及佛說一解脫義我等亦得此法
到於涅槃而今不知是義所趣尒時舍利弗
知四衆心疑自亦未了而白佛言世尊何因
何緣慇懃稱歎諸佛第一方便甚深微妙難
解之法我自昔來未曾從佛聞如是說今者
四衆咸皆有疑唯願世尊敷演斯事世尊何
故慇懃稱歎甚深微妙難解之法尒時舍利

知四衆心疑自亦未了而白佛言世尊何因
何緣慇懃稱歎諸佛第一方便甚深微妙難
解之法我自昔來未曾從佛聞如是說今者
四衆咸皆有疑唯願世尊敷演斯事世尊何
故慇懃稱歎甚深微妙難解之法尒時舍利
弗欲重宣此義而說偈言
慧日大聖尊　久乃說是法　自說得如是　力无畏三昧
禪定解脫等　不可思議法　道場所得法　无能發問者
我意難可測　亦无能問者　无問而自說　稱歎所行道
智慧甚微妙　諸佛之所得　无漏諸羅漢　及求涅槃者
今皆墮疑網　佛何故說是　其求緣覺者　比丘比丘尼
諸天龍鬼神　及乾闥婆等　相視懷猶豫　瞻仰兩足尊
是事為云何　願佛為解說　於諸聲聞衆　佛說我第一
我今自於智　疑惑不能了　為是究竟法　為是所行道
佛口所生子　合掌瞻仰待　願出微妙音　時為如實說
諸天龍神等　其數如恒沙　求佛諸菩薩　大數有八万
又諸万億國　轉輪聖王至　合掌以敬心　欲聞具足道
尒時佛告舍利弗止止不須復說若說是事
一切世間諸天及人皆當驚疑舍利弗重白
佛言世尊唯願說之唯願說之所以者何是
會无數百千万億阿僧祇衆生曾見諸佛諸
根猛利智慧明了聞佛所說則能敬信尒時
舍利弗欲重宣此義而說偈言
法王无上尊　唯說願勿慮　是會无量衆　有能敬信者
佛復止舍利弗若說是事一切世間天人阿
脩羅皆當驚疑增上慢比丘將墜於大坑

根猛利智慧明了聞佛所說則能敬信尒時
舍利弗欲重宣此義而說偈言
法王无上尊　唯說願勿慮　是會无量衆　有能敬信者
佛復止舍利弗若說是事一切世間天人阿
脩羅皆當驚疑增上慢比丘將墜於大坑尒
時世尊重說偈言
止止不須說　我法妙難思　諸增上慢者　聞必不敬信
尒時舍利弗重白佛言世尊唯願說之唯願
說之今此會中如我等比百千万億世世已
曾從佛受化如此人等必能敬信長夜安隱
多所饒益尒時舍利弗欲重宣此義而說偈
言
无上兩足尊　願說第一法　我為佛長子　唯垂分別說
是會无量衆　能敬信此法　佛已曾世世　教化如是等
皆一心合掌　欲聽受佛語　我等千二百　及餘求佛者
願為此衆故　唯垂分別說　是等聞此法　則生大歡喜
尒時世尊告舍利弗汝已慇懃三請豈得不
說汝今諦聽善思念之吾當為汝分別解說
說此語時會中有比丘比丘尼優婆塞優婆
夷五千人等即從座起禮佛而退所以者何
此輩罪根深重及增上慢未得謂得未證謂
證有如此失是以不住世尊默然而不制止
尒時佛告舍利弗我今此衆无復枝葉純有
貞實舍利弗如是增上慢人退亦佳矣汝今
善聽當為汝說舍利弗言唯然世尊願樂欲

此輩罪根深重及增上慢未得謂得未證謂
證有如此失是以不住世尊默然而不制止
尒時佛告舍利弗我今此衆无復枝葉純有
貞實舍利弗如是增上慢人退亦佳矣汝今
善聽當為汝說舍利弗言唯然世尊願樂欲
聞佛告舍利弗如是妙法諸佛如來時乃說
之如優曇鉢華時一現耳舍利弗汝等當信
佛之所說言不虛妄舍利弗諸佛隨宜說法
意趣難解所以者何我以无數方便種種因
緣譬喻言辭演說諸法是法非思量分別之
所能解唯有諸佛乃能知之所以者何諸佛世
尊唯以一大事因緣故出現於世舍利弗云
何名諸佛世尊唯以一大事因緣故出現
於世諸佛世尊欲令衆生開佛知見使得清
淨故出現於世欲示衆生佛之知見故出現於
世欲令衆生悟佛知見故出現於世欲令衆
生入佛知見道故出現於世舍利弗是為諸
佛以一大事因緣故出現於世佛告舍利弗
諸佛如來但教化菩薩諸有所作常為一事
唯以佛之知見示悟衆生舍利弗如來但以
一佛乘故為衆生說法无有餘乘若二若三
舍利弗一切十方諸佛法亦如是舍利弗過
去諸佛以无量无數方便種種因緣譬喻言
辭而為衆生演說諸法是法皆為一佛乘故
是諸衆生從諸佛聞法究竟皆得一切種智

BD03775號　妙法蓮華經卷一　（24–16）

舍利弗一切十方諸佛法亦如是舍利弗過
去諸佛以无量无數方便種種因緣譬喻言
辭而為衆生演說諸法是法皆為一佛乘故
是諸衆生從諸佛聞法究竟皆得一切種智
舍利弗未來諸佛當出於世亦以无量无數
方便種種因緣譬喻言辭而為衆生演說諸
法是法皆為一佛乘故是諸衆生從佛聞法
究竟皆得一切種智舍利弗現在十方无量
百千万億佛土中諸佛世尊多所饒益安樂
衆生是諸佛亦以无量无數方便種種因緣
譬喻言辭而為衆生演說諸法是法皆為一
佛乘故是諸衆生從佛聞法究竟皆得一切
種智舍利弗是諸佛但教化菩薩欲以佛之
知見示衆生故欲以佛之知見悟衆生故欲
令衆生入佛之知見故舍利弗我今亦復如
是知諸衆生有種種欲深心所著隨其本性
以種種因緣譬喻言辭方便力故而為說法
舍利弗如此皆為得一佛乘一切種智故舍
利弗十方世界中尚无二乘何況有三舍利
弗諸佛出於五濁惡世所謂劫濁煩惱濁衆
生濁見濁命濁如是舍利弗劫濁亂時衆生
垢重慳貪嫉妬成就諸不善根故諸佛以方
便力於一佛乘分別說三舍利弗若我弟子
自謂阿羅漢辟支佛者不聞不知諸佛如來
但教化菩薩事此非佛弟子非阿羅漢非辟

BD03775號　妙法蓮華經卷一　（24–17）

便力於一佛乘分別說三舍利弗若我弟子
自謂阿羅漢辟支佛者不聞不知諸佛如來
但教化菩薩事此非佛弟子非阿羅漢非辟
支佛又舍利弗是諸比丘比丘尼自謂已得
阿羅漢是最後身究竟涅槃便不復志求阿
耨多羅三藐三菩提當知此輩皆是增上慢
人所以者何若有比丘實得阿羅漢若不信
此法无有是處除佛滅度後現前无佛所以
者何佛滅度後如是等經受持讀誦解
是人難得若遇餘佛於此法中便得
利弗汝等當一心信解受持佛語諸佛如來
言无虛妄无有餘乘唯一佛乘尒時世尊欲
重宣此義而說偈言
比丘比丘尼　有懷增上慢　優婆塞我慢　優婆夷不信
如是四衆等　其數有五千　不自見其過　於戒有缺漏
護惜其瑕疵　是小智已出　衆中之糟糠　佛威德故
斯人尠福德　不堪受是法　此衆无枝葉　唯有
舍利弗善聽　諸佛所得法　无量方便力　而
衆生心所念　種種所行道　若干諸欲性　先世善惡業
佛悉知是已　以諸緣譬喻　言辭方便力　令一切歡喜
或說脩多羅　伽陁及本事　本生未曾有　亦說於因緣
譬喻并祇夜　優波提舍經　鈍根樂小法　貪著於生死
於諸无量佛　不行深妙道　衆苦所惱亂　為是說涅槃
我設是方便　令得入佛慧　未曾說汝等　當得成佛道
所以未曾說　說時未至故　今正是其時　決定

BD03775號　妙法蓮華經卷一　（24–18）

或說脩多羅　伽陁及本事　本生未曾有　亦說於因緣
譬喻并祇夜　優波提舍經　鈍根樂小法　貪著於生死
於諸无量佛　不行深妙道　衆苦所惱亂　為是說涅槃
我設是方便　令得入佛慧　未曾說汝等　當得成佛道
所以未曾說　說時未至故　今正是其時　決定
我此九部法　隨順衆生說　入大乘為本　以
有佛子心淨　柔軟亦利根　无量諸佛所　而行深妙道
為此諸佛子　說是大乘經　我記如是人　來世成佛道
以深心念佛　脩持淨戒故　此等聞得佛　大喜充遍身
佛知彼心行　故為說大乘　聲聞若菩薩　聞我所說法
乃至於一偈　皆成佛无疑　十方佛土中　唯有一乘法
无二亦无三　除佛方便說　但以假名字　引導於衆生
說佛智慧故　諸佛出於世　唯此一事實　餘二則非真
終不以小乘　濟度於衆生　佛自住大乘　如其所得法
定慧力莊嚴　以此度衆生　自證无上道　大乘平等法
若以小乘化　乃至於一人　我則墮慳貪　此事為不可
若人信歸佛　如來不欺誑　亦无貪嫉意　斷諸法中惡
故佛於十方　而獨无所畏　我以相嚴身　光明照世間
无量衆所尊　為說實相印　舍利弗當知　我本立誓願
欲令一切衆　如我等无異　如我昔所願　今者已滿足
化一切衆生　皆令入佛道　若我遇衆生　盡教以佛
无智者錯亂　迷惑不受教　我知此衆生　未曾脩善本
堅著於五欲　癡愛故生惱　以諸欲因緣　墜墮三惡道
輪迴六趣中　備受諸苦毒　受胎之微形　世世常增長
薄德少福人　衆苦所逼迫　入邪見稠林　若有若无等

BD03775號　妙法蓮華經卷一　（24–19）

无智者錯亂　迷惑不受教　我知此衆生　未曾脩善本
堅著於五欲　癡愛故生惱　以諸欲因緣　墜墮三惡道
輪迴六趣中　備受諸苦毒　受胎之微形　世世常增長
薄德少福人　衆苦所逼迫　入邪見稠林　若有若无等
依止此諸見　具足六十二　深著虛妄法　堅受不可捨
我慢自矜高　諂曲心不實　於千万億劫　不聞佛名字
亦不聞正法　如是人難度　是故舍利弗　我為設方便
說諸盡苦道　示之以涅槃　我雖說涅槃　是亦非真滅
諸法從本來　常自寂滅相　佛子行道已　來世得作佛
我有方便力　開示三乘法　一切諸世尊　皆說一乘道
今此諸大衆　皆應除疑惑　諸佛語无異　唯一无二乘
過去无數劫　无量滅度佛　百千万億種　其數不可量
如是諸世尊　種種緣譬喻　无數方便力　演說諸法相
是諸世尊等　皆說一乘法　化无量衆生　令入於佛道
又諸大聖主　知一切世間　天人羣生類　深心之所欲
更以異方便　助顯第一義　若有衆生類　值諸過去佛
若聞法布施　或持戒忍辱　精進禪智等　種種脩福德
如是諸人等　皆已成佛道　諸佛滅度已　若人善耎心
如是諸衆生　皆已成佛道　諸佛滅度已　供養舍利者
起万億種塔　金銀及頗梨　車𤦲與馬瑙　玫瑰瑠璃珠
清淨廣嚴飾　莊校於諸塔　或有起石廟　栴檀及沈水
木櫁并餘材　塼瓦泥土等　若於曠野中　積土成佛廟
乃至童子戲　聚沙為佛塔　如是諸人等　皆已成佛道
若人為佛故　建立諸形像　刻雕成衆相　皆已成佛道
或以七寶成　鍮石赤白銅　白鑞及鉛錫　鐵木及與泥

BD03775號　妙法蓮華經卷一　（24–20）

清淨廣嚴飾　莊校於諸塔　或有起石廟　栴檀及沈水
木櫁并餘材　塼瓦泥土等　若於曠野中　積土成佛廟
乃至童子戲　聚沙為佛塔　如是諸人等　皆已成佛道
若人為佛故　建立諸形像　刻雕成衆相　皆已成佛道
或以七寶成　鍮石赤白銅　白鑞及鉛錫　鐵木及與泥
或以膠漆布　嚴飾作佛像　如是諸人等　皆已成佛道
綵畫作佛像　百福莊嚴相　自作若使人　皆已成佛道
乃至童子戲　若草木及筆　或以指爪甲　而畫作佛像
如是諸人等　漸漸積功德　具足大悲心　皆已成佛道
但化諸菩薩　度脫无量衆　若人於塔廟　寶像及畫像
以華香幡蓋　敬心而供養　若使人作樂　擊鼓吹角貝
簫笛琴箜篌　琵琶鐃銅鈸　如是衆妙音　盡持以供養
或以歡喜心　歌唄頌佛德　乃至一小音　皆已成佛道
若人散亂心　乃至以一華　供養於畫像　漸見无數佛
或有人禮拜　或復但合掌　乃至舉一手　或復小低頭
以此供養像　漸見无量佛　自成无上道　廣度无數衆
入无餘涅槃　如薪盡火滅　若人散亂心　入於塔廟中
一稱南无佛　皆已成佛道　於諸過去佛　在世或滅後
若有聞是法　皆已成佛道　未來諸世尊　其數无有量
是諸如來等　亦方便說法　一切諸如來　以无量方便
度脫諸衆生　入佛无漏智　若有聞法者　无一不成佛
諸佛本誓願　我所行佛道　普欲令衆生　亦同得此道
未來世諸佛　雖說百千億　无數諸法門　其實為一乘
諸佛兩足尊　知法常无性　佛種從緣起　是故說一乘
是法住法位　世間相常住　於道場知已　導師方便說
天人所供養　現在十方佛　其數如恒沙　出現於世間

BD03775號　妙法蓮華經卷一　（24–21）

諸佛本誓願　我所行佛道　普欲令衆生　亦同得此道
未來世諸佛　雖說百千億　无數諸法門　其實爲一乘
諸佛兩足尊　知法常无性　佛種從緣起　是故說一乘
是法住法位　世間相常住　於道場知已　導師方便說
天人所供養　現在十方佛　其數如恒沙　出現於世間
安隱衆生故　亦說如是法　知第一寂滅　以方便力故
雖示種種道　其實爲佛乘　知衆生諸行　深心之所念
過去所習業　欲性精進力　及諸根利鈍　以種種因緣
譬喩亦言辭　隨應方便說　今我亦如是　安隱衆生故
以種種法門　宣示於佛道　我以智慧力　知衆生性欲
方便說諸法　皆令得歡喜　舍利弗當知　我以佛眼觀
見六道衆生　貧窮无福慧　入生死嶮道　相續苦不斷
深著於五欲　如犛牛愛尾　以貪愛自蔽　盲瞑无所見
不求大勢佛　及與斷苦法　深入諸邪見　以苦欲捨苦
爲是衆生故　而起大悲心　我始坐道場　觀樹亦經行
於三七日中　思惟如是事　我所得智慧　微妙最第一
衆生諸根鈍　著樂癡所盲　如斯之等類　云何而可度
尒時諸梵王　及諸天帝釋　護世四天王　及大自在天
并餘諸天衆　眷屬百千万　恭敬合掌礼　請我轉法輪
我即自思惟　若但讚佛乘　衆生沒在苦　不能信是法
破法不信故　墜於三惡道　我寧不說法　疾入於涅槃
尋念過去佛　所行方便力　我今所得道　亦應說三乘
作是思惟時　十方佛皆現　梵音慰喩我　善哉釋迦文
第一之導師　得是无上法　隨諸一切佛　而用方便力
我等亦皆得　最妙第一法　爲諸衆生類　分別說三乘

BD03775號　妙法蓮華經卷一　（24–22）

破法不信故　墜於三惡道　我寧不說法　疾入於涅槃
尋念過去佛　所行方便力　我今所得道　亦應說三乘
作是思惟時　十方佛皆現　梵音慰喩我　善哉釋迦文
第一之導師　得是无上法　隨諸一切佛　而用方便力
我等亦皆得　最妙第一法　爲諸衆生類　分別說三乘
少智樂小法　不自信作佛　是故以方便　分別說諸果
雖復說三乘　但爲教菩薩　舍利弗當知　我聞聖師子
深淨微妙音　稱南无諸佛　復作如是念　我出濁惡世
如諸佛所說　我亦隨順行　思惟是事已　即趣波羅柰
諸法寂滅相　不可以言宣　以方便力故　爲五比丘說
是名轉法輪　便有涅槃音　及以阿羅漢　法僧差別名
從久遠劫來　讚示涅槃法　生死苦永盡　我常如是說
舍利弗當知　我見佛子等　志求佛道者　无量千万億
咸以恭敬心　皆來至佛所　曾從諸佛聞　方便所說法
我即作是念　如來所以出　爲說佛慧故　今正是其時
舍利弗當知　鈍根小智人　著相憍慢者　不能信是法
今我喜无畏　於諸菩薩中　正直捨方便　但說无上道
菩薩聞是法　疑網皆已除　千二百羅漢　悉亦當作佛
如三世諸佛　說法之儀式　我今亦如是　說无分別法
諸佛興出世　懸遠值遇難　正使出于世　說是法復難
无量无數劫　聞是法亦難　能聽是法者　斯人亦復難
譬如優曇華　一切皆愛樂　天人所希有　時時乃一出
聞法歡喜讚　乃至發一言　則爲已供養　一切三世佛
是人甚希有　過於優曇華　汝等勿有疑　我爲諸法王
普告諸大衆　但以一乘道　教化諸菩薩　无聲聞弟子

BD03775號　妙法蓮華經卷一　（24–23）

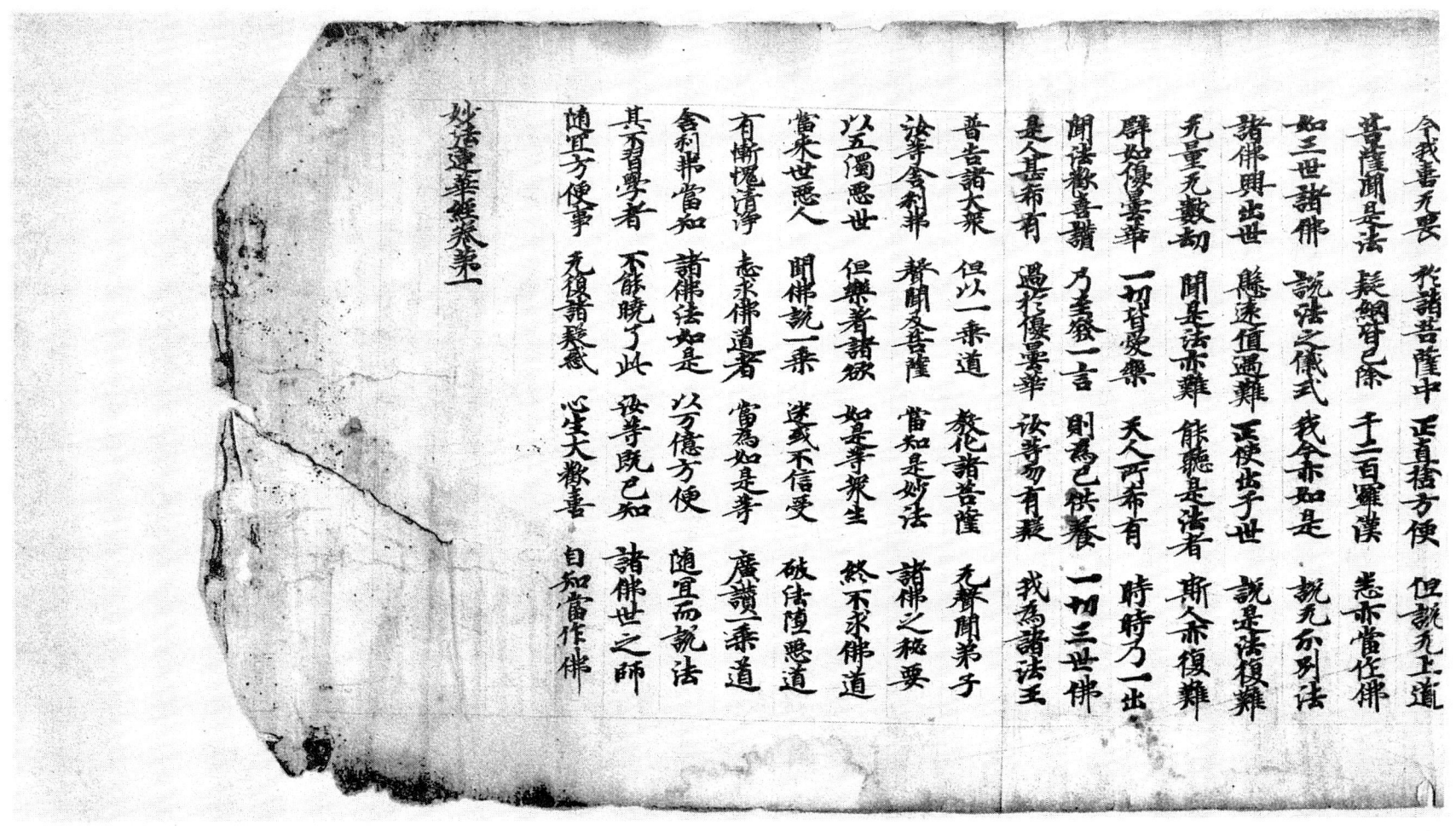

今我喜無畏　於諸菩薩中　正直捨方便　但說無上道
菩薩聞是法　疑網皆已除　千二百羅漢　悉亦當作佛
如三世諸佛　說法之儀式　我今亦如是　說無分別法
諸佛興出世　懸遠值遇難　正使出于世　說是法復難
無量無數劫　聞是法亦難　能聽是法者　斯人亦復難
譬如優曇華　一切皆愛樂　天人所希有　時時乃一出
聞法歡喜讚　乃至發一言　則為已供養　一切三世佛
是人甚希有　過於優曇華　汝等勿有疑　我為諸法王
普告諸大眾　但以一乘道　教化諸菩薩　無聲聞弟子
汝等舍利弗　聲聞及菩薩　當知是妙法　諸佛之祕要
以五濁惡世　但樂著諸欲　如是等眾生　終不求佛道
當來世惡人　聞佛說一乘　迷惑不信受　破法墮惡道
有慚愧清淨　志求佛道者　當為如是等　廣讚一乘道
舍利弗當知　諸佛法如是　以萬億方便　隨宜而說法
其不習學者　不能曉了此　汝等既已知　諸佛世之師
隨宜方便事　無復諸疑惑　心生大歡喜　自知當作佛

妙法蓮華經卷第一

BD03775 號　妙法蓮華經卷一　（24–24）

BD03775 號背　勘記　（2–1）

BD03775 號背　勘記　　（2–2）

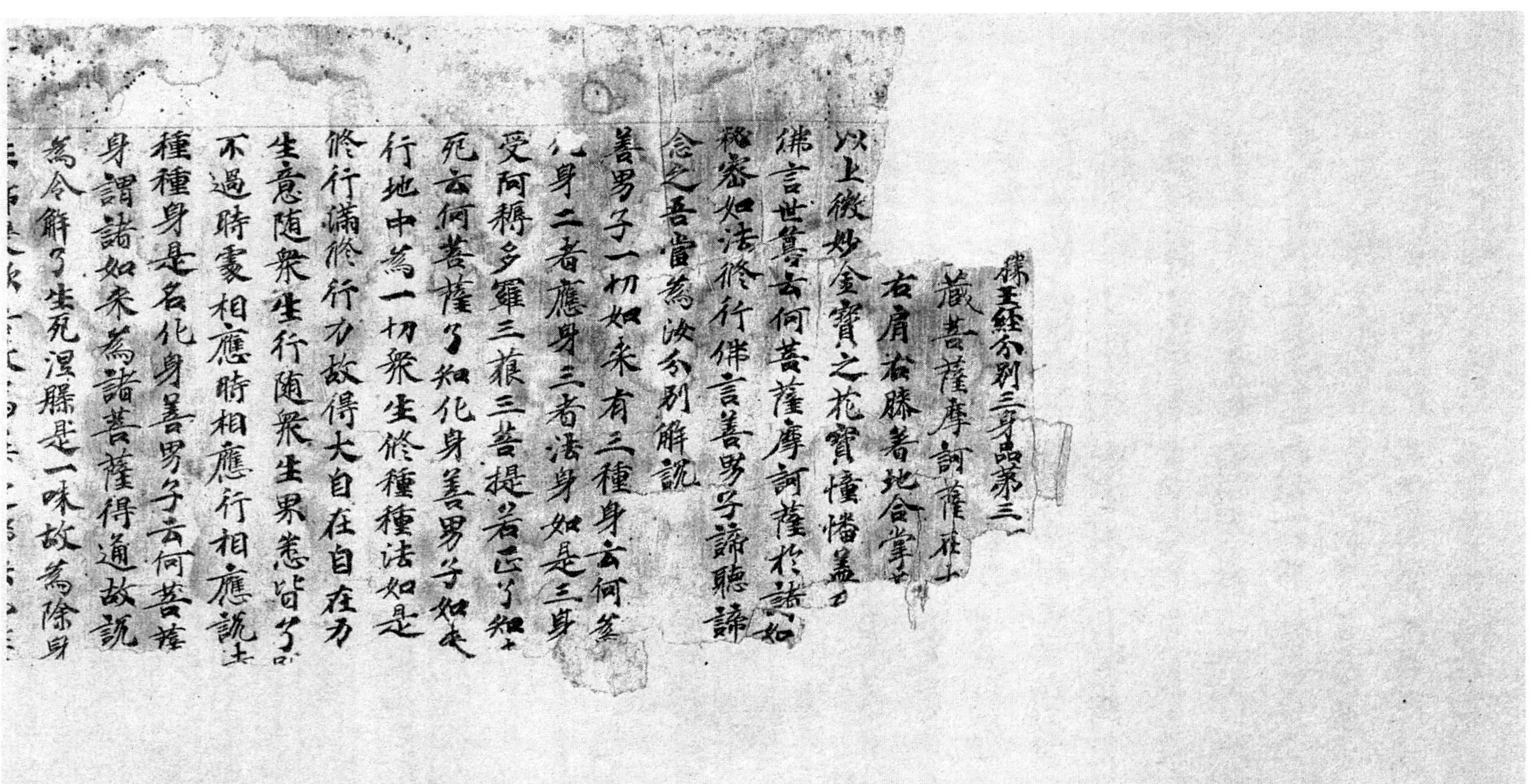

勝王經分別三身品第三
藏菩薩摩訶薩在
右肩右膝著地合掌
以上微妙金寶之花寶幢幡蓋
佛言世尊云何菩薩摩訶薩於諸如
秘密如法修行佛言善男子諦聽諦
念之吾當為汝分別解說
善男子一切如來有三種身云何爲
化身二者應身三者法身如是三身
受阿耨多羅三藐三菩提若正了知
死云何菩薩了知化身善男子如來
行地中為一切衆生修種種法如是
修行滿修行力故得大自在自在力
生意隨衆生行隨衆生界悉皆了
不過時處相應時相應行相應說
種種身是名化身善男子云何菩薩
身謂諸如來為諸菩薩得通故說
為令解了生死涅槃是一味故為除身

BD03776 號　金光明最勝王經卷二　　（20–1）

不過時處相應時相應行相應說法
種種身是名化身善男子云何菩薩
身謂諸如來為諸菩薩得通故說
為令解了生死涅槃是一味故為除身
生怖畏歡喜故為無邊佛法而作
相應如如如如智本願力故是身得現
十二相八十種好項背圓光是名應身
子云何菩薩摩訶薩了知法身為除
等障為具諸善法故唯有如如如如
法身前二種身是假名有此第三身是真實
有為前二身而作根本何以故離法如如離
无分別智一切諸佛无有別法一切諸佛智
慧具足一切煩惱究竟滅盡得清淨佛地是
故法如如如如智攝一切佛法
復次善男子一切諸佛利益自他至於究竟
自利益者是法如如利益他者是如如智
能於自他利益之事而得自在成就種種无邊
用故是故分別一切佛法有无量无邊種種
差別善男子譬如依止妄想思惟說種種煩
惱說種種業因種種果報如是依法如如如如
智說種種佛法說種種獨覺法說種種聲
聞法依法如如依如如智一切佛法自在成
就是為第一不可思議譬如畫空作莊嚴具
是難思議如是依法如如依如如智成就佛
法亦難思議善男子云何法如如如如智二
无分別而得自在事業成就善男子譬如如
來入於涅槃願自在故種種事業皆得成就

聞法依法如如依如如智一切佛法自在成
就是為第一不可思議譬如畫空作莊嚴具
是難思議如是依法如如依如如智成就佛
法亦難思議善男子云何法如如如如智二
无分別而得自在事業成就善男子譬如如
來入於涅槃願自在故種種事業皆得成就
法如如如如智自在事成亦復如是
復次菩薩摩訶薩入无心定依前願力從禪
定起作衆事業如是二法无有分別自在事
成善男子譬如日月无有分別亦如水鏡无
有分別光明亦无分別三種和合得有影生
如是法如如如如智亦无分別以願自在故衆
生有感現應化身如日月影和合出現復
次善男子譬如无量无邊水鏡依於光故
空影得現種種異相空者即是无相善男
子如是受化諸弟子等是法身影以願力故
二種身現種種相於法身地无有異相善男
子依此二身一切諸佛說有餘涅槃依此法
身說无餘涅槃何以故一切餘法究竟盡故
依此三身一切諸佛說无住處涅槃為二身
故不住涅槃離於法身无有別佛何故二身
不住涅槃二身假名不實念念生滅不定住
故數數出現以不定故法身不爾是故二身
不住涅槃法身不二是故不住涅槃故依三
身說无住涅槃
善男子一切凡夫為三相故有縛有障遠離
三身不至三身何者為三一者遍計所執相

故數數出現以不定故法身不尒是故二身
不住涅槃法身不二是故不住涅槃故依三
身說无住涅槃
善男子一切凡夫為三相故有縛有障遠離
三身不至三身何者為三一者遍計所執相
二者依他起相三者成就相如是諸相不能
解故不能滅故不能淨故是故不得至於三
身如是三相能解能滅能淨故是故諸佛具
足三身善男子諸凡夫人未能除遣此三心
故遠離三身不能得至何者為三一者起事
心二者依根本心三者根本心依諸伏道起事
心盡依法斷道依相本心盡依最勝道根本
心盡起事心滅故得現化身依根本心滅故
得顯應身根本心滅故得至法身是故一切如
來具足三身
善男子一切諸佛於第一身与諸佛同事於
第二身與諸佛同意於第三身與諸佛同體
善男子是初佛身隨衆生意有多種故現
種種相是故說多第二佛身弟子一意故現一
相是故說一第三佛身過一切種相非執相境
界是故說名不一不二善男子是第一身依
於應身得顯現故是第二身依於法身得
顯現故是法身者是真實有无依處故善
男子如是三身以有義故而說於常以有義
故說於无常化身者恒轉法輪處處隨緣方
便相續不斷絕故是故說常非是本故具足
用不顯現故說為无常應身者從无始來相

BD03776號　金光明最勝王經卷二　（20–4）

於應身得顯現故是第二身依於法身得
顯現故是法身者是真實有无依處故善
男子如是三身以有義故而說於常以有義
故說於无常化身者恒轉法輪處處隨緣方
便相續不斷絕故是故說常非是本故具足
用不顯現故說為无常應身者從无始來相
續不斷一切諸佛不共之法能攝持故衆生
无盡用亦无盡是故說常非是本故以具足
用不顯現故說為无常法身者非是行法无
有異相是根本故猶如虛空是故說常善男
子離无分別智更无勝智離法如如无勝境
界是法如如是慧如如是二種如如如如不一
不異是故法身慧清淨故滅清淨故是二清
淨是故法身具足清淨
復次善男子分別三身有四種異有化身非應
身有應身非化身有化身亦應身有非化
身亦非應身何者化身非應身謂諸如來般
涅槃後以願自在故隨緣利益是名化身何
者應身非化身是地前身何者化身亦應身
謂住有餘涅槃之身何者非化身非應身謂
是法身善男子是法身者二无所有所顯現故
何者名為二无所有於此法身相及相處二
皆是无非有非无非一非異非數非非數非明非
闇如是如智不見相及相處不見非有非
无不見非一非異不見非數非非數不見非
明非闇是故當知境界清淨智慧清淨不
可分別无有中間為滅道本故於此法身能

BD03776號　金光明最勝王經卷二　（20–5）

皆是无非有非无非一非異非數非非數非明非
闇如是如如智不見相及相處不見非有非
无不見非一非異不見非數非非數不見非
明非闇是故當知境界清淨智慧清淨不
可分別无有中間為滅道本故於此法身能
顯如來種種事業善男子是身因緣境界
處所果依於本難思議故若了此義是身即
是大乘是如來性是如來藏依於此身得發
初心修行地心而得顯現不退地心亦皆得現
一生補處心金剛之心如來之心而悉顯現无
量无邊如來妙法皆悉顯現依此法身不
可思議摩訶三昧而得顯現依此法身得現
一切大智是故二身依於三昧依於智慧而
得顯現如此法身依於自體說常說我依大
三昧故說於樂依於大智故說清淨是故如
來常住自在安樂清淨依大三昧一切禪定
首楞嚴等一切念處大法念等大慈大悲一
切陁羅尼一切神通一切自在一切法平等攝
受如是佛法悉皆出現依此大智十力四无
所畏四无礙辯一百八十不共之法一切希有
不可思議法悉皆顯現譬如依如意寶珠无
量无邊種種弥寶悉皆得現如是依大三昧
寶依大智慧寶能出種種无量无邊諸
佛妙法善男子如是法身三昧智慧過一切相
不著於相不可分別非常非斷是名中道雖有
分別體无分別雖有三數而无三體不增不

BD03776號　金光明最勝王經卷二　（20-6）

量无邊種種弥寶悉皆得現如是依大三昧
寶依大智慧寶能出種種无量无邊諸
佛妙法善男子如是法身三昧智慧過一切相
不著於相不可分別非常非斷是名中道雖有
分別體无分別雖有三數而无三體不增不
減猶如夢幻亦无所執亦无能執法體如如
是解脫處過死王境越生死闇一切衆生不
能修行所不能至一切諸佛菩薩之所住處
善男子譬如有人願欲得金處處求覓遂得
金鑛既得鑛已即便碎之擇取精者爐中銷
鍊得清淨金隨意迴轉作諸鐶釧種種嚴具
雖有諸用金性不改
復次善男子若善男子善女人求勝解脫修
行世善得見如來友弟子衆得親近已白佛
言世尊何者為善何者不善何者正修得清
淨行諸佛如來弟子衆見彼問時如是思
惟是善男子善女人欲求清淨欲聽正法即
便為說令其開悟彼既開已正念憶持發
心修行得精進力除嬾墮障滅一切罪於諸學
處離不尊重息掉悔心入於初地依初地心
除利有情障得入二地於此地中除不逼惱
障入於三地於此地中除心軟淨障入於四地
於此地中除善方便障入於五地於此地中
除見真俗障入於六地於此地中除見行相
障入於七地於此地中除不見滅相障入
於八地於此地中除不見生相障入於九地
於此地中除六通障入於十地於此地中除

BD03776號　金光明最勝王經卷二　（20-7）

於此地中除善方便障入於五地於此地中
除見真俗障入於六地於此地中除見行相
障入於七地於此地中除不見滅相障入
於八地於此地中除不見生相障入於九地
於此地中除六通障入於十地於此地中除
所知障除根本心入如來地如來地者由三
淨故名極清淨云何為三一者煩惱淨二者
苦淨三者相淨譬如真金鎔銷治鍊既燒打
已无復塵垢為顯金性本清淨故金體清淨
非謂无金譬如濁水澄渟清淨无復滓穢為
顯水性本清淨故非謂无水如是法身與煩
惱雜苦集除已无復餘習為顯佛性本清淨
故非謂无體譬如虛空烟雲塵霧之所障蔽
若除屏已是空界淨非謂无空如是法身一
切眾苦悉皆盡故說為清淨非謂无體譬如
有人於睡夢中見大河水漂泛其身運手動
足截流而渡得至彼岸由彼身心不懈退故
從夢覺已不見有水彼此岸別非謂无心生
死妄想既滅盡已是覺清淨非謂无覺如是
法界一切妄想不復生故說為清淨非是諸
佛无其實體
復次善男子是法身者惑障清淨能現應
身業障清淨能現化身智障清淨能現法身
譬如空出電依電出光如是依法身故能現
應身依應身故能現化身由性淨故能現法
身智慧清淨能現應身三昧清淨能現化身
此三清淨是法如如不異如如一味如如解脫

身業障清淨能現化身智障清淨能現法身
譬如空出電依電出光如是依法身故能現
應身依應身故能現化身由性淨故能現法
身智慧清淨能現應身三昧清淨能現化身
此三清淨是法如如不異如如一味如如解脫
如如究竟如如是故諸佛體无有異善男子
若有善男子善女人說於如來是我大師若
作如是決定信者此人即應深心解了如來之
身无有別異善男子以是義故於諸境界
不正思惟悉皆除斷即知彼法无有二相
亦无分別聖所修行如如於彼无有二相正
修行故如是如是一切諸障悉皆除滅如如
一切障滅如是如是法如如如智得最清淨
如如法界正智清淨如是如是一切自在
具足攝受皆得成就一切諸障悉皆除滅一
切諸障得清淨故是名真如正智真實之相
如是見者是名聖見是則名為真實見佛何
以故如實得見法真如故是故諸佛悉能普
見一切如來何以故聲聞獨覺已出三界求
真實境不能知見如是聖人所不知見一切
凡夫皆生疑惑顛倒分別不能得度如菟浮
海必不能過所以者何力微劣故凡夫之人
亦復如是不能通達法如如故然諸如來无
分別心於一切法得大自在具足清淨深智
慧故是自境界不共他故是故諸佛如來於
无量无邊阿僧祇劫不惜身命難行苦行方
得此身最上无比不可思議過言說境是妙

法必不能過所以者何力微劣故凡夫之人
亦復如是不能通達法如如故然諸如來无
分別心於一切法得大自在具足清淨深智
慧故是自境界不共他故是故諸佛如來於
无量无邊阿僧祇劫不惜身命難行苦行方
得此身最上无比不可思議過言說境是妙
寂靜離諸怖畏
善男子如是知見法真如者无生老死壽命
无限无有睡眠亦无飢渴心常在定无有散
動若於如來起諍論心是則不能見於如來
諸佛所說皆能利益有聽聞者无不解脫諸
惡禽獸惡人惡鬼不相逢值由聞法故果報
无盡然諸如來无无記事一切境界无欲知
心生死涅槃无有異想如來所說无不決定
諸佛如來四威儀中无非智攝一切諸法无
有不為慈悲所攝无有不為利益安樂諸眾
生者善男子若有善男子善女人於此金光
明經聽聞信解不墮地獄餓鬼傍生阿蘇羅
道常處人天不生下賤恒得親近諸佛如來
聽受正法常生諸佛清淨國土所以者何由
得聞此甚深法故是善男子善女人則為如
來已知已記當得不退阿耨多羅三藐三菩
提若善男子善女人於此甚深微妙之法一
經耳者當知是人不謗如來不毀正法不輕
聖眾一切眾生未種善根令得種故已種善
根令增長成熟故一切世界所有眾生皆勸修
行六波羅蜜多

BD03776號　金光明最勝王經卷二　（20–10）

來已知已記當得不退阿耨多羅三藐三菩
提若善男子善女人於此甚深微妙之法一
經耳者當知是人不謗如來不毀正法不輕
聖眾一切眾生未種善根令得種故已種善
根令增長成熟故一切世界所有眾生皆勸修
行六波羅蜜多
尒時虛空藏菩薩梵釋四王諸天眾等即從
座起偏袒右肩合掌恭敬頂禮佛足白佛言
世尊若所在處講說如是金光明王微妙經
典於其國土有四種利益何者為四一者國
王軍眾強盛无諸怨敵離於疾病壽命延長
吉祥安樂正法興顯二者中宮妃后王子諸
臣和悅无諍離於諂佞王所愛重三者沙門
婆羅門及諸國人修行正法无病安樂无枉死
者於諸福田悉皆修立四者於三時中四大
調適常為諸天增加守護慈悲平等无傷害
心令諸眾生歸敬三寶皆願修習菩提之行
是為四種利益之事世尊我等亦常為弘
經故隨逐如是持經之人所在住處為作利
益佛言善哉善哉善男子如是如是汝等應
當勤心流布此妙經王則令正法久住於世
金光明最勝王經夢見懺悔品第四
尒時妙幢菩薩親於佛前聞妙法已歡喜踊
躍一心思惟還至本處於夜夢中見大金鼓
光明晃耀猶如日輪於此光中得見十方无量
諸佛於寶樹下坐瑠璃座无量百千大眾
圍繞而為說法見一婆羅門桴擊金鼓出大

BD03776號　金光明最勝王經卷二　（20–11）

尒時妙幢菩薩親於佛前聞妙法已歡喜踊
躍一心思惟還至本處於夜夢中見大金鼓
光明晃耀猶如日輪於此光中得見十方无量
諸佛於寶樹下坐瑠璃座无量百千大衆
圍繞而為說法見一婆羅門桴擊金鼓出大
音聲聲中演說微妙伽他明懺悔法妙幢聞
已皆悉憶持繫念而住至天曉已與无量百
千大衆圍繞持諸供具出王舍城詣鷲峯
山至世尊所礼佛足已布設香花右繞三匝
退坐一面合掌恭敬瞻仰尊顏白佛言世尊我
於夢中見婆羅門以手執桴擊妙金鼓出大
音聲聲中演說微妙伽他明懺悔法我皆憶
持唯願世尊降大慈悲聽我所說即於佛前
而說頌曰
我於昨夜中　夢見大金鼓　其形極姝妙　周遍有金光
猶如盛日輪　光明皆普耀　充滿十方界　咸見於諸佛
在於寶樹下　各處瑠璃座　无量百千衆　恭敬而圍繞
有一婆羅門　以杖擊金鼓　於其鼓聲內　說此妙伽他
金光明鼓出妙聲　遍至三千大千界
能滅三塗極重罪　及以人中諸苦厄
由此金鼓聲威力　永滅一切煩惱障
斷除怖畏令安隱　譬如自在牟尼尊
佛於生死大海中　積行修成一切智
能令衆生覺品具　究竟咸歸功德海
由此金鼓出妙聲　普令聞者獲梵響
證得无上菩提果　常轉清淨妙法輪
住壽不可思議劫　隨機說法利群生

斷除怖畏令安隱　譬如自在牟尼尊
佛於生死大海中　積行修成一切智
能令衆生覺品具　究竟咸歸功德海
由此金鼓出妙聲　普令聞者獲梵響
證得无上菩提果　常轉清淨妙法輪
住壽不可思議劫　隨機說法利群生
能斷煩惱衆苦流　貪瞋癡等皆除滅
若有衆生處惡趣　大火猛焰周遍身
若得聞是妙鼓音　即能離苦歸依佛
皆得成就宿命智　能憶過去百千生
悉皆正念牟尼尊　得聞如來甚深教
由聞金鼓勝妙音　常得親近於諸佛
悉能捨離諸惡業　純修清淨諸善品
一切天人有情類　慇重至誠祈願者
得聞金鼓妙音聲　能令所求皆滿足
衆生墮在无間獄　猛火炎熾苦焚身
无有救護處輪迴　聞者能令苦除滅
人天餓鬼傍生中　所有現受諸苦難
得聞金鼓發妙響　皆蒙離苦得解脫
現在十方界　常住兩足尊　願以大悲心　哀愍憶念我
衆生无歸依　亦无有救護　為如是等類　能作大歸依
我先所作罪　極重諸惡業　今對十力前　至心皆懺悔
我不信諸佛　亦不敬尊親　不務修衆善　常造諸惡業
或自恃尊高　種姓及財位　盛年行放逸　常造諸惡業
心恒起邪念　口陳於惡言　不見於過罪　常造諸惡業
恒作愚夫行　无明闇覆心　隨順不善友　常造諸惡業
或因諸戲樂　或復懷憂惱　為貪瞋所纏　故我造諸惡

我不信諸佛　亦不敬尊親　不務修衆善　常造諸惡業
或自恃尊高　種姓及財位　盛年行放逸　常造諸惡業
心恒起邪念　口陳於惡言　不見於過罪　常造諸惡業
恒作愚夫行　无明闇覆心　隨順不善友　常造諸惡業
或因諸戲樂　或復懷憂惱　為貪瞋所纏　故我造諸惡
親近不善人　及由慳嫉意　貧窮行謟誑　故我造諸惡
雖不樂衆過　由有怖畏故　及不得自在　故我造諸惡
或為躁動心　或因瞋恚恨　及以飢渴惱　故我造諸惡
由飲食衣服　及貪愛女人　煩惱火所燒　故我造諸惡
於佛法僧衆　不生恭敬心　作如是衆罪　我今悉懺悔
於獨覺菩薩　亦无恭敬心　作如是衆罪　我今悉懺悔
无知謗正法　不孝於父母　作如是衆罪　我今悉懺悔
由愚癡憍慢　及以貪瞋力　作如是衆罪　我今悉懺悔
我於十方界　供養无數佛　當願拔衆生　令離諸苦難
願一切有情　皆令住十地　福智圓滿已　成佛導群迷
我為諸衆生　苦行百千劫　以大智慧力　皆令出苦海
我為諸含識　演說甚深經　最勝金光明　能除諸惡業
若人百千劫　造諸極重罪　暫時能發露　衆惡盡消除
依此金光明　作如是懺悔　由斯能速盡　一切諸苦業
勝定百千種　不思議總持　根力覺道支　修習常无倦
我當至十地　具足珍寶處　圓滿佛功德　濟度生死流
我於諸佛海　甚深功德藏　妙智難思議　皆令得具足
唯願十方佛　觀察護念我　皆以大悲心　哀受我懺悔
我於多劫中　所造諸惡業　由斯生苦惱　哀愍願消除
我造諸惡業　常生憂怖心　於四威儀中　曾无歡樂想
諸佛具大悲　能除衆生怖　願受我懺悔　令得離憂苦
我有煩惱障　及以諸報業　願以大悲水　洗濯令清淨

我於諸佛海　甚深功德藏　妙智難思議　皆令得具足
唯願十方佛　觀察護念我　皆以大悲心　哀受我懺悔
我於多劫中　所造諸惡業　由斯生苦惱　哀愍願消除
我造諸惡業　常生憂怖心　於四威儀中　曾无歡樂想
諸佛具大悲　能除衆生怖　願受我懺悔　令得離憂苦
我有煩惱障　及以諸報業　願以大悲水　洗濯令清淨
我先作諸罪　及現造惡業　至心皆發露　咸願得蠲除
未來諸惡業　防護令不起　設令有違者　終不敢覆藏
身三語四種　意業復有三　繫縛諸有情　无始恒相續
由斯三種行　造作十惡業　如是衆多罪　我今皆懺悔
我造諸惡業　苦報當自受　今於諸佛前　至誠皆懺悔
於此贍部洲　及他方世界　所有諸善業　今我皆隨喜
願離十惡業　修行十善道　安住十地中　常見十方佛
我以身語意　所修福智業　願以此善根　速成无上慧
我今親對十力前　發露衆多苦難事
凡愚迷惑三有難　恒造極重惡業難
我所積集欲邪難　常起貪愛流轉難
於此世間耽著難　一切愚夫煩惱難
狂心散動顛倒難　及以親近惡友難
於生死中貪染難　瞋癡闇鈍造罪難
生八无暇惡處難　未曾積集功德難
我今皆於最勝前　懺悔无邊罪惡業
我今歸依諸善逝　我禮德海无上尊
如大金山照十方　唯願慈悲哀攝受
身色金光淨无垢　目如清淨紺瑠璃
吉祥威德名稱尊　大悲慧日除衆闇
佛日光明常普遍　善淨无垢離諸塵

我今皆於最勝前　懺悔无邊罪惡業
我今歸依諸善逝　我礼德海无上尊
如大金山照十方　唯願慈悲哀攝受
身色金光淨无垢　目如清淨紺瑠璃
吉祥威德名稱尊　大悲慧日除衆闇
佛日光明常普遍　善淨无垢離諸塵
牟尼月照極清涼　能除衆生煩惱熱
三十二相遍莊嚴　八十隨好皆圓滿
福德難思无與等　如日流光照世間
色如瑠璃淨无垢　猶如滿月處虛空
妙頗梨網映金軀　種種光明以嚴飾
於生死苦暴流內　老病憂愁水所漂
如是苦海難堪忍　佛日舒光令永竭
我今稽首一切智　三千世界希有尊
光明晃耀紫金身　種種妙好皆嚴飾
如大海水量難知　大地微塵不可數
如妙高山叵稱量　亦如虛空无有際
諸佛功德亦如是　一切有情不能知
於无量劫諦思惟　无有能知德海岸
盡此大地諸山岳　析如微塵能算知
毛端渧海尚可量　佛之功德无能數
一切有情皆共讚　世尊名稱諸功德
清淨相好妙莊嚴　不可稱量知分齊
我之所有衆善業　願得速成无上尊
廣說正法利群生　悉令解脫於衆苦
降伏大力魔軍衆　當轉无上正法輪
久住劫數難思議　充足衆生甘露味

清淨相好妙莊嚴　不可稱量知分齊
我之所有衆善業　願得速成无上尊
廣說正法利群生　悉令解脫於衆苦
降伏大力魔軍衆　當轉无上正法輪
久住劫數難思議　充足衆生甘露味
猶如過去諸最勝　六波羅蜜皆圓滿
滅諸貪欲及瞋癡　降伏煩惱除衆苦
願我常得宿命智　能憶過去百千生
亦常憶念牟尼尊　得聞諸佛甚深法
願我以斯諸善業　奉事无邊最勝尊
遠離一切不善因　恒得修行真妙法
一切世界諸衆生　悉皆離苦得安樂
所有諸根不具足　令彼身相皆圓滿
若有衆生遭病苦　身形羸瘦无所依
咸令病苦得消除　諸根色力皆充滿
若犯王法當刑戮　衆苦逼迫生憂惱
彼受如斯極苦時　无有歸依能救護
若受鞭杖枷鎖繫　種種苦具切其身
无量百千憂惱時　逼迫身心无暫樂
皆令得免於繫縛　及以鞭杖苦楚事
將臨刑者得命全　衆苦皆令永除盡
若有衆生飢渴逼　令得種種殊勝味
盲者得視聾者聞　跛者能行瘂能語
貧窮衆生獲寶藏　倉庫盈溢无所乏
皆令得受上妙樂　无一衆生受苦惱
一切人天皆樂見　容儀溫雅甚端嚴

盲者得視聾者聞　跛者能行瘂能語
貧窮眾生獲寶藏　倉庫盈溢无所乏
皆令得受上妙樂　无一眾生受苦惱
一切人天皆樂見　容儀溫雅甚端嚴
悉皆現受无量樂　受用豐饒福德具
隨彼眾生念伎樂　眾妙音聲皆現前
念水即現清涼池　金色蓮花泛其上
隨彼眾生心所念　飲食衣服及牀敷
金銀珍寶妙瑠璃　瓔珞莊嚴皆具足
勿令眾生聞惡響　亦復不見有相違
所受容貌悉端嚴　各各慈心相愛樂
世間資生諸樂具　隨心念時皆滿足
所得珍財无悋惜　分布施與諸眾生
燒香末香及塗香　眾妙雜花非一色
每日三時從樹隨　隨心受用生歡喜
普願眾生咸供養　十方一切最勝尊
三乘清淨妙法門　菩薩獨覺聲聞眾
常願勿處於卑賤　不墮无暇八難中
生在有暇人中尊　恒得親承十方佛
願得常生富貴家　財寶倉庫皆盈滿
顏貌名稱无與等　壽命延長經劫數
悉願女人變為男　勇健聰明多智慧
一切常行菩薩道　勤修六度到彼岸
常見十方无量佛　寶王樹下而安處
處妙瑠璃師子座　恒得親承轉法輪
若於過去及現在　輪迴三有造諸業

BD03776號　金光明最勝王經卷二　（20–18）

悉願女人變為男　勇健聰明多智慧
一切常行菩薩道　勤修六度到彼岸
常見十方无量佛　寶王樹下而安處
處妙瑠璃師子座　恒得親承轉法輪
若於過去及現在　輪迴三有造諸業
能招可猒不善趣　願得消滅永无餘
一切眾生於有海　生死羂網堅牢縛
願以智劍為斷除　離苦速證菩提處
眾生於此贍部內　或於他方世界中
所作種種勝福因　我今皆悉生隨喜
以此隨喜福德事　及身語意造眾善
願此勝業常增長　速證无上大菩提
所有禮讚佛功德　深心清淨无瑕穢
迴向發願福无邊　當超惡趣六十劫
若有男子及女人　婆羅門等諸勝族
合掌一心讚歎佛　生生常憶宿世事
諸根清淨身圓滿　殊勝功德皆成就
願於未來所生處　常得人天共瞻仰
非於一佛十佛所　修諸善根今得聞
百千佛所種善根　方得聞斯懺悔法

尒時世尊聞此說已讚妙幢菩薩言善哉善哉善男子如汝所夢金鼓出聲讚歎如來真實功德并懺悔法若有聞者獲福甚多廣利有情滅除罪障汝今應知此之勝業皆是過去讚歎發願宿習因緣及由諸佛威力加護此之因緣當為汝說時諸大眾聞是法已咸皆歡喜信受奉行

BD03776號　金光明最勝王經卷二　（20–19）

有[illegible]所生事　常得人天共瞻仰
非於一佛十佛所　修諸善根今得聞
百千佛所種善根　方得聞斯懺悔法
尒時世尊聞此說已讚妙幢菩薩言善哉
善哉善男子如汝所夢金鼓出聲讚歎如來真
實功德并懺悔法若有聞者獲福甚多廣利
有情滅除罪障汝今應知此之勝業皆是過
去讚歎發願宿習因緣及由諸佛威力加護
此之因緣當為汝說時諸大衆聞是法已咸
皆歡喜信受奉行

金光明最勝王經卷第二

磺古猛 鍊蓮見 鎔欲鍾 渟大丁 桴覆于 銷蕭果 羂古縣

比丘芝斌写

BD03776 號　金光明最勝王經卷二　（20–20）

如來說一切諸相即是非相又說一切衆生
則非衆生須菩提如來是真語者實語者如
語者不誑語者不異語者須菩提如來所得
法此法无實无虛須菩提若菩薩心住於法
而行布施如人入闇則无所見若菩薩心不
住法而行布施如人有目日光明照見種種
色須菩提當來之世若有善男子善女人能
於此經受持讀誦則為如來以佛智慧悉知
是人悉見是人皆得成就无量无邊功德須
菩提若有善男子善女人初日分以恒河沙
等身命布施中日分復以恒河沙等身布施
後日分亦以恒河沙等身布施如是无量百
千万億劫以身布施若復有人聞此經典信
心不逆其福勝彼何況書寫受持讀誦為人
解說須菩提以要言之是經有不可思議不
可稱量无邊功德如來為發大乘者說為發
最上乘者說若有人能受持讀誦廣為人說

BD03777 號　金剛般若波羅蜜經　（9–1）

心不逆其福勝彼何況書寫受持讀誦為人
解說須菩提以要言之是經有不可思議不
可稱量无邊功德如來為發大乘者說為發
最上乘者說若有人能受持讀誦廣為人說
如來悉知是人悉見是人皆得成就不可量
不可稱无有邊不可思議功德如是人等則
為荷擔如來阿耨多羅三藐三菩提何以故
須菩提若樂小法者著我見人見衆生見壽
者見則於此經不能聽受讀誦為人解說須
菩提在在處處若有此經一切世間天人阿
脩羅所應供養當知此處則為是塔皆應恭
敬作禮圍遶以諸華香而散其處
復次須菩提善男子善女人受持讀誦此經
若為人輕賤是人先世罪業應墮惡道以今
世人輕賤故先世罪業則為消滅當得阿耨
多羅三藐三菩提須菩提我念過去无量阿
僧祇劫於然燈佛前得值八百四千万億那
由他諸佛悉皆供養承事无空過者若復有
人於後末世能受持讀誦此經所得功德於
我所供養諸佛功德百分不及一千万億分
乃至筭數譬喻所不能及須菩提若善男子
善女人於後末世有受持讀誦此經所得功
德我若具說者或有人聞心則狂亂狐疑不
信須菩提當知是經義不可思議果報亦不
可思議

BD03777號　金剛般若波羅蜜經　（9–2）

善女人於後末世有受持讀誦此經所得功
德我若具說者或有人聞心則狂亂狐疑不
信須菩提當知是經義不可思議果報亦不
可思議
尒時須菩提白佛言世尊善男子善女人發
阿耨多羅三藐三菩提心云何應住云何降
伏其心佛告須菩提善男子善女人發阿耨
多羅三藐三菩提者當生如是心我應滅度
一切衆生滅度一切衆生已而无有一衆生
實滅度者何以故若菩薩有我相人相衆生
相壽者相則非菩薩所以者何須菩提實无
有法發阿耨多羅三藐三菩提者須菩提於
意云何如來於然燈佛所有法得阿耨多羅
三藐三菩提不不也世尊如我解佛所說義
佛於然燈佛所无有法得阿耨多羅三藐三
菩提佛言如是如是須菩提實无有法如來
得阿耨多羅三藐三菩提須菩提若有法如
來得阿耨多羅三藐三菩提者然燈佛則不
與我受記汝於來世當得作佛号釋迦牟尼
以實无有法得阿耨多羅三藐三菩提是故
然燈佛與我受記作是言汝於來世當得作
佛号釋迦牟尼何以故如來者即諸法如義
若有人言如來得阿耨多羅三藐三菩提須
菩提實无有法佛得阿耨多羅三藐三菩提
須菩提如來所得阿耨多羅三藐三菩提於
是中无實无虛是故如來說一切法皆是佛

BD03777號　金剛般若波羅蜜經　（9–3）

若有人言如來得阿耨多羅三藐三菩提須
菩提實无有法佛得阿耨多羅三藐三菩提
須菩提如來所得阿耨多羅三藐三菩提於
是中无實无虛是故如來說一切法皆是佛
法須菩提所言一切法者即非一切法是故
名一切法須菩提譬如人身長大須菩提言
世尊如來說人身長大則為非大身是名大
身須菩提菩薩亦如是若作是言我當滅度
无量衆生則不名菩薩何以故須菩提无有
法名為菩薩是故佛說一切法无我无人无
衆生无壽者須菩提若菩薩作是言我當莊
嚴佛土是不名菩薩何以故如來說莊嚴佛
土者即非莊嚴是名莊嚴須菩提若菩薩通
達无我法者如來說名真是菩薩
須菩提於意云何如來有肉眼不如是世尊
如來有肉眼須菩提於意云何如來有天眼
不如是世尊如來有天眼須菩提於意云何
如來有慧眼不如是世尊如來有慧眼須菩
提於意云何如來有法眼不如是世尊如來
有法眼須菩提於意云何如來有佛眼不如
是世尊如來有佛眼
須菩提於意云何恒河中所有沙佛說是沙
不如是世尊如來說是沙須菩提於意云何
如一恒河中所有沙有如是等恒河是諸恒
河所有沙數佛世界如是寧為多不甚多世

BD03777號　金剛般若波羅蜜經　（9–4）

不如是世尊如來說是沙須菩提於意云何
如一恒河中所有沙有如是等恒河是諸恒
河所有沙數佛世界如是寧為多不甚多世
尊佛告須菩提尒所國土中所有衆生若干
種心如來悉知何以故如來說諸心皆為非
心是名為心所以者何須菩提過去心不可
得現在心不可得未來心不可得
須菩提於意云何若有人滿三千大千世界
七寶以用布施是人以是因緣得福多不如
是世尊此人以是因緣得福甚多須菩提若
福德有實如來不說得福德多以福德无故
如來說得福德多
須菩提於意云何佛可以具足色身見不不
也世尊如來不應以具足色身見何以故如
來說具足色身即非具足色身是名具足色
身須菩提於意云何如來可以具足諸相見
不不也世尊如來不應以具足諸相見何以
故如來說諸相具足即非具足是名諸相具
足須菩提汝勿謂如來作是念我當有所說
法莫作是念何以故若人言如來有所說法
即為謗佛不能解我所說故須菩提說法者
无法可說是名說法
須菩提白佛言世尊佛得阿耨多羅三藐三
菩提為无所得耶如是如是須菩提我於阿
耨多羅三藐三菩提乃至无有少法可得是

BD03777號　金剛般若波羅蜜經　（9–5）

須菩提白佛言世尊佛得阿耨多羅三藐三
菩提為无所得邪如是如是須菩提我於阿
耨多羅三藐三菩提乃至无有少法可得是
名阿耨多羅三藐三菩提
復次須菩提是法平等无有高下是名阿耨
多羅三藐三菩提以无我无人无衆生无壽
者脩一切善法則得阿耨多羅三藐三菩提
須菩提所言善法者如來說非善法是名善
法須菩提若三千大千世界中所有諸須弥
山王如是等七寶聚有人持用布施若人以
此般若波羅蜜經乃至四句偈等受持為他
人說於前福德百分不及一百千万億分乃
至筭數譬喻所不能及
須菩提於意云何汝等勿謂如來作是念我
當度衆生須菩提莫作是念何以故實无有
衆生如來度者若有衆生如來度者如來則
有我人衆生壽者須菩提如來說有我者則
非有我而凡夫之人以為有我須菩提凡夫
者如來說則非凡夫
須菩提於意云何可以卅二相觀如來不須
菩提言如是如是以卅二相觀如來佛言須
菩提若以卅二相觀如來者轉輪聖王則是
如來須菩提白佛言世尊如我解佛所說義
不應以卅二相觀如來尒時世尊而說偈言
若以色見我　以音聲求我　是人行邪道　不能見如來
須菩提汝若作是念如來不以具足相故得

BD03777號　金剛般若波羅蜜經　（9–6）

如來須菩提白佛言世尊如我解佛所說義
不應以卅二相觀如來尒時世尊而說偈言
若以色見我　以音聲求我　是人行邪道　不能見如來
須菩提汝若作是念如來不以具足相故得
阿耨多羅三藐三菩提須菩提莫作是念如
來不以具足相故得阿耨多羅三藐三菩提
須菩提汝若作是念發阿耨多羅三藐三菩
提者說諸法斷滅相莫作是念何以故發阿
耨多羅三藐三菩提者於法不說斷滅相
須菩提若菩薩以滿恒河沙等世界七寶布
施若復有人知一切法无我得成於忍此菩
薩勝前菩薩所得功德須菩提以諸菩薩不
受福德故須菩提白佛言世尊云何菩薩不
受福德須菩提菩薩所作福德不應貪著是
故說不受福德
須菩提若有人言如來若來若去若坐若臥
是人不解我所說義何以故如來者无所從
來亦无所去故名如來
須菩提若善男子善女人以三千大千世界
碎為微塵於意云何是微塵衆寧為多不甚
多世尊何以故若是微塵衆實有者佛則不
說是微塵衆所以者何佛說微塵衆則非微
塵衆是名微塵衆世尊如來所說三千大千
世界則非世界是名世界何以故若世界實
有者則是一合相如來說一合相則非一合
相是名一合相須菩提一合相者則是不可

BD03777號　金剛般若波羅蜜經　（9–7）

說是微塵衆所以者何佛說微塵衆則非微
塵衆是名微塵衆世尊如來所說三千大千
世界則非世界是名世界何以故若世界實
有者則是一合相如來說一合相則非一合
相是名一合相須菩提一合相者則是不可
說但凡夫之人貪著其事
須菩提若人言佛說我見人見衆生見壽者
見須菩提於意云何是人解我所說義不世
尊是人不解如來所說義何以故世尊說我
見人見衆生見壽者見即非我見人見衆生
見壽者見是名我見人見衆生見壽者見須
菩提發阿耨多羅三藐三菩提心者於一切
法應如是知如是見如是信解不生法相須
菩提所言法相者如來說即非法相是名法
相須菩提若有人以滿无量阿僧祇世界七
寶持用布施若有善男子善女人發菩薩心
者持於此經乃至四句偈等受持讀誦為人
演說其福勝彼云何為人演說不取於相如
如不動何以故
一切有為法　如夢幻泡影　如露亦如電　應作如是觀
佛說是經已長老須菩提及諸比丘比丘尼
優婆塞優婆夷一切世間天人阿脩羅聞佛
所說皆大歡喜信受奉行

BD03777號　金剛般若波羅蜜經　（9–8）

菩提所言法相者如來說即非法相是名法
相須菩提若有人以滿无量阿僧祇世界七
寶持用布施若有善男子善女人發菩薩心
者持於此經乃至四句偈等受持讀誦為人
演說其福勝彼云何為人演說不取於相如
如不動何以故
一切有為法　如夢幻泡影　如露亦如電　應作如是觀
佛說是經已長老須菩提及諸比丘比丘尼
優婆塞優婆夷一切世間天人阿脩羅聞佛
所說皆大歡喜信受奉行

BD03777號　金剛般若波羅蜜經　（9–9）

周遍三千世界中
王於廣博清淨处
上妙香水灑遊塵
即於勝處敷高座
種種秣香及塗香
龍脩羅堅那
諸天悉雨曼陁花
復有千万億諸天
法師初從本座起
是時寶積大法師
詣彼大衆法座所
天主天衆及天女
百千天樂難思議
尒時寶積大法師
念彼十方諸刹土
遍及一切苦衆生
為彼請主善生故
王既得聞如是法

供養
樂聞正法俱
咸悉供養
淨洗浴已著
合掌虔心
悉皆共散
住在空中出
即昇高座跏
百千万億大慈尊
皆起平等慈悲念
演說微妙金光明
合掌一心唱隨喜

BD03778號　金光明最勝王經卷九　（12–1）

尒時寶積大法師
念彼十方諸刹土
遍及一切苦衆生
為彼請主善生故
王既得聞如是法
聞法希有淚交流
于時國主善生王
手持如意末尼寶
念亦於斯贍部洲
所有匱之資財者
即便遍雨於七寶
瓔珞嚴身隨所須
尒時國主善生王
應知過去善生王
咸持供養寶髻佛
為於昔時捨大地
昔時寶積大法師
因彼開演經王故
以我曾聽此經王
及施七寶諸功德
金光百福相莊嚴
一切有情無不愛
過去曾經九十九
亦於小國為人王
於無量劫為帝釋
供養十力大慈尊

即昇高座跏
百千万億大慈尊
皆起平等慈悲念
演說微妙金光明
合掌一心唱隨喜
身心大喜皆充遍
為欲供養此經故
發願普為諸衆生
普雨七寶瓔珞具
皆得隨心受安樂
悉皆充足四洲中
衣服飲食皆無乏
見此四洲雨珎寶
所有遺教苾芻僧
即我釋迦牟尼是
及諸珎寶滿四洲
為彼善生說妙法
東方現成不動佛
合掌一言稱隨喜
獲此最勝金剛身
所有見者皆歡喜
俱胝天衆亦同然
俱胝億劫作輪王
復經無量百千劫
亦復曾為大梵王
彼之數量難窮盡

BD03778號　金光明最勝王經卷九　（12–2）

一切有情無不愛　俱胝天衆亦同然
過去曾經九十九　俱胝億劫作輪王
亦於小國為人王　復經无量百千劫
於無量劫為帝釋　亦復曾為大梵王
供養十力大慈尊　彼之數量難窮盡
我昔聞經隨喜善　所有福聚量難知
由斯福故證菩提　獲得法身真妙智
尒時大衆聞是說已歎未曾有皆願奉
持金光明經流通不絶

金光明最勝王經諸天藥叉護持品第廿二

尒時世尊告大吉祥天女曰若有淨信善男
子善女人欲於過去未來現在諸佛以不可
思議廣大微妙供養之具而為奉獻及欲
解了三世諸佛甚深行處是人應當決定
至心隨是經王所在之處城邑聚落或山澤中廣
為衆生敷演流布其聽法者應除亂想攝耳
用心世尊即為彼天及諸大衆說伽他曰
若欲於諸佛　不思議供養　復了諸如來　甚深境界者
若見演說此　最勝金光明　應親詣彼方　至其所住處
此經難思議　能生諸功德　无邊大苦海　解脫諸有情
我觀此經王　初中後皆善　甚深不可測　譬喻无能比
假使恒河沙　大地塵海水　虛空諸山石　無能喻少分
欲入深法界　應先聽是經　法性之制底　甚深善安住
於斯制底内　見我牟尼尊　悅意妙音聲　演說斯經典
由此俱胝劫　數量難思議　生在人天中　常受勝妙樂
若聽是經者　應作如是心　我得不思議　无邊功德蘊

[illegible]甚深不可測　譬喻无能比
假使恒河沙　大地塵海水　虛空諸山石　無能喻少分
欲入深法界　應先聽是經　法性之制底　甚深善安住
於斯制底内　見我牟尼尊　悅意妙音聲　演說斯經典
由此俱胝劫　數量難思議　生在人天中　常受勝妙樂
若聽是經者　應作如是心　我得不思議　无邊功德蘊
假使大火聚　滿百踰繕那　為聽此經王　直過无辭苦
既至彼住處　得聞如是經　能滅罪於業　及除諸惡夢
惡星諸變怪　蠱道邪魅等　得聞是經時　諸惡皆捨離
應嚴勝高座　淨妙若蓮花　法師處其上　猶如大龍坐
於斯安坐已　說此甚深經　書寫及讀持　并為解其義
法師捨此座　往詣餘方所　於此高座中　神通非一相
或見法師像　猶在高座上　或時見世尊　及以諸菩薩
或作普賢像　或如妙吉祥　或見慈氏尊　身處於高座
或見希奇相　及以諸天像　暫得覩容儀　忽然還不現
成就諸吉祥　所作皆隨意　功德悉圓滿　世尊如是說
最勝有名稱　能滅諸煩惱　他國賊皆除　戰時常得勝
惡夢悉皆无　及消諸毒害　所作三業罪　經力能除滅
於此贍部洲　名稱咸充滿　所有諸怨結　悉皆相捨離
設有怨敵至　聞名便退散　不假動兵戈　兩陣生歡喜
梵王帝釋主　護世四天王　及金剛藥叉　正了知大將
无熱池龍王　及以娑揭羅　緊那羅樂神　蘇羅金翅主
大辯才天女　并大吉祥天　斯等上首天　各領諸天衆
常供養諸佛　法寶不思議　恒生歡喜心　於經起恭敬
斯等諸天衆　皆悉共思惟　遍觀修福者　共作如是說
應觀此有情　咸是大福德　善根精進力　當來生我天
為聽甚深經　敬心來至此　供養法制底　尊重正法故

大辯才天女　并大吉祥天　斯等上首天　各領諸天眾
常供養諸佛　法寶不思議　恒生歡喜心　於經起恭敬
斯等諸天眾　皆悉共思惟　遍觀修福者　共作如是說
應觀此有情　咸是大福德　善根精進力　當來生我天
為聽甚深經　敬心來至此　供養法制底　尊重正法故
憐愍於眾生　而作大饒益　於此深經典　能為法器者
入此法門者　能入於法性　於此金光明　至心應聽受
是人曾供養　無量百千佛　由彼諸善根　得聞此經典
如是諸天主　天女大辯才　并彼吉祥天　及以四王眾
無數藥叉眾　勇猛有神通　各於其四方　常來相擁護
日月天帝釋　風水火諸神　吠率怒大肩　閻羅辯才等
一切諸護世　勇猛具威神　擁護持經者　晝夜常不離
大力藥叉王　那羅延自在　正了知為首　二十八藥叉
餘藥叉百千　神通有大力　恒於恐怖處　常來護此人
金剛藥叉王　并五百眷屬　諸大菩薩眾　常來護此人
寶王藥叉主　及以滿賢王　曠野金毗羅　賓度羅黃色
此等藥叉王　各五百眷屬　見聽此經者　皆來共擁護
彩軍健闥婆　華王常戰勝　珠頸及青頸　并勃里沙王
大最勝大黑　蘇跋拏雞舍　半之迦羊足　及以大婆伽
小渠并護法　及以獼猴王　針毛及日支　寶髮皆來護
大渠諾羯羅　旃檀欲中勝　舍羅及雪山　及以娑多山
皆有大神通　雄猛具大力　見持此經者　皆來相擁護
阿那婆答多　及以娑竭羅　目真鄰陀羅　難陀小難陀
於百千龍中　神通具威德　共護持經人　晝夜常不離
婆稚羅睺羅　毗摩質多羅　母目佉跋羅　大肩及歡喜
及餘蘇羅王　并無數天眾　大力有勇健　皆來護是人

皆有大神通　雄猛具大力　見持此經者　皆來相擁護
阿那婆答多　及以娑竭羅　目真鄰陀羅　難陀小難陀
於百千龍中　神通具威德　共護持經人　晝夜常不離
婆稚羅睺羅　毗摩質多羅　母目佉跋羅　大肩及歡喜
及餘蘇羅王　并無數天眾　大力有勇健　皆來護是人
訶利底母神　五百藥叉眾　於彼人睡覺　常來相擁護
旃荼旃荼利　藥叉旃荼女　昆帝拘吒齒　吸眾生精氣
如是諸神眾　大力有神通　常護持經者　晝夜恒不離
上首辯才天　無量諸天女　吉祥天為首　并餘諸眷屬
此大地神女　果實園林神　樹神江河神　制底諸神等
如是諸天神　心生大歡喜　彼皆來擁護　讀誦此經人
見有持經者　增壽命色力　威光及福德　妙相以莊嚴
星宿現災變　困厄當此人　夢見惡徵祥　皆悉令除滅
此大地神女　堅固有威勢　由此經力故　法味常充足
地肥若流下　過百踰繕那　地神令味上　滋潤於大地
此地厚六十　八億踰繕那　乃至金剛際　地味皆令上
由聽此經王　獲大功德蘊　能使諸天眾　悉蒙其利益
復令諸天眾　威力有光明　歡喜常安樂　捨離於衰相
於此南洲內　林果苗稼神　由此經威力　心常得歡喜
苗稼皆成就　處處有妙花　菓實並滋繁　充滿於大地
所有諸果樹　及以眾園林　悉皆生妙花　香氣常芬馥
眾草諸樹木　咸出微妙花　及生甘美果　隨處皆充遍
於此贍部洲　無量諸龍女　心生大歡喜　皆共入池中
種植鉢頭摩　及以分陀利　青白二蓮花　池中皆遍滿
由此經威力　虛空淨無翳　雲霧皆除遣　冥闇悉光明
日出放千光　無垢燄清淨　由此經王力　流暉遶四天

於此贍部洲　[illegible]歡喜　皆共池中
種殖鉢頭摩　及以分陀利　青白二蓮花　池中皆遍滿
由此經威力　虛空淨无翳　雲霧皆除遣　冥闇悉光明
日出放千光　無垢𦦨清淨　由此經王力　流暉遶四天
此經威德力　資助於天子　皆用贍部金　而作於宮殿
日天子初出　見此洲歡喜　常以大光明　周遍皆照耀
於斯大地內　所有蓮花池　日光照及時　無不盡開發
於此贍部洲　田疇諸果藥　悉皆令善熟　充滿於大地
由此經威力　日月所照處　星辰不失度　風雨皆順時
遍此贍部洲　國土咸豐樂　隨有此經處　殊勝倍餘方
若此金光明　經典流布處　有能講誦者　悉得如上福
尒時大吉祥天女及諸天等聞佛所說皆大
歡喜於此經王及受持者一心擁護令無憂
惱常得安樂
金光明最勝王經授記品第廿三
尒時如來於大衆中廣說法已欲為妙幢菩薩
及其二子銀幢銀光授阿耨多羅三藐三
菩提記時有十千天子最勝光明而為上首
俱從三十三天來至佛所頂礼佛足却坐一
面聽佛說法尒時佛告妙幢菩薩言汝於來
世過無量無數百千万億那庾多劫已於金
光明世界當成阿耨多羅三藐三菩提号金
寶山王如來應正遍知明行足善逝世間解
無上士調御丈夫天人師佛世尊出現於世時
此如來般涅槃後所有教法亦皆滅盡時
彼長子名曰銀幢即於此界次補佛處世界
[illegible]

BD03778號　金光明最勝王經卷九　（12-7）

[illegible]
寶山王如來應正遍知明行足善逝世間解
無上士調御丈夫天人師佛世尊出現於世時
此如來般涅槃後所有教法亦皆滅盡時
彼長子名曰銀幢即於此界次補佛處世界
尒時轉名淨幢當得作佛名曰金幢光如來
應正遍知明行足善逝世間解無上士調御丈
夫天人師佛世尊時此如來般涅槃後所有
教法亦皆滅盡次子銀光即補佛處還於此
界當得作佛号曰金光明如來應正遍知明
行足善逝世間解无上士調御丈夫天人師佛
世尊是時十千天子聞三大士得授記已復
聞如是最勝王經心生歡喜清淨无垢猶
如虛空尒時如來知是十千天子善根成熟
即便與授大菩提記汝等天子於當來世過
無量無數百千万億那庾多劫於最勝因陁
羅高幢世界得成阿耨多羅三藐三菩提同
一種性又同一名号曰面目清淨優鉢羅香
山十号具足如是次第十千諸佛出現於世
尒時菩提樹神白佛言世尊是十千天子從
三十三天為聽法故來詣佛所云何如來便
與授記當得成佛世尊我未曾聞是諸天子
具足修習六波羅蜜多難行苦行捨於手足
頭目髓腦眷屬妻子象馬車乘奴婢僕使宮
殿園林金銀琉璃硨磲碼碯珊瑚虎珀璧玉
珂貝飲食衣服臥具醫藥如餘無量百千
菩薩以諸供具供養過去无數百千万億那庾

BD03778號　金光明最勝王經卷九　（12-8）

具足修習六波羅蜜多難行苦行捨於手足
頭目髓腦眷屬妻子象馬車乘奴婢僕使宮
殿園林金銀琉璃硨磲碼碯珊瑚虎珀璧玉
珂貝飲食衣服卧具醫藥如餘無量百千
菩薩以諸供具供養過去无數百千万億那庾
多佛如是菩薩各經無量無邊劫數然後方
得受菩提記世尊是諸天子以何因緣修何
勝行種何善根從彼天來暫時聞法便得授
記唯願世尊為我解說斷除疑網佛告地神
善女天如汝所說皆從勝妙善根因緣勤苦
修已方得授記此諸天子於妙天宮捨五欲
樂故來聽是金光明經既聞法已於是經中
心生慇重如淨瑠璃无諸瑕穢復得聞此三
大菩薩授記之事亦由過去久修正行誓願
因緣是故我今皆與授記於未來世當成阿
耨多羅三藐三菩提時彼樹神聞佛說已歡
喜信受

金光明最勝王經除病品第廿四

佛告菩提樹神善女天諦聽諦聽善思念之
是十千天子本願因緣今為汝說善女天過
去無量不可思議阿僧企耶劫爾時有佛出現
於世名曰寶髻如來應正遍知明行足善逝
世間解无上士調御丈夫天人師佛世尊
善女天時彼世尊般涅槃後正法滅已於像
法中有王名曰天自在光常以正法化於人
民猶如父母是王國中有一長者名曰持水

BD03778 號　金光明最勝王經卷九　（12–9）

於世名曰寶髻如來應正遍知明行足善逝
世間解无上士調御丈夫天人師佛世尊
善女天時彼世尊般涅槃後正法滅已於像
法中有王名曰天自在光常以正法化於人
民猶如父母是王國中有一長者名曰持水
善解醫明妙通八術衆生病苦四大不調咸
能救療善女天爾時持水長者唯有一子名
曰流水顏容端正人所樂觀受性聰敏妙閑
諸論書畫算印無不通達時王國內有无量
百千諸衆生類皆遇疾疫衆苦所逼乃至无
有歡樂之心善女天爾時長者子流水見是
无量百千衆生受諸病苦起大悲心作如是
念无量衆生為諸極苦之所逼迫我父長
者雖善醫方妙通八術能療衆病四大增
損然已衰老虛羸要假扶策方能進步不
復能往城邑聚落救諸病苦今有无量百千
衆生皆遇重病无能救者我今當至大醫父所
諮問治病醫方秘法若得解已當往城邑聚
落之所救諸衆生種種疾病令於長夜得受
安樂時長者子作是念已即詣父所稽首礼
足合掌恭敬却住一面即以伽他請其父曰
慈父當哀愍　我欲救衆生　今請諸醫方　幸願為我說
云何身衰壞　諸大有增損　復在何時中　能生諸疾病
云何噉飲食　得受於安樂　能使內身中　火勢不衰損
衆生有四病　風黃熱痰癊　及以總集病　云何而療治
何時風病起　何時熱病發　何時動痰癊　何時總集生

BD03778 號　金光明最勝王經卷九　（12–10）

云何身轉壞　諸大有增損　復在何時中　能生諸疾病
云何噉飲食　得受於安樂　能使內身中　火勢不衰損
衆生有四病　風黃熱痰癊　及以總集病　云何而療治
何時風病起　何時熱病發　何時動痰癊　何時總集生
時彼長者子　請已復以伽他而答之曰
我今依古仙　所有療病法　次第為汝說　善聽救衆生
三月是春時　三月名為夏　三月名秋分　三月謂冬時
此據一年中　三三而別說　二二為一節　便成歲六時
初二是花時　三四名熱際　五六名雨際　七八謂秋時
九十是寒時　後二名氷雪　既知如是別　授藥勿令差
當隨此時中　調息於飲食　入腹令消散　衆病則不生
節氣若變改　四大有推移　此時无藥資　必生於病苦
醫人解四時　復知其六節　明閑身七界　食藥使无差
謂味界血肉　膏骨及髓腦　病入此中時　知其可療不
病有四種別　謂風熱痰癊　及以總集病　應知發動時
春中痰癊動　夏內風病生　秋時黃熱增　冬節三俱起
春食澀熱辛　夏膩熱醎醋　秋時冷甜膩　冬酸澀膩甜
於此四時中　服藥及飲食　若依如是味　衆病无由生
食後病由癊　食消時由熱　消後起由風　准時須識病
既識病源已　隨病而設藥　假令患狀殊　先須療其本
風病服油膩　患熱利為良　癊病應變吐　總集須三藥
風熱癊俱有　是名為總集　雖知病起時　應觀其本性
如是觀知已　順時而授藥　飲食藥无差　斯名善醫者
復應知八術　總攝諸醫方　於此若明閑　可療衆生病
謂針刺傷破　身疾并鬼神　惡毒及孩童　延年增氣力
先觀彼形色　語言及性行　然後問其夢　知風熱癊殊

BD03778 號　金光明最勝王經卷九　（12–11）

如是觀知已　順時而授藥　飲食藥无差　斯名善醫者
復應知八術　總攝諸醫方　於此若明閑　可療衆生病
謂針刺傷破　身疾并鬼神　惡毒及孩童　延年增氣力
先觀彼形色　語言及性行　然後問其夢　知風熱癊殊
乾瘦少頭髮　其心无定住　多語夢飛行　斯人是風性
少年生白髮　多汗及多瞋　聰明夢見火　斯人是熱性
心定身平整　慮審頭津膩　夢見水白物　是癊性應知
總集性俱有　或二或具三　隨有一偏增　應知是其性
既知本性已　准病而授藥　驗其无死相　方名可救人
諸根倒取境　尊醫人起慢　親友生瞋恚　是死相應知
左眼白色變　舌黑鼻梁欹　耳輪與舊殊　下脣垂向下
訶梨勒一種　具足有六味　能除一切病　无忌藥中王
又三果三辛　諸藥中易得　沙糖蜜蘇乳　此能療衆病
自餘諸藥物　隨病可增加　先起慈愍心　莫規於財利
我已為汝說　療疾中要事　以此救衆生　當獲无邊果
善女天時長者子流水親問其父八術之要
四大增損時節不同餌藥方法既善了知
自忖堪能救療衆病即便遍至城邑聚落所
在之處隨有百千万億病苦衆生皆至其所
善言慰喻作如是語我是醫人我是醫人善
知方藥今為汝等療治衆病悉令除愈善女
天尒時衆人聞長者子善言慰喻許為治病
時有无量百千衆生遇極重病聞是語已身
心踊躍得未曾有以此因緣所有病苦悉得蠲
除氣力充實平復如本善女天尒時復有

BD03778 號　金光明最勝王經卷九　（12–12）

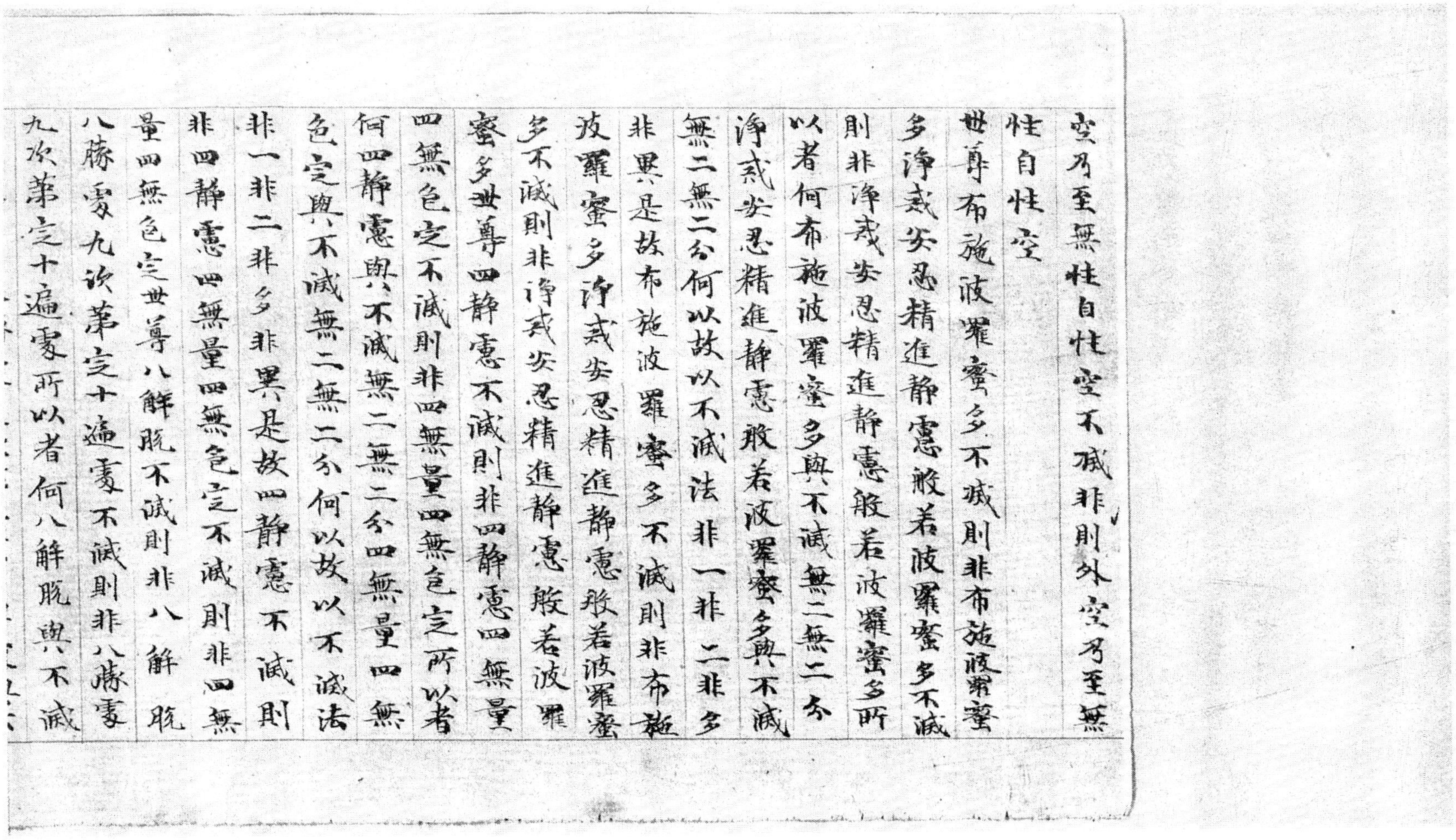

空乃至無性自性空不減非則外空乃至無
性自性空
世尊布施波羅蜜多不減則非布施波羅蜜
多淨戒安忍精進靜慮般若波羅蜜多不減
則非淨戒安忍精進靜慮般若波羅蜜多所
以者何布施波羅蜜多與不減無二無二分
淨戒安忍精進靜慮般若波羅蜜多與不減
無二無二分何以故以不減法非一非二非多
非異是故布施波羅蜜多不減則非布施
波羅蜜多淨戒安忍精進靜慮般若波羅蜜
多不減則非淨戒安忍精進靜慮般若波羅
蜜多世尊四靜慮不減則非四靜慮四無量
四無色定不減則非四無量四無色定所以者
何四靜慮與不減無二無二分四無量四無
色定與不減無二無二分何以故以不減法
非一非二非多非異是故四靜慮不減則
非四靜慮四無量四無色定不減則非四無
量四無色定世尊八解脫不減則非八解脫
八勝處九次第定十遍處不減則非八勝處
九次第定十遍處所以者何八解脫與不減

BD03779號　大般若波羅蜜多經卷七一　（14–1）

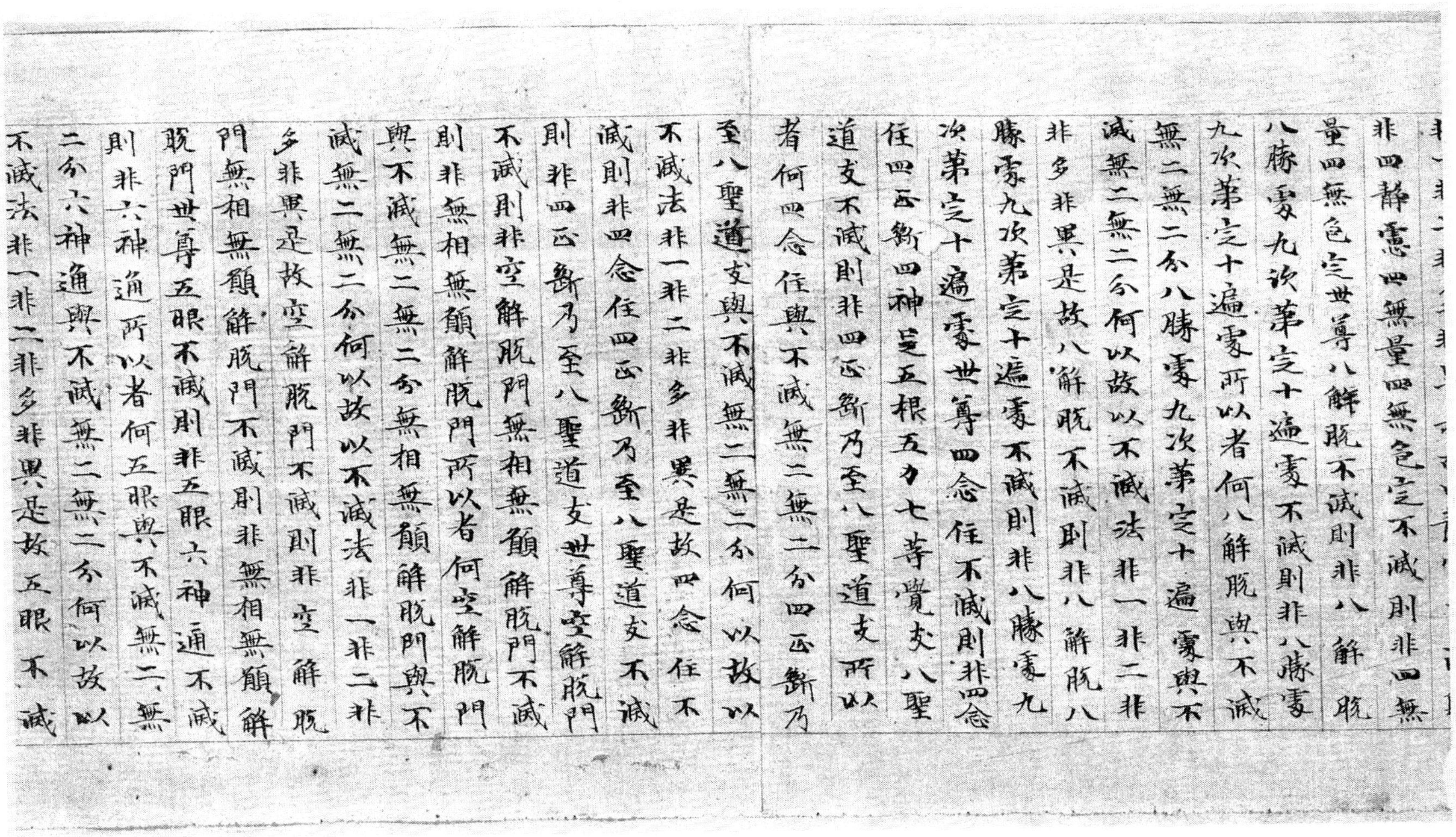

非四靜慮四無量四無色定不減則非四無
量四無色定世尊八解脫不減則非八解脫
八勝處九次第定十遍處不減則非八勝處
九次第定十遍處所以者何八解脫與不減
無二無二分八勝處九次第定十遍處與不
減無二無二分何以故以不減法非一非二
非多非異是故八解脫不減則非八解脫八
勝處九次第定十遍處不減則非八勝處九
次第定十遍處世尊四念住不減則非四念
住四正斷四神足五根五力七等覺支八聖
道支不減則非四正斷乃至八聖道支所以
者何四念住與不減無二無二分四正斷乃
至八聖道支與不減無二無二分何以故以
不減法非一非二非多非異是故四念住不
減則非四念住四正斷乃至八聖道支不減
則非四正斷乃至八聖道支世尊空解脫門
不減則非空解脫門無相無願解脫門不減
則非無相無願解脫門所以者何空解脫門
與不減無二無二分無相無願解脫門與不
減無二無二分何以故以不減法非一非二非
多非異是故空解脫門不減則非空解脫
門無相無願解脫門不減則非無相無願解
脫門世尊五眼不減則非五眼六神通不減
則非六神通所以者何五眼與不減無二無
二分六神通與不減無二無二分何以故以
不減法非一非二非多非異是故五眼不減

BD03779號　大般若波羅蜜多經卷七一　（14–2）

多非異[illegible]
門無相無願解脫門不滅則非無相無願解
脫門世尊五眼不滅則非五眼六神通不滅
則非六神通所以者何五眼與不滅無二無
二分六神通與不滅無二無二分何以故以
不滅法非一非二非多非異是故五眼不滅
則非五眼六神通不滅則非六神通世尊佛
十力不滅則非佛十力四無所畏四無礙解
大慈大悲大喜大捨十八佛不共法不滅則
非四無所畏乃至十八佛不共法所以者何
佛十力與不滅無二無二分四無所畏乃至
十八佛不共法與滅不無二無二分何以故
以不滅法非一非二非多非異是故佛十力
不滅則非佛十力四無所畏乃至十八佛不
共法不滅則非四無所畏乃至十八佛不共法
世尊真如不滅則非真如法界法性平等
性離生性法定法住實際虛空界不思議界
不滅則非法界乃至不思議界所以者何真
如與不滅無二無二分法界乃至不思議界
與不滅無二無二分何以故以不滅法非一
非二非多非異是故真如不滅則非真如法
界乃至不思議界不滅則非法界乃至不思
議界世尊無上正等菩提不滅則非無上正
等菩提一切智道相智一切相智不滅則非
一切智道相智一切相智所以者何無上正
等菩提與不滅無二無二分一切智道相智
一切相智與不滅無二無二分何以故以不

BD03779號　大般若波羅蜜多經卷七一　（14–3）

菩提一切智道相智一切相智不滅則非
一切智道相智一切相智所以者何無上正
等菩提與不滅無二無二分一切智道相智
一切相智與不滅無二無二分何以故以不
滅法非一非二非多非異是故無上正等菩
提不滅則非無上正等菩提一切智道相智
一切相智不滅則非一切智道相智一切相
智世尊無忘失法不滅則非無忘失恒住
捨性不滅則非恒住捨性所以者何無忘失
法與不滅無二無二分恒住捨性與不滅無
二無二分何以故以不滅法非一非二非多非
異是故無忘失法不滅則非無忘失法恒
住捨性不滅則非恒住捨性世尊一切陁羅
尼門不滅則非一切陁羅尼門一切三摩地
門不滅則非一切三摩地門所以者何一切
陁羅尼門與不滅無二無二分一切三摩地
門與不滅無二無二分何以故以不滅法非一
非二非多非異是故一切陁羅尼門不滅
則非一切陁羅尼門一切三摩地門不滅則
非一切三摩地門
世尊色不二則色非受相行識不二則非受
想行識世尊眼處不二則非眼處耳鼻舌身
意處不二則非耳鼻舌身意處世尊色處不
二則非色處聲香味觸法處不二則非聲香
味觸法處世尊眼界不二則非眼界色界眼
識界及眼觸眼觸為緣所生諸受不二則非

BD03779號　大般若波羅蜜多經卷七一　（14–4）

想行識世尊眼處不二則非眼處耳鼻舌身
意處不二則非耳鼻舌身意處世尊色處不
二則非色處聲香味觸法處不二則非聲香
味觸法處世尊眼界不二則非眼界色界眼
識界及眼觸眼觸為緣所生諸受不二則非
色界乃至眼觸為緣所生諸受世尊耳界不
二則非耳界聲界耳識界及耳觸耳觸為緣
所生諸受不二則非聲界乃至耳觸為緣所生
諸受世尊鼻界不二則非鼻界香界鼻界
識及鼻觸鼻觸為緣所生諸受不二則非香
界乃至鼻觸為緣所生諸受世尊舌界不二
則非舌界味界舌識界及舌觸舌觸為緣
所生諸受不二則非味界乃至舌觸為緣所生
諸受世尊身界不二則非身界觸界身識界
及身觸身觸為緣所生諸受不二則非觸界
乃至身觸為緣所生諸受世尊意界不二則
非意界法界意識界及意觸意觸為緣所生
諸受不二則非法界乃至意觸為緣所生諸
受世尊地界不二則非地界水火風空識界
不二則非水火風空識界世尊苦聖諦不二
則非苦聖諦集滅道聖諦不二則非集滅道
聖諦世尊無明不二則非明無行識名色六
處觸受愛取有生老死愁歎苦憂惱不二則
非行乃至老死愁歎苦憂惱世尊內空不二
則非內空外空內外空空空大空勝義空有
為空無為空畢竟空無際空散空無變異

處觸受愛取有生老死愁歎苦憂惱不二則
非行乃至老死愁歎苦憂惱世尊內空不二
則非內空外空內外空空空大空勝義空有
為空無為空畢竟空無際空散空無變異
空本性空自相空共相空一切法空不可得空無
性空自性空無性自性空不二則非外空乃
至無性自性空
世尊布施波羅蜜多不二則非布施波羅蜜
多淨戒安忍精進靜慮般若波羅蜜多不二
則非淨戒安忍精進靜慮般若波羅蜜多世
尊四靜慮不二則非四靜慮四無量四無色
定不二則非四無量四無色定世尊八解脫不
二則非八解脫八勝處九次第定十遍處不
二則非八勝處九次第定十遍處世尊四念
住不二則非四念住四正斷四神足五根五
力七等覺支八聖道支不二則非四正斷乃
至八聖道支世尊空解脫門不二則非空
解脫門無相無願解脫門不二則非無相無
願解脫門世尊五眼不二則非五眼六神通
不二則非六神通世尊佛十力不二則非佛
十力四無所畏四無礙解大慈大悲大喜大
捨十八佛不共法不二則非四無所畏乃至十
八佛不共法世尊真如不二則非真如法界
法性平等性離生性法定法住實際虛空
界不思議界不二則非法界乃至不思議界
世尊無上正等菩提不二則非無上正等菩

捨十八佛不共法不二則非四無所畏乃至十
八佛不共法世尊真如不二則非真如法界
法性平等性離生性法定法住實際虛空
界不思議界不二則非法界乃至不思議界
世尊無上正等菩提不二則非無上正等菩
提一切智道相智一切相智不二則非一切智
道相智一切相智世尊無忘失法不二則
非無忘失法恒住捨性不二則非恒住捨性
世尊一切陁羅尼門不二則非一切陁羅尼
門一切三摩地門不二則非一切三摩地門
世尊色入不二無妄法數受想行識入不二
無妄法數世尊眼處入不二無妄法數耳鼻
舌身意處入不二無妄法數世尊色處入不
二無妄法數聲香味觸法處入不二無妄法
數世尊眼界入不二無妄法數色界眼識界
及眼觸眼觸為緣所生諸受入不二無妄法
數世尊耳界入不二無妄法數聲界耳識界
及耳觸耳觸為緣所生諸受入不二無妄法
數世尊鼻界入不二無妄法數香界鼻識界
及鼻觸鼻觸為緣所生諸受入不二無妄法
數世尊舌界入不二無妄法數味界舌識界
及舌觸舌觸為緣所生諸受入不二無妄法
數世尊身界入不二無妄法數觸界身識界
及身觸身觸為緣所生諸受入不二無妄法
數世尊意界入不二無妄法數法界意識界
及意觸意觸為緣所生諸受入不二無妄法

及舌觸舌觸為緣所生諸受入不二無妄法
數世尊身界入不二無妄法數觸界身識界
及身觸身觸為緣所生諸受入不二無妄法
數世尊意界入不二無妄法數法界意識界
及意觸意觸為緣所生諸受入不二無妄法
數世尊地界入不二無妄法數水火風空識
界入不二無妄法數世尊苦聖諦入不二無
妄法數集滅道聖諦入不二無妄法數世尊
無明入不二無妄法數行識名色六處觸受
愛取有生老死愁歎苦憂惱入不二無妄法
數世尊內空入不二無妄法數外空內外空空
空大空勝義空有為空無為空畢竟空無
際空散空無變異空本性空自相空共相空
一切法空不可得空無性空自性空無性自
性空入不二無妄法數
世尊布施波羅蜜多入不二無妄法數淨戒
安忍精進靜慮般若波羅蜜多入不二無妄
法數世尊四靜慮入不二無妄法數四無量
四無色定入不二無妄法數世尊八解脫入
不二無妄法數八勝處九次第定十遍處入
不二無妄法數世尊四念住入不二無妄法
數四正斷四神足五根五力七等覺支八聖
道支入不二無妄法數世尊空解脫門入不
二無妄法數無相無願解脫門入不二無妄
法數世尊五眼入不二無妄法數六神通入
不二無妄法數世尊佛十力入不二無妄法
數四無所畏四無礙解大慈大悲大喜大捨

道支入不二無妄法數世尊空解脫門入不
二無妄法數無相無願解脫門入不二無妄
法數世尊五眼入不二無妄法數六神通入
不二無妄法數世尊佛十力入不二無妄法
數四無所畏四無礙解大慈大悲大喜大捨
十八佛不共法入不二無妄法數世尊真如入
不二無妄法數法界法性平等性離生性
法定法住實際虛空界不思議界入不二
無妄法數世尊無上正等菩提入不二無妄法
數一切智道相智一切相智入不二無妄法
數世尊無妄失法入不二無妄法數恒住捨
性入不二無妄法數世尊一切陁羅尼門入不
二無妄法數一切三摩地門入不二無妄法數
時舍利子問善現言所說菩薩摩訶薩脩行
般若波羅蜜多觀諸法時者何謂菩薩摩訶
薩何謂般若波羅蜜多何謂觀諸法爾時具
壽善現答舍利子言如尊者所云何謂菩薩
摩訶薩者舍利子為有情類求大菩提亦
有菩提故名菩薩彼如實知一切法相能不執
着故復名摩訶薩　舍利子言云何菩薩摩訶
薩能如實知一切法相而不執着善現答言
舍利子菩薩摩訶薩如實知色相而不執着
如實知受想行識相而不執着舍利子菩薩
摩訶薩如實知眼處相而不執着如實知耳
鼻舌身意處相而不執着舍利子菩薩摩訶
薩如實知色處相而不執着如實知聲香味

BD03779號　大般若波羅蜜多經卷七一　（14–9）

薩能如實知一切法相而不執着善現答言
舍利子菩薩摩訶薩如實知色相而不執着
如實知受想行識相而不執着舍利子菩薩
摩訶薩如實知眼處相而不執着如實知耳
鼻舌身意處相而不執着舍利子菩薩摩訶
薩如實知色處相而不執着如實知聲香味
觸法處相而不執着舍利子菩薩摩訶薩如實
知眼界相而不執着如實知色界眼識界及
眼觸眼觸為緣所生諸受相而不執着舍利
子菩薩摩訶薩如實知耳界相而不執着
如實知聲界耳識界及耳觸耳觸為緣所生
諸受相而不執着舍利子菩薩摩訶薩如實
知鼻界相而不執着如實知香界鼻識界及
鼻觸鼻觸為緣所生諸受相而不執着舍利
子菩薩摩訶薩如實知舌界相而不執着如
實知味界舌識及界舌觸舌觸為緣所生諸
受相而不執着
舍利子菩薩摩訶薩如實知身界相而
不執着如實知觸界身識界及身
觸身觸為緣所生諸受相而不執着舍利子
菩薩摩訶薩如實知意界相而不執着如實
知法界意識界及意觸意觸為緣所生諸受
相而不執着舍利子菩薩摩訶薩如實知地
界相而不執着如實知水火風空識界相而
不執着舍利子菩薩摩訶薩如實知苦聖諦
相而不執着如實知集滅道聖諦相而不執

BD03779號　大般若波羅蜜多經卷七一　（14–10）

相而不執著舍利子菩薩摩訶薩如實知地
界相而不執著如實知水火風空識界相而
不執著舍利子菩薩摩訶薩如實知苦聖諦
相而不執著如實知集滅道聖諦相而不執
著舍利子菩薩摩訶薩如實知無明相而不
執著如實知行識名色六處觸受愛取有生
老死愁歎苦憂惱相而不執著舍利子菩薩
摩訶薩如實知內空相而不執著如實知外
空內外空空空大空勝義空有為空無為空
畢竟空無際空散空無變異空本性空自相
空共相空一切法空不可得空無性空自性空
無性自性空相而不執著
舍利子菩薩摩訶薩如實知布施波羅蜜多
相而不執著如實知淨戒安忍精進靜慮般
若波羅蜜多相而不執著舍利子菩薩摩訶
薩如實知四靜慮相而不執著如實知四無
量四無色定相而不執著舍利子菩薩摩訶
薩如實知八解脫相而不執著如實知八勝
處九次第定十遍處相而不執著舍利子菩
薩摩訶薩如實知四念住相而不執著如實
知四正斷四神足五根五力七等覺支八聖
道支相而不執著舍利子菩薩摩訶薩如實
知空解脫門相而不執著如實知無相無願
解脫門相而不執著舍利子菩薩摩訶薩如
實知五眼相而不執著如實知六神通相而
不執著舍利子菩薩摩訶薩如實知佛十力

道支相而不執著舍利子菩薩摩訶薩如實
知空解脫門相而不執著如實知無相無願
解脫門相而不執著舍利子菩薩摩訶薩如
實知五眼相而不執著如實知六神通相而
不執著舍利子菩薩摩訶薩如實知佛十力
相而不執著如實知四無所畏四無礙解大
慈大悲大喜大捨十八佛不共法相而不執
著舍利子菩薩摩訶薩如實知真如相而不
執著如實知法界法性平等性離生性法定
法住實際虛空界不思議界相不執著舍
利子菩薩摩訶薩如實知無上正等菩提相
而不執著如實知一切智道相智一切相智相
而不執著舍利子菩薩摩訶薩如實知無
忘失法相而不執著如實知恒住捨性相而
不執著舍利子菩薩摩訶薩如實知一切陀
羅尼門相而不執著如實知一切三摩地門
相而不執著
時舍利子問善現言何等名為一切法相善
現答言若由如是諸行相狀表知諸法是色
是聲是香是味是觸是法是內是外是有漏
是無漏是有為是無為此等名為一切法相
尒時具壽善現復答舍利子言如尊者所問
何謂般若波羅蜜多者舍利子有勝妙慧遠
有所離故名般若波羅蜜多舍利子言此於
何法而得遠離善現答言此於一切煩惱見
趣而得遠離此於一切六趣四生而得遠離

尒時具壽善現復荅舍利子言如是如是
何謂般若波羅蜜多者舍利子有勝慧遠
有所離故名般若波羅蜜多舍利子言此於
何法而得遠離善現荅言此於一切煩惱見
趣而得遠離此於一切六趣四生而得遠離
此於一切蘊界處等而得遠離故名般若波
羅蜜多又舍利子有勝妙慧遠有所到故名
般若波羅蜜多舍利子言此於何法而得遠
到善現荅言舍利子此於色實性而得遠到
於受想行識實性而得遠到故名般若波羅
蜜多舍利子此於眼處實性而得遠到於耳
鼻舌身意處實性而得遠到故名般若波羅
蜜多舍利子此於色處實性而得遠到於聲
香味觸法處實性而得遠到故名般若波羅
蜜多舍利子此於眼界實性而得遠到於色
界眼識界及眼觸眼觸為緣所生諸受實性
而得遠到故名般若波羅蜜多舍利子此於
耳界實性而得遠到於聲界耳識界及耳觸
耳觸為緣所生諸受實性而得遠到故名般
若波羅蜜多舍利子此於鼻界實性而得遠
到於香界鼻識界及鼻觸鼻觸為緣所生諸
受實性而得遠到故名般若波羅蜜多舍利
子此於舌界實性而得遠到於味界舌識界
及舌觸舌觸為緣所生諸受實性而得遠到
故名般若波羅蜜多舍利子此於身界實性
而得遠到於觸界身識界及身觸身觸為緣
所生諸受實性而得遠到故名般若波羅蜜

BD03779 號　大般若波羅蜜多經卷七一　（14–13）

於受想行識實性而得遠到故名般若波羅
蜜多舍利子此於眼處實性而得遠到於耳
鼻舌身意處實性而得遠到故名般若波羅
蜜多舍利子此於色處實性而得遠到於聲
香味觸法處實性而得遠到故名般若波羅
蜜多舍利子此於眼界實性而得遠到於色
界眼識界及眼觸眼觸為緣所生諸受實性
而得遠到故名般若波羅蜜多舍利子此於
耳界實性而得遠到於聲界耳識界及耳觸
耳觸為緣所生諸受實性而得遠到故名般
若波羅蜜多舍利子此於鼻界實性而得遠
到於香界鼻識界及鼻觸鼻觸為緣所生諸
受實性而得遠到故名般若波羅蜜多舍利
子此於舌界實性而得遠到於味界舌識界
及舌觸舌觸為緣所生諸受實性而得遠到
故名般若波羅蜜多舍利子此於身界實性
而得遠到於觸界身識界及身觸身觸為緣
所生諸受實性而得遠到故名般若波羅蜜
多舍利子此於意界實性而得遠到於法界
意識界及意觸意觸為緣所生諸受實性
而得遠到故名般若波羅實多舍利子此於地

BD03779 號　大般若波羅蜜多經卷七一　（14–14）

癀疩瘡遂增廣叫
解
佛即告阿難并集眷屬及七佛名字悉来集
坐吾為此人觀其宿業即調七佛
第一鞞婆佛　第二式佛　第三隨葉佛　第四拘樓秦佛
第五拘那含牟尼佛　第六迦葉佛　第七釋迦文佛
此七佛悉来集坐
佛復問七佛言三人病是誰與之七佛從西
面起各各荅言我无與者佛即入三時禪定
諦觀三病知疾本緣
七佛白言世尊此疾不從他生即自招患發
之與是金剛密迹見惡人以金剛杵打之噬
面生瘡鬚眉即落由犯三寶使之然也
佛即問金剛密迹復何因緣與此三人病也
金剛荅言世尊我顧恒在佛左右為護三寶
故不令惡人侵害如来善心沉没我見此三
人一犯如来毀損尊像二犯正法陵盜經像
斷滅聖教善法沉塞三犯聖僧欺害大衆能
使四道衆僧遂從陵滅金剛密迹白佛言設

BD03780號　救護疾病經　（5–1）

佛即問金剛密迹復何因緣與此三人病也
金剛荅言世尊我顧恒在佛左右為護三寶
故不令惡人侵害如来善心沉没我見此三
人一犯如来毀損尊像二犯正法陵盜經像
斷滅聖教善法沉塞三犯聖僧欺害大衆能
使四道衆僧遂從陵滅金剛密迹白佛言設
犯餘神病不如此鬚眉不落其瘡痒贜世有
可治犯三寶者非世諦之師可能治也
面目生光身中脂出金剛密迹白佛言我先
顧世尊得道之時恒在左右為防三寶使衆
魔惡鬼惡人不来侵惱若有惡人陵辱竊盜
三寶者我金剛杵碎其頭如阿梨樹落地七
分金剛密迹白佛言此三人者一從父母并
及七世罪累相牽更此惡報或從自身微犯
不覺誤有故犯不時懺悔罪遂增厚治此惡
病唯有歸心諸佛悔心七佛發露金剛至心
願七佛威力可令消滅重罪
佛告一切衆生凡三寶物有人取者不問隱
顯入手幾倍七佛荅言若是佛物入手十倍
十年不還密迹生慣能使取者惡病
若是經像之物入手七倍七年不還能使取
者惡病若是衆僧常住之物入手五倍五年
不還故生敢捍能使取者惡病
阿難白佛言世尊閻浮提人多生不信謂无
三寶侵犯者衆招致惡病罪積无數閻浮提

BD03780號　救護疾病經　（5–2）

者惡病若是衆僧常住之物入手五倍五年
不還故生敢捍能使取者惡病
阿難白佛言世尊閻浮提人多生不信謂无
三寶侵犯者衆招致惡病罪積无數閻浮提
人敎父母害法儀及伯仲星歷有蜯者敎之
正身能使惡病
若有人保任是實者六齋之日佛前檐者使
人交報或四天王下或太子下或使者下或
三十三天下或大仙人下或刹命下或金剛
力士下當下之曰淫人善惡宜行善事不宜
作惡或有人偷劫經像之物知如故為使人
惡病或舉持金銀銅鐵或有闇取三寶之物
及以錢粟絹帛之物逕年有如不還能使人
惡病或有人呪誓撓佛形像推擬佛身或燒
賣聖容或黠賊經句或將內人僧伽藍內宿
或將內人入佛塔裏共內人言語信要或共
內人共相貪摸或身生往及如此之事能使
人惡病如此之事久久當病不至三年
或有人闇取他齋米供齋之調知而故取能
使人惡病
若有人取他綵色與他內人受者知情與者
同罪二人但病或有人闇取僧戽離器知而
不還能使人惡病
若有人共經像牛驢行不淨行能使人病雖
是畜生擬作經像乃至三年病
或有人將內人入三寶屋不淨行法能使人

同罪二人但病或有人闇取僧戽離器知而
不還能使人惡病
若有人共經像牛驢行不淨行能使人病雖
是畜生擬作經像乃至三年病
或有人將內人入三寶屋不淨行法能使人
病若有人妻掠淨行戽能使人病
若有人安經像屋裏无木函盛之在下共內
人止宿能使人病不出三年一切身招惡病
宜以苦重懺悔罪從心生罪從心滅心如天
堂心如地獄仰手是天堂覆手是地獄欲滅
身中重罪至心懺悔莫生解退佛告七佛及
金剛密迹諸大菩薩及諸眷屬此三病人云
何可濟金剛大士以發本緣今者可懸方便
方宜救濟得免此人病苦世稱如來大慈大
悲七佛各各白佛言世尊衆生蠢蠢皆有佛
性此人之病易除消滅令自問之金剛密迹
是吾長兄阿難是吾小弟吾之眷屬數不可
計阿私陁仙能禁毒氣阿羅羅仙能呪惡鬼
三十三天能下法水雪山大醫能降妙藥廿
露法津能潤枯涸阿闍世王身犯重罪尚有
可消身瘡除滅佛以方便身復如故不消不
滅是病者心中生也佛即以觀心虛空化作
大坑方圓四千步滿中炎炭聞阿闍世王汝
能入此大坑除滅汝罪瘡夷平復阿闍世王
阿闍世王即以佛

若有人安經像屋裏死木函盛之在下共内
人止宿能使人病不出三年一切身招惡病
宜以苦重懺悔罪從心生罪從心滅心如天
堂心如地獄仰手是天堂覆手是地獄欲滅
身中重罪至心懺悔莫生解退佛告七佛及
金剛密迹諸大菩薩及諸眷屬此三病人云
何可濟金剛大士以發本緣今者可懸方便
方宜救濟得免此人病苦世稱如來大慈大
悲七佛各各白佛言世尊衆生蠢蠢皆有佛
性此人之病易除消滅今自問之金剛密迹
是吾長兄阿難是吾小弟吾之眷屬數不可
計阿私陁仙能禁毒氣阿羅羅仙能呪惡鬼
三十三天能下法水雪山大醫能降妙藥甘
露法津能潤枯涸阿闍世王身犯重罪尚有
可消身瘡除滅佛以方便身復如故不消不
滅是病者心中生也佛即以觀心虛空化作
大坑方圓四千步滿中炭火問阿闍世王汝
能入此大坑除滅汝罪瘡夷平復阿闍世王
[illegible]可闍世王即以佛
[illegible]之[illegible]爲浴

BD03780號　救護疾病經　（5–5）

言若能滅我罪我當即入[illegible]
前啓香發願踊身入火入已水擁撲[illegible]
池衆罪消滅譬如有人壞長流水從上如壞
在下則止從諸佛歸悔重罪則滅不信經語
輕罪難滅
佛告諸疾人吾教汝但當至心百日之中請
大德法師治齋日日礼七佛名字日日礼金
剛密迹日日礼无量壽佛一日之中造成一
卷救疾經百日之中行道懺悔百卷成就作
齋度經可免此宿殃患耳莫生不信瘡遂增
廣佛語不虛經云非謗正法之言甚深甚善
諸佛語大弟子此經名救護衆生惡疾經令
流布閻浮提人有疾者知聞

救護疾病經

佛說父母恩重經

BD03781號1　救護疾病經　（5–1）

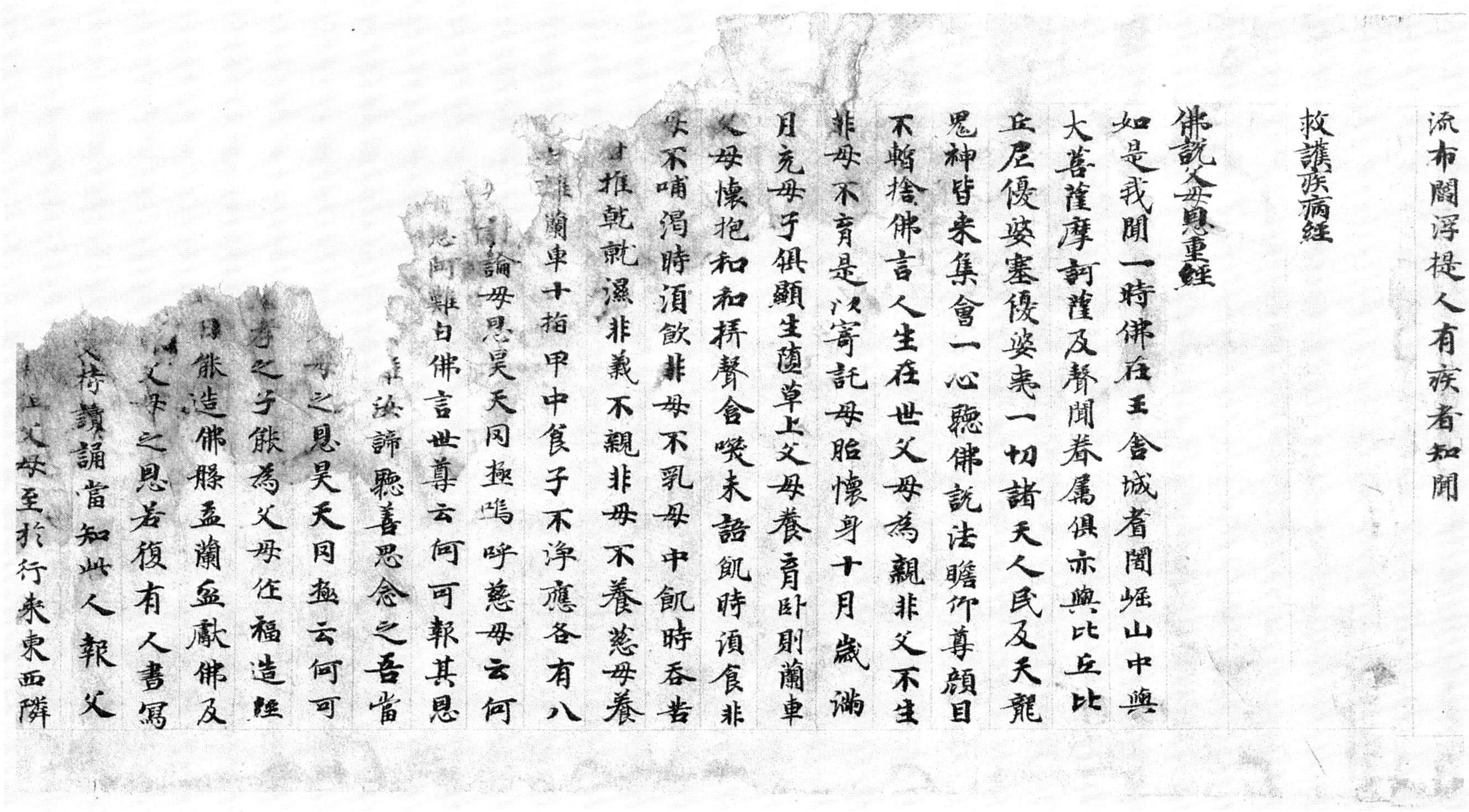
流布閻浮提人有疾者知聞
救護疾病經
佛說父母恩重經
如是我聞一時佛在王舍城耆闍崛山中與
大菩薩摩訶薩及聲聞眷屬俱亦與比丘比
丘尼優婆塞優婆夷一切諸天人民及天龍
鬼神皆來集會一心聽佛說法瞻仰尊顏目
不暫捨佛言人生在世父母為親非父不生
非母不育是以寄託母胎懷身十月歲滿
月充母子俱顯生墮草上父母養育臥則蘭車
父母懷抱和和弄聲含笑未語飢時須食非
母不哺渴時須飲非母不乳母中飢時吞苦
吐甘推乾就濕非義不親非母不養慈母養
兒去離蘭車十指甲中食子不淨應各有八
論母恩昊天罔極嗚呼慈母云何
阿難白佛言世尊云何可報其恩
汝諦聽善思念之吾當
母之恩昊天罔極云何可
孝之子能為父母作福造經
日能造佛槃盂蘭盆獻佛及
父母之恩若復有人書寫
持讀誦當知此人報父
父母至於行來東西隣

BD03781 號 2　父母恩重經　（5–2）

母之恩昊天罔極云何可
孝之子能為父母作福造經
日能造佛槃盂蘭盆獻佛及
父母之恩若復有人書寫
持讀誦當知此人報父
父母至於行來東西隣
兒家中啼哭憶我
或在蘭車搖頭
向母母為其子
嗚和其口開
兒母喜二情
三歲弄意始
行來值他坐
來扶來歸向與子
喜一過不得嗔啼伴
樴孝子不嗔必有慈順
遂摭頭摩駿欲得好衣覆
父母自著新好綿帛先与
官私急疾傾心南北逐子
頭既索妻婦得他子女父母
房室共相語樂父母年高氣力
朝至暮不來借問或復父孤母寡
房猶如客人寄止他舍常無恩愛
被寒苦辛厄難遭之甚年老色衰
虱夙夜不臥長吁歎息何罪宿愆

BD03781 號 2　父母恩重經　（5–3）

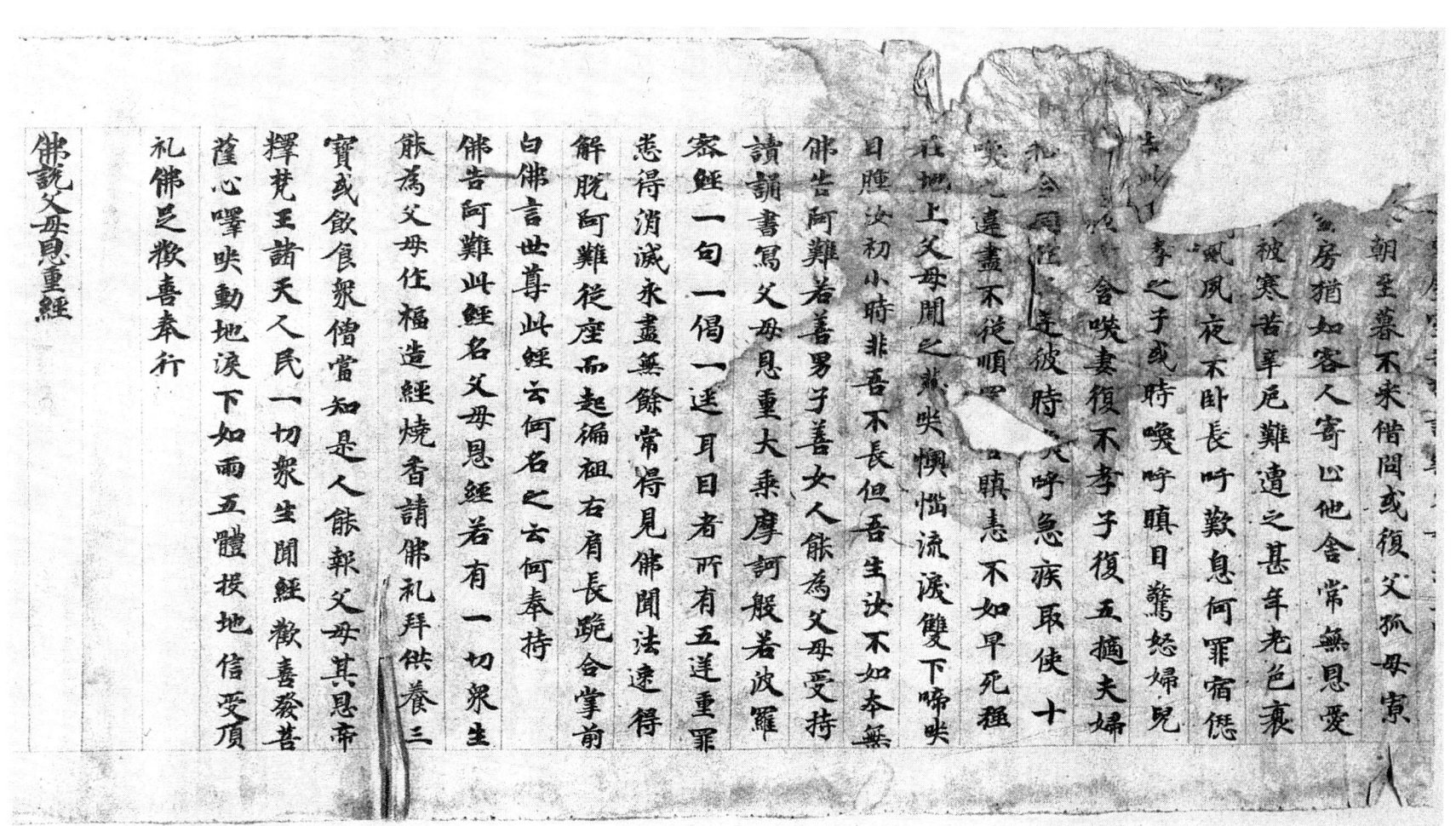

〼〼〼〼
朝至暮不来借問或復父孤母寡
〼房猶如客人寄止他舍常無恩愛
被寒苦辛厄難遭之甚年老色衰
〼夙夜不卧長吁歎息何罪宿愆
〼孝之子或時喚呼瞋目驚怒婦兒
〼〼舍喚妻復不孝子復五擿夫婦
礼合同往〼走彼時〼呼急疾取使十
〼之違盡不從順〼〼瞋恚不如早死極
在地上父母聞之〼〼哭懊惱流淚雙下啼哭
目瞑汝初小時非吾不長但吾生汝不如本無
佛告阿難若善男子善女人能為父母受持
讀誦書寫父母恩重大乘摩訶般若波羅
蜜經一句一偈一逕耳目者所有五逆重罪
悉得消滅永盡無餘常得見佛聞法速得
解脫阿難從座而起偏袒右肩長跪合掌前
白佛言世尊此經云何名之云何奉持
佛告阿難此經名父母恩經若有一切眾生
能為父母作福造經燒香請佛礼拜供養三
寶或飲食眾僧當知是人能報父母其恩帝
釋梵王諸天人民一切眾生聞經歡喜發菩
薩心嗥哭動地淚下如雨五體投地信受頂
礼佛足歡喜奉行
佛說父母恩重經

BD03781 號 2　父母恩重經　（5–4）

薩心嗥哭動地淚下如雨五體投地信受頂
礼佛足歡喜奉行
佛說父母恩重經
佛母經一卷
尒時世尊入般涅槃倚卧雙林告諸大眾吾今
欲般涅槃不見阿難及吾迦葉来時語言吾
与汝不相見也即使憂波梨往諸忉利天上
告吾母知舉身疼痛不可思議願母早来礼
敬三寶尒時佛母於其中夜作六種惡夢
一者夢見須弥山崩　二者夢見四海枯竭　三者夢見五月下霜
四者夢見寶幢摧折幡花崩倒　五者夢見四大来燒我身
六者夢見兩乳自然流出
〼訖〼見憂波梨從空而来
〼領面色無光狀
〼不語告
〼捨大法
時佛母
〼體血
水〼
天
〼

BD03781 號 3　佛母經（異本四）　（5–5）

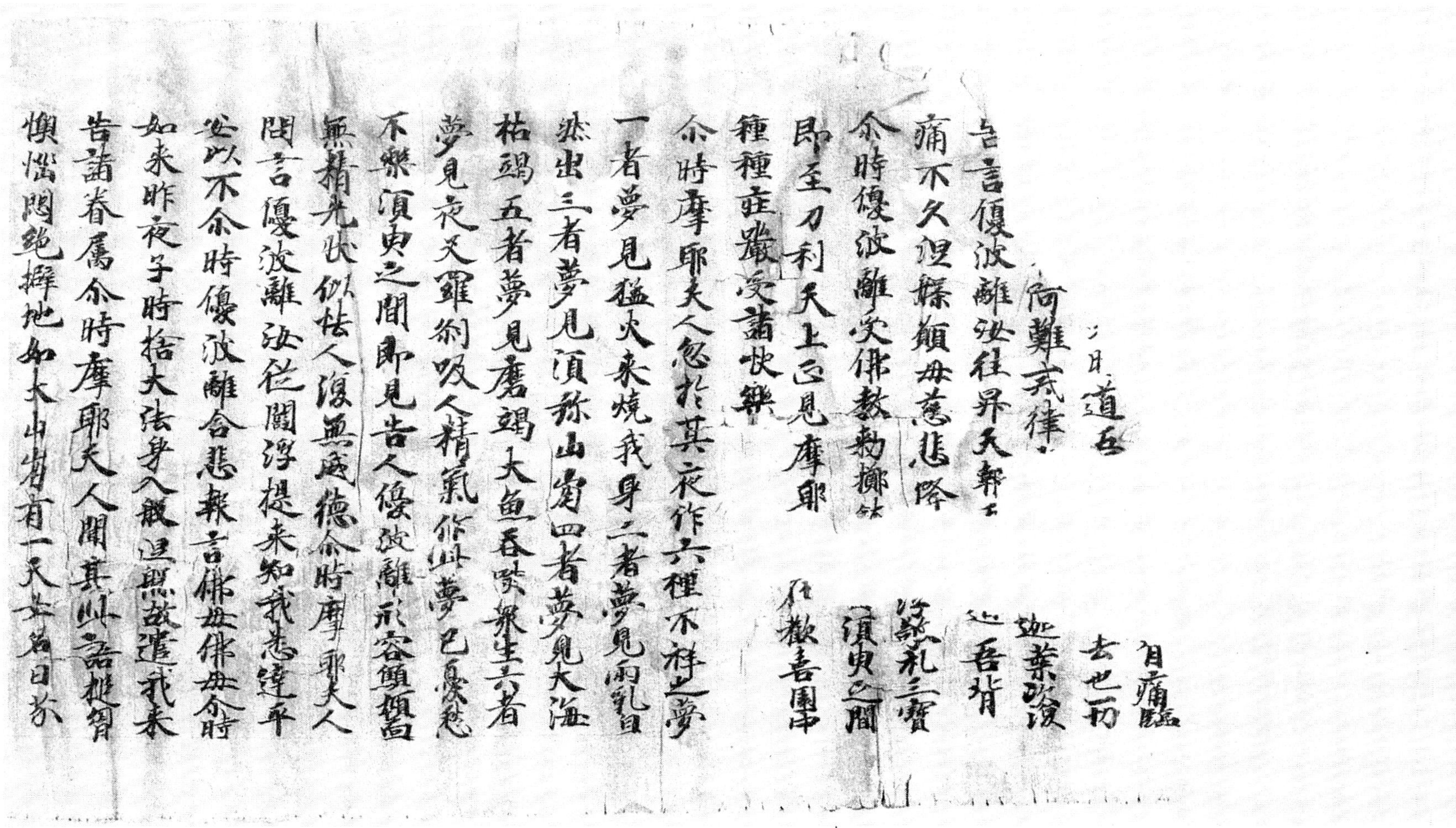
日道至
阿難式律
告言優波離汝往昇天報
痛不久涅槃願母慈悲降
尒時優波離受佛教勅擲鉢
即至刀利天上已見摩耶
種種莊嚴受諸快樂
尒時摩耶夫人忽於其夜作六種不祥之夢
一者夢見猛火來燒我身二者夢見兩乳自
然出三者夢見須弥山崩四者夢見大海
枯竭五者夢見鷹竭大魚吞噉衆生六者
夢見夜叉羅刹吸人精氣作此夢已憂愁
不樂須臾之間即見告人優波離形容顦顇
無精光狀似枯人復無威德尒時摩耶夫人
問言優波離汝從閻浮提來知我悉達平
安以不尒時優波離合悲報言佛母佛母尒時
如來昨夜子時捨大法身入般涅槃故遣我來
告諸眷屬尒時摩耶夫人聞其此語椎胷
懊惱悶絕擗地如大山崩有一天女名曰豕
月痛臨
去也一切
迦葉波復
辶吾背
禮三寶
須臾之間
在歡喜園中

BD03782 號　佛母經（異本三）　（3–1）

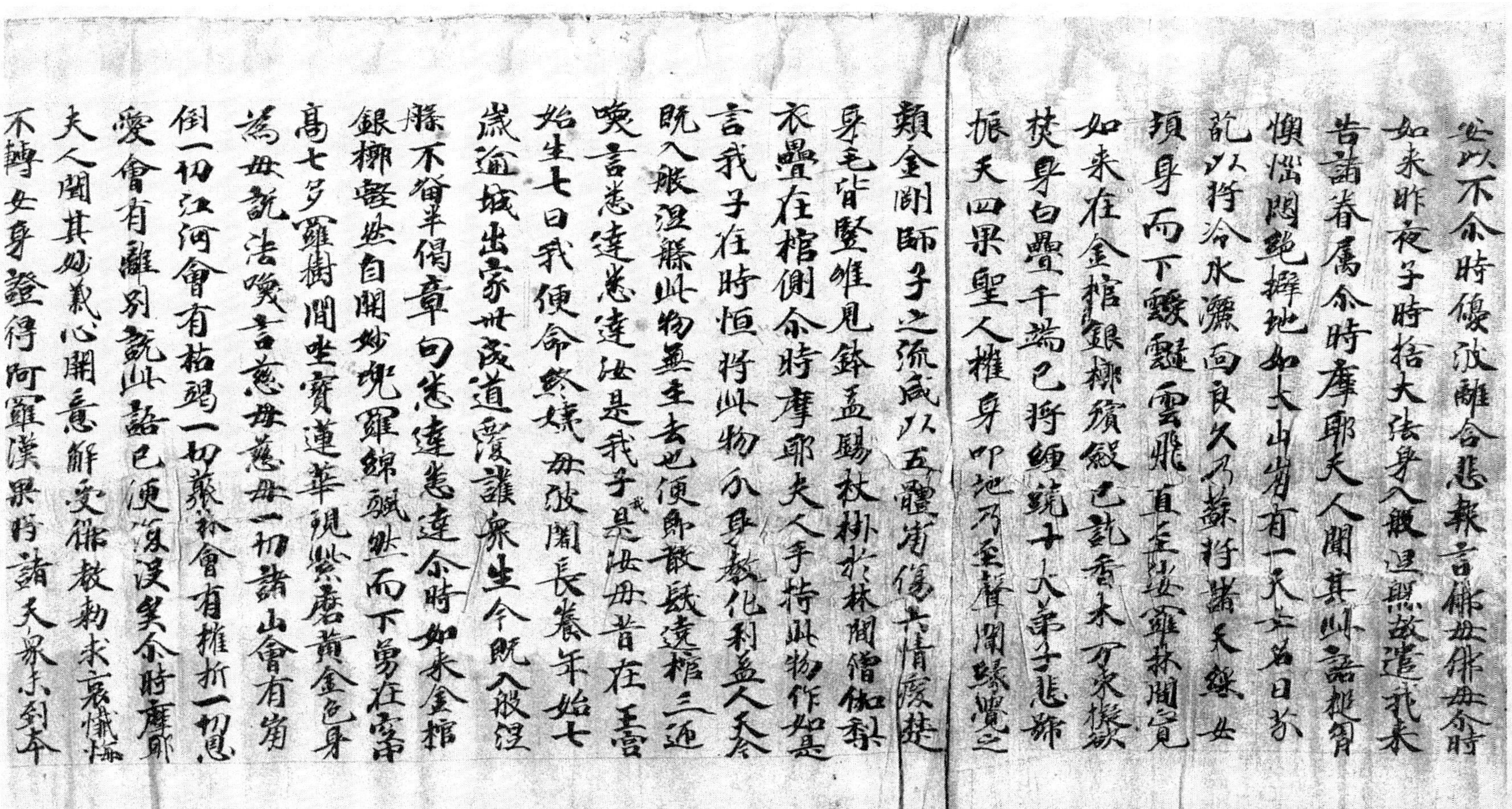
安以不尒時優波離合悲報言佛母佛母尒時
如來昨夜子時捨大法身入般涅槃故遣我來
告諸眷屬尒時摩耶夫人聞其此語椎胷
懊惱悶絕擗地如大山崩有一天女名曰豕
訖以將冷水灑面良久乃蘇將諸天眾女
項身而下鬖鬆雲飛直至娑羅林間覓
如來在金棺銀槨殯斂已訖香木万束擬
焚身白疊千端已將纏繞十大弟子悲啼
振天四果聖人搥身叩地乃至聲聞緣覺之
類金剛師子之流咸以五體崩傷六情廢楚
身毛皆竪唯見鉢盂錫杖掛於林間僧伽梨
衣疊在棺側尒時摩耶夫人手持此物作如是
言我子在時恒將此物分身教化利益人天今
既入般涅槃此物無主去也便即散髮遶棺三匝
喚言悉達悉達汝是我子我是汝母昔在王宮
始生七日我便命終嬢母波闍長養年始七
歲逾城出家卅成道度諸衆生今既入般涅
槃不留半偈章句悉達悉達尒時如來金棺
銀槨聲然自開妙現羅綿颯然而下身在空中
高七多羅樹間坐寶蓮華現紫磨黃金色身
為母說法喚言慈母慈母一切諸山會有崩
倒一切江河會有枯竭一切藥木會有摧折一切恩
愛會有離別說此語已便復淺矣尒時摩耶
夫人聞其妙義心開意解受佛教勅求哀懺悔
不轉女身證得阿羅漢果將諸天眾卻到本

BD03782 號　佛母經（異本三）　（3–2）

喚言悉達悉達汝是我子是汝母昔在王宮
始生七日我便命終姨母波闍長養年始七
歲逾城出家卅成道還讃衆生今既入般涅
槃不留半偈章句悉達悉達尒時如來金棺
銀槨聲然自開妙兜羅綿飄然而下身在空中
高七多羅樹間坐寶蓮華現紫磨黃金色身
為母說法喚言慈母慈母一切諸山會有崩
倒一切江河會有枯竭一切藂林會有摧折一切恩
愛會有離別說此語已便復淚矣尒時摩耶
夫人聞其妙歎心開意解受佛教勅求哀懺悔
不轉女身證得阿羅漢果時諸天衆未到本
宮心生慈悲住立虛空何期今日母子分離永
不相見去也大師

大般涅槃經佛母品

BD03782號　佛母經（異本三）

（3–3）

大[illegible]自在天子與其眷　天子
界主梵天子尸棄大　光明大梵
屬万二千天子俱有八龍[illegible]王難陁跋
陁龍王娑伽羅龍王和脩吉龍王德叉迦龍
王阿那婆達多龍王摩那斯龍王優鉢羅龍
王等各與若千百千眷屬俱有四緊那羅王
法緊那羅王妙法緊那羅王大法緊那羅王
持法緊那羅王各與若千百千眷屬俱有四
乾闥婆王樂乾闥婆王樂音乾闥婆王美乾
闥婆王美音乾闥婆王各與若千百千眷屬
俱有四阿脩羅王婆稚阿脩羅王佉羅騫大
阿脩羅王毗摩質多羅阿脩羅王羅睺阿脩
羅王各與若千百千眷屬俱有四迦樓羅王
大威德迦樓羅王大身迦樓羅王大滿迦樓
羅王如意迦樓羅王各與若千百千眷屬
俱韋提希子阿闍世王與若千百千眷屬
俱各礼佛足退坐一面尒時世尊四衆圍繞供
養恭敬尊重讚歎為諸菩薩說大乘經名无
量義教菩薩法佛所護念佛說此經已結跏
趺坐入於无量義處三昧身心不動是時天
雨曼陁羅華摩訶曼陁羅華曼殊沙華摩訶

BD03783號　妙法蓮華經卷一

（23–1）

俱韋提希子阿闍世王與若干百千眷屬
俱各礼佛足退坐一面尒時世尊四衆圍繞供
養恭敬尊重讃歎為諸菩薩說大乘經名无
量義教菩薩法佛所護念佛說此經已結跏
趺坐入於无量義處三昧身心不動是時天
雨曼陁羅華摩訶曼陁羅華曼殊沙華摩訶
曼殊沙華而散佛上及諸大衆普佛世界六
種震動尒時會中比丘比丘尼優婆塞優婆夷
天龍夜叉乾闥婆阿脩羅迦樓羅緊那羅摩
睺羅伽人非人及諸小王轉輪聖王是諸大衆
得未曽有歡喜合掌一心觀佛尒時佛放眉
間白豪相光照東方万八千世界靡不周
遍下至阿鼻地獄上至阿迦尼吒天於此世
界盡見彼土六趣衆生又見彼土現在諸佛
及聞諸佛所說經法并見彼諸比丘比丘尼
優婆塞優婆夷諸脩行得道者復見諸菩薩
摩訶薩種種因緣種種信解種種相貌行菩
薩道復見諸佛般涅槃者復見諸佛般涅槃
後以佛舍利起七寶塔尒時弥勒菩薩作是
念今者世尊現神變相以何因緣而有此瑞
今佛世尊入于三昧是不可思議現希有事
當以問誰誰能荅者復作此念是文殊師利
法王之子已曽親近供養過去无量諸佛必應
見此希有之相我今當問尒時比丘比丘尼
優婆塞優婆夷及諸天龍鬼神等咸作此念
是佛光明神通之相今當問誰尒時弥勒菩薩
欲自决疑又觀四衆比丘比丘尼優婆塞優婆

法王之子已曽親近供養過去无量諸佛必應
見此希有之相我今當問尒時比丘比丘尼
優婆塞優婆夷及諸天龍鬼神等咸作此念
是佛光明神通之相今當問誰尒時弥勒菩薩
欲自决疑又觀四衆比丘比丘尼優婆塞優婆
夷及諸天龍鬼神等衆會之心而問文殊師利
言以何因緣而有此瑞神通之相放大光明
照于東方万八千土悉見彼佛國界莊嚴於
是弥勒菩薩欲重宣此義以偈問曰
文殊師利　導師何故　眉間白豪　大光普照
雨曼陁羅　曼殊沙華　栴檀香風　悅可衆心
以是因緣　地皆嚴淨　而此世界　六種震動
時四部衆　咸皆歡喜　身意快然　得未曽有
眉間光明　照于東方　万八千土　皆如金色
從阿鼻獄　上至有頂　諸世界中　六道衆生
生死所趣　善惡業緣　受報好醜　於此悉見
又觀諸佛　聖主師子　演說經典　微妙第一
其聲清淨、出柔軟音　教諸菩薩　无數億万
梵音深妙　令人樂聞　各於世界　講說正法
種種因緣　以无量喻　照明佛法　開悟衆生
若人遭苦　猒老病死　為說涅槃　盡諸苦際
若人有福　曽供養佛　志求勝法　為說緣覺
若有佛子　脩種種行　求无上慧　為說淨道
文殊師利　我住於此　見聞若斯　及千億事
如是衆多　今當略說　我見彼土　恒沙菩薩
種種因緣　而求佛道　或有行施　金銀珊瑚
真珠摩尼　車𤦲馬瑙　金剛諸珎　奴婢車乘

若有佛子 脩種種行 求无上慧 為說淨道
文殊師利 我住於此 見聞若斯 及千億事
如是衆多 今當略說 我見彼土 恒沙菩薩
種種因緣 而求佛道 或有行施 金銀珊瑚
真珠摩尼 車𤦲馬瑙 金剛諸珍 奴婢車乘
寶飾輦轝 歡喜布施 迴向佛道 願得是乘
三界第一 諸佛所歎 或有菩薩 駟馬寶車
欄楯華蓋 軒飾布施 復見菩薩 身肉手足
及妻子施 求无上道 又見菩薩 頭目身體
欣樂施與 求佛智慧 文殊師利 我見諸王
往詣佛所 問无上道 便捨樂土 宮殿臣妾
剃除鬚髮 而被法服 或見菩薩 而作比丘
獨處閑靜 樂誦經典 又見菩薩 勇猛精進
入於深山 思惟佛道 又見離欲 常處空閑
深脩禪定 得五神通 又見菩薩 安禪合掌
以千万偈 讚諸法王 復見菩薩 智深志固
能問諸佛 聞悉受持 又見佛子 定慧具足
以无量喻 為衆講法 欣樂說法 化諸菩薩
破魔兵衆 而擊法鼓 又見菩薩 寂然宴默
天龍恭敬 不以為喜 又見菩薩 處林放光
濟地獄苦 令入佛道 又見佛子 未嘗睡眠
經行林中 懃求佛道 又見具戒 威儀无缺
淨如寶珠 以求佛道 又見佛子 住忍辱地
增上慢人 惡罵捶打 皆悉能忍 以求佛道
又見菩薩 離諸戲笑 及癡眷屬 親近智者
一心除亂 攝念山林 億千万歲 以求佛道
或見菩薩 餚饍飲食 百種湯藥 施佛及僧

BD03783號　妙法蓮華經卷一　（23–4）

[illegible]
淨如寶珠 以求佛道 又見佛子 住忍辱地
增上慢人 惡罵捶打 皆悉能忍 以求佛道
又見菩薩 離諸戲笑 及癡眷屬 親近智者
一心除亂 攝念山林 億千万歲 以求佛道
或見菩薩 餚饍飲食 百種湯藥 施佛及僧
名衣上服 價直千万 或无價衣 施佛及僧
千万億種 栴檀寶舍 衆妙臥具 施佛及僧
清淨園林 華菓茂盛 流泉浴池 施佛及僧
如是等施 種種微妙 歡喜无猒 求无上道
或有菩薩 說寂滅法 種種教詔 无數衆生
或見菩薩 觀諸法性 无有二相 猶如虛空
又見佛子 心无所著 以此妙慧 求无上道
文殊師利 又有菩薩 佛滅度後 供養舍利
又見佛子 造諸塔廟 无數恒沙 嚴飾國界
寶塔高妙 五千由旬 縱廣正等 二千由旬
一一塔廟 各千幢幡 珠交露幔 寶鈴和鳴
諸天龍神 人及非人 香華伎樂 常以供養
文殊師利 諸佛子等 為供舍利 嚴飾塔廟
國界自然 殊特妙好 如天樹王 其華開敷
佛放一光 我及衆會 見此國界 種種殊妙
諸佛神力 智慧希有 放一淨光 照无量國
我等見此 得未曾有 佛子文殊 願決衆疑
四衆欣仰 瞻仁及我 世尊何故 放斯光明
佛子時荅 決疑令喜 何所饒益 演斯光明
佛坐道場 所得妙法 為欲說此 為當授記
示諸佛土 衆寶嚴淨 及見諸佛 此非小緣

BD03783號　妙法蓮華經卷一　（23–5）

四衆欣仰　瞻仁及我　世尊何故　放斯光明
佛子時答　決疑令喜　何所饒益　演斯光明
佛坐道場　所得妙法　為欲說此　為當授記
示諸佛土　衆寶嚴淨　及見諸佛　此非小緣
文殊當知　四衆龍神　瞻察仁者　為說何等
尒時文殊師利語弥勒菩薩摩訶薩及諸大
士善男子等如我惟忖今佛世尊欲說大法
雨大法雨吹大法螺擊大法鼓演大法義諸善
男子我於過去諸佛曾見此瑞放斯光已即
說大法是故當知今佛現光亦復如是欲令
衆生咸得聞知一切世間難信之法故現斯
瑞諸善男子如過去无量无邊不可思議阿
僧祇劫尒時有佛号日月燈明如來應供正
遍知明行足善逝世間解无上士調御丈夫
天人師佛世尊演說正法初善中善後善
其義深遠其語巧妙純一无雜具足清白梵
行之相為求聲聞者說應四諦法度生老病
死究竟涅槃為求辟支佛者說應十二因緣
法為諸菩薩說應六波羅蜜令得阿耨多羅
三藐三菩提成一切種智次復有佛亦名日
月燈明次復有佛亦名日月燈明如是二万
佛皆同一字号日月燈明又同一姓姓頗羅
墮弥勒當知初佛後佛皆同一字名日月燈
明十号具足所可說法初中後善其最後佛
未出家時有八子一名有意二名善意三名
无量意四名寶意五名增意六名除疑意七
[illegible]

墮弥勒當知初佛後佛皆同一字名日月燈
明十号具足所可說法初中後善其最後佛
未出家時有八子一名有意二名善意三名
无量意四名寶意五名增意六名除疑意七
名響意八名法意是八王子威德自在各領
四天下是諸王子聞父出家得阿耨多羅三
藐三菩提悉捨王位亦隨出家發大乘意常
脩梵行皆為法師已於千万佛所殖諸善本
是時日月燈明佛說大乘經名无量義教菩
薩法佛所護念說是經已即於大衆中結跏
趺坐入於无量義處三昧身心不動是時天
雨曼陁羅華摩訶曼陁羅華曼殊沙華摩
訶曼殊沙華而散佛上及諸大衆普佛世界
六種震動尒時會中比丘比丘尼優婆塞優婆
夷天龍夜叉乾闥婆阿脩羅迦樓羅緊那羅
摩睺羅伽人非人及諸小王轉輪聖王等是
諸大衆得未曾有歡喜合掌一心觀佛尒時
如來放眉間白毫相光照東方万八千佛土
靡不周遍如今所見是諸佛土弥勒當知尒
時會中有二十億菩薩樂欲聽法是諸菩薩
見此光明普照佛土得未曾有欲知此光所
為因緣時有菩薩名曰妙光有八百弟子是
時日月燈明佛從三昧起因妙光菩薩說大乘
經名妙法蓮華教菩薩法佛所護念六十小
劫不起于座時會聽者亦坐一處六十小劫
身心不動聽佛所說謂如食頃是時衆中
无有一人若身若心而生懈惓日月燈明佛

经名妙法蓮華教菩薩法佛所護念六十小
劫不起于座時會聽者亦坐一處六十小劫
身心不動聽佛所説謂如食頃是時衆中
无有一人若身若心而生懈惓日月燈明佛
於六十小劫説是経已即於梵魔沙門婆羅
門及天人阿脩羅衆中而宣此言如来於今
日中夜當入无餘涅槃時有菩薩名曰徳
藏日月燈明佛即授其記告諸比丘是徳藏
菩薩次當作佛号曰浄身多陁阿伽度阿羅
訶三藐三佛陁佛授記已便於中夜入无餘
涅槃佛滅度後妙光菩薩持妙法蓮華経滿八
十小劫為人演説日月燈明佛八子皆師妙
光妙光教化令其堅固阿耨多羅三藐三菩
提是諸王子供養无量百千万億佛已皆成
佛道其家後成佛者名曰燃燈八百弟子中
有一人号曰求名貪着利養雖復讀誦衆経
而不通利多所妄失故号求名是人亦以種
諸善根因縁故得值无量百千万億諸佛供
養恭敬尊重讃歎弥勒當知尒時妙光菩薩
豈異人乎我身是也求名菩薩汝身是也今
見此瑞與本无異是故惟忖今日如来當説
大乘経名妙法蓮華教菩薩法佛所護念尒
時文殊師利於大衆中欲重宣此義而説偈
言

我念過去世　无量无數劫　有佛人中尊　号日月燈明
世尊演説法　度无量衆生　无數億菩薩　令入佛智慧

BD03783 號　妙法蓮華經卷一　（23–8）

言

我念過去世　无量无數劫　有佛人中尊　号日月燈明
世尊演説法　度无量衆生　无數億菩薩　令入佛智慧
佛未出家時　所生八王子　見大聖出家　亦随脩梵行
時佛説大乘　経名无量義　於諸大衆中　而為廣分別
佛説此経已　即於法座上　跏趺坐三昧　名无量義處
天雨曼陁華　天鼓自然鳴　諸天龍鬼神　供養人中尊
一切諸佛土　即時大震動　佛放眉間光　現諸希有事
此光照東方　万八千佛土　示一切衆生　生死業報處
有見諸佛土　以衆寶莊嚴　瑠璃頗梨色　斯由佛光照
及見諸天人　龍神夜叉衆　乾闥緊那羅　各供養其佛
又見諸如来　自然成佛道　身色如金山　端嚴甚微妙
如浄瑠璃中　内現真金像　世尊在大衆　敷演深法義
一一諸佛土　聲聞衆无數　因佛光所照　悉見彼大衆
或有諸比丘　在於山林中　精進持浄戒　猶如護明珠
又見諸菩薩　行施忍辱等　其數如恒沙　斯由佛光照
又見諸菩薩　深入諸禪定　身心寂不動　以求无上道
又見諸菩薩　知法寂滅相　各於其國土　説法求佛道
尒時四部衆　見日月燈佛　現大神通力　其心皆歡喜
各各自相問　是事何因縁　天人所奉尊　適從三昧起
讃妙光菩薩　汝為世間眼　一切所歸信　能奉持法藏
如我所説法　唯汝能證知　世尊既讃歎　令妙光歡喜
説是法華経　滿六十小劫　不起於此座　所説上妙法
是妙光法師　悉皆能受持　佛説是法華　令衆歡喜已
尋即於是日　告於天人衆　諸法實相義　已為汝等説
我今於中夜　當入於涅槃　汝一心精進　當離於放逸

BD03783 號　妙法蓮華經卷一　（23–9）

如我所說法　唯汝能證知　世尊既讚歎　令妙光歡喜
說是法華經　滿六十小劫　不起於此座　所說上妙法
是妙光法師　悉皆能受持　佛說是法華　令衆歡喜已
尋即於是日　告於天人衆　諸法實相義　已為汝等說
我今於中夜　當入於涅槃　汝一心精進　當離於放逸
諸佛甚難值　億劫時一遇　世尊諸子等　聞佛入涅槃
各各懷悲惱　佛滅一時速　聖主法之王　安慰无量衆
我若滅度時　汝等勿憂怖　是德藏菩薩　於无漏實相
心已得通達　其次當作佛　号曰為淨身　亦度无量衆
佛此夜滅度　如薪盡火滅　分布諸舍利　而起无量塔
比丘比丘尼　其數如恒沙　倍復加精進　以求无上道
是妙光法師　奉持佛法藏　八十小劫中　廣宣法華經
是諸八王子　妙光所開化　堅固无上道　當見无數佛
供養諸佛已　隨順行大道　相繼得成佛　轉次而授記
最後天中天　号曰燃燈佛　諸仙之導師　度脫无量衆
是妙光法師　時有一弟子　心常懷懈怠　貪著於名利
求名利无猒　多遊族姓家　棄捨所習誦　廢忘不通利
以是因緣故　号之為求名　亦行衆善業　得見无數佛
供養於諸佛　隨順行大道　具六波羅蜜　今見釋師子
其後當作佛　号名曰弥勒　廣度諸衆生　其數无有量
彼佛滅度後　懈怠者汝是　妙光法師者　今則我身是
我見燈明佛　本光瑞如此　以是知今佛　欲說法華經
今相如本瑞　是諸佛方便　今佛放光明　助發實相義
諸人今當知　合掌一心待　佛當雨法雨　充足求道者
諸求三乘人　若有疑悔者　佛當為除斷　令盡无有餘

妙法蓮華經方便品第二

尒時世尊從三昧安詳而起告舍利弗諸佛

BD03783號　妙法蓮華經卷一　（23–10）

諸人今當知　合掌一心待　佛當雨法雨　充足求道者
諸求三乘人　若有疑悔者　佛當為除斷　令盡无有餘

妙法蓮華經方便品第二

尒時世尊從三昧安詳而起告舍利弗諸佛
智慧甚深无量其智慧門難解難入一切聲
聞辟支佛所不能知所以者何佛曾親近百
千万億无數諸佛盡行諸佛无量道法勇猛
精進名稱普聞成就甚深未曾有法隨宜所
說意趣難解舍利弗吾從成佛已來種種因
緣種種譬喻廣演言教无數方便引導衆生
令離諸著所以者何如來方便知見波羅蜜
皆已具足舍利弗如來知見廣大深遠无量
无礙力无所畏禪定解脫三昧深入无際成
就一切未曾有法舍利弗如來能種種分別
巧說諸法言辭柔軟悅可衆心舍利弗取要
言之无量无邊未曾有法佛悉成就止舍利
弗不須復說所以者何佛所成就第一希
有難解之法唯佛與佛乃能究盡諸法實
相所謂諸法如是相如是性如是體如是力
如是作如是因如是緣如是果如是報如是
本末究竟等尒時世尊欲重宣此義而說偈
言
世雄不可量　諸天及世人　一切衆生類　无能知佛者
佛力无所畏　解脫諸三昧　及佛諸餘法　无能測量者
本從无數佛　具足行諸道　甚深微妙法　難見難可了
於无量億劫　行此諸道已　道場得成果　我已悉知見
如是大果報　種種性相義　我及十方佛　乃能知是事

BD03783號　妙法蓮華經卷一　（23–11）

佛力无所畏　解脫諸三昧　及佛諸餘法　无能測量者
本從无數佛　具足行諸道　甚深微妙法　難見難可了
扵无量億劫　行此諸道已　道場得成果　我已悉知見
如是大果報　種種性相義　我及十方佛　乃能知是事
是法不可示　言辭相寂滅　諸餘衆生類　无有能得解
除諸菩薩衆　信力堅固者　諸佛弟子衆　曾供養諸佛
一切漏已盡　住是最後身　如是諸人等　其力所不堪
假使滿世間　皆如舍利弗　盡思共度量　不能測佛智
正使滿十方　皆如舍利弗　及餘諸弟子　亦滿十方剎
盡思共度量　亦復不能知　辟支佛利智　无漏最後身
亦滿十方界　其數如竹林　斯等共一心　扵億无量劫
欲思佛實智　莫能知少分　新發意菩薩　供養无數佛
了達諸義趣　又能善說法　如稻麻竹葦　充滿十方剎
一心以妙智　扵恒河沙劫　咸皆共思量　不能知佛智
不退諸菩薩　其數如恒沙　一心共思求　亦復不能知
又告舍利弗　无漏不思議　甚深微妙法　我今已具得
唯我知是相　十方佛亦然　舍利弗當知　諸佛語无異
扵佛所說法　當生大信力　世尊法久後　要當說真實
告諸聲聞衆　及求緣覺乘　我令脫苦縛　逮得涅槃者
佛以方便力　示以三乘教　衆生處處著　引之令得出
尒時大衆中有諸聲聞漏盡阿羅漢阿若憍
陳如等千二百人及發聲聞辟支佛心比丘
比丘尼優婆塞優婆夷各作是念今者世尊
何故殷勤稱歎方便而作是言佛所得法甚
深難解有所言說意趣難知一切聲聞辟支
佛所不能及佛說一解脫義我等亦得此法

BD03783號　妙法蓮華經卷一　（23–12）

陳如等千二百人及發聲聞辟支佛心比丘
比丘尼優婆塞優婆夷各作是念今者世尊
何故殷勤稱歎方便而作是言佛所得法甚
深難解有所言說意趣難知一切聲聞辟支
佛所不能及佛說一解脫義我等亦得此法
到扵涅槃而今不知是義所趣尒時舍利弗
知四衆心疑自亦未了而白佛言世尊何因何
緣慇勤稱歎諸佛第一方便甚深微妙難
解之法我自昔來未曾從佛聞如是說今者
四衆咸皆有疑唯願世尊敷演斯事世尊何
故慇勤稱歎甚深微妙難解之法尒時舍利
弗欲重宣此義而說偈言
慧日大聖尊　久乃說是法　自說得如是　力无畏三昧
禪定解脫等　不可思議法　道場所得法　无能發問者
我意難可測　亦无能問者　无問而自說　稱歎所行道
智慧甚微妙　諸佛之所得　无漏諸羅漢　及求涅槃者
今皆墮疑網　佛何故說是　其求緣覺者　比丘比丘尼
諸天龍鬼神　及乾闥婆等　相視懷猶豫　瞻仰兩足尊
是事為云何　願佛為解說　扵諸聲聞衆　佛說我第一
我今自扵智　疑惑不能了　為是究竟法　為是所行道
佛口所生子　合掌瞻仰待　願出微妙音　時為如實說
諸天龍神等　其數如恒沙　求佛諸菩薩　大數有八万
又諸万億國　轉輪聖王至　合掌以敬心　欲聞具足道
尒時佛告舍利弗止止不須復說若說是事
一切世間諸天及人皆當驚疑舍利弗重白
佛言世尊唯願說之唯願說之所以者何是
會无數百千万億阿僧祇衆生曾見諸佛諸

BD03783號　妙法蓮華經卷一　（23–13）

又諸万億國 轉輪聖王至 合掌以敬心 欲聞具足道
尒時佛告舍利弗止止不須復說若說是事
一切世間諸天及人皆當驚疑舍利弗重白
佛言世尊唯願說之唯願說之所以者何是
會无數百千万億阿僧祇眾生曾見諸佛諸
根猛利智慧明了聞佛所說則能敬信尒時
舍利弗欲重宣此義而說偈言
法王无上尊 唯說願勿慮 是會无量眾 有能敬信者
佛復止舍利弗若說是事一切世間天人阿
脩羅皆當驚疑增上慢比丘將墜於大坑
尒時世尊重說偈言
止止不須說 我法妙難思 諸增上慢者 聞必不敬信
尒時舍利弗重白佛言世尊唯願說之唯願
說之今此會中如我等比百千万億世世已
曾從佛受化如此人等必能敬信長夜安隱
多所饒益尒時舍利弗欲重宣此義而說偈
言
无上兩足尊 願說第一法 我為佛長子 唯垂分別說
是會无量眾 能敬信此法 佛已曾世世 教化如是等
皆一心合掌 欲聽受佛語 我等千二百 及餘求佛者
願為此眾生 唯垂分別說 是等聞此法 則生大歡喜
尒時世尊告舍利弗汝已慇懃三請豈得不
說汝今諦聽善思念之吾當為汝分別解說
說此語時會中有比丘比丘尼優婆塞優婆
夷五千人等即從座起礼佛而退所以者何
此輩罪根深重及增上慢未得謂得未證謂

尒時世尊告舍利弗汝已慇懃三請豈得不
說汝今諦聽善思念之吾當為汝分別解說
說此語時會中有比丘比丘尼優婆塞優婆
夷五千人等即從座起礼佛而退所以者何
此輩罪根深重及增上慢未得謂得未證謂
證有如此失是以不住世尊嘿然而不制止
尒時佛告舍利弗我今此眾无復枝葉純有
貞實舍利弗如是增上慢人退亦佳矣汝今
善聽當為汝說舍利弗言唯然世尊願樂欲
聞佛告舍利弗如是妙法諸佛如來時乃說
之如優曇鉢華時一現耳舍利弗汝等當信
佛之所說言不虛妄舍利弗諸佛隨宜說法
意趣難解所以者何我以无數方便種種因
緣譬喻言辭演說諸法是法非思量分別之
所能解唯有諸佛乃能知之所以者何諸佛
世尊唯以一大事因緣故出現於世舍利弗
云何名諸佛世尊唯以一大事因緣故出現
於世諸佛世尊欲令眾生開佛知見使得清
淨故出現於世欲示眾生佛知見故出現於
世欲令眾生悟佛知見故出現於世欲令眾
生入佛知見道故出現於世舍利弗是為諸
佛以一大事因緣故出現於世佛告舍利弗
諸佛如來但教化菩薩諸有所作常為一事
唯以佛之知見示悟眾生舍利弗如來但以
一佛乘故為眾生說法无有餘乘若二若三
舍利弗一切十方諸佛法亦如是舍利弗過
去諸佛以无量无數方便種種因緣譬喻言

諸佛如来但教化菩薩諸有所作常為一事
唯以佛之知見示悟衆生舍利弗如来但以
一佛乘故為衆生說法无有餘乘若二若三
舍利弗一切十方諸佛法亦如是舍利弗過
去諸佛以无量无數方便種種因緣譬喻言
辞而為衆生演說諸法是法皆為一佛乘故
是諸衆生從諸佛聞法究竟皆得一切種智
舍利弗未来諸佛當出於世亦以无量无數
方便種種因緣譬喻言辞而為衆生演說諸
法是法皆為一佛乘故是諸衆生從佛聞法
究竟皆得一切種智舍利弗現在十方无量
百千万億佛土中諸佛世尊多所饒益安樂
衆生是諸佛亦以无量无數方便種種因緣
譬喻言辞而為衆生演說諸法是法皆為一
佛乘故是諸衆生從佛聞法究竟皆得一切
種智舍利弗是諸佛但教化菩薩欲以佛之
知見示衆生故欲以佛之知見悟衆生故欲
令衆生入佛之知見故舍利弗我今亦復如
是知諸衆生有種種欲深心所著隨其本性
以種種因緣譬喻言辞方便力故而為說法
舍利弗如此皆為得一佛乘一切種知故舍
利弗十方世界中尚无二乘何况有三舍利
弗諸佛出於五濁惡世所謂劫濁煩惱濁衆
生濁見濁命濁如是舍利弗劫濁亂時衆生
垢重慳貪嫉妬成就諸不善根故諸佛以方
便力於一佛乘分別說三舍利弗若我弟子
自謂阿羅漢辟支佛者不聞不知諸佛如来

生濁見濁命濁如是舍利弗劫濁亂時衆生
垢重慳貪嫉妬成就諸不善根故諸佛以方
便力於一佛乘分別說三舍利弗若我弟子
自謂阿羅漢辟支佛者不聞不知諸佛如来
但教化菩薩事此非佛弟子非阿羅漢非辟
支佛又舍利弗是諸比丘比丘尼自謂已得阿
羅漢是最後身究竟涅槃便不復志求阿
耨多羅三藐三菩提當知此輩皆是增上慢
人所以者何若有比丘實得阿羅漢若不信
此法无有是處除滅度後現前无佛所以者
何佛滅度後如是等經受持讀誦解義者
是人難得若遇餘佛於此法中便得決了舍
利弗汝等當一心信解受持佛語諸佛如来
言无虛妄无有餘乘唯一佛乘尒時世尊欲
重宣此義而說偈言
比丘比丘尼　有懷增上慢　優婆塞我慢　優婆夷不信
如是四衆等　其數有五千　不自見其過　於戒有缺漏
護惜其瑕疵　是小智已出　衆中之糟糠　佛威德故去
斯人尠福德　不堪受是法　此衆无枝葉　唯有諸貞實
舍利弗善聽　諸佛所得法　无量方便力　而為衆生說
衆生心所念　種種所行道　若干諸欲性　先世善惡業
佛悉知是已　以諸緣譬喻　言辞方便力　令一切歡喜
或說脩多羅　伽陀及本事　本生未曾有　亦說於因緣
譬喻并祇夜　優波提舍經　鈍根樂小法　貪著於生死
於諸无量佛　不行深妙道　衆苦所惱亂　為是說涅槃
我設是方便　令得入佛慧　未曾說汝等　當得成佛道

譬喻并祇夜　優波提舍經　鈍根樂小法　貪著於生死
於諸无量佛　不行深妙道　衆苦所惱亂　為是說涅槃
我設是方便　令得入佛慧　未曾說汝等　當得成佛道
所以未曾說　說時未至故　今正是其時　決定說大乘
我此九部經　隨順衆生說　入大乘為本　以故說是經
有佛子心淨　柔軟亦利根　无量諸佛所　而行深妙道
為此諸佛子　說是大乘經　我記如是人　來世成佛道
以深心念佛　脩持淨戒故　此等聞得佛　大喜充遍身
佛知彼心行　故為說大乘　聲聞若菩薩　聞我所說法
乃至於一偈　皆成佛无疑　十方佛土中　唯有一乘法
无二亦无三　除佛方便說　但以假名字　引導於衆生
說佛智慧故　諸佛出於世　唯此一事實　餘二則非真
終不以小乘　濟度於衆生　佛自住大乘　如其所得法
定慧力莊嚴　以此度衆生　自證无上道　大乘平等法
若以小乘化　乃至於一人　我則墮慳貪　此事為不可
若人信歸佛　如來不欺誑　亦无貪嫉意　斷諸法中惡
故佛於十方　而獨无所畏　我以相嚴身　光明照世間
无量衆所尊　為說實相印　舍利弗當知　我本立誓願
欲令一切衆　如我等无異　如我昔所願　今者已滿足
化一切衆生　皆令入佛道　若我遇衆生　盡教以佛道
无智者錯亂　迷惑不受教　我知此衆生　未曾脩善本
堅著於五欲　癡愛故生惱　以諸欲因緣　墜墮三惡道
輪迴六趣中　備受諸苦毒　受胎之微形　世世常增長
薄德少福人　衆苦所逼迫　入邪見稠林　若有若无等
依止此諸見　具足六十二　深著虛妄法　堅受不可捨
我慢自矜高　諂曲心不實　於千万億劫　不聞佛名字

輪迴六趣中　備受諸苦毒　受胎之微形　世世常增長
薄德少福人　衆苦所逼迫　入邪見稠林　若有若无等
依止此諸見　具足六十二　深著虛妄法　堅受不可捨
我慢自矜高　諂曲心不實　於千万億劫　不聞佛名字
亦不聞正法　如是人難度　是故舍利弗　我為設方便
說諸盡苦道　示之以涅槃　我雖說涅槃　是亦非真滅
諸法從本來　常自寂滅相　佛子行道已　來世得作佛
我有方便力　開示三乘法　一切諸世尊　皆說一乘道
今此諸大衆　皆應除疑惑　諸佛語无異　唯一无二乘
過去无數劫　无量滅度佛　百千万億種　其數不可量
如是諸世尊　種種緣譬喻　无數方便力　演說諸法相
是諸世尊等　皆說一乘法　化无量衆生　令入於佛道
又諸大聖主　知一切世間　天人羣生類　深心之所欲
更以異方便　助顯第一義　若有衆生類　值諸過去佛
若聞法布施　或持戒忍辱　精進禪智等　種種脩福德
如是諸人等　皆已成佛道　諸佛滅度已　若人善軟心
如是諸衆生　皆已成佛道　諸佛滅度已　供養舍利者
起万億種塔　金銀及頗梨　車璖與馬瑙　玫瑰琉璃珠
清淨廣嚴飾　莊校於諸塔　或有起石廟　栴檀及沈水
木櫁并餘材　塼瓦泥土等　若於曠野中　積土成佛廟
乃至童子戲　聚沙為佛塔　如是諸人等　皆已成佛道
若人為佛故　建立諸形像　刻雕成衆相　皆已成佛道
或以七寶成　鍮石赤白銅　白鑞及鈆錫　鐵木及與泥
或以膠漆布　嚴飾作佛像　如是諸人等　皆已成佛道
綵畫作佛像　百福莊嚴相　自作若使人　皆已成佛道
乃至童子戲　若草木及筆　或以指爪甲　而畫作佛像
如是諸人等　漸漸積功德　具足大悲心　皆已成佛道

或以七寶成 鍮石赤白銅 白鑞及鉛錫 鐵木及與泥
或以膠漆布 嚴飾作佛像 如是諸人等 皆已成佛道
采畫作佛像 百福莊嚴相 自作若使人 皆已成佛道
乃至童子戲 若草木及筆 或以指爪甲 而畫作佛像
如是諸人等 漸漸積功德 具足大悲心 皆已成佛道
但化諸菩薩 度脫无量眾 若人於塔廟 寶像及畫像
以華香幡蓋 敬心而供養 若使人作樂 擊鼓吹角貝
簫笛琴箜篌 琵琶鐃銅鈸 如是眾妙音 盡持以供養
或以歡喜心 歌唄頌佛德 乃至一小音 皆已成佛道
若人散亂心 乃至以一華 供養於畫像 漸見无數佛
或有人禮拜 或復但合掌 乃至舉一手 或復小低頭
以此供養像 漸見无量佛 自成无上道 廣度无數眾
入无餘涅槃 如薪盡火滅 若人散亂心 入於塔廟中
一稱南无佛 皆已成佛道 於諸過去佛 在世或滅後
若有聞是法 皆已成佛道 未來諸世尊 其數无有量
是諸如來等 亦方便說法 一切諸如來 以无量方便
度脫諸眾生 入佛无漏智 若有聞法者 无一不成佛
諸佛本誓願 我所行佛道 普欲令眾生 亦同得此道
未來世諸佛 雖說百千億 无數諸法門 其實為一乘
諸佛兩足尊 知法常无性 佛種從緣起 是故說一乘
是法住法位 世間相常住 於道場知已 導師方便說
天人所供養 現在十方佛 其數如恒沙 出現於世間
安隱眾生故 亦說如是法 知第一寂滅 以方便力故
雖示種種道 其實為佛乘 知眾生諸行 深心之所念
過去所習業 欲性精進力 及諸根利鈍 以種種因緣
譬喻亦言辭 隨應方便說 今我亦如是 安隱眾生故

BD03783號 妙法蓮華經卷一 (23–20)

天人所供養 現在十方佛 其數如恒沙 出現於世間
安隱眾生故 亦說如是法 知第一寂滅 以方便力故
雖示種種道 其實為佛乘 知眾生諸行 深心之所念
過去所習業 欲性精進力 及諸根利鈍 以種種因緣
譬喻亦言辭 隨應方便說 今我亦如是 安隱眾生故
以種種法門 宣示於佛道 我以智慧力 知眾生性欲
方便說諸法 皆令得歡喜 舍利弗當知 我以佛眼觀
見六道眾生 貧窮无福慧 入生死險道 相續苦不斷
深著於五欲 如犛牛愛尾 以貪愛自蔽 盲瞑无所見
不求大勢佛 及與斷苦法 深入諸邪見 以苦欲捨苦
為是眾生故 而起大悲心 我始坐道場 觀樹亦經行
於三七日中 思惟如是事 我所得智慧 微妙最第一
眾生諸根鈍 著樂癡所盲 如斯之等類 云何而可度
尒時諸梵王 及諸天帝釋 護世四天王 及大自在天
并餘諸天眾 眷屬百千萬 恭敬合掌禮 請我轉法輪
我即自思惟 若但讚佛乘 眾生沒在苦 不能信是法
破法不信故 墜於三惡道 我寧不說法 疾入於涅槃
尋念過去佛 所行方便力 我今所得道 亦應說三乘
作是思惟時 十方佛皆現 梵音慰喻我 善哉釋迦文
第一之導師 得是无上法 隨諸一切佛 而用方便力
我等亦皆得 最妙第一法 為諸眾生類 分別說三乘
少智樂小法 不自信作佛 是故以方便 分別說諸果
雖復說三乘 但為教菩薩 舍利弗當知 我聞聖師子
深淨微妙音 喜稱南无佛 復作如是念 我出濁惡世
如諸佛所說 我亦隨順行 思惟是事已 即趣波羅奈
諸法寂滅相 不可以言宣 以方便力故 為五比丘說

BD03783號 妙法蓮華經卷一 (23–21)

少智樂小法 不自信作佛 是故以方便 分別說諸果
雖復說三乘 但為教菩薩 舍利弗當知 我聞聖師子
深淨微妙音 喜稱南无佛 復作如是念 我出濁惡世
如諸佛所說 我亦隨順行 思惟是事已 即趣波羅柰
諸法寂滅相 不可以言宣 以方便力故 為五比丘說
是名轉法輪 便有涅槃音 及以阿羅漢 法僧差別名
從久遠劫來 讚示涅槃法 生死苦永盡 我常如是說
舍利弗當知 我見佛子等 志求佛道者 无量千万億
咸以恭敬心 皆來至佛所 曾從諸佛聞 方便所說法
我即作是念 所以出於世 為說佛慧故 今正是其時
舍利弗當知 鈍根小智人 著相憍慢者 不能信是法
今我喜无畏 於諸菩薩中 正直捨方便 但說无上道
菩薩聞是法 疑網皆已除 千二百羅漢 悉亦當作佛
如三世諸佛 說法之儀式 我今亦如是 說无分別法
諸佛興出世 懸遠值遇難 正使出于世 說是法復難
无量无數劫 聞是法亦難 能聽是法者 斯人亦復難
譬如優曇華 一切皆愛樂 天人所希有 時時乃一出
聞法歡喜讚 乃至發一言 則為已供養 一切三世佛
是人甚希有 過於優曇華 汝等勿有疑 我為諸法王
普告諸大眾 但以一乘道 教化諸菩薩 无聲聞弟子
汝等舍利弗 聲聞及菩薩 當知是妙法 諸佛之秘要
以五濁惡世 但樂著諸欲 如是等衆生 終不求佛道
當來世惡人 聞佛說一乘 迷惑不信受 破法墮惡道
有慚愧清淨 志求佛道者 當為如是等 廣讚一乘道
舍利弗當知 諸佛法如是 以万億方便 隨宜而說法
其不習學者 不能曉了此 汝等既已知 諸佛世之師

BD03783號　妙法蓮華經卷一　（23–22）

如三世諸佛 說法之儀式 我今亦如是 說无分別法
諸佛興出世 懸遠值遇難 正使出于世 說是法復難
无量无數劫 聞是法亦難 能聽是法者 斯人亦復難
譬如優曇華 一切皆愛樂 天人所希有 時時乃一出
聞法歡喜讚 乃至發一言 則為已供養 一切三世佛
是人甚希有 過於優曇華 汝等勿有疑 我為諸法王
普告諸大眾 但以一乘道 教化諸菩薩 无聲聞弟子
汝等舍利弗 聲聞及菩薩 當知是妙法 諸佛之秘要
以五濁惡世 但樂著諸欲 如是等衆生 終不求佛道
當來世惡人 聞佛說一乘 迷惑不信受 破法墮惡道
有慚愧清淨 志求佛道者 當為如是等 廣讚一乘道
舍利弗當知 諸佛法如是 以万億方便 隨宜而說法
其不習學者 不能曉了此 汝等既已知 諸佛世之師
隨宜方便事 无復諸疑惑 心生大歡喜 自知當作佛

妙法蓮華經卷第一

BD03783號　妙法蓮華經卷一　（23–23）

世尊佛言慶喜要由迴向一切智智所脩無
相無願解脫門乃可名為真脩無相無願解
脫門故此般若波羅蜜多於彼空解脫門無
相解脫門無願解脫門為尊為導故我但廣
稱讚般若波羅蜜多佛言慶喜於意云何若
不迴向一切智智而脩五眼可名真脩五眼
不慶喜荅言不也世尊佛言慶喜要由迴向
一切智智而脩五眼乃可名為真脩五眼佛
言慶喜於意云何若不迴向一切智智而脩
六神通可名真脩六神通不慶喜荅言不也
世尊佛言慶喜要由迴向一切智智而脩六
神通乃可名為真脩六神通故此般若波羅
蜜多於彼五眼六神通為尊為導故我但廣
稱讚般若波羅蜜多佛言慶喜於意云何若
不迴向一切智智而脩佛十力可名真脩佛十
力不慶喜荅言不也世尊佛言慶喜要由迴
向一切智智而脩佛十力乃可名為真脩佛
十力佛言慶喜於意云何若不迴向一切智
智而脩四無所畏四無礙解大慈大悲大喜

BD03784 號　大般若波羅蜜多經卷一〇六　（11–1）

不迴向一切智
力不慶喜荅言不也世尊佛言慶喜要由迴
向一切智智而脩佛十力乃可名為真脩佛
十力佛言慶喜於意云何若不迴向一切智
智而脩四無所畏四無礙解大慈大悲大喜
大捨十八佛不共法可名真脩四無所畏四
無礙解大慈大悲大喜大捨十八佛不共法
不慶喜荅言不也世尊佛言慶喜要由迴向
一切智智而脩四無所畏四無礙解大慈大
悲大喜大捨十八佛不共法乃可名為真脩
四無所畏四無礙解大慈大悲大喜大捨十
八佛不共法故此般若波羅蜜多於彼佛十
力四無所畏四無礙解大慈大悲大喜大捨
十八佛不共法為尊為導故我但廣稱讚般
若波羅蜜多佛言慶喜於意云何若不迴向
一切智智而脩無忘失法可名真脩無忘失
法不慶喜荅言不也世尊佛言慶喜要由迴
向一切智智而脩無忘失法乃可名為真脩
無忘失法佛言慶喜於意云何若不迴向一
切智智而脩恒住捨性可名真脩恒住捨性
不慶喜荅言不也世尊佛言慶喜要由迴向
一切智智而脩恒住捨性乃可名為真脩恒
住捨性故此般若波羅蜜多於彼無忘失法
恒住捨性為尊為導故我但廣稱讚般若波
羅蜜多佛言慶喜於意云何若不迴向一切
智智而脩一切智可名真脩一切智不慶喜

BD03784 號　大般若波羅蜜多經卷一〇六　（11–2）

不慶喜荅言不也世尊佛言慶喜要由迴向
一切智智而脩恒住捨性乃可名為真脩恒
住捨性故此般若波羅蜜多於彼無忘失法
恒住捨性為尊為導故我但廣稱讚般若波
羅蜜多佛言慶喜於意云何若不迴向一切
智智而脩一切智可名真脩一切智不慶喜
荅言不也世尊佛言慶喜要由迴向一切智
智而脩一切智乃可名為真脩一切智佛言
慶喜於意云何若不迴向一切智智而脩道
相智一切相智可名真脩道相智一切相智
不慶喜荅言不也世尊佛言慶喜要由迴向
一切智智而脩道相智一切相智乃可名為真
脩道相智一切相智故此般若波羅蜜多於
彼一切智道相智一切相智為尊為導故我
但廣稱讚般若波羅蜜多佛言慶喜於意
云何若不迴向一切智智而脩一切陁羅尼
門可名真脩一切陁羅尼門不慶喜荅言不也
世尊佛言慶喜要由迴向一切智智而脩一
切陁羅尼門乃可名為真脩一切陁羅尼門
佛言慶喜於意云何若不迴向一切智智而
脩一切三摩地門可名真脩一切三摩地門
不慶喜荅言不也世尊佛言慶喜要由迴向
一切智智而脩一切三摩地門乃可名為真
脩一切三摩地門故此般若波羅蜜多於彼
一切陁羅尼門一切三摩地門為尊為導故
我但廣稱讚般若波羅蜜多佛言慶喜於意

BD03784號　大般若波羅蜜多經卷一〇六　（11–3）

一切智智而脩一切三摩地門乃可名為真
脩一切三摩地門故此般若波羅蜜多於彼
一切陁羅尼門一切三摩地門為尊為導故
我但廣稱讚般若波羅蜜多佛言慶喜於意
云何若不迴向一切智智而脩菩薩摩訶薩
行可名真脩菩薩摩訶薩行不慶喜荅言不
也世尊佛言慶喜要由迴向一切智智而脩
菩薩摩訶薩行乃可名為真脩菩薩摩訶薩
行故此般若波羅蜜多於彼菩薩摩訶薩行
為尊為導故我但廣稱讚般若波羅蜜多佛
言慶喜於意云何若不迴向一切智智而脩
無上正等菩提可名真脩無上正等菩提不
慶喜荅言不也世尊佛言慶喜要由迴向一
切智智而脩無上正等菩提乃可名為真脩
無上正等菩提故此般若波羅蜜多於彼無
上正等菩提為尊為導故我但廣稱讚般若
波羅蜜多
具壽慶喜復白佛言世尊云何迴向一切智
智而脩布施波羅蜜多佛言慶喜以無二為
方便無生為方便無所得為方便脩習布施
波羅蜜多是名迴向一切智智而脩布施波
羅蜜多世尊云何迴向一切智智而脩淨戒
安忍精進靜慮般若波羅蜜多慶喜以無二
為方便無生為方便無所得為方便脩習淨
戒安忍精進靜慮般若波羅蜜多是名迴向
一切智智而脩淨戒安忍精進靜慮般若波

BD03784號　大般若波羅蜜多經卷一〇六　（11–4）

羅蜜多世尊云何迴向一切智智而脩淨戒
安忍精進靜慮般若波羅蜜多慶喜以無二
為方便無生為方便無所得為方便脩習淨
戒安忍精進靜慮般若波羅蜜多是名迴向
一切智智而脩淨戒安忍精進靜慮般若波
羅蜜多世尊云何迴向一切智智而住內空
慶喜以無二為方便無生為方便無所得為
方便安住內空是名迴向一切智智而住內
空世尊云何迴向一切智智而住外空內空
空空大空勝義空有為空無為空畢竟空
無際空散空無變異空本性空自相空共相
空一切法空不可得空無性空自性空無性
自性空慶喜以無二為方便無生為方便無所
得為方便安住外空乃至無性自性空是名
迴向一切智智而住外空乃至無性自性空
世尊云何迴向一切智智而住真如慶喜
以無二為方便無生為方便無所得為方便
安住真如是名迴向一切智智而住真如世
尊云何迴向一切智智而住法界法性不虛
妄性不變異性平等性離生性法定法住實
際虛空界不思議界慶喜以無二為方便無
生為方便無所得為方便安住法界乃至不
思議界是名迴向一切智智而住法界乃至
不思議界世尊云何迴向一切智智而住苦
聖諦慶喜以無二為方便無生為方便無所
得為方便安住苦聖諦是名迴向一切智智

BD03784號　大般若波羅蜜多經卷一〇六　（11–5）

思議界是名迴向一切智智而住法界乃至
不思議界世尊云何迴向一切智智而住苦
聖諦慶喜以無二為方便無生為方便無所
得為方便安住苦聖諦是名迴向一切智智
而住苦聖諦世尊云何迴向一切智智而住
集滅道聖諦慶喜以無二為方便無生為方
便無所得為方便安住集滅道聖諦是名迴
向一切智智而住集滅道聖諦世尊云何迴
向一切智智而脩四靜慮慶喜以無二為方
便無生為方便無所得為方便脩習四靜慮
是名迴向一切智智而脩四靜慮世尊云何
迴向一切智智而脩四無量四無色定慶喜
以無二為方便無生為方便無所得為方便
脩習四無量四無色定是名迴向一切智智
而脩四無量四無色定世尊云何迴向一切
智智而脩八解脫慶喜以無二為方便無生
為方便無所得為方便脩習八解脫是名迴
向一切智智而脩八解脫世尊云何迴向一切
智智而脩八勝處九次第定十遍處慶喜以
無二為方便無生為方便無所得為方便脩
習八勝處九次第定十遍處是名迴向一切
智智而脩八勝處九次第定十遍處世尊云
何迴向一切智智而脩四念住慶喜以無二
為方便無生為方便無所得為方便習四
念住是名迴向一切智智而脩四念住世尊
云何迴向一切智智而脩四正斷四神足五

BD03784號　大般若波羅蜜多經卷一〇六　（11–6）

智智而脩八勝處九次第定十遍處世尊云
何迴向一切智智而脩四念住慶喜以無二
爲方便無生爲方便無所得爲方便習四
念住是名迴向一切智智而脩四念住世尊
云何迴向一切智智而脩四正斷四神足五
根五力七等覺支八聖道支慶喜以無二爲
方便無生爲方便無所得爲方便脩習四正
斷四神足五根五力七等覺支八聖道支是
名迴向一切智智而脩四正斷四神足五根
五力七等覺支八聖道支世尊云何迴向
一切智智而脩空解脫門慶喜以無二爲方
便無生爲方便無所得爲方便脩習空解脫
門是名迴向一切智智而脩空解脫門世尊
云何迴向一切智智而脩無相無願解脫門
慶喜以無二爲方便無生爲方便無所得爲
方便脩習無相無願解脫門是名迴向一切
智智而脩無相無願解脫門世尊云何迴向
一切智智而脩五眼慶喜以無二爲方便無
生爲方便無所得爲方便脩習五眼是名迴
向一切智智而脩五眼世尊云何迴向一切
智智而脩六神通慶喜以無二爲方便無生
爲方便無所得爲方便脩習六神通是名迴
向一切智智而脩六神通世尊云何迴向一切
智智而脩佛十力慶喜以無二爲方便無生
爲方便無所得爲方便脩習佛十力是名迴
向一切智智而脩佛十力世尊云何迴向一

爲方便無所得爲方便脩習六神通是名迴
向一切智智而脩六神通世尊云何迴向一切
智智而脩佛十力慶喜以無二爲方便無生
爲方便無所得爲方便脩習佛十力是名迴
向一切智智而脩佛十力世尊云何迴向一
切智智而脩四無所畏四無礙解大慈大悲
大喜大捨十八佛不共法慶喜以無二爲方
便無生爲方便無所得爲方便脩習四無所
畏四無礙解大慈大悲大喜大捨十八佛不
共法是名迴向一切智智而脩四無所畏四
無礙解大慈大悲大喜大捨十八佛不共法
世尊云何迴向一切智智而脩無忘失法慶喜
以無二爲方便無生爲方便無所得爲方便
脩習無忘失法是名迴向一切智智而脩無
忘失法世尊云何迴向一切智智而脩恒住
捨性慶喜以無二爲方便無生爲方便無
所得爲方便脩習恒住捨性是名迴向一切
智智而脩恒住捨性世尊云何迴向一切智
智而脩一切智慶喜以無二爲方便無生爲
方便無所得爲方便脩習一切智是名迴向
一切智智而脩一切智世尊云何迴向一切
智智而脩道相智一切相智慶喜以無二爲
方便無生爲方便無所得爲方便脩習道相
智一切相智是名迴向一切智智而脩道相
智一切相智世尊云何迴向一切智智而脩一
切陁羅尼門慶喜以無二爲方便無生爲方
便無所得爲方便脩習一切陁羅尼門是名

方便無生為方便無所得為方便脩習道相
智一切相智是名迴向一切智智而脩道相
智一切相智世尊云何迴向一切智智而脩一
切陁羅尼門慶喜以無二為方便無生為方
便無所得為方便脩習一切陁羅尼門是名
迴向一切智智而脩一切陁羅尼門世尊
云何迴向一切智智而脩一切三摩地門慶
喜以無二為方便無生為方便無所得為方
便脩習一切三摩地門是名迴向一切智智
而脩一切三摩地門世尊云何迴向一切智
智而脩菩薩摩訶薩行慶喜以無二為方便
無生為方便無所得為方便脩習菩薩摩訶
薩行是名迴向一切智智而脩菩薩摩訶薩
行世尊云何迴向一切智智而脩無上正等
菩提慶喜以無二為方便無生為方便無所
得為方便脩習無上正等菩提是名迴向一
切智智而脩無上正等菩提
具壽慶喜復白佛言世尊以何無二為方便
迴向一切智智脩習布施淨戒安忍精進靜
慮般若波羅蜜多以何無生為方便無所得
為方便迴向一切智智脩習布施淨戒安忍
精進靜慮般若波羅蜜多世尊以何無二為
方便迴向一切智智安住內空外空內外空
空空大空勝義空有為空無為空畢竟空無
際空散空無變異空本性空自相空共相空
一切法空不可得空無性空自性空無性自

BD03784 號　大般若波羅蜜多經卷一〇六　（11–9）

方便迴向一切智智安住內空外空內外空
空空大空勝義空有為空無為空畢竟空無
際空散空無變異空本性空自相空共相空
一切法空不可得空無性空自性空無性自
性空以何無生為方便無所得為方便迴向
一切智智安住內空乃至無性自性空世尊
以何無二為方便迴向一切智智安住真如
法界法性不虛妄性不變異性平等性離生性
法定法住實際虛空界不思議界以何無生
為方便無所得為方便迴向一切智智安住
真如乃至不思議界世尊以何無二為方便
迴向一切智智安住苦集滅道聖諦以何無
生為方便無所得為方便迴向一切智智安
住苦集滅道聖諦世尊以何無二為方便迴
向一切智智脩習四靜慮四無量四無色定
以何無生為方便無所得為方便迴向一切
智智脩習四靜慮四無量四無色定世尊以
何無二為方便迴向一切智智脩習八解脫
八勝處九次第定十遍處以何無生為方便
無所得為方便迴向一切智智脩習八解脫
八勝處九次第定十遍處世尊以何無二為
方便迴向一切智智脩習四念住四正斷四
神足五根五力七等覺支八聖道支以何
無生為方便無所得為方便迴向一切智智
脩習四念住四正斷四神足五根五力七等
覺支八聖道支世尊以何無二為方便迴向

BD03784 號　大般若波羅蜜多經卷一〇六　（11–10）

智智脩習四靜慮四無量四無色定世尊以
何無二為方便迴向一切智智脩習八解脫
八勝處九次第定十遍處以何無生為方便
無所得為方便迴向一切智智脩習八解脫
八勝處九次第定十遍處世尊以何無二為
方便迴向一切智智脩習四念住四正斷四
神足五根五力七等覺支八聖道支以何
無生為方便無所得為方便迴向一切智智
脩習四念住四正斷四神足五根五力七等
覺支八聖道支世尊以何無二為方便迴向
一切智智脩習空解脫門無相解脫門無願
解脫門以何無生為方便無所得為方便迴
向一切智智脩習空解脫門無相解脫門無
願解脫門世尊以何無二為方便迴向一切
智智脩習五眼六神通以何無生為方便無
所得為方便迴向一切智智脩習五眼六神
通、

大般若波羅蜜多經卷第一百六

BD03784號　大般若波羅蜜多經卷一〇六　（11–11）

BD03784號背　勘記　（2–1）

BD03784 號背　勘記　（2–2）

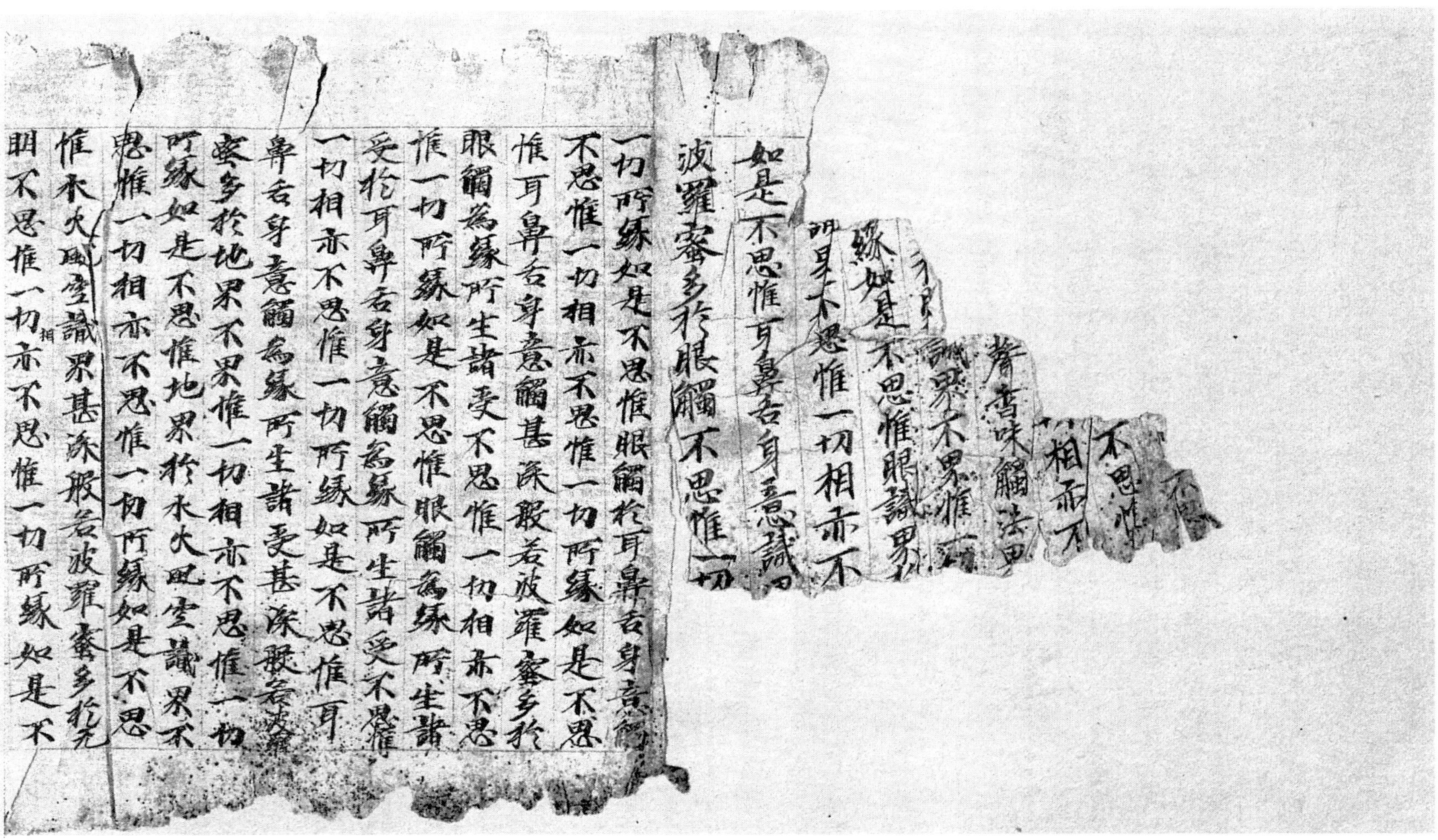

BD03785 號　大般若波羅蜜多經卷三五二　（22–1）

鼻舌身意觸爲緣所生諸受甚深般若波羅
蜜多於地界不思惟一切相亦不思惟一切
所緣如是不思惟地界於水火風空識界不
思惟一切相亦不思惟一切所緣如是不思
惟水火風空識界甚深般若波羅蜜多於无
明不思惟一切相亦不思惟一切所緣如是不
思惟無明於行識名色六處觸受愛取有
生老死愁歎苦憂惱不思惟一切相亦不思
惟一切所緣如是不思惟行乃至老死愁歎
苦憂惱甚深般若波羅蜜多於布施波羅蜜
多不思惟一切相亦不思惟一切所緣如是
不思惟布施波羅蜜多於淨戒安忍精進
靜慮般若波羅蜜多不思惟一切相亦不思惟
一切所緣如是不思惟淨戒乃至般若波羅
蜜多甚深般若波羅蜜多於內空不思惟一
切相亦不思惟一切所緣如是不思惟內空
於外空內外空空空大空勝義空有爲空無
爲空畢竟空無際空散空無變異空本性空
自相空共相空一切法空不可得空無性空
自性空無性自性空不思惟一切相亦不思
惟一切所緣如是不思惟外空乃至無性自
性空
甚深般若波羅蜜多於真如不思惟一切相
亦不思惟一切所緣如是不思惟真如於法
界法性不虛妄性不變異性平等性離生性
法定法住實際虛空界不思議界不思惟一
切相亦不思惟一切所緣如是不思惟法界
乃至不思議界甚深般若波羅蜜多於苦聖
諦不思惟一切相亦不思惟一切所緣如是

BD03785號　大般若波羅蜜多經卷三五二　（22–2）

界法性不虛妄性不變異性平等性離生性
法定法住實際虛空界不思議界不思惟一
切相亦不思惟一切所緣如是不思惟法界
乃至不思議界甚深般若波羅蜜多於苦聖
諦不思惟一切相亦不思惟一切所緣如是
不思惟苦聖諦於集滅道聖諦不思惟一切
相亦不思惟一切所緣如是不思惟集滅道
聖諦甚深般若波羅蜜多於四靜慮不思惟
一切相亦不思惟一切所緣如是不思惟　四
靜慮於四無量四無色定不思惟一切相亦
不思惟一切所緣如是不思惟四無量四無
色定甚深般若波羅蜜多於八解脫不思惟
一切相亦不思惟一切所緣如是不思惟八
解脫於八勝處九次第定十遍處不思惟一
切相亦不思惟一切所緣如是不思惟八勝
處九次第定十遍處甚深般若波羅蜜多於
四念住不思惟一切相亦不思惟一切所緣
如是不思惟四念住於四正斷四神足五根
五力七等覺支八聖道支不思惟一切相亦
不思惟一切所緣如是不思惟四正斷乃至
八聖道支甚深般若波羅蜜多於空解脫門
不思惟一切相亦不思惟一切所緣如是　不
思惟空解脫門於無相無願解脫門不思惟
切相亦不思惟一切所緣如是不思惟無　相
無願解脫門甚深般若波羅蜜多於五眼不
思惟一切相亦不思惟一切所緣如是不思
惟五眼於六神通不思惟一切相亦不思惟
一切所緣如是不思惟六神通甚深般若波
羅蜜多於佛十力不思惟一切相亦不思惟

BD03785號　大般若波羅蜜多經卷三五二　（22–3）

無願解脫門甚深般若波羅蜜多於五眼不
思惟一切所緣如是不思惟一切相亦不思
惟五眼於六神通不思惟一切相亦不思惟
一切所緣如是不思惟六神通甚深般若波
羅蜜多於佛十力不思惟一切相亦不思惟
一切所緣如是不思惟佛十力於四無所畏
四無礙解大慈大悲大喜大捨十八佛不共
法不思惟一切相亦不思惟一切所緣如是
不思惟四無所畏乃至十八佛不共法甚深
般若波羅蜜多於無忘失法不思惟一切相
亦不思惟一切所緣如是不思惟無忘失法
於恒住捨性不思惟一切相亦不思惟一切
所緣如是不思惟恒住捨性甚深般若波羅
蜜多於一切智不思惟一切相亦不思惟一
切所緣如是不思惟一切智於道相智一切
相智不思惟一切相亦不思惟一切所緣如
是不思惟道相智一切相智甚深般若波羅
蜜多於一切陁羅尼門不思惟一切相亦不
思惟一切所緣如是不思惟一切陁羅尼門
於一切三摩地門不思惟一切相亦不思惟
一切所緣如是不思惟一切三摩地門甚深
般若波羅蜜多於預流果不思惟一切相亦
不思惟一切所緣如是不思惟預流果於一
來不還阿羅漢果不思惟一切相亦不思惟
一切所緣如是不思惟一來不還阿羅漢果
甚深般若波羅蜜多於獨覺菩提不思惟一
切相亦不思惟一切所緣如是不思惟獨覺
菩提甚深般若波羅蜜多於一切菩薩摩訶

BD03785號　大般若波羅蜜多經卷三五二　（22–4）

來不還阿羅漢果不思惟一切相亦不思惟
一切所緣如是不思惟一來不還阿羅漢果
甚深般若波羅蜜多於獨覺菩提不思惟一
切相亦不思惟一切所緣如是不思惟獨覺
菩提甚深般若波羅蜜多於一切菩薩摩訶
薩行不思惟一切相亦不思惟一切所緣如
是不思惟一切菩薩摩訶薩行甚深般若波
羅蜜多於諸佛無上正等菩提不思惟一切
相亦不思惟一切所緣如是不思惟諸佛无
上正等菩提
具壽善現復白佛言世尊若菩薩摩訶薩不
思惟色亦不思惟受想行識云何增長所種
善根若不增長所種善根云何圓滿波羅蜜
多若不圓滿波羅蜜多云何能得一切智智
世尊若菩薩摩訶薩不思惟眼處亦不思惟
耳鼻舌身意處云何增長所種善根若不增
長所種善根云何圓滿波羅蜜多若不圓滿
波羅蜜多云何能得一切智智世尊若菩薩
摩訶薩不思惟色處亦不思惟聲香味觸法
處云何增長所種善根若不增長所種善根
云何圓滿波羅蜜多若不圓滿波羅蜜多云
何能得一切智智世尊若菩薩摩訶薩不思
惟眼界亦不思惟耳鼻舌身意界云何增長
所種善根若不增長所種善根云何圓滿波
羅蜜多若不圓滿波羅蜜多云何能得一切
智智世尊若菩薩摩訶薩不思惟色界亦不
思惟聲香味觸法界云何增長所種善根若
不增長所種善根云何圓滿波羅蜜多若不

BD03785號　大般若波羅蜜多經卷三五二　（22–5）

所種善根若不增長所種善根云何圓滿波
羅蜜多若不圓滿波羅蜜多云何能得一切
智智世尊若菩薩摩訶薩不思惟色界亦不
思惟聲香味觸法界云何增長所種善根若
不增長所種善根云何圓滿波羅蜜多若不
圓滿波羅蜜多云何能得一切智智世尊若
菩薩摩訶薩不思惟眼識界亦不思惟耳鼻
舌身意識界云何增長所種善根若不增長
所種善根云何圓滿波羅蜜多若不圓滿波
羅蜜多云何能得一切智智世尊若菩薩摩
訶薩不思惟眼觸亦不思惟耳鼻舌身意觸
云何增長所種善根若不增長所種善根云
何圓滿波羅蜜多若不圓滿波羅蜜多云何
能得一切智智世尊若菩薩摩訶薩不思惟
眼觸為緣所生諸受亦不思惟耳鼻舌身
意觸為緣所生諸受云何增長所種善根若
不增長所種善根云何圓滿波羅蜜多若不圓
滿波羅蜜多云何能得一切智智世尊若菩
薩摩訶薩不思惟地界亦不思惟水火風空
識界云何增長所種善根若不增長所種善
根云何圓滿波羅蜜多若不圓滿波羅蜜多
云何能得一切智智世尊若菩薩摩訶薩不
思惟無明亦不思惟行識名色六處觸受愛
取有生老死愁歎苦憂惱云何增長所種善
根若不增長所種善根云何圓滿波羅蜜多
若不圓滿波羅蜜多云何能得一切智 智世
尊若菩薩摩訶薩不思惟布施波羅蜜多亦
不思惟淨戒安忍精進靜慮般若波羅蜜多

BD03785號　大般若波羅蜜多經卷三五二　（22–6）

取有生老死愁歎苦憂惱云何增長所種善
根若不增長所種善根云何圓滿波羅蜜多
若不圓滿波羅蜜多云何能得一切智 智世
尊若菩薩摩訶薩不思惟布施波羅蜜多亦
不思惟淨戒安忍精進靜慮般若波羅蜜多
云何增長所種善根若不增長所種善根云
何圓滿波羅蜜多若不圓滿波羅蜜多云何
能得一切智智世尊若菩薩摩訶薩不思惟
內空亦不思惟外空內外空空空大空勝義
空有為空無為空畢竟空無際空散空無變
異空本性空自相空共相空一切法空不可
得空無性空自性空無性自性空云何增長
所種善根若不增長所種善根云何圓滿波
羅蜜多若不圓滿波羅蜜多云何能得一切
智智世尊若菩薩摩訶薩不思惟真如亦不
思惟法界法性不虛妄性不變異性平等性
離生性法定法住實際虛空界不思議界云
何增長所種善根若不增長所種善根云何
圓滿波羅蜜多若不圓滿波羅蜜多云何能
得一切智智世尊若菩薩摩訶薩不思惟苦
聖諦亦不思惟集滅道聖諦云何增長所種
善根若不增長所種善根云何圓滿波羅蜜
多若不圓滿波羅蜜多云何能得一切智智
世尊若菩薩摩訶薩不思惟四靜慮亦不思
惟四無量四無色定云何增長所種善根若
不增長所種善根云何圓滿波羅蜜多若不
圓滿波羅蜜多云何能得一切智智世尊若
菩薩摩訶薩不思惟八解脫亦不思惟八勝

BD03785號　大般若波羅蜜多經卷三五二　（22–7）

世尊若菩薩摩訶薩不思惟四靜慮亦不思
惟四無量四無色定云何增長所種善根若
不增長所種善根云何圓滿波羅蜜多若不
圓滿波羅蜜多云何能得一切智智世尊若
菩薩摩訶薩不思惟八解脫亦不思惟八勝
處九次第定十遍處云何增長所種善根若
不增長所種善根云何圓滿波羅蜜多若不
圓滿波羅蜜多云何能得一切智智世尊若
菩薩摩訶薩不思惟四念住亦不思惟四正
斷四神足五根五力七等覺支八聖道支云
何增長所種善根若不增長所種善根云何
圓滿波羅蜜多若不圓滿波羅蜜多云何能
得一切智智世尊若菩薩摩訶薩不思惟空
解脫門亦不思惟無相無願解脫門云何增
長所種善根若不增長所種善根云何圓滿
波羅蜜多若不圓滿波羅蜜多云何能得
切智智世尊若菩薩摩訶薩不思惟五眼亦
不思惟六神通云何增長所種善根若不增
長所種善根云何圓滿波羅蜜多若不圓滿
波羅蜜多云何能得一切智智世尊若菩薩
摩訶薩不思惟佛十力亦不思惟四無所畏
四無礙解大慈大悲大喜大捨十八佛不共
法云何增長所種善根若不增長所種善根
云何圓滿波羅蜜多若不圓滿波羅蜜多云
何能得一切智智世尊若菩薩摩訶薩不思
惟無忘失法亦不思惟恒住捨性云何增長
所種善根若不增長所種善根云何圓滿波
羅蜜多若不圓滿波羅蜜多云何能得一切

BD03785號　大般若波羅蜜多經卷三五二　（22–8）

云何圓滿波羅蜜多若不圓滿波羅蜜多云
何能得一切智智世尊若菩薩摩訶薩不思
惟無忘失法亦不思惟恒住捨性云何增長
所種善根若不增長所種善根云何圓滿波
羅蜜多若不圓滿波羅蜜多云何能得一切
智智世尊若菩薩摩訶薩不思惟一切智亦
不思惟道相智一切相智云何增長所種善
根若不增長所種善根云何圓滿波羅蜜多
若不圓滿波羅蜜多云何能得一切智智世
尊若菩薩摩訶薩不思惟一切陀羅尼門亦
不思惟一切三摩地門云何增長所種善根
若不增長所種善根云何圓滿波羅蜜多若
不圓滿波羅蜜多云何能得一切智智世尊
若菩薩摩訶薩不思惟預流果亦不思惟一
來不還阿羅漢果云何增長所種善根若不
增長所種善根云何圓滿波羅蜜多若不圓
滿波羅蜜多云何能得一切智智世尊若菩
薩摩訶薩不思惟獨覺菩提云何增長所種
善根若不增長所種善根云何圓滿波羅蜜
多若不圓滿波羅蜜多云何得一切智智
世尊若菩薩摩訶薩不思惟一切菩薩摩訶
薩行云何增長所種善根若不增長所種善
根云何圓滿波羅蜜多若不圓滿波羅蜜多
云何能得一切智智世尊若菩薩摩訶薩不
思惟諸佛無上正等菩提云何增長所種善
根若不增長所種善根云何圓滿波羅蜜多
若不圓滿波羅蜜多云何能得一切智智
佛言善現若時菩薩摩訶薩不思惟色亦不

BD03785號　大般若波羅蜜多經卷三五二　（22–9）

云何能得一切智智世尊若菩薩摩訶薩不
思惟諸佛無上正等菩提云何增長所種善
根若不增長所種善根云何圓滿波羅蜜多
若不圓滿波羅蜜多云何能得一切智智
佛言善現若時菩薩摩訶薩不思惟色亦不
思惟受想行識是時菩薩摩訶薩便能增長
所種善根所種善根得增長故便能圓滿波
羅蜜多波羅蜜多得圓滿故便能證得一切
智智善現若時菩薩摩訶薩不思惟眼處亦
不思惟耳鼻舌身意處是時菩薩摩訶薩
便能增長所種善根所種善根得增長故便能
圓滿波羅蜜多波羅蜜多得圓滿故便能證
得一切智智善現若時菩薩摩訶薩不思惟
色處亦不思惟聲香味觸法處是時菩薩摩
訶薩便能增長所種善根所種善根得增長
故便能圓滿波羅蜜多波羅蜜多得圓滿故
便能證得一切智智善現若時菩薩摩訶薩
不思惟眼界亦不思惟耳鼻舌身意界是時
菩薩摩訶薩便能增長所種善根所種善根
得增長故便能圓滿波羅蜜多波羅蜜多得
圓滿故便能證得一切智智善現若時菩薩
摩訶薩不思惟色界亦不思惟聲香味觸法
界是時菩薩摩訶薩便能增長所種善根所
種善根得增長故便能圓滿波羅蜜多波羅
蜜多得圓滿故便能證得一切智智善現若
時菩薩摩訶薩不思惟眼識界亦不思惟耳
鼻舌身意識界是時菩薩摩訶薩便能增
長所種善根所種善根得增長故便能圓滿波
羅蜜多波羅蜜多得圓滿故便能證得一切

時菩薩摩訶薩不思惟眼識界亦不思惟耳
鼻舌身意識界是時菩薩摩訶薩便能增
長所種善根所種善根得增長故便能圓滿波
羅蜜多波羅蜜多得圓滿故便能證得一切
智智善現若時菩薩摩訶薩不思惟眼觸亦
不思惟耳鼻舌身意觸是時菩薩摩訶薩便
能增長所種善根所種善根得增長故便能
圓滿波羅蜜多波羅蜜多得圓滿故便能證
得一切智智善現若時菩薩摩訶薩不思惟
眼觸為緣所生諸受亦不思惟耳鼻舌身意
觸為緣所生諸受是時菩薩摩訶薩便能增
長所種善根所種善根得增長故便能圓滿
波羅蜜多波羅蜜多得圓滿故便能證得一
切智智善現若時菩薩摩訶薩不思惟地界
亦不思惟水火風空識界是時菩薩摩訶薩
便能增長所種善根所種善根得增長故便
能圓滿波羅蜜多波羅蜜多得圓滿故便能
證得一切智智善現若時菩薩摩訶薩不思
惟無明亦不思惟行識名色六處觸受愛取
有生老死愁歎苦憂惱是時菩薩摩訶薩便
能增長所種善根所種善根得增長故便能
圓滿波羅蜜多波羅蜜多得圓滿故便能證
得一切智智善現若時菩薩摩訶薩不思惟
布施波羅蜜多亦不思惟淨戒安忍精進靜
慮般若波羅蜜多是時菩薩摩訶薩便能增
長所種善根所種善根得增長故便能圓滿
波羅蜜多波羅蜜多得圓滿故便能證得一
切智智善現若時菩薩摩訶薩不思惟內空

布施波羅蜜多亦不思惟淨戒安忍精進靜
慮般若波羅蜜多是時菩薩摩訶薩便能增
長所種善根所種善根得增長故便能圓滿
波羅蜜多波羅蜜多得圓滿故便能證得一
切智智善現若時菩薩摩訶薩不思惟內空
亦不思惟外空內外空空空大空勝義空有
為空無為空畢竟空無際空散空無變異空
本性空自相空共相空一切法空不可得空
無性空自性空無性自性空是時菩薩摩訶
薩便能增長所種善根所種善根得增長故
便能圓滿波羅蜜多波羅蜜多得圓滿故便
能證得一切智智善現若時菩薩摩訶薩不
思惟真如亦不思惟法界法性不虛妄性不
變異性平等性離生性法定法住實際虛空
界不思議界是時菩薩摩訶薩便能增長所
種善根所種善根得增長故便能圓滿波羅
蜜多波羅蜜多得圓滿故便能證得一切智
智善現若時菩薩摩訶薩不思惟苦聖諦亦
不思惟集滅道聖諦是時菩薩摩訶薩便能
增長所種善根所種善根得增長故便能圓
滿波羅蜜多波羅蜜多得圓滿故便能證得
一切智智善現若時菩薩摩訶薩不思惟四
靜慮亦不思惟四無量四無色定是時菩薩
摩訶薩便能增長所種善根所種善根得增
長故便能圓滿波羅蜜多波羅蜜多得圓滿
故便能證得一切智智善現若時菩薩摩訶
薩不思惟八解脫亦不思惟八勝處九次第

BD03785號　大般若波羅蜜多經卷三五二　（22–12）

摩訶薩便能增長所種善根所種善根得增
長故便能圓滿波羅蜜多波羅蜜多得圓滿
故便能證得一切智智善現若時菩薩摩訶
薩不思惟八解脫亦不思惟八勝處九次第
定十遍處是時菩薩摩訶薩便能增長所種
善根所種善根得增長故便能圓滿波羅蜜
多波羅蜜多得圓滿故便能證得一切智智
善現若時菩薩摩訶薩不思惟四念住亦不
思惟四正斷四神足五根五力七等覺支八
聖道支是時菩薩摩訶薩便能增長所種善
根所種善根得增長故便能圓滿波羅蜜多
波羅蜜多得圓滿故便能證得一切智智善
現若時菩薩摩訶薩不思惟空解脫門亦不
思惟無相無願解脫門是時菩薩摩訶薩便
能增長所種善根所種善根得增長故便能
圓滿波羅蜜多波羅蜜多得圓滿故便能證
得一切智智善現若時菩薩摩訶薩不思惟
五眼亦不思惟六神通是時菩薩摩訶薩便
能增長所種善根所種善根得增長故便能
圓滿波羅蜜多波羅蜜多得圓滿故便能證
得一切智智善現若時菩薩摩訶薩不思惟
佛十力亦不思惟四無所畏四無礙解大慈
大悲大喜大捨十八佛不共法是時菩薩摩
訶薩便能增長所種善根所種善根得增長
故便能圓滿波羅蜜多波羅蜜多得圓滿故
便能證得一切智智善現若時菩薩摩訶薩
不思惟無忘失法亦不思惟恒住捨性是時

BD03785號　大般若波羅蜜多經卷三五二　（22–13）

大悲大喜大捨十八佛不共法是時菩薩摩
訶薩便能增長所種善根所種善根得增長
故便能圓滿波羅蜜多波羅蜜多得圓滿故
便能證得一切智智善現若時菩薩摩訶薩
不思惟無忘失法亦不思惟恒住捨性是時
菩薩摩訶薩便能增長所種善根所種善
根得增長故便能圓滿波羅蜜多波羅蜜多得
圓滿故便能證得一切智智善現若時菩薩
摩訶薩不思惟一切智亦不思惟道相智一
切相智是時菩薩摩訶薩便能增長所種善
根所種善根得增長故便能圓滿波羅蜜多
波羅蜜多得圓滿故便能證得一切智智善
現若時菩薩摩訶薩不思惟一切陁羅尼門
亦不思惟一切三摩地門是時菩薩摩訶薩
便能增長所種善根所種善根得增長故便
能圓滿波羅蜜多波羅蜜多得圓滿故便能
證得一切智智善現若時菩薩摩訶薩不思
惟預流果亦不思惟一來不還阿羅漢果是
時菩薩摩訶薩便能增長所種善根所種善
根得增長故便能圓滿波羅蜜多波羅蜜多
得圓滿故便能證得一切智智善現若時若
菩薩摩訶薩不思惟獨覺菩提是時菩薩摩訶
薩便能增長所種根所種善根得增長故
便能滿波羅蜜多波羅蜜多得圓滿故便
能證得一切智智善現若時菩薩摩訶薩不
思惟一切菩薩摩訶薩行是時菩薩摩訶薩
便能增長所種善根所種善根得增長故便

BD03785號　大般若波羅蜜多經卷三五二　（22–14）

便能滿波羅蜜多波羅蜜多得圓滿故便
能證得一切智智善現若時菩薩摩訶薩不
思惟一切菩薩摩訶薩行是時菩薩摩訶薩
便能增長所種善根所種善根得增長故便
能圓滿波羅蜜多波羅蜜多得圓滿故便能
證得一切智智善現若時菩薩摩訶薩不思
惟諸佛無上正等菩提是時菩薩摩訶薩便
能增長所種善根所種善根得增長故便能
圓滿波羅蜜多波羅蜜多得圓滿故便能證
得一切智智

所以者何善現諸菩薩摩訶薩要不思惟色
亦不思惟受想行識乃能具足修諸菩薩摩
訶薩行證得無上正等菩提善現諸菩薩摩
訶薩要不思惟眼處亦不思惟耳鼻舌身意
處乃能具足修諸菩薩摩訶薩行證得无上
正等菩提善現諸菩薩摩訶薩要不思惟色
處亦不思惟聲香味觸法處乃能具足修諸
菩薩摩訶薩行證得無上正等菩提善現諸
菩薩摩訶薩要不思惟眼界亦不界惟耳鼻
舌身意界乃能具足修諸菩薩摩訶薩行證
得無上正等菩提善現諸菩薩摩訶薩要不
思惟色界亦不思惟聲香味觸法界乃能具
足修諸菩薩摩訶薩行證得无上正等菩提
善現諸菩薩摩訶薩要不思惟眼識界亦不
思惟耳鼻舌身意識界乃能具足修諸菩薩
摩訶薩行證得無上正等菩提善現諸菩薩
摩訶薩要不思惟眼觸亦不思惟耳鼻舌身
意觸乃能具足修諸菩薩摩訶薩行證得无

BD03785號　大般若波羅蜜多經卷三五二　（22–15）

足修諸菩薩摩訶薩行證得无上正等菩
善現諸菩薩摩訶薩要不思惟眼識界亦不
思惟耳鼻舌身意識界乃能具足修諸菩薩
摩訶薩行證得無上正等菩提善現諸菩薩
摩訶薩要不思惟眼觸亦不思惟耳鼻舌身
意觸乃能具足修諸菩薩摩訶薩行證得无
上正等菩提善現諸菩薩摩訶薩要不思惟
眼觸為緣所生諸受亦不思惟耳鼻舌身意
觸為緣所生諸受乃能具足修諸菩薩摩訶
薩行證得无上正等菩提善現諸菩薩摩訶
薩要不思惟地界亦不思惟水火風空識界
乃能具足修諸菩薩摩訶薩行證得无上正
等菩提善現諸菩薩摩訶薩要不思惟无明
亦不思惟行識名色六處觸受愛取有生老
死愁歎苦憂惱乃能具足修諸菩薩摩訶薩
行證得无上正等菩提善現諸菩薩摩訶薩
要不思惟布施波羅蜜多亦不思惟淨戒安
忍精進靜慮般若波羅蜜多乃能具足修諸
菩薩摩訶薩行證得无上正等菩提善現諸
菩薩摩訶薩要不思惟內空亦不思惟外空
內外空空空大空勝義空有為空无為空畢
竟空無際空散空無變異空本性空自相空
共相空一切法空不可得空无性空自性空
無性自性空乃能具足修諸菩薩摩訶薩行
證得无上正等菩提善現諸菩薩摩訶薩要
不思惟真如亦不思惟法界法性不虛妄性
不變異性平等性離生性法定法住實際虛
空界不思議界乃能具足修諸菩薩摩訶

無性自性空乃能具足修諸菩薩摩訶薩行
證得无上正等菩提善現諸菩薩摩訶薩要
不思惟真如亦不思惟法界法性不虛妄性
不變異性平等性離生性法定法住實際虛
空界不思議界乃能具足修諸菩薩摩訶
薩行證得无上正等菩提善現諸菩薩摩訶薩
要不思惟苦聖諦亦不思惟集滅道聖諦乃
能具足修諸菩薩摩訶薩行證得无上正等
菩提善現諸菩薩摩訶薩要不思惟四靜慮
亦不思惟四無量四無色定乃能具足修諸
菩薩摩訶薩行證得無上正等菩提善現諸
菩薩摩訶薩要不思惟八解脫亦不思惟八
勝處九次第定十遍處乃能具足修諸菩
薩摩訶薩行證得无上正等菩提善現諸菩
薩摩訶薩要不思惟四念住亦不思惟四正斷
四神足五根五力七等覺支八聖道支乃能
具足修諸菩薩摩訶薩行證得无上正等菩
提善現諸菩薩摩訶薩要不思惟空解脫門
亦不思惟无相无願解脫門乃能具足修諸
菩薩摩訶薩行證得无上正等菩提善現諸
菩薩摩訶薩要不思惟五眼亦不思惟六神
通乃能具足修諸菩薩摩訶薩行證得无上
正等菩提善現諸菩薩摩訶薩要不思惟佛
十力亦不思惟四無所畏四無礙解大慈大
悲大喜大捨十八佛不共法乃能具足修諸
菩薩摩訶薩行證得無上正等菩提善現諸
菩薩摩訶薩要不思惟無忘失法亦不思惟
恒住捨性乃能具足修諸菩薩摩訶薩行證

十力亦不思惟四無所畏四無礙解大
悲大喜大捨十八佛不共法乃能具足脩諸
菩薩摩訶薩行證得無上正等菩提善現諸
菩薩摩訶薩要不思惟無忘失法亦不思惟
恒住捨性乃能具足脩諸菩薩摩訶薩行證
得無上正等菩提善現諸菩薩摩訶薩要不
思惟一切智亦不思惟道相智一切相智乃
能具足脩諸菩薩摩訶薩行證得无上正等
菩提善現諸菩薩摩訶薩要不思惟一切陁
羅尼門亦不思惟一切三摩地門乃能具足
脩諸菩薩摩訶薩行證得无上正等菩提
善現諸菩薩摩訶薩要不思惟預流果亦不思
惟一來不還阿羅漢果乃能具足脩諸菩薩
摩訶薩行證得無上正等菩提善現諸菩薩
摩訶薩要不思惟獨覺菩提乃能具足脩諸
菩薩摩訶薩行證得無上正等菩提善現諸
菩薩摩訶薩要不思惟一切菩薩摩訶薩
行乃能具足脩諸菩薩摩訶薩行證得无上正
等菩提善現諸菩薩摩訶薩要不思惟諸佛
无上正等菩提乃能具足脩諸菩薩摩訶薩
行證得无上正等菩提
具壽善現復白佛言世尊何緣諸菩薩摩訶
薩要不思惟色亦不思惟受想行識乃能具
足脩諸菩薩摩訶薩行證得无上正等菩提
世尊何緣諸菩薩摩訶薩要不思惟眼處亦
不思惟耳鼻舌身意處乃能具足脩諸菩
薩摩訶薩行證得无上正等菩提世尊何緣諸
菩薩摩訶薩要不思惟色處亦不思惟聲香

足脩諸菩薩摩訶薩行證得无上正等菩提
世尊何緣諸菩薩摩訶薩要不思惟眼處亦
不思惟耳鼻舌身意處乃能具足脩諸菩
薩摩訶薩行證得无上正等菩提世尊何緣諸
菩薩摩訶薩要不思惟色處亦不思惟聲香
味觸法處乃能具足脩諸菩薩摩訶薩行證
得无上正等菩提世尊何緣諸菩薩摩訶薩
要不思惟眼界亦不思惟耳鼻舌身意界乃
能具足脩諸菩薩摩訶薩行諸得无上正等
菩提世尊何緣諸菩薩摩訶薩要不思惟色
界亦不思惟聲香味觸法界乃能具足脩諸
菩薩摩訶薩行證得无上正等菩提世尊何
緣諸菩薩摩訶薩要不思惟眼識界亦不思
惟耳鼻舌身意識界乃能具足脩諸菩薩摩
訶薩行證得无上正等菩提世尊何緣諸菩
薩摩訶薩要不思惟眼觸亦思惟耳鼻舌
身意觸乃能具足脩諸菩薩摩訶薩行證得
無上正等菩提世尊何緣諸菩薩摩訶薩要
不思惟眼觸為緣所生諸受亦不思惟耳鼻
舌身意觸為緣所生諸受乃能具足脩諸菩
薩摩訶薩行證得无上正等菩提世尊何緣
諸菩薩摩訶薩要不思惟地界亦不思惟水
火風空識界乃能具足脩諸菩薩摩訶薩行
證得无上正等菩提世尊何緣諸菩薩摩訶
薩要不思惟无明亦不思惟行識名色六處
觸受愛取有生老死愁歎苦憂惱乃能具足
脩諸菩薩摩訶薩行證得无上正等菩提世
尊何緣諸菩薩摩訶薩要不思惟布施波羅

大風空識界乃能具足脩諸菩薩摩訶薩行
證得无上正等菩提世尊何緣諸菩薩摩訶
薩要不思惟无明亦不思惟行識名色六處
觸受愛取有生老死愁歎苦憂惱乃能具足
脩諸菩薩摩訶薩行證得无上正等菩提世
尊何緣諸菩薩摩訶薩要不思惟布施波羅
蜜多亦不思惟淨戒安忍精進靜慮般若波
羅蜜多乃能具足脩諸菩薩摩訶薩行證得
無上正等菩提世尊何緣諸菩薩摩訶薩要
不思惟內空亦不思惟外空內外空空空大
空勝義空有為空无為空畢竟空无際空散
空無變異空本性空自相空共相空一切法
空不可得空無性空自性空無性自性空乃
能具足脩諸菩薩摩訶薩行證得無上正等
菩提世尊何緣諸菩薩摩訶薩要不思惟真
如亦不思惟法界法性不虛妄性不變異性
平等性離生性法定法住實際虛空界不思
議界乃能具足脩諸菩薩摩訶薩行證得
無上正等菩提世尊何緣諸菩薩摩訶薩要不
思惟苦聖諦亦不思惟集滅道聖諦乃能具
足脩諸菩薩摩訶薩行證得無上正等菩提
世尊何緣諸菩薩摩訶薩要不思惟四靜慮
亦不思惟四無量四無色定乃能具足脩諸菩
薩摩訶薩行證得無上正等菩提世尊何
緣諸菩薩摩訶薩要不思惟八解脫亦不思
惟八勝處九次第定十遍處乃能具足脩諸
菩薩摩訶薩行證得無上正等菩提世尊何

BD03785號　大般若波羅蜜多經卷三五二　（22–20）

薩摩訶薩行證得無上正等菩提世尊何
緣諸菩薩摩訶薩要不思惟八解脫亦不思
惟八勝處九次第定十遍處乃能具足脩諸
菩薩摩訶薩行證得無上正等菩提世尊何
緣諸菩薩摩訶薩要不思惟四念住亦不思
惟四正斷四神足五根五力七等覺支八聖
道支乃能具足脩諸菩薩摩訶薩行證得无
上正等菩提世尊何緣諸菩薩摩訶薩要不
思惟空解脫門亦不思惟无相无願解脫門
乃能具足脩諸菩薩摩訶薩行證得无上正
等菩提世尊何緣諸菩薩摩訶薩要不思惟
五眼亦不思惟六神通乃能具足脩諸菩薩
摩訶薩行證得无上正等菩提世尊何緣諸
菩薩摩訶薩要不思惟佛十力亦不思惟四
无所畏四无礙解大慈大悲大喜大捨十八
佛不共法乃能具足脩諸菩薩摩訶薩行
證得无上正等菩提世尊何緣諸菩薩摩訶薩
要不思惟无忘失法亦不思惟恒住捨性乃
能具足脩諸菩薩摩訶薩行證得无上正等
菩提世尊何緣諸菩薩摩訶薩要不思惟一
切智亦不思惟道相智一切相智乃能具足
脩諸菩薩摩訶薩行證得无上正等菩提世
尊何緣諸菩薩摩訶薩要不思惟一切陁羅
尼門亦不思惟一切三摩地門乃能具足脩
諸菩薩摩訶薩行證得无上正等菩提世尊
何緣諸菩薩摩訶薩要不思惟預流果亦不
思惟一來不還阿羅漢果乃能具足脩諸菩

BD03785號　大般若波羅蜜多經卷三五二　（22–21）

能具足脩諸[illegible]摩訶薩要不思惟一
菩提世尊何緣諸菩薩摩訶薩要不思惟一
切智亦不思惟道相智一切相智乃能具足
脩諸菩薩摩訶薩行證得无上正等菩提世
尊何緣諸菩薩摩訶薩要不思惟一切陁羅
尼門亦不思惟一切三摩地門乃能具足脩
諸菩薩摩訶薩行證得无上正等菩提世尊
何緣諸菩薩摩訶薩要不思惟預流果亦不
思惟一來不還阿羅漢果乃能具足脩諸菩
薩摩訶薩行證得无上正等菩提世尊何緣
諸菩薩摩訶薩要思不惟獨覺菩提乃能具
足脩諸菩薩摩訶薩行證得无上正等菩提
世尊何緣諸菩薩摩訶薩要不思惟一切菩
薩摩訶薩行乃能具足脩諸菩薩摩訶薩行
證得无上正等菩提世尊何緣諸菩薩摩訶
薩要不思諸惟佛无上正等菩提乃能具足
脩諸菩薩摩訶薩行證得无上正等菩提

大般若波羅蜜多經卷第三百五十二

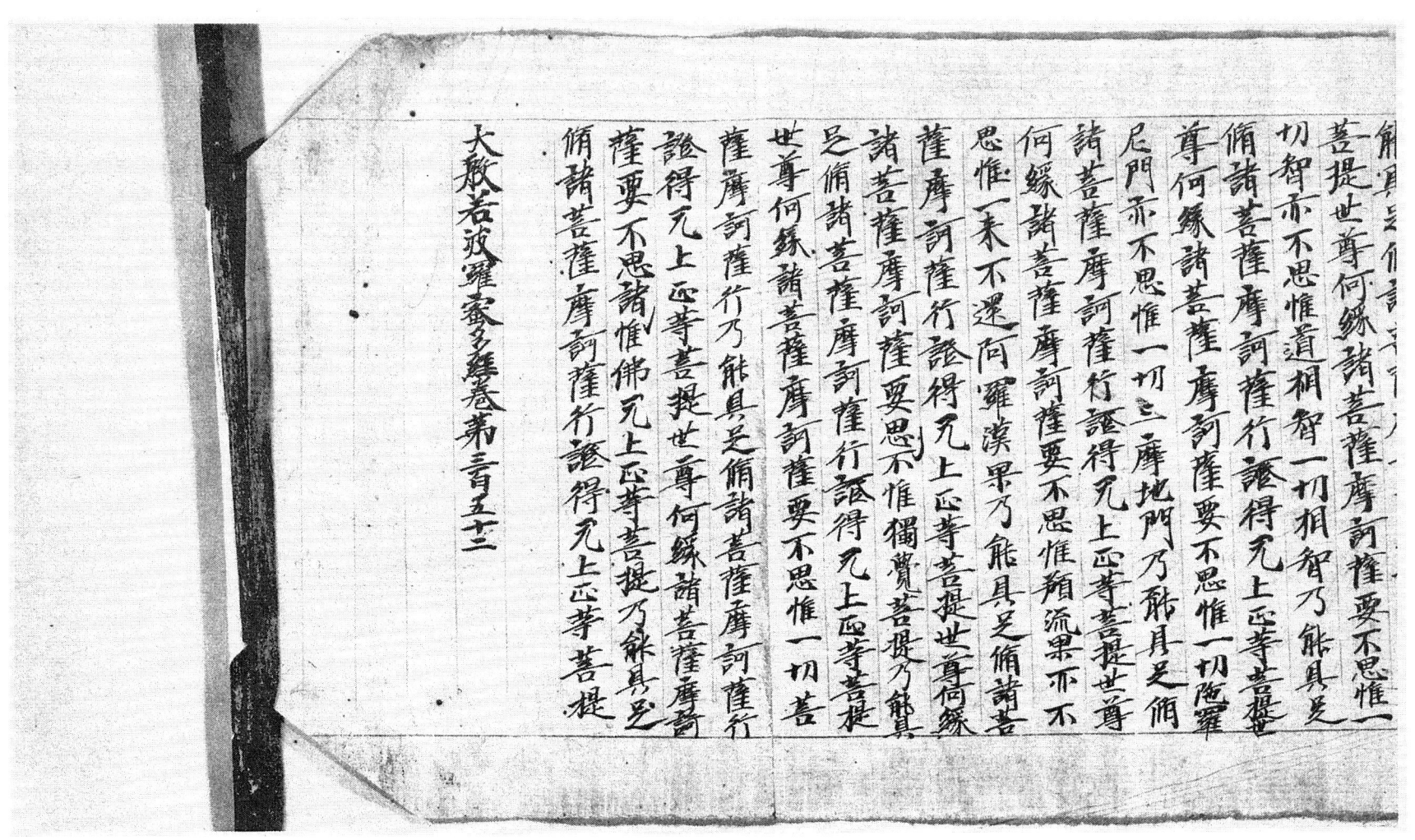

BD03785 號　大般若波羅蜜多經卷三五二　（22–22）

若一切法若名俱無[illegible]
摩訶薩名亦復如是唯客所稱無所從來
所至去亦無所住但假施設由斯故[illegible]
薩摩訶薩但有假名都無自性舍利
蘊乃至識蘊名唯客所稱所以者何[illegible]
非名名非色蘊等色蘊等中無名名中
蘊等非合非散但假施設何以故以色蘊
與名俱自性空自性空中若色蘊等若
俱無所有都不可得諸菩薩摩訶薩名亦
如是唯客所稱由斯故說諸菩薩摩訶
有假名舍利子如眼處乃至意處名唯
稱所以者何眼處等非名名非眼處等
等中無名名中無眼處等非合非散[illegible]
設何以故以眼處等與名俱自性空故
空中若眼處等若名俱無所有都不
菩薩摩訶薩名亦復如是唯客所稱[illegible]
諸諸菩薩摩訶薩但有假名都無自性舍[illegible]
子如色處乃至法處名唯客所稱所以者何

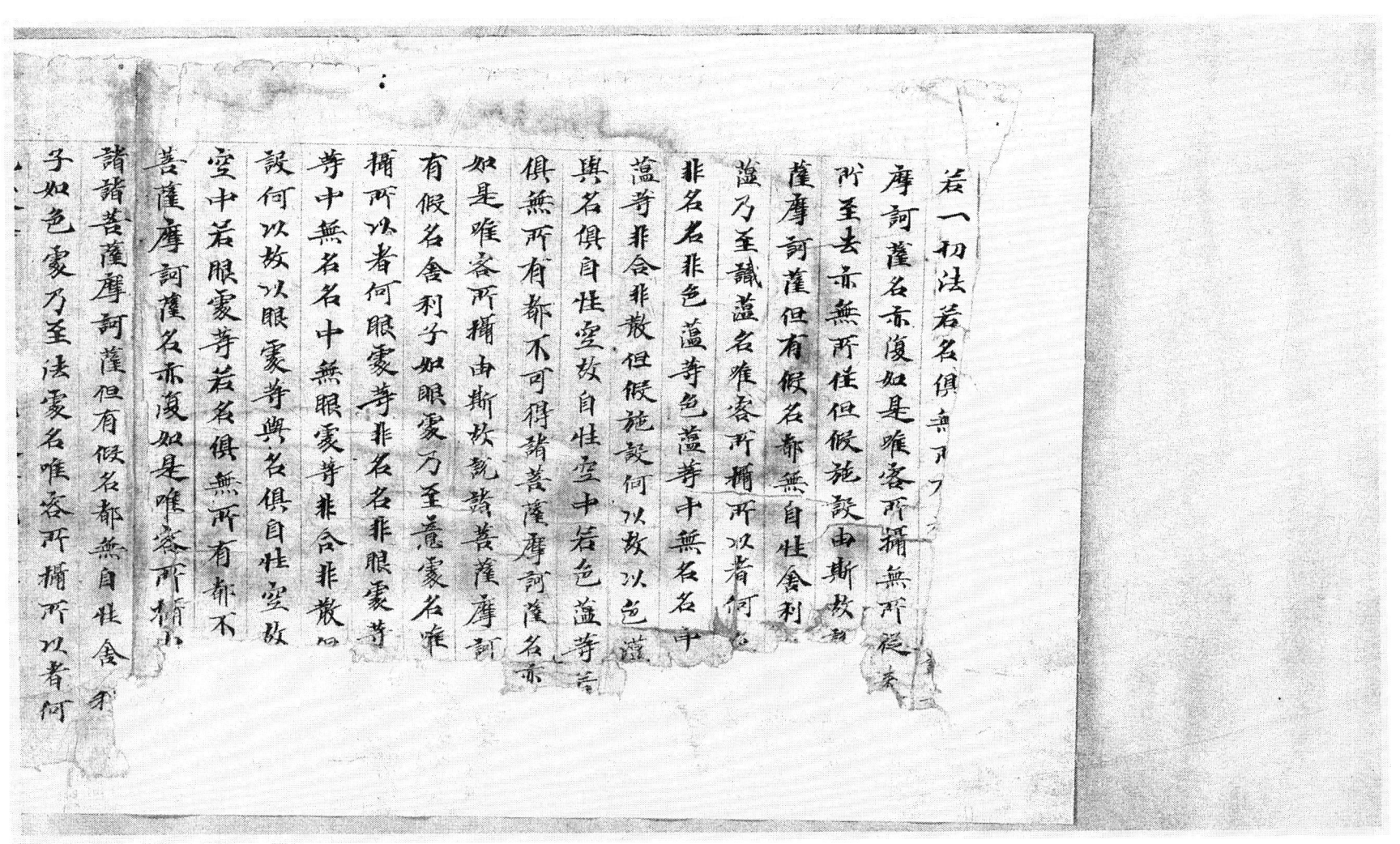

BD03786 號　大般若波羅蜜多經卷四九七　（5–1）

說何以故以眼處等與名俱自性空故
空中若眼處等若名俱無所有都不
菩薩摩訶薩名亦復如是唯客所稱
諸諸菩薩摩訶薩但有假名都無自性舍利
子如色處等乃至法處名唯客所稱所以者何
色處等非名名非色處等色處等中無名
名中無色處等非合非散但假施設何以
故以色處等與名俱自性空故自性空中若
色處等若名俱無所有都不可得諸菩薩
摩訶薩名亦復如是唯客所稱由斯故說諸
菩薩摩訶薩但有假名都無自性舍利子如
眼界乃至意界名唯客所稱所以者何眼界
等非名名非眼界等眼界等中無名名中無眼
界等非合非散但假施設何以故以眼界等
與名俱自性空故自性空中若眼界等若名
俱無所有都不可得諸菩薩摩訶薩名亦復
如是唯客所稱由斯故說諸菩薩摩訶薩但
有假名都無自性舍利子如色界乃至法界
名唯客所稱所以者何色界等非名名非色
界等色界等中無名名中無色界等非合非
散但假施設何以故以色界等與名俱自性
空故自性空中若色界等若名俱無所有都
不可得諸菩薩摩訶薩名亦復如是唯客所
稱由斯故說諸菩薩摩訶薩但有假名都無
自性舍利子如眼識界乃至意識界名唯客
所稱所以者何眼識界等非名名非眼識界

BD03786號　大般若波羅蜜多經卷四九七　（5–2）

空故自性空中若色界等若名俱無所有都
不可得諸菩薩摩訶薩名亦復如是唯客所
稱由斯故說諸菩薩摩訶薩但有假名都無
自性舍利子如眼識界乃至意識界名唯客
所稱所以者何眼識界等非名名非眼識界
等眼識界等中無名名中無眼識界等非合
非散但假施設何以故以眼識界等與名俱
自性空故自性空中若眼識界等若名俱無
所有都不可得諸菩薩摩訶薩名亦復如是
唯客所稱由斯故說諸菩薩摩訶薩但有假
名都無自性舍利子如眼觸乃至意觸名唯
客所稱所以者何眼觸等非名名非眼觸等
眼觸等中無名名中無眼觸等非合非散但
假施設何以故以眼觸等與名俱自性空故
自性空中若眼觸等若名俱無所有都不可
得諸菩薩摩訶薩名亦復如是唯客所稱由
斯故說說菩薩摩訶薩但有假名都無自性
舍利子如眼觸為緣所生諸受乃至意觸為
緣所生諸受名唯客所稱所以者何眼觸
為緣所生諸受等非名名非眼觸為緣所生
諸受等眼觸為緣所生諸受等中無名名
中無眼觸為緣所生諸受等非合非散但
假施設何以故以眼觸為緣所生諸受等與
名俱自性空故自性空中若眼觸為緣所
生諸受等若名俱無所有都不可得諸
菩薩摩訶薩名亦復如是唯客所稱由斯

BD03786號　大般若波羅蜜多經卷四九七　（5–3）

假施設何以故以眼觸爲緣所生諸受等與
名俱自性空故自性空中若眼觸爲緣所
生諸受等若名俱無所有都不可得諸
菩薩摩訶薩名亦復如是唯客所攝由斯
故說諸菩薩摩訶薩但有假名都無自性
舍利子如地界乃至識界名唯客所攝所
以者何地界等非名名非地界等地界等中
無名名中無地界等非合非散但假施設何
以故以地界等與名俱自性空故自性空中
若地界等若名俱無所有都不可得諸菩薩
摩訶薩名亦復如是唯客所攝由斯故說諸
菩薩摩訶薩但有假名都無自性舍利子如
因緣乃至增上緣名唯客所攝所以者何因
緣等非名名非因緣等因緣等中無名名中
無因緣等非合非散但假施設何以故以因
緣等與名俱自性空故自性空中若因緣等
若名俱無所有都不可得諸菩薩摩訶薩名
亦復如是唯客所攝由斯故說諸菩薩摩訶
薩但有假名都無自性舍利子如無明乃至
老死名唯客所攝所以者何無明等非名名
非無明等無明等中無名名中無無明等非
合非散但假施設何以故以無明等與名俱
自性空故自性空中若無明等若名俱無
所有都不可得諸菩薩摩訶薩名亦復如是
唯客所攝由斯故說諸菩薩摩訶薩但有假
名都無自性舍利子如布施波羅蜜多乃至般

BD03786號　大般若波羅蜜多經卷四九七　（5–4）

緣等與名俱自性空故自性空中若因緣等
若名俱無所有都不可得諸菩薩摩訶薩名
亦復如是唯客所攝由斯故說諸菩薩摩訶
薩但有假名都無自性舍利子如無明乃至
老死名唯客所攝所以者何無明等非名名
非無明等無明等中無名名中無無明等非
合非散但假施設何以故以無明等與名俱
自性空故自性空中若無明等若名俱無
所有都不可得諸菩薩摩訶薩名亦復如是
唯客所攝由斯故說諸菩薩摩訶薩但有假
名都無自性舍利子如布施波羅蜜多乃至般
若波羅蜜多名唯客所攝所以者何布施波
羅蜜多等非名名非布施波羅蜜多等布施
波羅蜜多等中無名名中無布施波羅蜜多
等非合非散但假施設何以故以布施波羅
蜜多等與名俱自性空故自性空中若布施
波羅蜜多等若名俱無所有都不可得諸菩
薩摩訶薩名亦復如是唯客所攝由斯故說
諸菩薩摩訶薩但有假名都無自性舍利子
如內空乃至無性自性空名唯客所攝所以
者何內空等非名名非內空等內空等中無

BD03786號　大般若波羅蜜多經卷四九七　（5–5）

BD03786 號背　勘記　　（1–1）

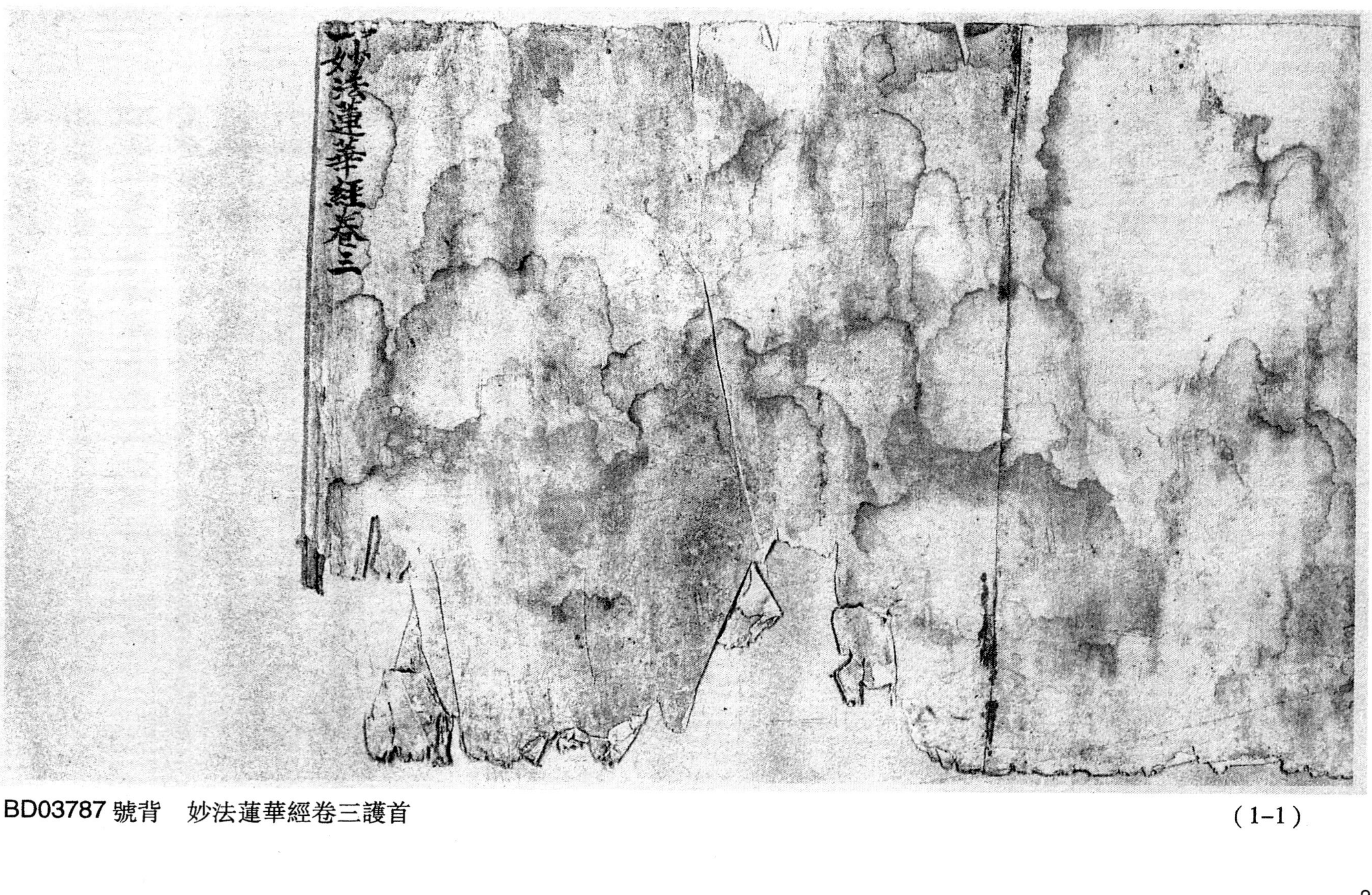

BD03787 號背　妙法蓮華經卷三護首　　（1–1）

妙法蓮華經藥草喻品第五　三

尒時世尊告摩訶迦葉及諸大弟子善哉善
哉迦葉善說如來真實功德誠如所言如
來復有無量无邊阿僧祇功德汝等若於无

BD03787號　妙法蓮華經卷三　（4–1）

妙法蓮華經藥草喻品第五　三

尒時世尊告摩訶迦葉及諸大弟子善哉善
哉迦葉善說如來真實功德誠如所言如
來復有無量无邊阿僧祇功德汝等若於无
量億劫說不能盡迦葉當知如來是諸法
之王若有所說皆不虛也於一切法以智方
便而演說之其所說法皆悉到於一切智地如來
觀知一切諸法之所歸趣亦知一切衆生深
心所行通達無㝵又於諸法究盡明了示諸
衆生一切智慧迦葉譬如三千大千世界山
川谿谷土地所生卉木藂林及諸藥草種類
若干名色各異密雲弥布遍覆三千大千世
界一時等澍其澤普洽卉木藂林及諸藥草
小根小莖小枝小葉中根中莖中枝中葉大
根大莖大枝大葉諸樹大小隨上中下各有
所受一雲所雨稱其種性而得生長華菓
敷實雖一地所生一雨所潤而諸草木各有
差別迦葉當知如來亦復如是出現於世如大
雲起以大音聲普遍世界天人阿脩羅如彼
大雲遍覆三千大千國土於大衆中而唱是
言我是如來應供正遍知明行足善逝世間
解無上士調御丈夫天人師佛世尊未度者
令度未解者令解未安者令安未涅槃者
令得涅槃今世後世如實知之我是一切知
者一切見者知道者開道者說道者汝等天
人阿脩羅衆皆應到此為聽法故尒時无數
千万億種衆生來至佛所而聽法如來于時

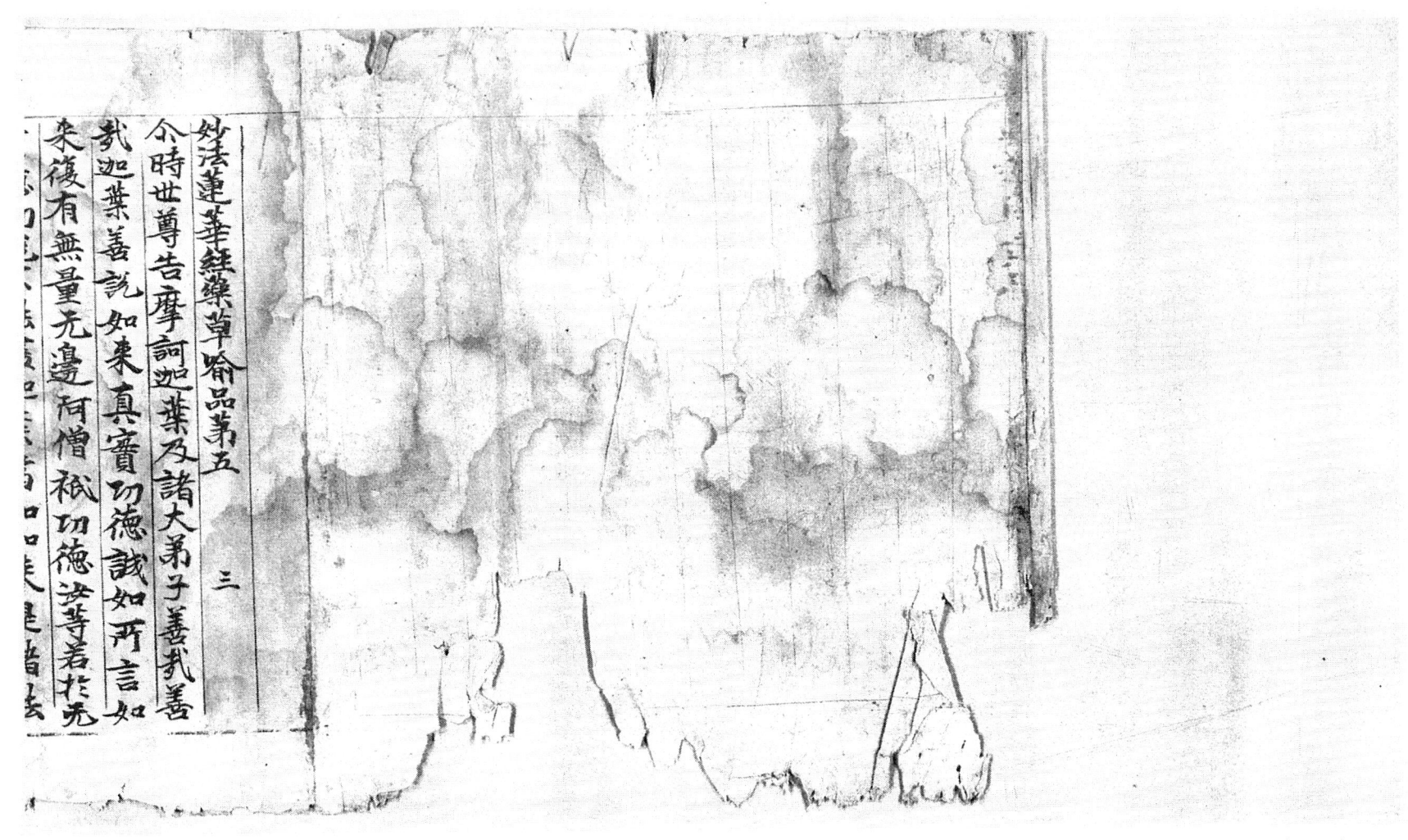

BD03787號　妙法蓮華經卷三　（4–2）

解無上士調御丈夫天人師佛世尊未度者令度未解者令解未安者令安未涅槃者令得涅槃今世後世如實知之我是一切知者一切見者知道者開道者說道者汝等天人阿脩羅衆皆應到此為聽法故尒時无數千万億種衆生來至佛所而聽法如來于時觀是衆生諸根利鈍精進懈怠隨其所堪而為說法種種無量皆令歡喜快得善利是諸衆生聞是法已現世安隱後生善處以道受樂亦得聞法既聞法已離諸障导於諸法中任力所能漸得入道如彼大雲雨於一切卉木叢林及諸藥草如其種性具足蒙潤各得長生如來說法一相一味所謂解脫相離相滅相究竟至於一切種智其有衆生聞如來法若持讀誦如說脩行所得功德不自覺知所以者何唯有如來知此衆生種相體性念何事思何事脩何事云何念云何思云何脩以何法念以何法思以何法脩以何法得何法衆生住於種種之地唯有如來如實見之明了无导如彼卉木叢林諸藥草等而不自知上中下性如來知是一相一味之法所謂解脫相離相滅相究竟涅槃常寂滅相終歸於空佛知是已觀衆生心欲而將護之是故不即為說一切種智汝等迦葉甚為希有能知如來隨宜說法能信能受所以者何諸佛世尊隨宜說法難解難知尒時世尊欲重宣此義而說偈言

BD03787號　妙法蓮華經卷三　（4–3）

相究竟至於一切種智其有衆生聞如來法若持讀誦如說脩行所得功德不自覺知所以者何唯有如來知此衆生種相體性念何事思何事脩何事云何念云何思云何脩以何法念以何法思以何法脩以何法得何法衆生住於種種之地唯有如來如實見之明了无导如彼卉木叢林諸藥草等而不自知上中下性如來知是一相一味之法所謂解脫相離相滅相究竟涅槃常寂滅相終歸於空佛知是已觀衆生心欲而將護之是故不即為說一切種智汝等迦葉甚為希有能知如來隨宜說法能信能受所以者何諸佛世尊隨宜說法難解難知尒時世尊欲重宣此義而說偈言

破有法王　出現世間　隨衆生欲　種種說法
如來尊重　智慧深遠　久默斯要　不務速說
有智若聞　則能信解　無智疑悔　則為永失
是故迦葉　隨力為說　以種種緣　令得正見
迦葉當知　譬如大雲　起於世間　遍覆一切
慧雲含潤　電光晃曜　雷聲遠震　令衆悅豫
日光掩蔽　地上清涼　靉靆垂布　如可承攬
其雨普等　四方俱下　流澍无量　率土充[illegible]
山川險谷　幽邃所生　卉木藥草

BD03787號　妙法蓮華經卷三　（4–4）

大聖轉法輪　顯示諸法相　度苦惱衆生　令得大歡喜
衆生聞此法　得道若生天　諸惡道減少　忍善者增益
尒時大通智勝如来默然許之又諸比丘南方
五百万億國土諸大梵王各自見宮殿光明
照曜昔所未有歡喜踊躍生希有心即各相
詣共議此事以何因緣我等宮殿有此光曜
而彼衆中有一大梵天王名曰妙法為諸梵
衆而說偈言
我等諸宮殿　光明甚威曜　此非无因緣　是相宜求之
過於百千劫　未曾見是相　為大德天生　為佛出世間
尒時五百万億諸梵天王與宮殿俱各以衣
裓盛諸天華共詣北方推尋是相見大通智
勝如来處于道場菩提樹下坐師子座諸天
龍王乾闥婆緊那羅摩睺羅伽人非人等恭
敬圍繞及見十六王子請佛轉法輪時諸梵
天王頭面礼佛繞百千帀即以天華而散佛
上所散之華如須弥山并以供養佛菩提樹
華供養已各以宮殿奉上彼佛而作是言唯
見哀愍饒益我等所獻宮殿願垂納受尒
時諸梵天王即於佛前一心同聲以偈頌曰
世尊甚難見　破諸煩惱者　過百三十劫　今乃得一見

BD03788號　妙法蓮華經卷三　（4–1）

天王頭面礼佛繞百千帀即以天華而散佛
上所散之華如須弥山并以供養佛菩提樹
華供養已各以宮殿奉上彼佛而作是言唯
見哀愍饒益我等所獻宮殿願垂納受尒
時諸梵天王即於佛前一心同聲以偈頌曰
世尊甚難見　破諸煩惱者　過百三十劫　今乃得一見
諸飢渴衆生　以法雨充滿　昔所未曾覩　无量智慧者
如優曇鉢華　今日乃值遇　我等諸宮殿　蒙光故嚴飾
世尊大慈悲　唯願垂納受
尒時諸梵天王偈讚佛已各作是言唯願世
尊轉於法輪令一切世間諸天魔梵沙門婆
羅門皆獲安隱而得度脫時諸梵天王一心
同聲以偈頌曰
唯願天人尊　轉无上法輪　擊于大法鼓　而吹大法螺
普雨大法雨　度无量衆生　我等咸歸請　當演深遠音
尒時大通智勝如来默然許之西南方乃至
下方亦復如是尒時上方五百万億國土諸大
梵王皆悉自覩所止宮殿光明威曜昔所未
有歡喜踊躍生希有心即各相詣共議此
事以何因緣我等宮殿有斯光明時彼衆中
有一大梵天王名曰尸棄為諸梵衆而說偈言
今以何因緣　我等諸宮殿　威德光明曜　嚴飾未曾有
如是之妙相　昔所未聞見　為大德天生　為佛出世間
尒時五百万億諸梵天王與宮殿俱各以衣
裓盛諸天華共詣下方推尋是相見大通智
勝如来處于道場菩提樹下坐師子座諸天

BD03788號　妙法蓮華經卷三　（4–2）

如是之妙相 昔所未聞見 為大德天生 為佛出世間
尒時五百万億諸梵天王與宮殿俱各以衣
裓盛諸天華共詣下方推尋是相見大通智
勝如来處于道場菩提樹下坐師子座諸天
龍王乾闥婆緊那羅摩睺羅伽人非人等恭
敬圍繞及見十六王子請佛轉法輪時諸梵
天王頭面礼佛繞百千帀即以天華而散佛
上所散之華如須弥山并以供養佛菩提樹
華供養已各以宮殿奉上彼佛而作是言唯
見哀愍饒益我等所獻宮殿願垂納處時
諸梵天王即於佛前一心同聲以偈頌曰
善哉見諸佛 救世之聖尊 能於三界獄 勉出諸衆生
普智天人尊 哀愍群萌類 能開甘露門 廣度於一切
於昔无量劫 空過无有佛 世尊未出時 十方常闇冥
三惡道增長 阿脩羅亦盛 諸天衆轉減 死多墮惡道
不從佛聞法 常行不善事 色力及智慧 斯等皆減少
罪業因緣故 失樂及樂想 住於邪見法 不識善儀則
不蒙佛所化 常墮於惡道 佛為世間眼 久遠時乃出
哀愍諸衆生 故現於世間 超出成正覺 我等甚欣慶
及餘一切衆 喜歎未曾有 我等諸宮殿 蒙光故嚴飾
今以奉世尊 唯願哀納受 願以此功德 普及於一切
我等與衆生 皆共成佛道
尒時五百万億諸梵天王偈讚已各白佛言
唯願世尊轉於法輪多所安隱多所度脫時
諸梵天王而說偈言
世尊轉法輪 擊甘露法鼓 度苦惱衆生 開示涅槃道

BD03788號　妙法蓮華經卷三　（4-3）

我等與衆生 皆共成佛道
尒時五百万億諸梵天王偈讚已各白佛言
唯願世尊轉於法輪多所安隱多所度脫時
諸梵天王而說偈言
世尊轉法輪 擊甘露法鼓 度苦惱衆生 開示涅槃道
唯願受我請 以大微妙音 哀愍而敷演 無量劫習法
尒時大通智勝如来受十方諸梵天王及十
六王子請即時三轉十二行法輪若沙門婆
羅門若天魔梵及餘世間所不能轉謂是苦
是苦集是苦滅是苦滅道及廣說十二因緣法
无明緣行行緣識識緣名色名色緣六入六入
緣觸觸緣受受緣愛愛緣取取緣有有緣
生緣老死憂悲苦惱无明滅則行滅行滅則
識滅識滅則名色滅名色滅則六入滅六入滅
則觸滅觸滅則受滅受滅則愛滅愛滅則取滅
取滅則有滅有滅則生滅生滅則老死憂悲
苦惱滅佛於天人大衆之中說是法時六百
万億那由他人以不受一切法故而於諸漏心
得解脫皆得深妙禪定三明六通具八解
脫第二第三第四法時千万億恒河沙那
由他等衆生亦以不受一切法故而於諸漏
心得解脫從是已後諸聲聞衆无量无
邊不可稱數尒時十六王子皆以童子出家
而為沙弥諸根通利智慧明了已曾供養百
千万億諸佛淨脩梵行求阿耨多羅三藐
三菩提俱白佛言世尊是諸无量[illegible]

BD03788號　妙法蓮華經卷三　（4-4）

青提夫人雖遭地獄之苦慳貪究竟未除
逢厄生於青來者三寶是我兒為我人間取飯汝等令人息
心我今自救無暇況復更能相濟目連將飯并鉢奉上阿
孃恐被侵奪眼連看四畔左手鄣鉢右手團食々未入口
變為猛火長者雖然願重不能慳鄣尤深目連見母如斯
肝膽由如刀割我今聲聞為智小人徵唯有啓問世尊
應知救濟之路且看與母飯處
天人見飯向前迎　慳貪未喫且空爭　我兒遠取人間
飯將來自擬療飢殘　獨喫猶看不飽足　諸人息意滿承
云青提慳貪業力重　入口喉中猛火生
目連見阿孃喫飯成火渾搥自撲由如五大山崩耳鼻
之中皆流迸血哭言阿孃　南閻浮提施此飯
飯上有七尺神光　將作是香美飲食　飯未入口變
成火只為慳貪心不改　所以連年受其罪　兒今痛切更無方
業報不容相替代　世人不須懷疾妒　一落三塗罪未必
香飯未及入咽喉　猛火從孃口中出　俗間之罪滿娑
婆雖有慳貪罪最多　火既無端從口出　明知業報不由他
一切常行平等意　亦須專心念彌陀　但能捨却慳貪心
[illegible]

成火只為慳貪心不改　所以連年受其罪　兒今痛切更無方
業報不容相替代　世人不須懷疾妒　一落三塗罪未必
香飯未及入咽喉　猛火從孃口中出　俗間之罪滿娑
婆雖有慳貪罪最多　火既無端從口出　明知業報不由他
一切常行平等意　亦須專心念彌陀　但能捨却慳貪心
淨變天堂隨意念　青提哭言孝順兒　罪業之身不自由
不得阿師行孝道　誰肯艱辛救阿孃　見飯不能抄入口
大火無端却損腸　慳貪豈得存心念　只應過去有餘殃
阿師是孃々孝順子　與我些水潤虛腸
目連聞孃索水氣咽聲西思寸中間忽憶王舍城南有一大
水將阿孃向水頭可不得阿孃飽滿目連背將阿孃往向王
舍城南有一大水闊浪無邊若日恒河之水亦應救得阿孃
大難之苦　南閻浮提衆生見水即是清良冷水
諸天見水即是流璃寶池　魚鱉黿鼉見水即是閻浮
青提見水雖是膿何猛火　行至水頭未及兒既龍便即
左手託岸良由慳　右手掬水良由貪直為慳貪心
不忘水未入口變成猛火　目連見阿孃喫飯成火
娘兒怕憶悲悲號哭來向佛前遶佛三匝却住一面
胡跪合掌而白世尊弟子阿孃造諸不善墮樂三
塗蒙世尊慈悲救得阿孃波吒之苦只今喫飯成火
飲水成火如何救得阿孃大難之苦
世尊喚言目連汝阿孃如今時未得飯喫無過尚
連一年七月十五日廣造盂蘭盆始得飯喫目連阿
孃飢白言世尊每月十三日十四日可不得要須到一年

胡跪合掌而白世尊弟子阿孃造諸不善墮落三
塗業世尊慈悲救得阿孃波吒之苦只今喫飯成火
飲水成火如何救得阿孃火難之苦
世尊喚言目連汝阿孃如今時未得飯喫無過因
連一年七月十五日廣造盂蘭盆始得飯喫目連阿
孃飢白言世尊每月十三日十四日可不得要須到一年
之中七月十五日始得飯喫世〻尊〻報言目連非但
汝阿孃當次日廣造盂蘭諸山坐禪解下日羅漢
得道日啼婆達多罪滅日閻羅王歡善日一切餓鬼
總得普同飽滿目連承佛明教便向王舍城邊塔廟
之前轉讀大乘經典廣造盂蘭盆善根阿孃就
次盆中施得一頓飽飯喫從得飯喫已來母子更
不相見目連諸處尋阿孃不見悲泣雨淚來向
前遶三匝却住一面合掌胡跪白言世尊阿孃喫
飯成火飲水成火業世尊慈悲救得阿孃火難之
苦從七月十五日得一頓飯喫已來母子更不得相
見為當却墮地獄為當復向餓鬼之途
世尊報言汝母亦不墮地獄餓鬼之途汝轉經功德
造次盂蘭盆善根汝阿孃轉却餓鬼之身向王舍
城中作一黑狗身去汝欲得見阿孃心行平等此
弟託飯莫問貧富行至大富長者家門前有一黑
母狗出來捉汝袈裟啣著作人語即是汝阿孃目連
蒙佛明教遂即託鉢持于尋覓阿孃不問貧富
富坊巷行於九匝總不見阿孃行至一長者家門前

BD03789 號　目連救母變文　（4–3）

之前轉讀大乘經典廣造盂蘭盆善根阿孃就
次盆中施得一頓飽飯喫從得飯喫已來母子更
不相見目連諸處尋阿孃不見悲泣雨淚來向
前遶三匝却住一面合掌胡跪白言世尊阿孃喫
飯成火飲水成火業世尊慈悲救得阿孃火難之
苦從七月十五日得一頓飯喫已來母子更不得相
見為當却墮地獄為當復向餓鬼之途
世尊報言汝母亦不墮地獄餓鬼之途汝轉經功德
造次盂蘭盆善根汝阿孃轉却餓鬼之身向王舍
城中作一黑狗身去汝欲得見阿孃心行平等此
弟託飯莫問貧富行至大富長者家門前有一黑
母狗出來捉汝袈裟啣著作人語即是汝阿孃目連
蒙佛明教遂即託鉢持于尋覓阿孃不問貧富
富坊巷行於九匝總不見阿孃行至一長者家門前
阿孃作一黑狗身從宅裏出來便捉目連袈裟
咸著即作人語喚言孃〻孝順子肯是能向地獄〻
中救阿孃來可不救狗身之苦
目連啓言慈母由兒不孝順殃及慈母落三塗寧作狗
身於此受在地獄餓鬼之途　阿孃喚言孝順兒受此
狗身音啞報行住坐卧得安寧飢即坑中食人淨
渴飲長流以濟虛朝聞長者念三

BD03789 號　目連救母變文　（4–4）

以七寶滿尒所恒河沙數三千大千世界以用
布施得福多不須菩提言甚多世尊佛告
須菩提若善男子善女人於此經中乃至受
持四句偈等為他人說而此福德勝前福德
復次須菩提隨說是經乃至四句偈等當知
此處一切世間天人阿脩羅皆應供養如佛
塔廟何況有人盡能受持讀誦須菩提當知
是人成就最上第一希有之法若是經典所
在之處則為有佛若尊重弟子
尒時須菩提白佛言世尊當何名此經我等
云何奉持佛告須菩提是經名為金剛般若
波羅蜜以是名字汝當奉持所以者何須菩
提佛說般若波羅蜜則非般若波羅蜜須菩
提於意云何如來有所說法不須菩提白佛
言世尊如來无所說須菩提於意云何三千
大千世界所有微塵是為多不須菩提言甚
多世尊須菩提諸微塵如來說非微塵是名
微塵如來說世界非世界是名世界須菩提
於意云何可以三十二相見如來不不也世尊
不可以三十二相得見如來何以故如來說三十

BD03790號　金剛般若波羅蜜經　（4–1）

言世尊如來无所說須菩提於意云何三千
大千世界所有微塵是為多不須菩提言甚
多世尊須菩提諸微塵如來說非微塵是名
微塵如來說世界非世界是名世界須菩提
於意云何可以三十二相見如來不不也世尊
不可以三十二相得見如來何以故如來說三十
二相即是非相是名三十二相須菩提若有善
男子善女人以恒河沙等身命布施若復有人
於此經中乃至受持四句偈等為他人說其
福甚多
尒時須菩提聞說是經深解義趣涕淚悲泣
而白佛言希有世尊佛說如是甚深經典我
從昔來所得慧眼未曾得聞如是之經世尊
若復有人得聞是經信心清淨則生實相當
知是人成就第一希有功德世尊是實相
者則是非相是故如來說名實相世尊我
今得聞如是經典信解受持不足為難若當
來世後五百歲其有眾生得聞是經信解受
持是人則為第一希有何以故此人无我相人
相眾生相壽者相所以者何我相即是非相人
相眾生相壽者相即是非相何以故離一切諸
相則名諸佛佛告須菩提如是如是若復有
人得聞是經不驚不怖不畏當知是人甚為
希有何以故須菩提如來說第一波羅蜜非
第一波羅蜜是名第一波羅蜜須菩提忍
辱波羅蜜如來說非忍辱波羅蜜何以故
[illegible]

BD03790號　金剛般若波羅蜜經　（4–2）

相則名諸佛佛告須菩提如是如是若復有
人得聞是經不驚不怖不畏當知是人甚爲
希有何以故須菩提如來說第一波羅蜜非
第一波羅蜜是名第一波羅蜜須菩提忍
辱波羅蜜如來說非忍辱波羅蜜何以故
須菩提如我昔爲歌利王割截身體我於
尒時无我相无人相无衆生相无壽者相何以
故我於往昔節節支解時若有我相人相
衆生相壽者相應生瞋恨須菩提又念過去
於五百世作忍辱仙人於尒所世无我相无人
相无衆生相无壽者相是故須菩提菩薩
應離一切相發阿耨多羅三藐三菩提心不
應住色生心不應住聲香味觸法生心應生
无所住心若心有住則爲非住是故佛說菩
薩心不應住色布施須菩提菩薩爲利益
一切衆生應如是布施如來說一切諸相即是
非相又說一切衆生則非衆生須菩提如來是
真語者實語者如語者不誑語者不異語者
須菩提如來所說法此法无實无虛
須菩提若菩薩心住於法而行布施如人入
闇則无所見若菩薩心不住法而行布施如人
有目日光明照見種種色須菩提當來之世若
善男子善女人能於此經受持讀誦則爲如來
以佛智慧悉知是人悉見是人皆得成就无
量无邊功德
須菩提若有善男子善女人初日分以恒河

BD03790號　金剛般若波羅蜜經　（4–3）

於五百世作忍辱仙人於尒所世无我相无人
相无衆生相无壽者相是故須菩提菩薩
應離一切相發阿耨多羅三藐三菩提心不
應住色生心不應住聲香味觸法生心應生
无所住心若心有住則爲非住是故佛說菩
薩心不應住色布施須菩提菩薩爲利益
一切衆生應如是布施如來說一切諸相即是
非相又說一切衆生則非衆生須菩提如來是
真語者實語者如語者不誑語者不異語者
須菩提如來所說法此法无實无虛
須菩提若菩薩心住於法而行布施如人入
闇則无所見若菩薩心不住法而行布施如人
有目日光明照見種種色須菩提當來之世若
善男子善女人能於此經受持讀誦則爲如來
以佛智慧悉知是人悉見是人皆得成就无
量无邊功德
須菩提若有善男子善女人初日分以恒河
沙等身布施中日分復以恒河等身布施後
日分亦以恒河沙等身布施如是无量百千
万億劫以身布施若復有人聞此經典信心

BD03790號　金剛般若波羅蜜經　（4–4）

寶滿尒所恒河沙數
用布施得福多不須菩提言甚多世尊佛
告須菩提若善男子善女人於此經中乃至
受持四句偈等為他人說而此福德勝前福
德復次須菩提隨說是經乃至四句偈等當
知此處一切世間天人阿脩皆應供養如
佛塔廟何況有人盡能受持讀誦須菩提當
知是人成就最上第一希有之法若是經典
所在之處則為有佛若尊重弟子
尒時須菩提白佛言世尊當何名此經我等
云何奉持佛告須菩提是經名為金剛般若
波羅蜜以是名字汝當奉持所以者何須菩
提佛說般若波羅蜜則非般若波羅蜜須菩
提於意云何如來有所說法不須菩提白佛
言世尊如來无所說須菩提於意云何三千
大千世界所有微塵是為多不須菩提言甚
多世尊須菩提諸微塵如來說非微塵是名
微塵如來說世界非世界是名世界須菩提
於意云何可以三十二相見如來不不也世
尊何以故如來說三十二相即是非相是名
三十二相須菩提若有善男子善女人以恒
河沙等身命布施若復有人於此經中乃至
受持四句偈等為他人說其福甚多
尒時須菩提聞說是經深解義趣涕淚悲泣

BD03791 號　金剛般若波羅蜜經

（3–1）

於意云何可以三十二相見如來不不也世
尊何以故如來說三十二相即是非相是名
三十二相須菩提若有善男子善女人以恒
河沙等身命布施若復有人於此經中乃至
受持四句偈等為他人說其福甚多
尒時須菩提聞說是經深解義趣涕淚悲泣
而白佛言希有世尊佛說如是甚深經典我
從昔來所得慧眼未曾得聞如是之經世
尊若復有人得聞是經信心清淨則生實相當
知是人成就第一希有功德世尊是實相者
則是非相是故如來說名實相世尊我今得
聞如是經典信解受持不足為難若當來世
後五百歲其有衆生得聞是經信解受持是
人則為第一希有何以故此人无我相人相
衆生相壽者相所以者何我相即是非相人
相衆生相壽者相即是非相何以故離一切
諸相則名諸佛
佛告須菩提如是如是若復有人得聞是經
不驚不怖不畏當知是人甚為希有何以故
須菩提如來說第一波羅蜜非第一波羅蜜
是名第一波羅蜜
須菩提忍辱波羅蜜如來說非忍辱波羅蜜
何以故須菩提如我昔為歌利王割截身體
我於尒時无我相无人相无衆生相无壽者
相何以故我於往昔節節支解時若有我相
人相衆生相壽者相應生瞋恨須菩提又念
過去於五百世作忍辱仙人於尒所世无我

BD03791 號　金剛般若波羅蜜經

（3–2）

我於尒時无我相无人相无衆生相无壽者
相何以故我於往昔節節支解時若有我相
人相衆生相壽者相應生瞋恨須菩提又念
過去於五百世作忍辱仙人於尒所世无我
相无人相无衆生相无壽者相是故須菩提
菩薩應離一切相發阿耨多羅三藐三菩提
心不應住色生心不應住聲香味觸法生心
應生无所住心若心有住則為非住是故佛
說菩薩心不應住色布施須菩提菩薩為利
益一切衆生應如是布施如來說一切諸相
即是非相又說一切衆生則非衆生須菩提
如來是真語者實語者如語者不誑語者不
異語者須菩提如來所得法此法无實无虛
須菩提若菩薩心住於法而行布施如人入
闇則无所見若菩薩心不住法而行布施如
人有目日光明照見種種色須菩提當來之
世若有善男子善女人能於此經受持讀誦
則為如來以佛智慧悉知是人悉見是人皆
得成就无量无邊功德
須菩提若有善男子善女人初日分以恒河
沙等身布施中日分復以恒河沙等身布施
後日分亦以恒河沙等身布施如是无量百
千万億劫以身布施若復有人聞此經典信
彼何況書寫受持讀誦為人

BD03791號　金剛般若波羅蜜經　（3–3）

尒時世
无量百千俱胝那庾多諸天大衆見彼人王
若能至心聽是經典供養恭敬尊重讚歎者
應當擁護除其衰患能令汝等亦受安樂若
四部衆能廣流布是經王者於人天中廣作
佛事普能利益无量衆生如是之人汝等四
王常當擁護如是四衆勿使他緣共相侵擾
令彼身心寂靜安樂於此經王廣宣流布令
不斷絶利益有情盡未來際
尒時多聞天王從座而起白佛言世尊我有
如意寶珠陁羅尼法若有衆生樂受持者功
德无量我常擁護令彼衆生離苦得樂能成
福智二種資糧欲受持者先當誦此護身之
呪即說呪曰
南謨薜室囉末拏也　莫訶曷羅闍也（但是也上之字皆須打聲）
怛姪他　囉囉　囉囉　矩怒矩怒
區怒區怒　窶怒窶怒　颯縛颯縛
羯囉羯囉　莫訶毗羯喇麼　莫訶毗羯喇麼
莫訶曷囉社　曷路叉曷路叉　覩漫（自稱己名）
薩婆薩埵難者　莎訶（此之二字皆長引聲）

BD03792號　金光明最勝王經卷六　（8–1）

怛姪他 囉囉囉囉 矩怒矩怒
區怒區怒 窶怒窶怒 飄縛飄縛
羯囉羯囉 莫訶畔羯喇麼 莫訶畔羯喇麼
莫訶曷囉社 曷路又曷路又 覩湯自稱己名
薩婆薩埵難者 莎訶此之二字皆長引聲
世尊誦此呪者當以白線呪之七遍一遍一結
繫之肘後其事必成應取諸香所謂安息栴
檀龍腦蘇合多揭羅薰陸皆須等分和合一處
手執香爐燒香供養清淨澡洛着鮮潔衣於
一靜室可誦神呪
請我薜室囉末拏天王即說呪曰
南謨薜室囉 末 拏引也 南謨檀那馱也
檀泥說囉引也 阿 揭 捺 阿鉢喇須哆
檀泥說囉 鉢 囉 麼 迦嚕尼迦
薩婆薩埵 呬哆振 哆 麼麼己名檀那
末拏鉢喇拽捺 砕闍摩揭捺 莎 訶
此呪誦滿一七遍已次誦本呪欲誦呪時先
當稱名敬礼三寶及薜室羅末拏大王能
施財物令諸衆生所求願滿悉能成就與其安
樂如是礼已次誦薜室羅末拏王如意末尼
寶心神呪能施衆生隨意安樂尒時多聞天
王即於佛前說如意末尼寶心呪曰
南謨曷喇怛娜 怛 喇 夜 引 也
南謨薜室囉末拏引也 莫訶囉闍 引 也
怛姪他 四須四須 蘇 母 蘇 母
旃荼旃荼 折囉折囉 薩囉薩囉

南謨薜室囉末拏引也 莫訶囉闍 引 也
怛姪他 四須四須 蘇 母 蘇 母
旃荼旃荼 折囉折囉 薩囉薩囉
羯囉羯囉 析哩枳哩 矩嚕矩嚕
母嚕母嚕 主嚕主嚕 娑大也頞貪
我名某甲 昄 店頞他 達達覩莎訶
南謨薜室囉末拏也莎訶檀那馱也莎訶
曼奴喇他鉢喇脯喇迦引也莎訶
受持呪時先誦千遍然後於淨室中瞿 摩塗
地作小壇場隨時飲食一心供養常然妙香令
烟不絕誦前心呪晝夜繫心唯自耳聞勿
令他解時有薜室囉末拏王子名禪膩師現
童子形來至其所問言何故須喚我又即可
報言我為供養三寶事須財物願當施與時
禪膩師聞是語已即還父所白其父言今有
善人發至誠心供養三寶少之財物為斯請
召其父報曰汝可速去日日與彼一百迦 利
沙波拏此是根本梵音唯目貝齒而隨方不定或是金銀銅鐵等錢然摩揭陁現今通用一迦利沙波拏有一千六百貝齒總數可以准知若准物直隨處不定若人持呪得成就者獲物之時自知其數有本云每日與一百陳那羅即金錢也乃至盡形日常得西方求者多有神驗除不疑也
其持呪者見是相已知事得成當須獨處淨
室燒香而卧可於牀邊置一香篋每至天曉
觀其篋中獲所求物每得物時當日即須供
養三寶香花飲食兼施貧乏皆令罄盡不得
停留於諸有情起慈悲念勿生瞋誑諂害之
心若起瞋者即失神驗常可護心勿令瞋恚

覩其筮中權所求物每得物時當日即須供
養三寶香花飲食兼施貧之皆令罄盡不得
停留於諸有情起慈悲念勿生瞋誑諂曲之
心若起瞋者即失神驗常可護心勿令瞋恚
又持此呪者於每日中憶我多聞天王及男女
眷屬稱揚讚歎恒以十善共相資助令彼天
等福力增明衆善普臻證菩提處彼諸天衆
見是事已皆大歡喜共來擁衛持呪之人又
持呪者壽命長遠經无量歲永離三塗常
无災厄亦令獲得如意寶珠及以伏藏神通
自在所願皆成若求官榮无不稱意亦解一
切禽獸之語
世尊若持呪時欲得見我自身現者可於月
八日或十五日於白疊上畫佛形像當用木
膠雜彩莊飾其畫像人為受八戒於佛左邊
作吉祥天女像於佛右邊作我多聞天像并
畫男女眷屬之類安置坐處咸令如法布列
花彩燒衆名香然燈續明晝夜无歇上妙飲
食種種珍奇發殷重心隨時供養受持神呪
不得輕心請召我時應誦此呪
南謨室唎健那也　勃陁引也
南謨薜室囉末拏也　藥叉囉闍引也
莫訶囉闍　阿地囉闍也
南麼室唎耶囊　莫訶提鞞引囊
怛姪他　怛囉怛囉咄嚕咄嚕
末囉末囉　窣窣吐窣窣吐

莫訶囉闍　阿地囉闍也
南麼室唎耶囊　莫訶提鞞引囊
怛姪他　怛囉怛囉咄嚕咄嚕
末囉末囉　窣窣吐窣窣吐
漢娜漢娜　末尼羯諾迦
跋折囉薜琉璃也　目底迦楞訖㗚哆
設唎囉囊　蒲引薩婆薩埵
呬哆迦引摩　薜室囉末拏
室唎夜提鼻　跋囉婆引也
醫呬醫呬麼毗藍婆　瞿㗚拏瞿㗚拏
秣麻八反唎婆秣唎婆　達䭾呬　麼麼
阿目迦耶末寫自稱己名　達哩設耶迦末寫
達哩設南　麼麼末那
鉢喇遏羅大也　莎訶
世尊我若見此誦呪之人復見如是咸興供
養即生慈愛歡喜之心我即變身作小兒形
或作老人苾芻之像手持如意末尼寶珠并
持金囊入道塲內身現恭敬口稱佛名語持呪
者曰隨汝所求皆令如願或隱林藪或造寶
珠或欲衆人愛寵或求金銀等物欲持諸呪
皆令有驗或欲神通壽命長遠及勝妙樂无
不稱心我今且說如是之事若更求餘皆隨
所願悉得成就寶藏无盡功德无窮假
使日月墜墮于地或可大地有時移轉我
此實語終不虛然常得安隱隨心快樂世尊若
有人能受持讀誦是經王者誦此呪時不假
疲勞法速成就世尊我今為彼貧窮困厄苦

不稱心我今且說如是之事……
所願悉得成就寶藏无盡功德无窮假
使日月墜墮於地或可大地有時移轉我
此實語終不虛然常得安隱隨心快樂世尊若
有人能受持讀誦是經王者誦此呪時不假
疲勞速成就世尊我今為彼貧窮困厄苦
惱衆生說此神呪令獲大利皆得富樂自在无
患乃至盡形我當擁護隨逐是人為除災厄
亦復令此持金光明最勝王經流通之者及
持呪人於百步內光明照燭我之所有千藥
叉神亦常侍衛隨欲驅使无不遂心我說實
語无有虛誑唯佛證知時多聞天王說此呪
已佛言善哉大王汝能破裂一切衆生貧窮
苦網令得富樂說是神呪復令此經廣行於
世時四天王俱從座起偏袒一肩頂礼雙足
右膝著地合掌恭敬以妙伽他讚佛功德

佛面猶如淨滿月　亦如千日放光明
目淨脩廣若青蓮　齒白齊密猶珂雪
佛德无邊如大海　无限妙寶積其中
智慧德水鎮恒盈　百千勝定咸充滿
足下輪相皆嚴飾　轂輞千輻悉齊平
手足鞔網遍莊嚴　猶如鵝王相具足
佛身光曜等金山　清淨殊特无倫匹
亦如妙高功德滿　故我稽首佛山王
相好如空不可測　逾於千月放光明
皆如焰幻不思議　故我稽首心无著

尒時四天王讚歎佛已世尊亦以伽他而荅

BD03792 號　金光明最勝王經卷六　（8–6）

手足鞔網遍莊嚴　猶如鵝王相具足
佛身光曜等金山　清淨殊特无倫匹
亦如妙高功德滿　故我稽首佛山王
相好如空不可測　逾於千月放光明
皆如焰幻不思議　故我稽首心无著

尒時四天王讚歎佛已世尊亦以伽他而荅
之曰

此金光明最勝經　无上十力之所說
汝等四王常擁衛　應生勇猛不退心
此妙經寶極甚深　能與一切有情樂
由彼有情安樂故　常得流通贍部洲
於此大千世界中　所有一切有情類
餓鬼傍生及地獄　如是苦趣悉皆除
住此南洲諸國王　及餘一切有情類
由經威力常歡喜　皆蒙擁護得安寧
亦使此中諸有情　除衆病苦无賊盜
賴此國土弘經故　安隱豐樂无違惱
若人聽受此經王　欲求尊貴及財利
國土豐樂无違諍　隨心所願悉皆從
能令他方賊退散　於自國界常安隱
由此最勝經王力　離諸苦惱无憂怖
如寶樹王在宅內　能生一切諸樂具
最勝經王亦復然　能與人王勝功德
譬如澄潔清冷水　能除飢渴諸熱惱
最勝經王亦復然　樂福之者心滿足
如人室有妙寶篋　隨所受用悉從心
最勝經王亦復然　福德隨心无所乏

BD03792 號　金光明最勝王經卷六　（8–7）

最勝經王亦復然　令樂……者心滿足
如人室有妙寶篋　隨所(樂)用悉從心
最勝經王亦復然　福德……心無所乏
汝等天主及天眾　應……供養此經王
若能依教奉持經　智……威神皆具足
現在十方一切佛　咸……護念此經王
見有讀誦及受持　稱歎善哉甚希有
若有人能聽此經　身心踊躍生歡喜
常有百千藥叉眾　隨所住處護斯人
於此世界諸天眾　其……無量不思議
悉共聽受此經王　歡喜護持無退轉
若人聽受此經王　威德勢力常自在
增益一切人天眾　令離衰惱益光明
尒時四天王聞是頌已歡喜踊躍白佛言世
尊我從昔來未曾得聞如是甚深微妙之法
心生悲喜涕淚交流舉身戰動證不思議希
有之事以天曼陀羅花摩訶曼陀羅花而散
佛上作是殊勝供養佛已白佛言世尊我等
四王各有五百藥叉眷屬常當處處擁護是
經及說法師以智光明……衛若於此經
所有句義忘失之處我……彼憶念不忘并
與陀羅尼殊勝法門令……復欲令此最
勝經王所在之處為諸……流布不速
隱沒尒時世尊於大眾……無量眾
生皆得大智聰叡辯……量福德之聚
離諸憂惱發喜樂心……

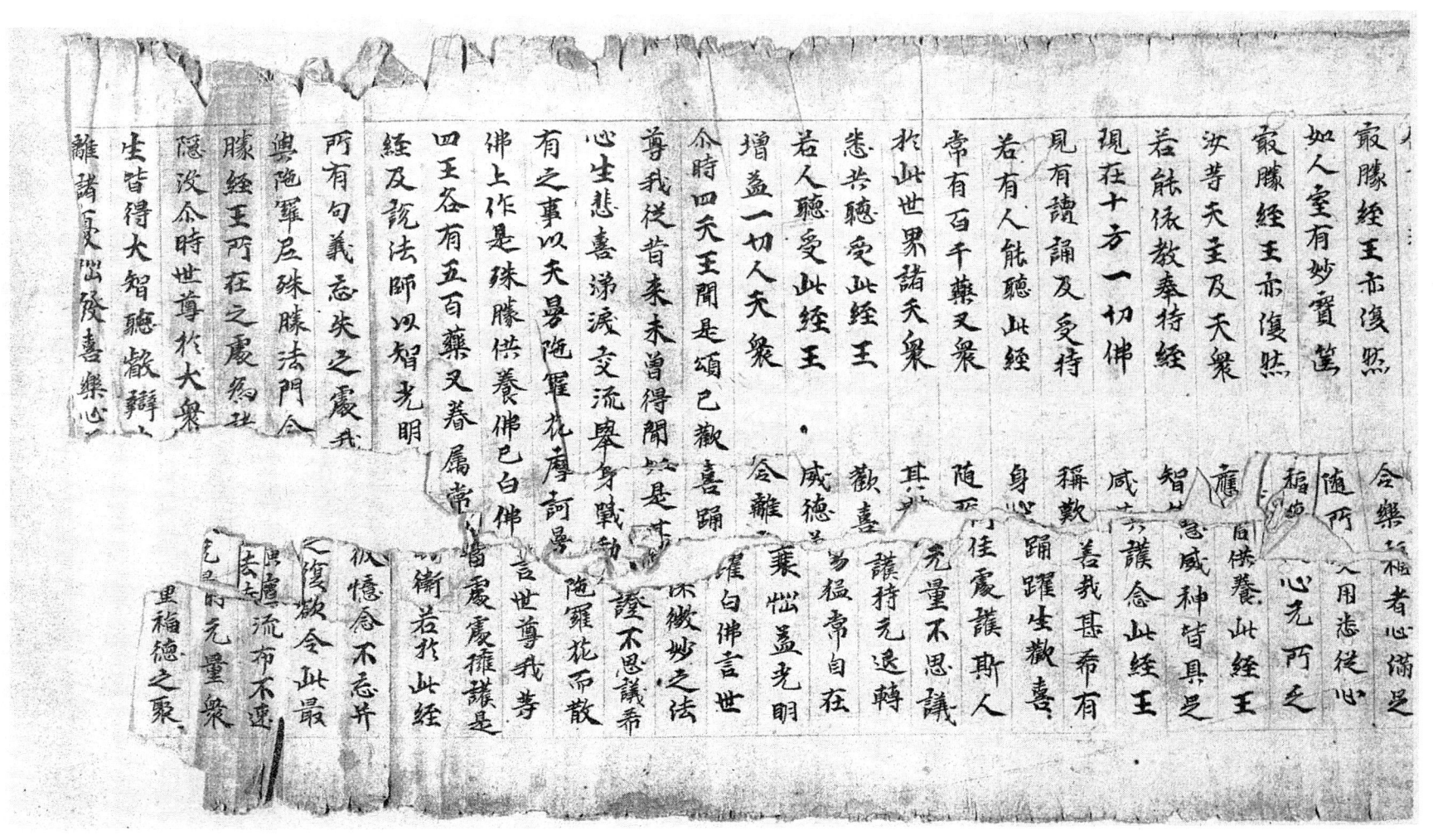

BD03792 號　金光明最勝王經卷六　（8–8）

……貿物者尼薩耆波逸提
……種種販賣者尼薩耆波逸提
若比丘尼鉢減五綴不漏更求新鉢為好故尼薩
耆波逸提是比丘尼當持此鉢於尼眾中捨展次
第貿至下坐以下坐鉢與此比丘尼言妹持此鉢
乃至破此是時
若比丘尼自求縷使非親里織師織作衣者尼薩耆
波逸提
若比丘尼居士居士婦使織師為比丘尼織……
比丘尼先不受自恣請便往彼所語織……
為我織極好織令廣長堅緻齊整好……
與汝價若比丘尼與價乃至一食……
薩耆波逸提
若比丘尼與比丘尼衣已後瞋恚若自奪若教人
奪取我衣來不與汝是比丘……應還衣……
衣者尼薩耆波逸提
若比丘尼諸病畜藥蘇油生蘇蜜石蜜……
乃至七日得服若過七日服者尼薩耆波……
若比丘尼十日未滿夏三月若有急施衣……
急施衣應受受已乃至衣時應畜若……

BD03793 號　四分比丘尼戒本　（16–1）

衣者尼薩耆波逸提
若比丘尼諸病畜藥蘇油生蘇蜜石蜜過
乃至七日得服若過七日服者尼薩耆波
若比丘尼十日未滿夏三月若有急施衣
急施衣應受受已乃至衣時應畜若過畜者尼
薩耆波逸提
若比丘尼知物向僧自求入己者尼薩耆波逸提
若比丘尼欲索是更索彼者尼薩耆波逸提
若比丘尼知檀越所為僧施異迴作餘用者尼薩耆
波逸提
若比丘尼所為施物異自求為僧迴作餘用者
尼薩耆波提
若比丘尼檀越所為施物異自求為僧迴作餘用
者尼薩耆波提逸
若比丘尼畜長鉢者尼薩耆波逸提
若比丘尼多畜好色器者尼薩耆波逸提
若比丘尼許他比丘尼病衣後不與者尼薩
耆波逸提
若比丘尼以非時衣受作時衣者尼薩耆波
逸提
若比丘尼與比丘尼貿易衣後瞋恚還自
奪取若使人奪取姝還我衣來我不與
汝汝衣屬汝我衣還我者尼薩耆波逸提
若比丘尼乞重衣齊價直四張疊過者尼薩

BD03793號　四分比丘尼戒本　（16–2）

若比丘尼與比丘尼貿易衣後瞋恚還自
奪取若使人奪取姝還我衣來我不與
汝汝衣屬汝我衣還我者尼薩耆波逸提
若比丘尼乞重衣齊價直四張疊過者尼薩
耆波逸提
若比丘尼欲乞輕衣極至價直兩張半疊
過者尼薩耆波逸提卅
諸大姊已說卅尼薩耆波逸提法今問諸大
姊是中清淨不三說
諸大姊是中清淨嘿然故是事如是持
諸大姊是一百七十八波逸提法半月半月戒
經中說
若比丘尼故妄語者波逸提
若比丘尼毀呰語者波逸提
若比丘尼兩舌語者波逸提
若比丘尼與男子同室宿者波逸提
若比丘尼共未受大戒女人同一室宿若過三
宿者波逸提
若比丘尼與未受大戒人共誦法者波逸提
若比丘尼知他有麤惡罪向未受大戒人說除
僧羯磨波逸提
若比丘尼向未受大戒人說過人法言我知是
我見是實者波逸提
若比丘尼與男子說法過五六語除有知女人波

BD03793號　四分比丘尼戒本　（16–3）

僧羯磨波逸提
若比丘尼向未受大戒人說過人法言我知是
我見是實者波逸提
若比丘尼與男子說法過五六語除有知女人波
逸提
若比丘尼自掘地若教人掘者波逸提十
若比丘尼壞鬼神村者波逸提
若比丘尼妄作異語惱他者波逸提
若比丘尼嫌罵者波逸提
若比丘尼取僧繩牀若木牀若臥具坐蓐露地
自敷若教人敷捨去不自舉不教人舉波逸提
若比丘尼於僧房中取僧臥具自敷若教人敷在中若
坐若臥從彼處捨去不自舉不教人舉者波逸提
若比丘尼知比丘尼先住處後來於中間敷臥具
止宿念言彼若嫌迮者自當避我去作如是因緣
非餘非威儀者波逸提
若比丘尼瞋他比丘尼不喜眾僧房中自牽出若教
他牽出者波逸提
若比丘尼在重閣上脫腳繩牀若木牀若坐若臥
波逸提
若比丘尼知水有虫自用澆泥澆草若教人澆
者波逸提
若比丘尼作大房戶扉窗牖及餘莊飾具指授
覆苫齊二三節若過者波逸提

BD03793號　四分比丘尼戒本　（16–4）

波逸提
若比丘尼知水有虫自用澆泥澆草若教人澆
者波逸提
若比丘尼作大房戶扉窗牖及餘莊飾具指授
覆苫齊二三節若過者波逸提
若比丘尼施一食處無病比丘尼應一食若過
受者波逸提
若比丘尼別眾食除餘時波逸提餘時者病時作
衣時施衣時道行時船上時大會時沙門施食
時此是時
若比丘尼至檀越家慇懃請與餅麨飯比丘尼
欲須者二三鉢應受持至寺內應分與餘比丘
尼食若比丘尼無病過三鉢受持至寺中不分
與餘比丘尼食者波逸提
若比丘尼非時食者波逸提
若比丘尼殘宿食噉者波逸提
若比丘尼不受食及藥著口中除水及楊枝波逸提
若比丘尼先受請已若前食後食行詣餘家不囑餘比
丘尼除餘時波逸提餘時者病時作衣時施衣時此是時
若比丘尼食家中有寶強安坐者波逸提
若比丘尼食家中有寶在屏處坐者波逸提
若比丘尼獨與男子露地一處共坐者波逸提卅
若比丘尼語比丘尼如是語大姊共汝至聚落當與汝
食彼比丘尼竟不教與是比丘尼食如是言大姊去

BD03793號　四分比丘尼戒本　（16–5）

若比丘尼獨與男子露地一處共坐者波逸提 卌
若比丘尼語比丘尼如是語大姊共汝至聚落當與汝
食彼比丘尼竟不教與是比丘尼食如是言大姊去
我與汝一處共坐共語不樂我獨坐獨語樂以是因緣
非餘方便遣他去者波逸提
若比丘尼請比丘尼四月與藥无病比丘尼應受若過受
除常請更請分請盡形請者波逸提
若比丘尼往觀軍陣除時因緣波逸提
若比丘尼有因緣至軍中若二宿三宿過者波逸提
若比丘尼軍中住若二宿三宿或時觀軍陣鬪戰若觀
遊軍象馬勢力者波逸提
若比丘尼飲酒者波逸提
若比丘尼水中戲者波逸提
若比丘尼以指相擊攊者波逸提
若比丘尼不受諫者波逸提
若比丘尼恐怖他比丘尼者波逸提 卌
若比丘尼半月洗浴无病比丘尼應受若過受除餘
時波逸提餘時者熱時病時作時大風時雨時遠行來時此
是時　若比丘尼无病為炙身故露地然火若教人然除
餘時波逸提
若比丘尼藏他比丘尼若鉢若衣若坐具針筒若自藏
教人藏下至戲笑者波逸提
若比丘尼淨施比丘比丘尼式叉摩那沙弥沙弥尼衣後
不問主取着者波逸提
若比丘尼得新衣當作三種深壞色青黑木蘭若比丘
尼得新衣不作三種深壞色青黑木蘭新衣持者波逸提

BD03793號　四分比丘尼戒本　（16–6）

教人藏下至戲笑者波逸提
若比丘尼淨施比丘比丘尼式叉摩那沙弥沙弥尼衣後
不問主取着者波逸提
若比丘尼得新衣當作三種深壞色青黑木蘭若比丘
尼得新衣不作三種深壞色青黑木蘭新衣持者波逸提
若比丘尼故斷畜生命者波逸提
若比丘尼知水有虫飲用者波逸提
若比丘尼故惱他比丘尼乃至少時不樂者波逸提
若比丘尼知比丘尼有麁惡罪覆藏者波逸提
若比丘尼知僧諍事如法懺悔已後更發舉者波逸提
若比丘尼知是賊伴期共一道行乃至聚落者波逸提
若比丘尼作如是語我知佛所說法行婬欲非是鄣道
法彼比丘尼諫此比丘尼言大姊莫作是語莫謗世尊
謗世尊者不善世尊不作是語世尊无數方便說
行婬欲是鄣道法犯婬欲者是鄣道法彼比丘尼
諫此比丘尼時堅持不捨彼比丘尼乃至三諫令捨
是事乃至三諫時捨者善不捨者波逸提
若比丘尼知如是語人未作法如是耶見而不捨
若畜同一羯磨同一止宿者波逸提
若比丘尼知沙弥尼作如是語我知佛所說法行
婬欲非鄣道法彼比丘尼諫此沙弥尼言汝莫
作是語莫誹謗世尊誹謗世尊不善世尊不作
是語沙弥尼世尊无數方便說行婬欲是鄣道法
犯婬者是鄣道法彼比丘尼諫此沙弥尼時堅持
不捨彼比丘尼應乃至三呵諫捨此事故乃至三諫
時若捨者善不捨者彼比丘尼應語是沙弥尼言
汝自今已去非佛弟子不得隨餘比丘尼行如諸沙弥
尼得與比丘尼二宿汝今无是事汝去滅去不須住此

BD03793號　四分比丘尼戒本　（16–7）

犯嫌者是鄣道法彼比丘尼諫此沙彌尼時堅持
不捨彼比丘尼應乃至三呵諫捨此事故乃至三諫
時若捨者善不捨者彼比丘尼應憶語是沙彌尼言
汝自今已去非佛弟子不得隨餘比丘尼行如諸沙彌
尼得與比丘尼二宿汝今无是事汝去滅去不須此中
住若比丘尼知如是被擯沙彌尼若畜共同止宿者
波逸提　　若比丘尼如法諫時作如是語我今不學
是戒乃至問有智慧持律者當難問波逸提若
為求解應當難
若比丘尼說戒時如是語大姊用是雜碎戒為說
是戒時令人惱愧懷疑輕毀戒故波逸提
若比丘尼說戒時作如是語大姊我今始知是戒半月
半月說戒經中來餘比丘尼知是比丘尼若二若三說
戒中坐何況多彼比丘尼无知无解若犯罪應如法治
更重增无知法大姊汝聽法時不一心攝耳聽法无知
故波逸提　　若比丘尼共同羯磨已後作如是說諸
比丘尼隨親厚以眾僧物與者波逸提
若比丘尼僧斷事時不與欲而起去者波逸提
若比丘尼與欲竟後更呵者波逸提　六十
若比丘尼比丘尼共鬪諍後聽此語已欲向彼說者
波逸提
若比丘尼瞋恚故不喜打彼比丘尼者波逸提
若比丘尼瞋恚故不喜以无根手搏比丘尼者波逸提
若比丘尼剎利水澆頭王王未出未藏寶若入過宫門閫者波逸提
若比丘尼若寶及以寶莊飾具自捉若教人捉除僧伽
藍中及寄宿處波逸提若僧伽藍中若寄宿處若
寶若以寶莊飾具自捉若教人捉若識者當取如是因緣非餘

BD03793號　四分比丘尼戒本　（16–8）

若比丘尼剎利水澆頭王王未出未藏寶若入過宫門閫者波逸提
若比丘尼若寶及以寶莊飾具自捉若教人捉除僧伽
藍中及寄宿處波逸提若僧伽藍中若寄宿處若
寶若以寶莊飾具自捉若教人捉若識者當取如是因緣非餘
若比丘尼非時入聚落不囑比丘尼者波逸提
若比丘尼作繩牀若木牀足應高如來八指除入陛孔
上截竟過者波逸提
若比丘尼持兜羅綿貯作繩牀木牀若臥具坐具者波逸提
若比丘尼噉蒜者波逸提
若比丘尼剃三處毛者波逸提
若比丘尼以水作淨應齊兩指各一節若過者波逸提
若比丘尼故以胡膠作男根者波逸提
若比丘尼共相拍者波逸提
若比丘尼比丘无病時供給水以扇扇者波逸提
若比丘尼乞生穀者波逸提
若比丘尼在生草上大小便者波逸提
若比丘尼夜便大小便器中晝不看牆外棄者波逸提
若比丘尼故往觀聽伎樂者波逸提
若比丘尼入村內與男子在屏處共立共語者波逸提　八十
若比丘尼與男子共入屏鄣處者波逸提
若比丘尼入村內巷陌中遣伴遠去在屏處與男子共
立耳語者波逸提
若比丘尼入白衣家內坐不語主人捨去者波逸提
若比丘尼入白衣家內不語主人輒坐牀者波逸提
若比丘尼入白衣家內不語主人輒自敷坐宿者波逸提
若比丘尼與男子共入闇室中者波逸提
若比丘尼不審諦受師語便向人說者波逸提
若比丘尼有小因緣事便呪詛墮三惡道不生佛法中

BD03793號　四分比丘尼戒本　（16–9）

若比丘尼入白衣家內不語主人輒坐牀者波逸提
若比丘尼入白衣家內不語主人輒自敷坐宿者波逸提
若比丘尼與男子共入闇室中者波逸提
若比丘尼不審諦受師語便向人說者波逸提
若比丘尼有小因緣事便呪詛墮三惡道不生佛法中
若我有如是事墮三惡道不生佛法中若汝有如
是事亦墮三惡道不生佛法中者波逸提
若比丘尼共鬬諍不善憶持諍事推胸啼哭
者波逸提　若比丘尼无病二人共牀臥者波逸提 九十
若比丘尼共一褥同一被臥除餘時者波逸提
若比丘尼知先住後至知後至先住為惱故在前誦
經問義教授者波逸提
若比丘尼同活比丘尼病不瞻視者波逸提
若比丘尼安居初聽餘比丘尼房中安牀後瞋恚駈
出者波逸提
若比丘尼春夏冬一時時人間遊行除餘因緣者波逸提
若比丘尼夏安居訖不去者波逸提
若比丘尼邊界有疑恐怖處人間遊行者波逸提
若比丘尼於界內有疑恐怖處在人間遊行者波逸提
若比丘尼親近居士居士兒共住作不隨順行餘比丘尼
諫此比丘尼言妹汝莫親近居士居士兒共住作不隨順
行大姊可別住於佛法有增益安樂住彼比丘尼諫此
比丘尼時堅持不捨彼比丘尼應三諫捨此事故乃至
三諫捨此事者善不捨者波逸提
若比丘尼往觀王宮文飾畫堂園林浴池者波逸提 百
若比丘尼露身形在河水泉水流水中浴者波逸提
若比丘尼作浴衣應量作應量作者長佛六搩手廣
二搩手半若過者波逸提
若比丘尼縫僧伽梨過五日者波逸提

BD03793號　四分比丘尼戒本　（16–10）

若比丘尼露身形在河水泉水流水中浴者波逸提
若比丘尼作浴衣應量作應量作者長佛六搩手廣
二搩手半若過者波逸提
若比丘尼縫僧伽梨過五日者波逸提
若比丘尼過五日不看僧伽梨者波逸提
若比丘尼與衆僧衣作留難者波逸提
若比丘尼不問主便著他衣者波逸提
若比丘尼持沙門衣施與外道白衣者波逸提
若比丘尼作如是意衆僧如法分衣遮令不分恐弟子不
得者波逸提
若比丘尼作如是意令衆僧令不得出迦絺那衣後
當出欲令五事久得放捨者波逸提
若比丘尼作如是意遮比丘尼僧不出迦絺那衣欲令
久得五事放捨者波逸提 百十
若比丘尼餘比丘尼語言為我滅此諍事而不作方便
令滅者波逸提
若比丘尼自手持食與白衣入外道食者波逸提
若比丘尼為白衣作使者波逸提
若比丘尼自手紡績者波逸提
若比丘尼入白衣舍內在小牀大牀上若坐若臥者波逸提
若比丘尼至白衣舍語主人敷座止宿明日不辭主
人而去者波逸提
若比丘尼自誦習世俗呪術者波逸提
若比丘教人誦習世俗呪術者波逸提
若比丘尼知女人任身度與受具足戒者波逸提
若比丘尼知婦女乳兒與受具足戒者波逸提
若比丘尼知年不滿廿受具足戒者波逸提
若比丘尼年十八童女不與二歲學戒年滿廿便與受
具足戒者波逸提
若比丘尼年十八童女與二歲學戒不與六法滿廿便與

BD03793號　四分比丘尼戒本　（16–11）

若比丘尼知年不滿廿受具足戒者波逸提
若比丘尼年十八童女不與二歲學戒年滿廿便與受
具足戒者波逸提
若比丘尼年十八童女與二歲學戒不與六法滿廿便與
受具足戒者波逸提
若比丘尼年十八童女與二歲學戒與六法滿二十衆
僧不聽便與受具足戒者波逸提
若比丘尼度曾嫁婦女年十歲與二歲學戒年
滿十二聽與受具足戒若減十二與受具足戒者波逸提
若比丘尼度小年曾嫁婦女與二歲學戒年滿十二不白
衆僧便與受具足戒者波逸提
若比丘尼知如是人與受具足戒者波逸提
若比丘尼多度弟子不教二歲學戒不以二法攝取
者波逸提
若比丘尼不滿二歲隨和上尼者波逸提
若比丘尼僧不聽而授人具足戒者波逸提 百三十
若比丘尼年未滿十二歲授人具足戒者波逸提
若比丘尼年滿十二歲衆僧不聽便授人具足戒者波逸提
若比丘尼僧不聽授人具足戒便言衆僧有愛有恚
有怖有癡欲聽者便聽不欲聽者便不聽如是語者波逸提
若比丘尼父母夫主不聽與受具足戒者波逸提
若比丘尼知女人與童男男子相敬愛愁憂瞋恚女
人度令出家受具足戒者波逸提
若比丘尼語式叉摩那言汝妹捨是學是當與汝
受具足戒若不方便與受具足戒者波逸提
若比丘尼語式叉摩那言持衣來與我當與汝受
具足戒而不方便與受具足戒者波逸提
若比丘尼不滿一歲授人具足戒者波逸提
若比丘尼與人授具足戒已經宿方往比丘僧中與受具
足戒者波逸提
若比丘尼不病不往受教授者波逸提一百

BD03793號　四分比丘尼戒本　（16–12）

具足戒而不方便與受具足戒者波逸提
若比丘尼不滿一歲授人具足戒者波逸提
若比丘尼與人授具足戒已經宿方往比丘僧中與受具
足戒者波逸提
若比丘尼不病不往受教授者波逸提一百
若比丘尼半月應往比丘僧中求教授若不求者波逸提
若比丘尼僧夏安居竟應往比丘僧中說三事自
恣見聞疑若不往者波逸提
若比丘尼在無比丘處夏安居者波逸提
若比丘尼知有比丘僧伽藍不白而入者波逸提
若比丘尼罵比丘者波逸提
若比丘尼憙鬪諍不善憶持諍事後瞋恚不憙
罵比丘尼衆者波逸提
若比丘尼身生癰及種種瘡不白衆及餘人輒使男
子破若裹者波逸提
若比丘尼先受請若足食已後食飯麨乾飯魚及
肉者波逸提
若比丘尼於家生嫉妬心者波逸提
若比丘尼以香塗摩身者波逸提 百卆
若比丘尼以胡麻滓塗摩身者波逸提
若比丘尼使比丘尼塗摩身者波逸提
若比丘尼使式叉摩那塗摩身者波逸提
若比丘尼使沙彌尼塗摩身者波逸提
若比丘尼使白衣婦女塗摩身者波逸提
若比丘尼著貯跨衣者波逸提
若比丘尼畜婦女莊嚴身具除時因緣波逸提
若比丘尼著革屣持蓋行除時因緣波逸提
若比丘尼無病乘乘行除時因緣波逸提
若比丘尼不著僧祇支入村者波逸提 一百六十

BD03793號　四分比丘尼戒本　（16–13）

若比丘尼[illegible]婦[illegible]扇[illegible]除時因緣波逸提
若比丘尼著革屣持蓋行除時因緣波逸提
若比丘尼无病乘乘行除時因緣波逸提
若比丘尼不著僧祇支入村者波逸提 一百六十
若比丘尼向暮至白衣家先不被喚者波逸提
若比丘尼向暮開僧伽藍門不囑授餘比丘尼而出
去者波逸提
若比丘尼日沒開僧伽藍門不囑而出者波逸提
若比丘尼不前安居不後安居波逸提
若比丘尼知女人常漏大小便涕唾常出者與授具
足戒者波逸提
若比丘尼知二形人與受具足戒者波逸提
若比丘尼知二道合者與受具足戒者波逸提
若比丘尼知有負債難者病難者與受具足戒者波逸提
若比丘尼學世俗伎術以自活命者波逸提
若比丘尼以世俗伎術教授白衣者波逸提 一百七十
若比丘尼被擯不去者波逸提
若比丘尼欲問比丘義先不求而問者波逸提
若比丘尼知先住後至後至先住欲惱彼故在前經
行若立若坐若臥者波逸提
若比丘尼在有比丘僧伽藍內起塔者波逸提
若比丘尼見新受戒比丘應起迎逆恭敬禮拜問
訊請與坐不者除因緣波逸提
若比丘尼為好故搖身趣行者波逸提
若比丘尼作婦女莊嚴香塗摩身者波逸提
若比丘尼使外道女香塗摩身者波逸提
諸大姊我已說百七十八波逸提法今問諸大姊是中清
淨不 如是三說 諸大姊是中清淨默然故是事如是持
諸大姊是八波羅提提舍尼法半月半月戒經中說
若比丘尼无病乞酥而食[illegible]

BD03793號　四分比丘尼戒本　（16–14）

若比丘尼作婦女莊嚴香塗摩身者波逸提
若比丘尼使外道女香塗摩身者波逸提
諸大姊我已說百七十八波逸提法今問諸大姊是中清
淨不 如是三說 諸大姊是中清淨默然故是事如是持
諸大姊是八波羅提提舍尼法半月半月戒經中說
若比丘尼无病乞酥而食者犯應懺悔可呵法應
向餘比丘尼說言大姊我犯可呵法所不應為我今
向大姊懺悔是名悔過法
若比丘尼无病乞油而食者犯應懺悔可呵法應向
餘比丘尼說言大姊我犯可呵法所不應為我今向
大姊懺悔是名悔過法
若比丘尼无病乞蜜而食者犯應懺悔可呵法應
向餘比丘尼說言大姊我犯可呵法所不應為我今向
大姊懺悔是名悔過法
若比丘尼无病乞黑石蜜而食者犯應懺悔可呵
法應向餘比丘尼說言大姊我犯可呵法所不應為我今
向大姊懺悔是名悔過法
若比丘尼无病乞乳而食者犯應懺悔可呵法應向
餘比丘尼說言大姊我犯可呵法所不應為我今向大
姊懺悔是名悔過法
若比丘尼无病乞酪而食者犯應懺悔可呵法應向
餘比丘尼說言大姊我犯可呵法所不應為我今向大
姊懺悔是名悔過法
若比丘尼无病乞魚而食者犯應懺悔可呵法應向
餘比丘尼說言大姊我犯可呵法所不應為我今向
大姊懺悔是名悔過法
若比丘尼无病乞肉而食者犯應懺悔可呵法應向
餘比丘尼說言大姊我犯可呵法所不應為我今向大
姊懺悔是名悔過法
諸大姊我已說八波羅提提舍尼法今問諸大姊是

BD03793號　四分比丘尼戒本　（16–15）

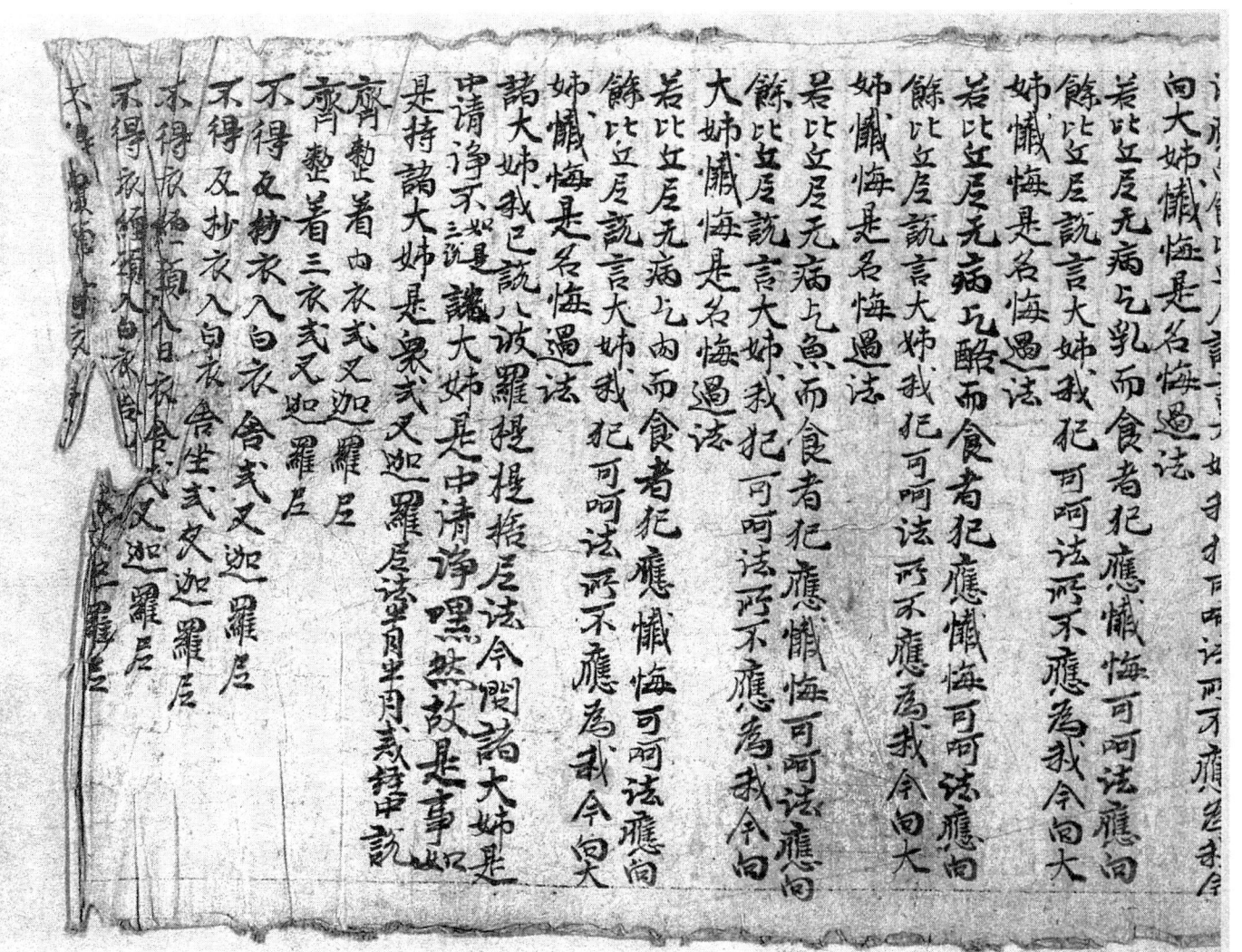

向大姊懺悔是名悔過法
若比丘尼无病乞乳而食者犯應懺悔可呵法應向
餘比丘尼說言大姊我犯可呵法所不應為我今向大
姊懺悔是名悔過法
若比丘尼无病乞酪而食者犯應懺悔可呵法應向
餘比丘尼說言大姊我犯可呵法所不應為我今向大
姊懺悔是名悔過法
若比丘尼无病乞魚而食者犯應懺悔可呵法應向
餘比丘尼說言大姊我犯可呵法所不應為我今向
大姊懺悔是名悔過法
若比丘尼无病乞肉而食者犯應懺悔可呵法應向
餘比丘尼說言大姊我犯可呵法所不應為我今向大
姊懺悔是名悔過法
諸大姊我已說八波羅提提捨尼法今問諸大姊是
中清淨不如是三說 諸大姊是中清淨嘿然故是事如
是持諸大姊是衆式叉迦羅尼法半月半月戒經中說
齊整著內衣式叉迦羅尼
齊整著三衣式叉迦羅尼
不得反抄衣入白衣舍式叉迦羅尼
不得反抄衣入白衣舍坐式叉迦羅尼
不得衣纏頸入白衣舍式叉迦羅尼
不得衣纏頸入白衣舍坐式叉迦羅尼

BD03793 號　四分比丘尼戒本　（16–16）

此處一切世間[illegible]
塔廟何況有人盡能受持讀誦須菩提當
知是人成就最上第一希有之法若是經典
所在之處則為有佛若尊重弟子
爾時須菩提白佛言世尊當何名此經我等
云何奉持佛告須菩提是經名為金剛般若
波羅蜜以是名字汝當奉持所以者何須
菩提佛說般若波羅蜜則非般若波羅蜜須
菩提於意云何如來有所說法不須菩提白佛
言世尊如來无所說須菩提於意云何三千
大千世界所有微塵是為多不須菩提言甚
多世尊須菩提諸微塵如來說非微塵是名
微塵如來說世界非世界是名世界須菩提
於意云何可以三十二相見如來不不也世尊
何以故如來說三十二相即是非相是名三十
二相須菩提若有善男子善女人以恒河沙等
身命布施若復有人於此經中乃至受持四句
偈等為他人說其福甚多
爾時須菩提聞說是經深解義趣涕淚悲泣
而白佛言希有世尊佛說如是甚深經典我從
昔來所得慧眼未曾得聞如是之經世尊若
復有人得聞是經信心清淨則生實相當知

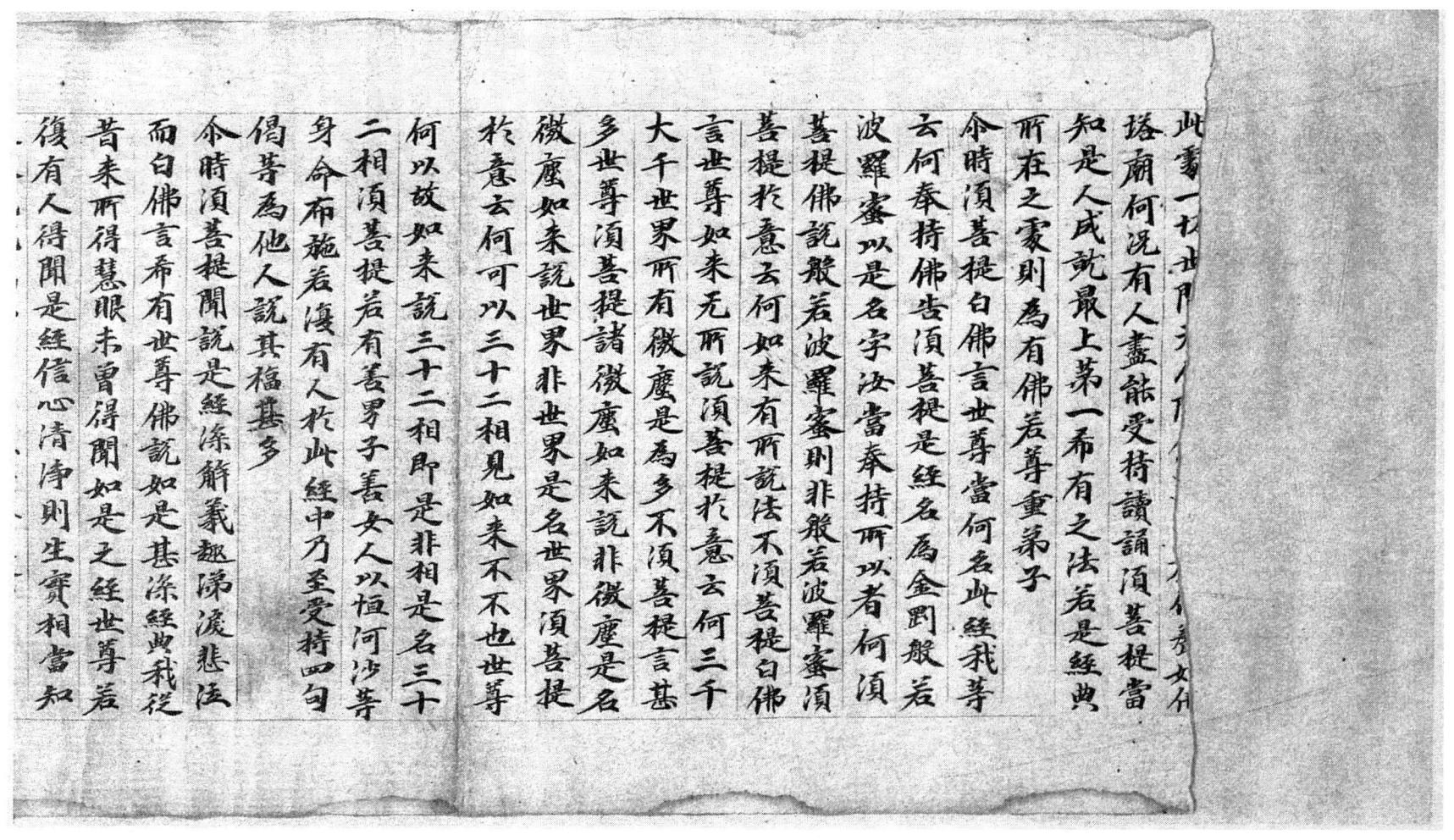

BD03794 號　金剛般若波羅蜜經　（4–1）

尒時須菩提聞說是經深解義趣涕淚悲泣
而白佛言希有世尊佛說如是甚深經典我從
昔來所得慧眼未曾得聞如是之經世尊若
復有人得聞是經信心清淨則生實相當知
是人成就苐一希有功德世尊是實相者則
是非相是故如來說名實相世尊我今得
聞如是經典信解受持不足為難若當來世
後五百歲其有衆生得聞是經信解受持是
人則為苐一希有何以故此人无我相人相衆
生相壽者相所以者何我相即是非相人相衆
生相壽者相即是非相何以故離一切諸相
則名諸佛
佛告須菩提如是如是若復有人得聞是經
不驚不怖不畏當知是人甚為希有何以故
須菩提如來說苐一波羅蜜非苐一波羅蜜是
名苐一波羅蜜
須菩提忍辱波羅蜜如來說非忍辱波羅蜜
何以故須菩提如我昔為歌利王割截身體我
於尒時无我相无人相无衆生相无壽者相
何以故我於往昔莭莭支解時若有我相
人相衆生相壽者相應生瞋恨須菩提又念
過去於五百世作忍辱仙人於尒所世无我相
无人相无衆生无壽者相是故須菩提菩
薩應離一切相發阿耨多羅三藐三菩提心
不應住色生心不應住聲香味觸法生心應
生无所住心若心有住則為非住是故佛說

BD03794號　金剛般若波羅蜜經　（4–2）

過去於五百世作忍辱仙人於尒所世无我相
无人相无衆生无壽者相是故須菩提菩
薩應離一切相發阿耨多羅三藐三菩提心
不應住色生心不應住聲香味觸法生心應
生无所住心若心有住則為非住是故佛說
菩薩心不應住色布施須菩提菩薩為利益
一切衆生應如是布施如來說一切諸相即
是非相又說一切衆生則非衆生須菩提如
來是真語者實語者如語者不誑語者不異
語者須菩提如來所得法此法无實无虛須
菩提若菩薩心住於法而行布施如人入闇
則无所見若菩薩心不住法而行布施如人
有目日光明照見種種色須菩提當來之世
若有善男子善女人能於此經受持讀誦則
為如來以佛智慧悉知是人悉見是人皆得
成就无量无邊功德
須菩提若有善男子善女人初日分以恒河
沙等身布施中日分復以恒河沙等身布施
後日分亦以恒河沙等身布施如是无量百
千万億劫以身布施若復有人聞此經典信
心不逆其福勝彼何況書寫受持讀誦為人
解說
須菩提以要言之是經有不可思議不可稱
量无邊功德如來為發大乘者說為發最
上乘者說若有人能受持讀誦廣為人說如
來悉知是人悉見是人皆得成就不可量不
可稱无有邊不可思議功德如是人等則為

BD03794號　金剛般若波羅蜜經　（4–3）

須菩提以要言之是經有不可思議不可稱
量无邊功德如来爲發大乘者說爲發㝡
上乘者說若有人能受持讀誦廣爲人說如
来悉知是人悉見是人皆得成就不可量不
可稱无有邊不可思議功德如是人等則爲
荷擔如来阿耨多羅三藐三菩提何以故須
菩提若樂小法者著我見人見衆生見壽者
見則於此經不能聽受讀誦爲人解說須
菩提在在處處若有此經一切世間天人阿
脩羅所應供養當知此處則爲是塔皆應恭
敬作礼圍繞以諸華香而散其處
復次須菩提善男子善女人受持讀誦此經
若爲人輕賤是人先世罪業應墮惡道以今
世人輕賤故先世罪業則爲消滅當得阿耨
多羅三藐三菩提須菩提我念過去无量阿
僧祇劫於然燈佛前得值八百四千万億那
由他諸佛悉皆供養承事无空過者若復有
人於後末世能受持讀誦此經所得功德於我
所供養諸佛功德百分不及一千万億分乃
至筭數譬喻所不能及須菩提若善男子
善女人於後末世有受持讀誦此經所得功德
我若具說者或有人聞心則狂亂狐疑不信
須菩提當知是經義不可思議果報亦不可
思議

BD03794 號　金剛般若波羅蜜經　（4–4）

染汙心共
有若牽若推若
比丘尼波羅夷不共
若比丘尼染汙心知男子染汙
行或身相倚或共期是比丘尼
若比丘尼知比丘尼犯波羅夷不自
於異時彼比丘尼或命終或中擧或休道或入外
我先知有如是如是罪是比丘尼波羅夷不共住擯
若比丘尼知比丘尼僧爲作擧如法如律如佛所教
悔僧未與作共住而順從諸比丘尼語言大姉此
擧如法如律如佛所教不順從不懺悔僧未作
如是比丘尼諫彼比丘尼時是事堅持不捨彼比
第二第三諫令捨此事故若乃至三諫捨者善
丘尼波羅夷不共住犯隨擧
諸大姉我已說八波羅夷法若比丘尼犯一一波
與諸比丘尼共住如前後亦如是是比丘尼得波
共住今問諸大姉是中清淨不（如是三說）諸大姉是中
是事如是持
諸大姉是十七僧伽婆尸沙法半月半月說戒經
若比丘尼媒嫁持男語語女持女語語男若爲
乃至須臾是比丘尼犯初法應捨僧伽婆尸沙
若比丘尼瞋恚不喜以無根波羅夷法謗欲
於異時若問若不問知是事無根說我瞋
比丘尼犯初法應捨僧伽婆尸沙

BD03795 號　四分比丘尼戒本　（7–1）

共住今問諸大姊是中清淨不（如是三說）諸大姊是中
是事如是持
諸大姊是十七僧伽婆尸沙法半月半月說戒經
若比丘尼媒嫁持男語語女持女語語男若在
乃至須臾是比丘尼犯初法應捨僧伽婆尸沙
若比丘尼瞋恚不喜以無根波羅夷法謗欲
於異時若問若不問知是事無根說我瞋
比丘尼犯初法應捨僧伽婆尸沙
若比丘尼瞋恚不怜喜於異分事中取片
以無根波羅夷法謗欲破彼人梵行後於
問知是異分事中取片彼比丘尼住瞋恚法
比丘尼犯初法應捨僧伽婆尸沙
若比丘尼詣官言人若居士居士兒若奴若客
夜若一念須若彈指須若須臾頃是比丘尼犯
僧伽婆尸沙
若比丘尼先知是賊女罪應死多人所知不問王大
種姓便度出家受具足戒是比丘尼犯初法應捨僧伽婆尸沙
若比丘　比丘尼為僧所舉如法如律如佛所教不順從未
懺悔僧未與作共住羯磨為愛故不問僧僧不約勅出界外
作羯磨與解罪是比丘尼犯初法應捨僧伽婆尸沙
若比丘尼獨渡水獨入村獨宿獨在後行是比丘尼犯初法
應捨僧伽婆尸沙
若比丘尼染汙心知染汙心男子從彼受可食者及食并餘
物是比丘尼犯初法應捨僧伽婆尸沙
若比丘尼教比丘尼作如是語大姊彼有染汙心無染汙心能那
汝何汝自無染汙心於彼若得食以時清淨受取此比丘尼
犯初法應捨僧伽婆尸沙
若比丘尼欲壞和合僧方便受破僧法堅持不捨是比
應諫彼比丘尼言大姊汝莫壞和合僧莫方便
受破僧法堅持不捨大姊應與僧和合與僧和
諍同一師學如水乳合於佛法中有增益安樂住

BD03795號　四分比丘尼戒本　（7–2）

汝何汝自無染汙心於彼若得食以時清淨受取此比丘尼
犯初法應捨僧伽婆尸沙
若比丘尼欲壞和合僧方便受破僧法堅持不捨是比
應諫彼比丘尼言大姊汝莫壞和合僧莫方便
受破僧法堅持不捨大姊應與僧和合與僧和
諍同一師學如水乳合於佛法中有增益安樂住
諫彼比丘尼時堅持不捨是比丘尼應三諫捨
諫捨者善不捨者是比丘尼犯三法應捨僧伽婆尸沙
若比丘尼有餘比丘尼群黨若一若二若三乃至無數彼比丘尼
語是比丘尼言大姊汝莫諫此比丘尼此比丘尼法語比丘尼律
語比丘尼此比丘尼所說我等心喜樂此比丘尼所說我等忍
可是比丘尼語彼比丘尼言大姊莫作是說言此比丘尼是法
語比丘尼律語比丘尼此比丘尼所說我等喜樂此比丘尼所說
我等忍可何以故此比丘尼所說非法語非律語大姊莫欲破
壞和合僧當樂欲和合僧大姊與僧和合歡喜不諍同一師
學如水乳合於佛法中有增益安樂住是比丘尼諫彼比丘尼
時堅持不捨是比丘尼應三諫捨此事故乃至三諫捨者善
不捨者是比丘尼犯三諫法應捨僧伽婆尸沙
若比丘尼依城邑若村落住汙他家行惡行行惡行亦見亦
聞汙他家亦見亦聞是比丘尼諫彼比丘尼言大姊汝汙他家行
惡行行惡行亦見亦聞汙他家亦見亦聞大姊汝汙他家行
惡行今可離此村落去不須住此彼比丘尼語此比丘尼作是言
大姊諸比丘尼有愛有恚有怖有癡有如是同罪比丘尼有
驅者有不驅者是諸比丘尼語彼比丘尼言大姊莫作是語
有愛有恚有怖有癡亦莫言有如是同罪比丘尼有驅者有
不驅者何以故而諸比丘尼不愛不恚不怖不癡有如是同罪
比丘尼有驅者有不驅者大姊汙他家行惡行行惡行亦見亦
聞汙他家亦見亦聞是比丘尼諫彼比丘尼時堅持不捨是比丘
尼應三諫捨此事故乃至三諫捨者善不捨者是比丘尼犯
三法應捨僧伽婆尸沙
若比丘尼惡性不受人語於戒法中諸比丘尼如法諫已自身不受

BD03795號　四分比丘尼戒本　（7–3）

不恥者何以故而諸比丘尼不愛不恚不怖不癡有如是同罪
比丘尼有恥者有不恥者大姊汙他家行惡行亦見亦
聞汙他家亦見亦聞是比丘尼諫彼比丘尼時堅持不捨是比丘
尼應三諫捨此事故乃至三諫捨者善不捨者是比丘尼犯
三法應捨僧伽婆尸沙
若比丘尼惡性不受語於戒法中諸比丘尼如法諫已自身不受
諫語言大姊汝莫向我說若好若惡我亦不向汝說若好若惡
諸大姊且止莫諫我是比丘尼當諫彼比丘尼言大姊汝莫自
身不受諫語大姊自身當受諫語大姊如法諫諸比丘尼諸比
丘尼亦當如法諫大姊如是佛弟子衆得增益展轉相諫展
轉相教展轉懺悔是比丘尼如是諫時堅持不捨是比丘尼應
三諫捨此事故乃至三諫捨者善不捨者是比丘尼犯三諫
法應捨僧伽婆尸沙
若比丘尼相親近住共作惡行惡聲流布展轉共相覆罪是
比丘尼當諫彼比丘尼言大姊汝等莫相親近共作惡行惡聲
流布共相覆罪汝等若不相親近於佛法中得增益安樂
住是比丘尼諫彼比丘尼時堅持不捨是比丘尼應三諫捨此
事故乃至三諫捨者善不捨者是比丘尼犯三法捨僧伽婆尸沙
若比丘尼比丘尼僧為作呵諫時餘比丘尼教作如是言汝等
莫別住當共住我亦見餘比丘尼不別住共作惡行惡聲流
布共相覆罪僧以恚故教汝別住是比丘尼應諫彼比丘尼言
大姊汝莫教餘比丘尼言汝等莫別住我亦見餘比丘尼共住共
作惡行惡聲流布共相覆罪僧以恚故教汝別住今正有此
二比丘尼共住共作惡行惡聲流布共相覆罪更無有餘
若此比丘尼別住於佛法中有增益安樂住是比丘尼諫彼比
丘尼時堅持不捨是比丘尼應三諫令捨此事故乃至三諫
捨者善不捨者是比丘尼犯三法應捨僧伽婆尸沙
若比丘尼趣以一小事瞋恚不喜便作是語我佛捨法捨
僧不獨有此沙門釋子亦更有餘沙門婆羅門修梵行者
我等亦可於彼修梵行是比丘尼當諫彼比丘尼言大姊汝

若此比丘尼別住於佛法中有增益安樂住是比丘尼諫彼比
丘尼時堅持不捨是比丘尼應三諫令捨此事故乃至三諫
捨者善不捨者是比丘尼犯三法應捨僧伽婆尸沙
若比丘尼趣以一小事瞋恚不喜便作是語我佛捨法捨
僧不獨有此沙門釋子亦更有餘沙門婆羅門修梵行者
我等亦可於彼修梵行是比丘尼當諫彼比丘尼言大姊汝
莫趣以一小事瞋恚不喜便作是語我捨佛捨法捨僧不
獨有此沙門釋子亦更有餘沙門婆羅門修梵行者我等
亦可於彼修梵行若是比丘尼諫彼比丘尼時堅持不捨彼比
丘尼應三諫捨此事故乃至三諫捨者善不捨者是
比丘尼犯三法應捨僧伽婆尸沙
若比丘尼喜鬪諍不善憶持諍事後瞋恚作是語僧有愛
有恚有怖有癡是比丘尼應諫彼比丘尼言妹汝莫喜鬪諍
不善憶持諍事後瞋恚作是語僧有愛有恚有怖有癡
而僧不愛不恚不怖不癡汝自有愛有恚有怖有癡是比
丘尼諫彼比丘尼時堅持不捨彼比丘尼應三諫捨此事故乃
至三諫捨者善不捨者是比丘尼犯三法應捨僧伽婆尸沙
諸大姊我已說十七僧伽婆尸沙法九初犯罪八乃至三諫若
比丘尼犯二法應半月二部僧中行摩那埵行摩那埵已
餘有出罪應二部四十人僧中出是比丘尼罪若少一人不滿
四十衆出是比丘尼罪是比丘尼罪不得除諸比丘尼亦可呵
此是時今問諸大姊是中清淨 如是三說
諸大姊是中清淨默然故是事如是持
諸大姊是三十尼薩耆波逸提法半月半月說戒經中來
若比丘尼衣已竟迦絺那衣已捨畜長衣經十日不淨施得
畜若過者尼薩耆波逸提
若比丘尼衣已竟迦絺那衣已捨五衣中若離一一衣異處
宿經一夜除僧羯磨尼薩耆波逸提
若比丘尼衣已竟迦絺那衣已捨若得非時衣欲須便受受
已疾疾成衣若足者善若不足者得畜一月為滿足故若

若比丘尼衣已竟迦絺那衣已捨畜長衣經十日不淨施得
畜若過者尼薩耆波逸提
若比丘尼衣已竟迦絺那衣已捨五衣中若離一一衣異處
宿經一夜除僧羯磨尼薩耆波逸提
若比丘尼衣已竟迦絺那衣已捨若得非時衣欲須便受受
已疾疾成衣若足者善若不足者得畜一月為滿足故若
過畜者尼薩耆波逸提
若比丘尼從非親里居士居士婦乞衣除餘時尼薩耆波逸
提餘時者若奪衣失衣燒衣漂衣是名時
若比丘尼奪衣失衣燒衣漂衣若非親里居士若居士婦自
恣請多與衣是比丘尼當知足受衣若過受尼薩耆波逸提
若比丘尼居士居士婦為比丘尼辦衣價具如是衣價與某甲比
丘尼是比丘尼先不受自恣請到居士家作如是說善哉居士
為我辦如是如是衣價與我為好故若得衣者尼薩耆波
逸提
若比丘尼二居士居士婦與比丘尼辦衣價我曹辦如是衣價與
某甲比丘尼是比丘尼先不受自恣請到二居士家作如是言
善哉居士辦如是如是衣價與我共作一衣為好故若得衣
者尼薩耆波逸提
若比丘尼若王若大臣若婆門若居士居士婦遣使為比丘尼
送衣價持如是衣價與某甲比丘尼彼使人至比丘尼所語言
阿姨為汝送衣價受取是比丘尼語彼使如是言我不應受
此衣價我若須衣合時清淨當受彼使語比丘尼言阿姨
有執事人不須衣比丘尼應言有若僧伽藍民若優婆塞此
是比丘尼執事人常為比丘尼執事彼使至執事人所與衣價
已還到比丘尼所如是言阿姨所示某甲執事人我已與衣價
大姊知時往彼當得衣比丘尼若須衣者當往執事人所二反
三反語言我須衣若二反三反為作憶念得衣者善若不得
衣四反五反六反在前默然住令彼憶念若四反五反六反在
前默然住得衣者善若不得衣過時求得衣者尼薩耆

BD03795號　四分比丘尼戒本　（7–6）

此衣價我若須衣合時清淨當受彼使語比丘尼言阿姨
有執事人不須衣比丘尼應言有若僧伽藍民若優婆塞此
是比丘尼執事人常為比丘尼執事彼使至執事人所與衣價
已還到比丘尼所如是言阿姨所示某甲執事人我已與衣價
大姊知時往彼當得衣比丘尼若須衣者當往執事人所二反
三反語言我須衣若二反三反為作憶念得衣者善若不得
衣四反五反六反在前默然住令彼憶念若四反五反六反在
前默然住得衣者善若不得衣過時求得衣者尼薩耆
波逸提若不得衣隨彼使所來處若自往若遣使往語言
汝先遣使持衣價與某甲比丘尼是比丘尼竟不得衣汝還取
莫使失此是時
若比丘尼自取金銀若錢若教人取若口可受者尼薩耆波
逸提
若比丘尼種種買賣寶物者尼薩耆波逸提
若比丘尼種種販賣者尼薩耆波逸提
若比丘尼鉢減五綴不漏更求新鉢為好故尼薩耆波逸提
是比丘尼當持此鉢於尼眾中捨從次第貿至下坐已下坐鉢
與此比丘尼言妹此鉢乃至破此是時
若比丘尼自求縷使非親里織師織作衣者尼薩耆波逸提
若比丘尼居士居士婦使織師為比丘尼織作衣彼比丘尼先不
受自恣請便往到彼所語織師言此衣為我織極好織令廣
長堅緻齊整好我當少多與汝價若比丘尼與價乃至一食

BD03795號　四分比丘尼戒本　（7–7）

大悲大喜大捨十八佛
不滅故學世尊菩薩摩訶薩
行般若波羅蜜多時云何應於無忘失法不
生不滅故學云何應於恒住捨性不生不滅
故學世尊菩薩摩訶薩行般若波羅蜜多時
云何應於一切智不生不滅故學云何應於
道相智一切相智不生不滅故學世尊菩薩
摩訶薩行般若波羅蜜多時云何應於預流
果不生不滅故學云何應於一來不還阿羅
漢果不生不滅故學世尊菩薩摩訶薩行般
若波羅蜜多時云何應於獨覺菩提不生不
滅故學世尊菩薩摩訶薩行般若波羅蜜
多時云何應於一切菩薩摩訶薩行不生不滅
故學世尊菩薩摩訶薩行般若波羅蜜多時
云何應於諸佛無上正等菩提不生不滅
故學
佛言善現菩薩摩訶薩行般若波羅蜜多時
應於色不起作諸行若有若無故學應於受
想行識亦不起作諸行若有若無故學善現
菩薩摩訶薩行般若波羅蜜多時應於眼處
不起作諸行若有若無故學應於耳鼻舌身
意處亦不起作諸行若有若無故學善現菩
薩摩訶薩行般若波羅蜜多時應於色處不

BD03796號　大般若波羅蜜多經卷三六〇　（4–1）

想行識亦不起作諸行若有若無故學善現
菩薩摩訶薩行般若波羅蜜多時應於眼處
不起作諸行若有若無故學應於耳鼻舌身
意處亦不起作諸行若有若無故學善現菩
薩摩訶薩行般若波羅蜜多時應於色處不
起作諸行若有若無故學應於聲香味觸法
處亦不起作諸行若有若無故學善現菩薩
摩訶薩行般若波羅蜜多時應於眼界不起
作諸行若有若無故學應於耳鼻舌身意
界亦不起作諸行若有若無故學善現菩薩摩
訶薩行般若波羅蜜多時應於色界不起作
諸行若有若無故學應於聲香味觸法界亦
不起作諸行若有若無故學善現菩薩摩訶
薩行般若波羅蜜多時應於眼識界不起作
諸行若有若無故學應於耳鼻舌身意識界
亦不起作諸行若有若無故學善現菩薩摩
訶薩行般若波羅蜜多時應於眼觸不起作
諸行若有若無故學應於耳鼻舌身意觸亦
不起作諸行若有若無故學善現菩薩摩訶
薩行般若波羅蜜多時應於眼觸為緣所生
諸受不起作諸行若有若無故學應於耳鼻
舌身意觸為緣所生諸受亦不起作諸行若
有若無故學善現菩薩摩訶薩行般若波羅
蜜多時應於地界不起作諸行若有若無故
學應於水火風空識界亦不起作諸行若有
若無故學善現菩薩摩訶薩行般若波羅蜜
多時應於無明不起作諸行若有若無故學

BD03796號　大般若波羅蜜多經卷三六〇　（4–2）

有善無故學善現菩薩摩訶薩行般若波羅
蜜多時應於地界不起作諸行若有若無故
學應於水火風空識界亦不起作諸行若有
若無故學善現菩薩摩訶薩行般若波羅蜜
多時應於無明不起作諸行若有若無故學
應於行識名色六處觸受愛取有生老死愁
歎苦憂惱亦不起作諸行若有若無故學善
現菩薩摩訶薩行般若波羅蜜多時應於布
施波羅蜜多不起作諸行若有若無故學應
於淨戒安忍精進靜慮般若波羅蜜多亦不
起作諸行若有若無故學善現菩薩摩訶薩
行般若波羅蜜多時應於內空不起作諸行
若有若無故學應於外空內外空空空大空
勝義空有為空無為空畢竟空無際空散空
無變異空本性空自相空共相空一切法空
不可得空無性空自性空無性自性空亦不起
作諸行若有若無故學善現菩薩摩訶薩
行般若波羅蜜多時應於真如不起作諸行
若有若無故學應於法界法性不虛妄性不
變異性平等性離生性法定法住實際虛空
界不思議界亦不起作諸行若有若無故學
善現菩薩摩訶薩行般若波羅蜜多時應於
苦聖諦不起作諸行若有若無故學應於集
滅道聖諦亦不起作諸行若有若無故學善
現菩薩摩訶薩行般若波羅蜜多時應於四
念住不起作諸行若有若無故學應於四正
斷四神足五根五力七等覺支八聖道支亦不
起作諸行若有若無故學善現菩薩摩訶

BD03796號　大般若波羅蜜多經卷三六〇　（4–3）

善現菩薩摩訶薩行般若波羅蜜多時應於
苦聖諦不起作諸行若有若無故學應於集
滅道聖諦亦不起作諸行若有若無故學善
現菩薩摩訶薩行般若波羅蜜多時應於四
念住不起作諸行若有若無故學應於四正
斷四神足五根五力七等覺支八聖道支亦不
起作諸行若有若無故學善現菩薩摩訶
薩行般若波羅蜜多時應於四靜慮不起作
諸行若有若無故學應於四無量四無色定
亦不起作諸行若有若無故學善現菩薩摩
訶薩行般若波羅蜜多時應於八解脫不起
作諸行若有若無故學應於八勝處九次第
定十遍處亦不起作諸行若有若無故學善
現菩薩摩訶薩行般若波羅蜜多時應於一
切三摩地門不起作諸行若有若無故學應
於一切陀羅尼門亦不起作諸行若有若無
故學善現菩薩摩訶薩行般若波羅蜜多時
應於空解脫門不起作諸行若有若無故學
應於無相無願解脫門亦不起作諸行若有
若無故學善現菩薩摩訶薩行般若波羅蜜
多時應於五眼不起作諸行若有若無故學
應於六神通亦不起作諸行若有若無故學
善現菩薩摩訶薩行般若波羅蜜多時應於

BD03796號　大般若波羅蜜多經卷三六〇　（4–4）

妙法蓮華經藥王菩薩本事品第二十三
尒時宿王華菩薩白佛言世尊藥王菩薩云
何遊於娑婆世界世尊是藥王菩薩有若干
百千万億那由他難行苦行善哉世尊願少
解說諸天龍神夜叉乾闥婆阿脩羅迦樓羅
緊那羅摩睺羅伽人非人等又他方國土諸來
菩薩及此聲聞衆聞皆歡喜尒時佛告宿王
華菩薩乃往過去無量恒河沙劫有佛號日
月淨明德如來應供正遍知明行足善逝世
間解無上士調御丈夫天人師佛世尊其佛
有八十億大菩薩摩訶薩七十二恒河沙大
聲聞衆佛壽四万二千劫菩薩壽命亦等彼
國無有女人地獄餓鬼畜生阿脩羅等及以
諸難地平如掌琉璃所成寶樹莊嚴寶帳覆
上垂寶華幡寶瓶香爐周遍國界七寶爲臺
一樹一臺其樹去臺盡一箭道此諸寶樹皆
有菩薩聲聞而坐其下諸寶臺上各有百億
諸天作天伎樂歌歎於佛以爲供養尒時彼
佛爲一切衆生喜見菩薩及衆菩薩諸聲聞
衆說法華經是一切衆生喜見菩薩樂集苦

BD03797 號　妙法蓮華經卷六　（4–1）

一樹一臺其樹去臺盡一箭
有菩薩聲聞而坐其下諸寶臺上各有百億
諸天作天伎樂歌歎於佛以爲供養尒時彼
佛爲一切衆生喜見菩薩及衆菩薩諸聲聞
衆說法華經是一切衆生喜見菩薩樂集苦
行於日月淨明德佛法中精進經行一心求
佛滿万二千歲已得現一切色身三昧得此
三昧已心大歡喜即作念言我得現一切色
身三昧皆是得聞法華經力我今當供養日
月淨明德佛及法華經即時入是三昧於虛
空中雨曼陀羅華摩訶曼陀羅華細末堅黑
栴檀滿虛空中如雲而下又雨海此岸栴檀之
香此香六銖價直娑婆世界以供養佛作是
供養已從三昧起而自念言我雖以神力供
養於佛不如以身供養即服諸香栴檀薰陸
兜樓婆畢力迦沉水膠香又飲瞻蔔諸華香
油滿千二百歲已香油塗身於日月淨明德
佛前以天寶衣而自纏身灌諸香油以神通
力願而自燃身光明遍照八十億恒河沙世
界其中諸佛同時讚言善哉善哉善男子是
真精進是名真法供養如來若以華香瓔珞
燒香末香塗香天繒幡蓋及海此岸栴檀
之香如是等種種諸物供養所不能及假使
國城妻子布施亦所不及善男子是名第一
之施於諸施中最尊最上以法供養諸如來
故作是語已而各嘿然其身火然千二百歲

BD03797 號　妙法蓮華經卷六　（4–2）

之香如是等種種諸物供養所不能及假使
國城妻子布施亦所不及善男子是名第一
之施於諸施中最尊最上以法供養諸如来
故作是語已而各嘿然其身火然千二百歲
過是已後其身乃盡一切眾生喜見菩薩作
如是法供養已命終之後復生日月淨明德
佛國中於淨德王家結加趺坐忽然化生即
為其父而說偈言
大王今當知　我經行彼處　即時得一切　現諸身三昧
懃行大精進　捨所愛之身
說是偈已而白父言日月淨明德佛今故現
在我先供養佛已得解一切眾生語言陀羅
尼復聞是法華經八百千万億那由他甄迦
羅頻婆羅阿閦婆等偈大王我今當還供養
此佛白已即坐七寶之臺上昇虛空高七多
羅樹往到佛所頭面礼足合十指爪以偈讚曰
容顏甚奇妙　光明照十方　我適曾供養　今復還親覲
尒時一切眾生喜見菩薩說是偈已而白佛
言世尊世尊猶故在世尒時日月淨明德佛
告一切眾生喜見菩薩善男子我涅槃時到
滅盡時至汝可安施牀座我於今夜當般涅
槃又勑一切眾生喜見菩薩善男子我以佛
法囑累於汝及諸菩薩大弟子并阿耨多羅
三藐三菩提法亦以三千大千七寶世界諸
寶樹寶臺及給侍諸天悉付於汝我滅度後
所有舍利亦付囑汝當令流布廣設供養應

BD03797 號　妙法蓮華經卷六　（4–3）

羅頻婆羅阿閦婆等偈大王我今當還供養
此佛白已即坐七寶之臺上昇虛空高七多
羅樹往到佛所頭面礼足合十指爪以偈讚曰
容顏甚奇妙　光明照十方　我適曾供養　今復還親覲
尒時一切眾生喜見菩薩說是偈已而白佛
言世尊世尊猶故在世尒時日月淨明德佛
告一切眾生喜見菩薩善男子我涅槃時到
滅盡時至汝可安施牀座我於今夜當般涅
槃又勑一切眾生喜見菩薩善男子我以佛
法囑累於汝及諸菩薩大弟子并阿耨多羅
三藐三菩提法亦以三千大千七寶世界諸
寶樹寶臺及給侍諸天悉付於汝我滅度後
所有舍利亦付囑汝當令流布廣設供養應
起若干千塔如是日月淨明德佛勑一切眾
生喜見菩薩已於夜後分入於涅槃尒時一
切眾生喜見菩薩見佛滅度悲感懊惱戀慕
於佛即以海此岸栴檀為積供養佛身而以
燒之火滅已後收取舍利作八万四千寶瓶
以起八万四千塔高三世界表剎莊嚴垂諸
幡蓋懸眾寶鈴尒時一切眾生喜見菩薩復

BD03797 號　妙法蓮華經卷六　（4–4）

中義此皆先世以發道意今復得聞此微妙
法開化十方无量衆生當知此人必當得至
无上正真道也
佛告阿難我作佛以來從生死復至生死懃
苦累劫无所不逕无所不歷无所不作无所
不爲如是不可思議況復瑠璃光佛本願功
德者乎汝所以有疑者亦復如是阿難汝聞
佛所説汝諦信之莫作疑惑佛語至誠无有
虛僞亦无二言佛爲信者施不爲疑者説阿
難汝莫作小疑以毀大乘之業汝却後亦當
發摩訶衍莫以小道毀汝功德阿難白佛言
唯天中天我從今日以去无復尒心唯佛自
當知我心耳
佛語阿難此經能照諸天宮宅若三災起時
中有天人發心念此瑠璃光佛本願功德經
者皆得離於破處之難是經能除水涸不調
是經能除他方逆賊悉令消滅四方夷狄各
還正治不相嬈惱國土交通人民歡喜是經
能除穀貴飢凍是經能滅惡星變怪是經能
除疫毒之病是經能救三惡道苦地獄餓鬼
畜生等苦若人得聞此經典者无不解脫厄
難者也

BD03798號　灌頂章句拔除過罪生死得度經　（5–1）

是經能除他方逆賊悉令消滅四方夷狄各
還正治不相嬈惱國土交通人民歡喜是經
能除穀貴飢凍是經能滅惡星變怪是經能
除疫毒之病是經能救三惡道苦地獄餓鬼
畜生等苦若人得聞此經典者无不解脫厄
難者也
尒時衆中有一菩薩名曰救脫從坐而起整
衣服叉手合掌而白佛言我等今日聞佛世
尊演説過去東方十恒河沙世界有佛号瑠
璃光佛一切衆會靡不歡喜救脫菩薩又白
佛言若族姓男女其有危竄著牀痛惱无救
護者我今當勸請諸衆僧七日七夜齋戒一
心受持八禁六時行道卌九遍讀是經典勸
然七層之燈亦勸懸五色雜綵續命神幡阿
難問救脫菩薩言續命幡燈法則云何救脫
菩薩語阿難言神幡五色卌九尺燈亦復尒
七層之燈一層七燈燈如車輪若遭厄難閉
在牢獄枷鏁著身亦應造立五色神幡然卌
九燈應放雜類衆生至卌九可得過度危厄
之難不爲諸橫惡鬼所持
救脫菩薩語阿難言若天王大臣及諸輔相
王子妃主中宮綵女若爲病苦所惱亦應造
立五色繒幡然燈續明救諸生命散雜色華
燒衆名香王當放赦屈厄之人徒鏁解脫王
得其福天下太平雨澤以時人民歡樂惡龍
攝毒无病苦者四方夷狄不生逆害國土通
[illegible]

BD03798號　灌頂章句拔除過罪生死得度經　（5–2）

立五色繒幡然燈續明救諸生命散雜色華
燒衆名香王當放赦屋厄之人徒鏁解脫王
得其福天下太平雨澤以時人民歡樂惡龍
攝毒无病苦者四方夷狄不生逆害國土通
同慈心相向无諸怨害四海歌詠稱王之德
乘此福祿在意所生見佛聞法信受教誨從
是福報至无上道
阿難又問救脫菩薩言命可續也救脫菩薩
荅阿難言我聞世尊說有諸橫勸造幡蓋令
其脩福又言阿難昔沙彌救蟻已脩福故盡
其壽命不更苦患身體安寧福德力強使之
然也
阿難因復問救脫菩薩言橫有幾種世尊說
言橫乃无數略而言之大橫有九一者橫病
二者橫有口舌三者橫遭縣官四者身羸无
福又持戒不完橫為鬼神之所得便五者橫
為劫賊所剝六者橫為水火焚漂七者橫為
雜類禽獸所噉八者橫為怨讎符書厭禱邪
神牽引未得其福但受其殃先亡牽引亦名
橫死九者有病不治又不脩福湯藥不慎針
灸失度不值良醫為病所困於是滅亡又信
世間妖孽之師為作恐動寒熱言語妄發禍
福所祀者多心不自正不能自定卜問覓禍
煞豬狗牛羊種種衆生解奏神明呼諸邪妖
魍魎鬼神請乞福祚欲望長生終不能得愚
癡迷惑信邪倒見死入地獄展轉其中无解
脫時是名九種

福所祀者多心不自正不能自定卜問覓禍
煞豬狗牛羊種種衆生解奏神明呼諸邪妖
魍魎鬼神請乞福祚欲望長生終不能得愚
癡迷惑信邪倒見死入地獄展轉其中无解
脫時是名九種
救脫菩薩語阿難言其世間人瘦黃之病困
篤着牀求生不得求死不得考楚万端此病
人者或其前世造作惡業罪過所招殃咎所
引故使然也救脫菩薩語阿難言閻羅王者
主領世間名籍之記若人為惡作諸非法无
孝順心造作五逆破滅三寶无君臣法又有
衆生不持五戒不信正法設有受者多所毀
犯於是地下鬼神及伺候者奏上伍官伍官
料簡除死定生或注錄精神未判是非若已
定者奏上閻羅閻羅監隨罪輕重考而治
之世間瘦黃之病困篤不死一絕一生猶其
罪福未得料簡錄其精神在彼王所或七日
五三七日乃至七七日名籍定者放其精神
還其身中如從夢中見其善惡其人若明了
者信驗罪福是故我今勸諸四輩造續命神
幡然卌九燈放諸生命以此幡燈放生功德
拔彼精神令得度苦今世後世不遭厄難
救脫菩薩語阿難言如來世尊說是經典威
神功德利益不少坐中諸鬼神有十神王從
坐而起往到佛所胡跪合掌白佛言我等十
二鬼神在於作護若城邑聚落空閑中若
四輩弟子誦持此經令所結願无求不得阿難

敉脫菩薩語阿難言如來世尊說是經典威
神功德利益不少坐中諸鬼神有十二神王從
坐而起往到佛所胡跪合掌白佛言我等十
二鬼神在於作護若城邑聚落空閑中若
四輩弟子誦持此經令所結願无求不得阿難
問言其名云何爲我說之敉脫菩薩言灌頂
章句其名如是
神名金毗羅　神名和耆羅　神名安陁羅　神名摩尼羅
神名宋林羅　神名彌佉羅　神名因持羅　神名婆耶羅
神名摩休羅　神名真陁羅　神名照頭羅　神名毗伽羅
敉脫菩薩語阿難言此諸鬼神別有七千以
爲眷屬皆悉叉手低頭聽佛世尊說是瑠璃
光如來本願功德莫不一時捨鬼神形得受
人身長得度脫无衆惱患若人疾急厄難之
日當以五色縷結其名字得如願已然後解
結令人得福灌頂章句法應如是
佛說是經時比丘僧八千人諸菩薩三万六
千人俱諸天龍鬼神八部大王无不歡喜阿
難從坐而起前白佛言演說此法當何名之
佛言此經凡有三名一名藥師瑠璃光本願
功德二名灌頂章句十二神王結願神呪三
名拔除過罪生死得度經佛說經竟大衆人
民作礼奉行

BD03798 號　灌頂章句拔除過罪生死得度經　（5–5）

也世尊如來不應以色身[illegible]
具足色身即非具足色身是名具足色身
須菩提於意云何如來可以具足諸相見
不不也世尊如來不應以具足諸相見何以
故如來說諸相具足即非具足是名諸相具
足須菩提汝勿謂如來作是念我當有所說
法莫作是念何以故若人言如來有所說法
即爲謗佛不能解我所說故須菩提說法者
无法可說是名說法須菩提白佛言世尊
佛得阿耨多羅三藐三菩提爲无所得耶佛
言如是如是須菩提我於阿耨多羅三藐三菩
提乃至无有少法可得是名阿耨多羅三藐
三菩提復次須菩提是法平等无有高下
是名阿耨多羅三藐三菩提以无我无人无衆
生无壽者脩一切善法則得阿耨多羅三藐三
菩提須菩提所言善法者如來說非善法是名
善法須菩提若三千大千世界中所有諸須弥
山王如是等七寶聚有人持用布施若人以
此般若波羅蜜經乃至四句偈等受持讀誦
爲他人說於前福德百分不及一百千萬億
分乃至筭數譬喻所不能及
[illegible]

BD03799 號　金剛般若波羅蜜經　（4–1）

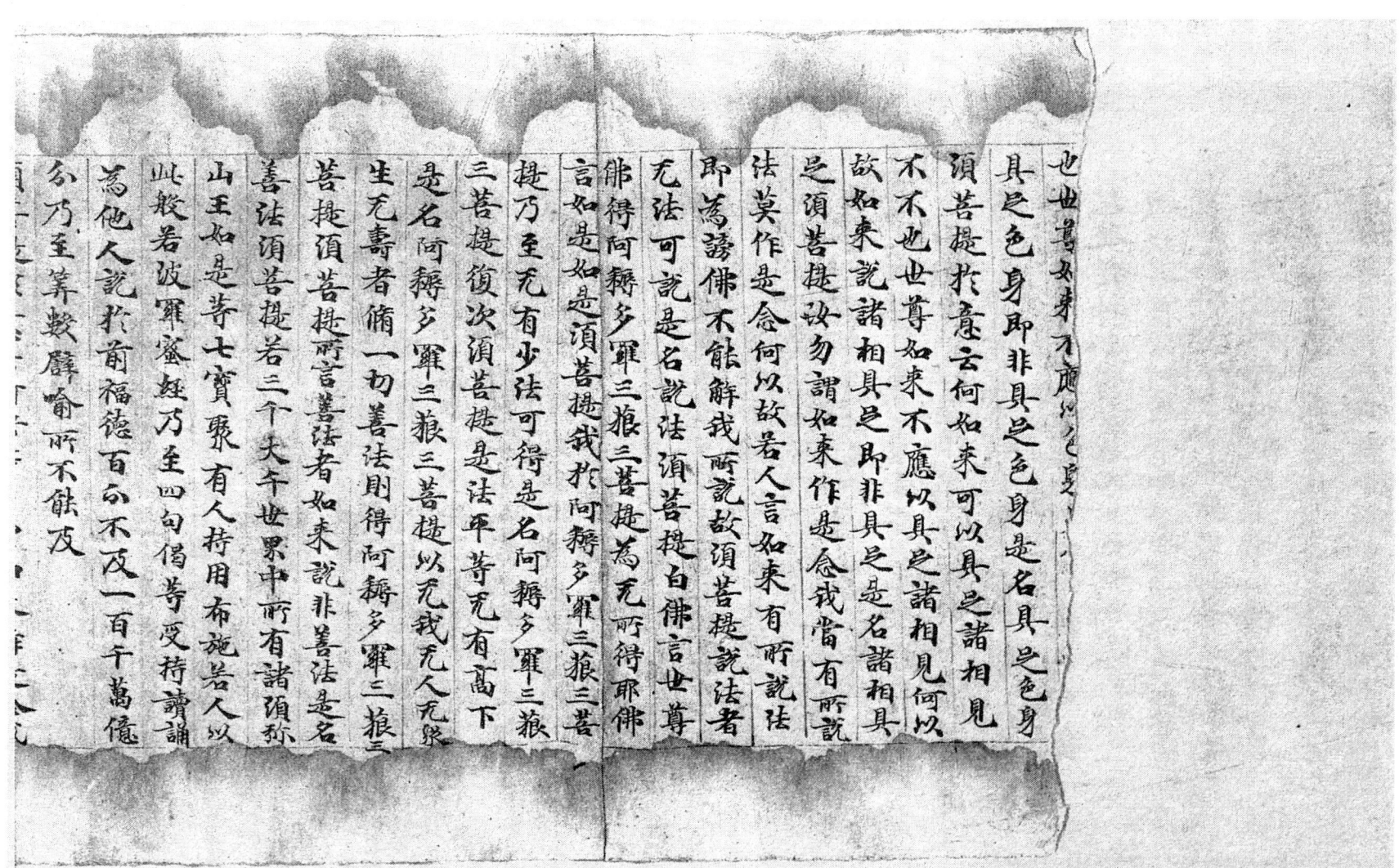

善法須菩提若三千大千世界中所有諸須弥
山王如是等七寶聚有人持用布施若人以
此般若波羅蜜經乃至四句偈等受持讀誦
為他人說於前福德百分不及一百千萬億
分乃至筭數譬喻所不能及
須菩提於意云何汝等勿謂如來作是念我
當度衆生須菩提莫作是念何以故實无
有衆生如來度者若有衆生如來度者如
來則有我人衆生壽者須菩提如來說有我
者則非有我而凡夫之人以為有我須菩提凡
夫者如來說則非凡夫須菩提於意云何可
以三十二相觀如來不須菩提言如是如是以
三十二相觀如來佛言須菩提若以三十二
相觀如來者轉輪聖王則是如來須菩提白
佛言世尊如我解佛所說義不應以三十
二相觀如來尒時世尊而說偈言
若以色見我　以音聲求我　是人行邪道　不能見如來
須菩提汝若作是念如來不以具足相故得
阿耨多羅三藐三菩提須菩提莫作是念如
來不以具足相故得阿耨多羅三藐三菩提
須菩提汝若作是念發阿耨多羅三藐三菩
提者說諸法斷滅相莫作是念何以故發阿
耨多羅三藐三菩提者於法不說斷滅相須
菩提若菩薩以滿恒河沙等世界七寶以用
布施若復有人知一切法无我得成於忍此

BD03799 號　金剛般若波羅蜜經　（4–2）

提者說諸法斷滅相莫作是念何以故發阿
耨多羅三藐三菩提者於法不說斷滅相須
菩提若菩薩以滿恒河沙等世界七寶以用
布施若復有人知一切法无我得成於忍此
菩薩勝前菩薩所得功德須菩提以諸菩
薩不受福德故須菩提白佛言世尊云何菩
薩不受福德須菩提菩薩所作福德不應貪
著是故佛說不受福德須菩提若有人言如
來若來若去若坐若卧是人解我所說義何以
故如來者无所從來亦无所去故名如來
須菩提若善男子善女人以三千大千世界
碎為微塵於意云何是微塵衆寧為多不甚
多世尊何以故若是微塵衆實有者佛則不
說是微塵衆所以者何佛說微塵衆則非微
塵衆是名微塵衆世尊如來所說三千大千
世界則非世界是名世界何以故若世界實有
者則是一合相如來說一合相則非一合相
是名一合相須菩提一合相者則是不可
說但凡夫之人貪著其事須菩提若人言佛
說我見人見衆生見壽者見須菩提於意云
何是人解我所說義不不也世尊是人不解如
來所說義何以故世尊說我見人見衆生見
壽者見即非我見人見衆生見壽者見是名
我見人見衆生見壽者見須菩提發阿耨多
羅三藐三菩提心者於一切法應如是知如是
見如是信解不生法相須菩提所言法相者
如來說即非法相是名法相須菩提若有人

BD03799 號　金剛般若波羅蜜經　（4–3）

者則是一合相如來說一合相則非一合相
是名一合相須菩提一合相者則是不可
說但凡夫之人貪著其事須菩提若人言佛
說我見人見衆生見壽者見須菩提於意云
何是人解我所說義不不也世尊是人不解如
來所說義何以故世尊說我見人見衆生見
壽者見即非我見人見衆生見壽者見是名
我見人見衆生見壽者見須菩提發阿耨多
羅三藐三菩提心者於一切法應如是知如是
見如是信解不生法相須菩提所言法相者
如來說即非法相是名法相須菩提若有人
以滿无量阿僧祇世界七寶持用布施若有
善男子善女人發菩薩心者持於此經乃至
四句偈等受持讀誦為人演說其福勝彼云
何為人演說不取於相如如不動何以故
一切有為法 如夢幻泡影 如露亦如電 應作如是觀
佛說是經已長老須菩提及諸比丘比丘尼
優婆塞優婆夷一切世間天人阿脩羅聞佛
所說皆大歡喜信受奉行
金剛般若波羅蜜經

BD03799 號　金剛般若波羅蜜經　（4–4）

大乘无量壽經
如是我聞一時薄伽梵在舍衛國祇樹給孤獨園與大苾芻僧千二百五十人大菩薩摩訶
薩衆俱同會坐尒時世尊告曼殊室利童子曼殊上方有世界名无量功德聚彼
土有佛号无量智決定王如來阿耨多羅三藐三菩提現為衆生開示說法曼殊師利諦聽
閻浮提人皆短壽大限百年於中夭枉橫死者衆曼殊如是无量壽智如來功德名稱法
要若有衆生得聞名号若自書或使人書能為經卷受持讀誦若於舍宅所住之處以種
種花鬘瓔珞塗香末香而為供養命終之後壽命盡復得延年滿足百歲如是曼殊若有衆
生得聞是无量壽智決定王如來一百八名号壽益其長壽若有衆生大命將盡十
念是如來名号更得增壽如是曼殊若有善男子善女人欲求長壽者於是无量壽
如來一百八名号有得聞者或自書若使人書受持讀誦得如是等果報福德具足陁羅尼曰
南謨薄伽勃底一阿波唎蜜哆二阿喻紇硯娜三須毗你失指陁四囉佐耶五怛他羯他耶
怛姪他唵七薩婆桑塞迦囉八波唎輸底九達磨底十伽伽娜十一莎訶某持迦底十二薩婆
毗輸底十三摩訶娜耶十四波唎婆唎莎訶十五 世尊復告曼殊室利如是如來一百
八名号若有自書或使人書為經卷受持讀誦如壽命盡復滿百年壽終之後身得
往生无量福智世界無量壽淨土陁羅尼曰 南謨薄伽勃底一阿波唎蜜哆二阿喻紇
硯娜三須毗你失指陁四囉佐耶五怛他羯他耶六怛姪他唵七薩婆桑塞迦囉八波唎輸底九
達磨底十伽伽娜十一莎訶某持迦底十二薩婆毗輸底十三摩訶娜耶十四波唎婆唎莎訶十五
尒時復有九十九殑伽沙佛一時同聲說是无量壽宗要經陁羅尼曰 南謨薄伽勃底一阿波唎
蜜哆二阿喻紇硯娜三須毗你失指陁四囉佐耶五怛他羯他耶六怛姪他唵七薩婆桑塞迦囉
波唎輸底九達磨底十伽伽娜十一莎訶某持迦底十二薩婆毗輸底十三摩訶娜耶十四波唎婆唎莎訶
尒時復有一百四殑伽沙佛一時同聲說是无量壽宗要經陁羅尼曰 南謨薄伽勃底一阿波唎蜜
哆二阿喻紇硯娜三須毗你失指陁四囉佐耶五怛他羯他耶六怛姪他唵七薩婆桑塞迦囉八波唎
輸底九達磨底十伽伽娜十一莎訶某持迦底十二薩婆毗輸底十三摩訶娜耶十四波唎婆唎莎訶
尒時復有七殑伽沙佛一時同聲說是无量壽宗要經陁羅尼曰 南謨薄伽勃底一阿波唎蜜哆二阿

BD03800 號　無量壽宗要經　（5–1）

尒時復有九十九億佛一時同聲說是无量壽宗要經陁羅尼曰 南謨薄伽勃底一阿波唎
蜜哆二阿喻紇硯娜三須毗你悉指陁四囉佐耶五怛他羯他耶六怛姪他唵七薩婆桒悉迦囉
八波唎輸底九達磨底十伽迦娜十一莎訶其持迦底十二薩婆毗輸底十三摩訶娜耶十四波唎婆唎莎訶
尒時復有一百四俱胝佛一時同聲說是无量壽宗要經陁羅尼曰 南謨薄伽勃底一阿波唎蜜
哆二阿喻紇硯娜三須毗你悉指陁四囉佐耶五怛他羯他耶六怛姪他唵七薩婆桒悉迦囉八波唎
輸底九達磨底十伽迦娜十一莎訶其持迦底十二薩婆毗輸底十三摩訶娜耶十四波唎婆唎莎訶
尒時復有七俱胝佛一時同聲說是无量壽宗要經陁羅尼曰 南謨薄伽勃底一阿波唎蜜哆二阿
喻紇硯娜三須毗你悉指陁四囉佐耶五怛他羯他耶六怛姪他唵七薩婆桒悉迦囉八波唎輸底九
達磨底十伽迦娜十一莎訶其持迦底十二薩婆毗輸底十三摩訶娜耶十四波唎婆唎莎訶十五
尒時復有六十五俱胝佛一時同聲說是无量壽宗要經陁羅尼曰 南謨薄伽勃底一阿波唎蜜哆二
阿喻紇硯娜三須毗你悉指陁四囉佐耶五怛他羯他耶六怛姪他唵七薩婆桒悉迦囉八波唎輸底九
達磨底十伽迦娜十一莎訶其持迦底十二薩婆毗輸底十三摩訶娜耶十四波唎婆唎莎訶十五
尒時復有四十五俱胝佛一時同聲說是无量壽宗要經陁羅尼曰 南謨薄伽勃底一阿波唎蜜哆二
阿喻紇硯娜三須毗你悉指陁四囉佐耶五怛他羯他耶六怛姪他唵七薩婆桒悉迦囉八波唎輸底九
達磨底十伽迦娜十一莎訶其持迦底十二薩婆毗輸底十三摩訶娜耶十四波唎婆唎莎訶十五
尒時復有三十六俱胝佛一時同聲說是无量壽宗要經陁羅尼曰 南謨薄伽勃底一阿波唎蜜哆
阿喻紇硯娜三須毗你悉指陁四囉佐耶五怛他羯他耶六怛姪他唵七薩婆桒悉迦囉八波唎輸底九
達磨底十伽迦娜十一莎訶其持迦底十二薩婆毗輸底十三摩訶娜耶十四波唎婆唎莎訶十五
尒時復有二十五俱胝佛一時同聲說是无量壽宗要經陁羅尼曰 南謨薄伽勃底一阿波唎蜜哆二
阿喻紇硯娜三須毗你悉指陁四囉佐耶五怛他羯他耶六怛姪他唵七薩婆桒悉迦囉八波唎輸底九達
磨底十伽迦娜十一莎訶其持迦底十二薩婆毗輸底十三摩訶娜耶十四波唎婆唎莎訶十五
尒時復有恒河沙俱胝佛一時同聲說是无量壽宗要經陁羅尼曰 南謨薄伽勃底一阿波唎蜜哆二阿喻
紇硯娜三須毗你悉指陁四囉佐耶五怛他羯他耶六怛姪他唵七薩婆桒悉迦囉八波唎輸底九達磨底十
伽迦娜十一莎訶其持迦底十二薩婆毗輸底十三摩訶娜耶十四波唎婆唎莎訶十五 善男子若有
自書寫教人書寫是无量壽宗要經如其命盡復得長壽而滿年陁羅尼曰 南謨薄伽勃底一阿波
唎蜜哆二阿喻紇硯娜三須毗你悉指陁四囉佐耶五怛他羯他耶六怛姪他唵七薩婆桒悉迦囉八波
唎輸底九達磨底十伽迦娜十一莎訶其持迦底十二薩婆毗輸底十三摩訶娜耶十四波唎婆唎莎訶十五
若有自書寫教人書寫是无量壽宗要經讀誦受持畢竟不墮地獄在在所生得宿命智陁羅

伽迦娜十一莎訶其持迦底十二薩婆毗輸底十三摩訶娜耶十四波唎婆唎莎訶十五 善男子若有
自書寫教人書寫是无量壽宗要經如其命盡復得長壽而滿年陁羅尼曰 南謨薄伽勃底一阿波
唎蜜哆二阿喻紇硯娜三須毗你悉指陁四囉佐耶五怛他羯他耶六怛姪他唵七薩婆桒悉迦囉八波
唎輸底九達磨底十伽迦娜十一莎訶其持迦底十二薩婆毗輸底十三摩訶娜耶十四波唎婆唎莎訶十五
若有自書寫教人書寫是无量壽宗要經讀誦受持畢竟不墮地獄在在所生得宿命智陁羅
尼曰 南謨薄伽勃底一阿波唎蜜哆二阿喻紇硯娜三須毗你悉指陁四囉佐耶五怛他羯他耶六怛姪他
唵七薩婆桒悉迦囉八波唎輸底九達磨底十伽迦娜十一莎訶其持迦底十二薩婆毗輸底十三摩訶娜
耶十四波唎婆唎莎訶十五 若有自書寫教人書寫是无量壽宗要經受讀誦如同書寫是八万四
千一切經典陁羅尼曰 南謨薄伽勃底一阿波唎蜜哆二阿喻紇硯娜三須毗你悉指陁四囉佐耶五怛他
羯他耶六怛姪他唵七薩婆桒悉迦囉八波唎輸底九達磨底十伽迦娜十一莎訶其持迦底十二薩婆毗輸
底十三摩訶娜耶十四波唎婆唎莎訶十五 若有自書寫教人書寫是无量壽宗要經即是書寫八万四
千部建立塔廟陁羅尼曰 南謨薄伽勃底一阿波唎蜜哆二阿喻紇硯娜三須毗你悉指陁四囉佐耶五怛
他羯他耶六怛姪他唵七薩婆桒悉迦囉八波唎輸底九達磨底十伽迦娜十一莎訶其持迦底十二薩婆毗
輸底十三摩訶娜耶十四波唎婆唎莎訶十五 若有自書寫教人書寫是无量壽宗要經能消五无間
等一切重罪陁羅尼曰 南謨薄伽勃底一阿波唎蜜哆二阿喻紇硯娜三須毗你悉指陁四囉佐耶五怛他
羯他耶六怛姪他唵七薩婆桒悉迦囉八波唎輸底九達磨底十伽迦娜十一莎訶其持迦底十二薩婆
毗輸底十三摩訶娜耶十四波唎婆唎莎訶十五 若有自書寫教人書寫是无量壽宗要經受持讀
誦設有重罪猶須弥山盡能除滅陁羅尼曰 南謨薄伽勃底一阿波唎蜜哆二阿喻紇硯娜三須
毗你悉指陁四囉佐耶五怛他羯他耶六怛姪他唵七薩婆桒悉迦囉八波唎輸底九達磨底十伽迦娜十一
莎訶其持迦底十二薩婆毗輸底十三摩訶娜耶十四波唎婆唎莎訶十五 若有自書寫教人書寫
是无量壽宗要經受持讀誦若魔魔之眷屬夜叉羅剎不得其便終无枉死陁羅尼曰
南謨薄伽勃底一阿波唎蜜哆二阿喻紇硯娜三須毗你悉指陁四囉佐耶五怛他羯他耶六怛姪他唵七
薩婆桒悉迦囉八波唎輸底九達磨底十伽迦娜十一莎訶其持迦底十二薩婆毗輸底十三摩訶
娜耶十四波唎婆唎莎訶十五 若有自書寫教人書寫是无量壽宗要經受持讀誦當命終
時有九十九俱胝佛現其人前家千佛授手能遊一切佛剎莫於此經生於疑惑陁羅尼曰
南謨薄伽勃底一阿波唎蜜哆二阿喻紇硯娜三須毗你悉指陁四囉佐耶五怛他羯他耶六怛姪他唵七
薩婆桒悉迦囉八波唎輸底九達磨底十伽迦娜十一莎訶其持迦底十二薩婆毗輸底十三摩訶娜耶
十四波唎婆唎莎訶十五 若有自書寫教人書寫是无量壽宗要經受持讀誦常得四天大王隨其
衛護陁羅尼曰 南謨薄伽勃底一阿波唎蜜哆二阿喻紇硯娜三須毗你悉指陁四囉佐耶五怛他羯
他耶六怛姪他唵七薩婆桒悉迦囉八波唎輸底九達磨底十伽迦娜十一莎訶其持迦底十二薩婆
毗輸底十三摩訶娜耶十四波唎婆唎莎訶十五 若有自書寫教人書寫是无量壽宗要經受持

薩婆桒迭伽囉八波唎輸底九達磨底十伽伽娜十一莎訶其持伽底十二薩婆毗輸底十三摩訶娜耶
波唎婆唎莎訶十五 若有自書寫教人書寫是无量壽宗要經受持讀誦常得四天大王隨其
衛護陁羅尼曰 南謨薄伽勃底一阿波唎蜜哆二阿喻紇硯娜三須毗你失志指陀四囉佐耶五怛他羯
他耶六怛姪他唵七薩婆桒迭伽囉八波唎輸底九達磨底十伽伽娜十一莎訶其持伽底十二薩婆毗
毗輸底十三摩訶娜耶十四波唎婆唎莎訶十五 若有自書寫教人書寫是无量壽宗要經受持
讀誦當得往生西方極樂世界阿弥陀淨土陁羅尼曰 南謨薄伽勃底一阿波唎蜜哆二阿喻紇
硯娜三須毗你失志指陀四囉佐耶五怛他羯他耶六怛姪他唵七薩婆桒迭伽囉八波唎輸底九達磨
底十伽伽娜十一莎訶其持伽底十二薩婆毗輸底十三摩訶娜耶十四波唎婆唎莎訶十五
若有方所自書寫使人書寫是无量壽經典之處則為是塔皆應恭敬作礼若是畜生及
為鳥獸得聞是經如是等類皆當不久得成一切種智陁羅尼曰 南謨薄伽勃底一阿波唎蜜
哆二阿喻紇硯娜三須毗你失志指陀四囉佐耶五怛他羯他耶六怛姪他唵七薩婆桒迭伽囉八波唎輸
底十伽伽娜十一莎訶其持伽底十二薩婆毗輸底十三摩訶娜耶十四波唎婆唎莎訶十五
若有於是无量壽經自書寫若使人書畢竟不受女人之身陁羅尼曰 南謨薄伽勃底
阿波唎蜜哆二阿喻紇硯娜三須毗你失志指陀四囉佐耶五怛他羯他耶六怛姪他唵七薩婆桒迭伽
囉八波唎輸底九達磨底十伽伽娜十一莎訶其持伽底十二薩婆毗輸底十三摩訶娜耶十四波唎
婆唎莎訶十五 若有能於是經少分能惠施者等於三千大千世界滿中七寶布施陁羅尼曰
南謨薄伽勃底一阿波唎蜜哆二阿喻紇硯娜三須毗你失志指陀四囉佐耶五怛他羯他耶六怛姪他唵七
薩婆桒迭伽囉八波唎輸底九達磨底十伽伽娜十一莎訶其持伽底十二薩婆毗輸底十三摩訶
娜耶十四波唎婆唎莎訶十五 若有能供養是經者則是供養一切諸經等无有異陁羅尼曰
南謨薄伽勃底一阿波唎蜜哆二阿喻紇硯娜三須毗你失志指陀四囉佐耶五怛他羯他耶六怛姪他唵七
薩婆桒迭伽囉八波唎輸底九達磨底十伽伽娜十一莎訶其持伽底十二薩婆毗輸底十三
摩訶娜耶十四波唎婆唎莎訶如是毗婆尸佛尸弃佛毗舍浮佛俱留孫佛俱那含牟尼佛迦葉佛釋迦牟尼佛
若有人以七寶供養如是七佛其福有限書寫受持是无量壽經典所有功德不可限量陁羅尼曰
南謨薄伽勃底一阿波唎蜜哆二阿喻紇硯娜三須毗你失志指陀四囉佐耶五怛他羯他耶六怛姪他
唵七薩婆桒迭伽囉八波唎輸底九達磨底十伽伽娜十一莎訶其持伽底十二薩婆毗輸底十三
摩訶娜耶十四波唎婆唎莎訶 若有七寶等於須弥以用布施其福上能知其限量是无量壽
經典其福不可知數陁羅尼曰 南謨薄伽勃底一阿波唎蜜哆二阿喻紇硯娜三須毗你失志
指陀四囉佐耶五怛他羯他耶六怛姪他唵七薩婆桒迭伽囉八波唎輸底九達磨底十伽伽娜
莎訶其持伽底十二薩婆毗輸底十三摩訶娜耶十四波唎婆唎莎訶十五
如是四大海水可知渧數是无量壽經典所生果報不可數量陁羅尼曰

BD03800號　無量壽宗要經　（5–4）

經典其福不可知數陁羅尼曰 南謨薄伽勃底一阿波唎蜜哆二阿喻紇硯娜三須毗你失志
指陀四囉佐耶五怛他羯他耶六怛姪他唵七薩婆桒迭伽囉八波唎輸底九達磨底十伽伽娜
莎訶其持伽底十二薩婆毗輸底十三摩訶娜耶十四波唎婆唎莎訶十五
如是四大海水可知渧數是无量壽經典所生果報不可數量陁羅尼曰
南謨薄伽勃底一阿波唎蜜哆二阿喻紇硯娜三須毗你失志指陀四囉佐耶五怛他羯他耶六怛姪他
唵七薩婆桒迭伽囉八波唎輸底九達磨底十伽伽娜十一莎訶其持伽底十二薩婆毗輸底十三摩
訶娜耶十四波唎婆唎莎訶 若有自書使人書寫是无量壽經典又能讀持供養即如禮
敬供養一切十方佛土如來无有别異陁羅尼曰 南謨薄伽勃底一阿波唎蜜哆二阿喻紇
硯娜三須毗你失志指陀四囉佐耶五怛他羯他耶六怛姪他唵七薩婆桒迭伽囉八波唎輸底九達磨底十伽
伽娜十一莎訶其持伽底十二薩婆毗輸底十三摩訶娜耶十四波唎婆唎莎訶十五
布施力能成正覺 悟布施力人師子 布施力能聲普聞 慈悲階漸最能入
持戒力能成正覺 悟持戒力人師子 持戒力能聲普聞 慈悲階漸最能入
忍辱力能成正覺 悟忍辱力人師子 忍辱力能聲普聞 慈悲階漸最能入
精進力能成正覺 悟精進力人師子 精進力能聲普聞 慈悲階漸最能入
禪定力能成正覺 悟禪定力人師子 禪定力能聲普聞 慈悲階漸最能入
智慧力能成正覺 悟智慧力人師子 智慧力能聲普聞 慈悲階漸最能入
尒時如來說是經已一切世間天人阿脩羅揵闥婆等聞佛
所說皆大歡喜信受奉行
佛說无量壽宗要經
田廣談

BD03800號　無量壽宗要經　（5–5）

佛說佛名經卷第四

南无十方光明世界勝力如來　南无如是等无量无邊如來

南无常光明世界无量光明雲香彌留如來

南无常莊嚴世界種種華如來

南无海德佛　南无梵相佛　南无月蓋佛

南无達藍佛　南无智積佛　南无覺相佛

南无功德佛　南无聲流虛佛　南无滿月佛

南无華光佛

南无覺相佛　南无羅[illegible]佛

BD03800 號背　雜寫

（1–1）

著 錄 凡 例

本目錄採用條目式著錄法。諸條目意義如下：

1.1　著錄編號。用漢語拼音首字“BD”表示，意為“北京圖書館藏敦煌遺書”，簡稱“北敦號”。文獻寫在背面者，標註為“背”。一件遺書上抄有多個文獻者，用數字1、2、3等標示小號。一號中包括幾件遺書，且遺書形態各自獨立者，用字母A、B、C等區別。

1.2　著錄分類號。本條記目錄暫不分類，該項空缺。

1.3　著錄文獻的名稱、卷本、卷次。

1.4　著錄千字文編號。

1.5　著錄縮微膠卷號。

2.1　著錄遺書的總體數據。包括長度、寬度、紙數、正面抄寫總行數與每行字數、背面抄寫總行數與每行字數。如該遺書首尾有殘破，則對殘破部分單獨度量，用加號加在總長度上。凡屬這種情況，長度用括弧標註。

2.2　著錄每紙數據。包括每紙長度及抄寫行數或界欄數。

2.3　著錄遺書的外觀。包括：（1）裝幀形式。（2）首尾存況。（3）護首、軸、軸頭、天竿、縹帶，經名是書寫還是貼簽，有無經名號，扉頁、扉畫。（4）卷面殘破情況及其位置。（5）尾部情況。（6）有無附加物（蟲繭、油污、線繩及其他）。（7）有無褾補及其年代。（8）界欄。（9）修整。（10）其他需要交待的問題。

2.4　著錄一件遺書抄寫多個文獻的情況。

3.1　著錄文獻首部文字與對照本核對的結果。

3.2　著錄文獻尾部文字與對照本核對的結果。

3.3　著錄錄文。

3.4　著錄對文獻的說明。

4.1　著錄文獻首題。

4.2　著錄文獻尾題。

5　著錄本文獻與對照本的不同之處。

6.1　著錄本遺書首部可與另一遺書綴接的編號。

6.2　著錄本遺書尾部可與另一遺書綴接的編號。

7.1　著錄題記、題名、勘記等。

7.2　著錄印章。

7.3　著錄雜寫。

7.4　著錄護首及扉頁的內容。

8　著錄年代。

9.1　著錄字體。如有武周新字、合體字、避諱字等，予以說明。

9.2　著錄卷面二次加工的情況。包括句讀、點標、科分、間隔號、行間加行、行間加字、硃筆、墨塗、倒乙、刪除、兌廢等。

10　著錄敦煌遺書發現後，近現代人所加內容，裝裱、題記、印章等。

11　備註。著錄揭裱互見、圖版本出處及其他需要說明的問題。

上述諸條，有則著錄，無則空缺。

為避文繁，上述著錄中出現的各種參考、對照文獻，暫且不列版本說明。全目結束時，將統一編制本條記目錄出現的各種參考書目。

本條記目錄為農曆年份標註其公曆紀年時，未進行歲頭年末之換算，請讀者使用時注意自行換算。

條　記　目　錄

BD03718—BD03800

1.1　BD03718 號
1.3　大般若波羅蜜多經卷四九〇
1.4　霜 018
1.5　084:3218
2.1　(1.2+695.8)×25.5 厘米；17 紙；442 行，行 17 字。
2.2　01：1.2+28.1，19；　02：43.5，28；　03：43.5，28；
　04：43.7，28；　05：43.7，28；　06：43.6，28；
　07：43.7，28；　08：43.7，28；　09：43.5，28；
　10：43.5，28；　11：43.7，28；　12：43.8，28；
　13：43.4，28；　14：43.7，28；　15：43.7，28；
　16：43.2，28；　17：13.8，03。
2.3　卷軸裝。首殘尾全。首紙有殘裂，卷中部上邊或下邊有等距殘損。有烏絲欄。有燕尾。
3.1　首行下殘→大正 220，7/489B4～5。
3.2　尾全→7/494B10。
4.2　大般若波羅蜜多卷第四百九十（尾）。
7.1　尾紙末行有題記“曇真勘”。卷端背面有勘記“卌九袟（本文獻所屬袟次）、第十卷（袟内卷次）”。另有 1 個“剩”字。尾紙背端有硃筆題記“勘了”。
7.3　上邊有硃筆雜寫，字體難以辨認。
8　8～9 世紀。吐蕃統治時期寫本。
9.1　楷書。
11　圖版：《敦煌寶藏》，76/649B～658A。

1.1　BD03719 號
1.3　金剛般若波羅蜜經
1.4　霜 019
1.5　094:4184
2.1　246.2×26 厘米；6 紙；142 行，行 17 字。
2.2　01：47.0，28；　02：47.0，28；　03：43.2，26；
　04：47.5，28；　05：47.5，28；　06：14.0，04。
2.3　卷軸裝。首脱尾全。麻紙未入潢。首紙有殘裂。後 3 紙與前 3 紙紙質字體不同。有燕尾。有烏絲欄。
3.1　首殘→大正 235，8/750C21。
3.2　尾全→8/752C3。
4.2　金剛般若波羅蜜經卷（尾）。
6.1　首→BD03721 號。
8　7～8 世紀。唐寫本。
9.1　楷書。
11　圖版：《敦煌寶藏》，82/340A～343A。

1.1　BD03720 號
1.3　金剛般若波羅蜜經
1.4　霜 020
1.5　094:3939
2.1　46.6×26 厘米；1 紙；28 行，行 17 字。
2.3　卷軸裝。首尾均脱。麻紙未入潢。卷背有鳥糞。有烏絲欄。
3.1　首殘→大正 235，8/749C20。
3.2　尾殘→8/750A20。
8　7～8 世紀。唐寫本。
9.1　楷書。
11　圖版：《敦煌寶藏》，81/264A～B。

1.1　BD03721 號
1.3　金剛般若波羅蜜經
1.4　霜 021
1.5　094:4099
2.1　47×26.5 厘米；1 紙；28 行，行 17 字。
2.3　卷軸裝。首尾均脱。有烏絲欄。
3.1　首殘→大正 235，8/750B20。
3.2　尾殘→8/750C21。
6.2　尾→BD03719 號。
8　7～8 世紀。唐寫本。
9.1　楷書。
11　圖版：《敦煌寶藏》，82/120B。

1.1　BD03722 號
1.3　大乘密嚴經（地婆訶羅本）卷下
1.4　霜 022
1.5　040:0392
2.1　（6 +787.3）×26.3 厘米；18 紙；472 行，行 17 字。
2.2　01：6 +33.5，25；　02：45.5，28；　03：45.8，28；
04：45.8，28；　05：45.8，28；　06：45.8，28；
07：45.7，28；　08：45.6，28；　09：45.7，28；
10：45.5，28；　11：45.7，28；　12：45.8，28；
13：45.8，28；　14：45.5，28；　15：48.0，28；
16：49.8，28；　17：49.5，27；　18：12.5，拖尾。
2.3　卷軸裝。首殘尾全。經黄打紙。接縫處有開裂，卷面有殘裂。有燕尾。有烏絲欄。
3.1　首 4 行上下殘→大正 681，16/738C24 ~27。
3.2　尾全→16/747B15。
4.2　大乘密嚴經卷下（尾）。
8　7 ~8 世紀。唐寫本。
9.1　楷書。
9.2　有行間校加字。
11　圖版：《敦煌寶藏》，58/486A ~497A。

1.1　BD03723 號
1.3　佛名經（十六卷本）卷三
1.4　霜 023
1.5　063:0625
2.1　（10.2 +178.5）×25.8 厘米；4 紙；112 行，行 16 字。
2.2　01：10.2 +37，28；　02：46.8，28；　03：47.5，28；
04：47.2，28。
2.3　卷軸裝。首尾均脱。經黄紙。首紙下部殘缺，卷面有殘裂。有烏絲欄。已修整。
3.1　首 6 行下殘→《七寺古逸經典研究叢書》，3/第 136 頁 271 行。
3.2　尾殘→《七寺古逸經典研究叢書》，3/第 145 頁 380 行。
8　7 ~8 世紀。唐寫本。
9.1　楷書。
11　圖版：《敦煌寶藏》，60/467A ~469B。

1.1　BD03724 號
1.3　妙法蓮華經卷三
1.4　霜 024
1.5　105:5039
2.1　150 ×25 厘米；3 紙；84 行，行 17 字。
2.2　01：50.4，28；　02：49.7，28；　03：49.9，28。
2.3　卷軸裝。首尾均脱。有烏絲欄。
3.1　首殘→大正 262，9/19B16。
3.2　尾殘→9/20C3。
7.3　第 2 紙行間有 1 行藏文："nang – rje – po – blon – dge"（内王臣）。
8　8 世紀。唐寫本。
9.1　楷書。
11　圖版：《敦煌寶藏》，88/358B ~360B。

1.1　BD03725 號
1.3　妙法蓮華經卷七
1.4　霜 025
1.5　105:5937
2.1　（8 +39.5）×25.5 厘米；2 紙；26 行，行 17 字。
2.2　01：8 +20，15；　02：19.5，11。
2.3　卷軸裝。首殘尾斷。經黄紙。首紙殘裂，卷面有殘洞。有烏絲欄。
3.1　首 4 行中下殘→大正 262，9/56B2 ~6。
3.2　尾殘→9/56C1。
8　7 ~8 世紀。唐寫本。
9.1　楷書。
11　圖版：《敦煌寶藏》，96/66B ~67A。

1.1　BD03726 號 1
1.3　四波羅夷戒通别緣（擬）
1.4　霜 026
1.5　200:7183
2.1　120 ×27.5 厘米；4 紙；正面 58 行，行字不等。背面 16 行，行字不等。
2.2　01：44.0，20；　02：40.0，16；　03：22.0，16；
04：14.0，06。
2.3　卷軸裝。首脱尾殘。首紙上部殘破，脱落 3 塊殘片。通卷下邊破損，接縫處有開裂，尾紙殘缺嚴重。背紙有經文。紙寬不同。上下邊為刻劃欄，竪欄為折疊欄。
2.4　本遺書包括 6 個文獻：（一）《四波羅夷戒通别緣》（擬），20 行，抄寫在正面，今編為 BD03726 號 1。（二）《大乘四法經》（異本），16 行，抄寫在正面，今編為 BD03726 號 2。（三）《大乘般若五辛經品第八》，16 行，抄寫在正面，今編為 BD03726 號 3。（四）《七祖論》（擬），3 行，抄寫在正面，今編為 BD03726 號 4。（五）《利□法師偈》，3 行，抄寫在正面，今編為 BD03726 號 5。（六）《四波羅夷戒通别緣》（擬），12 行，抄寫在背面，今編為 BD03726 號背。
3.4　説明：
本文獻首尾均殘。主題是論述四波羅夷戒之通别緣，為敦煌僧人抄輯諸律疏而成，與本號背面所抄 12 行為同一文獻。正面論述婬、盜兩戒（殺戒殘缺），背面論述妄語戒。未為歷代大藏經所收。正反兩面本為同一文獻，考慮到圖版標版方便，故分别著錄。
8　9 ~10 世紀。歸義軍時期寫本。
9.1　楷書。

11　圖版：《敦煌寶藏》，104/397A～398B。

1.1　BD03726 號 2
1.3　大乘四法經（異本）
1.4　霜 026
1.5　200:7183
2.4　本遺書由 6 個文獻組成，本號為第 2 個，抄寫在正面，16 行。餘參見 BD03726 號 1 之第 2 項、第 11 項。
3.4　說明：
本文獻首尾均全，與《大正藏》中同名經典為異經，未為歷代大藏經所收。
4.1　大乘四法經（首）。
4.2　大乘四法經一卷（尾）。
8　9～10 世紀。歸義軍時期寫本。
9.1　楷書。

1.1　BD03726 號 3
1.3　大乘般若五辛經品第八
1.4　霜 026
1.5　200:7183
2.4　本遺書由 6 個文獻組成，本號為第 3 個，抄寫在正面，16 行。餘參見 BD03726 號 1 之第 2 項、第 11 項。
3.4　說明：
本文獻爲中國人所撰佛教典籍。未為歷代大藏經所收。
4.1　佛說大乘般若五辛經品第八（首）。
7.3　卷尾有三個倒字"設一供"。
8　9～10 世紀。歸義軍時期寫本。
9.1　楷書。

1.1　BD03726 號 4
1.3　七祖論（擬）
1.4　霜 026
1.5　200:7183
2.4　本遺書由 6 個文獻組成，本號為第 4 個，抄寫在正面，3 行。餘參見 BD03726 號 1 之第 2 項、第 11 項。
3.3　錄文：
七祖論云：
棲神幽谷，遠避囂塵。養性山中，長辭俗事。目前/無物，心淨安寧。
大厚（厦）之林（材），本出深山幽谷，不向人間有也。/遠離人故，不被刀斧損傷。一一長成大物，堪爲棟樑之用。故知□…□。/
（錄文完）
3.4　說明：
本文獻可見《楞伽師資記》，記錄為禪宗六代弘忍之語。今則作爲"七祖論"抄錄，可供禪宗史研究之資料。
8　9～10 世紀。歸義軍時期寫本。
9.1　楷書。

1.1　BD03726 號 5
1.3　利□法師偈（擬）
1.4　霜 026
1.5　200:7183
2.4　本遺書由 6 個文獻組成，本號為第 5 個，抄寫在正面，3 行。餘參見 BD03726 號 1 之第 2 項、第 11 項。
3.3　錄文：
利□法師偈云：歡喜□…□/不煞勝於放生，求福不如避罪。□…□/□於好恭，緩□勝於忽□…□/
（錄文完）
3.4　說明：
文中"利□法師"中殘字之偏旁尚可辨認，為"氵"。故當為"利涉法師"或"利濟法師"。
8　9～10 世紀。歸義軍時期寫本。
9.1　楷書。

1.1　BD03726 號背
1.3　四波羅夷戒通別緣（擬）
1.4　霜 026
1.5　200:7183
2.4　本遺書由 6 個文獻組成，本號為第 6 個，抄寫在背面，12 行。餘參見 BD03726 號 1 之第 2 項、第 11 項。
3.4　說明：
本文獻與抄寫在正面的《四波羅夷戒通別緣》（擬）20 行為同一人所寫的同一個文獻。參見該號說明項。本應與正面編為一號，為便於圖錄標版，故分別著錄。
7.3　卷尾有雜寫"法"字。
8　9～10 世紀。歸義軍時期寫本。
9.1　楷書。

1.1　BD03727 號
1.3　大般若波羅蜜多經卷二八四
1.4　霜 027
1.5　084:2774
2.1　46.4×25.4 厘米；1 紙；28 行，行 17 字。
2.3　卷軸裝。首尾均脫。上下邊殘破。有烏絲欄。
3.1　首殘→大正 220，6/443C3。
3.2　尾殘→6/444A3。
7.1　背端有卷次勘記"二百八十四"。
8　8～9 世紀。吐蕃統治時期寫本。
9.1　楷書。
11　圖版：《敦煌寶藏》，75/60A。

1.1　BD03728 號
1.3　無量壽經卷上

1.4　霜 028
1.5　007:0102
2.1　(14.5+670.5)×25.9 厘米；10 紙；401 行，行 17 字。
2.2　01：09.5，06；　02：5+30.9，22；　03：35.7，22；
04：35.9，22；　05：35.9，22；　06：35.9，22；
07：35.8，22；　08：35.9，22；　09：36.0，22；
10：35.9，22；　11：36.0，22；　12：35.8，22；
13：35.9，22；　14：35.8，22；　15：35.9，22；
16：35.5，22；　17：35.7，22；　18：35.5，22；
19：34.5，21；　20：32.0，拖尾。
2.3　卷軸裝。首殘尾全。卷面多有殘裂，有殘缺。背有古代裱補。有劃界欄針孔。有烏絲欄。已修整。
3.1　首 8 行上下殘→大正 360，12/267A25 ~ 267B6。
3.2　尾全→12/272B2。
4.2　無量壽經卷上（尾）
7.1　尾有 6 行題記，錄文如下：
蓋聞安養國者，乃是西域之淨土，而道殊於斯剎。故法藏/ 大士闡弘誓之妙因，迹登圓覺，以爲踰十地玄軌。以鏡□/ 觀音、大勢志以弼化受樂汪汪，胎刑（形）絕識。竊尋慈典，/ 辨九品，開綱群，或垂終發心十念，獲果甚存。解說書/ 寫，以迹難宜。是以比丘法鸞與俗兄弟酸心同感。仰惟養/ 育之情，恩深巨海，報之惘極；減割身資，爲亡考妣敬寫。/
8　5 ~ 6 世紀。南北朝寫本。
9.1　隸書。
9.2　有重文符號。有行間校加字。
11　圖版：《敦煌寶藏》，56/448A ~ 458A。

1.1　BD03729 號
1.3　大智度論（異卷）卷四八
1.4　霜 029
1.5　218:7282
2.1　(11.5+1151.5)×25.6 厘米；27 紙；636 行，行 17 字。
2.2　01：11.5+7，11；　02：44.5，24；　03：44.5，24；
04：44.5，24；　05：44.5，24；　06：44.5，24；
07：44.5，24；　08：44.5，24；　09：44.5，24；
10：44.5，24；　11：44.5，24；　12：44.5，24；
13：44.5，24；　14：44.5，24；　15：44.5，24；
16：44.5，25；　17：44.5，25；　18：44.5，25；
19：44.5，25；　20：44.5，25；　21：44.5，25；
22：44.5，25；　23：44.5，25；　24：44.5，25；
25：44.5，25；　26：44.5，25；　27：32.0，14。
2.3　卷軸裝。首殘尾全。接縫處有開裂。尾有原軸，兩端塗硃漆。有烏絲欄。
3.1　首 7 行中下殘→大正 1509，25/314C9 ~ 16。
3.2　尾全→25/322B27。
4.2　大智度經卷第卌八（尾）。
5　與《大正藏》對照，分卷、品名均不同，相當於大正本卷第三十五。與其餘諸藏分卷亦均不同。
8　5 ~ 6 世紀。南北朝寫本。
9.1　隸楷。
11　圖版：《敦煌寶藏》，105/292B ~ 307B。

1.1　BD03730 號
1.3　維摩詰所說經卷上
1.4　霜 030
1.5　070:1041
2.1　(10.5+144.5+19)×25.5 厘米；5 紙；100 行，行 17 字。
2.2　01：07.0，03；　02：3.5+44.5，28；　03：48.0，28；
04：48.0，28；　05：4+19，13。
2.3　卷軸裝。首尾均殘。經黃紙。通卷殘破，上邊多黴爛。有烏絲欄。已修整。
3.1　首 5 行上下殘→大正 475，14/542B8 ~ 12。
3.2　尾 11 行上下殘→14/543B15 ~ 26。
8　7 ~ 8 世紀。唐寫本。
9.1　楷書。
11　圖版：《敦煌寶藏》，66/364A ~ 366A。本號縮微膠卷與 BD04107 號（水 007 號，縮微膠卷號：070：1266）倒錯，故《敦煌寶藏》亦錯。《寶藏》66/364A ~ 366A 標示為水 7 號，實為霜 30 號。

1.1　BD03731 號
1.3　無量大慈教經
1.4　霜 031
1.5　282:8230
2.1　184.5×26.5 厘米；5 紙；117 行，行 16 ~ 17 字。
2.2　01：04.0，03；　02：45.0，29；　03：45.5，29；
04：45.0，29；　05：45.0，27。
2.3　卷軸裝。首殘尾全。卷面殘損，上下邊殘破。有烏絲欄。
3.1　首殘，第 34 行→大正 2903，85/1445A12。
3.2　尾全→85/1446A1。
3.4　說明：
本文獻爲中國人所撰佛教典籍，未為我國歷代大藏經所收。日本《大正藏》依據斯 01627 號（首殘尾全）收入第 85 卷。本號首部雖也殘缺，但存文比《大正藏》本為多。本號之第 34 行相當於《大正藏》本之首。
4.2　大慈教經一卷（尾）。
8　7 ~ 8 世紀。唐寫本。
9.1　楷書。
11　圖版：《敦煌寶藏》，109/352B ~ 355A。

1.1　BD03732 號
1.3　金剛般若波羅蜜經
1.4　霜 032

1.5　094:4231
2.1　235.7×25.5 厘米；6 紙；121 行，行 17 字。
2.2　01：19.7，10；　02：52.0，28；　03：52.0，28；
　　04：48.5，28；　05：52.0，27；　06：11.5，拖尾。
2.3　卷軸裝。首殘尾全。經黄打紙。第 3 紙上部有破裂，卷下部有污漬，紙張變色，有殘裂。卷面有蟲繭。有燕尾。背有古代裱補。有烏絲欄。
3.1　首殘→大正 235，8/751A11。
3.2　尾全→8/752C2。
8　7～8 世紀。唐寫本。
9.1　楷書。
11　圖版：《敦煌寶藏》，82/457B～460B。

1.1　BD03733 號
1.3　妙法蓮華經（八卷本）卷六
1.4　霜 033
1.5　105:5593
2.1　（3＋804.5）×24.4 厘米；19 紙；489 行，行 17 字。
2.2　01：3＋1.9，3；　02：45.7，27；　03：46.0，28；
　　04：46.1，28；　05：46.2，28；　06：46.0，28；
　　07：46.0，28；　08：45.9，28；　09：46.0，28；
　　10：46.0，28；　11：46.0，28；　12：46.0，28；
　　13：46.0，28；　14：46.0，28；　15：46.0，28；
　　16：45.9，28；　17：45.8，28；　18：46.0，28；
　　19：21.0，11。
2.3　卷軸裝。首殘尾全。經黄打紙。首紙撕爲兩段。背有古代裱補。有烏絲欄。
3.1　首 2 行上下殘→大正 262，9/42B25～26。
3.2　尾全→9/50B22。
4.2　妙法蓮華經卷第六（尾）。
5　與《大正藏》本對照，分卷不同，相當於《大正藏》本卷五如來壽量品第十六前部開始至卷六法師功德品第十九全文。屬於八卷本。
8　7～8 世紀。唐寫本。
9.1　楷書。
9.2　有硃筆校改。有刮改。
11　圖版：《敦煌寶藏》，93/232B～244B。

1.1　BD03734 號
1.3　四分律比丘戒本
1.4　霜 034
1.5　156:6883
2.1　（264.5＋5）×26 厘米；6 紙；正面 168 行，行 21 字。背面 9 行，行 17 字。
2.2　01：48.0，30；　02：48.5，30；　03：48.5，30；
　　04：48.5，30；　05：48.0，30；　06：23＋5，18。
2.3　卷軸裝。首脱尾殘。各紙接縫上方開裂。背有古代裱補，裱補紙爲《金剛經》殘卷。有烏絲欄。
2.4　本遺書包括 2 個文獻：（一）《四分律比丘戒本》，168 行，抄寫在正面，今編為 BD03734 號。（二）《金剛般若波羅蜜經》，9 行，抄寫在背面裱補紙上，今編為 BD03734 號背。
3.1　首殘→大正 1429，22/1020B18。
3.2　尾 2 行上中殘→22/1023A5～8。
8　9～10 世紀。歸義軍時期寫本。
9.1　楷書。
9.2　有行間校加字、行間加行。有刮改。有硃筆點標。
11　圖版：《敦煌寶藏》，102/367B～371A。

1.1　BD03734 號背
1.3　金剛般若波羅蜜經
1.4　霜 034
1.5　156:6883
2.4　本遺書由 2 個文獻組成，本號為第 2 個，抄寫在背面裱補紙上，但可以從正面看到。9 行。餘參見 BD03734 號之第 2 項、第 11 項。
3.1　首殘→大正 235，8/749C20。
3.2　尾殘→8/749C29。
8　8～9 世紀。吐蕃統治時期寫本。
9.1　楷書。

1.1　BD03735 號
1.3　佛頂尊勝陀羅尼經（佛陀波利本）序
1.4　霜 035
1.5　229:7328
2.1　（2＋31.5）×24.7 厘米；1 紙；18 行，行 17 字。
2.3　卷軸裝。首脱尾殘。經黄打紙。卷面殘破。有烏絲欄。
3.1　首行下殘→大正 967，19/349C1。
3.2　尾全→19/349C19。
6.2　尾→BD03736 號。
8　7～8 世紀。唐寫本。
9.1　楷書。
11　圖版：《敦煌寶藏》，105/495B。

1.1　BD03736 號
1.3　佛頂尊勝陀羅尼經（佛陀波利本）
1.4　霜 036
1.5　229:7331
2.1　359.2×24.9 厘米；8 紙；193 行，行 17 字。
2.2　01：19.5，11；　02：51.1，29；　03：51.3，29；
　　04：51.2，29；　05：50.7，28；　06：50.7，28；
　　07：50.7，28；　08：34.0，11。
2.3　卷軸裝。首尾均全。經黄打紙。接縫處有開裂，上下邊有殘破。有烏絲欄。
3.1　首全→大正 967，19/349C23。

3.2　尾全→19/352A26。
4.1　佛說佛頂尊勝陀羅尼經（首）。
4.2　佛頂尊勝陀羅尼經一卷（尾）。
5　咒語與《大正藏》本不同，相當於所附的宋本，可參見19/352A28～B23。
6.1　首→BD03735 號。
7.3　第6紙上邊有雜寫“金□”。尾題之後有雜寫1行4字，又有雜寫“李員信經一”。前2紙背面有雜寫2行，有“念佛爾時”云云。第7紙背面有雜寫“金”。
8　7～8世紀。唐寫本。
9.1　楷書。
11　圖版：《敦煌寶藏》，105/502B～508A。

1.1　BD03737 號1
1.3　四分律比丘含注戒本序
1.4　霜037
1.5　165:6995
2.1　259×31厘米；7紙；144行，行29字。
2.2　01：41.0，23；　02：41.0，23；　03：41.0，23；
04：41.0，23；　05：41.0，23；　06：41.0，23；
07：13.0，06。
2.3　卷軸裝。首全尾殘。卷面下邊略殘。有烏絲欄。
2.4　本遺書包括2個文獻：（一）《四分律比丘含注戒本序》，31行，今編為BD03737號1。（二）《四分律比丘含注戒本》卷上，113行，今編為BD03737號2。
3.1　首全→《敦煌寫本〈比丘含注戒本〉釋文》，第83頁第2行。
3.2　尾殘→《敦煌寫本〈比丘含注戒本〉釋文》，第84頁第33行。
4.1　比丘含注戒本序，太一山沙門釋道宣述（首）。
4.2　戒本含注一卷（尾）。
8　8～9世紀。吐蕃統治時期寫本。
9.1　楷書。
11　圖版：《敦煌寶藏》，103/305B～308B。

1.1　BD03737 號2
1.3　四分律比丘含注戒本卷上
1.4　霜037
1.5　165:6995
2.4　本遺書由2個文獻組成，本號為第2個，113行。餘參見BD3737號1之第2項、第11項。
3.1　首全→《敦煌寫本〈比丘含注戒本〉釋文》，第85頁第34行。
3.2　尾殘→《敦煌寫本〈比丘含注戒本〉釋文》，第99頁第189行。
4.1　戒本含注一卷，出曇無德律（唐言法護）部律（首）。
8　8～9世紀。吐蕃統治時期寫本。
9.1　楷書。

1.1　BD03738 號
1.3　大般若波羅蜜多經卷一〇七
1.4　霜038
1.5　084:2286
2.1　56×24厘米；2紙；32行，行17字。
2.2　01：46.5，27；　02：09.5，05。
2.3　卷軸裝。首全尾殘。首紙有殘洞及破裂，卷尾殘破嚴重。背有古代裱補，紙上有字，粘向内，難以辨讀。有烏絲欄。
3.1　首全→大正220，5/589B25。
3.2　尾5行上下殘→5/589C25～29。
4.1　大般若波羅蜜多經卷第一百七，/初分校量功德品第卅之五，三藏法師玄奘奉詔譯/（首）。
8　8～9世紀。吐蕃統治時期寫本。
9.1　楷書。
11　圖版：《敦煌寶藏》，72/532A～532B。

1.1　BD03739 號
1.3　觀世音經
1.4　霜039
1.5　111:6219
2.1　（2+214）×27.3厘米；7紙；108行，行18字。
2.2　01：02.0，01；　02：20.5，11；　03：43.5，23；
04：43.3，23；　05：43.3，23；　06：40.7，22；
07：22.7，05。
2.3　卷軸裝。首殘尾全。卷首殘破嚴重，已脱落。卷面有破裂，卷尾有等距離殘洞。尾有原軸，兩端塗硃漆。有烏絲欄。
3.1　首殘→大正262，9/56C14。
3.2　尾全→9/58B7。
4.2　觀世音經（尾）。
8　7～8世紀。唐寫本。
9.1　楷書。
11　圖版：《敦煌寶藏》，97/388A～390B。

1.1　BD03740 號
1.3　大般若波羅蜜多經卷二九三
1.4　霜040
1.5　084:2796
2.1　（14.5+792.9）×25厘米；17紙；456行，行17字。
2.2　01：14.5+32.4，26；　02：47.0，28；　03：47.6，28；
04：47.2，28；　05：47.2，28；　06：47.2，28；
07：47.3，28；　08：47.2，28；　09：47.2，28；
10：47.7，28；　11：47.5，28；　12：47.4，28；
13：47.2，28；　14：48.2，28；　15：48.4，28；
16：48.2，28；　17：48.0，10。
2.3　卷軸裝。首殘尾全。卷面上邊有殘破，接縫處有開裂。有

烏絲欄。
3.1 首7行上下殘→大正220，6/488A2～11。
3.2 尾全→6/493A10。
4.1 □…□波羅蜜多經卷□…□，/初分説般若相品第卅□…□/（首）。
4.2 大般若波羅蜜多經卷第二百九十三（尾）。
7.1 尾題後有題記“翟師子下經”。
8 8～9世紀。吐蕃統治時期寫本。
9.1 楷書。
11 圖版：《敦煌寶藏》，75/126A～136B。

1.1 BD03741號
1.3 大智度論卷一四
1.4 霜041
1.5 218:7270
2.1 （461+2）×27.6厘米；12紙；279行，行19字。
2.2 01：41.0，24； 02：41.0，25； 03：41.0，25；
04：41.0，25； 05：41.0，25； 06：41.5，25；
07：41.5，25； 08：41.5，25； 09：41.5，25；
10：41.5，25； 11：41.5，25； 12：7+2，05。
2.3 卷軸裝。首全尾殘。首紙上方殘破。有烏絲欄。
3.1 首全→大正1509，25/162A8。
3.2 尾1行下殘→25/165C25。
4.1 摩訶般若波羅蜜優婆提舍中尸波羅蜜品第十八，下有羼提第十九，卷第十四（首）。
8 4～5世紀。東晉寫本。
9.1 隸書。
9.2 有行間校加字。有刪除、倒乙、重文符號。
11 圖版：《敦煌寶藏》，105/228A～234A。

1.1 BD03742號
1.3 維摩詰所説經卷下
1.4 霜042
1.5 070:1285
2.1 （9.5+374.5）×25.5厘米；8紙；204行，行17字。
2.2 01：9.5+42.5，28； 02：51.5，29； 03：52.0，28；
04：52.0，28； 05：52.0，28； 06：52.0，28；
07：51.5，28； 08：21.0，07。
2.3 卷軸裝。首殘尾全。卷首殘破嚴重。有燕尾。有烏絲欄。
3.1 首5行中上殘→大正475，14/555A12～16。
3.2 尾全→14/557B26。
4.2 維摩詰經卷下（尾）。
8 9～10世紀。歸義軍時期寫本。
9.1 楷書。
11 圖版：《敦煌寶藏》，66/415A～419B。

1.1 BD03743號
1.3 大般涅槃經（北本）卷三六
1.4 霜043
1.5 115:6506
2.1 （28.5+738）×26.8厘米；15紙；486行，行17字。
2.2 01：28.5+23，34； 02：52.0，34； 03：51.7，34；
04：52.0，34； 05：52.0，34； 06：52.0，34；
07：51.8，34； 08：51.8，34； 09：51.7，34；
10：52.0，34； 11：52.0，34； 12：52.0，34；
13：52.0，34； 14：52.0，34； 15：40.0，10。
2.3 卷軸裝。首殘尾全。首紙下部殘破嚴重，卷面有殘裂，上邊多黴斑。尾端殘破嚴重，上下斷裂爲兩截。尾有原軸，兩端塗黑漆，頂端點硃漆。有劃界欄針孔。有烏絲欄。
3.1 首19行下殘→大正374，12/575A21～B11。
3.2 尾全→12/580C16。
4.2 大般涅槃經卷第卅六（尾）。
7.1 尾端有題記“一校竟”。
8 5～6世紀。南北朝寫本。
9.1 隸楷。
11 圖版：《敦煌寶藏》，100/1A～11A。

1.1 BD03744號
1.3 大般若波羅蜜多經卷二〇八
1.4 霜044
1.5 084:2527
2.1 （27+110.2）×24.8厘米；3紙；82行，行17字。
2.2 01：27+16.7，26； 02：46.8，28； 03：46.7，28。
2.3 卷軸裝。首全尾脱。卷首右下殘缺，卷面殘破。首紙與以後各紙紙質字迹不同。有烏絲欄。已修整。
3.1 首14行下殘→大正220，6/37B14～C1。
3.2 尾殘→6/38B11。
4.1 大般若波羅蜜多經卷第二百八，/初分難信解品第卅四之廿七，三藏［法師玄奘奉詔譯］/（首）。
7.1 首紙背有卷次勘記“二百八”。
8 8～9世紀。吐蕃統治時期寫本。
9.1 楷書。
11 圖版：《敦煌寶藏》，73/627A～628B。

1.1 BD03745號
1.3 大般若波羅蜜多經卷二〇七
1.4 霜045
1.5 084:2526
2.1 （11+93.2）×25.5厘米；3紙；63行，行17字。
2.2 01：11.0，07； 02：46.7，28； 03：46.5，28。
2.3 卷軸裝。首殘尾脱。卷面殘破，脱落1塊殘片，可綴接。有烏絲欄。
3.1 首7行上下殘→大正220，6/32C25～33A2。
3.2 尾殘→6/33B29。

7.1 首紙背面有卷次勘記“二百七”。
8 8~9世紀。吐蕃統治時期寫本。
9.1 楷書。
11 圖版:《敦煌寶藏》,73/625B~626B。

1.1 BD03746號
1.3 大般若波羅蜜多經卷二〇六
1.4 霜046
1.5 084:2522
2.1 93.2×25.7厘米;2紙;56行,行17字。
2.2 01:46.7,28; 02:46.5,28。
2.3 卷軸裝。首尾均脫。接縫處開裂,卷面下邊有殘破。有烏絲欄。
3.1 首殘→大正220,6/27B27。
3.2 尾殘→6/28A24。
7.1 首紙背有卷次勘記“二百六”。
8 8~9世紀。吐蕃統治時期寫本。
9.1 楷書。
11 圖版:《敦煌寶藏》,73/621A~622A。

1.1 BD03747號
1.3 妙法蓮華經卷二
1.4 霜047
1.5 105:4906
2.1 (8.9+273.3)×25.8厘米;7紙;152行,行17字。
2.2 01:8.9+19.3,15; 02:42.8,22; 03:42.7,22; 04:42.7,22; 05:26.5,15; 06:49.7,28; 07:49.6,28。
2.3 卷軸裝。首殘尾脫。卷首有等距離污斑,有殘洞。後3紙為經黃紙。有烏絲欄。
3.1 首5行上殘→大正262,9/13A27~B3。
3.2 尾殘→9/15B13。
8 7~8世紀。唐寫本。
9.1 楷書。
11 圖版:《敦煌寶藏》,87/199B~203B。

1.1 BD03748號
1.3 大般若波羅蜜多經卷二〇四
1.4 霜048
1.5 084:2513
2.1 93.8×25.5厘米;2紙;56行,行17字。
2.2 01:46.8,28; 02:47.0,28。
2.3 卷軸裝。首尾均脫。卷面有殘裂。上下邊殘缺。有烏絲欄。
3.1 首殘→大正220,6/16C7。
3.2 尾殘→6/17B5。
7.1 首紙背有卷次勘記“二百四”。
8 8~9世紀。吐蕃統治時期寫本。
9.1 楷書。
11 圖版:《敦煌寶藏》,73/588A~589A。

1.1 BD03749號
1.3 金剛般若波羅蜜經
1.4 霜049
1.5 094:3614
2.1 521.9×25.5厘米;13紙;正面299行,行17字。背面1行,行字不等。
2.2 01:24.0,15; 02:43.7,26; 03:44.0,26; 04:44.0,26; 05:43.5,26; 06:29.0,17; 07:39.0,22; 08:50.0,28; 09:50.0,28; 10:49.5,28; 11:50.0,28; 12:49.0,28; 13:06.2,01。
2.3 卷軸裝。首殘尾全。經黃紙。後7紙與前6紙紙質字體不同。有烏絲欄。已修整,加裝《趙城金藏》木軸。
3.1 首殘→大正235,8/748C29。
3.2 尾全→8/752C3。
4.2 金剛般若波羅蜜經(尾)。
8 7~8世紀。唐寫本。
9.1 楷書。
11 從本號背面揭下古代裱補紙109塊,今編爲BD16111號、BD16112號、BD16113號、BD16114號、BD16115號、BD16116號、BD16117號、BD16118號、BD16119號、BD16120號、BD16121號、BD16122號、BD16123號、BD16124號、BD16125號、BD16126號。
圖版:《敦煌寶藏》,79/149B~156A。

1.1 BD03750號
1.3 菩薩地持經卷八
1.4 霜050
1.5 429:8617
2.1 (3+72.3)×27.5厘米;3紙;43行,行17字。
2.2 01:03.0,01; 02:53.5,31; 03:18.8,11。
2.3 卷軸裝。首尾均殘。後2紙下邊殘破。有烏絲欄。
3.1 首行下殘→大正1581,30/936C14~15。
3.2 尾殘→30/937A29。
8 5~6世紀。南北朝寫本。
9.1 隸書。
9.2 有行間校加字。有硃筆點標。有重文符號。
11 圖版:《敦煌寶藏》,111/18B~19A。

1.1 BD03751號
1.3 淨度三昧經卷二
1.4 霜051
1.5 451:8655
2.1 (17.8+93.5+9)×25.3厘米;4紙;81行,行17字。

2.2　01：17.8，12；　02：33.0，23；　03：34.5，23；
04：26 +9，23。
2.3　卷軸裝。首尾均殘。前 2 紙破損嚴重。第 3 紙有殘洞，下邊殘破。接縫處有開裂。有劃界欄針孔。有烏絲欄。已修整，裝配《趙城藏》軸。
3.1　首 12 行上下殘→《藏外佛教文獻》，7/271 頁第 11 行 ~ 第 272 頁第 2 行。
3.2　尾 6 行上殘→《藏外佛教文獻》，7/271 頁第 6 行 ~ 第 12 行。
5　與《藏外佛教文獻》對照，文字略有參差。
8　5 ~ 6 世紀。南北朝寫本。
9.1　隸書。
11　圖版：《敦煌寶藏》，111/102A ~ 103B。

1.1　BD03752 號
1.3　維摩詰所說經卷中
1.4　霜 052
1.5　070：1168
2.1　（4 +358 +5.5）×26 厘米；8 紙；210 行，行 17 字。
2.2　01：4 +39.5，25；　02：49.0，28；　03：49.0，28；
04：49.0，28；　05：49.0，28；　06：49.0，28；
07：49.0，28；　08：24.5 +5.5，17。
2.3　卷軸裝。首尾均殘。卷面有殘裂，中間有横向破裂，下邊有殘缺。紙張變色。有烏絲欄。
3.1　首 2 行上殘→大正 475，14/548C10 ~ 11。
3.2　尾 3 行下殘→14/551C12 ~ 14。
8　9 ~ 10 世紀。歸義軍時期寫本。
9.1　楷書。
11　圖版：《敦煌寶藏》，65/556B ~ 561A。

1.1　BD03753 號
1.3　金剛般若波羅蜜經
1.4　霜 053
1.5　094：3773
2.1　（2 +239.5）×26 厘米；6 紙；146 行，行 17 字。
2.2　01：2 +14，10；　02：46.5，28；　03：46.5，28；
04：46.5，28；　05：46.5，28；　06：39.5，24。
2.3　卷軸裝。首殘尾脱。經黄紙。上邊有等距離殘洞，接縫處有開裂。背有古代裱補。有烏絲欄。
3.1　首 2 行上、下殘→大正 235，8/749B9 ~ 10。
3.2　尾殘→8/751A14。
5　與《大正藏》本對照，尾行缺“須菩提”三字。
8　7 ~ 8 世紀。唐寫本。
9.1　楷書。
11　圖版：《敦煌寶藏》，80/274B ~ 277B。

1.1　BD03754 號
1.3　毗尼心經
1.4　霜 054
1.5　179：7112
2.1　80 ×28 厘米；2 紙；50 行，行 22 字。
2.2　01：40.0，25；　02：40.0，25。
2.3　卷軸裝。首尾均脱。第 1、2 紙接縫脱開，卷上部殘破。有烏絲欄。
3.1　首殘→大正 2792，85/660C23。
3.2　尾殘→85/661B28。
6.1　首→BD03759 號。
6.2　尾→BD03767 號。
8　8 ~ 9 世紀。吐蕃統治時期寫本。
9.1　楷書。
9.2　有硃墨筆行間校加字。有硃筆科分。
11　圖版：《敦煌寶藏》，104/198A ~ 199A。

1.1　BD03755 號
1.3　維摩詰所說經卷中
1.4　霜 055
1.5　070：1169
2.1　（2 +518 +2）×25.5 厘米；11 紙；291 行，行 17 字。
2.2　01：2 +37.5，22；　02：50.5，28；　03：50.0，28；
04：49.0，28；　05：50.5，28；　06：50.5，28；
07：50.5，28；　08：50.0，28；　09：50.5，28；
10：50.5，28；　11：28.5 +2，17。
2.3　卷軸裝。首尾均殘。經黄紙。卷面有殘裂，接縫處有開裂。有烏絲欄。
3.1　首行上下殘→大正 475，14/547C11 ~ 12。
3.2　尾行中下殘→14/551C16。
8　7 ~ 8 世紀。唐寫本。
9.1　楷書。
11　圖版：《敦煌寶藏》，65/561B ~ 568B。

1.1　BD03756 號
1.3　毗尼心經
1.4　霜 056
1.5　179：7110
2.1　39.5 ×28 厘米；1 紙；25 行，行 23 字。
2.3　卷軸裝。首尾均脱。卷上下部有殘缺。有烏絲欄。
3.1　首殘→大正 2792，85/660A15。
3.2　尾殘→85/660B19。
6.1　首→BD03757 號。
6.2　尾→BD03759 號。
8　8 ~ 9 世紀。吐蕃統治時期寫本。
9.1　楷書。
9.2　有硃筆科分。
11　圖版：《敦煌寶藏》，104/197A。

1.1　BD03757 號
1.3　毗尼心經
1.4　霜 057
1.5　179:7109
2.1　(3+61.5)×28 厘米；2 紙；41 行，行 20 字。
2.2　01：3+23.5，17；　02：38.0，24。
2.3　卷軸裝。首尾均殘。通卷上下有等距離殘洞。有烏絲欄。
3.1　首 2 行上下殘→大正 2792，85/659B17～18。
3.2　尾 2 行上殘→85/660A15。
6.2　尾→BD03756 號。
8　8～9 世紀。吐蕃統治時期寫本。
9.1　楷書。
9.2　有硃筆校點、科分及行間校加字。
11　圖版：《敦煌寶藏》，104/196A～B。

1.1　BD03758 號
1.3　維摩詰所說經卷下
1.4　霜 058
1.5　070:1256
2.1　(2+45+3)×25 厘米；2 紙；31 行，行 17 字。
2.2　01：2+11，08；　02：34+3，23。
2.3　卷軸裝。首尾均殘。通卷殘破，紙張變硬。背有古代裱補。有烏絲欄。
3.1　首 2 行上下殘→大正 475，14/552A23～24。
3.2　尾行下殘→14/552B28。
8　8～9 世紀。吐蕃統治時期寫本。
9.1　楷書。
11　圖版：《敦煌寶藏》，66/336B～337A。

1.1　BD03759 號
1.3　毗尼心經
1.4　霜 059
1.5　179:7111
2.1　39.5×28 厘米；1 紙；25 行，行 21 字。
2.3　卷軸裝。首尾均脫。卷上下方殘破。有烏絲欄。
3.1　首殘→大正 2792，85/660B19。
3.2　尾殘→85/660C23。
6.1　首→BD03756 號。
6.2　尾→BD03754 號。
8　9～10 世紀。歸義軍時期寫本。
9.1　楷書。
9.2　有硃筆校改、點標。有硃、墨筆行間校加字。
11　圖版：《敦煌寶藏》，104/197B。

1.1　BD03760 號
1.3　妙法蓮華經卷一
1.4　霜 060
1.5　105:4501
2.1　739.6×26.7 厘米；16 紙；441 行，行 17 字。
2.2　01：35.0，21；　02：47.0，28；　03：47.0，28；
04：47.0，28；　05：46.8，28；　06：47.0，28；
07：47.0，28；　08：47.0，28；　09：47.0，28；
10：47.0，28；　11：47.0，28；　12：47.0，28；
13：47.0，28；　14：47.0，28；　15：47.0，28；
16：46.8，28。
2.3　卷軸裝。首殘尾脫。經黄紙。有烏絲欄。
3.1　首殘→大正 262，9/1C24。
3.2　尾殘→9/8C14。
8　7～8 世紀。唐寫本。
9.1　楷書。
11　圖版：《敦煌寶藏》，83/446B～457B。

1.1　BD03761 號
1.3　大般涅槃經（北本　異卷）卷一八
1.4　霜 061
1.5　115:6397
2.1　796.5×26.2 厘米；21 紙；462 行，行 17 字。
2.2　01：37.0，22；　02：37.5，22；　03：37.5，22；
04：37.5，22；　05：37.5，22；　06：37.5，22；
07：37.5，22；　08：37.5，22；　09：37.5，22；
10：37.5，22；　11：37.5，22；　12：37.5，22；
13：37.5，22；　14：37.5，22；　15：37.5，22；
16：37.5，22；　17：37.5，22；　18：37.5，22；
19：37.5，22；　20：37.5，22；　21：47.0，22。
2.3　卷軸裝。首脫尾全。有劃界欄針孔。有烏絲欄。
3.1　首殘→大正 374，12/469B24。
3.2　尾全→12/475A4。
4.2　大般涅槃經卷第十八（尾）。
5　與《大正藏》本對照，分卷不同。經文相當於《大正藏》卷第十八梵行品第八之四至卷第十九梵行品第八之五。與其餘諸藏分卷亦均不同。
8　5～6 世紀。南北朝寫本。
9.1　隸楷。
9.2　有行間校加字。
11　圖版：《敦煌寶藏》，98/560B～570B。

1.1　BD03762 號
1.3　金剛般若波羅蜜經
1.4　霜 062
1.5　094:3860
2.1　(1.5+430.5)×25.5 厘米；9 紙；253 行，行 17 字。
2.2　01：1.5+34.6，21；　02：49.8，29；　03：49.7，29；
04：48.5，29；　05：57.5，34；　06：56.5，34；
07：57.0，34；　08：57.2，34；　09：19.7，09。

2.3 卷軸裝。首殘尾全。背有古代裱補。有烏絲欄。
3.1 首1行下殘→大正235，8/749B27～28。
3.2 尾全→8/752C3。
4.2 金剛般若波羅蜜經（尾）。
8 8～9世紀。吐蕃統治時期寫本。
9.1 楷書。
11 圖版：《敦煌寶藏》，80/626A～631A。

1.1 BD03763號
1.3 大般若波羅蜜多經卷二二八
1.4 霜063
1.5 084:2588
2.1 94.2×25厘米；2紙；56行，行17字。
2.2 01：47.2，28； 02：47.0，28。
2.3 卷軸裝。首尾均脱。接縫處有開裂，尾紙下邊殘破。有烏絲欄。
3.1 首殘→大正220，6/146C6。
3.2 尾殘→6/147B5。
8 8～9世紀。吐蕃統治時期寫本。
9.1 楷書。
11 圖版：《敦煌寶藏》，74/153A～154A。

1.1 BD03764號
1.3 妙法蓮華經卷七
1.4 霜064
1.5 105:5896
2.1 150.5×26厘米；3紙；83行，行17字。
2.2 01：49.5，27； 02：50.5，28； 03：50.5，28。
2.3 卷軸裝。首殘尾脱。經黃紙。接縫處有開裂。有烏絲欄。
3.1 首全→大正262，9/55A12。
3.2 尾殘→9/56A16。
4.1 妙法蓮華經妙音菩薩品第二十四（首）。
8 7～8世紀。唐寫本。
9.1 楷書。
11 圖版：《敦煌寶藏》，95/655B～657B。

1.1 BD03765號
1.3 大般若波羅蜜多經卷五〇一
1.4 霜065
1.5 084:3255
2.1 （3.8+27.7+4.8）×27.1厘米；2紙；19行，行17字。
2.2 01：3.8+27.7，17； 02：04.8，02。
2.3 卷軸裝。首尾均殘。有烏絲欄。
3.1 首行上殘→大正220，7/552A4。
3.2 尾2行下殘→7/552A20～22。
8 8～9世紀。吐蕃統治時期寫本。
9.1 楷書。
11 圖版：《敦煌寶藏》，77/48B。

1.1 BD03766號
1.3 妙法蓮華經卷六
1.4 霜066
1.5 105:5744
2.1 （6+349.5+21.8）×26厘米；9紙；222行，行17字。
2.2 01：6+8，13； 02：52.2，28； 03：52.1，28；
04：52.2，28； 05：52.0，28； 06：52.0，28；
07：8.5，10； 08：50.5，32； 09：22+21.8，27。
2.3 卷軸裝。首尾均殘。通卷黴爛、殘破，接縫處多有開裂，卷尾殘損嚴重，有殘洞。脱落1塊殘片，已綴接。後3紙為經黃紙。有烏絲欄。已修整。
3.1 首3行下殘→大正262，9/47C9～12。
3.2 尾9行上殘→9/51A26～B7。
8 8～9世紀。吐蕃統治時期寫本。
9.1 楷書。
11 圖版：《敦煌寶藏》，94/581B～587A。

1.1 BD03767號
1.3 毗尼心經
1.4 霜067
1.5 179:7113
2.1 1204.5×28厘米；30紙；752行，行21字。
2.2 01：40.0，25； 02：40.0，25； 03：40.0，26；
04：40.0，25； 05：40.0，25； 06：40.0，25；
07：40.5，26； 08：40.0，25； 09：40.0，25；
10：40.0，25； 11：40.0，26； 12：40.0，25；
13：40.0，26； 14：40.0，26； 15：40.0，26；
16：40.0，25； 17：40.0，25； 18：40.5，26；
19：40.5，26； 20：40.5，25； 21：40.5，25；
22：40.0，25； 23：40.5，25； 24：40.0，25；
25：40.0，25； 26：40.5，25； 27：40.5，25；
28：40.5，26； 29：40.0，25； 30：40.0，18。
2.3 卷軸裝。首尾均脱。卷首上方黴爛破損，接縫處多有開裂。有烏絲欄。
3.1 首殘→大正2792，85/661B28。
3.2 尾全→85/672B21。
4.2 毗尼心一卷（尾）。
6.1 首→BD03754號。
8 8～9世紀。吐蕃統治時期寫本。
9.1 楷書。
9.2 有硃墨筆行間校加字、行間加行。有硃筆科分、倒乙符號。上邊有校改字。
11 圖版：《敦煌寶藏》，104/199B～215A。

1.1 BD03768號

1.3　大般若波羅蜜多經卷六八
1.4　霜 068
1.5　084:2189
2.1　（6+677.6）×25.6 厘米；16 紙；392 行，行 17 字。
2.2　01：06.0，02；　02：47.7，28；　03：46.0，28；
04：47.5，28；　05：48.0，28；　06：47.7，28；
07：47.5，28；　08：47.5，28；　09：47.5，28；
10：47.5，28；　11：47.7，28；　12：47.5，28；
13：47.5，28；　14：47.5，28；　15：47.5，26；
16：13.0，拖尾。
2.3　卷軸裝。首殘尾全。卷面有殘裂，在裱補處裂爲兩段。尾有原軸，兩端鑲亞腰形軸頭。背有古代裱補。有烏絲欄。
3.1　首 2 行上下殘→大正 220，5/383B6~7。
3.2　尾全→5/388A5。
4.2　大般若波羅蜜多經卷第六十八（尾）。
7.1　背面有勘記“七（本文獻所屬袟次）”。卷背裱補紙粘向内，可見殘留文書判詞“廿一日”。字向内粘貼。
8　8~9 世紀。吐蕃統治時期寫本。
9.1　楷書。
11　圖版：《敦煌寶藏》，72/216A~225A。

1.1　BD03769 號
1.3　金光明最勝王經卷九
1.4　霜 069
1.5　083:1942
2.1　（3.5+387.1）×26.4 厘米；9 紙；234 行，行 17 字。
2.2　01：3.5+20，14；　02：46.0，28；　03：46.0，28；
04：46.0，28；　05：46.0，28；　06：46.0，27；
07：46.0，28；　08：45.8，28；　09：45.3，25。
2.3　卷軸裝。首殘尾全。卷尾有蟲繭。背有古代裱補。有烏絲欄。
3.1　首 2 行中殘→大正 665，16/447B22~23。
3.2　尾全→16/450C15。
4.2　金光明最勝王經卷第九（尾）。
8　8~9 世紀。吐蕃統治時期寫本。
9.1　楷書。
9.2　有刮改。
11　圖版：《敦煌寶藏》，71/62B~67B。

1.1　BD03770 號
1.3　妙法蓮華經卷六
1.4　霜 070
1.5　105:5786
2.1　（11+560）×26 厘米；14 紙；353 行，行 17 字。
2.2　01：11+10，5；　02：44.0，28；　03：44.0，28；
04：44.0，28；　05：44.0，28；　06：44.0，28；
07：44.0，28；　08：44.0，28；　09：44.0，28；
10：44.0，28；　11：44.0，28；　12：44.0，28；
13：44.0，28；　14：22.0，12。
2.3　卷軸裝。首尾均全。首紙下殘，第 2 紙中間有殘洞。有烏絲欄。
3.1　首全→大正 262，9/50B23。
3.2　尾全→9/55A9。
4.1　妙法蓮華經常不輕菩薩品第二十（首）。
4.2　妙法蓮華經卷第六（尾）。
8　9~10 世紀。歸義軍時期寫本。
9.1　楷書。
11　圖版：《敦煌寶藏》，95/89B~97A。

1.1　BD03771 號
1.3　妙法蓮華經卷二
1.4　霜 071
1.5　105:4749
2.1　（4.7+784）×24 厘米；21 紙；491 行，行 17 字。
2.2　01：4.7+12.4，11；　02：35.6，23；　03：35.6，23；
04：45.2，28；　05：45.6，28；　06：45.8，28；
07：45.8，28；　08：45.7，28；　09：45.9，28；
10：45.8，28；　11：45.9，28；　12：35.5，23；
13：35.6，23；　14：35.7，23；　15：35.6，23；
16：35.7，23；　17：35.6，23；　18：35.6，23；
19：35.4，23；　20：35.2，23；　21：14.8，03。
2.3　卷軸裝。首殘尾全。經黄打紙。卷面有殘破，接縫處有開裂，尾有等距離蟲蛀殘洞，有蟲繭。有燕尾。背有古代裱補。有烏絲欄。
3.1　首 3 行下殘→大正 262，9/12B1~4。
3.2　尾全→9/19A12。
4.2　妙法蓮華經卷第二（尾）。
8　7~8 世紀。唐寫本。
9.1　楷書。
11　圖版：《敦煌寶藏》，86/248B~259A。

1.1　BD03772 號
1.3　妙法蓮華經卷四
1.4　霜 072
1.5　105:5331
2.1　（4+563.2）×26.4 厘米；15 紙；350 行，行 17 字。
2.2　01：4+3.8，4；　02：41.1，26；　03：41.2，26；
04：41.1，26；　05：41.0，26；　06：41.1，26；
07：41.1，26；　08：41.0，26；　09：41.3，26；
10：41.6，26；　11：41.3，26；　12：41.4，26；
13：41.3，26；　14：41.3，26；　15：23.6，08。
2.3　卷軸裝。首殘尾全。紙張變色。有燕尾。有烏絲欄。已修整。
3.1　首 2 行中上殘→大正 262，9/32A17~18。

3.2　尾全→9/37A2。
4.2　妙法蓮華經卷第四（尾）。
8　7～8世紀。唐寫本。
9.1　楷書。
11　圖版：《敦煌寶藏》，91/41A～48B。

1.1　BD03773號
1.3　金光明最勝王經卷九
1.4　霜073
1.5　083:1905
2.1　(4+713.5)×25.3厘米；16紙；427行，行17字。
2.2　01：4+15.4，11；　02：46.3，28；　03：46.5，28；
04：46.2，28；　05：46.3，28；　06：46.4，28；
07：46.7，28；　08：46.7，28；　09：46.7，28；
10：46.7，28；　11：46.7，28；　12：46.7，28；
13：46.5，28；　14：46.6，28；　15：46.6，28；
16：46.5，24。
2.3　卷軸裝。首殘尾全。卷首殘破嚴重，下有等距離殘缺。有烏絲欄。
3.1　首2行上下殘→大正665，16/444B1～2。
3.2　尾全→16/450C15。
4.2　金光明最勝王經卷第九（尾）。
5　尾附音義。
7.3　第6紙背有雜寫“法信”。
8　7～8世紀。唐寫本。
9.1　楷書。
11　圖版：《敦煌寶藏》，70/572A～581A。

1.1　BD03774號
1.3　賢劫千佛名經
1.4　霜074
1.5　068:0845
2.1　255.9×31.7厘米；6紙，共25葉50個半葉，每半葉5行，正面120行，背面115行，行約21字。
2.2　01：10.0，1葉2個半葉（護葉）；
02：41.0，4葉8個半葉，半葉5行；
03：51.6，5葉10個半葉，半葉5行；
04：51.3，5葉10個半葉，半葉5行；
05：51.0，5葉10個半葉，半葉5行；
06：51.0，5葉10個半葉，半葉5行。
2.3　經折裝。首缺尾殘。有烏絲欄。
2.4　本遺書包括2個文獻：(一)《賢劫千佛名經》，120行，抄寫在正面，今編為BD03774號。(二)《佛藏經》卷中，115行，抄寫在背面，今編為BD03774號背。
3.4　說明：
本文獻首殘，尾2行中下殘。與《大正藏》所收《現在賢劫千佛名經》為同名異經。未為歷代大藏經所收。
4.1　賢劫千佛名卷上（首）。
6.2　尾→BD02353號。
8　8世紀。唐寫本。
9.1　楷書。
11　圖版：《敦煌寶藏》，63/21B～27A。

1.1　BD03774號背
1.3　佛藏經卷中
1.4　霜074
1.5　068:0845
2.4　本遺書由2個文獻組成，本號為第2個，抄寫在背面，115行。餘參見BD03774號之第2項、第11項。
3.1　首2行下殘→大正653，15/789C28～790A3。
3.2　尾殘→15/792B23。
6.1　首→BD02353號。
8　8世紀。唐寫本。
9.1　楷書。

1.1　BD03775號
1.3　妙法蓮華經卷一
1.4　霜075
1.5　105:4522
2.1　(7.5+858.5)×25.9厘米；18紙；482行，行17字。
2.2　01：7.5+41，26；　02：50.5，28；　03：48.5，27；
04：50.2，28；　05：50.4，28；　06：50.3，28；
07：49.7，28；　08：50.3，28；　09：50.1，28；
10：50.3，28；　11：50.3，28；　12：50.3，28；
13：50.4，28；　14：50.4，28；　15：50.1，28；
16：50.2，28；　17：50.1，28；　18：15.4，09。
2.3　卷軸裝。首殘尾全。經黄打紙。卷後部下邊有等距離殘缺。背有古代裱補。有燕尾。有烏絲欄。
3.1　首3行下殘→大正262，9/2A20～23。
3.2　尾全→9/10B21。
4.2　妙法蓮華經卷第一（尾）。
7.1　卷背紙張邊緣有回鶻文或粟特文勘記。
8　7～8世紀。唐寫本。
9.1　楷書。
11　圖版：《敦煌寶藏》，84/35B～49B。

1.1　BD03776號
1.3　金光明最勝王經卷二
1.4　霜076
1.5　083:1505
2.1　(39.5+620.9)×25.5厘米；14紙；381行，行17字。
2.2　01：39.5+7，27；　02：47.3，28；　03：47.4，28；
04：47.5，28；　05：47.3，28；　06：47.1，28；
07：47.3，28；　08：47.3，28；　09：47.0，28；

10：47.2，28；　11：47.5，28；　12：47.2，28；
13：47.3，28；　14：46.5，18。
2.3　卷軸裝。首殘尾全。卷尾破損。有烏絲欄。已修整。
3.1　首23行上殘→大正665，16/408B2～28。
3.2　尾全→16/413C6。
4.1　□…□勝王經分別三身品第三□（首）。
4.2　金光明最勝王經卷第二（尾）。
5　尾附音釋。
7.1　尾有題記"比丘道斌寫"。
8　8世紀。唐寫本。
9.1　楷書。
11　圖版：《敦煌寶藏》，68/169B～178B。

1.1　BD03777號
1.3　金剛般若波羅蜜經
1.4　霜077
1.5　094:4123
2.1　312.3×27.2厘米；8紙；167行，行17字。
2.2　01：42.5，24；　02：42.2，24；　03：42.2，24；
04：42.4，24；　05：42.2，24；　06：42.4，24；
07：42.4，23；　08：16.0，拖尾。
2.3　卷軸裝。首脫尾全。接縫處有開裂。卷尾經名為硃筆寫。有烏絲欄。
3.1　首殘→大正235，8/750B25。
3.2　尾全→8/752C2。
4.2　金剛□…□（尾）。
8　7～8世紀。唐寫本。
9.1　楷書。
9.2　有硃筆斷句。
11　圖版：《敦煌寶藏》，82/168B～172A。

1.1　BD03778號
1.3　金光明最勝王經卷九
1.4　霜078
1.5　083:1913
2.1　（24+408.1）×27.2厘米；9紙；252行，行17字。
2.2　01：24+23.8，28；　02：48.2，28；　03：48.1，28；
04：48.0，28；　05：48.0，28；　06：48.0，28；
07：48.0，28；　08：48.0，28；　09：48.0，28。
2.3　卷軸裝。首尾均脫。卷首殘缺嚴重。有烏絲欄。
3.1　首14行下殘→大正665，16/444B13～26。
3.2　尾殘→16/448C17。
8　8～9世紀。吐蕃統治時期寫本。
9.1　楷書。
11　圖版：《敦煌寶藏》，70/645A～650B。

1.1　BD03779號
1.3　大般若波羅蜜多經卷七一
1.4　霜079
1.5　084:2208
2.1　479.7×25.7厘米；10紙；280行，行17字。
2.2　01：48.3，28；　02：47.8，28；　03：47.8，28；
04：48.0，28；　05：48.1，28；　06：48.1，28；
07：47.8，28；　08：48.2，28；　09：47.8，28；
10：47.8，28。
2.3　卷軸裝。首尾均脫。接縫處有開裂，第9、10紙接縫處脫開。有烏絲欄。
3.1　首殘→大正220，5/401C5。
3.2　尾殘→5/404C26。
6.1　首→BD03583號。
8　8～9世紀。吐蕃統治時期寫本。
9.1　楷書。
9.2　有刮改。有倒乙符號。
11　圖版：《敦煌寶藏》，72/260B～266B。

1.1　BD03780號
1.3　救護疾病經
1.4　霜080
1.5　452:8656
2.1　（2.4+139.6+3.1）×25.2厘米；4紙；81行，行17字。
2.2　01：2.4+14.4，9；　02：50.0，28；　03：50.0，28；
04：25.2+3.1，16。
2.3　卷軸裝。首尾均殘。經黄打紙。接縫處有開裂。有烏絲欄。
3.1　首行上下殘→大正2878，85/1361C5～6。
3.2　尾2行上殘→85/1362B25～27。
6.2　尾→BD03781號。
8　7～8世紀。唐寫本。
9.1　楷書。
11　圖版：《敦煌寶藏》，111/104A～106A。

1.1　BD03781號1
1.3　救護疾病經
1.4　霜081
1.5　276:8211
2.1　（4.5+151.5+18）×25.2厘米；4紙；90行，行17字。
2.2　01：4.5+21.5，13；　02：50.5，27；　03：50.5，28；
04：29+18，22。
2.3　卷軸裝。首尾均殘。接縫處有開裂。卷中黴爛殘缺一大塊。有烏絲欄。
2.4　本遺書包括3個文獻：（一）《救護疾病經》，14行，今編為BD03781號1。（二）《父母恩重經》，59行，今編為BD03781號2。（三）《佛母經》（異本四），17行，今編為BD03781號3。
3.1　首2行下殘→大正2878，85/1362B25～26。

3.2　尾全→85/1362C10。
4.2　救護疾病經（尾）。
6.1　首→BD03780 號。
8　7～8 世紀。唐寫本。
9.1　楷書。
11　圖版：《敦煌寶藏》，109/240A～242A。

1.1　BD03781 號 2
1.3　父母恩重經
1.4　霜 081
1.5　276:8211
2.4　本遺書由 3 個文獻組成，本號為第 2 個，59 行。餘參見 BD03781 號 1 之第 2 項、第 11 項。
3.1　首全→大正 2887，85/1403B21。
3.2　尾全→85/1404A23。
4.1　佛說父母恩重經（首）。
4.2　佛說父母恩重經（尾）。
8　7～8 世紀。唐寫本。
9.1　楷書。

1.1　BD03781 號 3
1.3　佛母經（異本四）
1.4　霜 081
1.5　276:8211
2.4　本遺書由 3 個文獻組成，本號為第 3 個，17 行。餘參見 BD03781 號 1 之第 2 項、第 11 項。
3.1　首全→《藏外佛教文獻》，1/386 頁第 2 行。
3.2　尾 8 行上殘→《藏外佛教文獻》，1/387 頁第 6 行～第 389 頁第 1 行。
4.1　佛母經一卷（首）。
8　7～8 世紀。唐寫本。
9.1　楷書。

1.1　BD03782 號
1.3　佛母經（異本三）
1.4　霜 082
1.5　123:6625
2.1　（12.7＋81）×25.7 厘米；2 紙；44 行，行 17 字。
2.2　01：12.7＋32，25；　02：49.0，19。
2.3　卷軸裝。首殘尾全。有烏絲欄。
3.1　首 7 行上中殘→《藏外佛教文獻》，1/382 頁第 5～11 行。
3.2　尾殘→《藏外佛教文獻》，1/385 頁第 5 行。
4.2　大般涅槃經佛母品（尾）。
5　與《藏外佛教文獻》對照，文字略有參差。
8　7～8 世紀。唐寫本。
9.1　楷書。
11　圖版：《敦煌寶藏》，100/662B～663B。

1.1　BD03783 號
1.3　妙法蓮華經卷一
1.4　霜 083
1.5　105:4521
2.1　（7.5＋822）×25.7 厘米；19 紙；484 行，行 17 字。
2.2　01：02.3，01；　02：5.2＋40.4，28；　03：47.7，28；
04：47.6，28；　05：47.6，28；　06：47.7，28；
07：47.5，28；　08：47.6，28；　09：47.6，28；
10：47.7，28；　11：47.7，28；　12：47.7，28；
13：47.8，28；　14：47.7，28；　15：47.7，28；
16：47.7，28；　17：47.7，28；　18：47.6，28；
19：19.0，07。
2.3　卷軸裝。首殘尾全。經黃打紙，砑光上蠟。有烏絲欄。
3.1　首 4 行下殘→大正 262，9/2A17～22。
3.2　尾全→9/10B21。
4.2　妙法蓮華經卷第一（尾）。
8　7～8 世紀。唐寫本。
9.1　楷書。
11　圖版：《敦煌寶藏》，84/22A～35A。

1.1　BD03784 號
1.3　大般若波羅蜜多經卷一〇六
1.4　霜 084
1.5　084:2283
2.1　372.2×26 厘米；8 紙；219 行，行 17 字。
2.2　01：48.0，28；　02：48.0，28；　03：48.2，28；
04：48.5，28；　05：48.0，28；　06：48.0，28；
07：48.0，28；　08：35.5，23。
2.3　卷軸裝。首脫尾全。卷面有殘裂。尾有原軸，兩端塗硃漆。有烏絲欄。
3.1　首殘→大正 220，5/587A5。
3.2　尾全→5/589B22。
4.2　大般若波羅蜜多經卷第一百六（尾）。
6.1　首→BD07507 號。
7.1　首紙背上部有卷次勘記“一百六”，下部有“上”字。
7.3　卷尾背部有勘記“十一袟六”。
8　8～9 世紀。吐蕃統治時期寫本。
9.1　楷書。
11　圖版：《敦煌寶藏》，72/522A～526B。

1.1　BD03785 號
1.3　大般若波羅蜜多經卷三五二
1.4　霜 085
1.5　084:2955
2.1　（16＋783.1）×25.7 厘米；19 紙；490 行，行 17 字。
2.2　01：16.0，09；　02：44.3，28；　03：44.1，28；
04：44.3，28；　05：44.0，28；　06：44.0，28；

07：44.0，28；　08：44.0，28；　09：43.6，28；
10：45.5，28；　11：45.8，28；　12：45.7，28；
13：45.9，28；　14：45.9，28；　15：45.7，28；
16：46.1，28；　17：46.1，28；　18：46.1，28；
19：18.0，05。

2.3　卷軸裝。首殘尾全。卷首殘破嚴重，卷面有殘破，接縫處有開裂。尾有原軸，兩端塗黑漆。有烏絲欄。

3.1　首9行上下殘→大正220，6/808B28～C8。

3.2　尾全→6/814A24。

4.2　大般若波羅蜜多經卷第三百五十二（尾）。

8　8～9世紀。吐蕃統治時期寫本。

9.1　楷書。

9.2　有行間校加字。有刮改。

11　圖版：《敦煌寶藏》，75/607B～617B。

1.1　BD03786號

1.3　大般若波羅蜜多經卷四九七

1.4　霜086

1.5　084:3241

2.1　(29.7+128.8)×25.6厘米；4紙；92行，行17字。

2.2　01：27.9，16；　02：1.8+46.3，28；　03：48.2，28；
04：34.3，20。

2.3　卷軸裝。首殘尾脫。卷面有殘損，接縫處有開裂。有烏絲欄。已修整。

3.1　首17行下殘→大正220，7/526C15～527A3。

3.2　尾殘→7/527C19。

7.1　卷端背有硃筆勘記“五十（本文獻所屬袟次），七（袟內卷次）”。

8　8～9世紀。吐蕃統治時期寫本。

9.1　楷書。

11　圖版：《敦煌寶藏》，77/32A～34A。

1.1　BD03787號

1.3　妙法蓮華經卷三

1.4　霜087

1.5　105:5057

2.1　(116.6+3.4)×25.9厘米；4紙；57行，行17～19字。

2.2　01：23.9，護首；　02：46.4，27；　03：46.3，28；
04：3.4，02。

2.3　卷軸裝。首全尾殘。有護首，殘破；護首有竹製天竿，背有經名及經名號。卷面多水漬印。有烏絲欄。

3.1　首全→大正262，9/19A14。

3.2　尾2行下殘→9/19C20～21。

4.1　妙法蓮華經藥草喻品第五，三（首）。

7.4　護首有經名“妙法蓮華經卷三”，上有經名號。

8　9～10世紀。歸義軍時期寫本。

9.1　楷書。

11　圖版：《敦煌寶藏》，88/405B～407A。

1.1　BD03788號

1.3　妙法蓮華經卷三

1.4　霜088

1.5　105:5166

2.1　(141+1.9)×26厘米；3紙；84行，行17字。

2.2　01：47.8，28；　02：47.4，28；　03：45.8+1.9，28。

2.3　卷軸裝。首尾均脫。有烏絲欄。

3.1　首殘→大正262，9/23C27。

3.2　尾行下殘→9/25A21。

8　9～10世紀。歸義軍時期寫本。

9.1　楷書。

11　圖版：《敦煌寶藏》，89/290B～292A。

1.1　BD03789號

1.3　目連救母變文

1.4　霜089

1.5　364:8443

2.1　(2.5+110+2.5)×28.5厘米；3紙；62行，行20字左右。

2.2　01：2.5+41，23；　02：41.5，23；　03：27.5+2.5，16。

2.3　卷軸裝。首尾均殘。通卷橫向破裂，上下邊殘損。背有古代裱補。已修整。

3.1　首行中下殘→大正2858，85/1313A26～27。

3.2　尾行中下殘→85/1314A10。

5　與《大正藏》本比較，文字略有不同。

8　9～10世紀。歸義軍時期寫本。

9.1　楷書。

9.2　有硃筆行間校加字。

11　從本號背面揭下古代裱補紙若干塊，今編爲BD16294號、BD16295號、BD16296號、BD16297號。
圖版：《敦煌寶藏》，110/332B～334A。

1.1　BD03790號

1.3　金剛般若波羅蜜經

1.4　霜090

1.5　094:3964

2.1　108.2×25.5厘米；3紙；64行，行17字。

2.2　01：30.4，18；　02：47.3，28；　03：30.5，18。

2.3　卷軸裝。首尾均殘。卷面有殘裂。有烏絲欄。

3.1　首殘→大正235，8/749C29～750A1。

3.2　尾殘→8/750C11。

8　9～10世紀。歸義軍時期寫本。

9.1　楷書。

11　圖版：《敦煌寶藏》，81/347B～348B。

1.1 BD03791 號
1.3 金剛般若波羅蜜經
1.4 霜 091
1.5 094:3965
2.1 (3.5+104)×25.4 厘米;3 紙;65 行,行 17 字。
2.2 01:3.5+28.5,19; 02:47.0,28; 03:28.5,18。
2.3 卷軸裝。首尾均殘。經黄紙。首紙有殘洞及殘裂,接縫處有開裂,上邊有殘裂。有烏絲欄。
3.1 首 2 行上下殘→大正 235,8/750A1~2。
3.2 尾行上殘→8/750C11~12。
8 7~8 世紀。唐寫本。
9.1 楷書。
11 圖版:《敦煌寶藏》,81/349A~350B。

1.1 BD03792 號
1.3 金光明最勝王經卷六
1.4 霜 092
1.5 083:1797
2.1 (1.5+275.6+11.5)×26 厘米;7 紙;174 行,行 17 字。
2.2 01:1.5+44.8,28; 02:46.8,28; 03:46.6,28;
04:46.5,28; 05:46.6,28; 06:44.3+2,28;
07:09.5,06。
2.3 卷軸裝。首尾均殘。卷面多處横裂,卷尾殘損嚴重。卷面脱落 1 塊殘片,可綴接。有烏絲欄。
3.1 首行中殘→大正 665,16/430B24。
3.2 尾 7 行中殘→16/432C1~8。
6.1 首→BD04163 號。
8 8~9 世紀。吐蕃統治時期寫本。
9.1 楷書。
11 圖版:《敦煌寶藏》,70/117B~121A。

1.1 BD03793 號
1.3 四分比丘尼戒本
1.4 霜 093
1.5 157:6930
2.1 (5.5+559+2.5)×27.4 厘米;15 紙;349 行,行 21 字。
2.2 01:5.5+9,7; 02:37.0,21; 03:37.0,20;
04:37.0,20; 05:38.0,20; 06:40.5,24;
07:40.5,25; 08:40.5,25; 09:40.5,26;
10:40.5,26; 11:40.5,28; 12:40.5,27;
13:40.5,27; 14:40.5,27; 15:36.5+2.5,26。
2.3 卷軸裝。首尾均殘。卷首殘破嚴重,接縫處有開裂。有上下邊欄,竪欄為折疊欄。
3.1 首 2 行上殘→大正 1431,22/1034A19~20。
3.2 尾 1 行中殘→22/1039A11。
8 9~10 世紀。歸義軍時期寫本。
9.1 楷書。
9.2 有倒乙符號。
11 圖版:《敦煌寶藏》,102/588A~595A。

1.1 BD03794 號
1.3 金剛般若波羅蜜經
1.4 霜 094
1.5 094:3980
2.1 (1.7+140.8)×25.6 厘米;4 紙;85 行,行 17 字。
2.2 01:1.7+22,14; 02:47.0,28; 03:47.0,28;
04:24.8,15。
2.3 卷軸裝。首尾均殘。接縫處有開裂。有烏絲欄。
3.1 首行中下殘→大正 235,8/750A7。
3.2 尾殘→8/751A7。
8 8~9 世紀。吐蕃統治時期寫本。
9.1 楷書。
11 圖版:《敦煌寶藏》,81/386B~388A。

1.1 BD03795 號
1.3 四分比丘尼戒本
1.4 霜 095
1.5 157:6933
2.1 (50.5+179)×26.5 厘米;7 紙;159 行,行 25 字。
2.2 01:21.5,15; 02:29+7,26; 03:36.5,25;
04:36.5,25; 05:36.5,25; 06:36.5,25;
07:26.0,18。
2.3 卷軸裝。首尾均殘。首至 3 紙下部殘損,第 4 紙下方破裂,第 6、7 紙接縫下方開裂。有烏絲欄。
3.1 首 31 行下殘→大正 1431,22/1031C2~1032A25。
3.2 尾殘→22/1034B2。
8 9 世紀。歸義軍時期寫本。
9.1 楷書。
11 圖版:《敦煌寶藏》,102/604B~607A。

1.1 BD03796 號
1.3 大般若波羅蜜多經卷三六○
1.4 霜 096
1.5 084:2994
2.1 (5+130.3)×25.9 厘米;3 紙;84 行,行 17 字。
2.2 01:5+39.8,28; 02:45.0,28; 03:45.5,28。
2.3 卷軸裝。首尾均殘。有烏絲欄。
3.1 首 3 行上殘→大正 220,6/856B19~20。
3.2 尾殘→6/857B14。
6.1 首→BD03846 號。
6.2 尾→BD04023 號。
8 8~9 世紀。吐蕃統治時期寫本。
9.1 楷書。
9.2 有校改。

11　圖版：《敦煌寶藏》，76/51B～53A。

1.1　BD03797 號
1.3　妙法蓮華經卷六
1.4　霜 097
1.5　105:5846
2.1　122×26 厘米；3 紙；70 行，行 17 字。
2.2　01：48.5，28；　02：48.5，28；　03：25.0，14。
2.3　卷軸裝。首脱尾殘。
3.1　首殘→大正 262，9/53A4。
3.2　尾殘→9/53C22。
4.1　妙法蓮華經藥王菩薩本事品第二十三（首）。
8　9～10 世紀。歸義軍時期寫本。
9.1　楷書。
11　圖版：《敦煌寶藏》，95/359B～361A。

1.1　BD03798 號
1.3　灌頂章句拔除過罪生死得度經
1.4　霜 098
1.5　250:7520
2.1　175.4×25.6 厘米；4 紙；105 行，行 17 字。
2.2　01：36.6，22；　02：46.3，28；　03：46.4，28；
04：46.1，27。
2.3　卷軸裝。首殘尾全。有烏絲欄。
3.1　首殘→大正 1331，21/535A10。
3.2　尾全→21/536B5。
8　7～8 世紀。唐寫本。
9.1　楷書。
11　圖版：《敦煌寶藏》，106/562A～564A。

1.1　BD03799 號
1.3　金剛般若波羅蜜經
1.4　霜 099
1.5　094:4338
2.1　（1+123.5）×28.5 厘米；4 紙；73 行，行 17 字。
2.2　01：1+14，10；　02：42.5，25；　03：43.0，25；
04：24.0，13。
2.3　卷軸裝。首殘尾全。有烏絲欄。
3.1　首行下殘→大正 235，8/751C6～7。
3.2　尾全→8/752C3。
4.2　金剛般若波羅蜜經（尾）。
5　與《大正藏》本對照，本號無冥司偈，文參見大正 8/751C16～19。
8　8 世紀。唐寫本。
9.1　楷書。
11　圖版：《敦煌寶藏》，83/12B～14A。

1.1　BD03800 號
1.3　無量壽宗要經
1.4　霜 100
1.5　275:7802
2.1　175×31 厘米；4 紙；115 行，行 30 餘字。
2.2　01：46.0，31；　02：46.5，32；　03：46.5，32；
04：36.0，20。
2.3　卷軸裝。首尾均全。卷面有殘裂。背有古代裱補。背有鳥糞污漬。有烏絲欄。
3.1　首全→大正 936，19/82A3。。
3.2　尾全→19/84C29。
4.1　大乘無量壽經（首）。
4.2　佛說無量壽宗要經（尾）。
7.1　尾紙末有題名“田廣談”。
7.3　第 1、2 紙背有《佛說佛名經》卷第四雜寫 9 行。
8　8～9 世紀。吐蕃統治時期寫本。
9.1　行楷。
11　圖版：《敦煌寶藏》，107/648B～651A。

新舊編號對照表

一、千字文號與北敦號、縮微膠卷號對照表

千字文號	北敦號	縮微膠卷號
霜 018	BD03718 號	084：3218
霜 019	BD03719 號	094：4184
霜 020	BD03720 號	094：3939
霜 021	BD03721 號	094：4099
霜 022	BD03722 號	040：0392
霜 023	BD03723 號	063：0625
霜 024	BD03724 號	105：5039
霜 025	BD03725 號	105：5937
霜 026	BD03726 號 1	200：7183
霜 026	BD03726 號 2	200：7183
霜 026	BD03726 號 3	200：7183
霜 026	BD03726 號 4	200：7183
霜 026	BD03726 號 5	200：7183
霜 026	BD03726 號背	200：7183
霜 027	BD03727 號	084：2774
霜 028	BD03728 號	007：0102
霜 029	BD03729 號	218：7282
霜 030	BD03730 號	070：1041
霜 031	BD03731 號	282：8230
霜 032	BD03732 號	094：4231
霜 033	BD03733 號	105：5593
霜 034	BD03734 號	156：6883
霜 034	BD03734 號背	156：6883
霜 035	BD03735 號	229：7328
霜 036	BD03736 號	229：7331
霜 037	BD03737 號 1	165：6995
霜 037	BD03737 號 2	165：6995
霜 038	BD03738 號	084：2286
霜 039	BD03739 號	111：6219
霜 040	BD03740 號	084：2796
霜 041	BD03741 號	218：7270
霜 042	BD03742 號	070：1285
霜 043	BD03743 號	115：6506
霜 044	BD03744 號	084：2527
霜 045	BD03745 號	084：2526
霜 046	BD03746 號	084：2522
霜 047	BD03747 號	105：4906
霜 048	BD03748 號	084：2513
霜 049	BD03749 號	094：3614
霜 050	BD03750 號	429：8617
霜 051	BD03751 號	451：8655
霜 052	BD03752 號	070：1168
霜 053	BD03753 號	094：3773
霜 054	BD03754 號	179：7112
霜 055	BD03755 號	070：1169
霜 056	BD03756 號	179：7110
霜 057	BD03757 號	179：7109
霜 058	BD03758 號	070：1256
霜 059	BD03759 號	179：7111
霜 060	BD03760 號	105：4501
霜 061	BD03761 號	115：6397
霜 062	BD03762 號	094：3860
霜 063	BD03763 號	084：2588
霜 064	BD03764 號	105：5896
霜 065	BD03765 號	084：3255
霜 066	BD03766 號	105：5744
霜 067	BD03767 號	179：7113
霜 068	BD03768 號	084：2189
霜 069	BD03769 號	083：1942
霜 070	BD03770 號	105：5786
霜 071	BD03771 號	105：4749
霜 072	BD03772 號	105：5331
霜 073	BD03773 號	083：1905
霜 074	BD03774 號	068：0845
霜 074	BD03774 號背	068：0845
霜 075	BD03775 號	105：4522
霜 076	BD03776 號	083：1505
霜 077	BD03777 號	094：4123

霜 078	BD03778 號	083：1913	霜 089	BD03789 號	364：8443
霜 079	BD03779 號	084：2208	霜 090	BD03790 號	094：3964
霜 080	BD03780 號	452：8656	霜 091	BD03791 號	094：3965
霜 081	BD03781 號 1	276：8211	霜 092	BD03792 號	083：1797
霜 081	BD03781 號 2	276：8211	霜 093	BD03793 號	157：6930
霜 081	BD03781 號 3	276：8211	霜 094	BD03794 號	094：3980
霜 082	BD03782 號	123：6625	霜 095	BD03795 號	157：6933
霜 083	BD03783 號	105：4521	霜 096	BD03796 號	084：2994
霜 084	BD03784 號	084：2283	霜 097	BD03797 號	105：5846
霜 085	BD03785 號	084：2955	霜 098	BD03798 號	250：7520
霜 086	BD03786 號	084：3241	霜 099	BD03799 號	094：4338
霜 087	BD03787 號	105：5057	霜 100	BD03800 號	275：7802
霜 088	BD03788 號	105：5166			

二、縮微膠卷號與北敦號、千字文號對照表

縮微膠卷號	北敦號	千字文號	縮微膠卷號	北敦號	千字文號
007：0102	BD03728 號	霜 028	084：3218	BD03718 號	霜 018
040：0392	BD03722 號	霜 022	084：3241	BD03786 號	霜 086
063：0625	BD03723 號	霜 023	084：3255	BD03765 號	霜 065
068：0845	BD03774 號	霜 074	094：3614	BD03749 號	霜 049
068：0845	BD03774 號背	霜 074	094：3773	BD03753 號	霜 053
070：1041	BD03730 號	霜 030	094：3860	BD03762 號	霜 062
070：1168	BD03752 號	霜 052	094：3939	BD03720 號	霜 020
070：1169	BD03755 號	霜 055	094：3964	BD03790 號	霜 090
070：1256	BD03758 號	霜 058	094：3965	BD03791 號	霜 091
070：1285	BD03742 號	霜 042	094：3980	BD03794 號	霜 094
083：1505	BD03776 號	霜 076	094：4099	BD03721 號	霜 021
083：1797	BD03792 號	霜 092	094：4123	BD03777 號	霜 077
083：1905	BD03773 號	霜 073	094：4184	BD03719 號	霜 019
083：1913	BD03778 號	霜 078	094：4231	BD03732 號	霜 032
083：1942	BD03769 號	霜 069	094：4338	BD03799 號	霜 099
084：2189	BD03768 號	霜 068	105：4501	BD03760 號	霜 060
084：2208	BD03779 號	霜 079	105：4521	BD03783 號	霜 083
084：2283	BD03784 號	霜 084	105：4522	BD03775 號	霜 075
084：2286	BD03738 號	霜 038	105：4749	BD03771 號	霜 071
084：2513	BD03748 號	霜 048	105：4906	BD03747 號	霜 047
084：2522	BD03746 號	霜 046	105：5039	BD03724 號	霜 024
084：2526	BD03745 號	霜 045	105：5057	BD03787 號	霜 087
084：2527	BD03744 號	霜 044	105：5166	BD03788 號	霜 088
084：2588	BD03763 號	霜 063	105：5331	BD03772 號	霜 072
084：2774	BD03727 號	霜 027	105：5593	BD03733 號	霜 033
084：2796	BD03740 號	霜 040	105：5744	BD03766 號	霜 066
084：2955	BD03785 號	霜 085	105：5786	BD03770 號	霜 070
084：2994	BD03796 號	霜 096	105：5846	BD03797 號	霜 097

105：5896	BD03764 號	霜 064
105：5937	BD03725 號	霜 025
111：6219	BD03739 號	霜 039
115：6397	BD03761 號	霜 061
115：6506	BD03743 號	霜 043
123：6625	BD03782 號	霜 082
156：6883	BD03734 號	霜 034
156：6883	BD03734 號背	霜 034
157：6930	BD03793 號	霜 093
157：6933	BD03795 號	霜 095
165：6995	BD03737 號 1	霜 037
165：6995	BD03737 號 2	霜 037
179：7109	BD03757 號	霜 057
179：7110	BD03756 號	霜 056
179：7111	BD03759 號	霜 059
179：7112	BD03754 號	霜 054
179：7113	BD03767 號	霜 067
200：7183	BD03726 號 1	霜 026
200：7183	BD03726 號 2	霜 026
200：7183	BD03726 號 3	霜 026
200：7183	BD03726 號 4	霜 026
200：7183	BD03726 號 5	霜 026
200：7183	BD03726 號背	霜 026
218：7270	BD03741 號	霜 041
218：7282	BD03729 號	霜 029
229：7328	BD03735 號	霜 035
229：7331	BD03736 號	霜 036
250：7520	BD03798 號	霜 098
275：7802	BD03800 號	霜 100
276：8211	BD03781 號 1	霜 081
276：8211	BD03781 號 2	霜 081
276：8211	BD03781 號 3	霜 081
282：8230	BD03731 號	霜 031
364：8443	BD03789 號	霜 089
429：8617	BD03750 號	霜 050
451：8655	BD03751 號	霜 051
452：8656	BD03780 號	霜 080